加快水利改革发展与供给侧结构性改革论文集

董 力 主编

人民出版社

前　言

为深入贯彻中央深化供给侧结构性改革部署，深入研究和积极探讨供给侧结构性改革对加快水利改革发展的作用及影响，2017 年 5—7 月，中国水利经济研究会、水利部发展研究中心会同中国社会科学院数量经济与技术经济研究所、国务院发展研究中心资源与环境政策研究所联合组织了“加快水利改革发展与供给侧结构性改革”主题征文。

在主题征文的基础上，征文主办单位于 11 月上旬在河南省郑州市举办了“加快水利改革发展与供给侧结构性改革”学术研讨会。会议旨在学习研讨党的十九大报告关于深化供给侧结构性改革重大部署，交流水利供给侧结构性改革的经验体会。水利部副部长叶建春同志出席会议并作主旨报告，中纪委驻水利部原纪检组组长、中国水利经济研究会理事长董力作总结讲话。

征文共收到 190 余篇论文。经论文初审、系统查重、专家评审后，评审出 86 篇论文入选论文集，其中 31 篇为优秀论文。此外，本论文集有幸收录了水利部原部长陈雷同志、副部长叶建春同志及中纪委驻水利部原纪检组组长、中国水利经济研究会理事长董力同志的文章。全书共收录 89 篇论文。根据论文内容分为加快水利发展与供给侧结构性改革、最严格水资源管理与供给侧结构性改革、农村水利与农村供给侧结构性改革、深化水利改革与供给侧结构性改革、水利建设营运投融资多元化与供给侧结构性改革、与水利相关的企业改革发展与供给侧结构性改革等 6 大类。

经过四家单位的通力协作，在水利部黄河水利委员会的大力支持下，在水利部有关司局、论文作者和审稿专家的关心支持及帮助下，本论文集得以顺利出版。在此，我们谨向为论文集出版给予指导、支持和帮助的单位、专家以及论文作者一并表示衷心感谢！

编　者
2017 年 12 月

前言

CONTENTS | 目录

加快水利发展与供给侧结构性改革

以深化供给侧结构性改革为主线推动水利高质量发展 …………………………… 陈　雷 // 3

在学懂弄通做实党的十九大精神上下功夫　扎实推进水利供给侧结构性改革 …………………………………………………………………………………… 叶建春 // 6

以深化供给侧结构性改革为契机　扎实推进水利经济研究工作 ………… 董　力 // 13

推进水利供给侧结构性改革 ………………………………………………… 范恒山 // 19

中国水资源使用效率影响因素分析 ……………………… 赵　悦　蒋金荷　李富强 // 26

推进供给侧结构性改革　着力补齐水利短板 ………………………………… 高敏凤 // 34

加快水利供给侧结构性改革的四大着力点 ……………………… 吴　强　刘　汗 // 41

加快推进供给侧结构性改革为江苏水利事业发展注入新动能 ……………… 李召宝 // 47

水利供给侧结构性改革刍议 ……………………………………… 杨彦明　廖四辉 // 51

国外水外交模式及经验借鉴 …………………… 夏　朋　郝　钊　金　海　杨　研 // 56

在供给侧结构性改革条件下黄河下游滩区农业发展对策研究 ……………… 侯起秀 // 63

水土保持领域生态环境损害情形初探 ……… 李发鹏　王建平　孙　嘉　刘登伟 // 69

供给侧结构性改革背景下的科研经费管理与服务效能研究 …… 黄鹏鹍　周　普 // 75

关于水利工程精细化管理的思考与实践 ………………………… 辛华荣　周灿华 // 81

深化改革推进小流域综合治理创新 ……………………………… 尤代强　唐红玉 // 86

供给侧结构性改革背景下的水利建设探析 ………………………………… 梁　楠 // 89

国家蓄滞洪区运用补偿有关问题探讨 ……… 滕　翔　魏向阳　穆　磊　鲁金锋 // 93

关于推进水利统计工作供给侧结构性改革的思考 ………………………… 张　岚 // 103

关于发展水利供给侧结构性改革的几点看法 ……………………… 黄卫蓝　包　芸 // 109

论松江水利供给侧结构性改革的要求与重点任务 ……………… 韩 冰 沈 静 // 112
围绕供给侧结构性改革突出工程管理 加快新泰市水利建设步伐 ……… 袁恒国 // 118

最严格水资源管理与供给侧结构性改革

水资源管理的供给侧结构性改革研究 ………………………………………… 王喜峰 // 125
落实最严格水资源管理制度 助力供给侧结构性改革 …………………… 陈明忠 // 132
最严格视域下水资源供给侧结构性改革经验探讨
…………………………………………… 赵 清 刘晓旭 刘晓民 蒋义行 // 136
——内蒙古自治区水资源管理改革实践
供给侧结构性改革中的云南水资源管理 ……………………………………… 关家康 // 141
以科技创新推进农业水资源供给侧结构性改革
…………………………………………… 盛 平 黄光辉 纪文俊 杨 泷 // 148
水资源管理立法现状与供给侧结构性改革的新要求
…………………………………………………… 张瑞美 王亚杰 郎劢贤 // 154
供给侧结构性改革背景下的取水许可制度完善 …………………………… 刘 卓 // 162
浅析供给侧结构性改革下的水资源管理 …………………………………… 李 素 // 166
泰州市最严格水资源管理制度下的供给侧结构性改革研究
……………………………………………… 王胜艳 王为攀 马林敏慧芝 // 172
烟台市非常规水源开发利用设想与展望 …………………………………… 景 旭 // 177
最严格水资源管理制度助力供给侧结构性改革 …………………………… 孙雪峰 // 183
最严格水资源管理与供给侧结构性改革 …………………………………… 马 丽 // 188
贯彻科学治水方针 推进供给侧结构性改革 …………………… 袁修猛 郭文慧 // 194
——对湖北省水资源供给侧结构性改革的思考
创新水资源供给侧结构性改革的认识与实践 ……………………………… 周 普 // 201
——以水权益实体实物型水资源资产负债表试编为例
严格黄河水资源管理 助力供给侧结构性改革 …………………………… 陈萌萌 // 209
供给侧结构性改革背景下水资源大数据平台构建模式初探
…………………………………………………… 杨大杰 李 娟 孙文超 // 214

农村水利与农村供给侧结构性改革

深入推进供给侧结构性改革 不断开创新时代农村水利新局面
…………………………………………………… 王爱国 倪文进 周 玉 // 221
关于加快农田水利供给侧结构性改革的几点思考 ……………… 柳长顺 杜丽娟 // 229
疏勒河灌区试行水权制和差别水价 促进农业供给侧结构性改革综述
………………………………………………………………… 刘 鑫 刘建军 // 236
凝心聚力、攻坚克难,助力农业供给侧结构性改革 ……………… 孙小铭 吴修杰 // 243
社会资本参与农田水利建设的典型案例分析及经验启示
…………………………………………………… 严婷婷 罗 琳 王转林 // 249
丰水地区农业水价综合改革路径探寻 …………………………… 李章林 王 洁 // 255
——以扬州市为例
农村供给侧结构性改革面临的问题与对策 …… 何 慧 邵东国 徐义军 刘泊宇 // 259
——以湖南省农村水利改革为例
农村水利与农村供给侧结构性改革初探 ……………………………………… 黄左贤 // 265
基于农村水利供给侧结构性改革的赣榆区高效节水灌溉研究 ……………… 李亚雯 // 270
推进农村水利与农村供给侧结构性改革还需做到“7 个结合” …………… 吕 坤 // 273
深化小型水利工程管理体制改革 助力农业现代化 ……………………… 陈 献 // 277

深化水利改革与供给侧结构性改革

深入推进水利供给侧结构性改革的对策措施 ………………………………… 王冠军 // 287
珠江流域水利供给侧结构性改革对策分析 ………………………………… 郑冬燕 // 294
黄河水利委员会经济可持续发展路径探析 ………………………………… 王文增 // 299
深化供给侧结构性改革 破解水利发展现实问题 ……………… 阚善光 曹革苗 // 305
我国部分地区水利供给侧结构性改革的实践探索
……………………………… 敖 菲 郑宇辉 张海龙 林辛锴 张 璐 // 310
从执法的角度浅论最严格水资源管理与供给侧结构性改革的关联 ……… 倪周晶 // 316
供给侧结构性改革中加强小型水利工程管理能力建设的思路与重点
…………………………………………………… 王亚杰 张瑞美 尤庆国 // 321

关于有效落实河长制关键措施的思考 …… 李肇桀 王贵作 // 327
巩固完善好水管体制改革成果 助力供给侧结构性改革 …… 刘航东 // 330
南水北调中线工程供给侧结构性改革研究 …… 王晓贞 邓方方 // 335
山东省水权改革的进展与建议 …… 王俊杰 刘开非 李 政 // 342
加快水利改革发展与供给侧结构性改革 …… 王爱莉 程 琳 郑 策 张 铮 // 349
——推进水利部行政审批改革工作纪实
实施基础设施供给侧结构性改革 创新水利工程建设体制
…… 陈韻俊 胡敏杰 陈兰川 // 356
落实水利“放管服”改革精神 彰显政府职能转变新成效
…… 程 琳 郑 策 王爱莉 张 铮 // 359
深化水利改革与供给侧结构性改革 …… 谭燕生 // 365
切实有效推进小型水利工程管理体制改革 …… 廖振雷 张 真 // 372
南水北调京石段应急供水工程施工阶段合同管理难点浅析及应用
…… 肖文素 杨宏伟 // 375
优化水闸管理与供给侧结构性改革 …… 蒯元星 // 381
供给侧结构性改革背景下松江水务行政审批改革浅析 …… 张 翔 // 386
关于上海市松江区水利设施管理市场化的探究 …… 李屹硕 // 390
水利供给侧结构性改革的认识与初探
…… 郑宇辉 敖 菲 张海龙 林辛锴 张 璐 // 396
关于推进水利供给侧结构性改革的思考 …… 范卓玮 // 400
基层水利工程项目档案管理的现状与对策建议 …… 顾 芸 // 404
供给侧结构性改革视角下河湖管护动力机制发展分析 …… 李晓晓 郎劢贤 // 410
——基于河长制的思考
贵州马岭水利枢纽 PPP 项目法人组建及相关法律政策问题分析
…… 张闻笛 贺 骥 李 伟 吴兆丹 // 416

水利建设营运投融资多元化与供给侧结构性改革

加快水利资产证券化进程 推进水利投融资结构性改革 …… 段红东 // 425
水利 PPP 项目合同争议的多元化解决机制研究
…… 梁 姝 // 434
推进水利建设众筹融资的思考 …… 刘 汗 高 龙 // 443

规范地方政府举债融资政策背景下推进水利 PPP 的思考……… 马 超 李 昂 // 451
供给侧结构性改革中的跨流域合作建库模式研究 ……………… 张松达 毛顶晖 // 458
——以浙江钦寸水库为例
供给侧结构性改革下水利建设营运投融资多元化的分析 ………………… 林 军 // 464
水利风景资源开发 PPP 模式探讨……………………… 陈少妹 夏 魁 陆 欣 // 468
——以云南省为例
社会资本参与重大水利工程建设运营投资回报机制分析
………………………………………………… 罗 琳 庞清鹏 严婷婷 // 474
对城市水务市场化改革的再认识 ………………………………………… 王亦宁 // 481
——兼论城市水务 PPP 模式
供给侧结构性改革视角下创新水利投融资机制的对策措施…… 马 超 李 昂 // 489
完善绿色金融政策,发展合同节水服务 ………………………………… 唐忠辉 // 495

与水利相关的企业改革发展与供给侧结构性改革

黄河勘测规划设计有限公司供给侧结构性改革的企业实践 ……………… 李虎平 // 503
供给侧结构性改革视角下的中央水利企业改革与发展 …………………… 尤庆国 // 510
未雨绸缪,多措并举,积极推进水利水电勘测设计行业供给侧结构性改革
……………………………………………………………………… 蒋 翼 // 522
供给侧结构性改革视角下传统水利设计行业的机遇、挑战及对策 ……… 张 芳 // 527
供给侧结构性改革背景下黄河施工企业健康发展的建议及对策
…………………………………………… 王 勇 李 瑾 孙慧梅 // 532
——以山东黄河工程集团为例

参考文献 ……………………………………………………………………… 536

加快水利发展与供给侧结构性改革

以深化供给侧结构性改革为主线推动水利高质量发展

陈　雷[*]

党的十九大报告明确提出，必须坚持质量第一、效益优先，以供给侧结构性改革为主线，推动经济发展质量变革、效率变革、动力变革。中央经济工作会议再次强调，要重点在“破”“立”“降”上下功夫，把供给侧结构性改革推向深入。推进供给侧结构性改革，是以习近平同志为核心的党中央综合研判世界经济形势和我国经济发展新常态作出的重大理论创新和决策部署，是实践证明能够解决我国经济领域一系列深层次矛盾和问题的治本之策，对于解决我国长期积累的结构性矛盾、实现供求关系动态均衡、推动经济高质量发展具有重大意义。

水利是推动经济增长的重要引擎，是基础设施建设的突出短板，也是深化供给侧结构性改革的重要领域。从扩大公共产品供给看，水利具有公共物品和公共服务属性，是供给体系的重要组成部分，也是提高供给体系质量的基础条件。当前，我国经济呈现出结构更合理、分工更优化、业态更丰富等特点。这就要求我们加快完善水利基础设施建设网络，抓紧补齐防灾减灾、供水保障、农业节水等短板，形成与经济发展相适应的防洪、供水、粮食、生态等支撑保障能力。同时充分发挥水利投资的拉动作用，为促进经济增长、扩大社会就业注入新动能。从转变经济发展方式看，长期以来，我国经济增长方式比较粗放，付出的资源环境代价过大，已难以为继，必须坚决调整产业结构，淘汰落后产能。水资源在转变经济发展方式中具有先导性、约束性作用。这就要求我们进一步强化水资源刚性约束作用，严格控制用水总量，优化用水结构，提高用水效率，抑制不合理用水需求，淘汰高耗水落后产能，以用水方式转变倒逼产业结构调整和区域经济布局优化，推动经济转型升级，实现从规模速度型粗放增长转向质量效率型集约增长。从优化经济发展布局看，我国水资源时空分布不均，水土资源与生产力布局不相匹配。随着京津冀协同发展、长江经济带建设、雄安新区建设等国家战略深入实施，区域协调发展、城乡融合发展、贫困地区脱贫进程加快，经济发展布局调整优化，水资源供给面临新形势新任务。这就要求我们在优化工程布局、连通

* 陈雷（1954—　），男，中华人民共和国水利部原部长。

河湖水系、增强调控能力上下功夫，不断提高水资源要素与其他经济要素的适配性、水利发展与经济社会发展的协调性，促进形成新的增长点、增长极和增长带。

中国特色社会主义进入了新时代，我国社会主要矛盾发生历史性变化，经济由高速增长阶段转向高质量发展阶段。做好新时代水利工作，必须全面贯彻党的十九大精神，以习近平新时代中国特色社会主义思想为指导，坚持稳中求进工作总基调，坚持新发展理念，围绕深化供给侧结构性改革，践行新时代水利工作方针和治水新思路，抓重点、补短板、强弱项、夯基础，着力强化水资源节约保护，着力完善水利基础设施网络，着力提升防汛抗旱减灾水平，着力健全现代水治理体系，为经济社会持续健康发展提供坚实的水利支持和保障。

第一，大力开展国家节水行动，加快转变水资源利用方式。牢固树立在水资源利用上过紧日子的思想，坚持节水优先方针，深入落实最严格水资源管理制度，强化“三条红线”刚性约束，推进水资源消耗总量和强度双控行动，进一步落实取水许可监督、水资源有偿使用等管理措施，抓好用水定额管理和用水计划管理，不断提高水资源利用效率和效益。大规模实施农业节水工程，加强工业节水技术改造和循环用水，加大生活节水力度。全面建设节水型社会，完善强制性节水标准，实施重点用水监控，广泛开展节水宣传，推动形成有利于水资源节约保护的空间格局、产业结构、生产方式、生活方式。

第二，加快重大水利工程建设，进一步完善水利基础设施网络。坚持科学规划、统筹安排、强化质量、有序建设，进一步完善大中小微并举的现代水利基础设施网络，充分发挥水利工程建设的投资拉动作用、经济支撑功能和生态环境效应。集中力量推进节水供水重大水利工程建设，继续抓好大江大河大湖治理，加强流域骨干控制性工程建设，科学规划和有序建设一批重点水源工程与水资源配置工程。大力实施灾后水利薄弱环节建设，不断完善防洪排涝减灾体系和水资源供给保障体系。积极推进江河湖库水系连通，打造循环通畅、调控自如的现代水网。

第三，全面加强水生态文明建设，增加优质生态产品供给。坚持人与自然和谐共生，牢固树立绿水青山就是金山银山的理念，合理划定河湖生态空间，严格用途管制措施，加强水域岸线开发利用管理，科学确定并保持重要河湖生态流量，维护河湖健康生命。加快实施水污染防治行动计划，严格控制入河排污总量，强化水功能区分级分类管理，保障饮用水水源地安全达标。统筹山水林田湖草系统治理，扎实推进重点区域水土流失防治、地下水超采区治理和生态清洁小流域建设，强化重要生态保护区、水源涵养区、江河源头区生态保护，提升河湖自然生态系统的稳定性和生态服务功能。

第四，深入实施乡村振兴战略，补齐补强农村水利短板。按照习近平总书记“把农田水利搞上去”的要求，积极发展高效节水灌溉，加快推进灌区节水改造和现代化建设，实施小型农田水利工程提质达标建设，抓好冬春农田水利兴修，解决好农业灌溉“最后一公里”问题，不断提高农业质量效益和竞争力。加大乡村资源环境保护力度，抓好农村水系河塘综合治理，不断改善农村人居环境，打造山清水秀、河畅湖美的生态宜居乡村。全面落实精准扶贫、精准脱贫方略，全方位加大水利扶贫力度，扎实推进农村饮水安全巩固提升、水土保持、小水电扶贫等工程建设，继续抓好行业扶贫、定点扶贫、片区联系、对口支援和老区建设等水利工作，促进贫困地区如期实现脱贫目标。

第五，加大重要领域改革力度，健全现代水治理体制机制。加快推进河长制湖长制，建立健全制度体系、组织体系和责任体系，确保如期全面建立河长制湖长制，推动解决河湖管理难题。进一步深化水利“放管服”改革，推进行政许可标准化建设。不断创新水利投融资体制机制，充分发挥公共财政资金的引导撬动作用，积极协调加大金融支持水利力度，鼓励吸引社会资本投入水利建设。以完善产权制度和要素市场化配置为重点，全面推进农业水价综合改革，扎实做好水流产权确权、水资源税等改革试点工作，积极培育水市场，建立健全水流生态保护补偿机制，进一步激发水利发展活力。

第六，积极开展智慧水利建设，着力推进水利科技创新。把握质量变革、效率变革、动力变革的要求，深入实施创新驱动发展战略，健全水利科技创新体制机制，加大水利创新人才培养力度，加快科技创新成果转化应用。推动互联网、大数据、云计算、卫星遥感、人工智能等高新技术与水利工作深度融合，加快构建覆盖全国江河水系、水利基础设施体系、管理运行体系的网络大平台，国家流域区域相关信息资源整合共享的大数据，以及集成业务支撑、决策支持、公共服务的大系统，全面提升感知、分析、预测和风险防控能力，以水利数字化、网络化、智能化驱动水利现代化。

在学懂弄通做实党的十九大精神上下功夫 扎实推进水利供给侧结构性改革

叶建春*

党的十九大对水利改革发展作出一系列重大部署，特别是在深化供给侧结构性改革中，强调加强以水利为首的九大基础设施网络建设。水利部党组就学习贯彻十九大精神、做好新时代水利工作作出全面安排和部署，水利部原部长陈雷同志在党组中心组学习班上也提出明确的要求。研讨“加快水利改革发展与供给侧结构性改革”，是学习宣传贯彻党的十九大精神的具体行动，是以十九大精神为指导推动水利工作的直接体现，也是落实部党组学习贯彻十九大精神决策部署的生动实践。

一、深刻认识新时代深化供给侧结构性改革的新形势

2015 年 11 月，习近平总书记首次提出供给侧结构性改革，2016 年中央经济工作会议进一步明确了供给侧结构性改革的五大任务。党的十九大报告指出，建设现代化经济体系是跨越关口的迫切需求和我国经济发展的战略目标。深化供给侧结构性改革，是建设现代化经济体系的首要任务，符合国际发展大趋势和我国发展阶段性的要求。

（一）深化供给侧结构性改革，是适应世界供给体系加快调整优化的外在要求

当前，新一轮科技革命和产业变革突飞猛进，信息、生物、新材料、新能源等技术全面渗透，重大颠覆性创新、创造时有涌现，尤其是新一代信息技术和制造业、服务业深度融合，相互促进，交替提升，催生新一代智能制造、分享经济等多种新科技、新业态不断涌现。美国再工业化战略、德国工业 4.0 战略等应运而生，有力推动了世界供给体系的调整与优化。这对我国顺应历史潮流，紧紧把握住这个关键的历史机遇，通过深化供给侧结构性改革实现赶超提出新要求。

---

* 叶建春（1965— ），男，中华人民共和国水利部副部长。

（二）深化供给侧结构性改革，是解决我国新时代主要矛盾的迫切要求

改革开放以来，我国生产力水平显著提高，经济增速名列前茅，经济总量稳居世界第二，为世界贡献了中国理念、中国智慧、中国经验和中国方案。但总体而言，我国生产能力大多数只能满足中低端、低质量、低价格的需求，部分行业既存在产能过剩、供给结构不合理，又存在有效供给不足等问题，关键核心技术长期受制于人。解决新时代人民日益增长的美好生活需要和不平衡不充分的发展之间的矛盾，迫切要求加快推进供给侧结构性改革，突出抓重点、补短板、强弱项，全面实现供给体系提质增效。

（三）深化供给侧结构性改革，是开创中国特色水利现代化新局面的内在要求

水利是经济社会发展不可替代的基础支撑。党中央高度重视水利工作，习近平总书记将水安全提升到国家安全的战略高度。党的十八大以来，水利系统积极践行新时期中央水利工作方针，大力推进水利改革发展，取得了显著成就。全国解决 2.5 亿多农村人口饮水安全问题；防洪减灾效益达5513 亿元，完成抗旱浇灌面积 14.2 亿亩，挽回粮食损失 1.4 亿吨、经济作物损失 1457 亿元；172 项节水供水重大水利工程开工建设 119 项，在建投资规模超过 9000 亿元；新增高效节水灌溉面积近 1 亿亩；重要江河湖泊水功能区水质达标率提高了 9.9%，新增水土流失综合治理面积 26.22 万平方公里；全国万元国内生产总值用水量下降 25.4%，万元工业增加值用水量下降 26.8%，灌溉用水总量实现零增长；河长制、农业水价综合改革、中国水权交易所、金融支持水利等重点领域改革取得一系列突破性成果，依法治水管水能力不断强化，水利科技创新步伐进一步加快，为经济社会发展提供了强有力的支撑。

但是，我们也看到，与经济社会发展对水利的需求相比，水利仍处于补短板、破瓶颈、强基础、增后劲、提质量、上水平的发展阶段。突出表现在：一是水利供给质量总体较低：乡村供水保障和应急能力还不强，农田水利基础设施保障国家粮食安全的能力有待提高，中小河流防洪减灾能力依然是薄弱环节，水生态环境状况尚未得到根本扭转。二是水利供给效率总体不高：水资源供给与利用总体上仍偏于粗放，水资源短缺、用水浪费严重、用水效率偏低等现象依旧并存。三是水利持续发展动力还不强：水价水权水市场的资源配置作用尚未充分发挥，水资源刚性约束对转变经济发展方式、优化产业结构调整的倒逼机制尚未完全形成。强化决胜全面建成小康社会、建设社会主义现代化强国的水利支撑，客观要求不断深化水利供给侧结构性改革，全面提高水利供给质量和效率，增强持续发展新动能，推进水治理体系和治理能力现代化。

二、切实找准新时代水利供给侧结构性改革的主攻方向

进入新时代，水利发展的内外部环境发生了深刻的变化。推进水利供给侧结构性改革，必须准确把握新时代坚持和发展中国特色社会主义的基本方略，找准主攻方向。

（一）坚持以人民为中心，着力提高供给质量，推动民生水利新发展

坚持以人民为中心是新时代中国特色社会主义的基本方略之一。深化水利供给侧结构性改革，必须牢固树立以人民为中心的发展思想，从人民日益增长的美好生活需要和不平衡不充分的发展之间的矛盾着手，着力解决人民群众最关心最直接最现实的民生水利问题，加快构建保障民生、服务民生、改善民生、惠及民生的水利发展格局，使人民群众获得感、幸福感、安全感更加充实、更有保障、更可持续。深化水利供给侧结构性改革，要强化水利基础支撑，着力加强水利基础设施网络建设，补齐补强民生水利短板。要紧紧围绕实施乡村振兴战略，加快完善城乡供水保障体系，提升城乡居民饮用水安全保障能力，让人民群众喝上安全水、放心水；加快完善大中小微并举的农田水利基础设施体系，提高粮食安全水利保障能力，确保人民把饭碗牢牢端在自己手上；要加快完善防灾减灾体系，加快灾后薄弱环节建设，保障经济社会发展和人民生命财产安全；扎实做好水利扶贫工作，夯实贫困地区脱贫致富的水利基础，打赢脱贫攻坚战，切实做到全面小康一个都不掉队。

（二）坚持新发展理念，着力提升供给效率，加强水生态文明建设

发展是解决我国一切问题的基础和关键，发展必须是科学发展，是不以牺牲生态环境为代价的发展。水利供给侧结构性改革，必须坚定不移地贯彻落实新发展理念。要落实最严格的水资源管理制度，强化“三条红线”刚性约束，推动产业转型升级，切实解决经济发展布局与水资源承载能力不平衡、不协调和不适应的突出问题，以水资源可持续利用保障经济社会可持续发展。要牢固树立和践行绿水青山就是金山银山的理念，统筹山水林田湖草系统治理，加快水生态文明建设，更加高效地提供更多更优质的水利生态产品和服务。要大力推进江河湖库水系连通，不断深化乡村河道综合整治；扎实开展地下水超采区综合治理，严格地下水开发利用总量和水位双控制；加快水土流失综合防治，建设清洁小流域，发展绿色小水电；强化重点生态区和水源地保护，推进生态脆弱河湖和地区水生态修复；加快实施水污染防治行动计划，持续改善水环境质量。

（三）坚持全面深化改革，着力增强发展动力，推进水治理体系和治理能力现代化

全面深化改革是解决“新矛盾”、开启“新征程”的必由之路。深化水利供给侧结构性改革，必须统筹改革的系统性、整体性、协同性，用改革创新破解水利发展中的深层次矛盾。要全面推行河长制，重点抓好水资源保护等六项主要任务，大力加强河湖管理保护，实现“河畅、水清、岸绿、景美”的目标。进一步深化水利“放管服”改革，转变水行政管理职能，强化事中事后监管。要按照深化投融资体制改革的新要求，创新水利投融资体制机制，落实中央加大水利投入相关政策，用好金融支持水利政策，进一步规范引导社会资本参与水利建设。要充分发挥市场机制配置资源的作用，要全面推进水权水价水市场建设。要加快重点领域立法进程，构建系统完备、科学规范、运行有效的水利制度体系，不断推进水治理体系和治理能力的现代化。

三、全面落实新时代水利供给侧结构性改革的新任务

供给侧结构性改革的根本，是推动经济发展质量变革、效率变革、动力变革，提高生产率，加快建设完善的产业体系和经济体制，不断增强经济创新力和竞争力。深化水利供给侧结构性改革，要紧紧围绕这一目标，着力做好以下六个方面工作。

（一）不断健全水利基础设施网络

一是加快重大水利工程建设。以完善江河流域防洪体系、优化水资源配置格局为重点，大中小微协调配套，建设一批重点水源工程和水资源配置工程，积极推进江河湖库水系连通，因地制宜建设水网工程，大力提高流域和区域水资源统筹调配能力，着力构建布局合理、水源可靠、水质优良的供水安全保障体系。开展大江大河干流及重要湖泊治理、控制性枢纽建设、蓄滞洪区建设，加快灾后薄弱环节建设，着力完善以河道堤防为基础、控制性枢纽为骨干、蓄滞洪区为保障，工程措施与非工程措施相结合的防洪减灾综合体系。到2020年，全国新增供水能力270亿立方米，洪涝灾害和干旱灾害年均直接经济损失占同期GDP的比重分别控制在0.6%和0.8%以内。

二是强化乡村振兴的农村水利支撑。乡村振兴是党的十九大提出的新要求，全党全社会都应该共同为新战略而努力，水利更加是责无旁贷。加快推进大中型灌区现代化建设与改造，在水土资源条件具备的地区建设一批节水型、生态型大型灌区，继续大规模推进田间渠系配套、“五小水利”工程、农村河塘清淤整治等小型农田水利设施建设，促进农田水利工程提质增效。以精准对接贫困人口为重点，实施农村饮水安全工程巩固提升，开展农村饮水工程规模化标准化建设并大力发展城乡供水一体化。到

2020 年，新增农田有效灌溉面积 3000 万亩，新增高效节水灌溉面积 1 亿亩，一年 2000 万亩；农村自来水普及率力争达到 80% 以上，集中供水率达到 85% 以上。

（二）积极实施国家节水行动

一是严格落实最严格的水资源管理制度。加快江河流域水量分配，推进用水总量指标落实到江河控制断面和水源、用水强度指标分解到市县级行政区。全面开展产业园区和重大产业布局规划水资源论证，严格过剩产能和落后产能行业企业的取用水总量控制和定额管理。推进水资源消耗总量和强度双控行动。到 2020 年，全国年用水总量控制在 6700 亿立方米以内，万元国内生产总值用水量、万元工业增加值用水量较 2015 年分别降低 23% 和 20%，农田灌溉水有效利用系数提高到 0.55 以上。

二是全面建设节水型社会。从政策、工程、技术、管理等方面全面推进节水工作。全面实施规模化高效节水灌溉行动，加快推进大中型灌区节水改造，强化农业取水许可管理和计量监测。加快高耗水行业节水工艺改造，实施水效领跑者引领行动。加快城镇供水管网改造，推广生活节水器具。推行合同节水管理，实施水效标识管理，加快节水产品认证与推广普及。严格地下水开发利用总量和水位双控制。采取一系列具体动作，来实现节水优先的目标。

三是加强水资源监控能力建设。抓紧建立水资源承载能力评价与监测预警机制，不断完善和提升国家水资源信息管理系统，加快国家水资源监控能力建设二期项目建设，形成与实行最严格水资源管理制度相适应的水资源监控能力。到 2020 年，基本建成国家水资源监控系统。

（三）全面推行河长制

一是着力解决河湖管理和保护的突出问题。强化河湖水功能区管理，严格控制入河湖排污总量，加强水资源保护，严格水域岸线空间管制；采取综合措施防治工矿企业、城镇生活、畜禽养殖和农业面源等污染；加强城乡河湖生态环境整治，消除城市黑臭水体、农村生活污水和垃圾；加强联合执法，严厉打击非法排污、捕捞、养殖、采砂等行为。

二是不断完善河湖管理和保护的长效机制。健全涉河法规体系，加快推动河长制有关立法工作，明确地方党政领导、各部门责任，健全完善河长工作机制，推进依法治河、依法管河、依法评价、依法问责。加快河长制管理信息化建设，加强河湖动态监控，全面制定落实“一河（湖）一策”方案，确保如期完成全面建立河长制的任务，大部分省（自治区、直辖市）在 2017 年年底全面建立河长制，少部分省（自治区、直辖市）在 2018 年 6 月前完成。

（四）大力推进水生态文明建设

一是切实强化河湖生态修复和保护。保障基本生态用水，维持河流合理流量和湖泊、水库及地下水的合理水位。以京津冀“六河五湖”、西北内陆河、重要湿地等为重点，采取综合措施推进生态敏感区、生态脆弱区、重要生境和生态功能受损河湖的生态修复。更加注重山水林田湖草系统治理，积极开展退耕还湖还湿、退养还滩、退渔还湖，恢复河湖水系的自然连通。建立生态用水及河流生态评价指标体系，开展全国重要河湖健康评估，建立健全水生态补偿机制。到 2020 年，地下水超采得到基本控制，水生态系统稳定性和生态服务功能逐步提升。

二是全面加强水土流失综合防治。以水源涵养为根本，推进重点区域水土流失综合治理。加强西北黄土高原区、东北黑土区、西南岩溶区等重要江河源头区、重要水源地和水蚀风蚀交错区等重点区域水土流失防护和治理，加快坡地耕地综合整治和生态清洁小流域建设。到 2020 年，全国新增水土流失综合治理面积 27 万平方公里。

三是更加严格水生态空间管控。划定河湖生态保护红线，实施水流产权确权及统一登记制度。严格水功能区分级分类监督管理，加快监测能力建设，推进水功能区水质达标率和污染物减排量考核，从严控制入河排污总量，落实责任追究。到 2020 年，水功能区水质达标率达到 80% 以上。

（五）深化重点领域改革

一是推进水权水市场建设。推进水流产权确权试点，加强水资源用途管制，积极培育和发展水市场，探索多种形式的水权交易。加强水权交易监管，维护水市场良好秩序。

二是深化价格税费改革。全面推进农业水价综合改革，建立健全合理反映供水成本、有利于节水和农田水利体制机制创新、与投融资体制相适应的农业水价形成机制。扎实推进水资源税改革。2016 年在河北进行试点，近期中央专门开会，同意试点扩大到 9 个省（自治区、直辖市）。

三是完善水利投融资体制。坚持政府与市场两手发力，形成完善的政府和社会资本合作模式，加大金融支持水利力度，通过 PPP、政府购买服务等方式，激发民间资本投资水利建设与管理的活力。

（六）依法治水和科技兴水

一是强化依法治水管水。加快完善水法规体系，出台《长江保护法》《地下水管理条例》《节约用水条例》，修订《水法》《防洪法》《河道管理条例》《水库大坝安全管理条例》等。进一步完善执法体制机制，深入推进水利综合执法。加强执法能力建设，推进水利执法现代化。

二是加快推进水利信息化。贯彻落实国家创新驱动发展战略，以水利信息化促进水利现代化，加强信息前沿技术研究，应用大数据、云计算、物联网、移动互联、人工智能等技术，大幅提升水利业务工作现代化、信息化水平。加快推进国家防汛抗旱指挥系统、水资源管理系统、地下水监测工程等重点工程建设，全面推动“数字水利”向“智慧水利”转变。

三是加强水利科技研发和推广。按照互联网、大数据、人工智能和实体经济深度融合的要求，立足质量、效率和动力三大变革，加强水利科技研发和应用推广，提高自主创新能力。

以深化供给侧结构性改革为契机扎实推进水利经济研究工作

董　力*

党的十九大是在全面建成小康社会决胜阶段、中国特色社会主义进入新时代的关键时期召开的一次十分重要的大会，在我们党和国家事业发展进程中具有划时代的里程碑意义。党的十九大报告明确提出，要以供给侧结构性改革为主线，推动经济发展质量变革、效率变革、动力变革。推进供给侧结构性改革，是以习近平同志为核心的党中央深刻把握我国经济发展大势作出的战略部署，是“十三五”时期的发展主线，是适应和引领经济发展新常态的重大创新。我们要以深化供给侧结构性改革为契机，深刻领会供给侧结构性改革对水利发展的新要求，准确把握新形势下水利经济研究的重点领域，加快推进水利经济研究特色智库建设，扎实推进水利经济研究工作。

一、深刻领会供给侧结构性改革对水利发展的新要求

水是基础性的自然资源和战略性的经济资源，是生态和环境的控制性要素。供给侧结构性改革是全面改革的关键环节，也是水利深化改革的必由之路。适应经济发展新常态，对水利供给侧结构性改革提出了新的更高的要求。

（一）推动质量变革，要求提供更高质量的水利产品与服务

党的十九大报告指出，我国经济已由高速增长阶段转向高质量发展阶段，正处在转变发展方式、优化经济结构、转换增长动力的攻关期，建设现代化经济体系是跨越关口的迫切要求和我国发展的战略目标。建设现代化经济体系，必须把发展经济的着力点放在实体经济上，把提高供给体系质量作为主攻方向，显著增强我国经济质量优势。水利是国民经济社会发展的重要基础设施，是提供基本公共服务产品的重要领域。目前，水利产品和服务还存在着较低质量供给现象：部分城乡供水保障和应急能力还不强，缺乏稳定可靠的水源保障；部分农田水利基础设施老化失修、配套不完善、建

---

* 董力（1951—　），男，中纪委驻水利部原纪检组组长、中国水利经济研究会理事长。

设标准低，影响农业生产用水保障；中小河流防洪工程建设标准低，病险水库存在严重安全隐患；部分河湖生态水量得不到保障，生态环境恶化趋势尚未得到根本扭转；全国地下水超采区面积近30万平方公里，全国重要江河湖泊水功能区水质达标率为73.4%，23%河道长度的水质劣于Ⅲ类，水环境持续改善的压力较大。加强水利对经济社会高质量发展和生态环境改善的保障能力，亟待进一步提高水利产品与服务的供给质量。

（二）推动效率变革，要求全面提高水资源供给与利用效率

效率是经济发展永恒的主题，在资源环境约束日益增强和竞争日益激烈的今天，我国经济亟待转变发展方式、优化产业结构，从而推动效率变革。当前，我国水资源供给与利用效率总体上仍偏于粗放，水资源短缺、用水浪费严重、用水效率偏低等现象依旧并存。2016年万元工业增加值用水量52.8立方米，是世界先进水平的2—3倍；农业灌溉用水仍较粗放，农田灌溉水有效利用系数0.542，远低于世界先进水平的0.7—0.8；用水结构仍不合理，2016年农业用水量占全国用水总量的62%；部分地区水资源承载能力与经济结构、产业布局不协调，水资源短缺和生态脆弱地区仍存在盲目建设高耗水、高污染项目的现象，高耗水企业转型降耗仍需要相当长一段时间。适应和引领经济发展新常态，推进产业结构调整和区域经济布局优化，必须要全方位提高水资源供给与利用效率，促进经济社会发展与水资源水环境承载能力相协调。

（三）推动动力变革，要求进一步深化水利体制与机制改革

我国经济发展已经进入了由大变强的关键期，最重要的支撑是要保持持续的发展动力。从水利改革发展情况来看，制约水利科学发展的深层次体制机制问题尚未根本破解。水权、水价等体制机制在水资源配置中的作用尚未充分发挥，水资源要素对转变经济发展方式、优化产业结构调整的倒逼机制尚未完全形成；水利建设投资需求与投融资能力不足矛盾更加突出；水利设施“重建设、轻管理”现象仍旧存在，水利工程建设与管理体制需进一步改革；水利科技创新能力亟待进一步提升，水利信息化水平需进一步提高。站在新的历史方位，传统水利发展模式已经难以适应新形势和新要求，必须深入推动水利发展动力变革，从根本上破除水利发展体制机制障碍，激发水利发展新动能，构建市场机制有效、微观主体有活力、宏观调控有度的水利发展体制，不断增强水利产品与服务的创新力和竞争力，确保精准提供高质量、高效率的水利公共产品供给。

二、准确把握新形势下水利经济研究的重点领域

水利供给侧结构性改革是一项全新的课题，还有大量需要研究、解决的理论和实践问题，这也是新形势下水利经济研究的重点。我们要深入贯彻落实党的十九大精神和战略部署，坚持以习近平新时代中国特色社会主义思想为指导，创造新思维、探索新办法、运用新手段，深入研究水利供给侧结构性改革中水利经济研究的重点、难点问题。

（一）切实做好新时代水利与国民经济的关系研究

党的十九大报告指出，必须坚持质量第一、效益优先，以供给侧结构性改革为主线，加快建立现代化经济体系，引导经济朝着更高质量、更有效率、更加公平、更可持续的方向发展。水利是供给体系的重要组成部分，需要更好地服务于实体经济发展，更加有力地促进区域协调发展与乡村振兴战略的实施。我们要适应和把握引领经济发展新常态，加快补齐水利基础设施、生态保护短板，充分发挥水利的基础性、先导性、保障性作用。

开展新形势下水利经济研究工作，要准确把握经济转型升级、四化同步对水利提出的新要求，开展水利发展统计指标与宏观经济统计指标的关系、水资源与其他经济要素支撑国民经济发展的协同机制等方面的研究；要结合水利基础设施网络建设力度不断加大的新情况，开展重大水利工程及面上工程建设对国民经济各行业的影响等方面的研究，为更好地跟踪评估水利投入对经济增长的拉动效应、稳定水利投资渠道与优化水利投资结构提供支撑；要结合京津冀协调发展、长江经济带建设等国家重大区域发展战略的推进，做好防洪减灾、节水供水、生态保护等水利支撑保障工作与区域经济社会发展布局的协调研究；要按照实施乡村振兴战略的要求，加强农田水利建设支撑现代农业发展、农村水利设施建设保障美丽农村建设、促进农民增收与脱贫攻坚等方面的研究。

（二）积极开展水资源水生态的经济问题研究

从生态文明建设全局来看，我国资源约束趋紧、环境污染严重、生态系统脆弱的严峻形势尚未得到根本性扭转，与人民日益增长的美好生活需要还有较大差距。我们要坚持人与自然和谐共生的理念，牢固树立社会主义生态文明观，大力推进水生态文明建设，严守水资源水环境水生态红线，增加广大人民的水生态福祉。中共中央、国务院出台的《生态文明体制改革总体方案》对健全自然资源资产产权制度提出了一系

列要求，包括建立统一的确权登记系统、建立权责明确的自然资源产权体系、健全国家自然资源资产管理体制、探索建立分级行使所有权的体制、加快资源环境税费改革、完善生态补偿机制、探索建立水权制度、推行水权交易制度等。

新形势下开展水利经济研究工作，要深入研究如何建立水资源资产产权制度，以及水资源资产产权制度与现行水资源管理制度的关系、两项制度如何衔接等问题，为加快健全水资源资产产权制度提供支撑；要深入研究实施国家节水行动中的经济问题，研究长效节水机制，研究节水产业优惠政策、供水价格改革、合同节水管理等；要深入研究水生态环境监管制度，进一步明确水资源资产所有者职责、水生态空间用途管制和水生态保护修复职责、水污染排放和水行政执法职责等；要深入研究水生态保护的外部效应与内部效应，科学核算水生态服务价值，为健全市场化、多元化水生态补偿机制，建立支持绿色发展、循环发展、低碳发展的利益导向机制和源头严防、过程严管、损害严惩、责任追究的约束机制提供支撑。

（三）着力加强水利行业政府和市场的关系研究

党的十九大报告指出，要坚持新发展理念，使市场在资源配置中起决定性作用，更好地发挥政府作用。“两手发力”也是新时代治水方针的基本要求。习近平总书记强调，保障水安全，无论是系统修复生态、扩大生态空间，还是节约用水、治理水污染等，都要充分发挥市场和政府的作用，分清政府该干什么，哪些事情可以依靠市场机制。水是公共产品，水治理是政府的主要职责，该管的不但要管，还要管严管好。同时，政府主导不是政府包办，应让政府和市场“两只手”相辅相成、相得益彰。

新形势下开展水利经济研究工作，要深入分析水利行业特点和水流自然资源资产特征，在哪些领域、哪些环节应当进一步加强公共治理，哪些方面可以引入市场机制；要研究推进财政投入机制改革，使政府更加有效地提供水利公共产品，创新公共服务提供方式，培育政府购买水利公共服务市场；要研究完善吸引社会力量参与水利工程建设与运营、创新农田水利服务供给机制等；要研究如何推进科技项目决定与成果评价的市场化，如何实现产学研协同创新等。

三、加快推进水利经济研究特色智库建设

当前和今后一段时期，认真学习、深刻领会、贯彻落实党的十九大精神是我们首要的政治任务。中国水利经济研究会要认真学习、深入领会、融会贯通、准确把握习近平新时代中国特色社会主义思想，在学懂弄通做实上下功夫，并转化为指导水利经济研究工作的思想武器，转化为搭建水利经济研究平台、推进水利经济研究智库建

设的自觉行动和强劲动力。要按照陈雷部长的要求，立足定位、科学谋划，积极打造水利经济研究、评估评价和学术交流品牌，不断提升支撑决策的能力、服务会员的能力和社会影响力，加快推进水利经济研究智库建设。

（一）整合优势资源，搭建宏观引领研究平台

充分发挥学会跨行业、跨学科的特点和联系广泛的优势，鼓励和吸引广大水利经济研究工作者协同开展与国家发展战略和国家深化改革重点相衔接、与经济社会发展要求相适应、与水利改革发展实际相结合的水利经济领域热点、难点和前瞻问题，提前谋划、主动研究、深入调研、联合攻关，提供具有全局性、针对性、高质量、有分量的水利经济政策建议。加快推进水利经济研究专家库和评估评价中介机构库组建工作，整合优势资源，凝聚行业之力、会员之力、社会之力，多形式整合水利经济研究、决策咨询和评估评价力量。积极搭建完善交流平台，开展不同形式、不同层次的学术交流活动，创新学术活动组织模式；高度关注单位会员诉求，充分发挥学组平台作用，强化对学组活动的指导，开展各具特色的学组学术交流活动。

（二）坚持水利经济主线，积极培育特色品牌

不断创新课题研究机制，始终坚持以研究解决政府关心、社会关注、会员关切的水利经济领域的现实问题为主线，突出水利经济研究特色，积极培育水利经济研究优势，深入开展水利经济问题研究，形成一批高质量的研究成果，更好发挥水利改革发展决策咨询的参谋助手作用；适应政府职能转变和社团改革的需要，充分发挥独立、客观优势，拓展第三方评价评估业务，深入开展水利建设项目、资金绩效、政策法规与规划实施等评估评价服务，积极培育水利评估评价优势；发挥学组平台的作用，不断拓展交流范围，丰富交流形式与内容，强化交流特色意识，开展各具特色的学术交流活动，繁荣水利经济学术交流。

（三）以需求为导向，全面提升服务质量

协调各方力量，协同开展事关水利全局、与水利经济密切相关的重大问题研究，拓展能够提供的水利公共政策服务、第三方评估评价服务，提升服务水利中心工作的能力，积极为水利改革发展建言献策。进一步完善会员服务措施和手段，围绕会员单位改革中出现的新情况、新问题，积极开展研究、主动出谋划策，紧密结合会员单位的特点和需求，提供高质量的学术研讨与培训服务交流平台。切实架起水利部与社会之间上情下达、下情上通、反映诉求的沟通桥梁，既要当好政府参谋助手和行业代言人，又要深入了解、及时反映广大民众最直接、最现实、最紧迫的公共需求，切实提

升服务社会的能力。

（四）深化学会改革，持续推进能力建设

适应深化水利改革发展的需要，有序稳妥地推进中国水利经济研究会改革。准确把握中央关于推动社团改革发展的部署和要求，遵循智库发展规律，创新管理方式，强化制度约束，不断完善以章程为核心的各项管理制度，织紧织密制度的笼子，强化制度约束。进一步完善民主办会、依靠会员办会的机制，更好调动和发挥会员在研究会工作中的作用，体现会员的意愿和要求，加快形成自立、自主、自律、自强的组织体制和灵活、高效的运行机制，促进学会持续健康发展。落实全面从严治党，加强党风廉政建设，打造廉洁社团、阳光学会。

推进水利供给侧结构性改革

范恒山*

推进供给侧结构性改革，是以习近平同志为核心的党中央综合研判世界经济形势和我国经济发展新常态作出的重大决策，是当前和今后一个时期我国经济发展和经济工作的主线。水利作为国民经济和社会发展的基础支撑，要按照中央关于保障水安全和加快水利改革发展的决策部署，坚持节水优先、空间均衡、系统治理、两手发力，加快推进水利供给侧结构性改革，着力破解制约水利发展的结构性、体制性矛盾和问题，优化水利公共产品供给结构和水资源配置体系，提高水利发展质量和效益，显著增强国家水安全保障综合能力。

一、水利供给侧结构性改革是全面提高我国水利改革发展水平的治本良方

中华人民共和国成立以来，通过大规模的水利基础设施建设，我国水利在保障经济社会发展方面取得了巨大的成就，治水兴水进入一个新的阶段。当前，随着经济发展进入新常态，水利发展的内外部环境发生深刻变化，水旱灾害频发、水资源短缺、水生态损害、水环境污染等新老水问题相互交织，已成为我国经济社会可持续发展的重要制约因素和面临的突出安全问题。推进水利供给侧结构性改革，加快提高水资源配置效率、提高水利发展质量和效益，十分重要和迫切。

（一）推进水利供给侧结构性改革是适应把握引领经济发展新常态、增强水利公共产品供给能力的重要举措

我国经济发展进入新常态，经济向形态更高级、分工更优化、结构更合理阶段演进。水利作为经济社会发展的基础支撑，必须形成与发展需求相适应的防洪、供水保障能力，提高水资源要素与其他经济要素的适配性，促进培育新的经济增长点，激发和释放发展新动能。当前，我国水利基础设施仍有不少短板和薄弱环节，水利公共服

---

* 范恒山（1957—　），男，国家发展和改革委员会副秘书长。

务和产品的有效供给还存在不足。防洪排涝减灾体系还不健全，城乡供水保障和应急能力不强，农田灌排设施存在老化失修、配套不完善、建设标准低等问题。推进水利供给侧结构性改革，通过加快完善水利基础设施网络，补齐防灾减灾短板、供水保障和农业节水短板，能够大幅增强水利公共服务和产品供给能力，同时也能够发挥水利建设吸纳投资大、产业链条长、创造就业机会多的优势，更好发挥水利投资对经济增长的拉动作用。

（二）推进水利供给侧结构性改革是贯彻落实绿色发展理念、推进生态文明建设的内在要求

习近平总书记指出，良好生态环境是最公平的公共产品，是最普惠的民生福祉。绿色是实现永续发展的必要条件和人民对美好生活追求的重要体现。当前，我国部分地区水资源过度开发，生态用水被严重挤占，全国地下水超采区面积近 30 万平方公里，引发河道断流、湖泊干涸、湿地萎缩、绿洲退化、地面沉降等生态问题。全国水土流失面积 295 万平方公里，约占国土面积的 30%。主要江河湖泊水功能区水质达标率为 73.4%，23% 的河道长度水质劣于Ⅲ类，水环境持续改善压力较大。一些不合理的水利工程建设运行和人类活动对区域水生态环境造成影响，部分水生生物栖息环境遭到破坏，生物多样性降低。推进水利供给侧结构性改革，把水资源和水环境承载能力作为刚性约束，通过强化水资源用途管制、降低水资源开发强度、增加生态环境用水、减少入河湖排污总量、实施水生态保护修复等措施，能以最小的水资源消耗和水生态环境代价取得最大的产出效益，修复生态、改善环境，补齐生态短板，实现绿色发展，为生态文明建设提供水利保障。

（三）推进水利供给侧结构性改革是破解我国水资源短缺瓶颈、实现水资源可持续利用的必然选择

我国水资源短缺和粗放用水并存，用水效率不高，2016 年万元工业增加值用水量 52.8 立方米，为世界先进水平的 2—3 倍，农田灌溉水有效利用系数 0.542，远低于 0.7— 0.8 的世界先进水平；用水结构不合理，近年来农业用水量约占全社会用水总量的 62%，西北地区高达 90% 以上；经济发展布局与水资源承载能力不协调，水资源处于“超载”和“紧平衡”状态的区域越来越多、范围越来越大、约束越来越紧。随着经济社会不断发展，今后相当长时间内，水资源供需矛盾将更加突出。通过供给侧结构性改革，严格控制用水总量、优化用水结构、提升用水效率、抑制不合理用水需求，能够从根本上破解水资源短缺的瓶颈制约，以水资源可持续利用保障经济社会可持续发展。

（四）推进水利供给侧结构性改革是破除体制机制障碍、激发水利发展新动能的重要途径

随着工业化、城镇化快速推进和全球气候变化影响加剧，未来我国面临的水问题将更趋复杂，主要依靠劳动、投资、资源等要素投入驱动的传统水利发展模式难以适应新的形势和任务。目前，我国水权、水价、建设管理、投融资等体制机制在水资源配置节约保护中的作用没有充分发挥，水资源要素对转变经济发展方式的倒逼机制尚未形成，部分工程建成后“无人管”“晒太阳”，效益没有充分发挥。受经济下滑、淹没损失、移民安置、环境影响等因素制约，水利工程建设无法长期保持高速增长，部分新建工程投入产出比已明显偏高。推进水利供给侧结构性改革，需要用改革的办法矫正供需结构错配和要素配置扭曲，加快实现从工程供给向制度供给转变，从注重行政推动向坚持两手发力、实施创新驱动转变，激发水利发展新动能，有效提升国家水治理能力。

二、准确把握水利供给侧结构性改革的总体要求

习近平总书记强调，推进供给侧结构性改革，说到底最终目的是满足需求，主攻方向是提高供给质量，根本途径是深化改革。推进水利供给侧结构性改革，要坚定不移贯彻这些精神和要义，结合水利改革发展特点，准确把握总体要求。

（一）坚持把满足人民群众需要作为根本目的

习近平总书记强调，从政治经济学的角度看，供给侧结构性改革的根本，是使我国供给能力更好满足广大人民日益增长、不断升级和个性化的物质文化和生态环境需要，从而实现社会主义生产目的。这是坚持以人民为中心发展思想的必然要求。水利供给侧结构性改革，要把增进人民福祉、促进人的全面发展作为出发点和落脚点，着力解决人民群众最关心最直接最现实的防洪、供水、水生态改善等问题，让广大人民群众有更多的获得感。

（二）坚持把提高水利供给质量和效率作为主攻方向

我国目前节水供水和管水用水工程设施体系还不完善，不少工程建设标准低、配套跟不上、布局不合理。在加快推进水利工程建设、扩大有效供给的同时，要着力提升整个水利工程供给体系质量，从全局角度优化流域区域水利工程体系布局，充分发挥水利工程防洪、除涝、减淤、供水、灌溉、发电、航运、生态等综合效益，优化生活、生产、生态用水结构。特别是把加强节水管水能力建设放在优先位置，推动水利

发展由过度消耗资源生态、满足“量”的需求为主，向集约节约利用资源，满足“质”的需求和追求绿色生态可持续转变。

（三）坚持做好水利供给侧结构性改革的“加减乘除”四则运算

做加法，就是要补短板、强生态，加快完善水利基础设施网络、加强水生态保护与修复，扩大水量、水质、水生态的有效供给。做减法，就是要降损耗、提效率，严格用水总量控制和定额管理，减少水资源的输送使用过程中的跑冒滴漏和无效供给，优先通过节水治污、优化调整结构等综合措施解决区域水资源问题。做乘法，就是要谋创新、增动力，全面推动水利科技、管理、市场、融资模式创新，充分提高科技进步对水利发展的贡献度，发挥财政资金的引导撬动和聚集放大作用，培育发展新市场、新技术、新业态、新服务，激发市场活力和社会创造力，提高水利全要素生产率。做除法，就是要促改革、顺机制，逐步消除制约要素高效配置的体制机制藩篱，推进水价、水权、投融资、水利工程产权和水行政管理体制机制改革，使供给体系有效适应需求结构变化，增加管水节水护水主体的内生动力，实现水利投入效率的整体提升。

（四）坚持把深化改革作为根本途径

习近平总书记强调，坚持社会主义市场经济改革方向，核心问题是处理好政府和市场的关系，使市场在资源配置中起决定性作用和更好发挥政府作用。供给侧结构性矛盾的原因是要素配置扭曲，是体制机制障碍。要通过深化改革，使市场手段、价格机制真正引导水资源配置，通过制度创新，激发内生动力，引导全社会积极支持和参与水利建设与管理，形成政府引导、市场调节、全民参与的用水管水新机制，实现更高质量、更有效率、更加公平、更可持续的水利发展。

三、统筹推进水利供给侧结构性改革的重点任务

习近平总书记指出，供给侧结构性改革，重点是解放和发展社会生产力，用改革的办法推进结构调整，减少无效和低端供给，扩大有效和中高端供给，增强供给结构对需求变化的实用性和灵活性，提高全要素生产率。水利供给侧结构性改革，应紧紧围绕全面提高水利供给的质量和效率这一目标，不断优化水利发展要素配置和组合，充分发挥市场机制在工程建管、资源配置、节水护水、资金筹措等方面的作用，激发市场活力和内生动力，使水利供需关系在更高水平上实现新的平衡。

（一）补齐水利基础设施短板，提高防洪供水节水能力

以供水节水重大水利工程和水利薄弱环节建设等为重点，集中力量补短板、夯基

础、增后劲，既补工程短板也补制度短板，不断增强水利公共产品供给和水安全保障能力，加快完善水利基础设施网络。在防洪减灾方面，着力完善以河道堤防为基础、控制性枢纽为骨干、蓄滞洪区为保障，工程措施与非工程措施相结合的防洪减灾综合体系，特别针对近年来洪涝灾害中暴露出的突出问题，扎实开展中小河流治理、病险水库除险加固、重点区域排涝能力建设等灾后水利薄弱环节建设。在供水保障方面，以重大引调水工程、重点水源工程为骨干，以各类中小型供水工程和非常规水源为补充，大中小微并举，着力构建布局合理、水源可靠、水质优良的供水安全保障体系。在农田水利建设方面，按照农业供给侧结构性改革的总体要求，把农业节水作为方向性、战略性大事来抓，推进大中型灌区续建配套与节水改造，实施区域规模化高效节水灌溉行动。要推进水利工程建设管理体制改革。明晰水利工程所有权和使用权，落实工程管理主体、责任和经费。针对各类工程特点，因地制宜采取专业化、社会化管理和群众自建自管相结合的多种管护方式，确保工程长久持续发挥效益。坚持先建机制、后建工程，特别是对农业节水工程，要落实合同节水管理、工程改造、节水计量监测设施建设等综合措施，确保水能实实在在节下来，形成长效机制。

（二）优化水资源配置格局，加强水资源集约高效利用

以水资源承载能力为基础，不断优化供水用水结构，推进节水型社会建设。一是严格用水总量控制和定额管理，实施水资源消耗总量和强度双控行动。强化水资源承载能力刚性约束，坚持以水定城、以水定地、以水定人、以水定产，进一步推动产业布局结构优化调整，调整农业种植结构，探索实行耕地轮作休耕制度，退减不合理用水量，减少水资源的无效供给和低端供给。加快淘汰超出定额的落后产能，全面推进节水增产、节水增效、节水降耗、节水减排。二是科学合理配置水资源。强化水资源统一调度，进一步提高流域和区域水资源统筹调配能力，优化供水结构，合理有序使用地表水、控制使用地下水、积极利用非常规水、退减被挤占的生态用水，逐步降低过度开发河流和地区的开发利用强度。特别是大力推进非常规水源利用，把非常规水源纳入区域水资源统一配置。三是建立健全节水激励机制。合理制定水价，充分运用价格机制促进节约用水。加快建立初始用水权分配制度，开展水权交易试点，鼓励有条件的地区逐步建立节约水量交易机制。大力推行合同节水管理，培育发展节水市场。

（三）加强水生态治理与保护，推行绿色发展方式

坚持生态优先、绿色发展，加强水生态保护和修复，改善河湖生态环境，增强水利可持续发展能力。一是加大水资源保护力度，全面落实水污染防治行动计划，强化水功能区监管，全面控制污染物排放，严格控制入河湖排污总量，对入河湖排污布局

问题突出、威胁饮水安全或水质严重超标区域的排污口实施综合整治。科学划定饮用水水源保护区，实施水源地安全警示、隔离防护、水源涵养和修复措施。二是加强重点区域水土流失综合治理和水生态修复治理。加强西北黄土高原区、东北黑土区、西南岩溶区等重要江河源头区、重要水源地和水蚀风蚀交错区等重点区域水土流失防护和治理。以京津冀“六河五湖”、西北内陆河、重要湿地等为重点，采取综合措施，推进生态敏感区、生态脆弱区、重要生境和生态功能受损河湖的生态修复。加强农村河道堰塘整治，改善农村人居环境和河流生态。三是维持河湖生态流量和保护地下水。深化河湖水系连通运行管理和优化调度，维持重要河湖、湿地及河口基本生态需水，重点保障枯水期生态基流。对东北、华北及西北地区等重要湿地和湖泊实施生态补水。严格地下水水量和水位双控制，加强地下水保护和超采区综合治理。

（四）强化科技创新驱动，引领现代水利发展

深入贯彻落实国家创新驱动发展战略，尽快推动水利发展由依靠物质要素投入驱动向依靠科技进步驱动转变，提高水利全要素生产率。一是加强水利科技研发和应用推广，重点在水资源节约利用、水生态保护与修复、重大水工程、水灾害防治与风险管理、应对气候变化等方面，实施一批基础理论研究、应用技术研发、高新技术应用和科技普及推广，不断提高水利科技自主创新水平和水利科技贡献率。二是全面提升水利信息化水平。推进国家防汛抗旱指挥系统、水资源监控管理系统等建设，建立规模以上用水户取水计量设施和在线实时监测体系，提高水利综合决策和管理能力。优化水利工程联合调度运用方式，实现工程体系资源综合利用效益最大化。建立国家基础水利信息平台，提升水利信息的社会服务水平。三是延伸水利产业链条。支持水利产品设备制造企业做大做强，引导企业加快推广应用先进实用技术和装备，特别是加快研发水资源高效利用成套技术设备，形成规范化和规模化生产，使产业链条向上下游延伸，产品向中高端迈进，形成集研发、设计、制造、销售、施工、管护、技术推广和输出为一体的全产业链。

（五）加大水利重点领域改革力度，激活内生发展动力

聚焦水价、水权和投融资机制改革，坚持政府与市场两手发力，使水利发展更加充满活力、富有效率。一是深化水价改革。要紧紧扭住农业水价综合改革这个“牛鼻子”，通过建立农业水权制度、完善计量设施、加强用水管理等措施夯实农业水价改革基础。建立健全合理反映供水成本、有利于节水和农田水利体制机制创新、与投融资体制相适应的农业水价形成机制。大型灌区和农田水利工程设施完善的地区要率先完成改革目标。全面实行城镇居民用水阶梯价格制度、非居民用水超定额累进加价制度。

二是稳步推进水权交易。加快明晰区域和取用水户初始水权，在宏观层面加快推进用水总量控制指标分解和江河流域水量分配，明确区域取用水权益；在微观层面对纳入取水许可管理的取用水户、灌区农业用水户分别进行确权，明确用水户的用水权益。积极培育和发展水市场，统筹建立水权交易机制，鼓励和引导地区间、流域间、流域上下游、行业间、用水户间开展水权交易，探索多种形式的水权流转方式。加强水权交易监管，维护水市场良好秩序。三是拓宽水利投融资渠道。继续将水利作为公共财政支持的重点，优化投资结构，创新资金使用方式，发挥财政资金“四两拨千斤”作用。通过授予特许经营权、终端用户付费、政府购买服务、建设资金支持、节约水量交易、配置盈利资源等方式，构建可行的商业模式或融资模式，完善投资补助、财政补贴、贷款贴息、收益分配、价格支持等优惠政策，引导社会资本积极参与相关工程建设和运营管理。加大金融支持水利工程建设，充分发挥各类金融机构作用，拓宽水利建设项目的抵押物范围和还款来源。鼓励和支持通过水利企业上市和发行企业债券扩大直接融资规模。

中国水资源使用效率影响因素分析

赵　悦　蒋金荷　李富强*

2012年中国政府提出"五位一体"的总体战略布局，包括经济建设、政治建设、文化建设、社会建设、生态文明建设，这就要求资源、环境、经济社会协调发展。水资源是不可替代的基础性自然资源和战略性经济资源，随着我国经济和社会的快速发展，水资源问题成为我国可持续发展的主要瓶颈。水资源的合理开发利用对于生态文明建设战略下经济社会的协调发展、居民生活的提升具有重大意义。

水资源短缺和水生态环境恶化是目前制约中国水资源利用的两大主要问题。在解决水资源短缺的众多途径中，提高水资源利用效率是解决中国水资源可持续利用问题的关键。水资源使用效率是指使用单位水资源所带来的经济、社会或者生态等的效益。本文的水资源使用效率主要是指所产生的经济效益，即作为国民经系统的投入要素，单位产出所依赖或消耗的水资源，简单定义为单位经济产出所需的用水量，一般用水强度的倒数表示，即单位GDP的用水量。

随着水资源问题的加剧，国内外对水资源使用效率进行了大量的研究，从研究内容、研究方法上大致可分为三个方面：①基于生态系统观，对水资源承载能力、安全性等进行综合评价；②对中国区域水资源利用效率的差异性研究，大多采用数据包络分析（DEA）；③对部门水资源利用效益的研究，主要是农业和工业，而对引起水资源使用效率产生变化的驱动因子研究不多。本文利用碳排放强度变化分解因子方法——指数分解模型①，研究引起中国用水总量变化以及水资源使用效率变化的驱动因子及其贡献率，从而对2000—2015年以来中国水资源管理政策进行评估，并为未来水利发展及供给侧结构性改革提出政策建议。

---

* 赵悦，男，博士，东北财经大学公共管理学院。蒋金荷，女，中国社会科学院数量经济与技术经济研究所研究员，博士生导师。李富强，男，中国社会科学院数量经济与技术经济研究所研究员，博士生导师。本文得到以下基金项目资助：中国社会科学院创新工程基础学者项目（2014—2018）和中国社会科学院"登峰战略"计划"环境技术经济学"重点学科建设项目。

① 蒋金荷：《中国经济和能源政策对碳排放强度的影响》，《重庆理工大学学报（社会科学版）》2016年第7期。

一、中国水资源使用现状分析

随着全球气候变化的影响，以及我国城镇化的加速推进和高耗水工业的发展，我国面临更加严峻的水资源问题的挑战，主要表现在以下几个方面。

（一）人均拥有水资源量少，时空分布不均衡，水资源配置难度大①

我国水资源总量约2.8万亿立方米，按照2015年我国总人口核算，人均水资源量只有2034立方米，仅为世界水资源量人均值的1/4，是全球人均水资源最贫乏的国家之一。降水量年际变化大，且多集中在6—9月，期间降雨量占全年的60%—80%。

（二）水资源空间分布总体上呈“南多北少”的状况

根据2012年统计资料，北方六区（六个水资源一级区：松花江区、辽河区、海河区、黄河区、淮河区、西北诸河区）与南方四区（包括长江区（含太湖流域）、东南诸河区、珠江区、西南诸河区四个水资源一级区）水资源量、耕地面积、人口、GDP占全国的百分比（见图1－1）。北方六区人均水资源占有量约为994立方米，仅为南方四区的1/3。水资源与土地等资源的分布不匹配，经济社会发展水平与水资源分布的不相适应，导致水资源供需矛盾突出，水资源配置难度大。

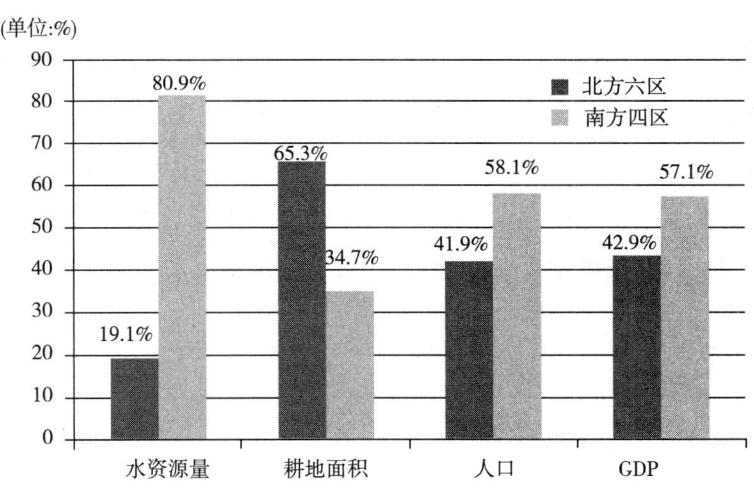

图1－1　2012年北方六区与南方四区水资源量、耕地面积、人口、GDP分别占有比例

① 蒋金荷：《中国经济和能源政策对碳排放强度的影响》，《重庆理工大学学报（社会科学版）》2016年第7期。

（三）我国用水总量在2000—2016年总体呈缓慢增长，但最近几年用水量趋于平稳

2000—2016年，我国农业用水占比约减少7%，生活生态用水占比约增加6%，工业用水占比基本稳定在22%左右（见图1－2）。2016年全国用水总量6040亿立方米，比2015年下降63亿立方米，其中工业用水占21.6%，农业用水占61.4%，用水结构进一步优化。但我国水资源短缺的状况仍然严重，每年缺水量近400亿立方米，北方地区尤甚。从供水来源看，地下水约占18.5%，达到1100亿立方米左右，而地下水的过度开采会引起一系列生态环境问题。

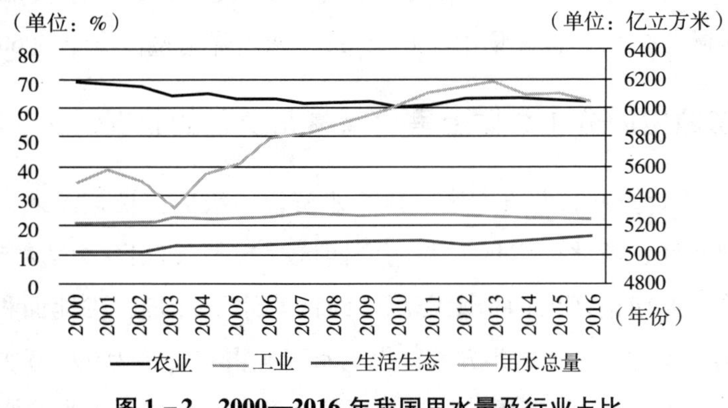

图1－2 2000—2016年我国用水量及行业占比

（四）我国水资源使用效率在2000—2016年间年均增长8.2%

2016年全国人均综合用水量437立方米，按当年价，万元GDP用水量由2000年的551立方米降低到2016年的81立方米，按2000年不变价格计算，全社会用水效率提高8.2%；万元工业增加值用水量由2000年的285立方米降低到2016年的53立方米，按2000年不变价格计算，工业用水效率年均提高8.5%（见图1－3）。城镇人均生活用水量（含公共用水）217升/天，农村居民人均生活用水量82升/天。

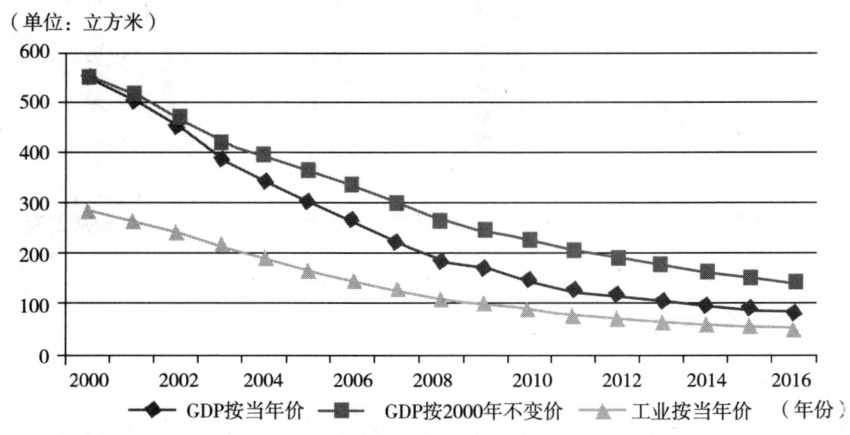

图1－3 2000—2016年万元GDP用水量和万元工业增加值用水量

生产和城乡居民生活排放废水总量由2000年的620亿吨增加到2015年的770亿吨。由于用水结构的不合理和浪费，水资源管理体制的不完善，以及地区部门之间的利益冲突，政策实施不到位等原因导致主要流域的水资源供需关系矛盾日益突出。

二、中国水资源使用效率变化关键因子指数分解和结果分析

首先根据著名的Kaya恒等式建立用水总量关系式，设W为全国用水总量，W_i（$i=1,2,3\cdots$）分别表示农业、工业、生活生态用水量，则有：

$$W=\sum_i W_i=\sum_i \frac{W_i}{V_i}\times\frac{V_i}{G}\times\frac{G}{P}\times P=\sum_i I_i\times S_i\times Y\times P \qquad \text{（式 1-1）}$$

对（式1-1）做简单变换，得到

$$R=\frac{W}{G}=\frac{\sum_i W_i}{G}=\sum_i \frac{W_i}{V_i}\times\frac{V_i}{G}=\sum_i I_i\times S_i \qquad \text{（式 1-2）}$$

（式1-2）中：G为经济产出，即国内生产总值；S_i为用水行业产出（V_i）占经济总产出的比例，即产业结构；R（即W/G）表示用水强度，即单位产出的用水量，可简单表示为用水效率的倒数；I_i（即W_i/V_i）表示实现单位行业增加值的用水量，即可表示行业用水效率的倒数。式（1-1）P为全国人口总量；Y为人均GDP。可见全国用水总量与经济发展水平、产业结构、行业用水效率、人口总量等因素有关，总用水效率与产业结构、行业用水效率因素有关。

类似于能源效率，分析引起用水总量以及用水效率变化的驱动因素及其贡献率，目前解决这一问题的最普遍方法是应用指数分解法。根据Divisia指数分解法的原理，可以得到全国用水总量变化对数平均迪氏分解（LMDI）加法公式和用水效率变化的算术平均迪氏指数分解（AMDI）乘法公式①。这两种指数分解方法都属于完全分解分析方法，即分解的残差项值为零。

$$\Delta W=W_T-W_0=\Delta W_{out}+\Delta W_{str}+\Delta W_{int}+\Delta W_{pop} \qquad \text{（式 1-3）}$$

$$\Delta W_{out}=\sum_i L(W_{iT},W_{i0})\ln\left(\frac{Y_T}{Y_0}\right)$$

$$\Delta W_{str}=\sum_i L(W_{iT},W_{i0})\ln\left(\frac{S_{iT}}{S_{i0}}\right)$$

$$\Delta W_{int}=\sum_i L(W_{iT},W_{i0})\ln\left(\frac{I_{iT}}{I_{i0}}\right)$$

---

① B. W. Ang: "The LMDI Approach to Decomposition Analysis: a Practical Guide", *Energy Policy*, Vol. 33, 2005, pp. 867-871.

$$\Delta W_{pop} = \sum_i L(W_{iT}, W_{i0}) \ln(\frac{P_T}{P_0})$$

对于 $a > 0$，$b > 0$，对数平均数 $L(a, b)$ 定义为

$$L(a,b) = \begin{cases} \frac{a-b}{\ln a - \ln b} & a \neq b \\ a & a = b \end{cases}$$

（式1－3）中：W_T、W_0 分别表示第 T 期和基期的水使用量；ΔW_{out}、ΔW_{str}、ΔW_{int}、ΔW_{pop}分别表示经济水平效应、产业结构效应、行业用水强度效应、人口规模效应，即用水总量的变化是由这4种效应引起的。经济水平效应（ΔW_{out}）反映因经济发展水平的提高对用水总量变化的影响；产业结构效应（ΔW_{str}）反映产业结构的变化（本文主要考虑农业、工业和服务业）对用水总量的影响；行业用水强度效应（ΔW_{int}）反映各行业用水效率的变化，即用水技术进步提高对用水总量变化的影响；人口规模效应（ΔW_{pop}）反映人口总量增加对用水总量变化的贡献。可见，这4种效应包含了经济政策因素、技术进步因素和社会发展因素对用水总量变化的影响。

利用算术平均迪氏指数分解方法，第 t 年相对于第 $t-1$ 年用水强度的比值的AMDI指数分解乘法公式如下：

$$DR_t = \frac{R_t}{R_{t-1}} = DW_{It} \times DW_{St} \qquad \text{（式1－4）}$$

其中

$$DW_{It} = \sum_i \frac{1}{2}(\frac{W_{i,t}}{W_t} + \frac{W_{i,t-1}}{W_{t-1}}) \ln \frac{I_{i,t}}{I_{i,t-1}}$$

$$DW_{St} = \sum_i \frac{1}{2}(\frac{W_{i,t}}{W_t} + \frac{W_{i,t-1}}{W_{t-1}}) \ln \frac{S_{i,t}}{S_{i,t-1}}$$

可见，总用水强度变化既与经济结构有关，也与产业用水效率有关，即与行业用水技术进步有关。其变化包含两种指数效应：行业技术进步效应（DW_{It}）反映了各部门用水效率变化对总用水强度的影响，体现用水技术进步的作用；经济结构效应（DW_{St}）反映了各产业增加值所占比例变化对用水强度的影响。

利用2000—2015年全国分行业用水量和行业产出增加值统计数据，经过分解模型计算，得到以下计算结果（见表1－1、表1－2，图1－4、图1－5）。

表 1－1 2000—2015 年全国用水量变化 LMDI 加法分解

时期（年）	分解值（亿立方米）				贡献率（%）				用水总量变化（亿立方米）
	产业结构效应	行业用水强度效应	经济水平效应	人口规模效应	产业结构效应	行业用水强度效应	经济水平效应	人口规模效应	
2000—2005	－917	－1389	2268	173	－678	－1026	1675	128	135
2005—2010	－1068	－1687	2998	147	－275	－434	771	38	389
2010—2015	－720	－1687	2338	150	－887	－2079	2880	185	81
2000—2015	－2818	－4614	7568	470	－465	－762	1250	78	606

表 1－2 2000—2015 年全国用水效率变化 AMDI 乘法分解

时期（年）	分解值（亿立方米）		贡献率（%）		用水强度变化	变化百分率（%）
	产业结构效应	行业技术进步效应	产业结构效应	行业技术进步效应		
2000—2005	0.848	0.779	44.8	65.1	0.661	33.9
2005—2010	0.832	0.749	44.5	66.7	0.623	37.7
2010—2015	0.888	0.757	34.2	74.1	0.672	32.8
2000—2015	0.615	0.451	53.3	75.9	0.277	72.3

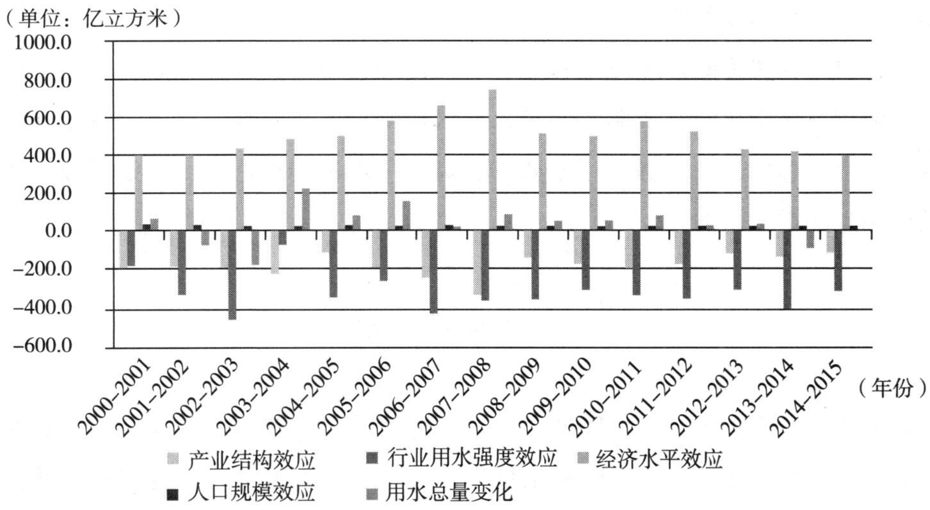

图 1－4 2000—2015 年全国用水量变化 LMDI 指数分解值

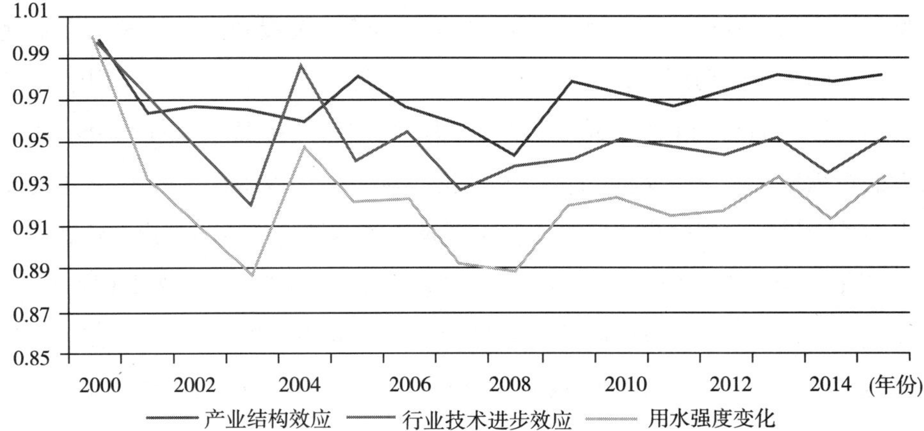

图 1－5 2000—2015 年全国用水效率指数分解（AMDI）的变化趋势（令指数 2000 年＝1）

根据表1－1、表1－2，图1－4、图1－5的分解结果，可以得出以下结论。

（1）总体上，从2000—2015年全国用水总量增加了606亿立方米，其中促进用水量增加的因子有经济发展水平效应和人口规模效应，而产业结构效应和行业用水强度效应是导致用水量减少的主要因子。也就是说，从“十五”到“十二五”时期，产业结构的改变和行业用水技术进步都有利于用水量的减少。但经济水平效应的影响远远超过人口规模效应，行业用水强度效应的影响强于产业结构效应，且不同时期，这4个驱动因素对用水量变化的作用是不同的。如，从2000—2015年，因为经济发展和人口规模扩大导致用水总量分别增加了7568亿立方米和470亿立方米，但行业技术进步和产业结构的改变导致用水量分别减少了4614亿立方米和2818亿立方米，从而最终导致我国全社会用水总量在15年期间增加606亿立方米。

（2）2015年用水效率（即用水强度的倒数，单位GDP的用水量）比2000年提高了72.3%，其中行业用水强度效应贡献75.9%，产业结构效应贡献53.3%。即行业用水技术进步对用水效率提高的作用大于产业结构效应。尤其“十二五”期间，行业技术进步对用水效率提高的贡献率是产业结构贡献率的两倍以上。

因此，可以初步推断，2000年以来，中国的经济政策、产业政策、水资源管理政策都是影响用水量变化的主要驱动因子，用水量增加的主因在于经济发展，从水资源管理政策而言，总体起到了提高用水效率、降低用水量的作用，尤其是行业用水技术进步的作用是非常显著的。

三、结论和政策建议

对政策实施影响评价可以反映两个问题：政策的合理性以及政策的可执行性，本文从水资源管理政策和经济政策对用水量变化的影响效果来分析研究期内政策的合理性。为了定量估算不同驱动因子对用水量和用水效率变化的贡献率，采用Divisia指数分解模型。研究结果发现，在2000—2015年期间，经济发展和人口规模扩大是促进全国用水量增加的主要驱动因子，并且前者的贡献率远远高于后者；行业用水技术进步和工业结构的优化都有利于用水总量的降低和用水效率的提高，但行业用水效率提高具有较大的贡献率。基于本文的初步研究结论，对研究期内中国水资源管理政策提出以下几点评价和反思，同时也为未来水利发展及供给侧结构性改革提出政策建议。

（1）用水总量和工业用水结构比例基本趋于稳定，2000年以来中国产业结构中“高耗水”行业比例历经先增大后减小的过程，相应的用水结构在“十二五”期间不断优化，但“高耗水”产业比例仍然是偏高的。未来产业结构的升级优化还要加强，需大力支持“低耗水”产业的发展。

（2）城乡居民的生活用水量差距较大，2016 年乡村居民用水量仅是城镇居民的 38%。随着新型城镇化的推进和全面建设小康社会的政策实施，居民生活用水不断提高，生活用水占用水总量的比例也会相应提高，既需要完善生活用水的各项管理政策，尤其是合理、灵活的生活用水价格机制对节水的影响，也要推广节水技术。

（3）用水效率在不同时期都有所提高，对全社会用水量降低起到了主要的促进作用。这就从侧面指出了“十五”以来我国水资源开发利用和“节水型”技术推广政策是有效果的。但与发达经济体比较，中国用水效率仍比较低，未来还需要加强，尤其在农业节水灌溉技术投入和推广等方面。可以预见，提高用水效率是中国未来节水的主要途径。

（4）从水利供给侧结构性改革方面，水资源作为基础资源，是国民经济系统的投入要素，用水效率是反映水利供给侧结构性改革的重要指标，基于模型分解结果，期待在完善水资源管理机制、加强水资源管理政策实施、加大水利技术开发的投资力度、推广各行业节水技术等方面更加重视。

推进供给侧结构性改革　着力补齐水利短板

高敏凤*

为适应经济发展新常态，保持经济平稳健康发展，中央提出，在适度扩大总需求的同时，着力加强供给侧结构性改革，深入推进“三去一降一补”，推动我国经济朝着更高质量、更有效率、更加公平、更可持续的方向发展。水利是国民经济社会发展的重要基础设施，是提供基本公共服务产品的重要领域。党中央、国务院高度重视水利，近年来，相继作出加快水利改革发展、保障水安全、推进节水供水重大水利工程建设等一系列决策部署，水利改革发展取得显著成就，水安全保障能力明显提高。但与经济社会发展、人民生活水平提高、生态环境改善的需求相比，目前我国水安全保障能力还存在不少差距，推进供给侧结构性改革，需要抓紧补齐水利这个短板，整体提升水安全保障能力。

一、准确把握推进供给侧结构性改革对水利的新要求

加快水利改革发展，保障水安全，必须适应新形势新要求，坚持问题和目标导向，把推进供给侧结构性改革要求贯穿到水利改革发展工作中。

第一，深入推进供给侧结构性改革，要求着力解决新老水问题。随着经济社会快速发展和气候变化影响加剧，在水资源时空分布不均、水旱灾害频发等老问题仍未根本解决的同时，水资源短缺、水生态损害、水环境污染等新问题更加凸显，新老水问题相互交织。洪涝干旱灾害仍是心腹之患，流域性大洪水、局部强降雨、强台风、山洪灾害、城市内涝、区域干旱等灾害频繁发生，随着经济总量不断增加、人口财富日益聚集，防汛抗旱仍面临严峻挑战。一些地区水供求紧张态势凸显，部分城市水源单一，城乡饮水安全问题没有根本解决。全国废污水排放量居高不下，监测评价的27.2%河道长度、67.8%湖泊面积、61%平原区浅层地下水水质劣于Ⅲ类。全国水土流失面积295万平方公里，约占国土面积的30%。深入推进供给侧结构性改革，要求加快完善水利基础设施网络体系，更加精准有力地发挥对区域协同发展的先行引导作

---

* 高敏凤（1965—　），女，水利部规划计划司巡视员。

用，全面提升水利保障经济社会发展的能力。

第二，深入推进供给侧结构性改革，要求切实缓解水资源水环境约束趋紧的矛盾。我国是水资源相对短缺的国家，人均水资源占有量仅为世界平均水平的28%。部分地区经济结构、产业布局与水资源水环境承载能力不协调，用水结构不合理，水资源利用效率和效益不高。华北地区水资源十分紧缺，经济社会发展长期依靠超采地下水，地下水超采面积达12万平方公里。西北地区干旱少雨，水资源过度开发，生态用水被严重挤占，水资源供需矛盾尖锐，部分地区生态环境严重退化。西南地区工程性缺水问题突出，人均供水能力仅为全国平均水平的2/3。东部发达地区和南方水网地区水污染严重，水质性缺水问题十分普遍。深入推进供给侧结构性改革，要求加快转变用水方式，着力缓解水资源水环境约束趋紧的矛盾，在推进水利绿色发展、可持续发展方面迈出新的步伐。

第三，深入推进供给侧结构性改革，要求加强水利薄弱环节建设。目前，水利基础设施网络体系尚不完善。防洪减灾仍存在突出薄弱环节，特别是受超强厄尔尼诺影响，2016年全国发生多次大范围强降雨过程，一些流域和区域遭受严重洪涝灾害，暴露出中小河流治理、小型病险水库除险加固、城市排水防涝等“短板”。城乡供水保障和应急能力不强，许多中小城镇缺乏稳定可靠的水源保障。农田水利基础仍较薄弱，农田灌溉“最后一公里”的问题仍然存在。深入推进供给侧结构性改革，要求以中央新的发展理念和新时期水利工作方针为统领，抓紧补齐补强水利基础设施短板，增加水利公共产品有效供给，全面提升水安全保障能力。

第四，深入推进供给侧结构性改革，要求有效破解水利体制机制障碍。目前，我国水治理体系尚不完善，最严格水资源管理制度有待进一步落实，水资源要素对转变经济发展方式的倒逼机制尚未形成。河湖管理、水利工程管理、洪涝干旱风险管理亟待加强。水利创新能力有待进一步提升，水利信息化水平不高。水利建设投资需求与投融资能力不足的矛盾更加突出，部分重大水利工程建设存在省区协调、淹没损失、移民安置、环境影响、资金保障等制约因素。深入推进供给侧结构性改革，要求创新水利发展体制机制，深化水利重点领域改革，强化依法治水管水，构建充满活力、富有效率、创新引领、法治保障的水利体制机制，推进水治理体系和治理能力现代化。

综上所述，“十三五”时期，水利仍处于补短板、破瓶颈、增后劲、上水平的发展阶段。深入推进供给侧结构性改革，要求立足国情水情，紧扣国计民生，着眼发展需要，按照中央关于保障水安全和加快水利改革发展的总体部署，加快完善水利基础设施网络，全面深化水利改革，有效破解新老水问题，加快推进水利现代化进程，着力构建适应时代发展要求和人民群众期待的水安全保障体系。

二、准确把握推进供给侧结构性改革水利的着力点

针对制约经济社会发展和民生改善的突出水问题，水利作为深入推进“三去一降一补”任务中补短板的重点领域，要全面贯彻党的十八大和十八届三中、四中、五中、六中全会精神，深入学习贯彻习近平总书记系列重要讲话精神，坚持创新、协调、绿色、开放、共享发展的理念，坚持“节水优先、空间均衡、系统治理、两手发力”的新时期水利工作方针，坚持问题和目标导向，结合实施“十三五”水利改革发展规划确定的重点任务，把全面建设节水型社会、推进水生态文明建设、完善水利基础设施网络、促进区域水利协调发展、推进智慧水利建设等作为工作着力点，为经济社会平稳健康发展、实现全面建成小康社会目标提供水利支撑和保障。

一是在全面建设节水型社会上下功夫。坚持节水优先方针，以落实最严格水资源管理制度、实行水资源消耗总量和强度双控行动、加强重点领域节水、完善节水激励机制为重点，坚持以水定产、以水定城，量水而行、因水制宜，加快推进节水型社会建设，促进经济社会发展与水资源水环境承载能力相协调。强化节水约束性指标管理，实行水资源消耗总量和强度双控行动，强化水资源承载能力刚性约束和水资源安全风险监测预警，落实最严格水资源管理制度。大力推进农业、城镇和工业等重点领域节水，加大节水力度，发展规模化高效节水灌溉，推进重点用水行业水效“领跑者”引领行动。通过合理制定水价，开展合同节水管理示范点，落实节水税收优惠政策，完善节水支持政策，培育发展节水产业，强化节水监督管理，提高节水产品质量。培养公民节水洁水意识，扩大社会参与，强化社会监督。到2020年，全国年用水总量控制在6700亿立方米以内，万元国内生产总值用水量、万元工业增加值用水量较2015年分别降低23%和20%，农田灌溉水有效利用系数提高到0.55以上。

二是在推进水生态文明建设上下功夫。坚持生态优先、绿色发展，树立山水林田湖是一个生命共同体的思想，加强水生态保护和修复，推进水土流失综合治理，加快实施水污染防治行动计划，改善河湖和地下水生态环境，为人民群众提供优美水环境。加大水资源保护工作力度，加强水功能区监督管理，实施入河排污口综合整治，全面开展饮用水水源地安全保障达标建设。科学确定和维持河湖生态流量，严格河湖生态空间管控，划定河湖生态保护红线，有序推动河湖休养生息。全面推进河长制，建立地方党政领导负责的省市县乡四级河长体系。加强河湖水域管理与保护，落实河湖水域空间用途管制。强化涉河建设项目和活动监管，依法查处非法侵占河湖、非法采砂等行为。以京津冀“六河五湖”、西北内陆河、重要湿地等为重点，加强重点河湖水生态修复与治理。开展重要江河源头区、重要水源地等重点区域的水土流失综合治理。

开展地下水超采区治理与修复，加强地下水保护和涵养。到2020年，全国重要江河湖泊水功能区水质达标率达到80%以上，新增水土流失综合治理面积27万平方公里，地下水超采得到严格控制，水生态系统稳定性和生态服务功能逐步提升。

三是在完善水利基础设施网络上下功夫。围绕推进供给侧结构性改革，进一步完善水利基础设施体系，补齐水利发展短板。以完善江河流域防洪体系、优化水资源配置格局为重点，按照“确有需要、生态安全、可以持续”的原则，在科学论证的前提下，集中力量建设一批打基础、管长远、促发展、惠民生的重大水利工程，加强水利突出薄弱环节建设，提高水利基础设施能力。以大江大河干流及重要湖泊治理、控制性枢纽建设、蓄滞洪区建设等为重点，继续完善大江大河大湖防洪减灾体系。进一步加强中小河流治理、山洪灾害防治、重点易涝区治理、海堤等防洪薄弱环节建设。加快城市排水防涝和防洪设施建设，解决城市内涝问题。优化水资源配置格局，在科学论证的基础上，实施一批重点水源和重大引调水工程，加强城市应急备用水源建设，保障重要经济区和城市群供水安全。到2020年，全国洪涝灾害和干旱灾害年均直接经济损失占同期GDP的比重分别控制在0.6%和0.8%以内，新增城乡供水能力270亿立方米。

四是在夯实农村水利基础上下功夫。坚持以人民为中心的思想，着力解决人民群众最关心最直接最现实的防洪、供水、水生态改善等问题，使广大人民群众共享水利改革发展成果，提升农村水利基本公共服务水平。大规模推进农田水利建设，完成大型灌区续建配套和节水改造，推进中型灌区节水改造，开展大中型灌区现代化改造试点。全面完成列入规划的大型灌排泵站的更新改造任务。在水土资源条件具备的地区建设一批节水型、生态型大型灌区，提高粮食产能和农业综合生产能力。以西北节水增效、华北节水压采、南方节水减排等区域为重点，开展规模化高效节水灌溉行动。综合采取改造、配套、升级、联网等方式，实施农村饮水安全巩固提升工程。到2020年，农村自来水普及率达到80%以上，集中供水率达到85%以上，水质达标率和供水保障程度大幅提高，新增农田有效灌溉面积3000万亩，发展高效节水灌溉面积1亿亩。

五是在促进区域水利协调发展上下功夫。围绕国家区域发展总体战略，统筹流域和区域水利改革发展，明确发展重点，着力解决突出水问题，为构建要素有序自由流动、基本公共服务均等、资源环境可承载的区域协调发展新格局提供水利支撑和保障。强化“三大战略”实施水利支撑，围绕“一带一路”倡议部署，以改善提升水利基础设施、加强水生态环境保护与修复为重点，深化与周边国家跨界水合作，实施水利“走出去”战略，加强水利双边多边合作。围绕京津冀协同发展战略部署，以强化水资源水环境承载能力刚性约束、推进水资源优化配置、加强河湖水系综合整治和水生态环境保护修复为重点，构建现代水安全保障体系。围绕推动长江经济带发展战略部署，把保护和修复长江生态环境摆在首要位置，坚持生态优先、绿色发展，共抓大保护，以保护好一江清水、完善水资源配置格局、确保江河防洪安澜、妥善处理好江湖关系为重点，为长江经济带发展提供强有力的水安全保障。着力推进水利扶贫攻坚，加快完善贫困地区水利基础设施网络，着力改善贫困地区供水、灌溉、供电条件。

六是在推进智慧水利建设上下功夫。结合国家实施网络强国战略、“互联网+”行动计划、国家大数据战略等，全面提升水利信息化水平。加强水文站网监测和水文信息服务体系、水土保持监测网络体系、重要水功能区和主要省界断面水质水量监测体系建设，建立覆盖城镇和规模以上工业用水户取水计量设施和在线实时监测体系，提高对水资源、水环境、水生态监控能力。逐步完善水利信息网络，形成覆盖全国县级及以上水利部门的水利信息网。加快推进国家防汛抗旱指挥系统、水资源监控管理系统、覆盖大中小微水利工程管理信息系统和水利数据中心等应用系统建设，提高水利综合决策能力。整合数据资源和应用系统，建立起以数据管理为基础、业务应用为重点、公共服务为纽带的水利政务工作平台。大力推进水利信息化资源整合与共享，建立国家基础水信息平台，提升水利信息的社会服务水平。加强水利信息网络安全建设，构建安全可控的水利网络与信息安全体系。利用云计算、物联网、大数据等信息技术，推动信息化与水利规划、勘测设计、建设与管理、水政执法、监测预报预警和应急响应等各个环节的深度融合，以水利信息化带动水利现代化。

三、准确把握推进供给侧结构性改革水利的新举措

深入推进供给侧结构性改革，坚持政府与市场两手发力，通过简政放权、深化水利改革、创新体制机制，健全水利科学发展制度体系，激发各级政府和全社会加快水利改革发展的积极性和创造性，实现更高质量、更有效率、更加公平、更可持续的水利发展。

一是深入推进水利“放管服”改革。2014 年以来，水利部行政审批事项由 48 项减少到 22 项，减少了 54%，已全部落实到位。将现有企业投资项目 7 项涉水前置审批全部调整为开工前审批，并简化整合为 3 类实施。精简重大水利工程审批程序。近 2/3 生产建设项目水土保持方案审批和验收审批权限下放地方。按照“放管服”改革要求清理规范涉企收费，把清理规范政府性收费和基金、涉企经营服务性收费作为推进供给侧结构性改革重要举措，认真落实国务院出台的清费措施，共清理和规范水利部门的政府性收费和基金 7 项，每年降费数额约 250 亿元。下一步要持续推进简政放权、放管结合、优化服务，继续精简行政审批事项，进一步统一许可标准、简化许可手续、规

范许可流程、严格办理时限，加强事中事后监管。研究制定政府水管理权力清单、责任清单制度，改进水行政审批和监管方式，建立健全依法决策机制，完善水利“放管服”信息公开机制。

二是深入推进水价水权水市场改革。根据农业供给侧结构性改革要求，深入推进农业水价综合改革，总结农业水价综合改革试点经验，通过改革农业用水管理体制、完善水价形成机制、建立精准补贴和节水奖励机制、完善计量设施等措施，建立健全合理反映供水成本、水资源稀缺程度，有利于促进农业节水增效，实现农田水利工程良性运行农业水价形成机制。全面推进城镇供水水价改革。全面实行城镇居民用水阶梯价格制度、非居民用水超计划超定额累进加价制度，拉开高耗水行业与其他行业的水价差价。鼓励新建工程供水单位与用水户之间协商定价。健全水资源有偿使用制度，推进水资源费改革，研究征收水资源税，在地下水超采地区先行先试。积极探索建立水权制度，开展水流产权确权试点，加快水资源使用权确权登记、水资源用途管制、取水权转让等水权制度建设。积极培育和发展水市场，鼓励和引导地区间、流域间、流域上下游、行业间、用水户间开展水权交易，探索多种形式的水权流转方式。研究建立水生态补偿机制，通过财政转移支付、项目投入、设立生态补偿基金等方式，建立健全流域上下游、重要水源地、重要水生态修复治理区、蓄滞洪区生态补偿机制。

三是深入推进水利投融资体制改革。进一步加大各级公共财政对水利的投入力度，优化投资结构，增加有效投资。为激发社会资本活力，健全水利建设资金多渠道筹措机制，提高水利公共服务和社会管理水平，制定出台了关于鼓励和引导社会资本参与农田水利、水土保持、重大水利工程建设运营等相关政策措施，开展社会资本参与重大水利工程建设运营试点，积极探索政府和社会资本合作模式。通过完善投资补助、贷款贴息、价格机制等支持和优惠政策，鼓励和引导社会资本通过资产收购、特许经营、参股控股等多种形式参与水利工程建设运营。加大金融支持水利工程建设力度，推动建立水利政策性金融工具，争取中央和地方财政贴息政策，为水利工程建设提供中长期、低成本的贷款。通过市场机制多渠道筹集建设资金，发挥开发性金融作用，用好过桥贷款、专项建设基金、抵押补充贷款（PSL）等优惠政策，拓宽水利项目融资渠道，发挥水利投融资平台的融资作用，缓解地方筹资压力。

四是深入推进降低企业成本负担。全面落实国务院出台的清费举措，清理规范涉水政府性基金和涉企收费降低企业成本负担，切实抓好清理规范涉企收费工作，共清理和规范政府性收费 7 项。其中，中央层面清理和规范 5 项、每年降费约 250 亿元，包括停征河道工程修建维护费、河道采砂管理费（含长江砂石资源费）两项行政事业性收费，每年可减少收费约 80 亿元；降低水土保持补偿费收费标准，每年可减少征收规模约 10 亿元；降低重大水利工程建设基金和大中型水库移民后期扶持基金的征收标准，每年可减少基金筹集规模约 160 亿元。授权省级人民政府在“十三五”期间可结合当地实际，自主决定免征、停征或减征地方水利建设基金、地方水库移民扶持基金等两项政府性基金。通过降低企业成本负担，进一步激发企业活力，推动供给侧结构性改革步伐。

加快水利供给侧结构性改革的四大着力点

吴　强　刘　汗*

推进供给侧结构性改革是以习近平同志为核心的党中央科学认识发展大势、深刻把握发展规律、主动引领经济发展新常态的重大战略部署，对于调整经济结构、转变经济发展方式和促进经济持续健康发展具有重大意义①②。水利是国民经济和社会发展的基础设施，也是政府提供社会公共服务的重要内容。一直以来，党中央、国务院高度重视水利工作，把水利作为支撑“四化同步”发展的基础性工程、直接拉动内需的支柱性工程。水利供给侧结构性改革，要着力加快节水供水重大水利工程建设，补齐补强民生水利短板，积极推进水生态文明建设，构建与全面建成小康社会相适应的水安全保障体系，满足人民群众日益增长、不断升级的水利需求。

一、水利供给侧建设成效及面临的形势

中华人民共和国成立以来，尤其是改革开放以后，水利基础设施建设不断完善，水利公共服务能力和水平不断提升，为我国经济社会发展和社会主义现代化建设作出了突出贡献。“十二五”期间，党中央、国务院相继作出加快水利改革、保障国家水安全、推进重大水利工程建设等一系列决策部署，全国大江大河防洪减灾体系基本建成，流域和区域水资源配置格局不断优化，农田灌排体系基本建立，水土资源保护能力明显提高，有关成效指标如表 1 – 3 所示。“十二五”期间，全国水利建设完成总投资达到 2 万亿元，年均投资 4000 亿元，是“十一五”时期年均投资的 2. 9 倍，突出表现为投资规模大、工程数量多、综合效益好、群众受益广，为稳增长、调结构、促改革、惠民生、防风险等发挥了重要作用。

---

* 吴强（1967—　），男，高级工程师，水利部发展研究中心副主任。刘汗（1981—　），男，水利部发展研究中心高级工程师。

① 国家行政学院经济学教研部：《中国供给侧结构性改革》，人民出版社 2016 年版，第 5 页。

② 龚刚：《论新常态下的供给侧结构性改革》，《南开社会学报（哲学社会科学版）》2016 年第 2 期。

表 1－3 “十二五”水利供给侧建设主要成效指标

序号	指 标	单位	数值
1	解决农村饮水安全人口	亿人	3.45
2	洪涝灾害年均损失率	%	0.4
3	干旱灾害年均损失率	%	0.15
4	新增供水能力	亿立方米	380
5	新增农田有效灌溉面积	万亩	7500
6	新增高效节水灌溉面积	万亩	12000
7	农田灌溉水有效利用系数	—	0.532
8	万元工业增加值用水量	立方米	58
9	万元 GDP 用水量	立方米	104
10	新增水土流失综合治理面积	万立方千米	26.6
11	重要江河湖泊水功能区主要水质指标达标率	%	68

中华人民共和国成立 60 多年来，水利建设取得了巨大成就，为经济社会发展奠定了坚实基础。但必须清醒地看到，人多水少，水资源时空分布不均，与生产力布局不相匹配，是我国的基本国情水情。我国人均水资源占有量仅为世界平均水平的 28%，水资源供需矛盾十分突出。与全面建成小康社会的要求相比，与人民群众的期待相比，存在水利区域发展不协调、公共服务能力不均衡，保障水平仍然偏低等问题，已成为经济社会又好又快发展的突出制约因素。

一是经济社会发展受水资源约束的现象逐步显现。水利作为国民经济发展的重要基础支撑，在肩负防洪安全、供水安全的同时，还具有重要的生态环境建设与保护功能，在社会公众对环境问题持续高度关注的背景下更加凸显其生态安全的保障作用。随着经济社会的快速发展，水资源消耗与水环境负荷不断加大，水资源条件和经济社会发展的关系表现出从正向支撑向反向约束转变的趋势。全面考虑水的资源功能、环境功能、生态功能，对水资源进行保护开发、优化配置、全面节约和科学管理，已成为各地经济社会发展面临的普遍性问题，资源性、工程性、水质性缺水在不同地区有进一步加剧的趋势。

二是水资源短缺的矛盾在一定时期内将长期存在。我国人均水资源占有量约为 2100 立方米，为世界人均水资源占有量的 1/4，水资源短缺是我国人口增长、城市化和工业化过程中所面临的一个长期的、趋势性的问题。目前，我国的年用水总量已经突破了 6000 亿立方米，大约占水资源可开发利用量的 3/4。很多地方水资源已经超过其承载能力，过度开发的形势十分严峻，如果不采取强有力的刚性措施将难以扭转水资源严重短缺和日益加剧的被动局面。可以预见，在全国用水总量 2020 年控制目标在 6700 亿立方米以内的刚性约束下，水资源供需矛盾仍将持续存在，在一些地区会更加突出。

三是水环境污染排放呈总量增长且种类多元的趋势。随着城镇化的快速推进，水环境承载压力日趋加大，已经成为影响城市环境及市民幸福指数的重要因素。近年来，我国污水排放总量呈持续增长的态势，2000—2015 年我国污水排放量由 415 亿吨上升至 695 亿吨。随着工业化的发展，人工合成的有机物越来越多，水环境污染物呈现多来源、多种类的复合污染，城市居民日常生活排放的污水和很多工业废水都含有大量的溶解状有机物质，增加了水污染治理的难度。与城镇水污染形势相比，农村水环境污染防治基础更为薄弱，农业生产废弃物、畜禽养殖等带来的水生态环境问题日益凸显。

二、未来经济社会发展水利需求侧变化分析

水资源是基础性的自然资源和战略性的经济资源，是生态环境的控制性要素。随着经济社会的快速发展、经济总量不断增长以及人口布局调整、流动加快，逐步形成了城乡经济社会发展一体化的新格局，使得受防洪保护的区域扩大、人口增加、标准提高，工农业生产用水和人民群众生活用水在量和质上都有新要求，水资源、水环境以及水安全问题将成为社会和人们关注的焦点。

（一）城镇人口迁移导致水资源需求增加

随着城镇化进程的加速，人口和产业的集聚，用水量日益增加，水资源瓶颈凸显。预计到 2020 年我国城镇化率将提升至 60%，而城镇化率每提高 1% 将增加城镇人口 1300 万左右。据统计，我国城镇人均生活用水量（含公共用水）213 升/天，农村居民人均生活用水量 81 升/天，每个城镇人口用水量是农村人口用水量的 2.5—3 倍。

（二）居民生活水平提高需要更多生态用水保障

随着经济社会的发展和人民生活水平的不断提高，人们对生态环境重要性的认识不断提高，生态需水、生态用水保障也受到越来越多的关注。未来随着新型城镇化建设的推进和百姓生活水平的提高，构建景观水体是生态居住区建设的重要内容之一。人们对亲水、戏水等生态景观要求越来越高，拓宽城市河道，搭建拦水（橡胶）坝，开挖人工湖等城市水利工程建设需求会越来越大，景观水体建设生态环境用水需求将进一步提升。

（三）就地河道取水转向水库保障供水的比例增大

当前我国城市自来水取水主要有三种途径：从江河湖泊直接调水，依靠大型水库

进行供给，以及开采利用地下水。统计数据显示，全国城镇集中饮用水水源地为4555个，其中，河道型水源地供水量占近50%，水库型水源、地下水水源的生活供水量各占24%。与水库型水源和地下水水源相比，河道型水源地受城镇周边工业、环境污染以及突发污染事件导致河流水质退化的风险明显更大。为满足人民群众对生活用水水质和保障标准逐步提升的要求，就地河道取水改为水库保障供水的占比将不断加大，水库的城镇供水功能将更加突出。

（四）污染高发态势要求完善应急备用水源地建设

当前，随着工业经济的快速发展，我国已进入环境污染事故的高发期，日益严重的水污染和极端气候频繁发生的威胁增加了城镇供水的脆弱性，城市单一的水源供给形式降低了城市供水安全性和保证率。据统计，我国328个地级以上城市中，仅248个城市建设了备用水源，占75.6%。一些地级以上城市在用和应急备用水源地均分布在河流沿线，同属一个上下游水系，一旦在用水源地受到污染，应急备用水源地也会受到影响。此外，还有水量不足、疏于管理等种种原因，很难起到应急备用水源地的作用。

（五）城乡基本公共服务均等化要求城乡供水一体化

推进城乡基本公共服务均等化是新时期我国改善民生，全面建成小康社会，实现由二元经济向一元经济转变的重要内容。当前我国正处于调结构、促增长的关键时期，城乡供水一体化是破除城乡二元结构，逐步实现城乡基本公共服务均等化的重要抓手。随着新型城镇化建设的加快推进，居住分散的农村人口逐渐向村中心居民点集中，向集镇集中，向城郊或城市集中，这就为原有的城市供水管网逐步向城郊乡镇延伸、实现城乡供水一体化提供了现实需求和实施基础。

（六）行业间用水挤占现象突出亟须加强水资源用途管制

长期以来，受经济发展效率优先主导思想的影响，先城市后农村、先工业后农业的思想主导水资源分配，城市生产及生活用水保障始终摆在优先位置。随着经济发展脚步的加快，水资源匮乏逐渐显现并日趋严重，水资源“农转非”现象越来越普遍，经济发展过程中出现了生活和工业用水挤占农业用水，农业用水挤占生态环境用水的现象，导致河道断流、湖泊湿地萎缩、地下水超采、水生态退化等问题突出。加强水资源用途管制迫在眉睫，统筹协调各行业用水需求，以水资源节约集约利用和可持续利用支撑工业化、城镇化和农业现代化，保障经济社会可持续发展。

三、水利供给侧结构性改革应对措施

面对水资源短缺、水污染严重、水生态恶化等严峻挑战，加快水利供给侧结构性改革迫在眉睫，其指导思想就是要以习近平总书记提出的“节水优先、空间均衡、系统治理、两手发力”的新时期水利工作方针为根本遵循，从人民群众最关心的水利公共服务需求端发力，从人民群众最关切的水资源、水环境等问题入手，扩大有效供给，强化优质供给，统筹做好水资源节约、保护、开发、利用等工作，满足广大人民群众对于水利公共服务供给能力、质量和效率等多元化需求的升级。①②

（一）坚持节水优先，保障经济社会可持续发展的有效供给

只有把节水放到优先位置，实行最严格的水资源管理制度，才能够压缩和限制现有的水资源荷载，腾出一定的水资源承载能力，满足经济社会可持续发展提出的生产、生活和生态用水需求。③④ 遵循节水优先的根本方针，把水资源的节约保护置于合理开发利用之前，加强节水技术产学研用结合，以水资源的可持续利用促进经济社会的可持续发展。在水资源总量有限、用水需求又不断增长的背景下，严守用水总量控制红线，从供给侧结构性改革加强需水管理，合理确定生活、生态、生产用水规模，严控不合理用水需求。具体到数量上，在水资源开发利用方面，到2030年全国用水总量控制在7000亿立方米以内。⑤

（二）把握空间均衡，保障区域城乡统筹协调发展的有效供给

针对我国人多水少、水资源时空分布不均的基本国情水情，坚持以水定城、以水定地、以水定人、以水定产，将水资源承载能力作为区域发展、城市规模和产业布局的重要条件。围绕新型城镇化建设和区域协调发展，从水资源供给侧着手，按照“确有需要、生态安全、可以持续”的原则，统筹内部节水挖潜和外部调水补缺，加快重点水源工程和重大引调水工程建设；充分考虑水文过程、河湖水系连通格局、未来用水需求和保证生态环境用水等因素影响，解决好局部地区工程性和资源性缺水问题，为强化空间布局的协调性、产业发展的协同性、基础设施的配套性、公共服务的均衡性提供水资源保障。

---

① 张志明、蔡之兵：《供给侧结构性改革的理论逻辑及路径选择》，《经济问题探索》2016年第8期。

② 孔祥智：《农业供给侧结构性改革的基本内涵与政策建议》，《改革》2016年第2期。

③ 金碚：《科学把握供给侧结构性改革的深刻内涵》，《人民日报》2016年3月7日。

④ 李洁：《关于深化水利投融资体制改革的思考》，《产业观察》2013年第5期。

⑤《中华人民共和国国民经济和社会发展第十三个五年规划纲要》，人民出版社2016年版，第20页。

（三）落实系统治理，保障水生态环境保护和治理的有效供给

水生态环境保护和治理是一项复杂的系统工程，涉及上下游、左右岸、不同行政区域和行业。以全面推行河长制为契机，把山水林田湖作为一个生命共同体，以保护水资源、防治水污染、改善水环境、修复水生态为主要任务，突破水污染治理关键技术瓶颈，在规划编制和投资安排使用上坚持城乡统筹，区域合作，上下游、左右岸、干支流综合治理协调推进。正确处理经济社会发展和水资源条件的关系，统筹考虑水的资源功能、环境功能、生态功能，引导各地在发展过程中主动适应水资源和水环境承载力，既满足经济社会发展合理需求，又满足河湖健康基本要求，为人民群众创造良好的生产生活环境，推动全社会走上生产发展、生活富裕、生态良好的文明发展道路。①

（四）注重两手发力，更多利用市场机制促进水资源高效供给

供给侧结构性改革是为解决政府过度干预或过度宏观调控的问题而提出的改革思路，本质上是要处理好政府与市场的关系。从这个意义上说，水利供给侧结构性改革的着力点是更好发挥政府作用，更多发挥市场作用。政府要在用水总量控制、水量分配、用途管制、水市场培育与监管等方面更好发挥作用。同时充分发挥市场机制作用，推动社会力量参与水利建设、管理和改革；严格水资源有偿使用，依靠经济手段激励用水户节约用水；鼓励通过市场规则、市场价格和市场竞争开展水权交易，促进水权合理流转，提高水资源利用效率和效益。

---

① 任勇：《供给侧结构性改革中的环境保护若干战略问题》，《环境保护》2016 年第 16 期。

加快推进供给侧结构性改革
为江苏水利事业发展注入新动能

李召宝*

党的十八大以来，习近平总书记多次就治水发表重要讲话，提出了“节水优先、空间均衡、系统治理、两手发力”的新时期水利工作方针，为我们做好水利工作提供了有力思想武器和科学行动指南。① 做好江苏水利工作，必须要把习近平总书记的重要指示和供给侧结构性改革紧密结合起来，深入践行新时期治水方针，坚持稳中求进工作总基调，努力构建现代化的水安全保障体系，为发展注入新动能，推动江苏水利建设再上新台阶。

一、江苏水利供给侧结构性改革的现实意义

江苏是著名的水乡，江河湖海齐备，水网分布稠密，水利工作的地位作用显得更为重要和突出。近年来，江苏水利按照省委省政府部署，承担新使命、努力求发展，积极推进水利建设各项工作，取得了明显成效。但也必须清醒认识到，水利基础设施建设还存在明显短板，水治理机制体制还不健全，水利改革力度还不够。解决水利发展中遇到的矛盾问题，实现江苏水利全面健康发展，推进供给侧结构性改革尤为显得重要和迫切。

（一）水利供给侧结构性改革的重要性

党的十八大以来，党中央及时作出经济发展进入新常态的重大判断，作出“三去一降一补”战略部署，把加强基础设施薄弱环节、加强生态环境保护列入补短板的重点内容，习近平总书记、李克强总理多次强调要进一步加强水利建设特别是水利基础设施建设。供给侧结构性改革为江苏水利提供重大发展机遇，必将助力体制机制改革，

---

* 李召宝（1977— ），男，江苏省扬州市水利局科员。

① 陈雷：《凝心聚力加快水利改革发展，以优异成绩迎接党的十九大胜利召开》，见 http://money.163.com/17/0106/18/CA4AM383002580S6.html，2017 年 1 月 6 日。

补齐补强水利基础建设短板，打牢水利发展基础，为推动水利自身发展提供不竭动力。

（二）水利供给侧结构性改革的特殊性

李克强总理强调，水是生命之源、生活之本、生态之基，不仅是实现粮食稳产的必要和先决条件，也是支撑新型工业化、城镇化、农业现代化的重要基础。水利作为保障民生、维系生态的基础，是国民经济发展的基础保障和基础支撑。因此，从这个方面来讲，水利在国民经济发展中有其特殊地位和作用，本身就是重要的基础性供给侧。

（三）水利供给侧结构性改革的紧迫性

2017 年是江苏水利全面贯彻落实第十三次党代会的开局之年，也是实施“十三五”水利规划的关键之年。做好接下来的水利工作，增强人民获得感，必须紧紧抓住供给侧结构性改革这个红利，既要着眼长远，又要时不我待，紧而又紧、实而又实推进江苏水利建设又好又快发展。

二、江苏水利供给侧结构性改革的重点任务

推进江苏水利供给侧结构性改革，要紧紧围绕“强富美高”新江苏建设大局，按照省委省政府部署，在完善水利基础设施、推进水生态文明建设、深化改革创新等方面持续发力，为全省经济社会发展提供坚强水利支撑和保障。

（一）将农村水利作为基本立足点，坚持民生优先

围绕新农村建设，抓好民生实事，加强基层水利服务体系建设。① 一是重点加快高效节水灌溉发展，推进农田水利建设，大规模开展高标准农田建设。二是围绕解决农田水利“最后一公里”问题，大规模开展高标准农田建设，加快小型农田水利重点县等项目建设。② 三是继续加强薄弱移民村精准帮扶工作，进一步加快农村饮用水源地建设，提高农村饮水集中供水率、保证率。

（二）将生态建设作为重要关切点，厉行节水护水

围绕“两减六治三提升”专项行动，着力解决水生态领域存在的突出问题。一是

---

① 《江苏深入推进农业供给侧结构性改革促农民增收意见（全文）》，人民网，见 http：//js. people. com. cn/n2/2017/0216/c360301－29721703. html，2017 年 2 月 16 日。

② 陈震宁：《江苏要加快推进农业供给侧结构性改革》，人民网，见 http：//js. people. com. cn/n2/2017/0402/c360300－29959749. html，2017 年 4 月 2 日。

以最严格水资源管理制度考核为抓手，强化“三条红线”管控，实现水资源消耗总量和强度双控行动；严格落实《江苏省节约用水条例》，积极推行合同节水管理，开展水效“领跑者”引领活动，全面建设节水型社会。① 二是着眼水资源保护，全面落实水污染防治行动计划，淘汰落后化工产能，推进城镇雨污分流管网、污水处理设施建设，严格入河排污口排查。三是扎实推进河湖生态治理管护，积极推进建立生态保护补偿机制，继续抓好太湖综合治理，持续推进水土保持生态建设。②

（三）将创新改革作为主要着力点，激发发展活力

围绕全省推进供给侧结构性改革重点，突出水利重点领域和关键环节，推进一批改革措施。一是全面推开全覆盖、升级版的河长制，完善管理指标体系以及考核机制，加快机构、人员、经费落实，力争在全国率先全面建成河长制。二是推进农业水价综合改革，让价格和市场的机制在水资源配置中发挥基础性作用，将水价和水权有机结合好，对用水行为和效率发挥巨大调节作用。三是深入推进水行政审批制度和水利投资融资体制改革，创新建设管理模式。

三、江苏水利供给侧结构性改革的总体要求

江苏水利供给侧结构性改革，要全面贯彻党的十八大和十八届三中、四中、五中、六中全会以及习近平总书记系列重要讲话特别是考察江苏重要讲话精神，认真落实省第十三次党代会精神，立足江苏省情，研判新形势、适应新情况，牢牢把握新发展理念提出的新部署、新定位、新要求，确保江苏水利健康发展方向。

（一）“五大发展理念”对水利供给侧结构性改革作出的新部署

中国共产党第十八届中央委员会第五次全体会议强调，实现“十三五”时期发展目标，破解发展难题，厚植发展优势，必须牢固树立并切实贯彻创新、协调、绿色、开放、共享的发展理念，对江苏水利供给侧结构性改革作出了新部署。创新，就是要转变管水治水思路，创新水利投融资机制体制，运用市场化方式进行建设和运营；协调，就是要坚持城乡结合、统筹推进，牢固树立山水林田湖是一个生命共同体意识，促进协调发展；绿色，就是要贯彻绿色发展、生态优先的发展理念，共抓大保护、不

---

① 《扬州推行水利供给侧改革》，江苏文明网，见 http：//wm. jschina. com. cn/9662/201703/ ht20170313_3782311. shtml，2017 年 3 月 13 日。

② 《江苏省水利厅就全面推进供给侧结构性改革工作作出部署》，人民网，见 http：//www. ctex. cn/article/zxdt/zcfg/gjkjzc/slb/201604/20160400022076. shtml，2016 年 4 月 13 日。

搞大开发，尊重自然、顺应自然、保护自然，促进人口经济与资源环境均衡发展；开放，就是要在已有基础上进一步建立水利与其他社会机构团体在技术与人才等领域引进机制，加大合作交流力度；共享，就是要认真贯彻精准扶贫、精准脱贫基本方略，在资金和项目上适度地向贫困、边远地区倾斜，扶持这类地区发展水利事业。①

（二）“强富美高”对水利供给侧结构性改革作出的新定位

2014 年 12 月，习近平总书记在江苏考察时提出“努力建设经济强、百姓富、环境美、社会文明程度高的新江苏”的发展目标，为江苏建设小康社会绘就了新蓝图。我们要准确把握“强富美高”对水利供给侧结构性改革作出的新定位，把水利工作上升到“五位一体”总体布局和“四个全面”战略布局，顺应人民群众对美好生活的向往，把增进人民福祉、促进社会全面发展作为水利工作的出发点和落脚点，着力构建保障民生、服务民生、改善民生、惠及民生的水利发展格局；始终坚持绿色发展，树立绿水青山就是金山银山的意识，像保护眼睛一样保护生态环境，像对待生命一样对待生态环境，加快形成节约水资源、保护水环境、涵养水生态的生产生活方式，推动绿色循环低碳发展，为子孙后代留下水清地绿的生态环境。

（三）“两聚一高”对水利供给侧结构性改革作出的新要求

江苏省第十三次党代会指出生态建设是江苏省全面建成小康社会突出短板，提出了“聚力创新、聚焦富民，高水平全面建成小康社会”的“两聚一高”发展战略②，为水利供给侧结构性改革作出了新要求。我们要牢固树立“大生态”理念，结合“两减六治三提升”专项行动，把贯彻落实最严格的水资源管理和“河长制”管理制度作为抓手，提高水资源的利用效率和效益；牢固树立“大水利”理念，统筹城乡水利协调发展，统筹流域和区域治理，统筹水利工程的前期工作、建设管理与运营管理，把水利工作融入到高水平全面建成小康社会中。

2017 年是供给侧结构性改革的深化之年，推进这项改革，是江苏水利工作今后一个时期要把握的主线③，关系水利事业的长远发展。我们要全面贯彻落实党中央、省委关于供给侧结构性改革的一系列重要精神，坚定信心、扎实推进，努力走在供给侧结构性改革前列，为服务经济社会发展大局、建设“强富美高”新江苏提供坚强有力的水利支撑保障。

---

① 陈坚：《加快推进云南水利供给侧结构性改革的认识与实践》，《中国水利》2016 年第 22 期。

② 李强：《在中国共产党江苏省第十三次代表大会上的讲话》，见 http：//www. zgjssw. gov. cn/yaowen/201611/t3111415. shtml，2016 年 11 月 24 日。

③《江苏将实施 5 大领域补短板工程 推进供给侧结构性改革》，中共江苏省委新闻网，见 http：//www. zgjssw. gov. cn/yaowen/201702/t20170217_ 3637952. shtml，2017 年 7 月 24 日。

水利供给侧结构性改革刍议

杨彦明　廖四辉*

2015 年 11 月，习近平总书记在中共中央财经领导小组第十一次会议上首次提出要开展供给侧结构性改革，“在适度扩大总需求的同时，着力加强供给侧结构性改革，着力提高供给体系质量和效率”。在此后的 2016 年中央经济工作会议上，中央进一步提出了供给侧结构性改革去产能、去库存、去杠杆、降成本、补短板的五大任务。供给侧结构性改革是新时期我国经济改革的重大战略，其基本内涵，就是从供给侧、生产端入手，用改革的办法推进结构调整，减少无效和低端供给，扩大有效和中高端供给，增强供给结构对需求变化的适应性和灵活性，提高全要素生产率，使供给体系更好地适应需求结构变化。水利是国民经济的基础性和战略性支撑行业，供给侧结构性改革是新时期经济改革的基本战略、深层逻辑，也必然成为水利改革的重要内容。

一、水利供给侧结构性改革的宏观背景和理念转变

必须准确把握我国经济战略转入供给侧结构性改革的深层原因，以及从需求侧转向供给侧结构性改革的理念背景①②③，才能从水利的定位出发，把握水利改革发展如何适应并体现供给侧结构性改革的要求。

从出口、投资和消费“三驾马车”拉动的需求战略，到“供给侧结构性改革”，其深层背景是中国经济发展演变到一个转折阶段即“新常态”阶段，投资、出口从需求端的拉动效应逐步减弱，继续强化需求刺激的效果甚微。消费在需求中占比上升但供给相对不足，特别是服务业的供给不足。供给侧结构性过剩和结构性缺乏并存，供给结构和质量不能匹配需求、供给跟不上需求、供需错配的问题日益突出，供给侧的结构调整逐渐成为供需矛盾的主要方面。④ 因此，就水利改革而言，无论是从水利服务的对象领域，

---

* 杨彦明（1971—　），男，博士，水利部发展研究中心高级工程师。廖四辉（1982—　），男，博士，水利部发展研究中心副处长、高级工程师。

① 楼继伟：《中国经济最大潜力在于改革》，《求是》2016 年第 1 期。

② 廖清成、冯志峰：《供给侧结构性改革的认识误区与改革重点》，《求实》2016 年第 4 期。

③ 方大春：《供给侧结构性改革理论根基及其路径》，《当代经济管理》2016 年第 12 期。

④ 段艳芳：《经济结构变迁与供给侧结构性改革》，《经济问题探索》2017 年第 6 期。

还是从水利服务的提供方式而言，上述转变背景都预示着相应尺度的水利供给侧结构性调整，包括水利工程建设推动的水利发展模式面临转变，水利的服务内涵增强等。

供给侧结构性改革与需求侧管理相对应，是长期实行需求侧管理之后理念转变的结果。对于如何拉动经济增长，需求侧管理与供给侧结构性改革有着截然不同的理念。需求侧管理认为需求不足导致产出下降，所以拉动经济增长需要货币和财政刺激政策来提高总需求，使实际产出达到潜在产出。供给侧结构性改革认为市场可以自动调节使实际产出回归潜在产出，所以根本不需要所谓的“刺激政策”来调节总需求，拉动经济增长需要提高生产能力即提高潜在产出水平，其核心在于提高全要素生产率①。从需求侧转向供给侧，这种理念的转变实际上超出理论上的截然对立，而是更多体现了经济发展主要矛盾从以需求拉动供给到以供给适应需求的适时转换。长期适应需求侧管理形成的水利发展模式风格鲜明，包括水利的密集投资、外延扩张，并已形成相对固化的政策思维的本位。也因此，供给侧结构性改革的转向必然会深刻影响水利改革发展的立场、视角和模式选择。

二、水利供给侧结构性改革的范畴、问题和环节

水利行业的复杂属性，决定了其供给侧结构性改革涉及不同层次的多个范畴。首先，水利是国民经济的基础性支撑，水利改革发展必须服务于国民经济供给侧结构性改革对水利支撑作用的要求，包含了防洪保安、农田水利、城乡供水等各个方面。其次，水利又是国民经济乃至国家安全的限制性因素，国民经济的供给侧结构性改革受到水资源这一基础资源本身的客观约束，从水利自身现实规律出发，限制供给数量、调整供给结构，是水利改革发展及其供给侧结构性改革的基本主题。再次，水利是生态环境公共产品的重要提供者，供给侧结构性改革也需要关注水生态环境等公共物品的供给问题，促进水资源及其水生态环境自身的保护和存续。最后，水利自身构成国民经济的特殊领域即水利经济，需要从发展水利经济的角度推动供给侧结构性改革②。四者的问题尺度不同，性质也有差异。作为基础性支撑，水利服务于国民经济的供给侧结构性改革，必须关注和紧跟供给侧结构性改革的新要求、实现重点保障。水利的基础支撑能力还需要进一步增强。作为限制性资源要素，水利要突出自身的能动性，结合最严格水资源管理制度的深化实施，主动限制和约束不合理的用水需求，提高用水效率，控制入河湖污染物排放。作为生态环境公共物品的提供者，水利必须超脱于短期经济发展利益之上，从可持续发展和生态文明建设的大局出发，从夯实水资源及

① 谭翊飞、文意：《林毅夫强调供给侧和需求侧应统一考虑》，《理论建设》2016 年第 1 期。

② 张红霞、郭蓉蓉：《探究新形势下水利经济的可持续发展》，《经济师》2017 年第 3 期。

其水生态环境基础的角度，着眼于全社会日益提升的生态环境保护意识，强化对水资源及其水生态环境的保护。作为行业经济，水利经济包含自身供给侧结构性改革的丰富内涵，有大量具体的改革任务，可以也应当站在自身发展利益的立场，在供给水利服务的细化深化优化方面下功夫；同时，投资拉动的需求端刺激模式转变为补短板的供给侧经济政策，也意味着投资密集的水利经济模式仍将持续，但内涵将有所不同，其中水利投资的内生属性将会进一步增强。水利供给侧结构性改革需要兼顾不同范畴，既体现适应性，也体现能动性；既重视行业本位，又不失全局视野。

水利的供给侧结构性改革要直面一系列水利改革发展的现实问题。一是水资源短缺问题日益加剧，必须保障供水安全。需要进一步开展基础设施建设，提升供水能力，提高用水效率，促进水资源节约保护。其中，城市和工业用水保障、非传统水资源开发利用等问题更为突出。二是经济社会发展、城市化水平提升，对防洪保安等的要求进一步提高。城市防洪排涝的设施建设和能力提升，应当作为一段时期内的重点工作。三是生态文明建设对水生态环境保护提出更高要求。地下水超采、水质污染和地面沉降等地下水环境治理问题，河湖生态流量保障，湿地保护和恢复，水生态空间确权，水资源用途管制，水功能区纳污管理，城市河道治理等都成为较为紧迫的水治理问题。四是外部经济社会环境日益市场化，水利必须适应和融入外部市场环境，水利投融资和运营管理机制亟待引入更多市场机制。运用 PPP 模式引入社会资金和管理，政府购买水利服务，水权水市场建设，水价改革特别是农业水价综合改革等，成为新时期水利改革的主题。五是各类型的水利服务都需要进一步细化和提升质量标准。针对特定的用水户和用途，在更加竞争性的市场环境下，需要发展更加细化的水利服务项目，增加“一条龙”、直达终端用户、个性化的相关服务，提高服务质量。农业水价综合改革要消除“最后一公里”短板，新型农业经营主体要成为水利服务的重点对象①，农村饮水安全工程巩固提升，提高服务质量都是重点所在。上述资源、环境、安全、市场机制和服务导向的问题，基本对应于水利供给侧结构性改革的多个方向和进路。

水利供给侧结构性改革，从供给侧结构性改革内涵的市场机制的逻辑出发，重点包含基础设施、管理体制、人才队伍、投融资机制、产权制度、价格机制、水市场等环节和领域。从基础设施建设而言，为拉动内需而加大水利投资的需求刺激政策的阶段已经过去，但这并不意味着水利基础设施建设放缓。总体性的加大投资转变为补短板的基础设施建设，水利基础设施不足，特别是部分地区特定类型水资源开发利用工程建设不足形成明显的短板，按照供给侧结构性改革补短板的要求，这部分水利投资在新时期成为重点。按照《水利改革发展“十三五”规划》，2017 年新开工 15 项重大

① 黄祖辉、傅琳琳、李海涛：《我国农业供给侧结构调整：历史回顾、问题实质与改革重点》，《南京农业大学学报（社会科学版）》2016 年第 6 期。

水利工程，在建水利投资规模超过9000亿元，为此要加快在建工程建设，尽快增加实物工程量。从管理体制而言，重在以市场化为导向、以价格机制为指引的水利管理的政府改革，增强对市场资源的包容性。从投融资机制改革、水利工程产权制度改革、价格机制的市场化改革、水权制度和水市场改革等环节而言，彼此紧密联系、相互依托，形成市场化导向下水利供给侧结构性改革的主线。为了充分引入市场主体及其市场化的各种资源，必须赋予市场主体相应工程产权和分配水权，并实行市场化供水和水利服务的定价机制，建立水权交易市场，如此才能满足投资经营要求，与外部市场化经济环境充分融合，形成开放可持续的水利发展模式。

三、水利供给侧结构性改革的方法论

水利供给侧结构性改革有其自身特殊的能动性逻辑。从水资源管理的广泛视角来看，水资源短缺进一步加剧，必然要求在适应国民经济发展需求的同时，水利部门实行更加能动的供给管理，也就是对水资源供给本身实行有效的总量控制和结构优化，以供给塑造需求甚至限制需求，而不是完全适应和保障需求，更不是要单纯的强化供给能力、扩大供给、刺激需求。按照这种逻辑，水利供给侧结构性改革也意味着水资源管理模式进入新阶段。早期的水利发展模式更多属于所谓供给管理模式，即注重水资源开发利用、大量建设水利工程、增强防洪保安和供水能力，以此积极服务于不断增长的水资源和水利服务的现实需求。这是一种相对被动的管理。此后，由于水资源短缺问题日益加剧，用水粗放浪费的问题突出，水资源管理模式转变为需求管理，即注重对用水需求加以限制，促进节水，而不再是无条件和不加限制地满足用水需求。最严格水资源管理制度全面开始实施，“三条红线”逐级划定，实际上是从需求管理转向更为直接、更加能动的供给侧管理，即转向控制供给数量和改变供给结构。现阶段开展水利供给侧结构性改革，应当理解为是在最严格水资源管理制度基础上，通过建立更加市场化的机制、提升管理水平，在限制供给总量、调整供给结构、改善供给方式等方面进一步拓展和深化改革。

水利供给侧结构性改革，要平衡和结合政府管理与市场机制两方面。总体上，由于水资源的准公共物品属性和水资源公有制度，以及长期以来相对集中的水利管理体制，水利领域的市场化水平不高，市场机制对水资源的配置受到多方面限制，而政府管理仍然发挥着主导作用。概言之，水利长期以来是强政府而弱市场的领域。就供给侧结构性改革的市场化内涵而言，就水利生产和服务仍由政府公共政策主导而言，水利供给侧结构性改革实质上就是重点改革政府公共政策的供给方式，也就是重点改革公共政策的产生、输出、执行以及修正和调整方式①，更好地与市场导向相协调，充分发挥市场在配置资源中的决定性作用。说到底，供给侧结构性改革，也是按照市场导向的要求来规范政府的权力②。离开市场在配置资源中的决定性作用谈供给侧结构性改革，以有形之手自我操作或以有形之手抑制无形之手，无法真正推动水利的结构调整，也会损害已有的市场化改革成果。必须适应日益市场化的外部经济社会环境，利用好市场机制，水利才能真正切入供给侧结构性改革的本质要求。因此，水利的供给侧结构性改革，体现为政府管理和市场机制两方面的重新平衡和深度结合。最严格水资源管理制度体现的是强势政府管理对水资源供给的能动限制，以及部门和地区构成的积极调整。但是在落实于利益主体的实际运作中，在这个政府管理确立的总量限制和结构约束的框架之下，水利工作要面向日益多样化和高品质的需求，不断引入市场机制、完善基础设施、改善管理方式、提供更高质量更多类型的水利服务。

水利改革也需要引入供给侧结构性改革“加减乘除”的方法论体系。供给侧结构性改革的“加法”是指补齐短板，扩大要素供给，发展新兴产业，提高经济增长质量与效益。不同地区不同类型工程如防洪、灌排、供水等都可能成为短板，需要重点建设。“减法”是指政府简政放权、企业清除过剩产能、社会为企业降低成本，激发微观经济活力。对水利而言，减少审批事项、促进简政放权是改革重点。对涉及生态环境、安全保障等公共利益的水资源管理和工程建设管理事项实施必要的管理，但简化管理方式，加强社会管理。“乘法”是指创新发展理念，创造新产业，以新产业的“几何式增长”推动经济发展。显著提升城市空间水生态环境的城市水利和生态水利建设，水利风景区建设，新型农业经营主体主导的农田水利建设模式，农业水价综合改革，城市防洪排涝体系建设，水权制度建设，PPP 模式的水利投融资等，都一定程度上包含了以模式创新撬动新增长点、形成新的水利服务领域和水利经济主体的乘法效应。“除法”是指清除产能过剩、清除经济发展障碍。部分地区过度建设恶性竞争的小水电，一些严重低效浪费的灌区，都需要进行全面的清理、升级和改造。

① 冯志峰：《供给侧结构性改革的理论逻辑与实践路径》，《经济问题》2016 年第 2 期。

② 任保平：《我国供给侧结构性改革的本质：体制改革》，《社会科学辑刊》2017 年第 2 期。

国外水外交模式及经验借鉴

夏 朋 郝 钊 金 海 杨 研*

一、美国水外交实践与特点

（一）美国水外交的战略目标

美国政府认为，水在实现外交政策目标和维护国家安全利益方面扮演关键性角色，奥巴马政府已将水外交确定为“一项独立的优先事务”。美国开展水外交最主要的目标就是通过介入关键国家和地区内部事务，提高美国影响力，同时防止他国达到与美国同样的影响力，实现美国“世界领导地位”的国家战略目标。

（二）美国水外交的重点对象

美国水外交具有鲜明的政治色彩和战略目的，发展中国家和亚洲地区，尤其是中国的周边地区，包括东南亚的湄公河流域、中亚的阿姆河流域和南亚的印度河流域，是美国水外交的重点。美国在这些关键国家开展水外交，可以针对这些国家对于提升水资源管理的需求，介入这些国家的内部事务，利用这些国家的关键性地缘位置，影响整个所在流域或区域的发展事务。

（三）美国水外交的主要特点

一是结合当地主要水问题开展双边援助活动以提升在该国的支持度。例如，阿富汗和巴基斯坦的农业用水是影响其水安全的关键，美国在这两个国家的水外交活动，主要是援助其发展蓄水和灌溉能力，以满足农业生产与发展需求。埃塞俄比亚水资源短缺严重，农村饮水安全问题十分突出，美国对其水外交重点是援助解决当地的饮用水问题。

二是建立专门的或包含水事务的多边合作框架，通过水利援助介入地区事务。例

---

* 夏朋（1979— ），女，博士，水利部发展研究中心高级工程师。郝钊（1973— ），男，博士，水利部国际合作与科技司处长、高级工程师。金海（1969— ），男，硕士，水利部国际经济技术合作交流中心主任、资深翻译（正高级）。杨研（1987— ），女，博士，水利部发展研究中心高级工程师。

如，2009 年，美国在湄公河流域提出创建新的“美湄合作”框架，启动“湄公河下游行动计划”；2011 年 7 月，美国与柬埔寨、越南、老挝和泰国等国成立“湄公河下游之友”，助推其“重返亚洲”战略的实现。

三是将水外交纳入国家间战略合作框架以推动水外交项目实施。例如，美国政府于 2009 年 10 月签署了援助巴基斯坦法案，支持巴基斯坦政府在水管理领域展开行动，以及相关的基础设施投资项目。在此基础上，美国和巴基斯坦签署了一个长期的重大水项目，致力于提升巴基斯坦水治理能力，提高水资源调配水平。

四是整合和协调各领域资源开展水外交。2012 年，美国国务卿希拉里宣布建立由 19 个政府机构和 50 个民间组织、基金会和私人部门组成“美国水问题伙伴关系”，发动公民参与小规模的对外水援助项目，允许公民资助发展中国家的小型水项目。

五是投入大量资金支持水外交。从 2005 年起，美国用于水的对外援助预算逐年上升，优先援助阿富汗、巴基斯坦以及湄公河流域国家。美国在阿富汗、巴基斯坦以及湄公河流域等战略重点国家先后投入数十亿美元援助其水利基础设施建设，从而提高在这些国家的影响力。

二、欧盟水外交实践与特点

（一）欧盟水外交的战略目标

2013 年，欧盟理事会通过决议，称未来与水相关的冲突可能危及世界各地的稳定，将影响欧盟的利益及国际和平与安全，欧盟将积极开展水外交，利用政治、安全、经济、技术、抢险救灾、援助等一系列措施，推动全球水资源的公平和可持续管理。欧盟水外交的主要目标是输出欧洲价值观，在国际涉水法律和规则制定过程中占领制高点，进而影响甚至主导有关国际进程，扩大欧盟国际影响力。

（二）欧盟水外交的重点对象

欧盟水外交重点区域较为广泛，涉及中东欧、非洲、南亚、中亚和东南亚等地区，其水外交重点国家通常有以下特点：具有重要的地缘战略位置；存在水安全问题；水治理体制机制不完善；水利基础设施建设落后。

（三）欧盟水外交的主要特点

一是欧盟委员会牵头，带动成员国、智库及非政府组织共同推动和参与水外交活动。欧盟委员会在水外交中更侧重于水法、水规则的建立与完善，努力将欧洲的价值观和标准贯彻到这些法律和规则之中，并将其推行到全球范围。德国、瑞典、芬兰、挪威等成员国通过发起双边或多边水合作机制，积极推动欧盟整体的水外交活动。例如，2008年4月，首届柏林“水单元”召开，德国外交部长在会上启动了柏林“水进程”，随后又召开了专门的国际会议“水单元——加强中亚国家水管理合作”，发起了“中亚跨国界水资源管理”的“柏林日程”。此外，智库和非政府组织也是欧盟水外交的重要力量。从全球范围看，欧洲拥有数量最多的水研究机构，这些机构为欧盟提供了非常活跃的民间多边水外交平台，最著名和活跃的就是斯德哥尔摩国际水研究院。

二是积极推动国际公约和地区水法规则的制定，抢占在国际水规则制定中的话语权。欧盟委员会鼓励促进国际水合作协定，在协助推动其他地区建立水法令或水规则的进程中，渗透推广欧盟跨界水治理模式和理念，例如将源于欧洲的《跨界水道和国际湖泊保护与利用公约》推广成全球性多边法律框架。

三是注重参加国际组织，或与其合作开展水合作项目，以推广欧洲水治理模式。例如欧盟与联合国欧洲经济委员会合作开展水项目，包括“中亚跨国界水资源管理”“帮助哈萨克斯坦提升认知国际水法”等。此外，欧洲安全与合作组织、世界卫生组织、世界银行、经济合作与发展组织都是欧盟水外交的积极协作者和资金支持者。

四是联合目标地区或国家，建立系列性水合作项目，逐步建立起可持续的合作机制和平台。全球层面上，欧盟发起了“欧盟水资源欧洲创新伙伴行动”“关于一体化综合管理的国家政策对话的欧洲水倡议”。区域层面上，欧盟在中亚创建了“中亚水资源管理地区对话与合作”项目；在非洲创建了“非洲水供应和环境卫生战略财务计划”。

五是大规模资金投入支持水外交活动。从2009年开始，欧盟开始“大手笔”的支持目标国水利基础设施建设，重点区域是中亚和东南亚的湄公河流域。2009年到2012年间，欧盟对中亚地区的水资源可持续与有效管理项目给予了150万欧元的资金支持。在湄公河流域，欧盟委员会于2013年宣布向湄委会提供495万欧元的资助。

三、新加坡水外交实践与特点

（一）新加坡水外交的战略目标

新加坡在摆脱水困境的过程中，成为一个水管理先进国和水技术输出国。目前，新加坡政府希望将新加坡建设成全球水务枢纽（Global Hydro Hub）。新加坡水外交的主要战略目标就是输出水技术，促进本国水务公司走出国门承揽海外项目，极力扩大新加坡在全球水务市场中的份额；同时，通过水务方面的国际合作，提升新加坡的国际形象和国际话语权。

（二）新加坡水外交的重点对象

新加坡水外交实施对象超越了政治、地域和文化的差异，展现了全球视野。新加坡水外交的重点实施对象包括：国家和次国家行为体、海外企业以及涉水国际组织。

（三）新加坡水外交的主要特点

一是水外交主体既包括新加坡公共事业局、环境与水资源部等政府主体，还包括新加坡水协会、新加坡本土水务企业以及跨国水务企业等非政府主体。政府主体与水协会积极为本国水务企业的走出去创建平台，例如新加坡公共事业局成立的水科技、培训及网络中心以及水联络网，最终目的均是推动本国水技术和水务企业的输出。

二是将新加坡国际水周打造成全球规模和影响力最大的国际水事活动之一。借助这一多边平台，新加坡不仅在经济发展和科技交流上取得了一系列成果，更是在国际舞台上赢得了广泛的赞誉和认同，树立了国家品牌形象。

三是利用国内外水务企业开展双边技术输出。新加坡本土水务企业是新加坡水外交的主力军，在新加坡境内的跨国水务企业既是新加坡水外交实施对象，也充当了新加坡水外交的执行主体。目前，已经有超过 70 家新加坡本土水务企业和跨国水务企业通过项目合作，以及建立海外子公司等形式，不断向全世界输出先进的水技术，充当了新加坡水外交的主体。

四是通过以水技术输出为主的水外交带动新加坡文化理念和价值观的输出。新加坡水外交在技术输出的过程中，还提供包括水源保护、水资源管理规划、培训咨询等服务，为当地政府和民众解决民生难题，传递了新加坡可持续发展、绿色环保等管理及文化理念。

四、荷兰水外交实践与特点

（一）荷兰水外交的战略目标

荷兰作为一个领土小国，其水外交目标就是利用本国在防洪技术和水管理方面的优势，针对有需求的国家开展“利基”[①] 外交，为这些国家提供针对性、专业性强的产品服务，扩大荷兰在国际市场中的份额，提升其国际地位。

（二）荷兰水外交的重点对象

荷兰在水领域的优势集中体现在洪水控制技术、供水技术以及水管理等方面，因此其水外交的重点区域和对象国家是存在这些水问题的区域或者国家。目前，荷兰的主要水外交对象涉及尼罗河流域、约旦河流域、湄公河流域等多个流域，以及印尼、

---

① “利基”是英文“Niche”的音译，是指根据自身优势明确定位，细分市场或谋求新的发展空间。

孟加拉国、越南、塞尔维亚、土耳其、中国等中东、北非和亚洲国家。

（三）荷兰水外交的主要特点

一是在对外援助方面将水作为重点领域。通过援助解决其他国家和地区的水问题，进而提高荷兰在这些国家或地区的国际影响力。例如在约旦河流域，为以色列、约旦和巴勒斯坦境内的 5 个人工回灌和水处理项目提供援助。

二是参与多个国际组织建设，并作为东道主主持众多国际涉水会议。荷兰通过参加、参与及提供支持等方式，构建了一个相当庞大的多边水外交合作网络。例如作为流域内国家参与了保护莱茵河国际委员会、马斯河国际委员会等，支持并作为第三方参与了阿拉伯水利学院、湄公河委员会（赞助咨询组）、联合国欧洲经济委员会和世界银行（尼罗河流域倡议，地下水管理咨询小组，红海、死海和平运河研究）等。对亚洲开发银行、非洲开发银行、全球环境基金提供了支持。荷兰还通过在国际组织中担任领导人的机会，积极扩大其水领域的影响力。荷兰国王威廉·亚历山大在王储期间，曾连续多年任联合国秘书长水与卫生顾问委员会主席，荷兰也借此在全球水与卫生事务中拥有了更大的发言权和影响力。

三是利用智库开展能力建设合作。荷兰境内有许多水智库，开展了大量水能力建设方面的国际培训。例如，联合国教科文组织水教育学院，作为荷兰境内一个最重要的国际教育学校，自 1957 年成立之日起，已为来自 160 个国家、超过 14500 名专业人士提供了硕士研究生教育，几乎涵盖了所有发展中国家及转型国家。荷兰通过这一国际水教育项目，成功地将其洪水控制技术、供水技术和水管理理念传播到了世界各地。

五、国外水外交模式分析及启示

基于对美国、欧盟、新加坡、荷兰等国家和地区水外交实践分析可知，水外交是这些国家或地区公共外交的重要组成和维护经济利益的重要手段之一。不同国家根据本国利益，其水外交的战略目标、领域及实现途径呈现出一定的特点，具体分析见表 1－4。

表 1－4 不同国家和地区水外交特点分析

类别	内容	美国	欧盟	新加坡	荷兰
战略目标	国际地位	★			
	国际形象和影响力	★	★	★	★
	经济利益		★	★	★
	国家安全	★			
	价值观输出		★	★	
外交领域	对外援助	★	★		★
	跨界河流合作	★	★		
	经济合作			★	
	水技术和政策交流		★	★	★
	水领域国际规则和标准制定		★		
外交途径	多主体共同开展行动	★	★	★	★
	纳入国家和地区间战略合作框架	★	★		
	参与国际组织或与其合作		★		★
	举办国际会议或论坛		★	★	★
	搭建多边合作框架（平台）	★	★	★	
	建立双边合作机制		★	★	
	水利救灾		★		★
	通过智库或非政府组织		★		★
	人员培训	★	★	★	★
	资金投入	★	★		

从战略目标看，水外交主要目的包括维护国家国际地位、维护跨界河流开发利用中的国家利益、提高国家的国际影响力、实现本国在国际市场中的经济利益、维护国家安全以及输出本国的价值观等。

从领域来看，水外交主要内容包括对外援助、跨界河流合作、经济合作、水技术和政策交流、制定水领域国际规则和标准等。

从实现途径来看，水外交主要对策措施包括多主体共同开展行动、将水外交纳入国家和地区间战略合作框架、搭建多边水合作框架（平台）、参与国际组织或与其合作、举办国际会议或论坛、建立双边合作机制、通过智库或非政府组织开展行动、人才培训以及资金投入等。

总结各国实践，有如下启示：一是将水外交提升至国家战略层面，有助于借助国家总体外交行动，在双边或多边合作框架中纳入水外交活动，进而推动相关涉水合作顺利开展，以保障本国的水安全和战略安全。二是国际组织是至关重要的多边水外交平台，参与甚至主导其相关活动，有利于借助国际组织名义输出本国的价值观，提升本国在全球范围内的话语权和影响力。三是经济和技术援助是最有效和最灵活的双边水外交工具，针对受援助国存在的具体水问题，开展精准外交活动，一方面可提升本国在援助国的影响力水平，另一方面可为本国水利企业进入国际市场提供“走出去”平台。四是智库与非政府组织活动是更温和、更容易被接受的水外交途径，通过科研交流、人员培训、项目合作等，可输出本国治水理念，培养对本国友好的治水人才。

在供给侧结构性改革条件下黄河下游滩区农业发展对策研究

侯起秀*

习近平总书记指出：新形势下，农业主要矛盾已经由总量不足转变为结构性矛盾，主要表现为阶段性的供过于求和供给不足并存。推进农业供给侧结构性改革，提高农业综合效益和竞争力，是当前和今后一个时期我国农业政策改革和完善的主要方向。为此，2017 年中央一号文件《中共中央、国务院关于深入推进农业供给侧结构性改革加快培育农业农村发展新动能的若干意见》作出了全面部署。黄河下游滩区经济是典型的农业经济，因此，研究新形势下滩区农业发展对策具有重要意义。

一、黄河下游滩区经济社会的发展方向

黄河干流在河南省孟津县白鹤由山区进入平原，于山东省垦利县注入渤海，全长 878 千米，其中宁海以下河口段长 92 千米。由于泥沙大量淤积，使黄河下游河道成为横贯华北平原的地上悬河。黄河下游滩区总面积 3154 平方千米（不包括河口地区），占下游河道总面积的 65%，具有显著的滞洪削峰、沉沙落淤功能，是黄河下游防洪工程布局的重要组成部分。同时，黄河下游滩区居住人口 189.5 万，耕地总面积 481.6 万亩，由于地理位置特殊，经济社会发展滞后，群众生产生活水平低下，形成了沿黄贫困带。

党和政府高度重视滩区经济社会发展。经过长期不懈努力，已初步形成“上拦下排，两岸分滞”的黄河下游防洪工程体系，在确保大堤以外防洪安全的同时，一定程度上改善了大堤以内经济社会发展条件，例如，小浪底水库运用后黄河下游发生持续冲刷，河道最小平滩流量由 2002 年汛前的 1800 立方米/秒增加至目前的 4200 立方米/秒左右，减少了洪水漫滩几率。

全面建成小康社会的目标为加快滩区经济社会发展提出了新要求，党和政府把滩区作为扶贫开发的重点区域之一。2017 年 5 月 8 日李克强总理在调研滩区居民迁建工

* 侯起秀（1963— ），男，教授级高级工程师，水利部黄河水利委员会总工程师办公室。

作时从全局和战略高度为滩区经济社会发展指明了方向：自古以来，黄河的安危就事关国家政治安定和经济发展。黄河滩区群众脱贫，事关全国脱贫攻坚大计。现在是到了加快解决这些滩区居民安危与发展问题的时候了。要力争用 3 年时间优先解决地势低洼、险情突出滩区群众迁建问题，促进实现保障黄河安全与滩区发展的双赢。

二、农业供给侧结构性改革提供的历史机遇

（一）黄河下游滩区将成为重要农业生产基地

河南省和山东省都是农业大省、人口大省，同时也是耕地资源较少，人地矛盾较为突出的省份。随着两省经济社会发展，重点项目建设占用耕地的趋势不可避免，目前两省易开发整理的耕地后备资源逐年减少，补充耕地难度逐年加大。而滩区土地面积较大，且土地集中连片、地势相对平坦、水资源和光温条件较好，适合机械化作业和集中开发。根据调查，在国家开展的新一轮基本农田划定工作中，大部分滩区耕地已划入基本农田保护区。也就是说，今后滩区将成为重要农业生产基地，经济社会发展方式需受到国家《基本农田保护条例》有关规定的限制。

（二）黄河下游滩区农业发展的历史机遇

滩区既是黄河行洪、滞洪和沉沙的重要场所又是滩区群众赖以生存的家园，长期以来黄河防洪安全与滩区经济发展一直处于两难选择之中。虽然国家为滩区经济社会发展采取了许多行之有效的措施，但滩区群众并未从根本上摆脱生产条件落后的状况。

例如，2001 年以来国家先后在河南新乡原阳、封丘以及山东滨州、德州开展了堤河治理试点工程，治理长度 25. 97 千米，明显改变了试验河段“槽高、滩低、堤根洼”的特点，减轻了二级悬河顺堤行洪对农业生产的不利影响，同时通过淤填堤河改造低洼地，增加了滩区可耕地面积，改善了滩区群众的生产生活条件。但是，二级悬河对滩区经济社会发展的不利影响仍然存在，据不完全统计，滩区仅因为“堤河”“串沟”和“洼地”发育不具备耕种条件的土地就有 5. 7 万亩。

又如，1998 年以来国家加大了滩区安全建设的补助规模，累计完成投资 29. 96 亿元；近年来河南和山东两省将滩区扶贫攻坚、改善民生作为重点工程之一，积极编制迁建方案，推进滩区居民外迁工作，形成了外迁、滩内就地就近修建村台和临时撤离的滩区安全建设“三驾马车”。滩区安全建设提高了群众生命财产的安全程度，但是，群众脱贫致富和滩区经济社会可持续发展还需要依靠发展生产。以河南省为例，该省计划利用 5—10 年时间对受洪水威胁较大的黄河滩区 82 万群众进行外迁安置，占该省滩区总人口的

65.8%，其中近3年要完成外迁安置23万人左右。但是，要实现“搬得出，稳得住，能发展，可致富”的搬迁目标，必须要有相关配套产业予以支撑，而农业是滩区群众最熟悉的生产方式，发展农业风险最小且最适合滩区经济社会可持续发展。

如果能紧紧抓住农业供给侧结构性改革提供的历史机遇，科学规划合理布局，因势利导激活要素，就有可能使滩区农业增效、农民增收、农村增绿，使群众从根本上摆脱生产生活落后状况，实现黄河防洪安全与滩区经济发展的双赢。

三、黄河下游滩区农业发展对策

（一）修建古贤水库是当务之急

历史上滩区洪水灾害频繁。例如，1996年8月花园口洪峰流量7860立方米/秒，滩区大面积进水，造成直接经济损失64.6亿元。2000年小浪底水库投入运用后，对洪水泥沙的调控能力显著增强，同时黄河下游控导工程得到进一步完善，黄河下游发生持续冲刷，漫滩几率明显降低。但是，滩区洪水淹没风险依然存在，不同重现期洪水黄河下游滩区淹没情况见表1-5。

表1-5　不同重现期洪水黄河下游滩区淹没情况

重现期（年）	淹没总计			
	村庄（个）	人口（万人）	面积（平方千米）	耕地（万亩）
5	1040	104	2192	239
10	1371	138	2422	264
20	1398	141	2448	267
50	1461	148	2496	272
100	1526	153	2519	274

从表1-5可以看出，长期稳定减少黄河下游洪水漫滩几率是滩区经济社会可持续发展的重要保证。目前，小浪底水库剩余拦沙库容约为43.4亿立方米，如果加上待建的古贤水库拦沙库容118亿立方米，两库总拦沙库容约为161.4亿立方米，如果再考虑多库联合调水调沙效果，黄河下游河道可以维持50年不抬高。古贤水库不仅能长期稳定减少漫滩几率，而且能进一步改善滩区开发建设条件，例如，可以采用修建橡胶坝等措施部分渠化下游河道。因此，修建古贤水库是关乎滩区群众福祉的当务之急。

在古贤水库运用前，根据表1-5，20年一遇洪水滩区淹没风险分析结果和水利工程对淹没风险的控制能力，将滩区划分为低风险、中等风险和高风险三种类别（见表

1－6）。

表1－6　黄河下游滩区分类

滩区类别	20年一遇洪水淹没水深（米）	举例
低风险	≤0.5	温孟滩及开封刘店乡临近黄河大堤的部分高滩
中等风险	0.5—1.0	新乡原阳滩的大部分滩区
高风险	≥1.0	新乡长垣滩、济南长清滩、平阴滩等

（二）科学规划合理布局

应按照2017年中央一号文件对农业供给侧结构性改革的总体部署，根据滩区特点，紧紧围绕市场需求，以优化供给、提质增效、农民增收为目标，以绿色发展为导向，以改革创新为动力，以结构调整为重点，尽快制定一个加快滩区农业全面发展的科学规划。这个规划至少应突出以下特色：

1. 发展绿色生态的特色

这不仅是农业发展也是保护黄河水质的需要，如果滩区农业大量使用化肥农药等化学制品就会产生大量面源污染，而黄河是沿黄城市和乡村的重要水源地。要减少化学制品用量就需要发展生态农业。生态农业是指在生态环境保护前提下，遵循生态学、经济学规律，运用系统工程方法和现代科学技术的农业生产模式。生态农业集中表现为产量高、营养高、效益高。滩区虽然贫困人口集中，但远离工业污染，是生态环境质量较高的地区，适合发展优质农产品。如果转变扶贫思路，把绿色生态扶贫理念引入滩区扶贫工作中，给予一定的资金和技术支持，大力发展循环经济和特色产业，就有可能把滩区培育成一个绿色生态扶贫的示范区。

2. 抵御淹没风险的特色

一是在淹没风险较小的低风险和中等风险滩区，积极引导农民在自愿基础上发展新型农业经营主体和服务主体，通过经营权流转、股份合作、代耕代种、联耕联种、土地托管等多种方式，加快发展土地流转型、服务带动型等多种形式规模经营。以规模化种养基地为基础，依托农业产业化龙头企业带动，建设“生产＋加工＋科技”的现代农业产业园。二是在淹没风险较大的高风险滩区，对地势低洼、坑塘串沟发育、暂不适宜耕种的土地，结合二级悬河治理进行淤填，提高土地平整度，建设包括文化、湿地、动植物、悬河和洪水等人文景观和自然景观组成的黄河景观带。如果古贤水库投入运用，利用橡胶坝等形成一定开阔水面，黄河景观带必将更加引人入胜。

根据上述初步设想，描绘出黄河下游滩区发展布局示意图（见图1－6）。

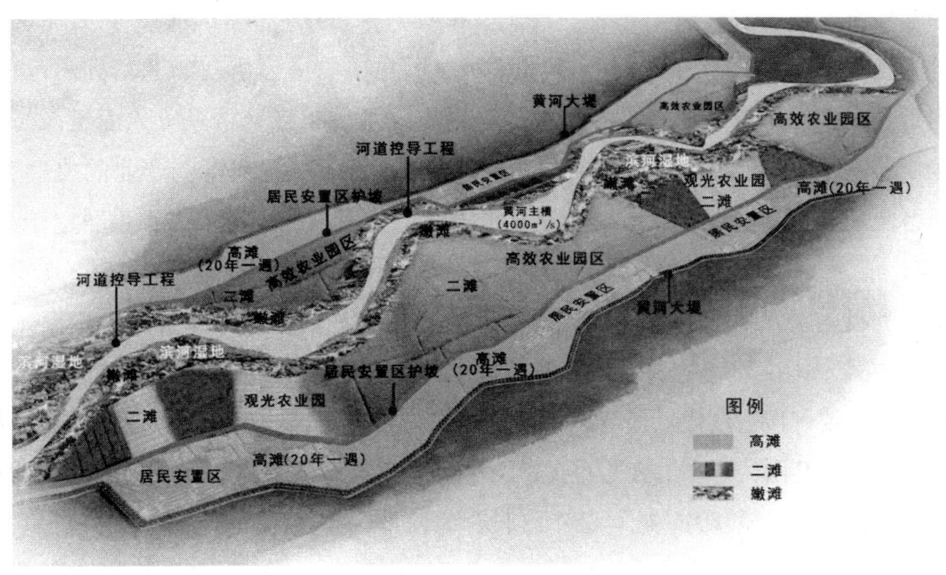

图1-6 新形势下黄河下游滩区发展布局示意图

（三）因势利导激活要素

供给侧结构性改革，一方面需要消化过剩产能；另一方面需要培育新动能，满足日益增长的高品质需求，从而达到需求和供给的新平衡，是激活滩区供给侧要素的历史机遇。在经济学上供给侧要素主要指劳力、土地和资本。

1. 激活劳力要素

滩区经济社会发展落后，青壮劳力多出外务工谋生，如何留住青壮劳力并吸引人才、培养人才是亟须解决的问题。在供给侧结构性改革的大背景下出外务工难度增大，增加了青壮劳力回乡从事农业生产的积极性，但不从政策上加以扶持和引导，改变滩区基础设施落后状况就很难长久留住青壮劳力，更何谈吸引人才、培养人才呢？其实，滩区基础设施建设是消化过剩产能的一个很好的市场。如果参照滩区外迁居民标准给予一定补贴，结合城镇化建设和扶贫攻坚工作，在滩区集中修建水电、道路、通信、医院、学校等基础设施，在消化过剩产能的同时，也使滩区群众共享了改革开放的成果，必将极大改变“人在滩区心在滩外”的现状。留住人心是培养人才、经济发展的基础。如果再施以吸引人才的政策，开展各种形式的人才培养，使滩区群众特别是青壮年掌握现代农业知识并把滩区农业发展当成脱贫致富的方向，就能激活劳力要素。例如，如果实现了4G网络滩区全覆盖，群众就能用一部手机与滩外市场建立联系，及时调整种植结构、推销产品，实现“互联网+”的美好梦想。

2. 激活土地要素

滩区人均耕地2.5亩，约是河南省和山东省人均耕地的2倍，但长期受洪水风险制约，农业经济落后，农作物以小麦、玉米、大豆为主，产量低而不稳，具有激活土地要素的潜力。例如，2000 年 6 月在郑州黄河滩区建成的中荷河南奶业培训示范中心，带动附近黄河滩区形成一个绿色奶牛饲养带，不仅增加了滩区群众收入而且减少了当地化肥农药的使用量，是一个激活土地要素、发展循环经济和特色产业的典型案例。激活滩区土地要素，一要建设配套的供排水工程。目前滩区供排水工程主要建于 20 世纪 90 年代前，多数已老化且管理混乱。小浪底水库运用后，由于河道主槽下切，使滩内原有水利设施引水更加困难。应结合低风险滩区土地集中整治，采用固定泵站或移动泵船等方式，建设配套的供排水工程。在此基础上，进一步创造条件建设高效节水基本农田。二要发展适度规模经营。滩区外迁安置为发展农业适度规模经营，不断提高农业集约化、规模化、专业化水平创造了条件。应按照自愿有偿原则鼓励土地经营权流转，构建以农户家庭经营为基础、合作与联合为纽带、社会化服务为支撑的现代农业经营体系，形成规模连片的特色农牧业基地，使滩区农业逐步向现代农牧业经营方式转化。三要推进产业融合发展。滩区经济社会发展的落脚点是农民持续增收，但受地理位置和资源禀赋局限，既有优势也有劣势，只有扬长避短才能收到黄河防洪安全与滩区经济发展双赢的实效。例如，黄河滩区到处都有文化传说和历史故事，只要善于挖掘和展示就能提高旅游附加值。应借鉴京杭大运河申遗成功经验，尽快启动黄河大堤申遗工作，以提高滩区旅游资源的知名度和影响力。应结合"农家乐"建设，发展休闲和观光农业，营造良好的旅游消费市场环境，使旅游成为滩区经济社会发展的新引擎。

3. 激活资本要素

激活资本要素是滩区实现经济社会可持续发展的重要条件。一是各级政府应从滩区群众为保证黄河下游防洪安全长期付出、消化过剩产能增加有效需求和激活滩区劳力和土地资源等多角度综合考虑，想方设法进一步加强政策和资金扶持。一旦滩区基础设施、群众观念、劳动技能落后的面貌得到改变，滩区经济社会发展潜力就会得到释放，就会撬动社会资本进滩。二是积极转变思路，创新机制，坚持市场化运作，走多渠道、多形式融资道路，择优选择一批辐射带动能力强、带动农民增收效果明显的重点龙头企业进滩并给予扶持。

四、结　　语

农业供给侧结构性改革是实现黄河防洪安全与滩区经济发展双赢的历史机遇。一方面需要加快建设完善的黄河水沙调控体系，进一步降低滩区淹没风险；另一方面需要科学规划合理布局、因势利导激活滩区供给侧要素。如果从上述两方面同时发力，滩区群众就有可能从根本上摆脱生产生活落后状况，跟上改革开放的时代步伐。

水土保持领域生态环境损害情形初探

李发鹏　王建平　孙　嘉　刘登伟*

党的十八大以来，中央对生态文明制度建设作出了一系列战略部署，提出到2020年基本形成源头预防、过程控制、损害赔偿、责任追究的生态文明制度体系。中央组织部和监察部于2015年8月9日印发施行了《党政领导干部生态环境损害责任追究办法（试行）》（以下简称《办法》），其明确要求：国务院负有生态环境和资源保护监管职责的部门应当制定落实本办法的具体制度和措施。按此要求，水土保持领域亦需要贯彻落实《办法》，构建水土保持领域的生态环境损害责任追究制度。其中，全面梳理水土保持领域的生态环境损害情形是最关键的基础性工作。为此，本文在界定相关内涵的基础上，总结了水土保持领域生态环境损害的特点和原因，初步梳理出了水土保持领域的党政领导干部生态环境损害情形。

一、水土保持领域生态环境损害情形内涵界定

水土保持是指对自然因素和人类活动造成水土流失所采取的预防和治理措施。水土保持对预防和治理水土流失，保护和合理利用水土资源，减轻水、旱、风沙灾害，改善生态环境，保障经济社会可持续发展具有重要意义。从宏观层面上来讲，水土保持领域生态环境损害可以认为是由于环境污染或生态破坏行为直接或间接地导致水土资源的物理、化学或生物特性的可观察的或可测量的不利改变，以及提供生态系统服务能力的破坏或损伤。但在实际水土保持管理工作中，需要结合具体部门职能，才能认定相关党政领导干部的生态环境损害责任。

对于水行政主管部门，负责组织协调全国水土保持工作，承担着水土流失综合防治和监督管理的职责，主要从水土流失综合防治的角度，改善或维持水土资源的蓄水保土、防风拦沙、绿化美化等水土保持功能，尤其侧重于对人为水土流失的预防与控

---

* 李发鹏（1981—　），男，博士，水利部发展研究中心副研究员。王建平（1977—　），男，博士，教授级高级工程师，水利部发展研究中心综合研究处处长。孙嘉（1986—　），男，博士，高级工程师，水利部发展研究中心。刘登伟（1978—　），男，博士，教授级高级工程师，水利部发展研究中心综合研究处副处长。

制。鉴于此，本文所指水土保持领域的生态环境损害限定为以水行政主管部门管辖范围内的、以水土保持生态服务功能减弱、水土保持效益降低、产生严重危害或影响为核心的不利改变。

根据《办法》要求，生态环境损害责任追究制度是为了突出党政领导干部在生态环境保护领域的“关键少数”作用，加强对作出决策的领导干部，特别是地方党委、政府主要领导成员的监督，避免出现“权责不对等”的现象。按此要求，水土保持领域的生态环境损害情形：（1）应以党政领导干部在水土流失预防、治理和监管过程中的决策、执行、管理、监督等环节引发的损害为主；（2）损害主要指造成水土保持生态服务功能减弱、水土保持效益降低等水土资源不利改变，以及水土流失、土壤侵蚀产生的严重危害或影响情况；（3）既包括造成水土资源不利改变的情形，也包括未完成应当完成的治理任务而导致的水土资源改善进程延误的情形；（4）既包括显性的、直接造成水土资源不利改变的情形（后果追责），也包括潜在的、有空间关联性的水土资源不利改变的情形（行为追责）；（5）但不包括纯自然因素引发的、超过防御能力的、由不可抗力造成的水土资源不利改变，重点关注人类活动因素造成的水土资源不利改变，对于自然因素和人为因素共同引起的水土资源不利改变，则需要根据具体情况依托相应的科技手段予以区分；（6）同时，损害应该是可观察的或可量测的，能通过科学的手段进行客观衡量，可以与资产负债表、领导干部离任审计相结合，定量反映不同层级党政领导任期内的水土资源变化情况。

二、水土保持领域的生态环境损害特点及原因分析

我国幅员辽阔，各地区间自然环境条件和社会经济状况差异很大，水土流失特点、强度和规律均不相同。鉴于此，按照水土流失综合防治分区，系统梳理总结了水土保持领域的生态环境损害客观表现形式及其主要特点，对其直接自然因素和人为因素进行系统梳理（见图1－7）。

总的来看，水土保持领域的生态环境损害主要表现在：（1）水分、养分、表土流失，引起土地退化，降低土地生产力，影响粮食安全；（2）河湖泥沙淤积，加剧洪涝灾害，威胁下游水资源安全；（3）加剧干旱、风沙、泥石流、滑坡等自然灾害；（4）引起面源污染，恶化水质；（5）恶化生态环境；（6）蚕食土地；（7）破坏交通、渠系等基础设施。造成水土流失的自然因素主要涉及降水、气温等气候因素，坡度、坡长、坡面等地形因素，土壤质地和植被覆盖因素，而各种人类活动进一步加剧了自然水土流失进程。尽管造成水土流失的人类活动类别与强度存在较大区域差异，但其主要集中在：（1）农业垦殖、资源开发、工程建设等造成的地形地貌变化；（2）砍伐、

放牧、不合理经营等造成的地表覆盖变化；（3）不合理的土地利用、污染排放等造成的土壤质量变化。

除了上述直接造成水土流失的自然和人为因素，在水土保持实际工作中仍存在着诱发或加剧水土流失的管理行为，主要集中于水土流失预防、治理和监管过程中的政策、规划、行政许可与审批、保护与治理、监测与公告、监督与执法等方面，这些管理因素正是需要重点考虑的党政领导干部生态环境损害情形。

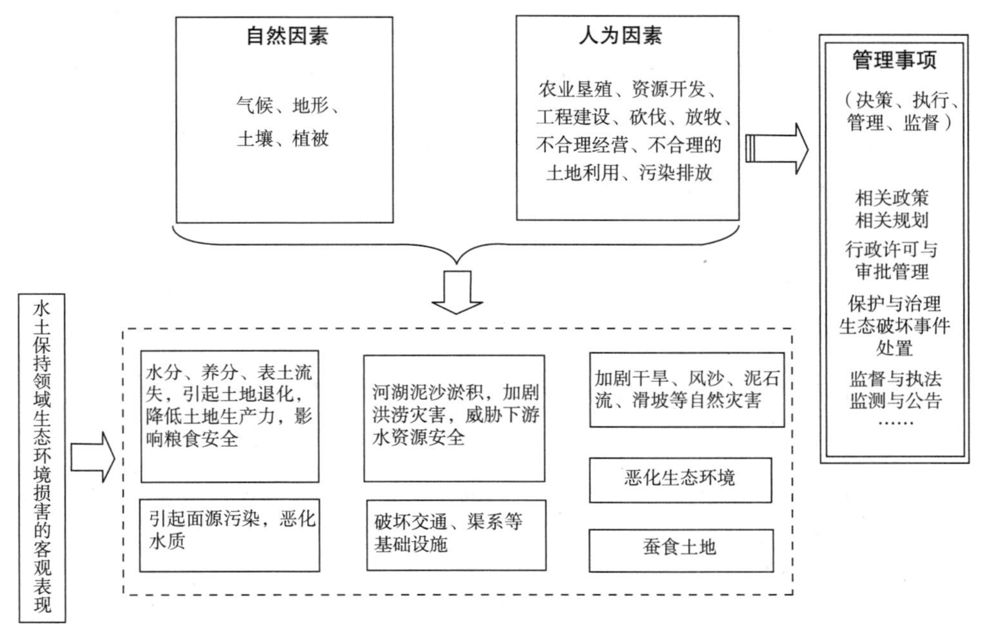

图1－7　水土保持领域生态环境损害逻辑图

三、水土保持领域生态环境损害情形梳理

根据《办法》要求，系统梳理《水土保持法》及地方水土保持法律法规中有关责任的规定，同时参考森林、草原、防沙治沙等法律相关规定，通过理论探讨、实地调研、专题咨询等方式，按照水土保持决策、执行、管理、监督四大类工作，分别总结了其可能存在的党政领导干部生态环境损害情形（见表1－7）。其中，决策类损害情形5项，涉及地方党政主要领导成员关于水土资源的决策；执行类、管理类和监督类损害情形分别有6项、9项和6项，涉及负责水土保持管理的地方党政有关领导成员、负责水土流失防治的水行政主管部门领导成员和承担水土流失防治任务的其他行业管理部门领导成员在水土保持实际工作中的执行、管理和监督情况。

表 1-7　水土保持领域生态环境损害情形

分类	序号	水土资源损害情形
决策	1	贯彻落实中央关于生态文明建设的决策部署不力，致使本地区或本行业水土流失问题突出或者任期内水土资源状况明显恶化
	2	制定的政策或作出的决策与水土保持政策、法律法规相违背
	3	违反主体功能区定位或者突破水土资源生态红线、城镇开发边界，不顾水土资源承载能力盲目决策造成严重后果
	4	在经济发展和水土保持综合决策中，出现重大失误或者违反水土保持、水资源、土地利用、生态环境保护等规划，或者违反国家产业政策，对水土资源造成严重破坏或恶劣社会影响
	5	地区和部门之间在水土流失综合防治方面推诿扯皮，主要领导成员不担当、不作为，造成严重后果
执行	1	执行水土保持政策、法律法规不力，或落实水土保持规划不力，未完成水土流失治理任务，造成水土流失问题突出或者水土资源状况恶化
	2	未正确履行职责，导致应当依法由政府责令停业、关闭的严重破坏水土资源的企业事业单位或者其他生产经营者未停业、关闭
	3	未按有关技术标准和规定采取适宜的水土流失预防与治理措施，导致水土流失问题突出或者水土资源状况恶化
	4	未按规定划定或公告水土流失重点预防区和重点治理区范围
	5	未按规定定期开展水土流失监测，或监测活动与有关技术标准、规范和规程不符，造成监测结果质量不达标
	6	未按规定定期组织区域水土流失调查，或未定期公告水土流失调查结果
管理	1	未编制水土保持规划，或其他可能造成水土流失的有关规划未提出水土流失预防和治理对策与措施，或编制的水土保持规划或提出的水土流失预防和治理对策与措施不符合区域实际情况
	2	擅自变更已批准的水土保持、生态保护、土地利用、林地保护利用等涉及水土资源的相关规划，导致本地区水土流失问题突出或者任期内水土资源状况恶化
	3	对不符合主体功能区定位或者水土保持政策、法律法规的建设项目审批（核准）、建设或者投产（使用）
	4	干预、插手建设项目，致使不符合水土保持政策、法律法规的建设项目得以审批（核准）、建设或者投产（使用）

续表

分类	序号	水土资源损害情形
管理	5	因监管或防控不力，或对水土保持设施管护不到位，导致本地区发生严重的人为水土资源生态破坏（灾害）事件
	6	未按规定报告、通报或者公开水土资源生态破坏（灾害）事件信息，或对发生的严重水土资源生态破坏（灾害）事件处置不力，或查处不力，导致事态恶化
	7	在水土保持监测、调查中弄虚作假，篡改、伪造或指使篡改、伪造水土流失调查和监测数据
	8	限制、干扰、阻碍水土保持监管执法工作
	9	干预司法活动，插手涉及水土保持的具体司法案件处理
监督	1	对有关部门违反水土保持政策、法律法规行为监管失察、制止不力甚至包庇纵容
	2	未按规定对水土保持政策、法律法规执行情况进行监督检查，或者在监督检查中敷衍塞责
	3	对发现或者群众举报的严重破坏水土资源的问题，未按规定查处
	4	对公益诉讼裁决和涉及水土保持的督察整改要求执行不力
	5	对应当移送有关机关处理的水土保持方面的违纪违法案件线索未按规定移送
	6	有关事项应当征求专家和公众意见而未征求意见

四、水土保持领域贯彻落实生态环境损害责任追究制度的初步对策建议

一是加强组织领导，开展水土保持领域生态环境损害责任追究顶层制度设计。以水利行业贯彻落实党政领导干部生态环境损害责任追究制度为契机，参与推动成立水利行业生态环境损害责任追究制度建设领导小组或专项办公室，推动协调解决水土保持领域贯彻落实生态环境损害责任追究制度中的难题。

二是明确事权关系，明晰各部门职责。系统梳理现行法律、行政法规、部门规章中有关水土保持领域生态环境损害的有关规定，明确划分水土流失预防与治理的中央与地方事权关系，进一步明晰水土保持主管部门、协同管理部门和其他有关部门之间的权力和职责边界，解决部门间职能交叉、重复、并行等问题，合理界定各部门党政领导干部承担的水土流失预防、治理与监管责任。

三是加强部门间沟通协调，构建统筹联动的水土保持行业监管。建立水利、农业、国土、环境保护、林业等水土资源保护与治理相关部门的沟通协调机制，协调推进水土保持行业监管，推动水土保持领域的监督检查全覆盖，并建立部门间统筹协调的水土保持生态环境损害情形集。筹建水土保持领域的约谈或督察机制，提升水土保持监督检查的权威性，实现水土保持领域生态环境损害的早发现、早追责、早整改。

四是完善水土保持生态环境损害鉴定评估与认定相关配套制度。研究制定水土保

持生态环境损害鉴定评估技术指南或导则，规范损害鉴定评估程序与反馈机制，提高鉴定评估结果的科学性。同时，搭建水土保持大数据平台，建立水保、国土、农业、林业数据集成共享机制，提升信息化水平，提升损害评估与预警能力，为建立部门统筹联动的水土保持生态环境损害认定评估机制奠定科学基础。研究出台相关政策，鼓励和引导第三方独立参与水土保持生态环境损害评估鉴定工作。

供给侧结构性改革背景下的科研经费管理与服务效能研究

黄鹏鹃　周　普*

2015年11月10日，习近平总书记在中共中央财经领导小组第十一次会议上首次提出了“供给侧结构性改革”，称“在适度扩大总需求的同时，着力加强供给侧结构性改革，着力提高供给体系质量和效率”，这标志着中国经济决策的出发点将从重视扩大需求进行经济刺激转向重视要素供给进行结构性改革，这也为正在进行的科研经费管理与服务改革提供了新的视角。科研财务管理工作要努力服务于科技界的供给侧结构性改革，积极探索科研经费管理与服务供给侧变革新思路，让科研经费真正为创新创造服务。

一、科研经费管理与服务供给侧结构性改革的主要内涵及意义

（一）供给侧结构性改革内涵

作为中国经济社会发展瓶颈期的重要战略思想，“供给侧结构性改革”理论研究具有科学的体系和丰富的内涵，众多专家学者对其进行深入研究。如贾康认为供给侧结构性改革的核心内涵是解放生产力，解放生产力就是从生产端入手，降低制度性交易成本，增强创新能力、提高供给质量与效率、改善供给结构，最终提高全要素生产率。① 李佐军认为中国经济当前的主要问题是结构性问题，而非周期性问题，针对结构性问题，不能用解决周期性波动的需求管理政策去应对，而要采取供给侧结构性改革去化解。② 所谓“供给侧结构性改革”是指从供给侧入手的改革，所谓“结构性改革”是指针对结构性问题而推进的改革，所谓“供给侧结构性改革”是指从供给侧入手，针对经济结构性问题而推进的改革。因此，本文认为“供给侧结构性改革”就是从提

---

* 黄鹏鹃（1966—　），女，高级会计师，中国水利水电科学研究院财务与资产管理处处长。周普（1982—　），女，高级会计师，中国水利水电科学研究院财务与资产管理处预算统计科科长。

① 贾康：《供给侧结构性改革的核心内涵是解放生产力》，《中国经济周刊》2015年第49期。

② 李佐军：《准确把握供给侧改革》，《北京日报》2015年12月28日。

高供给质量出发，用改革的办法推进结构调整，矫正要素配置扭曲，扩大有效供给，提高供给结构对需求变化的适应性和灵活性，提高全要素生产率，促进经济社会持续健康发展。

（二）深化科研经费管理与服务供给侧结构性改革的内涵

目前国内各行业都在结合自身特点积极探索本领域供给侧结构性改革，对深化科研项目和资金管理改革的研究也才刚刚起步，关于科研经费管理与服务的供给侧结构性改革的研究成果尚处于空白期。本文的研究是建立在前述两者的基础上，认为科研经费管理与服务的供给侧结构性改革是以“简政放权、放管结合、优化服务”为新理念，从提高科研经费服务质量与效率出发，用改革的办法提升科研经费管理与服务效能，矫正科技资源配置不当、科研活动支出烦琐、管理制度与科研活动脱钩等问题，提高科研经费供给结构对科研需求的适应性，更好满足广大科研活动和科研人员的需要，增强科技创新对经济社会发展的驱动力。其根本目的是解放科研生产力，尊重科研活动的运行规律，释放科研人员创新创造的巨大潜力，实实在在提升科研人员的成就感和获得感。

（三）深化科研经费管理与服务供给侧结构性改革的重要意义

1. 深化科研经费管理与服务供给侧结构性改革，是实现创新驱动发展的重要抓手

从宏观环境看，我国所处的国内外环境都在发生极为广泛而深刻的变化：一方面是国际环境，世界经济低速增长，经济结构深度调整，国际竞争更加激烈，科技革命孕育突破；另一方面是国内环境，我国经济正处于增长速度换档期、结构调整阵痛期叠加的阶段，面临着跨越“中等收入陷阱”的严峻考验，发展中不平衡、不协调、不可持续问题依然突出。在这种背景下，迫切需要依靠科技创新转变经济发展方式，提升发展质量和效益。从现实状况看，科研经费管理长期存在行政化弊端，一些制度流程过于死板，科研经费报销手续烦琐且耗费精力，不符合科研活动规律特点，成为困扰科研工作者的“血栓”。而科研项目是国家部署落实重大科研任务的主要渠道，科研经费是科研项目实施效果的“物质基础”。推进科研经费管理与服务的改革，提升科研项目的实施效果是深化科技体制改革、落实创新驱动发展战略的重要抓手。

2. 深化科研经费管理与服务供给侧结构性改革，是改进政府科技管理、推进国家治理体系和治理能力现代化的重要工作

科技管理是国家治理体系的组成部分，需要按照国家的战略部署和现代科技事业发展变化规律，深化科技体制改革，切实转变政府职能，改革和创新管理方式，完善

管理制度，实现管理的科学化和规范化。科研经费管理与服务是科技管理工作的重要内容，对科研经费管理与服务的全过程进行系统化、结构化改革，是改进政府科技管理，提高政府管理效率和水平，推动大众创业、万众创新，推进国家治理体系和治理能力现代化的题中应有之义。①

3. 深化科研经费管理与服务供给侧结构性改革，是构建现代财政制度、深化财税体制改革的重要内容

科研经费是财政资金的重要组成部分，深化其管理改革的总体目标就是要建立适应科技创新规律、统筹协调、优化结构、科学规范、公开透明、监管有力的管理机制，这也与建立现代财政制度的要求相适应和衔接，优化配置科技创新要素和资源，提高科研经费使用效益，为现代科研创新创造活动保驾护航。

二、当前科研经费管理与服务过程中存在的问题

近年来，随着我国科技体制、财税体制改革不断深化，现行科研经费管理存在的弊端逐渐暴露出来，尤其是科研服务供给能力偏弱，有效供给不能满足日益增长的科研经费管理需求，在一定程度上无法充分释放科研人员科研创新的活力和潜能。具体体现在以下方面。

（一）尚未真正享有科研经费使用自主权

科研活动是探索性的，其进程和结果并不能完全预知，其决定了科研经费使用存在持续性和不确定性。这在一定程度上要求科研机构必须具有根据科研活动的需要进行科研经费开支和管理的自主权。但目前，科研机构获得的科研经费需要执行国库集中支付制度、结转结余资金管理办法、预算科目调剂等有关规定，尚不能让科研人员真正成为科研经费“主人”。

（二）科研经费管理制度具有很强的刚性

现行科研经费管理制度具有很强的制度刚性（如规章制度过于细化、操作程序过于复杂烦琐、执行过程带有行政色彩等），以行政化方式堆砌各类清规戒律，面临着一定的制度困境。各类科研经费管理与使用时，不仅要执行财政部门、科技部门制定的科研经费管理制度，还要考虑到工商、税收、人事和资金主管部门等各项盘根错节的规章制度，导致很多政策落地生根成“空中楼阁”。

---

① 余蔚平：《全面深化科研项目和资金管理改革》，《行政管理改革》2014 年第 10 期。

（三）科研经费管理模式较为机械与僵化

最明显的就是预算编制规定过于精细化，不够灵活。科研项目存在研究领域的多样性，研究的特殊性、不可预见性及复杂性，因此，在项目申报和设计时要想精确编制预算是不现实的。而现行的管理办法要求经费必须严格按照预算使用，这就造成了“该花的钱花不了、不该花的钱必须花”的怪现象。“一刀切”的预算管理模式与科研活动的基本逻辑无疑是相矛盾的。此外，在预算执行环节，经费怎么用、用多少，还须听命于行政管理部门，科研人员不得不将大量的精力消耗在烦琐的经费报销程序上。这种僵化的管理模式显然有悖于科研活动的客观规律，极大地降低了科研经费的使用效率和效果。

（四）科研人员价值无法得到有效激励

目前科研经费中关于人员经费的改革存在着矛盾。由于科研活动中每个人的工作量和实际贡献大小均存在明显差异，从公平性和激发人员积极性的角度出发，需要对科研人员实行“按成果分配”和“按贡献分配”，最近的科研经费改革提出了“在人员费中通过间接费用来奖励具有突出贡献的项目组人员”，但这项广受科研人员欢迎的改革政策在现实中却难以落地，其原因仍然是受制于事业单位绩效工资制度，在一定程度上挫伤了年轻科研人员的积极性，妨碍了年轻科研骨干的培养，造成了科研活动效率的损失。

（五）科研经费管理部门缺乏有效的配合

科学研究是综合性的工作，经费管理也涉及多个部门，在科研项目的立项、经费申请、预算编制、经费使用、财务核算等方面做到合法依规。目前，科研项目课题组与科研管理部门、财务部门等未密切配合与相互支持：科研项目课题组只重视争取经费而对合理使用经费不予理睬；科研管理部门则忽视经费的使用；财务部门缺乏对于绩效的有效考核，往往与科研课题组、科研管理部门沟通不及时，导致未能对项目经费的使用状况进行综合科学的管理与监督。

三、科研经费管理与服务供给侧结构性改革的对策

科研经费管理与服务的供给侧结构性改革，应进一步完善制度机制，扩大科技资源、财务服务、信息系统等方面的有效供给，为科技创新提供更加便捷、高效、人本关怀的经费管理与供给服务。针对科研经费管理与服务面临的深层次问题，围绕着科

技界供给侧结构性改革的根本任务，本文提出了科研经费管理与服务供给侧结构性改革的对策。

（一）落实简政放权，完善科研经费运行机制

近年来，政府相继出台新政，致力于完善科研经费管理与服务，如中共中央办公厅、国务院办公厅印发了《关于改进加强中央财政科研项目和资金管理的若干意见》《关于进一步完善中央财政科研项目资金管理等政策的若干意见》以及《关于进一步做好中央财政科研项目资金管理等政策贯彻落实工作的通知》等。上述政策是对我国科研经费管理政策的积极调整，对于改善科研经费绩效具有显著意义，但仍有值得改进的地方。一是需进一步优化相关政策（比如自筹基建立项审批、项目预算评审、科研奖励激励等）的操作细则，出台相应的实施方案，确保有章可循；二是预算调整审批权应下放至项目承担单位，充分调动和发挥项目承担单位的主导作用，给予科研人员更多的技术线路决策权和财务支配权；三是在行政干预上多做"减法"，把"放手"当作最大的"抓手"，放宽科研机构政府采购管理规定，将管理接地气融入科技创新服务。可以说，这些既是简政放权大势所趋，也是符合科研创新资源优化配置的重要举措。

（二）注重目标管理，构建科研经费绩效评估体系

改变当前"过程管理"的理念，借鉴欧美发达国家"在保证合规性的基础上，更加强调科研经费使用绩效，强调科研经费投入与最终科研成果产出之间的关系"这一先进经验，构建科研项目"目标管理"理念及科研经费绩效评估体系，对科研项目及承担单位的考核、评价、管理应该重点关注是否完成了科研项目任务指标，而非关注其实施过程中是否出现了瑕疵。监管部门应转变监督方式，不能将科研经费管理的合规性及关注点集中于报销发票是否合规、审批流程是否齐全，应从科研项目目标出发，综合考量，据此判断科研经费使用是否存在违规违法行为，使管理模式更讲求绩效。

（三）坚持以人为本，体现科研活动贡献价值

科技人员是科技创新的核心要素，是创造社会财富不可替代的重要力量，应当是社会的中高收入群体。在借鉴欧美发达国家经费支出弹性较强以及科研人员工资费用管理的经验基础上①，建议相关部门减少无效和低端的经费供给，扩大有效和中高端经

---

① 美国科研项目成本核算方面，包括直接成本和间接成本。直接成本是科研项目实施过程中人员和设备等方面的支出，包括课题负责人、行政管理和辅助人员的工资、津贴及福利费用与设备费、材料费等，其中人员费用占科研经费比例可达50%左右，各项支出允许浮动15%的比例。

费供给，赋予经费供给体系更大的调整空间，如可扩大人员费用的支出范围，允许项目组成员从科研经费中获取更大比例或额度的劳动报酬，增强人力资本和科研劳动投入倾斜力度，鼓励其潜心于科技创新创业工作。

（四）打造专业团队，提升财务服务供给能力

为适应中央财政科研项目和资金的改革与管理要求，解决好科研人员反映的经费管理规定更新较快、手续繁杂、程序较多、周期过长、“把科研人员逼成会计”等问题，建议科研机构在现有科研经费管理与服务队伍的基础上，进一步扩大科研财务人员的有效供给，优化供给结构，通过定期的专业培训，打造成一支“明政策、懂财务、通流程”的财务助理团队，即熟悉国家科研项目管理政策、懂得一定的财务专业知识、精通单位财务报销流程，使之能充分减轻科研人员负担，服务于国家创新驱动发展的大局，切实满足科研经费管理科学化、规范化、精细化要求。

（五）理顺管理链条，形成齐抓共管联动机制

科研经费管理与服务要向前延伸，以职能业务为先导，以项目管理为主线，以信息系统为纽带，理顺科研业务部门和财务部门之间关系，有机衔接业务管理与科研经费管理，实现各部门之间的通力合作，整合并优化各种资源，实现有效配置，支撑起科研项目良好运行的重担，用较低的科研投入获取较高的收益。构建齐抓共管的联动机制的首要任务，就是要充分发挥信息系统在科研项目和经费管理中的技术支撑作用，优化系统结构，完善系统功能，推动科研经费、科研项目、绩效指标等信息管理系统之间纵横联通，实现科研项目和经费管理信息的共建共管共享，进一步提高科研经费管理安全性、规范性和有效性，为科研人员开展科研探索提供有力支撑，为科研经费管理和服务效能的提升夯实共管平台。

科研经费管理与服务的供给侧结构性改革是破除阻碍科技生产力发展的体制机制障碍，使科研经费管理与创新活动的规律和特点相适应，不断增强科技对经济社会发展的支撑引领作用，为实施创新驱动发展战略提供坚实的经费保障。

关于水利工程精细化管理的思考与实践

辛华荣　周灿华*

江苏省江都水利工程管理处是江苏省水利厅直属的事业单位，管辖的江都水利枢纽工程既是江苏治淮工程的重要节点，也是江苏江水北调和国家南水北调东线的源头工程。该工程主要由4座大型电力抽水站、12座大中型水闸以及输变电等配套工程组成，具有抽江北送、自流引江、抽排涝水、分泄洪水、余水发电、保障航运、改善生态环境等综合功能。建成50多年来，为促进苏北地区国民经济和社会发展作出了巨大贡献。

精细化管理是一种理念，是源于发达国家的一种企业管理理念，以“精、准、细、严”为基本特征，通过提升改造员工素质，加强单位内部控制，强化链接协作管理，从整体上提升单位整体效益。精细化管理坚持注重细节、立足专业、科学量化的原则。它以专业化为前提、以系统化为保证、以数据化为标准、以信息化为手段，把服务者的焦点聚集到满足服务对象的需求上，以获得更高效率、更多效益和更强竞争力。

近年来，管理处为适应水利现代化发展需要，结合水利行业特点和单位实际情况，积极致力于供给侧结构性改革，探索实践水利工程精细化管理，取得了明显成效，工程管理现代化水平不断提升。

一、水利工程管理面临的形势和存在的不足

为适应江苏省全面建成更高水平小康社会、奋力开启基本实现现代化新征程的发展要求，江苏省提出了在2020年基本实现水利现代化的宏伟目标。围绕这样的大目标，水利工程管理现代化建设已成为水管单位的重大任务。

同时，新形势下，我们水管单位要贯彻落实习近平总书记提出的“节水优先、空间均衡、系统治理、两手发力”的新时期水利工作方针，加快从传统水利向现代水利转变，更好地发挥水利工程在防洪减灾、水资源供给、生态文明建设等方面的综合功

* 辛华荣（1964—　），男，研究员级高级工程师，江苏省江都水利工程管理处。周灿华（1967—　），男，研究员级高级工程师，江苏省江都水利工程管理处。

能，为经济社会发展和新江苏建设提供更强有力的水利支撑和保障作用，这也是水管单位面临的重要职责。我们必须高度重视水利工程管理，更加扎实高效地做好水利工程管理。

在水利工程管理实际工作中，对照现代化建设的目标，工程管理还存在不少问题与不足，主要表现在：

一是工程管理意识还有待提高。受习惯思维、传统做法、人员状况等方面的制约，工程管理创新意识和能力仍不强，对如何适应新形势、提高工程管理水平的认识不足、思路不清、办法不多。部分站闸对工程管理要求不高，不能做到长效化管理，存在应付突击现象。

二是工程管理方式还较为粗放。工作目标不高、任务不清、要求不细、执行不严。管理制度体系还不尽完善，技术标准、工作流程还不够明确、具体，对工作要求偏于笼统、粗线条，导致工作落实成效偏差较大。部分管理人员满足于工作经验和习惯做法，对管理制度、技术要求的执行力度还需要不断加强，日常管理行为还不够规范。

三是管理手段还不够先进高效。技术管理手段还比较传统，工程管理信息化水平还较低，目前以工程监控、防汛防旱调度决策等系统为主，涉及日常业务管理的应用系统的开发力度还不够，信息化技术对业务管理的促进作用还很有限。

四是考核激励机制还不够完善。岗位设置还不尽合理，定员、定岗、定职责还不尽完善；量化考核标准、奖惩激励机制还不健全，受现有分配机制和用人体制的制约，现有考核办法的实施成效不明显，对管理人员的约束和激励作用有限。

二、推进水利工程精细化管理的总体思路

在当前全面推进水利现代化、服务新江苏建设的进程中，要求水管单位必须将工程管理工作放在更加突出的位置，把工程精细化管理作为解决当前存在的诸多问题、强化工程管理的突破口和切入点、发力点。

2016 年 6 月，江苏省水利厅出台了《全省水利工程精细化管理指导意见》，提出要按照全面提升全省水利工程管理水平，积极服务经济社会发展要求，把精细化管理作为水利工程规范化管理的“升级版”、水利工程安全运行的“总阀”、水利工程管理的更高目标追求，探索符合水利现代化要求的精细化管理模式，构建更加科学高效的工程管理体系，促进水利工程管理由粗放到规范、由规范向精细、由传统经验型向现代科学型管理转变，加快推进水利工程管理现代化进程。江都水利工程管理处作为江苏省水利行业的窗口单位，坚持先行先试，从易到难、由浅入深，积累经验，逐步推广，持续改进，保证精细化管理工作有序推进、取得实效。

三、水利工程精细化管理的实践与初步成效

基于精细化管理的理论，江都水利工程管理处在总结多年管理经验的基础上，学习和借鉴省内外同行先进的管理经验，结合管理处50多年来在工程管理方面积累的丰富经验和打下的良好基础，紧扣水利现代化建设的主题，从2012年下半年起，开展了精细化管理实施方案的研究和编制工作。编写了《江都水利枢纽泵站精细化管理》和《江都水利枢纽水闸精细化管理》指导书，主要从技术管理、标准管理、流程管理、制度管理、岗位管理和考核管理等六大方面，初步明确了精细化管理的工作任务、技术要求、工作标准、规章制度、考核办法以及典型工作流程等，以此来指导和强化水闸和泵站工程管理的过程控制，规范管理行为准则，执行管理规章制度，创新岗位管理与绩效考核机制，为全面推进水利工程精细化管理提供了理论指导。

在此基础上，组织各基层管理单位结合工作实际，编制精细化管理工作手册和典型工作作业指导书，形成切实单位自身实际、更具操作性的实施方案，来指导精细化管理工作的有序推进和落地生根。

一是开展较为充分的前期准备工作。在提出推进精细化管理的构想后，管理处成立了精细化管理领导小组，大力宣传工程管理的重要性和精细化管理的必要性，要求对各工程实际情况进行调研、分析，总结在工程管理方面的经验和不足，制定发展思路。在宣传发动的同时，还组织相关人员对省外泵站管理较好的单位进行考察，学习先进的管理经验，为工程精细化管理的实施与推广打下了基础。

二是制定切合实际的实施方案。管理处组织技术力量，根据工程技术管理规范、工程管理相关管理制度以及江苏省水利厅颁发的工程管理单位考核办法等，结合各工程单位的实际情况，组织编写了泵站、水闸工程精细化管理指导书。对建筑物及机电设备维修养护、工程检查观测、运行管理、安全管理、环境管理等如何做，按什么程序做，达到什么样的标准等都进行了明确的规定，并对工程控制运用、工程检查记录、设备评级、工程维修养护等进行了规范，为精细化管理的实施提供了标准和依据。

三是梳理健全制度管理体系。经过多年的积累与发展，管理处形成具有自身特色且行之有效的制度体系，并参与多项水利行业水闸、泵站技术规范规程的编写工作。在此基础上，按照水利现代化发展新形势，体现精细化管理新要求，全方位修定完善《泵站技术管理细则》《水闸技术管理细则》及各项工作制度，提高系统性、针对性、可操作性，使之更加规范科学，提高管理执行能力。

编写出版《江都水利枢纽精细化管理规章制度》，涵盖党务工作、行政工作、工程管理、财务工作、综合经营、人事工作、职工管理、安全生产等方面80项工作制度；

基层工程管理单位修定完善运行管理、维修养护、检查观测、安全生产、档案管理、综合管理等方面的制度规程，做到制度全覆盖，为精细化管理提供了较为形象准确的立体坐标体系。

四是明晰统一标准管理要求。立足自身实际，建立健全较为系统、全面、规范、量化的管理标准化体系，做到全处同类工作标准一致、同类图表格式一致、同类标识设置一致。

管理处对照国家标准、水利行业标准及相关规定要求，区分不同工程类型和工程特点，明晰水工建筑物、机电设备、控制运用、安全生产、经费使用、工程场所管理、环境绿化养护、标牌标识等工作标准。对各类管理资料、技术图表以及位置设定均作相对统一的规定。

五是打磨规范工作流程管理。强化工作过程控制，推行流程化管理。对典型性、规律性较强的工作，按单座工程分别制定工作流程，编写作业指导手册。先后组织编写了水闸、泵站工程的控制运用、工程检查与设备评级、工程观测、维修养护等典型工作作业指导手册，进一步明确各专项工作的工作内容、标准要求、方法步骤、工作流程、注意事项、资料格式等，更加有效地指导规范具体工作，从开始到结束实现全过程连贯性闭环式管理。2016 年，选取 4 座泵站、4 座水闸为典型工程，编写出版《江都水利枢纽精细化管理——泵站典型作业指导手册》《江都水利枢纽精细化管理——水闸典型作业指导手册》。

六是强化完善管理考核手段。执行力是决定精细化管理成效的关键。积极倡导精益求精的管理要求、精准高效的管理手段、追求卓越的工作态度，完善岗位设置、工作职责和考核标准，注重平时考核、量化评价、持续改进，将管理责任具体化、分工到人明确化、考核评价常态化、绩效奖惩公开化，力求做到事事有人做、人人有事做，切实保证管理精细高效。

在完善目标管理体系的基础上，管理处健全精细化考核评价机制。按照精细化要求，完善考核办法，量化考核细则，逐级分解落实责任，每年签订工程管理、目标管理、安全生产、党建工作、廉政建设、文明创建、经营管理及党风廉政承诺等“四状四书”。同时，采用“一年四考、一考三评”考核方式，通过自评、他评、考核小组综合评价，将考核结果与奖惩挂钩，强化过程控制，做到目标明确、任务具体、责任到位、奖惩有据，检验精细化管理的执行成效，促进精细化管理落地生根。

七是以信息化促进精细化。管理处将信息化作为促进水利工程管理精细化、现代化的重要手段，着力构建涵盖工程监控、运行调度、工程管理、河湖管理、水文信息、科技档案及办公自动化等综合功能的信息化管理平台。在信息化建设过程中，融入精细化管理理念，注重将工作标准、流程管理等要素贯穿于应用软件研发之中，通过先进技术手段，同步提升过程控制水平，实时跟踪掌握工作动态，让精细化管理与信息化建设相辅相成，从而达到管理标准统一、工作流程清晰、过程控制规范的预定目标，以信息化促进精细化落地。

八是开展试点和推广工作。按照“先易后难、以点带面”的原则，选择相对基础条件较好的水闸、泵站各 1 个管理单位进行了试点。试点工作也是先从标识、标志更新与完善等相对易实施、见效快的工作开始，同时，结合本单位的工作实际，组织编写专项工作作业指导书，以此来指导和规范管理工作。在试点取得成功经验的基础上，在其他管理单位进行推广。同时，把精细化管理向水文测报、接待服务、财务管理、河湖管理等方面推广，以期逐步实现全处管理精细化全覆盖。

四、结　　语

实践证明，水利工程精细化管理是升级规范化、助推现代化的重要手段。目前，管理处在精细化、标准化、信息化、水文化等方面的实践成果已成为管理创新的几大亮点和特色，并为高分通过国家级水管单位考核验收、安全标准化一级单位评审起到了重要的促进作用。但精细化管理任重而道远，后续重点要在工作任务分解细化、责任落实、过程管控、实效考评等方面不断总结，持续深化，永续渐进。

深化改革推进小流域综合治理创新

尤代强　唐红玉[*]

一、新形势对小流域综合治理提出了新的更高要求

小流域综合治理是我国在水土流失治理方面的一条宝贵经验，自20世纪80年代初以来，小流域综合治理经历了试点探索起步、以经济效益为中心发展、大流域规模化发展、建设清洁型小流域等阶段，在理论、实践、技术、体制、机制等方面不断创新发展，现已成为我国生态文明建设一条重要的技术路线和水土流失治理的主要组织形式。在全面建成小康社会的关键期和经济社会发展新常态条件下，赋予小流域综合治理的任务更加艰巨，对小流域综合治理提出了新的更高要求。

（一）要求小流域综合治理的内涵和外延不断延伸

党的十八大以来，生态文明建设纳入国家经济社会发展“五位一体”总体布局，小流域综合治理成为生态文明建设的重要方面和基础性内容，以小流域综合治理为主要组织形式的水土保持生态建设推进力度进一步加大。与此同时，经济社会发展对小流域综合治理的需求更加多样化，不仅承担着改善农村生产条件、改善生态环境、提高农业综合生产能力、增加农民收入的任务，而且又承载着补齐农村基础设施短板、改善农村人居环境等方面的新任务，要求进一步拓展小流域综合治理的内涵和外延，期望通过小流域综合治理，综合改善水土流失区农村经济社会面貌。国务院批复的《全国水土保持规划（2015—2030年）》赋予水土保持十大基础功能，即水源涵养、土壤保持、生态维护、防风固沙、蓄水保水、防灾减灾、农田防护、水质维护、拦沙减沙、人居环境维护等。十大基础功能在生产和社会服务方面的延伸，形成了水土保持的生产功能和社会服务功能，生产功能包括粮食生产、综合农业生产、林业生产和牧业生产等，社会服务功能包括河湖源区保护、减少江河湖库淤积、水源地保护、生物多样性保护、河沟渠岸坡防护、土地生产力保护、城镇道

---

* 尤代强（1966—　），男，高级工程师，黄河上中游管理局西安规划设计研究院。唐红玉（1983—　），男，工程师，黄河上中游管理局西安规划设计研究院。

路工矿企业保护等。

（二）经济社会发展的新常态要求通过小流域综合治理加快推进水土流失区农业供给侧结构性改革

促进贫困落后的水土流失区经济发展始终是小流域综合治理的重点任务。随着我国经济社会发展进入新常态，我国农业的主要矛盾由总量不足转变为结构性矛盾，突出表现为阶段性供过于求和供给不足并存，矛盾的主要方面在供给侧。而在水土流失严重地区，水土资源基础条件差，农业农村发展滞后，面临的发展压力更大。小流域综合治理如何适应农业供给侧结构性改革的要求，充分发挥利用山丘水土流失区的优势，促进产业转型升级发展，任务艰巨。

二、创新驱动，绿色发展，推动小流域综合治理再上新台阶

（一）小流域综合治理与精准扶贫有机融合、生态保护与经济发展协同推进

打赢脱贫攻坚战，确保到2020年现行标准下农村贫困人口实现脱贫，是党中央作出的庄严承诺，也是全面建成小康社会重中之重的任务。水土流失是致贫的根源，贫困地区多为水土流失严重地区，水土流失与贫困问题交织，制约着贫困地区经济社会发展。围绕精准脱贫要求，以贫困人口分布为靶向开展小流域综合治理，有利于充分利用当前国家聚焦脱贫攻坚的政策红利，更多聚集建设投入，在带动贫困人口脱贫的同时，加快水土流失防治步伐。全面推行政府主导、规划引领、部门协作、整合投资、集中财力、综合治理的建设机制。

（二）推进小流域分类治理，突出主导功能

实施小流域分类治理，就是根据主要社会需求，有针对性地选择合理的治理模式，治理水土流失、恢复生态或发展流域经济，从而解决小流域治理中存在的经济效益不高、规模不大、效果不明显等问题。按照以功能为导向的国土开发与保护要求，针对不同地区的自然条件与自然资源、社会需求等，因地制宜，明确具体小流域综合治理水土保持主导基础功能，在继承已有治理模式成功经验的基础上再创新，因地制宜开展以生态修复型为主、生态经济型为主或生态清洁型为主的小流域综合治理，更好地满足不同地区不同流域生产发展与生态保护、社会服务的要求。

（三）探索改革单一招投标为村级集体经济组织自主建设管理、先建后补、以奖代补、直接补助、招投标等多种建管方式

广大水土流失区的群众是治理水土流失的主力军，只有把项目区群众都动员起来，参与到项目建设中来，使老百姓成为项目建设的主人，在满足国家生态需求的同时，解决群众生产生活之急需，并通过项目建设获得劳动报酬，才能使项目资金发挥最大效益、最优效果。为规范水土保持生态建设管理，近十余年来，小流域综合治理项目建设也按照国家基本建设的要求，全面推行了项目建设法人责任制、招投标制和工程建设监理制等建设制度，这些制度确实规范了项目管理，提高了项目建设的质量，形成了比较充分的市场竞争。但是，水土保持作为一项群众性的事业，全面的施工招投标制，引进专业施工队伍全面承包施工，一定程度上造成了项目区群众参与本地项目建设的机会减少，群众与项目的关系疏远，群众需求不能充分满足。为了克服单一招投标制带来的弊端，需要探索改革单一招投标为村级集体经济组织自主建设管理、先建后补、以奖代补、直接补助、招投标等多种建管方式。这就需要各级水保主管部门和项目建设单位做比较深入的工作，进一步改革完善建管机制。

（四）通过小流域综合治理项目支持培育农村新型经营主体

一方面，落实《水利部关于印发鼓励和引导民间资本参与水土保持工程建设实施细则的通知》，中央和地方各类用于水土流失治理的资金对规划范围内民间资本水土保持工程建设给予支持等一系列鼓励和引导政策，对水土流失区已有农村新型经营主体实施水土保持项目扶持，帮助他们改善其经营范围内的水土资源条件、基础设施条件，增强农村新型经营主体的发展能力。另一方面，通过实施小流域综合治理，改善山区水土资源条件后，通过招商引资，引进龙头企业开展产业开发，促进农村产业发展、农业转型升级。

供给侧结构性改革背景下的水利建设探析

梁　楠*

改革开放四十年来，我国经济经历了持续的高速增长，GDP 排名已经攀升至全球第二。然而，近年来随着国内劳动力成本上升、需求结构调整以及全球经济格局变革，我国经济遭遇了很大的挑战，经济发展开始步入“新常态”。为了应对这些挑战，2015年11月习近平总书记高瞻远瞩地提出了供给侧结构性改革。实施供给侧结构性改革是治国理政的重大战略部署，是党中央和国务院适应和引领经济发展新常态作出的重大创新，将对我国未来的经济发展产生深远的影响。供给侧结构性改革的核心内容之一是“补短板”，水利建设一直以来都是我国经济建设中的薄弱环节，因而成为供给侧结构性改革的重要内容。然而，供给侧结构性改革对我国的水利建设究竟意味着什么？为推动供给侧结构性改革应该如何开展水利建设？相关的系统性研究还非常缺乏，本文试图对这些问题进行探析。

一、水利建设的供给侧结构性改革含义

所谓供给侧结构性改革，是指从提高供给质量出发，用改革的办法推进结构调整，矫正要素配置扭曲，扩大有效供给，使要素实现最优配置，提升经济增长的质量和数量，其根本目的是提高社会生产力水平。基于当前经济形势，供给侧结构性改革主要有五大任务。

第一，去产能。去产能是指为了解决产品供过于求而引起产品恶性竞争的不利局面，对生产设备及产品进行转型和升级。随着我国经济发展和人民生活水平的提高，需求结构发生了很大的变化。尤其是消费结构快速升级，群众对生活必需品的需求下降，对高质量产品与服务的需求上升。但经济中的供给结构未能及时调整，导致针对传统需求的产能严重过剩。过剩的产能造成恶性竞争，社会资源浪费，产品难以售出，企业盈利能力低下，甚至导致连续亏损，难以持续经营。去产能任务对水利建设的指导意义在于，应该通过水资源的管理与控制配合国家完成去产能的改革任务。例如，

---

* 梁楠（1985—　），女，注册会计师、高级会计师，中国水利水电科学研究院财资处财务科科长。

应该修订行业用水定额标准，严格过剩产能和落后产能行业企业的取用水总量控制和定额管理，对国家已明确淘汰的落后产能和化解的过剩产能，应控制企业的取水用水额度，甚至考虑责令企业采取限制或停止取水等措施。

第二，去库存。去库存是指降低产品的库存水平。库存会占用资金，增加成本，并存在减值风险。库存过多是产能过剩的自然后果。为了去库存，一方面应该减少生产，另一方面应该采取各种措施加速销售。对于水利而言，应该通过水资源的控制配合国家的去库存改革。例如，对于去库存压力较大行业的下游行业，应该适当增加其取用水总量额度，激励其扩大生产规模，消耗更多的原材料，从而帮助其原材料供应行业完成去库存任务。

第三，去杠杆。去杠杆是指降低经济系统中的债务水平。当经济组织的债务比例过高时，偿还到期债务本息的风险加大。一旦无法偿还到期债务，经济组织将面临破产威胁。如果经济系统中大量企业发生破产，不仅损害经济增长，还可能进而影响社会稳定。尤其是在经济下行时，高杠杆企业的破产风险迅速增大。由于过去多年的高速增长，我国经济体系中累积了很高的负债，但当前我国经济开始步入新常态，经济增长速度有所下降，去杠杆的压力很大。我国过去的水利建设在很大程度上依赖负债资金，杠杆比率很高。又由于水利的准公益性质，水利行业的盈利能力有限，累积了大量尚未偿还的债务，导致当前水利行业存在较高的杠杆风险，因而也存在很大的去杠杆必要性。

第四，降成本。降成本是指降低企业的经营成本。长期以来，低成本优势为我国企业带来了很强的竞争力。但当前的低成本优势，尤其是制造业为主的实体经济部门所依赖的低成本出口竞争优势，正在发生着根本性的变化。例如，劳动力成本、能源、原材料等成本都变得非常高昂。为了提高企业竞争力，促进经济增长，有必要大幅度降低企业经营成本。具体而言，降成本主要体现在降低制度成本、税收成本、劳动力成本、融资成本、物流成本、土地成本以及能源成本等方面。工业用水与用电都是其重要的能源成本。为了配合完成降成本的改革任务，水利行业应该提高效率，降低供水及水电成本，进而降低工业企业的用水与用电成本。

第五，补短板。补短板是指解决制约经济发展的短板因素，根据经济学“木桶效应”原理，一只木桶能装多少水，是由其最短的木板决定的，只有补齐短板才能增加容量。水利作为供给侧结构性改革当中的重要任务，需要补齐供应短板，扩大有效供给。当期经济发展面临的短板主要包括产业经济、城市管理、民生保障、社会治理、生态环境建设、基础设施建设等多个方面。水利建设与生态环境建设密切相关，也属于基础设施建设的重要内容，它正是我国经济发展中的重要短板之一。因此，大力加强水利建设就是供给侧结构性改革中补短板的内在要求。

二、供给侧结构性改革背景下的水利建设

在供给侧结构性改革的大背景下，为了完成去产能、去库存、去杠杆、降成本、补短板五大任务，应该在如下四个方面着重加强水利建设：

第一，增加水利供给，补齐水利短板。水利是国民经济和社会发展的基础和命脉，是经济持续发展的需要。水利作为国民经济的基础，必须保持与经济和社会的协调发展，但当前的水利建设难以满足经济和社会发展的要求。应该针对水利设施薄弱环节，增加水利投入，积极吸引各类社会资本，尤其是应该大力加强农田水利和重大水利工程建设。完善水利基础设施体系，不仅能满足工业与农业用水需求，也有利于保障国家防洪和供水安全。加强水利建设，需要完善饮水安全工程良性运行管理机制；也需要进一步加强防洪薄弱环节建设，扩大中小河流治理实施范围，提高城市排水防涝和防洪能力；还需要建立健全社会参与和监督水利建设和管理的体制机制，在规划、设计、建设和运营全过程实现公众参与。

第二，加强水生态文明建设。水生态文明是指人类遵循人水和谐理念，以实现水资源可持续利用，支撑经济社会和谐发展，保障生态系统良性循环为主体的人水和谐文化伦理形态，是生态文明的重要部分和基础内容。加强水生态文明建设有助于保障国家生态安全，改善环境质量，提高资源利用效率，推动形成人与自然和谐发展。水生态文明的主要内容包括完善水资源管理制度、优化水资源配置、落实水资源与水生态系统保护以及提高保障和支撑能力等多个方面。

第三，改革水利投融资机制，增强水利投入保障。长期以来我国水利投入不足的根本原因是水利投融资机制不合理，水利投入主要来自财政资金与贷款资金，这在很大程度上限制了水利投入，难以满足当前经济与社会发展对水利的巨大需求。因此，未来在稳定和增加各级公共财政投入的基础上，应该充分利用各项金融政策，引导社会资本参与水利工程建设和运营。有条件的水利项目向社会投资特别是民间资本敞开大门。对于有资源条件、具备经营性收益的水利项目，应创新项目融资方式，探索政府与私人合作（PPP 模式）等新型项目融资模式，以水利项目建设方作为贷款主体，引导更多信贷资源支持。应该合理开发水利各种资源，组建股份制水利企业，鼓励各类企业投资兴建水利项目。水利投融资的多元化有助于缓解政府财政压力，有效保障水利投入。

第四，提高水利运营效率，降低水利成本。水利成本是许多相关行业的重要成本内容，降低水利成本是供给侧结构性改革中降成本的内在要求。为了降低水利成本，一方面需要降低水利工程建设成本，包括科学规划水利工程、降低水利工程的融资成

本、科学建设水利工程；另一方面需要加强水利管理，提高水利运营效率，包括完善预算管理、加强成本控制、提高供水效率、强化监督控制。

三、结　　语

供给侧结构性改革是党中央和政府在当前经济形势下为了推动未来经济增长而实施的重要改革，面临去产能、去库存、去杠杆、降成本、补短板五大任务。水利建设与这五大任务息息相关。为了配合这五大任务的完成，应该增加水利供给、补齐水利短板，加强水生态文明建设，改革水利投融资机制、增强水利投入保障，以及提高水利运营效率、降低水利成本。

国家蓄滞洪区运用补偿有关问题探讨

滕　翔　魏向阳　穆　磊　鲁金锋*

根据全国抗洪减灾需要，我国在主要江河规划建设了 98 处国家蓄滞洪区，面积 3.4 万平方千米，区内人口 1693 万人，耕地面积 2632 万亩，涉及 13 个省（直辖市）。自新中国成立以来，国家蓄滞洪区先后运用了 400 多次，在防洪抗洪的关键时刻发挥了消减洪峰、蓄滞超额洪水的重要作用，保障了重要防洪目标安全，为全国防洪减灾作出了巨大贡献。

2000 年 5 月，国务院颁发了《蓄滞洪区运用补偿暂行办法》（以下简称《办法》），建立了蓄滞洪区运用补偿政策，明确了蓄滞洪区运用的补偿对象、范围和标准等。自《办法》出台以来，河南、安徽、湖南、湖北等省多次按照《办法》规定对运用的蓄滞洪区执行了补偿，为保证蓄滞洪区及时发挥作用和区内群众恢复生产生活发挥了重要作用。但随着经济社会发展，《办法》已不能完全满足蓄滞洪区运用补偿工作需要。制度经济学代表人物之一、美国著名经济学家舒尔茨说过，“任何制度都是对实际生活中已经存在的需求的响应”。为了进一步确保防洪工程充分发挥作用，使国家蓄滞洪区能够顺利运用，保障区内群众利益，促进流域人水和谐，加强规范管理，需要对《办法》进行必要的修订。

2016 年以来，按照国家防汛抗旱总指挥部办公室（以下简称“国家防办”）的统一部署，有关流域机构和相关省按照任务分工，有序开展《办法》修订相关工作。黄河水利委员会（以下简称“黄委”）承担了部分修订任务，重点是研究调整农作物、经济林补偿标准。黄委防办于 2017 年 2—3 月两次分赴安徽省和河南省对蓄滞洪区农作物和经济林补偿有关方面问题进行调研。在淮委防办、安徽省防办以及河南省防办的大力协助支持下，调研组现场调研了蚌埠市怀远县荆山湖行蓄洪区、阜阳市阜南县蒙洼蓄滞洪区和安阳市崔家桥蓄滞洪区，并分别与省市县防办及县级农业、林业、财政等有关单位进行了座谈，重点对蓄滞洪区农作物、经济林现状、运用补偿实施情况、

---

* 滕翔（1967—　），男，教授级高级工程师，黄河水利委员会防汛办公室副处长。魏向阳（1966—　），男，教授级高级工程师，黄河水利委员会防汛办公室副主任。穆磊（1982—　），男，工程师，黄河水利委员会防汛办公室主任科员。鲁金锋（1977—　），男，高级工程师，黄河水利委员会河南河务局防汛办公室科长。

补偿中存在的主要问题和补偿标准的采用等进行了调研分析。

一、蓄滞洪区情况

（一）荆山湖行蓄洪区

荆山湖行蓄洪区位于淮河左岸安徽省蚌埠市怀远县和禹会区境内，上与汤渔湖相邻，下靠茨淮新河入淮处，南北长 19 千米，东西平均宽约 4 千米，总面积 74 平方千米，蓄洪面积 72 平方千米，设计保证水位为 23. 15 米，相应库容 4. 3 亿立方米。荆山湖行蓄洪区区内人口 11. 01 万人、2. 4 万户，承包土地 8. 35 万亩，农作物面积 8. 18 万亩，经济林 2321 亩。荆山湖行洪区自新中国成立以来共行洪 8 次，行洪机遇相对较多。

（二）蒙洼蓄滞洪区

蒙洼蓄滞洪区位于安徽省阜阳市阜南县东南部，淮河中游北岸，南临淮河，北倚蒙河分洪道，四面环水，东西长约 40 千米，南北宽 2—10 千米，呈西南—东北走向的狭长地带，总面积 180. 4 平方千米，设计蓄洪水位为 27. 80 米，相应库容 7. 5 亿立方米。建库以来 15 次蓄洪，平均 4 年一次，蓄洪总量 71. 05 亿立方米。蒙洼蓄滞洪区内建 131 座庄台，居民 3. 73 万户、16. 86 万人，耕地面积 19. 34 万亩。

（三）崔家桥蓄滞洪区

崔家桥蓄滞洪区位于河南省安阳市东北部，总面积 74. 54 平方千米，设计蓄洪水位为 65. 75 米，相应滞洪量 0. 61 亿立方米。区内涉及 3 个镇，65 个村，8. 14 万人，7. 4 万亩耕地。

二、运用补偿实施情况

（一）安徽省荆山湖行蓄洪区和蒙洼蓄滞洪区补偿实施及补偿标准测算情况

1. 荆山湖行蓄洪区补偿实施情况

国家实施蓄滞洪区运用补偿政策以来，蚌埠市分别在 2003 年和 2007 年运用荆山湖行蓄洪区，对区内群众进行了补偿。

2003 年 7 月 7 日 11 时 20 分在下口门爆破，行洪时水位 23. 85 米（上口门），相应蓄滞洪量4.3亿立方米，受灾人口9505人，淹没耕地8.6万亩，经济损失3100万元。2007年7月19日20时06分荆山湖行蓄洪区开闸进洪，行洪时水位23.07米，相应蓄滞洪量3.5亿立方米，转移人口1194人。荆山湖行蓄洪区运用后，怀远县及时成立了行蓄洪区运用补偿工作领导小组，制定补偿方案。在灾害核实和资金发放过程中，对照补偿标准，确认补偿数额，坚持“三榜公布”流程。经过各级审查核实，共确认补偿资金5532万元，其中农作物补偿5275万元，专业养殖补偿150万元，经济林补偿107万元，补偿资金于2007年12月15日全部足额发放到户，整个补偿资金发放过程无异议、无上访情况。怀远县在补偿范围的认定和补偿资金的确认及发放过程中，广泛接受群众监督和社会监督，做到了公开、公正、公平，维护了区内受灾群众的合理利益。

2. 蒙洼蓄滞洪区补偿实施情况

国家实施蓄滞洪区运用补偿政策以来，阜阳市分别在2003年和2007年于行蓄洪区运用后，对区内群众进行了补偿。

2003年，淮河流域全流域大洪水，根据国家防总和省防指命令，蒙洼王家坝闸两次开闸蓄洪，唐垛湖、邱家湖破口行洪。根据阜阳申请上报方案，省补偿办核定批准居民财产损失补偿资金12989万元，人均504元，其中阜南县7933万元，颍上县5056万元。批准颍上县行洪区砂压耕地恢复补助经费1243万元，颍上县南润段下达转移命令但未行洪损失补偿18万元，以及颍上县影响下季小麦收成补偿2120万元，以上共批准下达补偿资金16370万元。

2007年6月底至7月初，淮河流域连续遭受强降雨，发生了自1954年以来的最大洪水，为确保两淮能源基地及下游重要城市防洪安全，蒙洼王家坝闸开闸蓄洪，南润段、姜唐湖、邱家湖行蓄洪区先后启用。9月初，市政府上报行蓄洪区居民财产损失资金补偿方案。经国家防总和淮委进行认真核查，安徽省补偿办核定批准阜南市居民财产损失补偿资金16621万元，其中阜南8836万元、颍上7785万元，另外，国家安排行蓄洪区水冲砂压农田恢复资金1030万元。12月初，国家及省批准行蓄洪区运用补偿方案，12月12日完成了行蓄洪区运用补偿资金发放任务。

3. 荆山湖行蓄洪区和蒙洼蓄滞洪区补偿标准测算情况

荆山湖行蓄洪区和蒙洼蓄滞洪区运用补偿分别发生于2003年和2007年，2003年按照分类补偿，2007年按照均值补偿，两者运用补偿实施情况类似，故在此一并叙述。

从调研情况看，2003年实行的分类补偿存在工作量大、程序烦琐、周期长、容易引发分配不均的问题。而2007年实施的均值补偿较大程度地解决了这些问题。这里主要介绍2007年蓄滞洪区运用补偿情况。

（1）农作物实行亩均定值补偿（见表1-8、表1-9）。农作物补偿面积为承包合同内的受淹面积，补偿标准按蓄滞洪区前三年同季主要农作物平均产值的70%确定，每亩补偿685元。

表1-8　安徽省蓄滞洪区运用主要农作物补偿标准测算表

作物	2004年度			2005年度			2006年度			3年平均产值（元/亩）
	单产（公斤/亩）	单价（元/公斤）	亩产值（元）	单产（公斤/亩）	单价（元/公斤）	亩产值（元）	单产（公斤/亩）	单价（元/公斤）	亩产值（元）	
稻谷	517.7	1.51	780.7	462.01	1.52	702.3	519.2	1.49	771.9	751.6
玉米	376.7	1.17	440.0	273.3	1.18	323.4	375.1	1.37	512.6	425.3
大豆	146.9	3.03	444.6	108	2.64	285.2	121	2.41	292.2	340.6
甘薯	355.0	1.24	440.2	308.3	1.3	400.8	391.7	1.4	518.4	463.1
花生	327.3	3.24	1060.8	249.7	3.23	506.3	291.2	3.71	1080.6	982.6
芝麻	74.6	8.03	559.0	47.3	8	378.4	72.3	9.4	679.6	552.4
棉花	77.4	11.79	911.9	66.3	13.77	912.9	76.2	12.79	974.5	933.1
小麦	316.5	133.34	423.9	309.2	1.26	390.0	348.9	1.35	471.6	428.5

注：年度单产由怀远、五河、潘集、凤台、阜南、颍上、首先、霍邱等8县区加权平均所得，稻谷、玉米、大豆、花生、棉花、小麦单价依据省物价局价格成本调查队数据，甘薯和芝麻价格由阜阳市农委提供。

表1-9　安徽省蓄滞洪区运用农作物补偿标准测算表

种植模式	种植比例（%）	测算方式	亩均产值（元）	每亩补偿金额（元）
一麦一稻	30	水稻产值752×30%	225.6	157.92
一麦一菜	20	瓜菜亩产值2706×20%	541.2	378.84
一麦一豆	30	大豆亩产值341×30%	102.3	71.61
一麦一玉米	10	玉米亩产值425×10%	42.5	29.75
一麦一花生（芝麻、甘薯）	10	3种作物亩均产值667×10%	66.7	46.69
合计	—	—	978.3	684.81

注：1. 2004年、2005年、2006年全国蔬菜混合均价为0.96元/公斤、1.04元/公斤、1.16元/公斤。三年蔬菜均价为1.05元/公斤。安徽省22个蔬菜品种三年亩均单产为2566公斤，亩蔬菜应补偿标准为1.05元/公斤×2566=2694.3元。

2. 水稻等主要农作物产值依据沿淮8县2004年、2005年、2006年平均亩产×相应的出售价格（成本调查队提供）。

3. 农作物每亩补偿金额按亩均产值×70%计算确定。本表每亩补偿金额不包括小麦损失。如不能及时排水播种小麦，则农作物补偿金额应包括小麦损失因素，每亩应补偿985.11元。

（2）经济林（含杨树、杞柳、紫穗槐，下同）实行亩均定值补偿（见表1－10）。经济林补偿面积为实际受淹损失面积，补偿标准按蓄滞洪区前三年相同生长期平均产值的50%确定，每亩补偿712元。经济林套种农作物的受淹土地，按照就高原则，只计算一种，不得重复计算。

表1－10　安徽省蓄滞洪区运用经济林补偿标准测算表

类型	亩产值（元）	种植比例（%）	经济林木均定值
杨树	1255	80	1255×0.8＋1257×0.15＋4950×0.03＋4180×0.02＝1425元/亩
杞柳和紫穗槐	1257	15	
育苗地	4950	3	
其他果木林	4180	2	

（二）河南省崔家桥蓄滞洪区补偿实施及补偿标准测算情况

1. 补偿实施情况

崔家桥蓄滞洪区于2016年7月19日22时25分开始进水滞洪，区内韩陵镇、崔家桥镇、永和镇3个乡镇59个行政村被淹，共转移人口5.11万人。洪水过后，安阳县及时成立了崔家桥蓄滞洪区运用补偿工作领导小组，抽调专人开展了洪水淹没补偿范围勘测、运用补偿工作动员培训、入户调查登记、登记结果张榜公示、县级核查、初步拟定补偿标准等工作。经过对被淹财产损失登记核查汇总，本次崔家桥蓄滞洪区运用实际淹没农作物面积54387亩，经济林1984亩。按照补偿标准测算，农作物需补偿资金6513万元，经济林705万元。

2. 补偿标准测算情况

崔家桥蓄滞洪区内农作物、经济林运用补偿标准按照国务院、财政部、水利部及河南省水利厅的有关办法和规定的要求，采取亩均定值补偿。

（1）关于水毁农作物的补偿（见表1－11）。按照国家统计局安阳县调查队提供的崔家桥蓄滞洪区乡镇前3年同季主要农作物平均产值的70%确定，拟每亩补偿1197元。

表 1－11 崔家桥蓄滞洪区运用农作物补偿标准测算表

年份	品种	面积（亩）	总产（吨）	单价（元/公斤）	总收益（元）	年度亩均收益（元/亩）	三年平均亩收益（元/亩）
2013	玉米	134280	57744	2. 13	122994720	1594. 99	1710. 12
	蔬菜	17724	69892. 4	1. 70	118817080		
	大豆	1230	290	4. 73	1371700		
	红薯	645	2365	1. 2	2838000		
	花生	1335	363	6. 16	2236080		
	棉花	1185	153	7. 83	1197990		
2014	玉米	134880	55953	2. 18	121977540	1825. 47	
	蔬菜	17550	78301. 25	2. 00	156602400		
	大豆	1230	290	4. 82	1397800		
	红薯	645	2365	1. 34	3169100		
	花生	1335	370	5. 24	1938800		
	棉花	1185	156	7. 65	1193400		
2015	玉米	134280	57136	1. 89	107987040	1709. 91	
	蔬菜	17247. 72	72520. 24	2. 1	152292504		
	大豆	1230	289	4. 60	1329400		
	红薯	645	2330	0. 97	2260100		
	花生	1335	319	5. 13	1636470		
	棉花	1185	156	7. 10	1107600		

（2）关于水毁经济林的补偿（见表 1－12）。对种植面积在 1 亩及以上的经济林，按照国家统计局安阳县调查队提供的崔家桥蓄滞洪区前三年相同生长期平均产值的 50% 确定，拟每亩补偿 3600 元。

表 1－12 崔家桥蓄滞洪区运用经济林补偿标准测算表

种树	2013 年	2014 年	2015 年	平均价格（元/公斤）	综合平均价格（元/公斤）	平均产量（按丰产期一般达到二级果品以上产地价格）	平均产值（元/亩）	综合平均产值（元/亩）
苹果	2. 52	3. 09	3. 55	3. 05	3. 05	2000	6100	7200
梨	2. 95	2. 86	2. 43	2. 75				
桃	4. 17	398	3. 25	3. 80				
花卉（观赏苗木）	—	—	—	—	—	—	10857	

注：花卉中的观赏苗木按 2013 年安阳市人民政府关于国家建设征占用土地附属物补偿标准算数平均为 10857 元/亩。花卉（观赏苗木）和经济林按归同一类补偿，其中花卉占水毁面积的 30%，经济林占水毁面积的 70%，归为一类后按两种平均产值的加权平均为 7527 元/亩，考虑近两年来，花卉中观赏苗木价格下降较多因素，两类归并后平均亩产值定在 7200 元较为适宜。

三、农作物在实际补偿中存在的主要问题及按主要农作物均值补偿的可行性

农作物是指土地栽培的各种农业植物。包括粮食作物、经济作物（油料作物、蔬菜作物、花、草）两大类。粮食作物以水稻、玉米、豆类、薯类、青稞、蚕豆、小麦为主要作物；经济作物以油籽、蔓青、大芥、花生、胡麻、大麻、向日葵、各类蔬菜、药材等为主要作物。

蓄滞洪区内农作物主要是稻谷、小麦、玉米、大豆、薯类、花生、芝麻、棉花、蔬菜等（根据区域地理位置和生活习惯各蓄滞洪区所种农作物种类不尽相同）。

从调研座谈情况看，安徽省蒙洼蓄滞洪区在2003年蓄洪运用后，按照《办法》实行了分类补偿，补偿过程中存在工作量大、程序烦琐、周期长、容易引发分配不均的矛盾等问题。

由于农作物种类繁多，按照分类补偿势必影响工作效率，延长补偿周期，故在2007年蓄滞洪区运用补偿工作中，安徽省吸取2003年的经验教训，农作物实行亩均定值补偿，补偿标准由安徽省农委、统计局、省物价局等多部门根据全省农作物蓄滞洪区前三年同季主要农作物平均产值确定。

同时，根据2007年“安徽省蓄滞洪区运用农作物补偿标准测算表”统计数据分析，蓄滞洪区内粮食作物种植比例为70%—80%，主要经济作物种植比例为20%—30%；但从亩均产值看，主要粮食作物亩均产值比重仅占38%，主要经济作物亩均产值比重占62%，由此可以看出，如在确定补偿标准时，若仅考虑主要粮食作物的均值，则补偿标准偏低，不利于蓄滞洪区内群众尽快恢复生产生活。因此，在确定补偿标准时，需要统筹考虑蓄滞洪区内主要农作物的均值。

另外，根据河南省安阳市崔家桥蓄滞洪区测算时提供的数据分析，主要粮食作物的种植比例为70%—80%，主要经济作物种植比例为20%—30%；而从总收益看，主要经济作物的总收益比例为50%—60%，因此，在确定补偿标准时，也需要统筹考虑蓄滞洪区内主要农作物（即主要粮食作物和主要经济作物）的均值。

从安徽省2007年的实际补偿效果看，按照蓄滞洪区内主要农作物亩均定值补偿的实行大大简化了操作程序，减轻了工作量，群众意见也减少了，补偿周期也缩短了，补偿资金可以较快发放到群众手中，在尽快帮助群众恢复生产生活方面取得了较好效果。因此，农作物按主要农作物亩均定值补偿是可行的。

四、经济林在实际补偿中存在的主要问题及按经济林均值补偿的可行性

按照国家《森林法》规定，经济林是指以生产果品、食用油料、饮料、调料、工业原料和建筑材料为主要目的的林木。但从实际情况看，现有蓄滞洪区内林木种植复杂，既有风景树、果树，也有花卉等观赏苗木，还有意杨等用材林。

从实际补偿工作看，林木水毁鉴定难度较大，这其中既有栽植时间长短，又有洪水淹没高度和时间，形成损失又要有一个时间过程，直接损失相对好鉴定，间接损失不易确定。补偿定损难度大，不宜划定统一标准。如河南对用材林不予补偿，淹没损失 1 亩以下不予补偿；安徽则对用材林予以补偿。

在 2007 年安徽省蓄滞洪区运用补偿工作中，经济林补偿标准确定依据与农作物一样，实行亩均定值补偿，补偿标准由安徽省林业局、统计局、省物价局等多部门根据全省经济林蓄滞洪区前三年同季经济林平均产值确定。安徽省蓄滞洪区经济林补偿标准按照杨树、杞柳、紫穗槐、育苗地和其他果木林等亩产值和不同比重计算而得。

河南省崔家桥蓄滞洪区内经济林主要是苹果、梨、桃等果木经济林和观赏苗木，从调研资料看，果木类经济林占水毁面积的 70% 左右，观赏苗木占水毁面积的 30% 左右，为此，崔家桥蓄滞洪区在进行经济林补偿标准测算时，按照财政部 2006 年 37 号令的规定，为照顾经济林种植户的实际困难，统筹考虑了果木经济林和观赏苗木的平均产值，采取了定值补偿。

从调研情况看，安徽省 2007 年蓄滞洪区运用后经济林补偿采用经济林亩均定值补偿方案，河南省 2016 年崔家桥蓄滞洪区运用后经济林补偿也采用了经济林亩均定值补偿方案，由此看出，经济林采取亩均定值补偿可大大简化操作程序，减轻工作量，缩短补偿周期，群众意见少。因此，经济林采取亩均定值补偿是可行的。

五、农作物补偿比例提高到黄河下游滩区补偿比例的可行性

黄河下游滩区农作物分夏秋两季，由于特殊的自然条件，冬小麦种植后形成的夏粮收成基本不受洪水影响。下游滩区农作物的淹没损失基本集中在对于秋粮的影响上。从安徽省蓄滞洪区调研情况看，蓄滞洪区运用对农作物影响同样也是集中在对秋粮的影响。

2012 年财政部、国家发展改革委和水利部联合印发了《黄河下游滩区运用财政

补偿资金管理办法》，其中第六条规定："农作物损失补偿标准，按滩区所在地县级统计部门上报的前三年（不含运用年份）同季主要农作物年均亩产值的60%—80%核定。"当时考虑到黄河下游滩区经济社会发展十分落后，与周边区域的差距比较大，群众生产生活水平低下，一旦滩区进水受淹，群众的生产生活将面临十分困苦的局面，成为社会不稳定的因素，因此在《办法》农作物补偿标准的50%—70%基础上提高10%。

蓄滞洪区是防洪工程体系的重要组成部分，蓄滞洪区和滩区对确保防洪安全都具有重要作用。蓄滞洪区和滩区的社会经济发展水平均相对较低，群众生产生活条件比较差，受淹之后都会使区内群众造成重大财产损失，二者比较相似。加之现行《办法》于2000年5月27日起施行，十多年来经济社会飞速发展，补偿标准已与经济社会发展不相适应，因此《办法》的补偿标准有必要与黄河下游滩区的补偿标准相衔接，将补偿比例提高10%，以维护区内群众的合法权益，同时避免相互攀比和矛盾。

六、结论与建议

（一）农作物选择主要农作物进行补偿

从安徽、河南两省所调研的蓄滞洪区内农作物的种植结构看，主要包括两部分：

主要粮食作物：稻谷、小麦、玉米、大豆、薯类。

主要经济作物：蔬菜（含大棚蔬菜）、花生、芝麻。

从种植比例看，主要粮食作物种植比例为70%—80%，经济类作物种植比例为20%—30%。但从调研情况看，主要经济作物亩均产值或总收益占比均在50%以上。综合考虑，建议选择主要农作物作为补偿测算基础，具体选择对象由省级农业部门确定。

（二）农作物补偿标准从按照蓄滞洪区前3年平均产值的50%—70%提高到60%—80%

为实现国家政策的一致性，充分维护群众的合法权益，建议蓄滞洪区内农作物补偿标准提高至60%—80%。

（三）主要农作物和经济林选择亩均定值进行补偿

从调研座谈情况看，安徽省蒙洼蓄滞洪区在2003年蓄洪运用后，按照《办法》实行了分类补偿，由于农作物和经济林种类繁多，补偿过程中存在工作量大、程序烦琐、周期长、容易引发分配不均的矛盾等问题。而从安徽省与河南省 2007 年的实际补偿效果看，按照亩均定值补偿可大大简化操作程序，减轻工作量，减少群众意见，缩短补偿周期，补偿资金可以较快发放到群众手中，在尽快帮助群众恢复生产生活方面取得了较好效果。因此，建议农作物和经济林选择亩均定值补偿。

关于推进水利统计工作供给侧结构性改革的思考

张　岚*

2015年11月10日习近平总书记在中央财经领导小组第十一次会议提出："在适度扩大总需求的同时，着力加强供给侧结构性改革，着力提高供给体系质量和效率。""供给侧结构性改革"迅速成为当前我国经济领域最炙热的词汇，是指导我国经济发展的新思路，推动经济转型的新动力。我国的经济发展面临重大改革，各行各业也都在思考如何适应需求变化，扩大有效供给，更好地服务于社会和公众，满足各种需要。

统计是经济社会发展的重要综合性基础性工作，统计数据是国家宏观调控和科学决策管理的重要依据。水利统计是政府统计的重要组成部分，是水行政管理部门必须履行的法定职责，水利部门实施调查取得的信息资料，是部门履行职责的重要基础。

深化供给侧结构性改革需要真实准确、完整及时的统计数据作支撑，更为重要的是供给侧结构性改革从供需两方面分析当前我国经济存在的主要问题、提出改革的主要任务、转化不利要素，对实施行业的改革都有启发，引人思考。推进水利统计工作供给侧结构性改革就是要适应形势发展需要，适应政府和社会公众需要，提供有针对性的高质量的统计产品，充分发挥统计在了解国情国力、服务经济社会发展中的重要作用，提高政府统计公信力。

一、推进水利统计工作供给侧结构性改革的需要

供给侧结构性改革的实质是按照市场导向的要求来规范政府的权力，提高供给结构对需求变化的适应性和灵活性，充分发挥市场作用。推进水利统计工作实施供给侧结构性改革需要分析政府和社会对水利统计的需求，从提高水利统计数据质量出发，寻找有效的改善途径解决现有问题，调整供需矛盾。

（一）国家统计发展的要求

2014年《国务院办公厅转发国家统计局关于加强和完善部门统计工作意见的通

* 张岚（1973—　），女，高级工程师，水利部发展研究中心，副处长。

知》；2016年国家统计局制定实施《“十三五”时期统计改革发展规划纲要》（以下简称《纲要》）；2017年中办、国办下发《关于深化统计管理体制改革提高统计数据真实性的意见》（以下简称《意见》），8月1日开始实施《中华人民共和国统计法实施条例》（以下简称《条例》），10月1日开始施行《部门统计调查项目管理办法》。上述这些重要的法规和文件要求部门统计在实施调查时，切实减轻基层负担、提高统计数据质量、构建多元化的人才队伍。

1. 加强统计调查管理，切实减轻调查对象负担

《纲要》要求科学设立部门统计调查项目，水利统计调查项目和统计指标体系的建立要更加科学合理，统计调查项目的审批备案工作要更加严格规范；《条例》第二条规定，“统计资料能够通过行政记录取得的，不得组织实施调查。通过抽样调查、重点调查能够满足统计需要的，不得组织实施全面调查”。与《统计法》第十六条的规定相比，更加突出行政记录在统计调查中的重要地位；《条例》第十二条规定，统计调查项目的制定“应当以公文形式向备案机关提交统计调查项目备案申请表和项目的统计调查制度”。这些条款的出台旨在规范统计调查项目的实施，尽可能减轻统计调查对象的负担。

2. 加强对统计数据生产过程的控制

《纲要》要求水利统计工作要严格按照调查制度开展，确保填报数据真实、可靠、准确，必须建立程序规范的统计质量控制体系；《意见》是今后一个时期提高统计数据质量的重要遵循，提出要遵循统计工作规律、健全统一领导、分级负责的统计管理体制，健全统计数据质量责任制；《条例》第十七条规定：“国家机关、企业事业单位或者其他组织等统计调查对象提供统计资料，应当由填报人员和单位负责人签字、并加盖公章。”各级承担各自责任，成为实施统计调查要获得真实、有效统计数据的重要保障。

3. 强化监督问责，严惩统计违纪违法行为

《意见》提出要切实加强对领导干部统计工作的考核管理，对统计造假、弄虚作假的实行“一票否决制”，强化监督问责，依纪依法惩处弄虚作假；《条例》依据统计法，进一步充实细化了统计违法行为法律责任的规定，其中第四条，要明确本单位防范和惩治统计造假、弄虚作假的责任主体，如有违法行为要严肃追究领导干部的责任；任何单位和个人有权向县级以上人民政府统计机构举报统计违法行为，县级以上人民政府统计机构应当公布举报统计违法行为的方式和途径，依法受理、核实、处理举报。这些规定对维护统计工作秩序、提高统计数据质量意义重大。

4. 多种渠道构建人才队伍

《纲要》要求夯实部门统计基础，进一步加强水利统计队伍建设；《条例》第五条规定，“国家有计划地推进县级以上人民政府统计机构和有关部门通过向社会购买服务

组织实施统计调查和资料开发”，意味着国家鼓励扩充参与统计调查的人员队伍，不仅仅包括政府统计机构和水利行政主管部门的基层统计人员，也可以借助大专院校统计专业的老师和学生、科研院所的行业研究、行业协会等统计力量。

（二）国民经济和水利改革发展的要求

国民经济和水利改革发展需要用数据说话、用数据决策、用数据管理、用数据创新，要求水利统计工作转变思路，调整工作结构和方式，优化各种要素，尽量平衡供需矛盾，促进水利统计工作发挥更好的作用。

1. 国家经济社会发展战略要求水利统计做好支撑

贯彻落实《中共中央国务院关于打赢脱贫攻坚战的决定》的精神，要求水利统计必须精准，全面准确掌握因水受困地区、因水致贫人口的范围及面临的突出水问题，重点聚焦和跟踪统计这些地区的水利投资规模、项目进展、效益发挥等情况，为深入实施水利精准扶贫工作提供有力的数据支持。支撑京津冀协同发展、长江经济带发展重大战略以及东北地区振兴等地区发展战略部署，要求水利统计能够反映用水总量、用水结构，反映城市化进程对水源工程、供水规模、用水结构、饮水安全、生态保护等方面的需求。

2. 《水利改革发展“十三五”规划》需要统计数据进行跟踪

《水利改革发展“十三五”规划》明确了“十三五”期间水利改革发展的主要目标和任务，其中16项指标的完成情况需要每年进行跟踪评估，涉及防洪抗旱减灾、节约用水、城乡供水、农村水利、水生态环境保护等方面，要求水利统计调查制度进一步完善，通过全面调查和典型调查相结合的方式，获取完整的基础水信息，为更好地反映水利工程建设、跟踪和掌握水利发展速度与效益、制定相关政策提供依据，更好地推动水利行业发展。

3. 水利管理改革需要统计数据提供支持

水流产权确权、编制水资源资产负债表、实施最严格水资源管理制度考核、农业水价改革、水权制度建设、创新水利投融资机制、推行河长制等改革举措都离不开基础水信息数据的支撑，要求水利统计工作结合水利改革实际特点，不断完善统计制度、改进统计调查方法，更加客观、科学地反映水利改革成效，切实做好数据统计分析工作，为水利改革持续深入推进提供有力支撑。

（三）存在的问题

推进供给侧结构性改革的关键是要坚持问题导向，着力减少无效和低端供给。当前水利统计工作存在“产能过剩”“库存冗余”“成本过高”等问题，核心是日益增长的水利统计需求与有限的水利统计供给之间的矛盾。

1. 产能过剩与不足并存

纵观水利统计的“存量”，发现“产能过剩”与“产能不足”同时存在。现行的水利统计调查项目在国家统计局审批和备案的有 8 项，其中有些调查项目涉及的内容和指标与日常业务管理中的调查内容重复，如规划设计部门实施的“水利建设投资统计”中的“本年水利投资安排”就与水利财务信息统计中对“本年水利建设资金落实”的统计内容有重复；水利综合统计中有对各类水利工程的供水量统计，与水资源公报进行的供水量调查有重复。有些调查项目的调查内容过于庞杂，指标设计过多，如水利服务业统计中，除了财务指标外，也涉及供水单位供水量、供水价格、供水用途等统计。另一方面，围绕“十三五”规划的目标指标的供水能力、城镇和工业用水计量、农业灌溉用水计量等相关内容并没有适合的调查制度和指标来进行统计。

2. 库存冗余带来闲置数据

产能过剩容易造成库存冗余。统计调查项目、调查内容、调查指标的冗余，产生了一部分数据在收集时审核不细、调查结束后无人问津、大量数据未经充分利用或者利用率不高等现象。这些未被充分利用、难以发挥实际应用的数据看起来“库存”很多，最终却成为“闲置数据”或者“僵尸数据”。

3. “杠杆”可能引起行政干扰

近年来，各级领导对水利统计工作的重视程度越来越高，水利统计数据也成为跟踪水利建设项目投资进展、节水供水重大水利工程、参与月调度的风向标，同时成为中央水利建设投资计划考核、水利扶贫工作考核的重要依据；五年规划中的目标指标完成情况、当年的水利建设目标任务也需要利用统计数据进行水利改革发展的评估与评价。

一方面水利统计数据作为稽查、检查，参与考核，成为一种杠杆，可以提高统计地位，充分发挥统计监督作用，同时又像一把双刃剑，会带来一定的负面效果，各级水行政主管部门会更关注排名，有可能数据就受到来自行政权力的干扰。在以往开展的月报专项检查或者年末组织的大稽查中发现过数据虚报现象，如果这样的“杠杆”用得过多，数据的真实性得不到保障，统计产品就无法取得信赖。

4. 成本过大加重负担

水利统计工作中涉及的“成本”是指实施调查的成本。“成本过大”主要来自频度过高的统计（如每周或每旬的统计）、重复实施的统计（如填报水利综合中的农村供水指标，与农水司实施的专业调查有重复等），以及调查对象的不配合难以获取数据、共享机制不健全造成同一类数据咨询提供不同部门和机构需要等，以及统计人员要学会各类不能资源共享的信息系统的使用，都会耗费调查人员的时间和精力，增加基层水利统计人员的工作负担。

5. 短板问题制约发展

从水利统计管理体制角度看，短板主要是归口管理不到位，包括总体规划设计、调查项目的设计与审批、成果发布制度等都有不同程度的欠缺，此外有些调查数据尚未通过统计的渠道获取，存在不合法的问题等；从水利统计供给（统计产品）角度看，短板主要是产品较为单一、分析加工水利统计信息的深度不够；从保障水利统计数据质量角度看，缺少评估、检查等配套措施；从能力建设角度看，开展统计调查的经费不足、兼职人员多、人员素质不高、变动较为频繁等问题直接影响着工作质量。

二、推进水利统计工作供给侧结构性改革的主要任务

供给侧结构性改革，是从经济运行的源头入手，从产业、企业角度观察认识问题，更加突出长远的转型升级。水利统计可依托供给侧结构性改革，研究新情况和新问题，从源头上规范统计调查活动，建立统一的工作体制；加强评估、检查和分析，提高水利统计数据质量，建立智库型、开放型、服务型水利统计，更好地服务于水利改革发展、服务于社会各界。

（一）建立职责明晰、信息共享的水利统计工作体制

首先，要加强水利统计归口管理部门职责。开展水利统计工作顶层规划，组织协调开展统计设计、统计调查、统计整理与统计发布等工作。其次，加快构建水利基础信息框架体系。应由水利统计归口管理部门组织梳理现行水利统计调查项目、编制水利统计调查方案和制度、建立完整的一套指标体系、明确基础数据采集与更新机制等，构建统一的水信息基础平台。

（二）确立水利统计工作责任清单，保障有效供给

围绕水利统计工作 9 个环节，即需求分析、统计设计、数据采集、数据处理、统计评估、统计发布、统计分析、统计归档、统计后评价等制定具体工作流程和内容，明确各级人员目标任务和相关责任，明确必须完成的工作，设定“职责边界”，以责任清单有效控制统计的各个流程与工作质量，提供更广泛的有效供给。

（三）要健全水利统计检查评估机制

创新事中事后监管方式，全面推行“双随机、一公开”是推进政府监管体制改革重要举措，也是供给侧结构性改革提高供给质量与效率的方式。这种方式同样适用于水利统计工作，定期对各级水行政主管部门、水利统计调查对象开展监督检查，公开调查检查结果；强化水利统计评估监测的全面性和有效性，覆盖水利统计调查项目、

统计调查制度和统计数据的所有流程。

（四）加强对公众的数据解读，增强优质供给

水利统计供给侧结构性改革的宗旨是提升水利统计服务水平，增强优质供给，主要在于围绕社会和政府部门关注的重点开展统计调查、充分利用基础水信息开展分析；制定水利统计成果发布制度，规范发布流程，做好数据解读；增强水利统计成果多样性，做好宣传普及工作。

三、结　语

推进水利统计工作供给侧结构性改革要有思想理念的转变，要用发展的眼光收集数据、分析数据推断遇到的问题，解读数据背后的真相，发挥好水利统计制度、管理、技术等各领域的创新，整合现有资源，开创共建共享共赢的蓝图。“改革”意味着变化、机遇和风险并存，在改革的路上砥砺前行，创造水利统计工作的美好明天。

关于发展水利供给侧结构性改革的几点看法

黄卫蓝　包　芸*

2017 年是实施“十三五”规划的重要一年，是供给侧结构性改革的深化之年，也是实施“制造强国战略”的关键之年。

供给侧结构性改革改什么？习近平总书记说得很明确，就是改结构。供给侧结构性改革，既强调供给又关注需求，既突出发展社会生产力又注重完善生产关系，既发挥市场在资源配置中的决定性作用又更好发挥政府作用，既着眼当前又立足长远。改革的内涵是增强供给结构对需求变化的适应性和灵活性，不断让新的需求催生新的供给，让新的供给创造新的需求，在互相推动中实现经济发展。

与经济社会发展要求和各方面需求相比，目前，我国的水安全保障能力还存在不少差距，推进供给侧结构性改革，需要补齐水利这个短板。随着经济社会快速发展和气候变化影响加剧，在水资源时空分布不均、水旱灾害频发等老问题仍未根本解决的同时，水资源短缺、水生态损害、水环境污染等新问题更加凸显，新老水问题相互交织。

在传感技术、云计算和移动互联网发展的推动下，全球物联网进入实质性应用阶段。而水利行业作为国家现代化建设的基础产业，提高水利信息化建设上升到国家战略程度。物联网技术的兴起，给水利信息化建设提供了一个很好的契机。传统企事业单位也面临着新的机遇与挑战。

一、鼓励社会资本参与重大水利工程，保障国家水安全

《水利改革发展“十三五”规划》指出：“十三五”时期水利仍处于补短板、破瓶颈、增后劲、上水平的发展阶段，是加快完善水利基础设施网络、全面深化水利改革、有效破解新老水问题、构建国家水安全保障体系、加快推进水利现代化进程的关键时期。要立足国情水情，紧扣国计民生，着眼发展需要，按照保障国家水安全和加快水

---

* 黄卫蓝（1987—　），女，中山大学工学院在读硕士研究生，广东省水利水电科学研究院工程师。包芸（1960—　），女，中山大学工学院教授、博士生导师。

利改革发展的总体部署，进一步深化水利改革，加快水利发展，着力构建适应时代发展要求和人民群众期待的水安全保障体系。

2016 年我国发生的多次大范围强降雨造成的洪涝灾害，暴露出防洪排涝减灾体系仍存在不少薄弱环节，需要着力补齐中小河流治理、小型病险水库除险加固、城市排水防涝等“短板”，增强防洪排涝减灾能力。而我国特殊的地理气候条件和基本国情水情，又决定了重大水利工程在保障国家水安全中具有不可替代的基础性作用。李克强总理强调，解决水的问题，要把重点放在重大水利工程建设上。

我国计划在 2020 年前建成 172 项重大水利工程。截至目前，172 项重大水利工程中在建 106 项，其余 66 项力争“十三五”期间全面开工。172 项重大水利工程总投资约 1. 8 万亿元，其中具有一定经营收益的项目共 106 项，主要为重大引调水、重点水源工程和骨干枢纽工程等。

习近平总书记指出，要坚持“节水优先、空间均衡、系统治理、两手发力”的治水方针，通盘考虑重大水利工程建设，按照“确有需要、生态安全、可以持续”的原则对重大水利工程进行论证，确有必要的纳入规划并有序安排建设。

重大水利工程的普遍特点是公益性很强、建设周期长、投资规模大、投资回报率低，但收益稳定、持续性长。按照项目效益情况、工程特点、区域分布，结合现有投资政策，鼓励社会资本参与重大水利工程，即政府和市场“两手发力”的思路能更好地解决投资来源。

政府和社会资本合作是在基础设施及公共服务领域使用社会资金的一种运作模式。我国古代路、桥、堤防等基础设施建设，也采用政府出资，社会组织或个人出钱、出物、出力等方式。西方国家，公共部门和私人部门界限清晰，合作主体清晰。政府是实体，以公共服务提供者身份出现，社会资本可以理解为社会资本所有者，以投资者身份出现，合作是指资金所有者（代表）之间的合作。

政府与社会资本合作的典型模式（新建资产）主要有 DB 或 BT、DBM、DBO 或 BTO、DBOM 或 BOT、BOOT、BOO、DBFO/M 等。[①] 政府与社会资本合作的典型模式（存量资产）主要有服务合同、管理合同、租赁、特许经营、资产剥离等。

① DB：Design - Build，设计—建造。BT：Build - Transfer，建造—移交。DBM：Design - Build - Maintain，设计—建造—维护。DBO：Design - Build - Operate，设计—建造—运营。BTO：Build - Transfer - Operate，建造—移交—运营。DBOM：Design - Build - Operate - Maintain，设计—建造—运营—维护。BOT：Build - Operate - Transfer，建造—运营—移交。BOOT：Build - Own - Operate - Transfer，建造—拥有—运营—移交。BOO：Build - Own - Operate，建造—拥有—运营。DBFO/M：Design - Build - Finance - Operate/Maintain，设计—建造—融资—运营/维护。

二、抓好契机，创新提高水利信息化建设

随着水利发展不断改革升级，水利传统专业市场萎缩。传感技术、云计算和移动互联网迅猛发展，水利行业与其他学科不断交叉融合，竞争日趋激烈，部分水利企事业单位原来的一些优势专业受到影响，现有体制机制应对市场的灵活性有所欠缺，面临较大生存压力。

二类水利事业单位现阶段的科研经费使用的局限性致使科研人员投入科研的积极性不高。财政资金支付缓慢，自筹资金常有缺口，影响了一线科研平台建设及科研任务的开展。

随着水利科研事业的不断发展壮大，需要的科研人才越来越多，涉及的专业也越来越广泛。部分专业骨干技术力量较传统专业技术实力殷实，但缺乏新技术，企事业转型科研生产压力较大。部分人员面对新领域或因能力问题人浮于事，或因心态浮躁、急于求成，难以适应市场经济的社会发展要求，对科技成果质量和企事业单位的长远发展有影响。

（一）着眼于市场需求，积极调整转型

“十三五”期间，水利科研单位应结合水利改革发展需要进行关键核心技术攻关，继续稳固和加强各专业的优势，加深和拓展相关专业的研究内容与范围。譬如开发水利工程管理信息化产品，发展互联网新技术在水利中的应用，运用物联网技术在水利工程建设与管理中的应用研究等。抓好水利信息化建设的契机，创新提高水利信息化建设。

（二）落脚于人才结构，扩展技术力量

随着水利科研事业的不断发展壮大，需要的科研人才也越来越多。企事业单位根据专业结构配置以及横向生产和纵向科研项目的需求，均衡引进新职工，培养专业骨干技术力量，发展市场竞争力。根据科研人员的投入安排科研经费，合理编制科研项目预算，避免出现小支出大预算、预算支出结构不合理等现象，充分发挥科研平台作用，提高科研人员积极性。

论松江水利供给侧结构性改革的要求与重点任务

韩 冰 沈 静*

一、加快推进松江水利供给侧结构性改革的重要性和紧迫性

2017年，是供给侧结构性改革的深化之年。新年伊始，中央政治局就深入推进供给侧结构性改革进行第三十八次集体学习，明确了改革需要处理好的四个重大关系，特别是提出要处理好供给和需求的关系。习近平总书记在党的十八届六中全会上指出：要坚持把供给侧结构性改革作为经济发展和经济工作的主线，坚持以提高发展质量和效益为中心，着力解决制约发展的结构性、体制性矛盾和问题。

可以说，供给侧结构性改革是中国特色社会主义政治经济学的探索与创新，是从提高供给质量出发，用改革的办法矫正供需结构错配和要素配置扭曲，解决有效供给不适应市场需求变化的问题，使供需在更高水平实现新的平衡①。通过供给侧结构性改革，能推进产业结构调整，减少无效和低端供给，扩大有效和中高端供给，增强供给结构对需求变化的适应性和灵活性，使供给体系更好适应需求结构变化，提高全要素生产率，更好地满足广大人民群众的生产、生活需要，促进经济社会持续健康发展。

水利作为国民经济发展的最重要的基础设施，是社会发展和民生改善最基本的要求，是生态文明建设的核心要素，是保障民生的基础条件，水利就是国民经济发展中重要的基础性供给侧。在"十三五"期间，松江每年水利资金投入将达20个亿，水利建设和设施管理方面在取得显著成绩、惠及民生福祉的同时，也存在不少矛盾和难题，突出表现在：水利有效供给不足和供给质量、效率不高并存；水利供给和需求方面依然存在不平衡、不协调的现象，水利供给侧对水利需求侧变化的适应性调整明显滞后。若持续改善农田水利设施建设，真正构筑"江堤防洪、区域除涝、城镇排水"三道防线，实现泄洪挡潮能力"50年一遇"、城区河道抗涝能力基本达到"20年一遇"、城区

---

* 韩冰（1977— ），男，上海市松江区水务局助理研究员。沈静（1987— ）女，上海市松江区水务建设工程安全质量监督站技术员。

① 王一鸣：《避免误读中国供给侧改革》，见 http://news. xinhuanet. com/fortune/2016 - 03/02/c_1118213016. htm,2016年3月2日。

排水能力达到“1 年一遇”设防标准并逐步提升至“3 年一遇”的标准①，都需要我们在扩大水利总需求的同时，深化推进松江水利供给侧结构性改革，实现全区水利设施建设和管理的均衡化。通过改革，将水利资源更多地投入相对落后的浦南地区，实现资源配置效益最大化，重要性和紧迫性在新时期愈益凸显。

二、推进松江水利供给侧结构性改革的总体要求②

松江水利供给侧结构性改革要全面贯彻党的十八大和十八届三中、四中、五中、六中全会精神，深入贯彻习近平总书记系列重要讲话精神，积极践行创新、协调、绿色、开放、共享新发展理念③，按照上海市委、市政府决策及松江区委、区政府部署，全面贯彻“节水优先、空间均衡、系统治理、两手发力”的新时期治水方针，加快构建供水安全保障网，坚持社会主义市场经济改革方向，补齐水利建设短板，优化水利供给结构，扩大水利有效供给，完善水利要素配置，着力提高水利供给体系质量和效率，积极培育水利发展新动能。

（一）改革方向要全面落实“新发展理念”

水利供给侧结构性改革必须把新发展理念作为长期坚持的重要遵循。创新，就是要推动治水思路战略性转变。松江作为典型的江南水乡，拥有 1421 条（段）河道，水资源相对丰富。而且，目前全区居民饮用水已实现金泽水库供水（黄浦江斜塘取水口仍处于保护之中）。因此，必须加大改革深度，扩大宣传，实现从粗放用水向节约用水、从供水管理向需水管理、从局部治理向系统治理，切实扭转水利发展方式存在的各种问题，健全完善水利科学发展的制度体系，深化水利供给侧结构性改革方向，不断增强水利发展原动力，实现全区水资源、水生态的高效利用。

（二）改革动力要内外兼顾，并驾齐驱

松江的供给侧结构性改革，对水利事业来说是一种新型的、具有发展前景的、机遇和挑战并存的改革举措，对提高全区水利发展的质量效益和水平具有重大意义，松江水务人要积极响应国家、上海市、松江区号召，自觉积极、主动地融入改革，推进

① 沈莉娜：《松江构筑防汛三道防线——江堤防洪、区域除涝、城镇排水能力不断提升》，《松江报》2017 年 7 月 7 日。

② 陈坚：《加快推进云南水利供给侧结构性改革的认识与实践》，《中国水利》2016 年第 22 期。

③ 《中国共产党第十八届中央委员会第五次全体会议公报》，见 http://www.xinhuanet.com/politics/2015-10/29/c_1116983078.htm，2015 年 10 月 29 日。十八届五中全会强调，实现“十三五”时期发展目标，破解发展难题，厚植发展优势，必须牢固树立并切实贯彻创新、协调、绿色、开放、共享的发展理念。

改革。首先要解决全区水利基础设施总量不均衡、供给不足之现状，其次还要解决有效供给中浦南地区农田水利设施安全得以巩固提升，以及全区中小河道综合整治、水环境治理、水生态修复等系列短板制约的问题。当然，我们还要积极调动和依靠各种社会资本和外部资源，吸引其积极参与松江的各项水利建设和管理，真正使松江水利的前景更加具有开放性、包容性，内外兼顾，促生改革动力并驾齐驱，为松江经济社会的发展保驾护航。

（三）改革任务要夯实水利供给三大体制机制创新

一是继续加大水利供给总量机制建设。除积极争取国家、市补水利资金外，全区财政支出也需向水利等基础设施建设倾斜，增加符合全区区情的总量供给和有效供给，同时，提高水利供给的质量和效率，合理布局水利基础设施，改变水利需求粗放的用水方式和节水效率低等问题，提高水利产出效益，实现水资源高效利用，以满足松江经济社会发展对水资源、水利设施利用的需求和区域经济发展、产业发展的有效支撑。

二是优化水利供给结构体制创新。改革中，必须使水利供给与社会用水需求相适应相匹配，实现水利基础设施布局的优化配置，既要保障民生水利惠及民生，又要保证饮用水安全底线，力促水利与全区小城镇化建设、产业定位和发展趋势相协调，从而实现生态用水、科学用水的保障能力，保障松江水生态文明建设。

三是提升水利供给效率和效益机制。水利改革要契合供给侧结构性改革的方向，增加高质、高效的供给，改变过去水利建设、水利规划、水利项目建设中重技术、轻管理，重形式、轻内容的管理结构方式，必须增加程序上的论证，加强对水利建设项目、规划效率效益论证和研究，加强项目建设前期、中期和后期评估制度建设，真正解决水利投入与产出不匹配，投资和效益不匹配等问题。

三、全力推进松江水利供给侧结构性改革重点任务

2017 年是松江区“河长制”“纳管制”“网格制”三制并举，依法铁腕科学推进整治工作，全力以赴补齐水环境治理短板的攻坚之年，是全区“消除黑臭河道、打通断头河”300 天攻坚战，率先在全市完成中小河道综合整治各项任务的决战决胜之年。我们必须抓好以下几方面重点工作。

（一）补短板，提速松江水利软硬基础设施建设

补齐水生态短板，需要软硬基础设施建设齐发力。一是大力开展水利硬基础设施建设。坚持“水岸联动、部门联动、上下联动”的工作思路，紧扣水利建设“窗口

期”，持续开展沿河违章清拆、黄浦江浮吊清退、污染企业清拆、不规范生猪散养点退养、无证码头取缔、“三无”居家船舶整治、雨污混接改造七大专项行动，全面补齐水环境治理中的各种短板，大力提速水利硬基础设施建设，极大改善了城乡居民生活环境。2016 年以来，松江区新开工市级水利专项达 70 余个，项目涉及面广、覆盖面大，水利硬件设施提速明显。二是提升水利软实力（人才）厚度。积极吸纳各类专业人才加入水利队伍，加大干部培训力度，邀请市区相关专家学者或者实务部门同志来为职工讲课培训，落实人才培养制度和机制，大胆启用年轻人才，进一步完善基层干部激励机制，继续培养复合型、综合型专业人才，夯实水务软基础人才厚度和实力。

（二）推改革，打通松江农田水利“最后一公里”

松江新型城镇化建设发展迅速，农田水利设施基本分布在浦南四镇，因此有必要在现有区域内助推农田水利改革，打通“最后一公里”服务。一是发挥农田水利设施效益最大化。在现有体制机制下，按照国家相应法律、法规和制度要求，全面推广农田水利改革，形成合理的农业水价形成机制；健全社会资本的融资参与机制，制定农业节水奖励补贴机制，加大社会公众的参与力度，使农田水利工程管护真正到岗、到人，最大化地利用农田水利设施，避免资源浪费。二是重点开展第二轮“农林水”联动建设。围绕创建国家现代农业示范区和建设美丽乡村的目标，通过三年农林水联动建设，建成“农田成方、绿树成荫、水系畅通、灌溉高效”的农田设施，提升家庭农场发展，推进扩大土地经营化规模，提高机械化作业水平，展现现代农村田园风光，打造与上海国际大都市相匹配的都市现代化农业。目前，第一轮“农林水”项目建设已基本完成，第二轮正在逐步开展。三是配合推动农业面源污染防治、畜禽养殖污染治理、水产养殖污染减排等工程设施建设，恢复农田生态系统。除将浦南地区农村生活污水全部纳入整治范畴外，还将通过以高效节水项目建设为载体，以项目带改革，以改革促项目，着力破解农田水利“最后一公里”服务，使浦南农田水利改革真正惠及民生，保障浦南农村经济发展。

（三）建体制，助力松江水生态文明建设

深化水利体制改革，大力开展水生态建设和修复，助力松江水生态文明。一是进一步完善“河长制”。严格按照国家、上海市和松江区河长制相关文件要求，构建责任明确、协调有序、监管严格、保护有力的河湖管理保护机制，严格执行河长制贯彻落实的绩效考核和责任追究力度。二是推进水资源承载能力的预警机制建设。强化全区水资源承载能力的刚性约束，着重加强黄浦江水源地水质保护，实现水资源消耗总量和有效供给的基本平衡，使水资源承载任务能与水利其他任务协同推进。三是严格落

实最严格水资源管理制度。严格执行国务院印发的《关于实行最严格水资源管理制度的意见》和《实行最严格水资源管理制度考核办法》，对照“三条红线”标准，以考核整改为重要抓手，实现三控制，即用水总量的控制，强化水资源统一调度；用水效率的红线控制，全面推进节水型社会建设①，把节约用水贯穿于经济社会发展和群众生活生产全过程，强化用水定额管理，加快推进节水技术改造；加强水功能区限制纳污红线管理，严格控制入河湖排污总量，包括严格水功能区监督管理，加强饮用水水源地保护，推进水生态系统保护与修复。通过强化水资源管理责任和考核制度，将水资源开发利用、节约和保护的主要指标纳入地方经济社会发展综合评价体系考核结果的运用，促进和倒逼松江各街镇经济发展方式转变。

（四）深“产改”，夯实松江水利改革基础

供给侧结构性改革发展趋势，必然要求加快水利产业的结构调整和改革方向。一是构建适合松江发展的建造—运营—移交（BOT）模式。在水利产权制度改革中加快完善水利产权保护制度，依法有效保护各种水利知识产权，增强群众的财产安全感，增强各类主体参与水利改革发展的动力。二是配合开展干支流水生态空间的确权试点。在现有体制框架内，配合开展水域、岸线等水生态空间的确权试点，明确岸线沿岸水资源所有权和使用权，实现水资源的最优化配置和使用。三是推进水利工程设施产权制度改革。对现有水利工程设施要及时梳理、登记，依法明晰其产权是属于国有、集体所有，还是混合所有、个人合法所有，切实保护产权人合法权益，并严格落实工程管护主体和责任，充分调动社会公众参与水利工程建设运营管理的积极性。

（五）抓安全，强化松江水利发展基础和根本

安全是一切工作的基础，水利设施建设质量、安全的监督管理必须常抓不懈。一是严抓水利工程质量管理。依托市水务建设工程安全质量监督中心站、区水务建设工程安全质量监督站，完善水利建设质量管理体系，加强对水利项目招标投标的监管和工程验收管理，强化水利建设市场监管，规范市场主体行为，维护水利建设市场秩序。二是严抓水利工程监督检查。深化内部审计、经济责任审计、财政专项资金审计、重大项目重大资金审计和离任审计监督，配合市、区两级巡查，以及市局对水利专项财政资金使用情况的审计调查，强化整改制度执行，严格执行问责机制，逐级压实水利

---

① “十二五”期间，松江区扎实推进“三条红线、四项制度”，全面完成供水集约化工作，深入推进河道治理，启动农林水三年行动计划，加大节水型社会载体建设力度，从2013年起在上海全市水资源管理考核中连续获得优秀。近年来，松江区节水型社会载体建设初见成效，水资源安全供给保障体系，水资源利用效率和效益显著提高，水生态环境得到了显著改善。

安全生产责任制的落实，杜绝重特大水利安全生产事故。三是严抓水利党风廉洁建设。进一步加强对水务党员干部的教育管理和监督，及时建立完善以制度管人、以制度管事机制，认真排摸水务系统各方面廉政风险点，力争使水利工程的建设和管理、涉水行政审批改革等领域，能突破现有瓶颈，编织出松江水利建设、管理、发展的制度网眼，使权力真正在阳光下运行。

总之，松江水利供给侧结构性改革还属于一个全新课题，尚需各方力量进行探索，也需要对如何监管社会资本对水利行业的投资，如何实现其与其他产业、产能发展无缝对接，如何全方位提升水利服务能力，如何最大限度地提高水资源利用效率、实现效益最大化等问题加以研究。只有与时俱进，着力挖掘推进水利供给侧结构性改革潜力，才能为实现松江水利资源的合理配置，打造松江水利转型升级版提供坚实有力的技术支撑，从而实现松江水环境治理、水生态修复的可持续性发展。

围绕供给侧结构性改革
突出工程管理　加快新泰市水利建设步伐

袁恒国[*]

2014年习近平总书记就提出“节水优先、空间均衡、系统治理、两手发力”的新时期水利工作方针，在党的十八届六中全会上的讲话中强调指出：要“坚持把供给侧结构性改革作为经济发展和经济工作的主线，坚持以提高发展质量和效益为中心，着力解决制约发展的结构性、体制性矛盾和问题”。2016年5月7日，山东省委、省政府印发了《关于深入推进供给侧结构性改革的实施意见》，认真落实“创新、协调、绿色、开放、共享”新发展理念，落实“去产能、去库存、去杠杆、降成本、补短板”“三去一降一补”五大任务，推进“一中心”“一基地”建设和开发区转型升级、创新发展，在推进路径上，坚持“加减乘除”并举，优化存量、引导增量、主动减量；在努力方向上，促进经济增长从粗放低效向集约高效、从要素驱动向创新驱动转变；在改革目标上，推动产业层次向中高端迈进、供需平衡向高水平跃升。

一、充分认识加快推进水利供给侧结构性改革的重要性和紧迫性

（一）改革创新谋发展、补短板、破瓶颈、见成效

推进水利供给侧结构性改革是当前和“十三五”时期发展的主线，关系全局，关系长远，关系水利，突出水利工程建设，用深化改革的办法推进结构调整，减少无效和低端供给，扩大有效和中高端供给，增强供给结构对需求变化的适应性和灵活性，提高全要素生产率，能更好地满足人民群众的需要，促进水利事业和经济社会持续健康发展。[①] 新泰市的水利发展取得显著成效，克服了很多矛盾和弊端，如东周水库又名青云湖国家水利风景区，市一级饮用水源保护地，1959年修建，是一座以防洪为主，兼顾灌溉、供水等综合利用的重点中型水库，总库容0.89亿立方米，是新泰市第一大

---

* 袁恒国（1969—　），男，助理工程师，山东省新泰市东周水库管理局。

① 陈坚：《加快推进云南水利供给侧结构性改革的认识与实践》，《中国水利》2016年第22期。

水库。水库临于市城区，库区沿线20多公里人员密布，涉及3个乡镇，水库下游30多万人口，地理位置特殊，技术手段薄弱，管理难度突出，水生态环境保护切实关系到广大人民群众的生命和财产安全。要进一步解决好、完善好这些深层次结构性矛盾，加快推进水利供给侧结构性改革显得极其重要而紧迫。

（二）充分认识供给侧结构性改革给水利发展带来的重大契机

这次中央制定部署供给侧结构性改革，对水利部门来说是一次重大的发展契机。水利作为现代经济社会发展重要的基础设施，属于补短板的范畴。推进供给侧结构性改革，特别是农业供给侧结构性改革，是经济工作的重大战略部署，其中补短板是主要任务之一。水利工程建设是补齐补强基础设施短板的重要组成部分，中央多次在重要会议上一直强调要强化水利基础设施建设和投资常态化，加强水利建设，特别是水利工程建设势在必行，进一步推动产业升级、补齐发展短板、厚植发展优势等方面，探索经验和路子，使水利建设发挥成效。到2019年年底，三次产业的结构将发生根本性的改变，由过去二三一产业结构会变成三二一产业结构，服务业占GDP的比重将排第一位，超过二产，服务业将成为主导产业，以水利现代化建设为主线会逐渐辐射增强，着力加大水利投资，着力加强重大水利工程建设，着力提升防汛抗旱保障能力，着力强化水生态管理，着力深化水利改革，努力推动水利事业取得新进展，为经济社会发展提供坚强水利支撑和保证。

二、抓好供给侧结构性改革措施，确保水利发展有条不紊，有序进行

（一）大力推进水生态文明体制改革，以水治水，助力新泰市创文明城市建设

积极推广“河长制”，水是公共产品，水治理是政府的主要职责，结合新泰市评比“全国文明城市”的契机，构建责任明确、协调有序、监管严格、保护有力的水库管理保护机制，建立健全专业执法队伍建设，依法及时有力地清理水库周边违建别墅饭店、工厂、游泳、钓鱼、乱倾倒垃圾等污染源；加大投资水网一体化监控体系和水资源保护护栏加固，确保市民的饮用水安全；设立水功能区水质达标评价体系，强化水资源保护和水污染防治力度，加强水功能区动态监测和科学管理，严格控制地下水滥开采，全面健全节水制度体系；积极宣传水法和水利事业，依法治水，让人们了解水的历史、认识水的哲理、重视水的保护、增强水法观念。结合东邻省级地质公园青云山，三面群山环护，一堤扼守龙喉，继续加大投资力度，扩大水利基础文化设施及旅游场所规

模，在东周水库建立新泰水利博物馆、银鱼展厅和水上乐园，吸引顾客和商户，打造新新泰、强新泰；用执法车宣传节约用水，全面推广使用节水型器具，减少“跑、冒、滴、漏”，推进节水型社会建设。

综合管理经验和措施，实施最严格的水资源管理和砂资源制度，促进和倒逼经济发展方式转变，促进渔业生产供给侧结构性改革，推进水资源承载能力和动态监测预警机制建设，加快水土保持生态建设、河湖水生态保护与修复、农村小水电增效扩容改造项目建设等，切实有效提高新泰市水生态文明水平，推进创建全国文明城市顺利进展。

（二）以推进农业结构调整为着力点，以水生金，进一步提升水利保障能力和渔业发展水平

结合实际，积极创造有利条件，充分发挥好水资源优越条件，新泰市水资源丰富，湖河、水库众多，发展水上光伏电站工程具有不占用林地耕地资源、减少水量蒸发、水面反射会提高发电量等优势，坚持科学规划、科学决策、大力支持的原则，依据实际地形，充分利用，主要在不影响防洪和灌溉的大水面区域，试行推广水库水面光伏发电面积。鼓励多用户、多渠道投资，充分利用电能设施发展转变高效农业。

大坝护坡绿化将在保护坝体前提，按照经济作物优先原则，实行试验工程，2017年试验绿化面积3万平方米，因地制宜科学设定灌溉模式，建设节水灌溉示范区，稳步推动现代化灌溉区建设。

继续加强渔业鲢、鳙鱼养殖产业，2011年青云湖通过了国家有机产品认证中心的认证，成为新泰市首家通过国家有机产品认证的水产品品牌。结合新泰市2017年5月7日举办的“第二届青云湖有机鱼旅游文化艺术节”，发挥电视及网络平台，利用互联网手段，不仅可以降低企业交易成本、沟通成本，提高供需两端的配置效率，还能通过大数据手段了解消费者的需求，大力宣传有机鳙鱼生产，围绕发展有机鳙鱼和寡齿大银鱼、螃蟹等产业，申报寡齿银鱼自然保护区，开拓天然养殖品种，吸引投资，力争水产品产值突破上亿元。

依托清音大桥通车通高速路，立足水文化，拓展水库旅游风景区，科学规划，精心设计，吸引投资，带动新泰市旅游发展。

（三）以完善防洪工程体系为着力点，以水育人，完善水利建设质量管理体系

着力抓好水利薄弱环节工程建设，国家已经明确“十三五”期间投资3200亿元，要按照国家要求，强化主体责任，加强招标投标监管和工程验收管理，突出抓好水毁

设施修复重建和薄弱环节建设，着力抓好水毁修复重建。在规定时限内完成护坡、水库和水文设施的修复任务，同时对大闸发电机维护、大闸启闭机保养、坝前后坡和大坝路检修，确保安全度汛，继续提升工程建设标准，进一步提高防洪、抗洪能力。力争完成灾后水利薄弱环节建设，要切实按照国家的安排部署，积极推进小型病险水库除险加固、主要支流和中小河流治理、重点区域排涝能力、基层防洪预报预警体系四个方面薄弱环节建设，不断完善防灾减灾体系。

着力抓好防洪和抗旱准备。始终绷紧防大汛这根弦，从最不利形势出发，继续强化预案修订完善、汛前隐患排查、物资和队伍准备、抢险演练、消防演练、防汛值守等各项措施，同时加强旱情监测预警，注重防范落实，提高综合防灾减灾救灾能力，确保下游人民的生命和财产安全。

三、进一步加强组织推动，狠抓措施落实，确保取得实效，为水利改革发展顺利推进提供坚强有力的保障

（一）强化组织领导，细化落实责任

全面贯彻落实党中央、国务院关于推进供给侧结构性改革的决策部署，水利部办公厅正式印发《关于严格水资源管理促进供给侧结构性改革的通知》，明确要求通过严格水资源消耗总量和强度控制，推动化解过剩产能，助推供给侧结构性改革。切实把各项任务落到实处。特别是要建立健全责任制，把责任和措施落实到岗位、到人头，对重点水利项目、关键改革举措、重要政策落实，要按照分级负责的原则，形成一级抓一级、层层抓落实的工作格局。同时，继续实行抽检、督导检查、通报、约谈等措施，奖惩严明，定期通报进展情况，加大工作推进力度。

（二）坚持综合施策，强化安全监管

牢守安全红线，切实做好生产安全、质量安全、资金安全等各项工作，特别是要把生产安全放在首要位置，严格按照国家关于推进安全生产领域改革发展的意见要求，进一步落实安全生产责任制，加强基础工作，突出风险管控，坚决防止重特大事故发生，为水利事业发展保驾护航。

（三）把权力关进笼子里，压紧压实责任，切实抓好党风廉政建设

抓好思想政治建设、主体责任落实、日常监督管理、作风建设及纪律规矩约束等关键环节，进一步加强廉政风险防控，筑牢拒腐防变思想防线和制度防线，建设廉洁

高效的水利干部队伍，为水利事业发展添砖加瓦。

（四）加强沟通协调，形成良好工作氛围

牢固树立一盘棋思想，团结同志，友爱互助，主动加强与库区周边村的协调，换位思考，加大水利宣传力度，相互配合，通力协作，凝聚各方面力量参与水利建设，形成攻坚合力，为水利事业发展创造积极条件。

水利供给侧结构性改革是面对的新课题，需要以新思维、新办法、新实践去探索谋发展，实践出真知，只有探索实践中解决好供给侧结构性改革中的矛盾和问题，不走弯路，准确决策，有效实施，持续发展，为加快水利改革进程，进一步推动新泰市水利发展事业和全面建成小康社会奠定坚实基础。

最严格水资源管理与供给侧结构性改革

水资源管理的供给侧结构性改革研究

王喜峰*

我国经济发展过程中，结构性不合理问题突出。习近平总书记提出供给侧结构性改革，要求在适度扩大总需求的同时，着力加强供给侧结构性改革，提高供给体系质量和效率，增强经济持续增长动力。习近平总书记和李克强总理多次强调供给侧结构性改革对于中国经济发展和改革的重要性。2015 年中央经济工作会议将供给侧结构性改革作为我国经济发展思路，全力落实去产能、去库存、去杠杆、降成本、补短板五大任务。2016 年的中央经济工作会议要求形成以供给侧结构性改革为主线的政策体系，引导经济朝着更高质量、更有效率、更加公平、更可持续的方向发展，提出供给侧结构性改革，最终目的是满足需求，主攻方向是提高供给质量，根本途径是深化改革。2017 年的“中央一号文件”将深入推进农业供给侧结构性改革作为主要内容。

水是生命之源、生产之要、生态之基，是基础性、战略性、公益性资源。我国《水法》规定，水资源属于国家国有；水资源的所有权由国务院代表国家行使。水资源实质上是国家供给的最基础要素之一。在供给方向上，不但向基本生活，农业及粮食安全、工业及能源安全、服务业配置，而且还向环境、生态、新型城镇化等方面优化配置。这种国家所有的层级配置管理制度对于保障我国经济社会飞跃式发展，起到至关重要的作用。然而，以水资源短缺、水环境污染、水生态破坏为代表的水危机普遍存在，频繁发生。水问题是在生产生活中舆论反映较为强烈的问题。一方面是对经济社会飞跃式发展的有力支撑，另一方面是水危机的普遍存在，这实质上是水资源供给没有满足水资源中高品质需求，正是水资源管理的供给侧结构性改革的基本问题。从供给侧结构性改革的角度重新审视水资源管理，对于清晰界定水危机的根源、水资源管理的问题、水资源管理改革的方向有着重要的意义。由于水资源的基础性，水资源管理的供给侧结构性改革的研究对于供给侧结构性改革全局、缓解经济下行压力有着重要的理论意义和现实意义。

---

* 王喜峰（1987— ），男，博士，中国社会科学院数量经济与技术经济研究所助理研究员。

一、水资源供给侧结构性改革的内涵及要求

（一）水资源供给侧结构性改革的背景及基本要求

自2010年以来，由于经济增长的换挡期、结构调整的阵痛期与前期刺激性政策的消化期在同一时间重合出现，产生叠加效应，我国经济增速波动下行。面对经济下行压力，我国政府长期以来偏重从经济学角度的“需求侧”，也就是拉动经济增长的“投资、消费、出口”来解决问题，通过扩大投资、鼓励消费、增加出口等方式扩大总需求规模，从而拉动经济增长。对应的经济管理模式是经济学中需求侧管理的范畴。

由于经济危机的影响，外部需求疲软，出口下行压力增大；由于前期刺激性投资仍在消化、产能过剩问题严峻；我国消费潜力巨大，但是面临着中高品质需求不能满足，低品质生产过剩的突出问题。当前经济下行，看似有效需求不足，实际是有效供给不足、结构失衡、供需错配所造成，是供给侧结构性问题。①

供给侧结构性改革首先要求着力减少无效和低端供给。减少无效和低端供给要解决产能过剩、库存过大等突出问题。过剩的产能和积压的库存，造成大量厂房、土地、设备和劳动力等生产要素的浪费，使得要素无法从过剩领域流到有市场需求的领域、从低效率领域流到高效率领域、降低了资源配置效率。供给侧结构性改革其次要着力扩大有效和中高端供给。我国供给体系和产品品质明显不适应市场需求变化，不适应居民消费结构升级的要求，有效性和中高端供给不足，导致国内消费外流、消费潜力难以释放等。供给侧结构性改革最后要着力推进体制机制改革。要解决行业准入限制造成的民营企业准入难的问题，要打通要素流动和再配置的通道，使生产要素从无效需求流向有效需求领域、从低端领域流向中高端领域，进而提高要素配置效率。

（二）水资源供给侧结构性改革的内涵

水资源是国家供给的基础要素之一，国家对水资源的供给，不但面向国民经济的生产领域，还面向生态和生活等各个领域。因此，水资源管理的供给侧结构性改革的基本内涵包括两个方面：一是面向经济系统的水资源供给侧结构性改革；二是面向全系统的水资源的供给侧结构性改革。前者可以被称为“狭义水资源供给侧结构性改革”，后者可以被称为“广义供给侧结构性改革”。

对于这两者区别，可以从需求层面来解释。前者主要满足对于各种层次产品和服

① 李富强、唐亮：《供给侧改革下消费品价格波动机制研究》，《价格理论与实践》2017年第1期。

务的各种品质和形式的水资源的需求，包括对水资源的量、质、能、域等的需求。后者则满足对产品和服务、生态价值、安全感等各个层次的各种品质和形式的水资源的需求，包括对水资源的量、质、能、域等的需求。从生活、生产、生态三个层级来分的需求主体如表2－1所示。[①] 面向全系统的可以覆盖表2－1中的全部需求主体，面向经济社会系统的则可以覆盖生活、生产两个一级需求主体。

表2－1 水资源需求的主体及结构构成

一级	二级	三级	四级	内容
生活	生活	城镇生活	城镇居民生活	仅为城镇居民生活用水（不包括公共用水）
		农村生活	农村居民生活	仅为农村居民生活用水（不包括牲畜用水）
生产	第一产业	种植业	水田	水稻等
			水浇地	小麦、玉米、杂粮等粮食作物
		林牧副渔	灌溉林果地	果树、苗圃、经济林等
			灌溉草地	人工灌溉草场、天然灌溉草场、饲料基地等
			牲畜	大小牲畜
			鱼塘	各种鱼塘
	第二产业	工业	高用水工业	纺织、造纸、石化、冶金
			一般工业	采掘、食品、木材、建材、机械、电子等
			火、核电工业	循环式和直流式火、核电站
		建筑业	建筑业	建筑业
	第三产业	商饮业	商饮业	商业、饮食业
		服务业	服务业	货运邮电、其他服务业
生态环境	河道内	生态环境功能	河道基本功能	基流、冲沙、防洪、稀释净化等
			河口生态环境	冲淤、河口生物、防潮压碱
			河道、湖泊与湿地	河道、湖泊与湿地
			其他河道内	根据河道内具体环境设定
	河道外	生态环境建设	湖泊湿地	湖泊、沼泽、滩涂等
			城市景观用水	绿化用水、城镇河湖补水、环境卫生用水等
			生态环境建设用水	地下水回补、防沙固沙、防护林草、水土保持

（三）水资源供给侧结构性改革面临的基本形势

从一级需求主体来看，随着经济社会的发展，生态环境价值逐渐增加，生态环境对水资源的量、质的需求势必增加。这种需求的增加分为两个具体内容：①人工对其补水的增加，例如生态调水、地下水回补等；②人类的生产、生活活动对生态环境的影响降低，可以分为两个小的内容：生产、生活的取用水降低以及伴随生产、生活排

① 赵建世：《基于复杂适应理论的水资源优化配置整体模型研究》，清华大学博士学位论文，2003年。

水的物质降低。从水资源供给侧满足生产、生活、生态水资源量、质、能、域的需求结构性改变，是广义水资源供给侧结构性改革的基本内涵。

从生活、生产的二级、三级和四级需求主体来看，水资源供给侧结构性改革的内涵呈现出以下两个方面的特点。

第一，在生活用水需求方面，对水资源量的需求已基本得到满足。在对生活用水的供给中，单单从量的角度，除了个别城镇和少数乡村之外，供给已满足需求。但是，随着我国新型城镇化的推进，农村人口进一步向城镇转移，由于城镇生活用水定额较农村的高，预计未来我国生活用水总量会有上升的趋势。从质的角度来看，水资源供给尚有提升的空间。根据水利部《2016 年中国水资源公报》，2016 年全国共检测评价 867 个集中式饮用水水源地，全年水质合格率 80% 以上的约占评价总数的 80.6%；根据住建部 2011 年最新的抽样检测，按照 2006 年的《生活饮用水卫生标准》，我国城市自来水厂出厂水质达标率为 80%；根据《2015 年全国水利发展统计公报》，2015 年年底，农村集中式供水受益人口比例为 82.4%。

第二，生产的水资源需求面临结构性调整。由于我国三次产业的结构性改变，农业和工业占比持续下降，服务业占比持续上升，生产的水资源需求面临结构性调整。在农业方面，持续的农田水利设施和农业节水的投入，使得我国农业用水总量持续下降。在工业方面，随着我国能源峰值的来临以及风冷等技术的推进①，占比最大的火和电用水需求势必降低。此外，其他用水需求占比较大的工业，如冶金、纺织、造纸、石化等行业是我国供给侧结构性改革“三去一降一补”的重点领域，其用水需求也将持续降低。对于我国重点发展的战略性新型产业，其单产的用水需求较以上产业低。在服务业方面，服务业的水资源需求大多在城镇供水的范畴以内，从人口的增加和服务业用水定额来看，未来服务业水资源需求增加的可能性十分大。②

（四）水资源供给侧结构性改革的基本要求

随着我国经济社会的发展，水资源领域亟须供给侧结构性改革，其基本要求主要体现在以下几个方面。

第一，保障国家安全的基本要求。水资源是保障国家安全的基本因素，水资源通过多层次、多个途径影响国家安全。水资源供给侧结构性改革应满足国家安全的基本要求。在水资源供给侧，这既要满足传统国家安全要求下的生活、生产和生态的用水需求，又要满足非传统国家安全要求下的各类型、各层次用水需求，特别是总体国家安全观要求下的集政治安全、国土安全、军事安全、经济安全、文化安全、社会安全、

---

① 黄晓勇主编：《世界能源蓝皮书：世界能源发展报告（2017）》，社会科学文献出版社 2017 年版。

② 马毅鹏、乔根平：《对运用 PPP 模式吸引社会资本投入水利工程的思考》，《水利经济》2016 年第 1 期。

科技安全、信息安全、生态安全、资源安全、核安全等于一体的对水资源的更高层次的、更高效的需求。

第二，减少无效的、低端的水资源供给。无效的水资源供给是指社会经济和环境生态联合价值小于等于零的水资源供给。在区域的研究范畴内，区域的水资源供给，产生的社会经济价值小于等于对环境生态价值造成的损失。在行业和用户终端范畴，也可以得到类似的内涵。低端的水资源供给是指向高耗水、高排放、高污染、高影响、低效率、低效益的用户供给。减少无效的、低端的水资源供给，要求以水资源承载力作为区域水资源开发的基本依据，深入贯彻“以水定城、以水定地、以水定人、以水定产”的发展理念。

第三，增加高效的、高端的水资源供给。同样，高效的水资源供给是指社会经济和环境生态联合价值远大于零的水资源供给。在区域研究范畴内，区域的水资源供给产生的社会经济价值远大于对环境生态价值造成的损失。高端的水资源供给是指向高端用户供给，这样的行业一般对水资源量的需求较少，排放较少，对环境影响较低，但一般高端用户对水资源的质量要求相对较严格。增加高效的、高端的水资源供给需要在保障水资源供给量的基础上，注重水资源质量、水生态等方面的供给。

二、水资源供给侧结构性改革在管理上的要求

（一）水资源供给侧结构性改革与水资源管理的契合

1. 基于水循环全过程的水资源管理是水资源供给侧结构性改革的契合点

根据“二元”水循环理论，自然水体通过取水活动进入社会经济系统，其对应的水的资源管理，在最严格水资源管理中对应“取水红线”；在经济社会系统内为用水和耗水环节，是水资源系统内管理，对应于“用水效率红线”；通过排水环节从社会经济系统回归到自然系统，是水环境管理，对应于“纳污红线”。水资源管理对水在“自然—社会—自然”两个断面的全部覆盖，对经济系统水循环各个环节管理的全覆盖①，使得其既可以引导，又可以倒逼，甚至可以直接作用经济系统主体完成供给侧结构性改革的任务。

2. 水资源供给是我国水资源管理的核心内容

水资源属于国家所有，在水资源供给上基本上形成了层级的配置制度。② 在国家层

① 王喜峰：《基于二元水循环理论的水资源资产化管理框架构建》，《中国人口·资源与环境》2016 年第 1 期。

② Dajun Shen, “Post - 1980 Water Policy in China”, *International Journal of Water Resources Development*, Vol. 30, No. 4, 2014, pp. 714 - 727.

面上，水利部拟定全国和跨省份的水中长期供求规划和各省份的水量分配方案，各省份分别向下属的地市分配，地市向县区分配，县区向用户分配。这种配给制度覆盖了上述的生产、生活以及人工生态的水资源供给。在对生态环境的供给上，一是限定生产、生活的使用；二是降低取水、用水、排水对生态环境的破坏和影响。从上述意义上，水资源的开发、利用、节约、保护的管理都是对水资源供给的管理。从上述两个意义上，水资源管理制度对于水资源供给侧结构性改革有着重要作用。

（二）水资源管理制度的建议

1. 建立符合水资源供给侧结构性改革要求的水资源“三条红线”指标

以国务院批复的《全国水资源综合规划》为依据，综合考虑各地水资源开发利用现状、经济社会发展水平以及供给侧结构性改革的基本任务，将已分解落实到各市、县的“三条红线”指标，按照用水定额管理、计划用水管理的要求，对供给侧结构性改革重点行业和领域进行进一步分解和落实。将宏观的“三条红线”的用水总量控制、用水效率红线、河湖排污总量进一步向重点行业和领域的中观，甚至重点企业和用户终端的微观推进。

2. 实行符合水资源供给侧结构性改革的用水总量控制制度

严格规划管理，全国（各省份）水中长期供求规划、水资源保护规划等相关规划要符合水资源供给侧结构性改革的要求，全国灌溉发展总体规划要符合农业供给侧结构性改革的要求。严格流域区域用水总量，力求水资源供给的社会经济和环境生态联合价值最大，建立健全水权制度，引导水资源向高端、高效行业转让。严格水资源论证，制定供给侧结构性改革重点行业和农业灌溉工程建设水资源论证的技术要求。对水资源供给侧结构性改革重点行业和领域严格实施取水许可、水资源有偿使用制度，分别通过行政许可和经济调节促进供给侧结构性改革任务的完成。严格地下水管理和保护，强化水资源统一调度，推动水资源供给侧结构性改革对水生态的要求。

3. 严格用水效率控制红线管理，推动符合水资源供给侧结构性改革的水服务制度和节水制度的建设

全面优化水服务，通过建立健全有效的水服务管理体制和机制，推动水服务符合水资源供给侧结构性改革要求，满足各区域、各层次、各行业的基本用水需求，满足高端行业以及日益增长的人民群众高标准用水需求。严格用水定额和计划用水管理，将供给侧结构性改革作为健全用水定额标准的依据，严格用水定额管理；进一步规范供给侧结构性改革重点行业和企业的计划用水管理，强化重点行业和企业节水监督管理。根据农业供给侧结构性改革的总体要求和布局，加快推进农业节水工程的建设；加大供给侧结构性改革重点行业和企业的工业节水技术改造力度；加快推进非常规水

源及相关行业的发展，满足新的经济社会和环境生态需求。

4. 严格控制入河湖排污总量，满足水资源供给侧结构性改革的要求

严格水功能区和入河湖排污口监督管理，满足水资源供给侧结构性改革的要求，特别是对供给侧结构性改革重点区域提出明确的限制排污总量的意见；全面掌握入河湖排污口的基本情况，对供给侧结构性改革重点区域和行业严格其审批和监督管理。加强饮用水水源保护，推进水生态系统保护与修复，满足水资源供给侧结构性改革的要求。

落实最严格水资源管理制度
助力供给侧结构性改革

陈明忠*

推进供给侧结构性改革，是以习近平同志为核心的党中央作出的重大战略部署，是全面深化改革的一项重要任务，是当前和今后一个时期我国经济工作的主线。水资源是经济发展的约束性、先导性、控制性要素。深入推进“三去一降一补”，优化区域发展格局，补齐生态环境短板，都需要发挥水资源的引导约束作用。贯彻落实中央关于推进供给侧结构性改革的决策部署，要充分发挥水资源管理红线的倒逼机制，以深入落实最严格水资源管理制度为重要抓手，推进产业结构调整和区域经济布局优化，实现用水方式和经济发展方式的双重转变。

一、实施双控行动，强化水资源刚性约束

我国经济发展进入新常态，需要转变资源要素投入驱动的发展方式，推动向经济结构更合理的阶段演进。水资源是社会经济发展的控制性要素，要通过实施水资源消耗总量和强度双控行动，强化水资源承载能力的刚性约束，以水定产，以水定城，推动经济社会发展与水资源承载能力相协调。

一要强化约束性指标管理。要以健全省市县三级行政区“三条红线”控制指标体系为基础，加快江河流域水量分配，把总量指标落实到江河控制断面和水源。在用水强度控制方面，把万元国内生产总值用水量、万元工业增加值用水量和农田灌溉水有效利用系数分解到市县级行政区，实现双控指标的全覆盖。强化约束性指标的落实，以水定需，量水而行，因水制宜，促进城镇发展规模、人口规模、产业结构和布局等经济社会发展要素与水资源协调发展。

二要强化水资源承载能力约束。我国水资源约束与经济社会发展矛盾日趋突出，根据不同区域水资源条件，科学实施管控措施，是促进水资源可持续利用的重要措施。要结合第三次全国水资源调查评价，进一步摸清水资源家底，以县域为单元核算水资

---

* 陈明忠（1964—　），男，中华人民共和国水利部水资源司司长。

源承载能力，建立预警体系，发布预警信息，强化水资源承载能力对经济社会发展的刚性约束。加强相关规划和项目建设布局水资源论证，对水资源短缺地区实行更加严格的产业准入。严格取水许可管理，从严核定许可水量，对取用水总量已达到或超过控制指标的地区暂停审批新增取水；对钢铁、水泥、电解铝、平板玻璃、船舶等产能严重过剩行业新增项目取水申请，不予审批。

三要优化水资源供给结构。强化流域和区域水资源统一配置，以黄河、黑河、塔河以及南水北调东中线一期工程为重点，以江河水量分配方案为依据，不断完善调度规则与方案，科学调配水资源，确保供水安全和生态安全。将非常规水源纳入区域水资源统一配置，以缺水及水污染严重地区为重点，积极开发利用再生水；以沿海缺水地区为重点，大力发展海水淡化和直接利用；结合沿海城市建设，推进雨洪资源利用，切实通过补源优化水资源配置格局。

四要强化责任追究。狠抓最严格水资源管理制度考核，逐级建立用水总量和强度控制目标责任制，完善考核评价体系。严格责任追究，对落实不力的地方，采取约谈、通报等措施予以督促；对因盲目决策和渎职、失职造成水资源浪费、水环境破坏等不良后果的相关责任人，依法依纪追究责任，确保各项要求落到实处。

二、推进节水型社会建设，提高水资源供给效益

随着经济社会快速发展，水资源需求将不断增加，今后相当长时间内，水资源供需矛盾仍然突出。解决水资源供给不足的问题，就要把节水作为根本性措施来抓，落实节水优先方针，全面推进节水型社会建设，强化各行业节水，推行节水新机制，推动淘汰落后工艺技术，促进产业转型升级，提高水资源供给效益。

一要全面推进各行业节水。农业节水方面，加快重大农业节水工程建设，实施区域规模化高效节水灌溉，强化农业取水许可管理和计量监测，开展节水型灌区建设。工业节水方面，重点开展火电、钢铁、纺织、造纸、石化等高耗水行业节水技术改造，推动高耗水行业达到先进定额标准。严格落实《国家鼓励的工业节水工艺、技术和装备目录》和《高耗水工艺、技术和装备淘汰目录》，引导工业企业采用先进节水技术。城镇生活节水方面，加快推进城镇供水管网改造，推广生活节水器具，全面实施阶梯水价制度，深入开展节水型单位和居民小区建设。

二要积极推行节水新机制。在水效领跑者方面，在火力发电、钢铁、纺织染整、造纸、石油炼制、化工等行业中，选择技术水平先进、用水效率领先的企业实施水效领跑者引领行动，加快节水工艺改造，积极研发应用先进适用技术，以节水促进产业转型升级。在合同节水管理方面，积极借鉴已有经验，在高耗水工业、公共机构等领

域开展试点示范。在水效标识方面，将对主要用水产品实施水效标识管理，加快节水产品推广普及，严格市场监管，推动标识实施。

三要深入落实各项节水制度。依据水资源禀赋条件、发展阶段、经济承受能力等因素，及时修订行业用水定额标准，严格过剩产能和落后产能行业企业的取用水总量控制和定额管理，按照定额核定年度取用水计划，对超计划或超定额取水的，实行累进征收水资源费。对国家已明确淘汰的落后产能和化解的过剩产能，核减企业年度取水用水计划，并根据国家有关政策要求，责令企业采取限制或停止取水等措施。

三、加强水生态文明建设，补齐生态保护短板

习近平总书记指出，供给侧结构性改革的根本，是使我国供给能力更好满足广大人民日益增长、不断升级和个性化的物质文化和生态环境需要，从而实现社会主义生产目的。良好生态环境是供给侧结构性改革的题中应有之义，也是评价供给侧结构性改革成效的重要标准。水是生态环境的控制性要素，水生态文明建设是普惠性的民生福祉①，必须解决好与人民群众的生活息息相关的水生态问题，强化水功能区管理，严格饮用水水源保护，控制入河排污量，改善水环境质量，补齐生态保护短板。

一要严格水功能区监管。全面推行河长制，理清各级河长在水资源保护方面的责任清单。落实《水功能区监督管理办法》，强化水功能区分级分类监管。推进水功能区水质达标率和污染物减排量考核，从严控制入河排污总量，落实责任追究，不达标水功能区相关信息及时通报地方政府和相关部门。加快推进水功能区监测能力建设，重要水功能区监测要实现全覆盖。

二要强化水源地保护。做好618个重要饮用水水源地安全保障达标建设和评估工作，逐级完善集中式饮用水水源地分级监管体系。积极推进饮用水水源保护区划定工作，落实监管要求，建立责任追究制度。推动饮用水水源保护区清查和清理整治。健全完善突发水污染事件应急处置机制，确保饮水安全。

三要规范入河排污口监督管理。逐级建立入河排污口监管制度，明确监管权限和职责。系统开展入河排污口调查和复核，加强日常监测和监督性监测，建立完善入河排污口台账，实施动态管理。2017年年底前将规模以上入河排污口信息全部纳入国家水资源信息管理系统，监测覆盖率不低于60%。进一步落实入河排污口设置审批制度，切实履职尽责，强化执法，严格管理。

四要推动水生态文明建设向纵深发展。加快水生态文明试点建设，深入总结试点

---

① 陈雷：《加强河湖管理 建设水生态文明》，《人民日报》2014年3月22日。

经验，提炼可复制、可推广的模式，因地制宜做好推广，创建水美城市。坚持山水林田湖系统治理理念，以水系为脉络，优化水生态空间布局，推进河湖水系连通。推进地下水超采治理，制定落实超采区治理各项措施，促进地下水采补平衡。继续组织实施河北地下水超采综合治理试点，在总结经验基础上，进一步扩大试点范围。充分利用南水北调水，持续推进南水北调东中线受水区地下水超采。

四、抓好水资源领域改革，释放市场活力

习近平总书记强调，要用改革的办法推进结构调整①。推进水资源领域改革，要深入推进简政放权、放管结合、优化服务改革，不断创新水资源管理体制机制；要坚持政府和市场两手发力，培育水市场，更好地发挥市场在水资源配置中的作用，提高用水效率和效益。

一要不断创新水资源管理体制机制。按照改革要求，简政放权，取消建设项目水资源论证审批，规范取水许可管理，加强事中事后监管。进一步厘清中央、流域和地方事权，突出各自定位，落实责任主体，建立协作机制，合力推进“三条红线”管控。遵循水循环的自然特性和取、供、用、耗、排的用水规律，加强对涉水事务一体化管理工作的指导。

二要推进水权试点工作。完成全国7个水权试点的评估验收，全面总结提炼可复制、可推广的经验，不断完善水权确权、交易、市场监管等方面的制度和规则，积极稳妥地推进各地水权水市场建设。充分发挥中国水权交易所平台作用，鼓励引导多种形式水权交易，规范水权交易市场。推进水流产权确权试点，开展水资源确权，分清水资源所有权、使用权及使用量。

三要推进水资源费改革。落实中央自然资源资产有偿使用制度改革要求，完善水资源有偿使用制度。重点推进水资源紧缺地区、地下水超采地区和高耗水行业、特种用水行业水资源费征收标准调整，严格水资源费征收使用管理。总结河北水资源税改革试点经验，稳妥扩大水资源税改革试点范围。

推动供给侧结构性改革是适应和引领新常态的战略部署，我们要贯彻新发展理念，深入落实最严格水资源管理制度，强化水资源约束，提高水资源利用效率，加强水生态保护，以改革促进释放市场活力，全力助推供给侧结构性改革，促进经济持续健康发展，为实现“两个一百年”奋斗目标作出贡献。

---

① 习近平：《习近平谈治国理政》第二卷，外文出版社2017年版，第252页。

最严格视域下水资源供给侧结构性改革经验探讨
——内蒙古自治区水资源管理改革实践

赵　清　刘晓旭　刘晓民　蒋义行*

内蒙古自治区是一个严重缺水地区，水资源总量为545.95亿立方米，可利用量为285亿立方米，水资源总量仅占全国总量的1.9%，水资源供给与需求矛盾突出，已成为制约该区经济社会可持续发展的主要瓶颈。就黄河而言，国务院“八七分水”方案确定内蒙古黄河耗水量指标为58.6亿立方米，随着呼包鄂经济社会快速发展，水资源消费需求潜力巨大，呼包鄂新增工业项目用水无法得到满足。为此，自治区党委、政府高度重视，要求水行政部门围绕供给侧结构性改革，落实国家最严格水资源管理，从战略高度谋篇布局，做好水资源的优化配置，解决内蒙古自治区水资源的“瓶颈”制约。

一、水资源供给侧存在的主要问题

（一）水资源匮乏，供需矛盾突出

内蒙古自治区水资源匮乏，人均水资源量与全国平均水平相当，耕地亩均水资源量仅为全国平均水平的1/3。同时，水资源时空分布不均，内蒙古东部地区4个盟市水资源量占全区水资源总量的81%，而中西部地区8个盟市土地面积占自治区总面积的61.3%，人口占50%以上，耕地面积占全区总耕地面积的42.7%，水资源量仅占全区总量的19%，中西部用水总量已经接近或超过可利用水资源量，水资源短缺，区域水资源供需矛盾尖锐。国家分配给内蒙古的黄河可耗水指标58.6亿立方米于2004年全部分配给沿黄的六个盟市，其中，工业用水占4.65%，农业用水占92.83%，城镇供水占

* 赵清（1964—　），男，高级工程师，内蒙古水务投资集团有限公司总经理助理，内蒙古自治区水权收储转让中心有限公司董事长。刘晓旭（1991—　），女，内蒙古水务投资集团有限公司，内蒙古自治区水权收储转让中心有限公司交易部部长，内蒙古农业大学水利与土木建筑工程学院。刘晓民（1981—　），男，副教授，内蒙古农业大学水利与土木建筑工程学院。蒋义行（1962—　），男，内蒙古水务投资集团有限公司会计师，内蒙古自治区水权收储转让中心有限公司总经理。

2.52%。农业用水量大，工业用水量小，用水比例失调，用水结构不合理。

（二）用水效率低，政府投入不足

内蒙古自治区，特别是黄河流域存在部分行业用水效率低，用水浪费严重的现象。以黄河流域为例，人居用水量为全区平均水平的1.31倍，为全国平均水平的2.14倍。黄河流域92.83%的黄河水用于农业灌溉，但其灌溉水利用系数较全区平均水平低约7个百分点，较全国平均水平低约10个百分点。灌溉用水浪费严重，估算其节水潜力在10亿立方米以上。灌区农业基础设施落后，节水改造资金投入不足，仅河套灌区规划节水工程建设需要资金约100亿元，截至2016年年底，政府投入总计20亿元。

（三）受传统体制机制束缚影响制约

水资源是基础性的自然资源和社会性的经济资源，经济社会发展的各方面都离不开水资源的支撑和保障，各级水行政主管部门主要用行政手段对水资源进行宏观管理调控，虽然国家一直鼓励发挥市场调节作用，但水权市场是一个新生事物，受水行政部门多年无偿配置水资源体制机制约束的影响，运用市场化手段调整水资源尚处于初步尝试的阶段，被广泛接受还需一个渐进过程。党的十八大之后，虽然国家出台了相关方面的政策，但具体法律、法规少有涉及，水权市场交易流转刚刚起步，市场化水权交易和供给潜力还没有充分释放。

除了水资源供给侧存在以上问题外，比照国家最严格水资源管理制度，内蒙古，特别是黄河流域水资源管理还存在一定差距。据统计，内蒙古黄河流域存在超指标用水情况，近年来超指标用水情况虽逐年下降，但与最严格水资源管理制度，用水总量的标准线仍有差距。内蒙古黄河流域灌溉水利用系数仅为0.40左右，较用水效率控制红线农田灌溉水有效利用系数0.6的标准还存在较大的差距。

二、水资源供给侧结构性改革采取的主要措施

（一）节水优先，补足灌区基础设施薄弱短板

水利是农业的命脉，内蒙古河套灌区属经济欠发达地区，由于政府财力有限，灌区基础设施薄弱，水利配套投入不足，现代化水平低，农业灌溉用水浪费严重，是制约灌区农业发展的短板。在水利部和黄河水利委员会的指导和帮助下，自2003年起，内蒙古在黄河流域开展水权供给侧结构性改革试点。主要做法是，引入社会资本对灌区进行投资，在灌区农业供水工程改造的同时，对灌区渠、闸、林、田、路等农业基

础设施全面配套升级，将节约的水有偿用于新增工业项目。通过引入社会资本，拓宽了水利工程建设投融资渠道。以鄂尔多斯市南岸灌区为例，从1999年至2016年国家大型灌区续建配套与节水改造项目资金总计投入3.72亿元，灌区配套工程建设进展缓慢；而两期水权转让项目工程，引入社会资本共完成投资23.52亿元，是国家投资的6.3倍，引黄耗水量从实施水权转让前的4.1亿立方米降为近几年的2亿立方米左右。通过在河套灌区实施水权供给侧结构性改革试点，为整个河套灌区筹措节水改造资金50多亿元，从根本上改变了灌区的面貌，大大提高了农业基础设施现代化水平，补足了制约农业基础设施落后的短板。农田灌溉水有效利用系数提高到0.532，引黄耗水量从21世纪初的53亿立方米降为近几年的40亿立方米左右。

（二）空间均衡，调整用水结构促进经济发展

近年来，内蒙古通过开展河套灌区水权供给侧结构性改革，从农业灌区向工业企业转让水指标4.52亿立方米，为70多个大型工业项目解决了取用水需求，形成了以工业发展反哺农业，以农业节水支持工业发展用水，经济社会和资源环境共同协调发展的良性运行机制，为1900多亿元的工业增加值提供水资源保障。2016年，全区农业、工业、城镇生活和生态用水比例为73.2∶9.1∶5.6∶12.1；与2010年相比，农业用水比例下降了3.6个百分点。

与此同时，内蒙古坚持传统与非传统水源开发相结合的原则，合理开发地表水、严格控制地下水，鼓励使用中水、疏干水，大力推进用水结构调整，努力使经济社会发展目标和布局与区域水资源和水环境的承载能力相适应。2016年全区中水、疏干水、微咸水和雨水等非常规水源利用量达到5.24亿立方米，占总用水量的比例达到2.7%，比2015年提高0.6个百分点；其中使用中水和雨水占总用水量比例为1.7%，比2015年增长0.43个百分点。

（三）两手发力，发挥市场在资源配置中的调节作用

创新不给力，问题的症结很大程度上在于我们过度沿袭过去的那一套，那就是政府主导。内蒙古水权供给侧结构性改革同样经历了由政府主导向市场配置渐进性转变的过程。2013年，内蒙古自治区率先成立全国第一家省级水权交易平台，探索用市场化手段调解水资源供给侧不足问题。内蒙古自治区人民政府批转《内蒙古自治区盟市间黄河干流水权转让试点实施意见（试行）》，对试点工作的基本原则、总体目标、组织和实施机构职责、资金管理、监督管理等方面做了明确规定。出台了《内蒙古自治区闲置取用水指标处置实施办法》《内蒙古自治区水权交易管理办法》和《内蒙古自治区水权交易服务收费标准》等相关推动水权流转、激活水权市场的规范性文件，为

内蒙古地区水权转让试点工作的顺利开展提供了强有力的制度保障。

2014 年，内蒙古自治区被确立为全国 7 个水权试点省份之一，重点开展黄河干流盟市间水权转让试点工作，试点工程启动后，沿用以往水资源配置的惯用做法，水行政主管部门按照自治区经济社会发展规划，将 1.2 亿立方米水指标分配给 8 家用水企业，水权中心与用水单位签订了《内蒙古黄河干流水权盟市间转让合同书》，合同要求企业在一年时间内分期分批缴纳全部水权转让资金。然而，由于经济形势等多种因素影响，分配水指标的用水企业项目前期推进缓慢，有的企业没有按照合同要求缴纳水权转换资金，分配的水指标出现了闲置，其他急需用水的工业项目又因缺水指标而无法上马，水权转让合同执行出现了困难。为盘活水资源存量，按照《内蒙古自治区闲置取用水指标处置实施办法》，水行政部门收回了跨盟市水权转让中企业未履行合同的 2000 万立方米/年的闲置水指标，授权内蒙古水权中心通过中国水权交易所进行公开交易。最终与其他 5 家急需用水的新增企业成功签约。利用市场手段及时收回了 3 亿元水权转让合同资金，保障了内蒙古河套灌区节水工程建设的有序开展。这次公开交易的成功签约，是内蒙古首次运用市场机制配置水资源的重要实践，是水资源供给侧结构性改革的成功案例，对内蒙古乃至全国的水权制度建设具有重要示范、引领和带动作用。

（四）系统治理，落实最严格水资源管理制度

供给侧结构性改革的补短板，既补硬短板，也补软短板，既补发展短板，也补制度短板。内蒙古自治区开展的水资源供给侧结构性改革，从解决区域新增工业项目发展入手，在补足灌区基础设施薄弱硬短板，做好灌区节水的同时，抓紧对水资源管理制度进行系统改革，补足水资源管理制度改革的软短板，以期在全区范围内全面落实最严格水资源管理制度，促进内蒙古自治区工业及经济社会协调发展。内蒙古各级水行政主管部门牢牢守住“发展、生态、民生”三条底线，以最严格水资源管理制度考核为抓手，做好水资源管理顶层设计。出台《内蒙古自治区“十三五”水资源消耗总量和强度双控实施方案》和《自治区加强水资源用途管制实施方案》，以水资源制度管理，促进产业结构调整和升级；按照“没有论证不发证、没有测试不换证”的原则，严格执行取水许可，控制用水总量；开展了《自治区行业用水定额》标准评估工作，强化用水定额；出台了《自治区计划用水管理办法》，对公共供水管网内年取水 5000 立方米以上的用水户实行计划用水管理，对超计划取用水户实施累进加价制度；严格执行《内蒙古自治区水资源费征收标准》，对超计划、超定额用水，征收了累进加价水资源费，2016 年内蒙古各级征收水资源费 9.02 亿元，是 2011 年的 6 倍，节水型社会建设稳步推进，最严格水资源管理制度有效落实。

三、结　语

内蒙古自治区围绕供给侧结构性改革，落实最严格水资源管理制度，通过补足农业灌区基础设施的短板，调整黄河流域区域用水结构，建立水权交易平台，发挥市场在资源配置中的作用等措施，破解了黄河流域缺水的难题，从根本上解决了呼包鄂经济圈水资源对经济社会发展的“瓶颈”制约。同时，通过开展水资源供给侧结构性改革，补足水资源管理制度短板，提高了水资源的供给效率和质量，增强了水资源供给结构应对需求变化的灵活性和适应性，提高了全要素生产率，让工业用水需求得到满足，农业用水质量得到提高，在相互推动中实现农业基础设施建设与区域经济社会发展双赢，为实现内蒙古经济社会的可持续发展，推进水生态文明建设和绿色发展提供有力支撑和保障，使内蒙古自治区水资源管理走上富民强区的科学发展之路。

供给侧结构性改革中的云南水资源管理

关家康*

一、云南水资源管理现状及存在问题

（一）基本水情

云南省河流分属长江、珠江、红河、澜沧江、怒江和伊洛瓦底江六大水系，既有著名的“三江并流”奇观，又有风采各异的滇池、洱海、抚仙湖、泸沽湖等“九大”高原湖泊；水资源总量达2222亿立方米，居全国第三位，但时空分布不均，全省大部分地区汛期（5—10月）降水约占全年降水量的85%，11月至次年4月是农业灌溉用水集中期，降水却只占全年的15%左右，极易出现冬、春、夏连旱；全省现状供水能力为157.1亿立方米，现状水资源开发利用率为7.1%，而且时空分布极不均，占全省土地面积6%的坝区，集中了2/3的人口和1/3的耕地，但水资源量只占全省的5%，滇中核心区人均水资源量仅为全省人均的15%；滇池等九大高原湖泊中有5个水质属于劣Ⅴ类，富营养化比较严重，部分城区及城市下游河流水质恶化趋势尚未扭转；全省水土流失面积13.4万平方千米，占全省土地面积的35%。

概括起来说，云南基本水情主要特点一是“水美”，二是“水多”，三是“水少”，四是“水脏”，五是“水浑”。

（二）云南水资源管理成效

“十二五”以来，云南省委、省政府坚决贯彻中央决定，站在全局和战略的高度，结合省情和水情，推进最严格水资源管理，一是落实“节水优先”，推进节水型社会建设；二是落实“空间均衡”，推进优化配置和统一调度；三是落实“系统治理”，推进水生态文明建设和水资源保护；四是落实“两手发力”，创新水资源管理改革，推进水权制度建设，发挥市场机制作用。在制度建设、水资源保障能力、高原湖泊及生态保护、水资源费征收等方面取得显著成效。

---

* 关家康（1974— ），男，工程师，云南省水利厅水资源处。

（三）云南水资源管理存在问题

云南水资源管理面临的主要困难和问题：一是水资源时空分布不均，滇中主要经济区干旱缺水十分严重，严重制约全省经济社会发展。二是水资源管理保护任务艰巨。云南处于长江、珠江上游，以及东南亚重要江河的上游，国际水事敏感，水资源问题容易成为国际社会关注的热点，而且国家新发展理念对水资源管理保护提出更高要求，水资源和水生态保护形势严峻，任务艰巨。三是目标任务重，管理能力薄弱。基层水资源管理机构不健全、人员数量少、专业结构不适应管理要求，基层水资源管理保护能力与目标任务严重不匹配。四是考核结果刚性约束应用不够。

二、供给侧结构性改革是破解云南水资源问题的有效手段

（一）水资源保障是经济社会发展的重要基础性供给侧

水是生命之源、生活之本、生态之基，水资源不仅是实现粮食稳产的必要和先决条件，也是支撑新型工业化、城镇化、农业现代化的重要基础，是生态文明建设的核心要素。不管是生产、生活还是生态，都离不开水资源的供给保障。水资源就是典型的供给侧，是保障民生、维系生态的基础条件和自然资源。因此，水资源是国民经济发展中的重要基础性供给侧。①②

（二）推进云南水资源管理供给侧结构性改革的总体要求

一是全面贯彻习近平总书记“节水优先、空间均衡、系统治理、两手发力”治水新思路，落实习近平总书记在云南考察工作时重要讲话精神，要求云南努力成为全国生态文明建设排头兵、着力推进环境保护等“三个定位”“五个着力”的总要求，牢记习总书记调研洱海时提出的“要以湖泊、河流水污染防治为重点，综合推进滇池、洱海、抚仙湖等高原湖泊水环境治理”的嘱托。二是牢固树立绿水青山就是金山银山的意识，以生态优先绿色发展为导向，以落实最严格水资源管理制度为核心，以推进水资源消耗总量和强度双控行动为目标，以责任考核为抓手，以取用水行政管理为重点，以监控能力建设为基础，以试点示范为引领，全面统筹制度建设、依法严管、深

---

① 中共中央、国务院：《中共中央国务院关于深入推进农业供给侧结构性改革加快培育农业农村发展新动能的若干意见》，见 http://www.gov.cn/zhengce/2017-02/05/content_5165626.htm，2017年8月8日。

② 水利部办公厅：《关于严格水资源管理促进供给侧结构性改革的通知》，见 http://szy.mwr.gov.cn/tzgg/201706/t20170616_936242.html，2017年9月9日。

化改革、试点示范、规划先行、提升能力等工作，全面推进最严格水资源管理制度。三是不断提高水资源有效供给总量、供给质量和效率，加快推进云南节水型社会和水生态文明建设。①

（三）云南水资源管理供给侧结构性改革的目标

为全面建成小康社会提供水资源支撑和保障，到2020年云南省水资源管理目标为：用水总量控制目标215亿立方米，万元GDP用水量比2015年下降29%，万元工业增加值用水量比2015年下降30%，农田灌溉水有效利用系数0.55以上，重要江河湖泊水功能区水质达标率87%以上。②

三、云南水资源管理供给侧结构性改革重点工作

（一）加快“云南水网”建设，做大水资源供给总量

云南正着力打造路网、航空网、能源保障网、水网、互联网的“五网”建设。“十三五”云南水利发展规划水利投资2000亿元以上，加快推进滇中引水等一批“云南水网”工程建设，增加水资源供给总量，提高保障能力。

（二）全面推行“河长制”，落实“每条河流要有河长”

全面落实《云南省全面推行河长制的实施意见》，到2017年年底，全面建立省、州（市）、县（市、区）、乡（镇）、村五级河长体系，把老百姓通俗认为的农村河道和各类分散饮用水源纳入管理，认真落实习近平总书记“每条河流要有河长”的要求。突出云南特点，一是自加压力，提前一年建立河长制。二是增设一级，五级河长合力治水。较国家四级河长体系增设一级。三是河湖库渠全覆盖，全面加强保护管理。六大水系、牛栏江及九大高原湖泊设省级河长。其他河湖库渠分级纳入州（市）、县（市、区）、乡（镇）、村各级河长管理，实现了全省河湖库渠管理保护全覆盖。四是重点保护高原湖泊。以问题为导向、因地制宜，以滇池、洱海和抚仙湖等高原湖泊为重点，由省委、省政府主要领导挂帅担任河长，加强高原湖泊保护。五是全面建立河湖管理保护机制。制定行动计划、编制河湖一策一档名录，为各级河长服好务，构建

---

① 云南省委、省政府：《关于深入推进农业供给侧结构性改革加快培育农业农村发展新动能的实施意见》，见 http://www.yn.gov.cn/yn_ynyw/201702/t20170216_28475.html,2017年6月9日。

② 水利部、国家发展改革委：《关于印发〈“十三五”水资源消耗总量和强度双控行动方案〉的通知》，见 http://szy.mwr.gov.cn/dflygz/201611/t20161111_771780.html,2017年6月10日。

以保护水资源、防治水污染、改善水环境、修复水生态为主要任务，责任明确、协调有序、监管严格、保护有力的河湖管理保护机制，加强对河长的绩效考核和责任追究。

（三）着力抓好水资源消耗总量和强度双控行动

云南创新建立了水资源红黄绿分区管理制度。在2015年和2016年实行红黄绿区动态管理的基础上，继续深化水资源红黄绿分区管理，推进水资源承载能力监测预警机制和强化水资源承载能力刚性约束，实现从供水管理向需水管理转变，使水资源、水生态、水环境承载能力切实成为经济社会发展的刚性硬约束。

（四）推进节水型社会建设，提高用水效率和效益

要认真按照云南省人大颁布的节约用水条例、省人民政府出台的《关于加强节水型社会建设的意见》要求，建立省级节约用水工作联席会议制度，落实“十三五”节水型社会建设规划，适时完成用水定额修订，建立健全节水制度体系，建立节水激励机制，开展好水效领跑者引领行动，强化节约用水管理，推进节水合同管理，落实节水“三同时”制度，积极推进节水型社会建设。通过改革倒逼用水侧，提高用水效率和效益。

（五）严格取水许可，严把审批关口

一是深化水利行政审批制度改革，在取消建设项目水资源论证审批、水资源论证资质审批的同时，加强取水许可审批。二是落实国务院化解过剩产能的有关政策要求，加强产能过剩行业项目取水许可和入河排污口设置审批管理。三是开展公众参与取水许可管理模式，在水资源论证报告书编制和取水许可审批和发证审核时开展公众调查、向社会进行公示。四是审批中严格执行“三条红线”，水资源论证和取水许可执行“三条红线”论证制度，强化水资源刚性约束，严把取水许可审批关口。

（六）严格取水许可管理和水资源费征收

一是加强取水许可监督管理。实行“省水政监察总队统一负责、各级分工配合”，组织开展取水许可监督管理，定期或不定期组织监督检查，并结合专项检查、“双随机”等方式开展检查。二是按照国家行业用水定额标准5年修订一次的要求，在2013年修订基础上，2018年再进行修订。三是落实“双控”行动，严格年度计划用水。严格过剩产能和落后产能行业企业的取用水总量控制和定额管理，按照定额核定年度取用水计划，对超计划或超定额取水的，实行累进征收水资源费。对国家已明确淘汰的落后产能和化解的过剩产能，同步核减企业年度取水用水计划，并根据国家有关政策

要求，责令企业采取限制或停止取水等措施。四是取水许可延续时，原取水许可审批单位要对产能过剩行业企业取用水情况进行全面重点评估，对不符合国家产业政策，使用淘汰的高耗水工艺、技术和装备，未达到用水定额标准和不符合水资源管理要求的企业单位，不予批准延续取水申请。五是建立完善取水许可台账体系，实现水资源管理由宏观粗放静态向微观精准动态转变。六是全面实施以征收水资源费为主要形式的水资源有偿使用制度。强化取水许可管理，加强水资源费征收工作，做到依法征收，应收尽收。加强与财政、税务、发改部门协调开展水资源费改革的调研和准备工作。①

（七）严格新建中小水电项目取水许可审批，依法加强水电站取水许可监督管理

严格按照云南省人民政府2016年出台的《云南省人民政府关于加强中小水电开发利用管理的意见》要求，从严审批新建中小水电项目取水许可。一是严控新建项目取水许可审批。原则上不再开发建设25万千瓦以下的中小水电站，已建成的中小水电站不再扩容。“十三五”期间，全省原则上不再核准审批新开工所有类型的中小水电项目。全省所有新增中小水电装机容量的规划及项目核准审批均应上报省人民政府批准同意。二是依法落实取水许可管理。已经核准但2年内尚未开工建设的中小水电站，原项目核准文件自动失效，取水许可行政许可文件失效严格按照有关规定执行。三是严格取水许可证发证和延续评估。四是建立健全生态运行监管机制。采取安装生态流量在线监控装置工程措施，保障生态下泄流量，下泄流量原则上不得低于河道多年平均流量的10%②。

（八）严格重大规划水资源论证评估

云南省已经基本建立规划水资源论证制度，联合发改委出台开展规划水资源论证的文件，出台规划水资源论证评估办法，将规划水资源论证列入最严格水资源管理制度考核。一是按照以水定产、以水定城的要求，突出重点区域规划水资源论证工作，对“十二五”期间已经批复的城市总体规划、开发区规划、工业园区规划、重大产业基地规划和撤县设市（区）等领域开展规划水资源论证工作。“十三五”期间与规划水资源论证与规划制定同步开展，同步审批。二是根据不同区域水资源条件和社会经济发展情况，对全省十六个州市分四类区域进行管理和考核。对规划水资源论证实行报备考核制度，在年度最严格水资源管理制度考核中，根据分类要求进行考核评分。

---

① 《云南省水利厅关于严格水资源管理促进供给侧结构性改革的通知》（云水资源〔2017〕70号），云南省水利厅网站，2017年。

② 钟玉秀：《水权制度建设及水权交易实践中若干关键问题的解决对策》，《中国水利》2016年第1期。

三是强化用水需求和用水过程治理，落实空间均衡，建立水资源水环境承载能力监测预警机制，使水资源、水生态、水环境承载能力切实成为经济社会发展的刚性约束。

（九）严格水行政执法，加强事中事后监管

加强取水、计划用水、入河排污口设置执法检查力度，加强水事纠纷查处，依法严格查处违法行为。以过剩产能行业为重点，全面检查企业依法取水情况，切实严把水资源消耗总量和强度双控关口。通过最严格的水行政执法，促进最严格水资源管理制度的落实。

（十）严格生态流量保障，推进水生态文明建设

严格执行“把生态用水列入水资源统一管理、统一调度的重要内容，完善生态流量监测系统建设，调度提高大库大湖的丰水期调节能力，加大枯水期河道生态环境水量，有效消除枯竭部分河道断流干枯或水黑发臭等现象”。从水资源配置规划、建设项目水资源论证、取水许可和监督管理、水资源调度、环境影响评价、水利工程建设等各阶段进一步明确生态用水和生态流量的管理目标要求，把保障生态流量作为审查审批的重要内容和必要条件，执行生态基流汛期不低于多年平均流量的30%，枯期不低于多年平均流量的10%。加强最小下泄生态流量作为取水许可发证、延续、监督管理的重要内容，建立健全计量设施和生态流量监测保障措施。

（十一）推进市场机制配置水资源改革，优化供给结构，逐步建立水权制度

按照市场经济的规律和资源配置准则，充分运用市场机制优化配置水资源，使市场在水资源配置的三个主要环节发挥不同的作用。

一是在水资源配置环节。在流域层面，加快29条跨界河流水量分配，将用水总量控制指标落实到江河控制断面；在行政区域层面，完善水资源控制指标逐级分解确认工作，建立完善覆盖省、市、县三级行政区的水资源控制指标体系。

二是在取水权授予环节（即一级水市场）。进一步规范和严格取水许可，明晰初始水权。一方面要严控增量，另一方面要盘活存量，加快节水改造，科学核定取水户的水资源使用权限，并进行统一确权登记。

三是在水权交易环节（即二级水市场）。建立和完善水市场，规范各类市场行为，促进水权按照市场供求在不同区域、行业和取水户之间有序流转，实现水资源的优化

配置。[①②]

按照“先建机制、后建工程”要求开展试点探索，以元谋县水权水市场试点改革、澄江县节水减排试点、瑞丽江水资源确权试点和农田水利改革等为突破口，探索建立农业初始水权分配、节奖超罚、节水减排评价、水价形成等机制，开展水权交易。总结和复制推广试点经验，推进县级以上重要饮用水源地和高原湖泊节水减排监控评价，在农田水利改革项目实施中构建农业灌溉用水总量控制和定额管理制度。结合云南实际研究制定《云南省水权交易管理暂行办法（试行）》，推动建立水权制度。

（十二）加强水资源统一调度管理

加强水资源统一调度管理工作，不断增强重要流域、敏感区域的供水安全和水事安全。编制水资源统一调度管理名录，推进云南省 18 个重点区域的水资源承载能力、优化配置体系及统一调度方案研究，加强对牛栏江—滇池补水工程等重要水资源调度管理。

（十三）建立健全最严格水资源管理部门联动机制

通过最严格水资源管理制度考核平台，水利部门加强与发改、工信、环保等相关部门的沟通协调，强化信息共享，形成协同监管机制，建立协调联动机制。对于产能过剩行业项目取水许可和入河排污口设置申请，关口前移，在项目前期工作阶段严格把关。对明显不符合国家产业政策的项目，及时将水资源管理相关政策告知申请单位；对不能确定是否符合产业政策的，就项目是否符合国家产业政策、是否属于应清理的过剩产能范畴、是否允许办理相关审批手续等，征求行业主管部门和上级水行政主管部门意见。

（十四）推进严格管理，“做实”最严格水资源管理制度

推进水资源规划、水资源论证、取水许可、水功能区、水资源费、水行政执法和责任考核等七个方面的严格管理。强化考核结果运用，以水资源开发利用控制、用水效率控制、水功能区限制纳污“三条红线”的刚性约束，促进和倒逼经济发展方式转变。把实行最严格水资源管理制度作为实施生态立省、环境优先和争当全国生态文明建设排头兵战略的基础性工作。

---

① 王晓娟等：《关于培育水权交易市场的思考和建议》，《中国水利》2016 年第 1 期。

② 钟玉秀：《水权制度建设及水权交易实践中若干关键问题的解决对策》，《中国水利》2016 年第 1 期。

以科技创新推进农业水资源供给侧结构性改革

盛　平　黄光辉　纪文俊　杨　泷*

2017年中央一号文件《中共中央　国务院关于深入推进农业供给侧结构性改革加快培育农业农村发展新动能的若干意见》指出，推进农业供给侧结构性改革，要在确保国家粮食安全的基础上，紧紧围绕市场需求变化，以增加农民收入、保障有效供给为主要目标，以提高农业供给质量为主攻方向，以体制改革和机制创新为根本途径，优化农业产业体系、生产体系、经营体系，提高土地产出率、资源利用率、劳动生产率，促进农业农村发展由过度依赖资源消耗、主要满足量的需求，向追求绿色生态可持续、更加注重满足质的需求转变。

供给侧结构性改革，就是从提高供给质量出发，用改革的办法推进结构调整，矫正要素配置扭曲，扩大有效供给，提高供给结构对需求变化的适应性和灵活性，提高全要素生产率，更好满足广大人民群众的需要，促进经济社会持续健康发展。

一、水是农业命脉，是农业生产重要的供给侧

水是农作物进行光合作用和水合作用的基本元素，是庄稼的“命根子”。地球上的植物含有的水量，约占体重的80%，其中蔬菜含水90%至95%，水生植物含水98%以上。水参与植物输送养分；水参加光合作用，制造有机物；水的蒸发，使植物保持稳定的温度不致被太阳灼伤。

植物不仅满身是水，而且植物一生都在消耗水。土壤水分含量的多少，直接影响作物根系的生长。只有土壤水分适宜，根系吸水和叶片蒸腾才能达到平衡状态。一籽下地，万粒归仓，水是农业命脉，是农业生产重要的供给侧。

* 盛平（1961—　），男，工程师，上海松江农田水利试验站。黄光辉（1963—　），男，站长，上海松江农田水利试验站。纪文俊（1992—　），男，助理工程师，上海市松江农田水利试验站。杨泷（1992—　），男，助理工程师，上海市禹波工程管理有限公司。

二、上海市农业水资源供给侧特征

上海市地处长江三角洲前缘，东临东海，南临杭州湾，上海的陆域水系属太湖流域，黄浦江承泄太湖来水，黄浦江水系支流遍布城乡，是江南水网地区。上海地处中纬度沿海，在全球气候带分布中属北亚热带南缘，是南北冷暖气团交汇地带，受冷暖空气交替影响和海洋湿润空气调节，气候湿润，四季分明，冬冷夏热，雨热同季，降水充沛。上海的降水量在一年中呈现一个时期偏多，一个时期偏少的特征，全市多年平均年降水量为1096.4毫米，汛期（6—9月）降水量占全年的50%左右。降水在时间上的不稳定性及空间分布上的不均匀性是引起洪、涝、旱灾的直接原因。

上海市本地水资源包括地表水和地下水，其中：地表水资源量16.23亿立方米，浅层地下水资源量7.43亿立方米，深层地下水可开采量0.18亿立方米。过境水资源包括长江干流来水和太湖来水，其中：长江干流来水量7127.00亿立方米，太湖流域来水量140.30亿立方米。上海市的水资源为全市的农业生产提供了可靠的保证。

三、农业供给侧水资源结构改革迫在眉睫

水是地球万物的生命之源，是人类赖以生存和发展的基本条件，是维系地球生态系统功能和支撑社会经济系统发展不可替代的基础性的自然资源和战略资源。水安全问题事关重大，不仅是资源环境安全问题，而且是关系到国家经济、社会可持续发展和长治久安的重大战略问题。随着社会经济的迅速发展、城镇化进程的加快和人类活动的影响，使水资源短缺与用水需求不断增长的矛盾日益突出，严重影响我国社会经济的可持续发展。

2017年中央一号文件指出："全面提升农产品质量和食品安全水平。坚持质量兴农，实施农业标准化战略，突出优质、安全、绿色导向，健全农产品质量和食品安全标准体系。"灌溉水质是确保农产品质量和食品安全的重要环节。2015年，上海市全年粮食播种面积243万亩次，粮食总产量112.1万吨；瓜果等经济作物种植面积62.6万亩次，总产值53亿元；食用菌年产量14.8万吨，产值12.2亿元。2015年，完成蔬菜播种面积161.6万亩次，地产蔬菜日均上市数量8370吨，其中绿叶菜日均上市数量4130吨。上海市的农业生产对稳定国际化大都市的食品供应起着较大的作用。

尽管上海的水资源总量较为充沛，但可利用的淡水资源十分有限，仅占可用水资源的20%，为118.8亿立方米。作为上海市民80%饮用水源的黄浦江，因水环境变化，水质终年只能维持在Ⅲ类到Ⅴ类之间，加重了水资源的短缺，影响了上海的生活环境

和城市形象。联合国已把上海列为21世纪全球饮用水严重缺乏的六大城市之一。水利普查中共监测2545条（个）河湖的3446个断面的水质。根据《地表水环境质量标准》（GB3838－2002），上海地表水水质状况全年优于Ⅲ类（含Ⅲ类）断面占3.4%，Ⅳ类断面占23.7%，Ⅴ类断面占20.0%，劣Ⅴ类断面占52.9%，上海市河道的水质状况与全市无公害农产品生产对灌溉水质的要求有一定的距离，农业供给侧水资源结构改革迫在眉睫（见图2－1）。

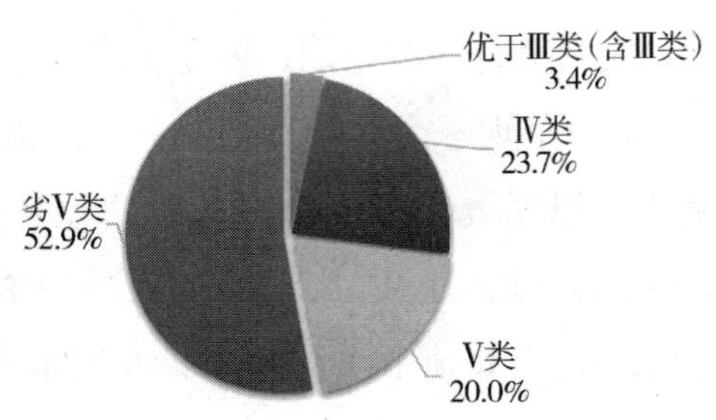

图2－1　上海地表水水质状况分布图

四、开展雨水资源利用研究，推进农业供给侧水资源结构性改革

农业供给侧水资源结构性改革以解决水问题为先导，将水利发展与粮食生产、生态保护等紧密结合起来。重视生态与水的密切关系，对生态问题严重的河流流域，采取节水、防污、调水等措施予以修复，涵养水资源；有计划地进行湿地补水，保护湿地。建立维护生态环境安全的水利保障体系，按照可持续发展和生态环境保护的要求，对水系统进行合理的调配，把人类活动对生态环境的影响降低到最低程度，使水污染状况得到全面改善，不断改善自然生态和美化生活环境，努力建设人与自然和谐共处的优美人居环境。

农业产业结构调整，发展都市型农业，主要生产绿色农产品，它不但限制使用农药和化肥，对灌溉的水质也有很高的要求。无公害蔬菜农田灌溉水中各项污染物的含量PH不应超过5.5—8.5，汞的含量小于0.001毫克/升，镉的含量小于0.005毫克/升，铅的含量小于0.1毫克/升，砷的含量小于0.0005毫克/升。上海市的大部分地表水不能满足无公害蔬菜生产的要求，上海市缺乏优质水，绿色农业的发展受到很大的制约。作为水利科技工作者，要以科技创新，开展雨水资源利用研究，推进农业供给侧水资源结构性改革。

（一）雨水资源利用的可行性

雨水是地球上一切可更新水资源的源泉，从广义上讲，一切可利用的水资源都是从雨水转化而来的，无论地表水资源还是地下水资源的利用都是雨水资源的利用。雨水利用是一种经济、实用的技术，不仅能补充集中供水工程的不足，又能确保灌溉水质，并能解决部分生活和生产用水，具有较大的环境和经济效益，使现代化农业生产焕发了新的生命力。

上海市本地水资源的补给主要为大气降水，本市多年平均面降雨量为1096.4毫米，陆地蒸发量年平均为715.5毫米，降雨量大于陆地蒸发量。上海市多年平均地表径流量为24.15×10^8立方米，折合年径流深380.9毫米，占降雨量的34.7%。而平水年的农业灌溉用水量为22.57×10^8立方米，本地降雨径流量略大于平水年的农业灌溉用水量，对农业灌溉用水来说，提供了足够的水资源，为农业灌溉使用洁净的雨水资源提供了可能性。上海市是河网地区，密布的河道提供了雨水容蓄的库容，但必须要通过工程措施加以改造，才能避免对洁净的雨水资源产生二次污染。

（二）雨水资源利用研究内容

1. 上海雨水资源评价

通过对上海市雨水资源的质量与数量的分析，研究雨水在农业灌溉利用的可能性。

2. 降水可利用量评价研究

建立测流径流场，研究雨水收集系统的效率，以确定雨水蓄水设施容积计算方法。

3. 集雨节水高效灌溉制度研究

为了节约有限的雨水资源，研究节水的灌溉制度，提高水的利用效率。

4. 工程形式对水质影响研究

通过对雨水利用系统水质进行分析，了解雨水水质变化情况。

5. 灌溉水质修复研究

为了确保灌溉水质，当储存的雨水被污染后，利用技术措施对水质进行修复。

6. 适宜集雨利用的灌溉系统研究

由于雨水资源的有限性必须采用节水的灌溉技术，充分发挥雨水资源的作用。

7. 酸雨水利用技术研究

酸雨可使农作物大幅度减产，通过研究，制定预防酸雨对农作物危害的措施。

8. 合理高效雨水利用工程模式

研究雨水资源化对经济、环境影响的评价，以确定其大面积推广的可行性。

（三）上海市松江区五库农业园区雨水资源利用系统

上海市松江区五库农业园区雨水资源利用系统（见图2－2）包括集雨系统、输水系统、存储系统、净化系统、自动化系统和田间节水系统。

1. 集雨系统

集雨系统由集水管道系统和输水管道系统组成，其作用是以最小的损耗收集降水，以最大的利用率将水送到蓄水池储存。本套系统的雨水有效利用率达到95%。

图2-2 五厍农业园区雨水资源利用示范区

2. 输水系统

输水系统的作用是将降落在大棚顶的雨水收集到大棚两边的集水管后，将雨水以最小的损失，无二次污染的方式送到蓄水池中储存。输水管的大小由降雨量的大小所决定，管材要选用无毒的材质，符合绿色农产品的要求。

3. 存储系统

蓄水池的容积根据当地作物需水量或灌溉制度及作物生育期的降雨量确定。对于上海地区，缺水主要集中在比较干旱的秋冬季，在保证率75%的条件下，最少满足一个月需水量，但在连续干旱年份，还须引用内河水量补充灌溉用水。

上海市雨水资源有限，通过工程所收集到的雨水在蓄水池中要减少渗漏损失，池底要铺设防渗材料，不同材料对水质的影响有很大差异。通过不同材质试验，采用橡塑材料建成的集水池水质最佳。

4. 净化系统

园区中的花卉种植对灌溉水质要求很高，要根据作物的要求对蓄水池的水质进行深化处理，在五厍农业园区采用人工湿地技术。复合人工湿地污水处理技术是从生态学原理出发，利用不同自然条件下水生生物多样性进行群落时空优化组合的一种新型污水净化系统。其特点是：净化效果好，工程造价低，运行费用低，具有美化景观的效果。

5. 自动化系统

为了节约用水，按作物需水进行灌溉，自动化系统可以采用变频技术自动启闭水泵，对节水灌溉系统进行恒压控制，对水源自动切换控制。

6. 田间节水系统

由于雨水是受气候影响的有限水资源，因此在农业利用中，必须采取节水灌溉技术，其中滴灌是首选。滴灌是通过安装在毛管上的灌水器，将水一滴一滴均匀而缓慢地滴入土中，能精确地控制灌水量，能把水和养分直接输送到作物根部附近的土壤中。它具有省水、节能、灌水均匀、增产、节省劳动力等优点。

（四）雨水资源利用是农业水资源供给侧最优选项

上海市雨水水质优良，水量丰富，是非常宝贵的优质水资源，是理想的绿色“无公害”蔬菜的灌溉水源，也是水质型缺水城市获取优质水资源的重要途径。从上述各项研究成果表明，利用雨水进行农业灌溉以解决上海市水质型缺水的问题，证实了在水质型缺水地区，利用雨水资源，进行绿色食品生产是一条有效的途径。

雨水收集系统的建设，为改善松江城区热岛效应和净化空气质量，提供一块绿色“心肺”，改善了投资环境，对吸引各类投资，推动上海市的经济发展起到了积极作用。

雨水收集优化水质工程项目的实施，推动了节水增效灌溉技术的发展，减少了农田灌溉水量，同时也降低了土、肥、农药流失量，减轻河水污染程度，改善区域水环境，为发展有机农业、无公害蔬菜等绿色农产品提供了有利条件，改善了园区生态环境，体现了人和自然的和谐统一。

五、结　　语

上海市是水质型缺水城市，优质水资源匮乏已成为制约经济社会发展的主要因素之一，雨水资源的利用为上海市的经济建设开辟了新的优质水资源。但由于上海为平原河网地区，水量丰富，雨水资源化的问题未能引起足够的重视。从“雨水资源利用研究”成果表明：雨水是优质水资源，雨水的利用有利于水环境的改善，在农业灌溉上的利用取得了明显的经济效益、社会效益与环境效益。雨水的利用需要建设必要的工程，要有一定的投入，因此发展比较缓慢。为了大力推广雨水利用技术，使成果尽快转化为生产力，必须采取必要的保障措施。

在全面推进郊区水利现代化建设过程中，树立现代水利观念，从可持续发展战略的高度，从水利资源的角度，从适应社会主义市场经济的要求出发，优化配置水资源，努力为郊区的都市农业发展、为郊区经济的可持续发展奠定基础。在农业灌溉利用的试点成果的基础上，加强宣传力度，提高对雨水利用的认识。

农业产业结构调整，绿色农产品的生产对出口创汇及保障食品安全具有非常重要的意义，灌溉水源水质对农产品的品质有很大的影响，因此要与农业技术推广部门配合，将雨水资源利用作为现代农业技术的重要组成部分。

水资源管理立法现状与供给侧结构性改革的新要求

张瑞美　王亚杰　郎劢贤*

一、水资源管理立法现状

（一）国家层面

截至目前，水资源管理领域出台的法律有两部：《水法》与《水污染防治法》。国务院出台的行政法规和法规性文件有五部，对节约用水、水量调度、取水许可及水资源费征收等制度进行了进一步细化。水利部出台的部门规章有六部，对建设项目水资源论证、入河排污口监督管理、水量分配、取水许可、饮用水水源地保护、水权交易等进一步细化明确。①

从形式上看，一是通过制定《水法》等综合性法律作为水资源管理法律依据，具有较高的法律位阶，为相关领域立法提供基本依据；二是出台水资源管理具体领域的行政法规、部门规章，对水资源管理具体问题进行进一步明确细化，形成了比较完善的水资源管理立法体系；三是随着水资源开发利用与水资源管理实际情况的变化，相关法律法规进行了修正、修订。

从内容上看，一是通过《水法》《水污染防治法》等综合性法律，对水资源规划、开发利用、节约使用、水事纠纷处理及法律责任等方面作出了详细规定，为水资源开发、利用提供了强有力的法律依据；二是确立了水资源规划和论证制度、总量控制和定额管理相结合的用水管理制度、取水许可和水资源有偿使用制度、水量分配制度、水量调度制度、节水管理制度、水功能区监督管理制度、入河排污口监督管理制度、饮用水水源保护区制度等，为加强最严格水资源管理工作提供依据；三是确立了水污染防治规划、环境影响评价、重点水污染物排放总量控制制度、全面推行排污许可证制度、建立水环境信息统一发布制度、完善饮用水水源保护区管理制度、强化对违法

---

* 张瑞美（1980—　），女，博士，高级工程师，水利部发展研究中心。王亚杰（1989—　），女，工程师，中国水利经济研究会。郎劢贤（1982—　），女，工程师，水利部发展研究中心。

① 王建平、王贻飞：《我国地方水法规制定情况总结与展望》，《水利发展研究》2013 年第 10 期。

排污行为的处罚力度以及加大政府责任等相关内容，对防治水污染相关问题进行法律规制；四是通过《黄河水量调度条例》《取水许可和水资源费征收管理条例》《淮河流域水污染防治暂行条例》《太湖流域管理条例》等，进一步细化了水资源管理在水量调度、水资源费征收、取水许可、水污染防治等具体方面的制度规范，对流域水资源管理重点领域问题进行明确；五是通过制定具体的部门规章，对建设项目水资源论证、入河排污口监督管理、水量分配、饮用水水源地保护、水权交易等进一步细化明确。

（二）流域层面

近年来，各流域制定了相关规范性文件对水资源管理工作进行规范。在用水总量控制制度建设方面，各流域为加强水资源开发利用控制红线管理，严格实行用水总量控制，先后出台了包括严格规划管理和水资源论证、严格控制流域和区域取用水总量、严格实施取水许可、严格水资源有偿使用、严格地下水管理和保护、强化水资源统一调度等方面的法律规范。如制定了《长江水利委员会实施取水许可制度细则》《黄河水量调度条例实施细则（试行）》《黄河取水许可管理实施细则》等。在水功能区限制纳污制度方面，为加强水功能区限制纳污红线管理，严格控制入河湖排污总量，相关流域出台了严格水功能区监督管理、加强饮用水水源地保护、推进水生态系统保护与修复等方面的法律规范。如制定了《长江水利委员会入河排污口监督管理实施细则》《黄河入河排污口管理办法（试行）》等①。

从立法形式上看，一是各流域水资源管理立法主要以规范性文件的形式呈现，效力等级不高，主要是对国家层面的水资源管理法律法规进一步地明确细化规定；二是相关规范性文件的制定颁布机关为流域机构或其职能部门，如流域水政水资源处、流域水资源保护局等；三是七大流域在水资源管理领域的立法数量、具体制度等方面存在较大差距，个别流域立法相对薄弱②。

从立法内容上看，一是目前在用水总量控制方面的流域内立法较多，在取水许可管理、水资源费征收管理、水量调度、建设项目水资源论证管理等方面进行了有效规制；二是目前流域层面在水功能区限制纳污制度方面的立法主要集中在对入河排污口监督管理方面，针对水功能区监督管理、饮用水水源地保护、水生态环境保护环节内容立法较为薄弱③。

---

① 梁敬影：《中国流域水资源管理立法研究》，《环境科学与管理》2014 年第 2 期。

② 熊向阳：《建立流域管理与行政区域管理相结合的水资源管理体制的相关问题探讨》，《水利发展研究》2009 年第 6 期。

③ 吴永祥等：《区域层面河湖功能区划研究——以太湖流域为例》，《水利水运工程学报》2011 年第 3 期。

（三）地方层面

各地按照“三条红线”“四项制度”的要求，在各自的管理范围内制定出台了相关法规、规章及规范性文件。

从形式上看，全国取水许可与水资源费征收地方立法的层级不高；节约用水方面的地方性法规主要集中在缺水的城市或地区，如山东、内蒙古、河北、北京等省（自治区、直辖市），立法的层级较高；水源保护领域地方立法的层级较高，共有五部是通过地方性法规形式颁布的。

从内容上看，明确了取用水的内涵和取水许可的范围，简化和规范了取水许可程序，强化了监督管理措施，明晰了水资源费征收主体，明确了水资源费征收标准的制定原则，完善了水资源费征收和缴纳程序；将节约用水与区域用水总量控制和行业用水定额管理等制度紧密结合在一起；建立健全了相关节约用水的重点制度，如大部分地方性节水立法均规定了新、改、扩项目节水设施“三同时”制度；明确了水源保护体制和管理制度，划定了水源的一级、二级和准保护区，并明确了保护区内禁止实施的活动，建立健全了相关配套制度。

二、水资源管理立法存在的主要问题

（一）国家层面部分法律法规有待完善

1. 部分法规制度亟待修订

《水法》《取水许可和水资源费征收管理条例》等水资源管理相关法律法规规定了取水许可和水资源有偿使用制度、水资源总量控制和定额管理相结合制度、水资源规划制度、水功能区划和饮用水水源保护区制度等一系列水资源管理制度，为水资源管理与保护提供了法律支撑。党的十八大以来，面对水资源管理面临的落实最严格水资源管理制度、加快水生态文明建设的新形势，《生态文明体制改革总体方案》再次强调要完善最严格的水资源管理制度；健全用水总量控制制度；提出建立健全节约集约用水机制；健全国土空间用途管制制度；建立统一的确权登记系统，对水流等所有自然生态空间统一进行确权登记；探索建立水权制度等，为水资源管理立法提出了新要求。而水资源管理相关制度已经不能适应新形势的发展与变化，如取水许可制度、总量控制制度、水量调度制度、水功能区管理制度等有待进一步完善。①

2. 相关领域存在立法空白，缺乏法律依据

一方面，由于现有立法对很多水资源管理涉及的问题还没有相关法规规定，需要从国家层面进行立法，为水资源管理活动提供法律依据。另一方面，现有部分法律只规定了相对原则，在各地区的水资源管理具体实践中操作性不强。因此，水资源管理法规体系仍有待完善，特别是在节水管理、水权交易等领域的法规有待加快制定。②

（1）节水管理立法有待完善。《水法》确立了我国基本的节水制度，但主要是原则性规定。从国家层面来讲，还缺乏专门的节水法规对节约用水相关制度进行规范。同时，对浪费用水行为缺乏惩罚措施，不利于改变水资源粗放利用方式。当前，迫切需要出台一部国家层面的节约用水相关法规，规范和加强节水管理，对浪费用水行为进行有效遏制，引导全社会树立节水意识，更好地落实最严格的水资源管理制度。

（2）水权交易需要做进一步的规定。利用水市场优化配置水资源，充分发挥市场的作用和功能，是提高水资源使用效率的有效途径。《水法》未对水权交易问题作出规定。我国是一个水资源短缺的国家，为促进水资源的合理配置、高效利用和有效保护，缓解水资源供需矛盾，近年来，一些流域、地区在水权交易方面开展了大量卓有成效的实践。浙江、宁夏、内蒙古、甘肃、新疆等多个省、自治区开展了水权转让试点，通过这些实践探索，提高了水资源使用效率，有效解决了用水矛盾突出地区的现实需求，初步形成政府引导、企业投资、有偿转让的运作模式和机制。水利部 2006 年出台了《关于水权转让的若干意见》，明确了水权转让的原则、限制范围，并对水权的转让费和期限进行了原则性规定，有利于推动我国的水权制度建设。2016 年水利部出台了《水权交易管理暂行办法》，按照确权类型、交易主体和范围划分为区域水权交易、取水权交易和灌溉用水户水权交易三种类型进行明确。但我国的水权交易法律制度建设总体仍滞后于水权交易实践，未上升到法律法规层面，开展水权交易的配套法律法规尚不完善。③

（3）地下水管理与保护立法有待完善。目前，《水法》及相关法规只在个别条款中对地下水资源管理与保护作出了相应的规定和说明，不够具体明确，造成地下水管理与保护工作中法律依据不充分，一定程度上也给执法带来不便。此外，部分重点制度缺乏相关规定，例如缺乏对地下水资源的开采利用行为，尤其是对超量开采地下水行为的法律责任的规定；规范污染地下水行为的法律制度不足、惩罚力度不够；针对农

① 左其亭等：《基于人水和谐理念的最严格水资源管理制度研究框架及核心体系》，《资源科学》2014 年第 5 期。

② 王文生：《统筹流域管理与区域管理　实行最严格水资源管理制度》，《中国水利》2011 年第 22 期。

③ 窦明、王艳艳：《适应最严格水资源管理需求的水权制度框架》，《黄河报》2014 年 7 月 17 日。

村地下水资源保护的法律法规等亟待完善。

（二）流域层面水资源管理立法有待推进

1. 水法规体系建设方面

一是缺乏系统规定流域管理基本原则、基本法律制度和运行机制的流域管理的基本法，现有流域管理的立法在协调各项水事活动和整体水事关系上还存在很大的局限性；二是对单条河流的立法研究不够深入，对有关的立法项目缺乏统筹协调，难以针对单条河流存在的突出问题提出可行的立法项目建议；三是与有关法律配套的法规建设滞后，使得法律关于流域管理的规定在执行中大打折扣；四是有关立法之间的协调性不够，存在规定不一致的现象。

2. 法律制度建设方面

一是对流域管理机构和地方在水资源开发、利用、节约、保护、配置、治理各方面的责任强调不够；二是流域管理立法局限于现有的流域管理模式，有关流域管理机构职责的规定还难以突破现行的体制障碍；三是缺乏对上下游之间水权流转机制及相应经济补偿机制的规定；四是缺乏公众参与流域水资源管理和进行监督的规定。

（三）地方与国家层面法律法规有待进一步衔接

1. 地方配套法规有待出台

一些地方性法规在水资源管理方面虽有一定法律基础，但覆盖面较为欠缺，在实际的操作和执行过程之中，法律的侧重点和法律效力等级不同，没有同国家、流域形成阶梯管理的法律体系，没有在国家层面法律法规规定的基础上及时出台配套的地方政府规章、规范性文件，如没有在水资源论证、取水许可及水资源费征收、水量分配与调度等方面作出进一步的细化规定，难以同国家层面相关法律法规有效衔接。①

2. 地方性法规规章与国家法律法规规定存在冲突

地方在制定相关配套性法规、政府规章时，出于对地方利益的考虑，出现与国家层面行政法规、部门规章规定不一致的现象。同时，容易在不同程度上强化地方水行政主管部门的职责，而忽视流域管理机构在流域管理中的地位和作用，在立法中造成与国家、流域层面法律规定的不衔接，影响法律法规的有效实施。

---

① 薄晓波：《论完善水资源论证制度立法的思路》，《水利发展研究》2013 年第 8 期。

三、推进供给侧结构性改革对完善水资源管理法规体系的新要求

（一）保障国家水安全的新要求

水是生存之本、文明之源、生态之要。我国人多水少、水资源时空分布不均，节水治水管水兴水任务艰巨。近年来，随着工业化、城镇化快速推进和全球气候变化影响加剧，我国水安全呈现出新老问题交织的严峻形势，水资源短缺、水灾害频发、水生态损害、水环境污染等问题愈加凸显，已经成为制约经济社会发展的突出瓶颈。节约水资源、保障水安全，事关“四个全面”战略布局，事关民族永续发展，事关国家长治久安。

“十三五”时期是我国全面建成小康社会的决胜阶段，是加快推进“四个全面”战略布局的关键五年。贯彻落实新发展理念，适应把握引领发展新常态，必须着力推进供给侧结构性改革，用改革的办法推进结构调整，加大重点领域关键环节市场化改革力度，调整各类扭曲的政策和制度安排。党的十八大以来，以习近平同志为核心的党中央，从战略和全局高度，对保障国家水安全作出一系列重大决策部署，明确提出“节水优先、空间均衡、系统治理、两手发力”的新时期水利工作方针，为加快水利改革发展提供了科学指南和根本遵循。践行新时期水利工作方针，顺应自然规律、经济规律和社会发展规律，要牢牢把握经济发展新常态，以供给侧结构性改革为主线，深入推进水利供给侧结构性改革，加快完善水利基础设施网络体系，更加精准有力地发挥水利对区域协同发展的先行引导作用，全面提升水利保障经济社会发展的能力，着力构建与全面建成小康社会相适应的水安全保障体系。①

落实中央决策部署，推进治水思路战略性转变和水利供给侧结构性改革深入落实，迫切需要运用法治思维和法治方式推进改革，花更多工夫、下更大气力研究和推进制度建设，深化全方位的改革，建立健全水利科学发展的体制机制，切实提高运用法治思维和法治方式推进改革的能力和水平。保障国家水安全、推进治水思路战略性转变要求着眼水利立法需求最为迫切的领域，统筹推进水资源管理方面的立法进程，进一步健全完善涉水法律法规体系。

（二）加快实施最严格水资源管理的新要求

人多水少，水资源时空分布不均、与生产力布局不相匹配，依然是现阶段我国的

---

① 陈红卫、陈蓉：《我国节水立法的现状分析与对策》，《水利发展研究》2012 年第 9 期。

突出水情，也是我国将要长期面临的基本国情。面对客观基本水情和严峻的水资源形势，解决我国日益复杂的水资源问题，实现水资源高效利用和有效保护，根本上要靠制度、靠政策、靠改革。2011 年中央一号文件和中央水利工作会议明确要求实行最严格的水资源管理制度，确立水资源开发利用控制、用水效率控制和水功能区限制纳污“三条红线”，从制度上推动经济社会发展与水资源水环境承载能力相适应。2012 年印发的《国务院关于实行最严格水资源管理制度的意见》，对实行最严格水资源管理制度工作进行了全面部署。2015 年 9 月，中共中央、国务院印发了《生态文明体制改革总体方案》，再次强调要完善最严格的水资源管理制度，健全用水总量控制制度，保障水安全。2017 年 5 月，水利部办公厅印发了《关于严格水资源管理促进供给侧结构性改革的通知》，贯彻落实党中央、国务院关于推动供给侧结构性改革的决策部署，充分发挥水资源在推动经济发展方式转变和经济结构调整中的作用，通过严格水资源消耗总量和强度控制，推动化解过剩产能。

建立最严格的水资源管理制度是一项系统工程，需要综合运用技术、经济、法律等多种手段，将“最严格”的思想贯穿在水资源管理的各个环节。① 党的十八届四中全会提出，要全面推进依法治国，建设中国特色社会主义法治体系，必须坚持立法先行，发挥立法的引领和推动作用，对水资源管理立法工作具有指导意义。深入推进最严格水资源管理，需要通过完善水资源管理法规体系，将国家政策上升为法律，制定水资源管理的各项法律、法规和规范性文件，划定水资源管理“三条红线”；通过严格执法，将国家意志在社会生活中具体化，确保最严格的水资源管理制度落到实处，切实建立水资源要素对转变经济发展方式的倒逼机制。

随着经济社会快速发展和气候变化影响加剧，在水资源时空分布不均、水旱灾害频发等老问题仍未根本解决的同时，水资源短缺、水生态损害、水环境污染等新问题更加凸显，新老水问题相互交织。与经济社会发展要求和各方面需求相比，目前我国的水安全保障能力还存在不少差距，推进供给侧结构性改革，需要补齐水利这个短板，持续深入推进水利改革发展。

（三）深入推进依法治水的新要求

提升国家水安全保障能力、加快实施最严格水资源管理，必须全面深化改革，使市场在资源配置中起决定性作用和更好发挥政府作用，需要加快构建充满活力、富有效率、创新引领、法治保障的水利体制机制，推进水治理体系和治理能力现代化。党的十八大突出强调了法治建设的特殊重要性，关于法治的论述贯穿于改革发展全过程，

① 陈金木、梁迎修：《实行最严格水资源管理制度的立法对策》，《人民黄河》2014 年第 1 期。

覆盖了经济、政治、文化、社会、生态文明建设全领域。党的十八届四中全会审议通过的《中共中央关于全面推进依法治国若干重大问题的决定》，明确指出，我国正处于社会主义初级阶段，全面建成小康社会进入决定性阶段，改革进入攻坚期和深水区，依法治国在全局中的地位更加突出、作用更加重大，必须更好发挥法治的引领和规范作用。

依法治水，既是水利工作的重要内容和基本准则，也是推进依法治国、依法执政、依法行政的必然要求。水法规建设是依法治水的基础，是法治国家、法治政府、法治社会建设的重要组成部分，是水利改革发展顶层设计的重要支撑。水法规体系建设作为中国特色社会主义法律体系的重要组成部分和依法行政的基本依据，要紧密结合全面推进依法治国的整体部署、法治政府建设的新要求，进一步统筹兼顾、突出重点、完善程序、加快进度、提高质量，着力优化体系结构，在推进水利依法行政中更好地发挥基础性和保障性作用，不断提高水利工作法制化水平。

近年来，水资源管理制度体系建设取得较大进展，初步建立了水资源开发、利用、节约、保护和管理的制度框架，为加强水资源管理提供了重要的法律依据。但与实行最严格水资源管理制度、保障国家水安全的立法需求相比，水资源管理立法中部分领域还存在立法空白，部分水利立法质量不高、操作性不强、权威性不够，配套法规不完善等问题仍然突出。亟待进一步按照全面推进依法治国的整体部署、法治政府建设的新要求，立足水利改革发展现状，分析水资源管理法规立法需求，进一步着眼实际、统筹兼顾、突出重点、优化结构，科学制定立法衔接方案，加快完善水资源管理法规体系，在推进水利依法行政中更好地发挥基础性和保障性作用。

供给侧结构性改革背景下的取水许可制度完善

刘　卓*

习近平总书记在党的十八届六中全会上的讲话中指出，要“坚持把供给侧结构性改革作为经济发展和经济工作的主线，坚持以提高发展质量和效益为中心，着力解决制约发展的结构性、体制性矛盾和问题”。供给侧结构性改革，强调从生产领域优化供给结构，扩大有效供给，减少无效供给，提高供给结构的灵活性和适应性，提高全要素生产率。通过供给结构优化升级以满足变化了的需求，使供给体系更好地适应需求结构的变化。我国目前进入了全面建成小康社会的决定性阶段，随着生活水平的不断改善，人民群众对资源管理的要求也日益提高，水管理作用凸显。

一、取水许可贯穿于水管理的全过程

取水许可是实现水资源优化配置，落实最严格水资源管理制度、切实加强水管理的重要手段，在服务和保障经济社会发展中发挥了重要作用。我国的取水制度设计体现了以下特点：以取水活动为切入点，实现对水资源的源头管理，通过对取水的管理，实现水资源的可持续开发利用，同时也对其他的与水有关的各项活动产生影响，实现水资源管理的目标。

取水许可对提高用水效率的规制，主要通过两个途径，一个是常规的节水要求，一个是鼓励通过节水实施取水权转让。常规节水分为许可前管理和日常监督管理两部分，许可前管理主要是通过与定额管理制度和节约用水制度的衔接，提出取用水的要求，如用水效率、节水设施建设等；日常监督管理主要是通过计划用水制度和节水宣传教育，约束和鼓励取用水户切实落实提高节水意识、节水措施，通过自身的节水管理来促进节水。水权转让所鼓励的节水主要是通过节水技术改造和节水工程建设来实现，这部分可转让水量不应包括通过提高节水意识和一般节水管理就可节约的水量，这一措施主要是通过经济手段鼓励取用水户投资节水工程，提高用水效率和效益。

取水许可与水资源保护的衔接，主要是通过退水管理来实现，从理论上讲，所有

---

* 刘卓（1978—　），女，博士，教授级高级工程师，水利部发展研究中心。

取用水的退水都应退入地表水域，严格禁止退水对地下水的污染。首先要做好与入河排污口管理的衔接，对退水地点、退水水质、退水污染物提出明确要求，这些要求的提出还必须与入河污染物控制制度做好衔接。

取水许可面向的是取用水户，对于公共供水取水户（如：自来水公司、灌区），由于这些公共供水取水户是基于公众供水需求而获得取水许可的，因此取水许可管理必须要进一步延伸到这些公共取水户的配水对象，也就是公共供水的用水户或灌区农户，以确保公共供水权不被供水企业滥用。这种监管可通过城市的计划用水和灌区的配水计划监管加以实现。通过不断规范城市计划用水和灌区配水计划管理，可以进一步明晰公共供水的用水户的用水权益。

二、供给侧结构性改革为完善取水许可制度带来难得机遇

截至 2015 年年底，全国保有有效取水许可证 345007 套，许可水量 81652 亿立方米。全国保有有效河道外用水取水许可证 310358 套（占总数的 90.0%），许可水量 3502.19 亿立方米（占总量的 4.3%）。取水许可范围涵盖了自来水、生活自备水、工业自备水、农业灌溉、水力发电等，许可水量已经占到总用水量的绝大部分。通过严格取水许可管理，水行政主管部门基本掌握了农业、工业、生活取用水量，基本实现了取用水的用途分类管理，有效控制了随意取水情况的发生，及时纠正了不合理、不合法取水行为，在用水总量控制中发挥着重要作用。

我国供给侧结构性改革的重点是，要在适度扩大总需求的同时，去产能、去库存、去杠杆、降成本、补短板（简称“三去一降一补”）。总体上看，供给侧结构性改革有利于完善取水许可制度。“三去一降一补”对取水许可制度的影响可以概括为：去产能，有利于发挥取水许可制度的关口作用；降成本，有利于取用水企业提高用水效率，促进水的循环利用；补短板，是强化退水管理的难得机遇。

三、完善取水许可制度的主要措施

（一）审批环节，充分发挥关口作用

一是进一步明晰取水许可审批权限。立足于解决区域对用水总量负责和部分取水许可由流域机构审批（以及由流域机构下达年度用水计划）的衔接机制问题，进一步合理确定流域与区域取水许可审批权限，该下放的下放，省里的事由省里管，流域机构主要负责上下游用水矛盾突出或一些敏感河段、跨界河段的取水许可审批工作。

二是规范取水工程或者设施核验管理。遵循“谁审批、谁核验”的原则，按照取水许可审批分级管理权限界定取水工程或者设施核验权限。取水申请批准文件由不同流域管理机构联合签发的，有关流域管理机构应当联合核验取水工程或者设施。应重点检查建设项目和取水申请批准的相关措施要求落实到位情况，明确禁止核验情形。

三是把好水资源论证关。严格执行规划和建设项目水资源论证制度，把水资源作为产业发展、城镇建设的刚性约束，发挥水资源在推动经济发展方式转变和经济结构调整中的作用，推动化解过剩产能，助推供给侧结构性改革。落实水资源论证“一票否决制”，水资源论证不过关的涉水规划或者项目取水许可申请一律不予批准。

（二）监督管理环节，充分发挥监管作用

一是加强延续取水管理。建立取水许可与取水计量设施运行、用水总量控制、计划用水管理等水资源管理相关制度的联动机制，规范延续管理程序，突出延续评估的重点，实行分类管理。对于取水存在争议或者诉讼的，应当在争议解决或者诉讼终止后，再行受理延续取水申请。取水许可延续时，原取水许可审批单位要对产能过剩行业企业取用水情况进行全面重点评估，对不符合国家产业政策，使用淘汰的高耗水工艺、技术和装备，未达到用水定额标准和不符合水资源管理要求的企业单位，不予批准延续取水申请。

二是强化用途管理。主要是对用途不明确的细化明确用途，如公共供水、水库等水源工程。重点是对公共供水管网内用水大户的监管，从水库、河道取水发证的层级、对象如何规范，如何监管。

三是强化取水计量。研究推动取水计量的政策措施。因地制宜，制定不同的取水计量管理方案；强化宣传，明确管理、维护主体；探索通过政府购买公共服务的方式，通过专门的取水计量设施单位，定期对计量设备进行更换与维护，特别要加强农村生活用水和灌溉井的管理维护；强化取水计量的服务与监督。拟定与水资源使用权确权登记相适应的台账管理办法，明确管理权限，取用水量、水权交易动态管理等。

四是提高监管能力。增加制度供给，形成以取水许可审批、用水效率监管、水功能区划定、入河排污口设置审批以及严格监督执行的管理格局。提高政府水管理决策和管理系统化、科学化、法治化、精细化、信息化水平，保障公众享有基本服务。兼顾简政放权与水资源管理。健全水资源管理信息公开制度，发挥公众参与和监督作用，让每个人都成为水资源管理的参与者、建设者、监督者。引导公众向勤俭节约、绿色低碳、文明健康的生活方式转变，形成节约水资源、保护水资源的社会风尚。

（三）进一步完善水资源有偿使用制度

取水许可制度的完善还要合理运用经济调节手段，有效利用现有的水资源有偿使

用制度，促进资源的合理配置、高效利用和有效保护。通过合理调整地表水和地下水水资源费征收标准，合理调控地下水、地表水的配置，鼓励再生水的利用，有效保护地下水水源，促进污水处理回用；各省级水行政主管部门要及时制修订行业用水定额标准，严格过剩产能和落后产能行业企业的取用水总量控制和定额管理，按照定额核定年度取用水计划，对超计划或超定额取水的，实行累进征收水资源费；积极探索深入推进水资源有偿使用制度改革的有效路径，为加快落实最严格水资源管理制度提供支撑。

浅析供给侧结构性改革下的水资源管理

李 素*

为深入贯彻落实党中央、国务院关于推进供给侧结构性改革的决策部署，水利部办公厅印发《关于严格水资源管理促进供给侧结构性改革的通知》（以下简称《通知》）明确要求通过严格水资源消耗总量和强度控制，推动化解过剩产能，助推供给侧结构性改革。但是何谓供给侧结构性改革、供给侧结构性改革与最严格水资源管理的联系、供给侧结构性改革下的水资源管理，这些都值得我们探究。

一、供给侧结构性改革与水资源管理

（一）供给侧结构性改革的背景及意义

改革开放以来，中国经济持续高速增长，成功步入中等收入国家行列，已成为名副其实的经济大国。但随着人口红利衰减、“中等收入陷阱”风险累积、国际经济格局深刻调整等一系列内因与外因的作用，中国经济发展正进入“新常态”。

2015 年以来，我国经济进入了一个新阶段，主要经济指标之间的联动性出现背离，经济增长持续下行与 CPI 持续低位运行，居民收入有所增加而企业利润率下降，消费上升而投资下降等。对照经典经济学理论，当前我国出现的这种情况既不是传统意义上的滞胀，也非标准形态的通缩。与此同时，宏观调控层面货币政策持续加大力度而效果不彰，投资拉动上急而下缓，旧经济疲态显露而以“互联网 +”为依托的新经济生机勃勃，东北经济危机加重而一些原来缺乏优势的西部省区异军突起等。简言之，中国经济的结构性分化正趋于明显。为适应这种变化，在正视传统的需求管理还有一定优化提升空间的同时，迫切需要改善供给侧环境、优化供给侧机制，通过改革制度供给，大力激发微观经济主体活力，增强我国经济长期稳定发展的新动力。

供给侧结构性改革在这种情况下应运而生。其含义是用改革的办法推进结构调整，减少无效和低端供给，扩大有效和中高端供给，增强供给结构对需求变化的适应性和

---

* 李素（1988— ），女，工程师，水利部淮委沂沭泗水利管理局。

灵活性，提高全要素生产率，使供给体系更好适应需求结构变化；其最终目的是要增进供给体系的质量和效益，提高区域、产业、制度、产品等多个方面的竞争力。

（二）水资源管理

2011 年中央一号文件《中共中央　国务院关于加快水利改革发展的决定》（以下简称《决定》），是新中国成立以来中共中央首次系统部署水利改革发展全面工作的决定。文件强调了水利在经济社会发展全局中的重要地位和作用，提出了实行最严格水资源管理制度。实行最严格水资源管理制度确立了“三条红线”和“四项制度”，这是水资源管理制度的重大变革，是针对当前突出的水资源问题，面向未来经济社会发展对水资源的需求，提出的强化水资源管理的创新性制度设计。而如何充分发挥水资源在优化产业结构、提高效益、降低资源消耗、保护环境上的基础性、导向性的作用，推动经济结构战略性调整，促进经济发展方式转变，是当前和今后全面落实最严格水资源管理制度的关键所在。

（三）两者之间的联系

供给侧结构性改革与最严格水资源管理都是经济社会发展下的产物，是一种变革。供给侧结构性改革是适应和引领经济新常态的重要战略举措，是从注重需求管理转向供给与需求并重的宏观政策新取向。最严格水资源管理制度的实行是水资源管理的一次重大革新，从过去粗放型的水资源管理转变为集约型的水资源管理，从过去的供水管理，追求以需定供，重开源，重用水投入到现在的需水管理，追求以供定需，重节流，重用水效益。两者具有密不可分的联系，供给侧结构性改革的提出对水资源管理有了更高的要求，水资源的可持续发展是经济社会可持续发展的重要保障。

为促进供给侧结构性改革，《通知》明确指出要加强产能过剩行业项目取水许可和入河排污口设置审批管理，强化水资源刚性约束。要及时制修订行业用水定额标准，严格过剩产能和落后产能行业企业的取用水总量控制和定额管理，按照定额核定年度取用水计划，对超计划或超定额取水的，实行累进征收水资源费；对国家已明确淘汰的落后产能和化解的过剩产能，应同步核减企业年度取水用水计划，并根据国家有关政策要求，责令企业采取限制或停止取水等措施；取水许可延续时，原取水许可审批单位要对产能过剩行业企业取用水情况进行全面重点评估，对不符合国家产业政策，使用淘汰的高耗水工艺、技术和装备，未达到用水定额标准和不符合水资源管理要求的企业单位，不予批准延续取水申请。坚决落实以水定产要求，全面开展产业园区和重大产业布局规划水资源论证；建立水资源承载能力监测预警机制，对取用水总量已达到或超过控制指标的地区，暂停审批建设项目新增取水；对取用水总量接近控制指标的地区，限制审批建设项目新增取水；推广串联式循环用水布局，推进具备再生水利用条件的企业与城市污水处理厂、再生水厂就近布局；加快节水工艺改造，积极研发应用先进适用技术，以节水促进产业转型升级。

二、水资源管理方面促进供给侧结构性改革的做法

虽然供给侧结构性改革是近两年提出的，但在水资源管理方面的一些做法早已体现了供给侧结构性改革的思想，如最严格水资源管理制度“三条红线”、水资源配置与调度、节水型社会建设、水权制度建设、水价改革等，都有效促进了用水结构的调整，实现了水资源的高效利用。

（一）最严格水资源管理制度“三条红线”

水资源开发利用控制红线，确立用水总量控制指标体系。强调了“以供定需”，强化了用水需求管理，严格执行建设项目水资源论证制度，严格取水许可审批管理。

用水效率控制红线，坚决遏制用水浪费，把节水工作贯穿于经济社会发展和群众生产生活全过程，提高水资源的利用效率和效益。制定区域、行业和用水产品的用水效率指标体系，加强用水定额和计划管理。严格限制水资源不足地区建设高耗水型工业项目。实施节水技术改造，全面加强企业节水管理，建设节水示范工程，普及农业高效节水技术。制定节水强制性标准，尽快淘汰不符合节水标准的用水工艺、设备和产品。

水功能区限制纳污红线，从严核定水域纳污容量，严格控制入河湖排污总量，加强源头控制。对排污量已超出水功能区限制排污总量的地区，限制审批新增取水和入河排污口。建立水功能区水质达标评价体系，完善监测预警监督管理制度。

（二）水资源配置与调度

水资源配置与调度包括水资源的合理配置和水资源的优化调度。在水资源合理配置方面，最严格水资源管理制度实行以来，开始对全国重要的江河、湖泊制定水量分配方案，在用水总量控制的前提下，实现地表水资源的合理配置，分配初始水权。在水资源优化调度方面，包括跨区域、跨流域的水量调度，生态应急调水等。供给侧结构性改革的一个核心要点就是提高供给质量，调整产能过剩，减少资源浪费，水资源合理配置和优化调度正是体现这样一种思想，水资源时空分布不均是我国的基本水情，利用跨区域、流域的水量调度，将水资源丰富地区的水资源合理配置到水资源缺乏的地区，提高水资源的利用率，也缓解缺水地区的用水困难，保障了地区经济社会的健

康发展。同时实施生态应急调水，也有效保护了河湖生态，维护了河湖生命健康。

（三）节水型社会建设

节水型社会建设早在 2002 年就已经开始，甘肃省张掖市被确定为全国第一个节水型社会试点，建设节水型社会的实践，使张掖市在大幅度削减用水量完成黑河分水的情况下，连续 3 年经济增长率达 10% 以上。后来全国各地节水型社会建设陆陆续续开展起来，目前全国已有省级节水型社会建设试点 94 个。

节水型社会与传统的节水，既有相同之处，也有不同之处。相同之处在于两者都是为了提高水资源的利用效率和效益。不同之处是传统的节水，更偏重于节水的工程、设施、器具和技术等措施，偏重于发展节水生产力，主要通过行政手段来推动。而节水型社会的节水，主要通过制度建设，注重对生产关系的变革，形成以经济手段为主的节水机制。通过生产关系的变革进一步推动经济增长方式的转变，推动整个社会走上资源节约和环境友好的道路。

节水型社会的建设，是“工程水利”向“资源水利”的转变，实现“要我节水”到“我要节水”的根本性转变。节水型社会的主要特点是建立以水权、水市场理论为基础的水资源管理体制和形成以经济手段为主的节水机制；促进水资源的高效利用，提高水资源承载能力；实现资源、经济社会、环境生态协调发展；全民资源价值观普遍确定，社会公众普遍参与节水活动。通过节水型社会建设使全民节水意识普遍提高，政府管理水资源的手段和能力大为提高，从而达到全社会节水的目的。

（四）水权制度建设

《水法》中明确规定水资源属于国家所有，水资源所有权由国务院代表国家行使。水资源所有权是公权，归国家所有，使用权是派生于所有权又区别于所有权的一种独立的物权，是对水资源的使用获益权。水资源使用权从所有权中分离出来正是为了配置资源，实现物尽其用，以保障所有人的生存发展利益。

水权制度的建设依靠政府和市场两手主导，政府在用水总量控制、水量分配、用途管制、水资源确权、水市场形成与监管方面发挥重大作用，市场的作用就是利用其机制和经济手段激励取用水户节约用水，促进水权的合理流转，优化配置水资源，提高水资源的利用效率和效益。

水权交易是水权制度的一种具现，培育水市场，鼓励水权交易，推动水资源依据市场规则、价格和竞争，实现水资源利用效益最大化和效率最优化。同时在水权交易过程中，加强水市场监管和用途管制，保障公益性用水需求和用水户的合法权益。水权交易所发挥的功能，是使水权成为一项具有市场价值的流动性资源，透过市场机制，诱使用水效率低的水权人考虑用水的机会成本而节约用水，并把部分水权转让给用水边际效益大的用水户，使新增或潜在用水户有机会取得所需水资源，从而达到提升社会用水总效率的目的。

我国水权制度的实践探索，从1987年黄河的“八七分水”方案、2001年西北三条内陆河实施全流域水量分配和浙江东阳义务水权交易、2003年黄河宁蒙段水权交易试点到2014年水利部七省水权试点。

（五）水价改革

水价改革的目标是建立充分体现我国水资源紧缺状况，以合理配置水资源、促进节约用水、提高用水效率、促进水资源可持续利用为核心的水价机制。

2004年《国务院办公厅关于推进水价改革促进节约用水保护水资源的通知》指出，我国水价改革取得一定进展，水利工程水价有所提高，供水成本费用得到部分补偿；城市供水价格基本完成由福利型向商品型转变，并已基本达到保本水平；普遍实行了污水处理收费制度，城市污水处理率有较大提高；水资源费征收力度逐年加大，节水型水价机制正逐步形成。2011年中央一号文件《决定》提出，合理调整城市居民生活用水价格，稳步推行阶梯式水价制度。2012年印发《国务院关于实行最严格水资源管理制度的意见》，提出全面加强节约用水管理，切实推进节水型社会建设，稳步推进水价改革。

三、水资源管理方面存在的问题及建议

（一）水资源管理体制机制

《水法》明确规定了国家对水资源实行流域管理与行政区域管理相结合的管理体制。但实际是管理体制机制尚待理顺，配套的法规体系有待进一步完善，突出表现在部分地方性政策法规与上位法相抵触。区域通过地方法规与政策，将流域水资源管理权授予区域水行政管理机构，形成重复管理、交叉管理、越位管理，造成管理混乱和低效。建议推动配套政策法规体系建设，明确事权和分工。推动建立协商协作机制，在水资源管理流域与区域事权划分未完到位或者已有事权划分缺乏认同与落实机制的现状下，更需要本着“目标一致、协作共商、明晰事权、综合管理”的思路，推动流域区域协商协作机制的尽早建立与运行，促进流域管理与区域管理的协调发展，提高水资源管理效率。

（二）水资源配置与调度

跨区域、跨流域的水量调度往往涉及区域与区域、流域与区域之间的水资源管理矛盾。例如全国有名的南水北调工程，南水北调东线工程通水后的水资源管理体制机制尚待明确，现有水资源与调来的水资源如何管理，交水与分水如何顺利实现，行洪、航运、供水、生态可能产生的矛盾如何解决仍需进一步明确。建议出台配套政策法规，在保证区域供水、防洪和生态的前提下，理顺调水与现有水资源管理关系，明确区域与流域的事权划分，供水方与受水方的权利和义务，实现水量调度的效益。

（三）水权制度

我国水权制度缺乏配套的水权法律体系，现行的水权分配和交易主要由政府主导，各级取用水户处于被动接受的地位，缺乏社会的广泛参与，且水权交易涉及多方利益，仍缺乏强有力的协调机制，这些都是水权制度建设的短板。建议建立健全配套的水权法律法规体系，建立广泛的社会参与机制，促使社会各级主动参与到水权交易活动中，突出市场的配置功能，保障水资源公平配置。同时还要完善配套工程建设，因地制宜地推动各地区建立合理的水权制度，强化协调机制，妥善协调水权交易的各方利益，比如跨流域的水权交易应由水利部协调，流域上下游间的水权交易由流域机构协调，同时要出台相应的法律法规或政策文件明确协调处理办法等。

（四）水价改革

水价机制和管理目前还存在不少问题。一是部分地区终端水价偏低，不利于提高用户节水意识；二是水利工程水价仍低于供水成本；三是水资源费征收标准偏低，不能反映我国水资源紧缺状况。建议应进一步深化水价改革，推动水利工程供水价格调整，实行工业、生活、农业用水差别化计收，采用阶梯水价，同时针对高耗水行业与非高耗水行业也实行差别化计收，引导社会大众节水惜水，促进节约用水，保护和优化配置水资源。

泰州市最严格水资源管理制度下的供给侧结构性改革研究

王胜艳　王为攀　马林敏慧芝*

随着我国社会经济的持续高速发展，工业化、城镇化快速推进，人口持续增长，水资源的承载压力越来越大，尤其是粗放式的经济发展方式导致水资源过度开发、用水效率低下、水环境污染日益严重。鉴于此，2009 年最严格水资源管理制度的战略构想被提出，2012 年，正式发布的《国务院关于实行最严格水资源管理制度的意见》对实行最严格水资源管理制度进行了总体部署。

供给侧结构性改革由习近平总书记在 2015 年 11 月中央财经领导小组第十一次会议上首次提出，在 2016 年 1 月的中央财经领导小组第十二次会议上研究改革方案。供给侧结构性改革方案旨在调整经济结构，使要素实现最优配置，提升经济增长的质量和数量，要在适度扩大总需求的同时，去产能、去库存、去杠杆、降成本、补短板，从生产领域加强优质供给，减少无效供给，扩大有效供给，提高供给结构适应性和灵活性，提高全要素生产率，使供给体系更好地适应需求结构变化。

习近平总书记指出，要"坚持把供给侧结构性改革作为经济发展和经济工作的主线，坚持以提高发展质量和效益为中心，着力解决制约发展的结构性、体制性矛盾和问题"。在新的历史起点和背景下，严格地方水资源管理，加快发展水利事业，为促进供给侧结构性改革提供了强有力支撑。本文在研究泰州市水资源现状的基础之上，探讨如何严格执行最严格水资源管理制度以促进供给侧结构性改革。

一、区域概况

（一）基本情况

泰州市地处江苏省中部、长江沿岸，为长三角经济区 16 座中心城市之一，总面积

* 王胜艳（1985—　），女，工程师，江苏省水文水资源勘测局泰州分局。王为攀（1987—　），男，工程师，江苏省泰州引江河管理处。马林敏慧芝（1990—　），女，助理工程师，江苏省水文水资源勘测局泰州分局。

为5787.26平方千米，下辖靖江、泰兴、兴化三市和海陵区、高港区、高新区和姜堰区四区（以下简称“三市四区”）。泰州市地处长江、淮河下游，境内海拔高度低，地势平坦，河湖众多，水网密布。2016年，泰州市实现地区生产总值4101.78亿元，其中，第一产业增加值为240.00亿元；第二产业增加值为1933.89亿元，其中一般工业增加值为1679.83亿元；第三产业增加值为1927.89亿元，三次产业结构为5.9∶47.1∶47.0。

《泰州市政府办公室关于实行最严格水资源管理制度考核事项的通知》要求，至2020年泰州市用水总量控制在33.79亿立方米以内；农田灌溉水有效利用系数提高至0.60；水功能区水质达标率提高至85%。

（二）现状评价

2016年泰州市地表水资源量为45.87亿立方米，地下水资源量为7.092亿立方米，扣除重复计算量0.422亿立方米，全市水资源总量为52.54亿立方米。2016年泰州市总用水量约26.24亿立方米，其中农田灌溉用水量占71.0%，比重最大。2016年泰州市单位国内生产总值用水量为64立方米/万元，万元工业增加值取水量为12.1立方米，农田灌溉有效利用系数为0.616。

依据《地表水环境质量标准》，选择高锰酸盐指数、氨氮指数2个指标作为评价参数，2016年泰州市共监测重点水功能区43个，达标27个，达标率62.8%。2016年监测的7处集中式饮用水源地，以Ⅲ类水标准进行评价，其中长江的2处水源地达标率为100%，兴化市5处水源地达标率为58.3%—75.0%。

（三）存在的主要问题

1. 水体污染较重，水环境保护形势严峻

泰州市境内河道纵横交错，河网密布，水体通联，这为利用水资源提供了便利条件，但同时也存在水体交叉污染难以控制的问题。随着经济和城镇化的发展，工业排污量逐年增加，加上城镇生活、建筑垃圾影响，导致水体污染，河床淤浅，河道自净能力不断弱化。

2. 水资源管理体系尚未完全健全

与最严格水资源管理制度相对应的水资源管理体系尚未完全健全。一是水资源规划体系不够完善，相关规划亟须修编；二是水资源保护一体化机制、水资源承载力预警机制、长效的水资源保护投入机制尚未形成；三是随着水资源管理工作负荷日益加重，造成管理队伍力量不足。

3. 水质监测站点偏少，监测经费不足

泰州市现85个水功能区共布设了99个水质监测站点，但是一些未划分水功能区的

重要骨干河道如羌溪河、焦土港、蔡港和天星港等未布设水质监测站点，监测范围不够全面，站点偏少。

4. 用水结构不合理，地域之间相差较大

现状用水结构中，农业是用水大户，2016 年农田灌溉用水量占 71.0%，比例偏大。三市四区中，兴化市用水量比重最大，约占40.7%，高新区最小，仅占1.7%，需要进一步优化配置水资源，调整用水结构。

二、紧抓泰州市最严格水资源管理重点工作，助推水利供给侧结构性改革

（一）充分认识加快推进泰州市水利供给侧结构性改革的重要性和紧迫性

泰州市水利改革取得显著的发展，但仍存在一些问题，要解决这些问题，加快推进泰州市水利供给侧结构性改革显得十分重要和紧迫。

一是水利本身就是国民经济发展中重要的基础性供给侧。水利作为国民经济和社会发展的重要基础设施，是人民生命财产的安全屏障，是生态安全的源头保障，是民生改善的最基本要求。以保障国家水安全和大力发展民生水利为出发点，充分发挥市场配置资源的决定性作用，着力推进水利重点领域和关键环节的改革攻坚，使水利发展更加充满活力、富有效益，让水利发展改革成果更好地惠及群众。

二是水利供给侧结构性改革是大势所趋。推进供给侧结构性改革，是以习近平同志为核心的党中央着眼我国经济发展全局提出的重大战略思想。党的十八大以来，全国水利部门积极践行中央新时期水利工作方针，江苏省委省政府进行了“两聚一高”及全面推行河长制、长江经济带发展等部署，要求进一步解放思想、开拓创新，牢固树立新发展理念，积极践行新时期治水方针。

三是推动供给侧结构性改革是泰州水利发展的重大机遇。以泰州市水资源合理配置与高效利用为目标，以节约和保护为重点，将水资源的合理配置、优化调度和节水治污作为推进水利现代化的重要载体，建立以资源优化配置与保护为基础的节约型经济社会发展体系，强化水利管理，深化水利改革，推动水利事业取得新进展，为泰州市经济社会发展提供坚强的水利支撑和保障。

（二）建立取用水总量控制指标体系，抓好水资源配置，严格落实水资源开发利用控制红线

第一，严格计划用水。在区域年度用水总量控制指标内，依据有关行业用水定额

标准、取用水户以往年份实际计量取用水量等，制定下达区域内工业、服务业等各类取用水户年度取用水计划，严格监督用水计划执行。建立覆盖市本级和各市（区）的取用水总量控制指标体系，建立重点监控用水单位名录。第二，严格计量缴费。认真落实用水计量收费和超计划（定额）累进加价收取水资源费制度，规范征缴程序，完善征收措施。构建水权制度和水价机制，通过理顺对水资源的所有、使用、收益和处置权利，形成与市场经济体制和水资源供需关系相适应的水资源权属管理模式。第三，严格水资源监测考核。以水资源的可持续利用支撑经济社会的可持续发展，建立权属清晰、分工明确、运转协调的水资源管理体制。建立完善水资源管理考核制度与责任追究制度，对各地区水资源开发利用、节约保护主要指标的落实情况进行考核。第四，完善水资源论证制度。把水资源论证作为城乡发展、产业布局、项目建设等规划审批的重要前置条件。第五，通过实施水资源配置，建设一批重大骨干水源工程、引提调水工程，解决工程性缺水问题。最严格水资源管理制度下的区域水资源优化结果更具合理性，更能体现现实发展的需求。

（三）大力推进节水型社会，遏制用水浪费，严格落实用水效率控制红线

第一，实行水资源消耗总量和强度双控行动。全面落实《江苏省节约用水条例》，积极推行合同节水管理，树立资源节约集约循环利用的资源观，开展水效领跑者引领行动，全面建设节水型社会，促进水资源节约集约利用。第二，实施农业节水工程。推广渠道防渗、管道输水、喷灌、微灌等节水灌溉技术，示范推广通滴灌机械设备，完善灌溉用水计量设施。推进规模化高效节水灌溉，推广农作物节水抗旱技术。第三，抓好工业节水工作。执行国家鼓励和淘汰的用水技术、工艺、设备、产品目录及高耗水行业取用水定额标准，开展节水评估、水平衡测试、用水审计，严格用水定额管理。普及节水工艺和技术，重点实施高耗水工业行业节水技术改造。第四，加强配套与节水改造工程建设。以中央财政小型农田水利重点县、大中型灌区配套改造和节水示范项目为抓手，更大力度地推进农田水利基础设施建设，提高农田水利工程配套率和完好率。加强城镇供水管网改造，减少管网漏损率。全面开展节水型单位和居民小区建设，建立节水型社会建设长效机制。

（四）控制入河排污总量，着力提升水环境质量，严格落实水功能区限制纳污红线

第一，从严控制污染物排放及入河排污总量和强度，严格入河湖排污口监管。市水利局已对主要入河排污口开展水质监测，按月发布通报，可全面、及时、准确地掌

握入河污染物量变化情况。第二，开展集中式饮用水水源地安全保障达标建设。主要集中式饮用水水源地达标建设工作分别通过了省级验收。对集中式饮用水水源地已开展每月4次的水质监测，按月编制水源地水文情报，全面提升饮水安全保障能力。第三，加快水资源监控能力建设，健全水环境监测预警机制。为全面掌握全市重要水功能区水质达标情况，市水利局对纳入最严格水资源管理制度考核的43个重点水功能区的水质定期进行监测、评价，并按月发布水质通报。完善突发水污染事件应急预案，提高突发水污染事件应急处置能力。第四，着眼水资源保护，全面落实水污染防治行动计划。区域供水“一体化”、污水处理“全覆盖”、生活垃圾“深处理”、畜禽粪便“综合化”、美丽乡村建设“四位一体”的管护模式成效显著。“双水绕城”河道景观提升工程、农村河道疏浚整治工程、中小河流整治工程、黑臭河道整治工程、城市水生态治理工程等陆续开展。紧抓新时期水利要求，全面开展“水功能区达标整治工程”和“一河一策行动计划”。第五，加强生态引水。组织开展生态流量（水位）控制试点研究，制定生态流量（水位）控制试点方案，确定河湖生态流量（水位）。制定基于生态流量保障的水量调度方案，采取区域联合调度、引排结合、生态补水等措施，发挥水利工程在改善水质中的作用，维持河湖基本生态用水需求，重点保障枯水期生态基流。

三、结　语

通过严格用水总量管理，严格用水效率考核，严格入河湖污染物总量控制，积极践行可持续发展的治水思路，强化和提高了供水保障能力，深化了用水需求改革，加快了转变治水思路，统筹推进了水资源节约、水环境保护、水生态修复、水安全保障和水治理创新，着力推进了节水型社会建设，加强了水生态文明建设，大大推进了供给侧结构性改革。

在新的历史起点上，以全面推行河长制为统领，以美丽河湖行动为抓手，以改革创新为动力，着力建设“安全水利、环境水利、生态水利、节水水利、智慧水利、法治水利”六大水利，努力构建与高水平小康社会相适应的现代化水利体系。以此为契机，加快推进水利供给侧结构性改革，充分发挥市场配置资源的作用，着力推进水利重点领域和关键环节的改革攻坚，让水利供给侧结构性改革成为我们守底线、走新路、奔小康的强力支撑，为泰州市实现更高水平小康提供支撑和保障。

烟台市非常规水源开发利用设想与展望

景　旭*

烟台市是典型的资源型缺水城市，近年来虽然兴建了一批骨干水利工程，从一定程度上缓解了干旱年份缺水矛盾，但从资源和工程角度总体分析，区域性、结构性缺水状况并没有得到根本改善。为解决长期存在的生活、生产和生态用水矛盾和日益严重的水环境恶化难题，烟台市应加强节约用水，大力推进非常规水源的开发利用。

一、区域水资源特点及供需分析

（一）水资源特点

烟台市地处胶东半岛低山丘陵区，多年平均降水量 681 毫米，水资源总量 32 亿立方米，人均占有水资源量 487 立方米，约为全国人均水平的 1/5，低于国际公认人均 500 立方米的“极度缺水标准”。随着人口增长、经济社会发展和城市化进程的加快，水资源短缺、供水不足等问题日益凸显。

受地形、气象等因素的影响，烟台市降水时空分布很不均匀，丰枯变化剧烈，年内和年际变化大，春旱、秋旱、冬春连旱等季节性干旱几乎年年发生，更为严重的是出现连年干旱现象，20 世纪 80 年代以来已出现 1986—1989 年、1998—2001 年、2014—2017 年三次持续特大旱情，对经济社会发展和群众生产生活造成很大影响。同时，烟台市全年 70% 降水集中在汛期几场大雨，而境内河流均为山区雨源型，河底比降大，洪水流程短、流速快，天然调蓄能力差，非汛期河道断流为普遍现象，影响水资源的开发利用。

（二）水资源供需分析

烟台市多年平均水资源可利用总量为 18. 3 亿立方米，现状年均供水约 9. 5 亿立方米，其中地表水 5. 4 亿立方米，地下水 4. 1 亿立方米。2016 年，烟台市供水总量为 8. 4

---

* 景旭（1977—　），男，工程师，山东省烟台市水利局科长。

亿立方米，其中地表水4.3亿立方米，地下水4.1亿立方米。参考相关规划，对烟台市2010年（现状年）、2020年、2030年水资源供需情况进行分析预测，在不考虑客水情况下，正常50%年份供水有余，75%年份、95%年份均存在不同程度的缺水，特别是95%年份供需矛盾加大。主要在于随着城市化和工业化的迅速发展，城市生活用水和工业用水快速增长，城市水资源供需矛盾日益突出。

表2-2　现状工程条件下不同水平年水资源供需平衡结果

水平年	需水量(亿立方米)			可供水量(亿立方米)			盈(+)缺(-)水量(亿立方米)		
	50%	75%	95%	50%	75%	95%	50%	75%	95%
2010	11.20	13.40	13.40	14.87	12.71	9.51	+3.67	-0.69	-3.89
2020	12.67	14.26	14.26	14.87	12.71	9.51	+2.20	-1.55	-4.75
2030	14.39	15.94	15.94	14.87	12.71	9.51	+0.48	-3.23	-6.43

二、非常规水源开发利用的必要性和意义

面对日益严峻的缺水形势，烟台市在对传统水资源进行开源节流的基础上，实施了一系列切实可行的工程措施和管理措施来保障城乡供水安全，特别是胶东引黄调水工程及南水北调配套工程建成通水，从一定程度上缓解了水源短缺矛盾，但跨流域调水受流量限制且费用高昂，市区调引黄河水原水水价达4.285—5.171元/立方米、长江水原水水价达5.567—6.452元/立方米，工程条件现状难以弥补干旱年份水资源供需缺口。因此，在开发利用常规水源的同时，必须加大非常规水源开发力度，在具备条件的区域积极推进海水直接利用和海水淡化、再生水利用、雨洪水利用等，以作为常规水源的重要补充和缓解枯水期供用水矛盾的必要手段。

目前，污水处理、海水淡化、雨水收集利用等技术日趋成熟、成本大大降低，以再生水、雨水、海水为代表的非常规水源在国内外得到了越来越广泛的应用，在城市供水系统中的地位也越来越重要，非常规水源开发利用程度已成为衡量地方经济社会发展与节水水平的重要标志。烟台市大力开发利用非常规水源，不仅有利于优化区域水资源利用结构，合理配置水资源，增加水资源可利用量，提高水资源利用效率和效益，而且有利于建设节水型社会，减少水污染，改善水生态和水环境，实现水资源良性循环，保障水资源可持续利用。

三、非常规水源利用现状

（一）城市污水处理及再生水利用情况

烟台市现有18座城市污水处理厂，总处理规模104.8万吨/日，2016年处理城市污水3.24亿吨，日均处理88.5万吨。目前，有3座污水处理厂运行再生水利用项目，建设总规模为11万吨/日，每年利用中水约3150万吨，主要用于河道补水和工业用水。计划从2017年开始，实施套子湾和辛安河两个污水处理厂再生水利用项目，建设规模25万吨/日的再生水处理能力，2018年年底前供水，2019年年底市区工业用水大户全部使用再生水。

（二）海水利用情况

烟台市2016年海水淡化设计产能约1.6万立方米/日，海水淡化实际产量约430万立方米，海水直接利用量21.4亿立方米。目前，烟台市在建南山铝业、海阳核电、华电莱州二期等多项海水淡化工程，预计2018年年底前海水淡化设计产能将达到约8万立方米/日。

（三）雨水集蓄利用情况

目前，烟台市城镇雨水集蓄利用主要有三种形式：一是通过屋顶、道路等集蓄利用雨水。长岛县在全国率先实施雨水利用工程，1988年以来陆续建成屋檐接水和路面集水工程4500多处，通过建筑屋顶和硬化路面年收集雨水30多万立方米，引入各处水窖，经过砂石过滤和消毒处理后用于旱季饮水或用于灌溉、工业、建筑、绿化等用水。二是通过雨水管线储存、传输雨水。将海绵城市建设与防洪设施建设相结合，利用地下雨水管线储存雨水、减缓洪峰，通过自启动雨水泵站把低洼地段积水和管线中的雨水就近排入水库、河道。三是通过绿地增加雨水入渗。将雨洪利用工程建设与园林绿化建设有机结合，因地制宜发展集雨型或雨养绿地林地，主城区绿化覆盖率达到43.12%，自然和人工湿地总面积达到2.85万公顷，恢复湿地面积2万公顷。

四、非常规水源开发利用存在的主要问题

（一）统筹规划和宏观指导不到位

目前，各级政府还没有切实可行的法律法规为非常规水源利用提供制度保障，在

非常规水源市场化机制、水量调配、水质监督、水价体系、优惠扶持等方面都没有具体可操作的规定，发展改革、住建、城管、海洋渔业和水利等多个部门根据职责对再生水、海水、雨水、微咸水等非常规水源分别进行探索和管理，缺乏统筹规划、宏观指导和监督管理，一些已有规划也没有很好落实，制约了非常规水源开发利用产业发展。

（二）缺乏激励机制和扶持政策

目前，非常规水源开发利用主要依靠市场，由企业承担投资和市场风险，公共财政投入不足，非常规水源利用没有足够的运行保障资金和配套运行资金，而且缺乏有效的价格激励机制和优惠扶持政策，水的价格与价值背离，使非常规水源得不到社会各界的重视，也使非常规水源缺乏市场竞争力。由于市场需求少，导致建设及处理成本高，相比当前偏低的公共管网供水水价和自备井水费不具备竞争力，限制了非常规水源开发利用规模与发展速度。

（三）配套设施不健全

由于城市特点和水资源条件，烟台市以往没有建设规模化的再生水厂和再生水回用输配水管网，再生水厂与工业用水大户之间普遍缺少管网对接，以往处理的中水受工艺所限难以达到企业用水水质要求，对符合使用条件而不使用再生水的用户也缺乏强制措施和有效的监督机制，而且以往建筑在设计时未考虑雨污水的收集利用，多数建筑物缺少蓄水设施和中水处理回用设施，不能将雨污水分流收集和处理后加以利用，大大限制了雨水利用和中水回用。另外，污水乱排现象严重，一些单位直接把污水排入河道，或私自把污水管道接到雨水口上将污水排入河道，不仅严重污染水环境，而且造成水资源的巨大浪费。

五、非常规水源发展设想与展望

（一）强化水资源统一管理

将非常规水源纳入城市总体规划和水资源配置体系，积极推进城乡供水、中水回用、节约用水、计划用水、水环境治理、水生态保护、防洪排涝等涉水事务统筹管理，加快建立集中统一、城乡统筹的现代水资源管理体制，强化水资源管理队伍建设，健全水资源和节约用水管理机构，实现城乡地表水、地下水、外调水、非常规水等各类水资源的统一规划、统一调度、统一管理，促进水资源优化配置。

（二）政府引导建立市场化运行机制

从“政府引导，培育市场”逐步向“市场运作，企业化管理”过渡，将非常规水源开发利用列入公益性基本建设项目和鼓励发展产业目录，政府在财税、价格、投资、土地、用电等方面给予适当扶持，鼓励国内外知名企业和社会各界以各种方式投入建设，吸引知名科研院所以专利入股等可行方式参与发展，逐步形成集研发、制造、建设于一体的产业链。明确非常规水源开发利用的发展规划、项目审批、运营管理等各个环节有关部门责任，完善部门间协调协作机制，落实工作责任，营造良好环境，引导非常规水源开发利用产业健康快速发展。

（三）加强资金和价格政策保障

探索建立多层次、多渠道、多元化的资金投入保障机制，完善市场准入制度，通过特许经营权、税收优惠、提高回报率、放宽社会资金参与条件等措施，引导企业财团、民间资本等投入非常规水源设施建设中。根据非常规水源设施的性质，制定相应的政府补助标准，完善非常规水替代自来水的成本补偿机制，扶持非常规水源的技术创新和科技进步，降低非常规水源开发利用成本。坚持“优水优用”的原则，合理调整城市供水价格，对不同供水企业不同水质标准制定不同的水价政策，对地表水、地下水、非常规水实行差别定价，即地下水价高于地表水价，地表水价高于非常规水价，通过价格机制体现非常规水源的资源优势、价格优势，调动非常规水开发利用的积极性。

（四）完善非常规水源利用的工程措施

1. 扩大再生水回用范围

加快再生水利用项目建设，配套完善城市内部再生水回用设施系统，提高再生水供应能力。深度处理的再生水就近用于工业生产冷却及循环用水、市政杂用、农业灌溉及河道湖泊湿地生态补水等。新建、改建、扩建住宅小区、机关办公用房、大型文化体育综合服务设施等公共建筑工程应同步建设中水管网设施，尽量使用再生水浇灌绿地、喷洒道路及冲洗便器等，有条件的还应建立小型再生水处理系统，实现污水就地处理就地消化利用。

2. 加大海水开发利用力度

根据不同海域和行业、企业的实际情况及不同水质要求，进一步发展海水淡化、海水直接利用及相关产业。结合产业布局调整，推进海水直接利用。结合电力、化工、冶金等企业的节水改造和新建项目，建设大中型海水淡化工程。结合供应城市居民饮用水，建设适合需要的海水净化厂和集中供水系统。借鉴广东湛江、浙江宁波等地在滩涂大面积种植水稻蔬菜、用海水灌溉的成功经验，建设海水灌溉农业等方面的创新试点。针对海水淡化膜法、热法及热膜耦合等工艺技术，创建海水淡化应用试点示范，建设市政供水和临港工业配套海水淡化示范工程，有序开展海水、淡化水进入水源或市政供水系统的试点，形成淡化水应用、浓海水利用、相关技术研发和设备制造等方面比较完整的产业体系。

3. 加强雨洪水资源利用

在河道上，科学修建水库、闸坝等拦蓄工程，对现有水库实施增容，有效蓄积汛期雨洪水。在山丘区，结合山涧沟道、排水沟渠地形修建拦水堰坝，延长雨洪水停留时间，增加雨水入渗回补地下水量。在农村，广泛建设水池、水窖和坑塘等集蓄雨水，补充灌溉水源。在城市，建设上、中、下立体集蓄利用系统，上为“屋顶集水”，采用屋顶绿化和屋顶滞留等办法，将雨水拦截在经严格防渗处理的屋顶上，超过设计水位时经流量控制阀或溢流口向外排水，这些污染较轻的雨水经简单处理或不经处理用来冲洗厕所、灌溉绿地等，可有效减少地表径流量，减轻城市排水和河道行洪压力；中为“绿地控制”，在山谷、低洼地带、公园景区等因地制宜建立人工湿地群，在学校、小区、大型公共场所和道路两侧等兴建滞洪带和集雨池，通过水渠或管道与城市河流、水库互相连通，形成整体联动体系，通过流动不断净化水质；下为“入渗补源”，城市广场、人行道、停车场等采用透水地面，楼前屋后道边等因地制宜设置渗沟、渗井等，推广建设蓄水下渗功能较强的下凹式绿地，景观水域尽量不使用防渗措施，低洼地带配以引水设施，新建居住小区建设雨水就地利用系统，道路上的雨水汇流处理达标后排入蓄水池、水库、河道，用于喷洒路面、灌溉绿地、消防、景观用水、人工湖补水等城市生活杂用水。

六、结　语

开发利用非常规水源，是解决烟台市水资源短缺的有效途径之一。近两年，烟台市将非常规水源开发利用提上议事日程，投入建设了一批再生水利用和海水淡化项目，非常规水源开发利用产业步入快速发展阶段。随着城乡水资源的集中统一管理、非常规水源开发利用政策的健全及配套设施的完善，烟台市非常规水源开发利用事业必将取得更大进步，带来更大的经济、生态和社会效益。

最严格水资源管理制度助力供给侧结构性改革

孙雪峰*

一、最严格水资源管理制度是对供给侧结构性问题的超前反应

水资源既是自然资源也是社会资源。工农业生产以水为基本原料、生活生命须臾离不开水、生态环境与水形影不离，没有水就没有一切。水是经济发展的晴雨表，水的供求矛盾越突出，说明经济发展越强劲。但是水不是取之不尽用之不竭的，超过其循环周期内的可利用量就是绝对的供不应求。自 1978 年我国改革开放以来，经济的超高速发展、人口的快速增加，逐渐使原来的供用水格局发生了巨大变化，工业用水挤占农业用水，农业用水挤占环境用水，环境用水越来越少，造成了水环境质量的普遍下降。特别是 20 世纪末期，以黄河高频次长时间断流①、白洋淀经常性干淀②等为代表的河流湖泊环境极端恶化现象的出现，引起了社会的广泛关注。这个时期经济结构的变化对水资源需求的急剧增加和对水资源污染的负面影响都有了较强烈的反应。为了适应经济社会发展形势，水资源管理工作希望通过加强自身管理、自我完善解决水量供应不足、水污染严重的问题，并以此来达到保障经济又快又好发展的目的。如水利部提出的“以水资源的可持续利用保障经济社会的可持续发展”“以水定产、以水定规模”③“水资源承载能力”④ 等概念和理念，希望通过研究和关注水资源与经济社会发展连接的关键节点，找到水资源有效管理的着力点，既能够满足经济发展需要，又能够满足生活需要，还能够满足生态需要，达到和谐有序的供用水目的。

经过 10 多年的研究和探讨，经济转型期、生态危机期、社会发展期对水资源的客观需求，催生了一种既能够加强自身建设，又能够助力经济转型社会发展的水资源管理体制的诞生。2009 年“世界水日”，水利部提出实行最严格水资源管理制度，2010 年中央农村工作会议把实行最严格的水资源管理制度作为一项重要任务，2011 年中央

---

* 孙雪峰（1965 — ），男，教授级高级工程师，河北省水利技术试验推广中心。

① 尹江勇：《保障黄河连续十年不断流》，《河南日报》2010 年 3 月 16 日。

② 马寨璞等：《白洋淀水循环特点及其对生态环境的影响》，《海洋与湖沼》2007 年第 5 期。

③ 汪恕诚：《以水资源的可持续利用保障经济社会的可持续发展》，《中国水利报》2006 年 4 月 6 日。

④ 汪恕诚：《水环境承载能力分析与调控》，《中国水利》2001 年第 11 期。

一号文件把我国实行最严格水资源管理制度上升为国家方针政策。胡锦涛同志在当年的中央水利工作会议上指出，“把严格水资源管理作为加快转变经济发展方式的战略举措”“要着力实行最严格的水资源管理制度，加快确立水资源开发利用控制、用水效率、水功能区限制纳污三条红线，把节约用水贯穿经济社会发展和群众生活生产全过程。”①

可以说，最严格水资源管理制度是当时经济从粗放到集约、传统到现代、数量到质量、低效到高效转变的矛盾在水资源供求关系上的连锁反应，也是水资源管理工作面对经济社会发展要求，及时适应形势发展作出的超前安排。

二、最严格水资源管理制度是水资源工作自我良性发展的科学机制

我国确立正式水资源管理部门的历史并不长，但是其工作内容膨胀性增加，从当初计划用水、节约用水、水资源保护的概念到现在取水许可、水资源评价、水资源规划、水资源费、水源配置、水利执法、水污染治理等具体工作，涉及水资源开发、利用、保护的各个环节和侧面。最严格水资源管理制度总结了近40年来水资源管理工作的实践经验，是水资源开发利用保护的理论、技术与管理措施的高度概括和总结，是水利自身发展和经济社会发展到一定程度的必然产物；从经济发展的角度看，最严格水资源管理制度是各行各业在水资源使用上调和矛盾的产物，是资源管理的最高形式。正是最严格水资源管理制度的确立才使得水资源管理工作从幕后走到前台、从被动变为主动、从柔性变成刚性。

最严格水资源管理制度第一次全面系统地对已有的名目众多、松散零星的水资源管理工作内容进行了分类归并，把原来水资源管理政策和工作内容进行了整合提高，用总量控制、水利用效率控制、水功能区限制纳污控制和考核制度统领了水资源开发、利用、保护的全过程，凸显了水资源管理工作供给侧管理的社会功能、经济功能和综合控制功能。②

首先在开发利用总量控制中包含了四个方面的内容，一是建设项目、规划项目等水资源论证；二是取水许可；三是地下水总量控制和水位控制，公布地下水禁采区和限采范围；四是依法制定水资源调度方案、计划和应急预案。其次在用水效率控制制度中包含了四个方面的内容，一是大力推进节水型社会建设，建立健全体制和机制；

① 《中共中央 国务院关于加快水利改革发展的决定》，见 http://theory. people. com. cn/GB/13845169. html，2011年1月29日。

② 《国务院关于实行最严格水资源管理制度的意见》，见 http://www. gov. cn/zwgk/2012 – 02/16/content_2067664. htm，2012年1月12日。

二是非常规水和污水回用；三是适时修订用水定额；四是严格落实“节水三同时”，加快各行业节水技术改造，建设工业和城镇生活节水示范工程。最后在水功能区限制纳污制度中包含了五个方面的内容，一是严格控制入河湖排污总量；二是控制入河排污口数量；三是建立入河排污口达标评价体系；四是饮用水水源地的划定、核准及安全评估，完善应急预案；五是开展河湖生态环境评价，提高突发水污染事件应急能力。

以上“三条红线”把水资源管理工作的内容都分类归位，使水资源管理成为一项分工明确、功能清晰的系统工程，为水资源管理成为一种制度提供了工作基础。

最严格水资源管理制度来源于40多年来水资源管理工作的实践，是对水资源管理工作自身规律认识的升华和科学总结，其内容和地位高于各个具体工作，对各个具体工作有明确的指导意义，有利于水资源管理工作的自我完善和良性发展。

三、最严格水资源管理制度助力供给侧结构性改革

最严格水资源管理制度作为制度，责任制和考核制度是不可或缺的。2012 年 1 月 12 日发布《国务院关于实行最严格水资源管理制度的意见》，明确指出，落实最严格水资源管理制度的责任主体是各级人民政府，考核对象也是各级人民政府。最严格水资源管理制度的最大特点是政府和用水户不但要对用水过程负责，还要对用水效果负责，最严格水资源管理制度把水资源管理工作推到经济社会环境发展的前台。

2016 年 1 月 26 日，中央财经领导小组第十二次会议上，习近平总书记强调，供给侧结构性改革的根本目的是提高社会生产力水平，落实好以人民为中心的发展思想。要在适度扩大总需求的同时，去产能、去库存、去杠杆、降成本、补短板，从生产领域加强优质供给，减少无效供给，扩大有效供给，提高供给结构适应性和灵活性，提高全要素生产率，使供给体系更好适应需求结构变化。① 此时最严格水资源管理制度在试点的基础上已经在全国推开并对省市县三级逐级进行考核，已经积累了相对成熟的经验，完全可以担当起助力供给侧结构性改革的水利任务。

（一）区域总量控制，促供用水结构、经济结构转变

根据水资源自然条件确定区域水资源可利用总量，并作为一条红线。超过总量的一切用水项目不予批准，但在区域内可以在工农业各行业间调剂使用，这样就促使当地政府进行用水结构调整，用水结构的调整也就意味着把低效的行业用水向高效的行业用水转移，从而促进结构调整。在水资源严重缺乏区域，通过水权交易取得区域外

---

① 习近平：《从生产领域加强优质供给》，《经济参考报》2016 年 1 月 27 日。

的水资源使用权，可以促进水交易市场的建设。在地下水严重超采区，鼓励使用地表水和非常规水源，限制并逐步压缩地下水开采量，促进地下水水生态环境的改善。在河北省地下水压采区农业种植结构发生了变化，小麦玉米的种植比例由2014年的1∶1，变化到2016年的1∶1.2，有部分地区放弃了需要大量灌溉的小麦种植。2016年、2017年河北省煤炭产能退出1138万吨，水泥压减落后产能3700万吨；2017年上半年河北省钢铁行业压减传统工艺钢铁产能2980万吨。[①] 用水结构的改变，也代表着供水结构的改变，供水结构的变化，使得供水工程布局调整，从而带动水资源配置、水利工程规划、水利工程设计与建设等一系列的适应性改革，以高效及时的供水反过来保证产业结构、经济结构、区域结构调整顺利进行。

（二）用水效率控制红线，引导水资源高效利用，促进产业布局和技术结构调整

用水效率提高可以减少水资源总量的消耗，也能减少排放，因此用水效率红线是总量控制和排污控制能否实现的关键。用水效率分为农业灌溉水有效利用系数和工业万元产值取水量，这两个指标是衡量水资源利用效率的核心指标。农业灌溉效率的提高依赖于灌溉技术、管理水平和激励机制。传统的井灌区畦田灌溉用水效率在0.6左右，管灌和喷灌用水效率在0.8左右，微喷用水效率在0.9左右[②]，在总量一定的情况下，只有采取先进的灌水技术才能取得更高的用水效率，才能满足考核要求。同样工业提高用水效率的途径是技术升级改造，淘汰高耗水高排放低效益的设备和工艺，由传统生产向高技术含量的生产工艺技术转变。维生素B_{12}生产企业采用厌氧发酵、电极渗透技术代替传统的耗氧发酵、板式过滤，生产效率提高一倍，单位产品取水量由120立方米降至60立方米以下。[③] 用水效率的考核倒逼行业技术升级、改进工艺，促进供给侧结构性改革的快速进行。

（三）纳污限制红线，保护生态环境，坚决取缔超越红线的污染企业

纳污红线是保护河流湖泊、水功能区不受污染的最后防线，也是硬杠杠。凡是超过红线的排污企业，停产整顿，限期改正。最严格水资源管理制度与2015年国务院印发的《水污染防治行动计划》一起，成了水污染企业的追杀令，也为供给侧结构性改革提供了强大的技术支持。2016年一大批向河道、水体超标排放的企业被停产整顿，

---

① 曹智：《河北省上半年压减钢铁产能“双过千”》，《河北日报》2017年7月8日。

② 水利部：《节水灌溉技术规范（sl207－98）》，中国标准出版社1998年版。

③ 河北省水利厅：《取水定额（医药行业）（DB13/T2715－2018）》，见 https://www.hebqts.gov.cn/xxgk/nscs/bzhc/dfbzzd/2018－04－26/8317.html，2018年4月26日。

结合淘汰落后产能，关闭和取缔一批非法企业。据报道，截至2017年7月21日，石家庄市取缔了1737家“散乱污”企业。[①] 与此同时，最严格水资源管理制度纳污限制监测能力建设进一步加强，河流断面水质实时监测系统及时上报数据，入河排污口按照纳污能力进行区域数量控制，发现整改后又超标排放的，按照程序从严从快停产整顿，直至达到排放标准，最严格水资源管理制度的实行为供给侧结构性改革提供了有力的支持。

① 李春炜：《石家庄已取缔1737家“散乱污”企业》，见http://hebei.hebnews.cn/2017-07/25/content_6569576.htm，2017年7月25日。

最严格水资源管理与供给侧结构性改革

马　丽*

甘肃省疏勒河流域的基本水情是水资源总量短缺，供需矛盾突出，用水结构不够合理，利用效率偏低，流域生态环境脆弱，对水的依赖度高。在具体工作中还存在灌溉定额仍然较高、《敦煌水资源合理利用与生态保护综合规划》田间工程进度滞后、水资源供需矛盾较为突出、水利改革推进缓慢等问题。客观的基本水情和严峻的水资源形势，决定了必须切实加强水资源管理，实行最严格水资源管理制度。

一、健全和完善水资源管理制度，落实水资源消耗总量与强度“双控制”管理措施

（一）坚决执行甘肃省关于实行最严格水资源管理制度实施办法，水资源总量控制目标，行业用水定额等内容规定

坚持以制度为标杆，以制度为准绳，根据双塔灌区运行管理情况，加以完善和创新，使其更加适应本辖区管理要求。坚持以水定需、因水制宜、量水而行，全力推动灌区生态文明建设。

（二）按照水资源可持续利用、水治理体系现代化的工作目标，全面落实最严格的水资源管理制度

对于反映出的水资源保护不到位的情况，切实引起高度的警觉和重视。下达年度取水计划，严格用水许可审批，规范水资源费收缴使用，积极做好与政府用水约束性考核指标的衔接工作，逐步落实上级下达的用水总量控制目标。加强水功能区监测管理，对流域内水源保护、水土保持和环境保护开展常态化的监督巡查、专项检查和日常监测，严厉杜绝乱挖滥采和河道排污等行为，保障灌区生产生活用水的水质安全。

---

* 马丽（1974—　），女，工程师，甘肃省疏勒河流域水资源管理局双塔灌区管理处。

（三）要不断提高水资源管理能力

全面推行河长制是落实绿色发展理念、推进生态文明建设的内在要求，也是推进现代化灌区建设的重要举措。坚持依法治水、依法管水，有效履行行政职能，进一步规范河道与采砂管理工作，组织开展以水库、河道、采砂场点、工业取水点、涉河建设项目为重点的河湖专项执法检查活动，维护灌区良好的水事秩序。

（四）切实增强水资源生态效益

按照“保护与发展并重、生态与经济双赢”的思路，切实增强对流域综合治理和生态环境保护的紧迫感，坚持节约优先、保护优先，充分发挥水资源管理红线的刚性约束作用，着力提升灌区自然生态系统的稳定性和生态服务功能。制定科学合理的配水计划，确保辖区内生态水的灌溉补给，保证林木适时灌溉，改善辖区生态环境的良性微循环。根据“三条红线”和敦煌水资源合理利用与生态保护项目的实施，大力推广节水措施，调配好河灌与井灌面积，做到河水灌溉为主，井水补给为辅，减小地表水位与地下水位衔接差距。做好大田常规节水示范区建设和灌溉定额实测点工作。为落实绿色发展理念、推进生态文明建设、现代化灌区建设作出贡献。

二、全面落实“三条红线”，实现水资源高效利用和有效保护

（一）水资源开发利用控制红线

目标是到2030年全国用水总量控制在7000亿立方米以内。守住这条红线，关键要加快实现从粗放用水向节约用水转变，从供水管理向需水管理转变，从局部治理向系统治理转变，统筹解决好水短缺、水生态、水环境问题。严格实行用水总量的控制目标，建立取水总量控制指标体系，严格执行建设项目水资源论证制度，对擅自开工建设或投产的一律责令停止；严格取水许可审批管理，对取用水总量已达到或超过控制指标的地区，暂停审批建设项目新增取水，对取用水总量接近控制指标的地区，限制审批新增取水；严格地下水管理和保护，以保护、改善生态环境，提高水生态环境的自我修复能力和采补平衡的原则科学确定开采量。核定并公布禁采和限采范围，逐步削减地下水超采量，实现采补平衡。对超采和超取地表水和地下水水量按照累进加价，收取水费。

（二）确立用水效率控制红线，坚决遏制用水浪费

到2030年用水效率达到或接近世界先进水平，万元工业增加值用水量降低到40立

方米以下，农田灌溉水有效利用系数提高到0.6以上。为守住这条红线，要尽快制定流域内农业用水、工业用水和生活用水的用水效率指标体系，把节水工作贯穿于经济社会发展和群众生产生活全过程。强化节水监督管理，严格控制高耗水项目建设。制定节水强制性标准，加快推进节水技术改造，普及农业高效节水技术，全面加强单位节水管理。结合敦煌节水改造项目，改建、配套一大批农田水利设施，通过推广滴灌、管灌、喷灌，节水示范区等，提高水的利用率。

（三）确立水功能区限制纳污红线，严控排污总量

到2030年主要污染物入河湖总量控制在水功能区纳污能力范围之内，水功能区水质达标率提高到95%以上。主要江河湖泊水功能区水质明显改善，城镇供水水源地水质全面达标。按照水功能区目标要求，从严核定水域纳污容量，严格控制入河湖排污总量；建立水功能区水质达标评价体系，强化水功能区达标监督管理，特别加强水源地保护和监测，切实保障饮用水安全。把限制排污总量作为水污染防治和污染减排工作的重要依据，对排污量已超出水功能区限制排污总量的地区，限制审批新增取水和入河排污口。保护水源，保护生态，最终达到生态环境平衡的目的。

三、落实"四项制度"，服务灌区群众，为灌区农业增产农民丰收提供坚实的基础

（一）用水总量控制

加强水资源开发利用控制红线管理，严格实行用水总量控制，坚持"水权集中、统筹兼顾、均衡受益、总量控制、定额管理、计划用水"原则，以满足灌区农业发展和群众需求为目标，逐级申报灌溉面积，规范签订供水协议，科学制定下达蓄、调、引、灌计划，严格统一调度、统一管理，分级负责，合理分配水量，使上下游均衡受益。同时，加大计划执行力度，落实总量管控标准，强化渠系利用率和对口率考核。供水收费实行预售水票，超定额累进加价制度。

（二）用水效率控制制度

加强用水效率控制红线管理，全面推进节水型社会建设。以抓好节水型、信息化灌区建设为突破口，按照国家级高效节水灌溉示范区要求和敦煌水资源合理利用与生态保护项目的推进，逐步全面推广管灌、滴灌等高效节水灌溉技术，建立"千亩节水示范区，百亩灌溉实测点"，不断优化农业产业结构。注重抓好维修养护，足额保证维

修资金，扎实开展工程“四季”维修，严抓制度执行，狠抓管理运行，切实提高安全输水能力。广泛推行“互联网＋水务管理”，全覆盖实施灌区信息化系统斗口水量实时监测与闸门自动控制系统建设工程，逐年增加工程标准化整治力度，改变工程整体外观形象，积极履行业务指导和技术服务的工作职责，动员用水协会加强田间工程配套设施建设及土地平整工作，二八闭口、浅浇快轮等多种节水措施，降低灌水定额。实现水资源高效利用和灌区可持续发展。以瓜州县瓜州乡四个协会2014年、2015年和2016年全年灌溉情况为例说明，灌溉总面积为70480亩，2014年，四个协会灌溉总水量为3413.6035万立方米，河灌面积为69313亩，亩均用水量492.49立方米。2015年，四个协会灌溉总水量为3409.9359万立方米，河灌面积为69737亩，亩均用水量488.97立方米。2016年，四个协会灌溉总水量为2280.6310万立方米，河灌面积为47488亩，亩均用水量480.25立方米。三年引水量对比，能够发现亩均用水量逐年递减。

（三）水功能区限制纳污制度

加强水功能区限制纳污红线管理，严格控制入河湖排污总量，加强饮用水水源地保护，推进水生态系统保护与修复。制定适应本灌区水源地管理制度，保护流域水生态环境整治和运行，严禁流域内水源、水土和环境受到污染，给群众生产生活用水带来安全隐患。保障灌区生产生活用水的水质安全。

（四）水资源管理责任和考核制度

将水资源开发利用、节约和保护的主要指标纳入地方经济社会发展综合评价体系。深化与地方党委、政府的务实合作、沟通协调。认真贯彻落实各项工作部署，制定管理科学、措施到位的灌溉运行机制。加强水管单位与政府、用水协会、兄弟单位的协调配合力度。通过层层签订各类责任书，把任务和责任分解划拨，通过针对协会制定的专管、群管相结合的管理办法，提高灌区综合服务水平，有效化解基层供用水矛盾，维护良好的灌溉用水秩序。

四、积极推动流域节水型社会建设，实行总量控制、定额管理，逐步建立以水权、水市场为基础的水资源管理体制

（一）按照明晰水权创条件、改革水价促长效的思路，以推进水权、水价改革工作为重点

通过健全配水计量体系、末级渠系建设管理体系、收费体系和协会自身建设体系，

逐步建立“明确建管主体、健全群管职能、规范量水收费、确定筹资渠道、强化监督机制、理顺组织关系”为主要内容的管理体制。切实加强与地方政府和水行政部门的协作配合，认真做好水权确权登记、交易平台建设、相关制度体系建设等工作。经过不断宣传和推广，完成农户基础资料登记及水权调查表，为下一步水权试点工作的推动奠定基础。经过调研，初步确定试点区域内本县核发取水许可证包括：地表水农业取水许可1套，双塔灌区30750万立方米（取水口为双塔水库出水口）；核发瓜州县城镇公共生活用水许可证2套，许可水量459.9万立方米。酒泉市水务局核发地表水农业取水许可证1套，瓜州所属的榆林河灌区，引水量3384万立方米，另外，试点区内瓜州县水务局核发许可证1922套，其中桥子灌区地表水取水许可证1套，许可水量490万立方米；核发地下水取水许可证1921套，总许可水量11151.54万立方米。现有情况下疏勒河水权试点区取水许可证情况统计见表2－3。

表2－3　现有情况下疏勒河水权试点区取水许可证情况统计表

发证机关	证数（套）	许可水量（万立方米）		
		地下水	地表水	合计
甘肃省水利厅	7	459.9	88565	89024.9
酒泉市水务局	5	—	8894	8894
玉门市水务局	1621	12281	50	12331
瓜州县水务局	1922	11151.54	490	11641.54
总计	3555	23892.44	97999	121891.44

（二）在做好水价调整工作上严要求

我国长期以来形成的水价机制并不完善。农业水价偏低一直是制约水资源管理节约保护、高效配置的重大问题，如何能反映水资源稀缺情况，又反映供水成本，维持水利工程的良性运行，还能规范、引导合理的用水行为？2017年2月，甘肃省发改委下发的《关于进一步放开和下放部分政府定价项目的通知》，对于水价调整工作指出：“不跨市州的省属水利工程供水价格授权市（州）人民政府定价”，明确疏勒河灌区的水价调整工作由酒泉市人民政府管辖。根据《国务院办公厅关于推进农业水价综合改革的意见》《甘肃省推进农业水价综合改革实施方案》和《甘肃省疏勒河流域水资源管理局关于调整疏勒河灌区农业水价的请示》，经2017年3月27日酒泉市政府四届七次常务会议研究通过，对疏勒河流域双塔灌区农业供水价格由0.111元调整为0.132元，使水价对农业用水行为和效率发挥巨大的调节作用。

（三）在水流产权试点工作上出成效

疏勒河流域是中央深改办确定的全国 6 个水流产权确权试点之一，工作标准高、时间紧、任务非常艰巨。我们严格按照《水流产权确权试点方案》明确的指导思想和原则，在改革落实上投入更大精力，建立抓落实的台账，逐条逐项推进，扎实做好流域水资源和水域、岸线等水生态空间确权试点工作，用改革创新的成果凸显现代化灌区建设管理的成效。

贯彻科学治水方针 推进供给侧结构性改革

——对湖北省水资源供给侧结构性改革的思考

袁修猛 郭文慧*

2015年11月10日，习近平总书记在中央财经领导小组第十一次会议上指出，“在适度扩大总需求的同时，着力加强供给侧结构性改革，着力提高供给体系质量和效率，增强经济持续增长动力，推动我国社会生产力水平实现整体跃升”①。李克强总理也强调，要在供给侧和需求侧两端发力，促进产业迈向中高端。为贯彻落实党中央、国务院关于推进供给侧结构性改革的决策部署，水利部办公厅于2017年5月3日正式印发《关于严格水资源管理促进供给侧结构性改革的通知》，明确要求通过严格水资源消耗总量和强度控制，推动化解过剩产能，助推供给侧结构性改革。②

新常态下，湖北要坚持以创新、协调、绿色、开放、共享的新发展理念为引领，认真贯彻习近平总书记“节水优先、空间均衡、系统治理、两手发力”的新时期治水方针，积极适应新常态，推动水资源的供需改革，推进水利转型升级。

一、湖北省水资源的现状及存在的主要问题

（一）现状

湖北省素有“千湖之省”“洪水走廊”之称，江河水系发达，湖泊水库密布。长江自西向东横贯湖北省，境内流程1151公里；汉江由西北向东南斜插过境，于武汉汇入长江，流程932公里。除长江、汉江外，湖北省集水面积50平方公里及以上河流1232条，总长4万多公里；100亩以上的湖泊和20亩以上的城中湖泊755个，为全国湖泊数量第四多的省份；有各类水库6459座，总库容1262.35亿立方米；农村供水工

---

* 袁修猛（1985— ），男，硕士，工程师，湖北省水利厅。郭文慧（1986— ），女，硕士，工程师，湖北省水利水电科学研究院。

① 中共中央文献研究室：《习近平关于社会主义经济建设论述摘编》，中央文献出版社2017年版，第81页。

② 水利部办公厅：《关于严格水资源管理促进供给侧结构性改革的通知》，见 http://szy.mwr.gov.cn/tztg/tzgg/201706/t20170616_936242.html，2017年5月3日。

程278.66万处，农村供水工程总受益人口3475.09万人；地下水取水井411.88万眼，地下水取水量共9.25亿立方米。①

2015年湖北省平均降水量1177.0毫米，折合降水总量2188.10亿立方米；地表与地下水资源总量为1015.63亿立方米。总供水量和总用水量均为301.27亿立方米，在供水量中，地表水源供水量292.18亿立方米，占总供水量的97.0%。在总用水量中，农业用水151.94亿立方米，占50.4%；工业用水93.26亿立方米，占31.0%；生活用水56.07亿立方米，占18.6%。总用水消耗量130.59亿立方米，耗水率为43.3%。平均万元国内生产总值（当年价）用水量为102立方米，万元工业增加值用水量为81立方米。2015年对长江、汉江、淮河干流湖北段及省内79条中小河流的水质进行了监测评价，评价河长9405.5公里，劣于Ⅲ类水质的河长占总评价河长的19%，主要超标项目为氨氮、总磷、高锰酸盐指数。2015年对湖北省275个水功能区和126个国家考核重要江河湖泊水功能区进行达标评价（详见表2－4和表2－5）。②

表2－4　2015年湖北省重要江河湖泊水功能区水质达标状况

一级水功能区	二级水功能区	评价个数	全因子评价		双因子评价	
			达标个数	达标率（%）	达标个数	达标率（%）
保护区	—	40	23	57.50	36	90.00
保留区	—	122	57	46.72	89	72.95
缓冲区	—	24	15	62.50	22	91.67
开发利用区	饮用水源区	35	23	65.71	31	88.57
	工业用水区	19	14	73.68	18	94.74
	农业用水区	7	4	57.14	6	85.71
	景观娱乐用水区	8	5	62.50	7	87.50
	过渡区	20	11	55.00	15	75.00
总计		275	152	55.27	224	81.45

表2－5　2015年国家考核重要江河湖泊水功能区水质达标状况

一级水功能区	二级水功能区	评价个数	达标个数	达标率（%）
保护区	—	16	16	100.00
保留区	—	43	33	76.74
缓冲区	—	17	16	94.12

① 湖北省人民政府：《湖北省水利发展“十三五”规划》，见 http://www.hubei.gov.cn/govfile/ezf/201705/t20170519_1032903.shtml，2016年12月30日。

② 湖北省水利厅：《2015年湖北省水资源公报》，见 http://slt.hubei.gov.cn/szy/list.aspx? tid=271，2016年8月29日。

续表

一级水功能区	二级水功能区	评价个数	达标个数	达标率（%）
开发利用区	饮用水源区	25	23	92.00
	工业用水区	10	10	100.00
	农业用水区	3	3	100.00
	景观娱乐用水区	2	2	100.00
	过渡区	10	8	80.00
合计		126	111	88.10

（二）存在的主要问题

富集的水资源和众多的水利工程，有力支撑了湖北经济社会的快速发展。但随着人口增长和经济发展，一方面水资源分布不均、利用效率不高，水资源供需矛盾突出；另一方面水体污染日益严重，水生态环境日趋恶化，水资源的优势不能发挥，制约了经济社会的可持续发展。

1. 水资源利用效率不高，水资源供需矛盾突出

湖北人均自产水量仅 1724 立方米，低于全国平均水平；水资源利用效率不高，农田灌溉水有效利用系数仅为 0.50；城市供水应急备用水源严重不足，绝大多数城市为单一水源，县城及以下的城镇基本没有抗旱应急备用水源工程；汉江中下游地区水资源供需矛盾尤为突出，南水北调中线一期工程和引汉济渭工程实施后，丹江口水库以上流域年均调水超过 105 亿立方米，随着经济社会的快速发展，区域内水资源供需矛盾更加突出。

2. 水资源分布不均，经济社会发展受到严重制约

湖北属亚热带季风气候，雨量充沛，年均降雨量 1166 毫米，但时空分布极为不均。从地域上看，南部降雨一般为 1600—2000 毫米，是北部的 1 倍多；从时间上看，4—9 月的雨量一般占年平均值的 70%—90%。鄂西北、鄂北岗地及鄂中丘陵区为少雨区，又无过境水可利用，持续大旱，旱期长、面积广、灾情重等特点突出，并且呈现出从鄂北岗地向江汉平原过渡地带蔓延的态势。湖北现有重点缺水城市 20 多个，干旱缺水已成为经济社会发展的严重制约因素。①

3. 水体水质污染问题突出，水生态环境保护形势严峻

长江及汉江沿岸城市存在岸边污染带，并呈扩展蔓延趋势。中小河流大多数受到了不同程度的污染，超Ⅲ类河段长度占总评价河长的 29%，有的河流水质已严重超过

---

① 湖北省人民政府：《湖北省水利发展“十三五”规划》，见 http://www.hubei.gov.cn/govfile/ezf/201705/t20170519_1032903.shtml，2016 年 12 月 30 日。

国家规定标准，长江、汉江、东荆河、府澴河等均发生过水污染事故，严重影响了沿岸人民群众的生产生活。部分地区地下水污染严重，尤其是江汉平原腹地，地下水水质类别一般为Ⅳ类或Ⅴ类。河湖岸堤、水势自然形态被人为改变，破坏了生物多样性；自然因素造成的水土流失形势依然严峻，人为造成的水土流失尚未得到有效遏制。

4. 体制机制改革相对滞后，市场活力须进一步激发

水资源管理相关制度建设相对滞后，水价、水权制度改革还需进一步深化，水利投融资机制还不够完善。除国家投资外，地方配套资金不到位、投入不足较为普遍，民营资本参与水利建设缺乏有效的政策激励，全民、全社会投入水利基础设施建设的活力需要进一步激发。

二、供给侧结构性改革背景下湖北水资源可持续发展的路径选择

在供给侧结构性改革背景下，湖北要以“节水优先、空间均衡、系统治理、两手发力”的治水方针为指导，全面贯彻落实中央、省委供给侧结构性改革的重大决策部署，严格水资源管理、优化产业布局、开展河湖综合治理，协同政府作用和市场机制两手发力，推动水资源可持续发展。

（一）节水优先，严格水资源管理

1. 大力推进水资源节约利用

坚持节水优先，加大农业、工业和生活节水技术改造力度，提高用水效率。加强灌区骨干渠系节水改造、末级渠系建设、田间工程配套和农业用水管理，提高农业灌溉用水效率，优化用水结构。推广使用喷灌、微灌、低压管道输水灌溉等高效节水技术，推进高效节水灌溉区域化、规模化、集约化发展，实现精准灌溉。加快推进工业节水技术改造，大力推广工业水循环利用，加快淘汰落后用水工艺和技术，开展节水型企业建设。加快城镇供水管网改造，降低供水管网漏损率。推进洗车、洗浴等行业节水技术改造，强化特殊行业用水管理，减少对新鲜水的取用量。鼓励利用再生水、雨水、矿井水等非常规水源。新建项目配套雨水集蓄和再生水利用设施，提高再生水利用率。

2. 严格水资源管理

坚持水资源开发利用控制、用水效率控制、水功能区限制纳污“三条红线”，严格水资源管理。加强水资源的统一管理和用水总量控制，合理配置生活、生产、生态用水，按照定额核定年度取用水计划，对超计划或超定额取水的，实行累进征收水资源费，减少对水资源的过度消耗，防止不合理新增取水，以水定需、量水而行、因水制

宜，逐步退还挤占的河道内生态环境用水和超采的地下水；严格过剩产能和落后产能行业企业的取用水总量控制和定额管理，对已明确淘汰的落后产能和化解的过剩产能，同步核减企业年度取水用水计划，并责令企业采取限制或停止取水等措施。①

3. 倡导全民共同节水

充分利用“中国水周”“世界水日”等大型活动，依托报刊、网络、微博、微信等媒体，广泛开展区情水情教育和节水宣传。建立“农民+用水者协会+水管单位”三位一体管理体制和“一把锹”淌水制度。以用水者协会为纽带，发动群众积极参与灌溉用水管理和末级渠系工程维护。

（二）空间均衡，优化产业布局

1. 推动产业结构优化调整

以水定产，全面开展产业园区和重大产业布局规划水资源论证，建立水资源承载能力监测预警机制，对取用水总量已达到或超过控制指标的地区，暂停审批建设项目新增取水；对取用水总量接近控制指标的地区，限制审批建设项目新增取水。积极推动高耗水企业向工业园区集中，推广串联式循环用水布局，推进具备再生水利用条件的企业与城市污水处理厂、再生水厂就近布局。在火力发电、钢铁、化工等行业中，选择技术先进、用水效率领先的企业实施水效领跑者引领行动，加快节水工艺改造，积极研发应用先进适用技术，以节水促进产业转型升级。②

2. 加快重大引调水工程建设

在全面强化节水、增效、治污、环保、控需的前提下，深入研究湖北水资源总体配置方案，实施一批重大引调水工程，提高区域水资源水环境承载能力，全力完成鄂北地区水资源配置工程建设，大力推进“一江三河”水系连通工程、鄂北地区水资源配置二期工程、中国农谷水资源配置工程等重大引调水工程建设，开展引江补汉工程、江汉平原水安全保障战略工程。③

3. 加强重点水源工程建设

在科学论证的基础上，有序推进一批重点水源工程建设，补齐水资源缺乏的短板。在建设规划内，加快实施前期工作基础较好的鸳鸯池、关门岩、三塔寺和泗溪等中型

---

① 水利部办公厅：《关于严格水资源管理促进供给侧结构性改革的通知》，见 http://szy.mwr.gov.cn/tztg/tzgg/201706/t20170616_936242.html，2017 年 5 月 3 日。

② 水利部办公厅：《关于严格水资源管理促进供给侧结构性改革的通知》，见 http://szy.mwr.gov.cn/tztg/tzgg/201706/t20170616_936242.html，2017 年 5 月 3 日。

③ 湖北省人民政府：《湖北省水利发展“十三五”规划》，见 http://www.hubei.gov.cn/govfile/ezf/201705/t20170519_1032903.shtml，2016 年 12 月 30 日。

水库建设，积极推进小型水库开工建设，着力提高重点地区、重点城市和粮食主产区水资源调蓄能力，保障区域供水安全。①

（三）系统治理，改善河湖生态健康

1. 构建科学合理岸线格局

坚持统筹规划、科学布局，塑造健康自然的河湖岸线。开展水域岸线登记和确权划界，依法划定河湖管理和保护范围，严禁侵占河道、填湖围汊、非法采砂，采用卫星遥感技术和“互联网＋民间河湖长”监测岸线变化，建立健全建设项目占用水域岸线补偿制度，确保岸线开发利用科学有序、高效生态，依法划定水土流失重点预防区和重点治理区。

2. 联防联控破解污染难题

水污染问题的根源主要在岸上，通过水陆统筹，强化联防联控，才能破解污染问题。加强河湖源头控制，深入排查污染源，统筹治理工矿企业污染、城镇生活污染、农业面源污染等。严格水功能区监督管理，完善入河湖排污管控机制和考核体系，优化入河湖排污口布局，严控入河湖排污总量，恢复河湖水域岸线生态功能，让河流更加清洁、湖泊更加清澈。

3. 开展江河湖泊系统治理

全面开展河湖生态修复和系统治理工程，在规划的基础上稳步实施退垸（田、渔）还湖还湿，提高水生生物多样性；开展河湖健康评估，推进江河湖库水系连通，提高水生态环境容量；加大江河源头区、水源涵养区、生态敏感区保护力度；强化山水林田湖系统治理，加强水土流失预防监督和综合整治；综合整治农村水环境，推进美丽乡村建设；建设生态清洁型小流域，着力构建河湖绿色生态廊道。②

（四）两手发力，深化体制机制创新

1. 深化水价改革

推进农业、城镇供水水价改革。建立农业用水精准补贴制度和节水激励机制，合理确定水价，对超定额用水实行累进加价，逐步实行终端计量水价，探索实行分类和季节水价制度。全面落实城镇居民用水阶梯价格制度，综合推行工业及其他行业用水超计划超定额累进加价阶梯式水价制度。建立水利工程公益性供水政府补偿、经营性

---

① 湖北省人民政府：《湖北省水利发展“十三五”规划》，见 http://www.hubei.gov.cn/govfile/ezf/201705/t20170519_1032903.shtml，2016 年 12 月 30 日。

② 陈雷：《落实绿色发展理念 全面推行河长制河湖管理模式》，《人民日报》2016 年 12 月 12 日。

供水反映市场供求关系的定价机制。推进供水单位向大用户直接供水，探索直接供水实施政府指导价或协商定价。[①]

2. 推进水权制度建设

推进水资源使用权确权登记，探索建立归属清晰、权责明确、监管有效的水资源资产产权制度。积极培育水市场，推动水权交易平台建设，建立水权交易制度体系。鼓励和引导地区间、用水户间的水权交易，探索多种形式的水权流转方式。对用水总量达到红线控制指标的地区新增项目取用水量必须通过水权转换取得，对已超过红线控制指标的地区，不仅要严格控制用水量增长，必须通过水权转换偿还超用水量。[②]

3. 完善水利投融资机制

积极争取国家支持，特别是"长江经济带建设"、长江流域水资源水生态保护等方面的资金和政策支持，多渠道筹集资金。积极利用地方政府债券为水利项目融资；推动建立水利投融资平台，加大政府与社会资本合作力度，通过财政奖补、政府购买服务、贷款贴息、参股投资、特许经营、资产拍卖（租赁）等方式吸引社会资本投向水利工程；完善水利投资项目后评估和绩效评价制度。

三、结　　语

总之，富集的水资源是湖北发展的宝贵财富。湖北水资源发展仍处于去产能、补短板、增效益、完善顶层设计阶段，需要立足经济社会发展特点，牢牢把握国家和区域发展战略机遇，坚持"节水优先、空间均衡、系统治理、两手发力"的治水方针，推进供给侧结构性改革，扩大有效供给，提高供给结构对需求变化的适应性和灵活性，提高全要素生产率，提升水安全保障能力，更快更好更多地造福人民，促进发展。

---

① 国务院办公厅：《关于推进农业水价综合改革的意见》，见 http://www.gov.cn/zhengce/content/2016-01/29/content_5037340.htm，2016 年 1 月 29 日。

② 王晓娟等：《关于培育水权交易市场的思考和建议》，《中国水利》2016 年第 1 期。

创新水资源供给侧结构性改革的认识与实践
——以水权益实体实物型水资源资产负债表试编为例

周　普*

水利作为国民经济和社会发展的重要基础设施，是社会发展和民生改善最基本的要求，是生态文明建设的核心要素，也是保障民生、维系生态的基础条件。因此，水利本身就是国民经济发展中重要的基础性供给侧。党的十八届三中全会以来，党中央、国务院开始从宏观战略高度倡导绿色发展理念，提出了探索编制自然资源资产负债表以及水利供给侧结构性改革等重大决策部署，建立生态环境损害责任终身追究制，严格水资源“双控”，充分发挥水资源在推动经济发展方式转变和经济结构调整中的作用。总体来说，水利供给侧结构性改革任重道远，事关重大的就是要根据水资源的承载能力，创新水资源统计核算体系，探索运用会计学方法试编水资源资产负债表，进而优化水资源配置格局，形成既促进国民经济健康发展，又保障生态环境可持续发展的绿色机制。

目前，我国水资源统计核算体系较为宏观，一般由政府层面负责国家或区域的水资源取用、消耗和排放的统计核算，尚不能监督和评判单个水权益实体的涉水活动，不能为水权交易双方或潜在的交易双方提供实时信息，更不能客观反映涉水活动对水资源、水环境、水生态产生的影响。尽管一些企业会定期或不定期进行内部的水平衡测试，可掌握其取水后在使用、消耗、排放各个环节的记录、统计与核算，但按照水资源特点并利用会计学方法及时进行企业水会计核算尚不多见。按照我国最严格水资源管理制度建设和节水型社会建设要求，水资源管理应逐步向规范化、精细化迈进，由粗放的宏观整体统计，到精细的微观个体核算，企业或用水个体水利用的可计量、可统计、可核算是其基本要求，进而推算汇总出国家或者区域总体水利用的完整信息。因此，结合我国水情（部分地区地下水超采现象严重等）和供给侧结构性改革背景，需要学习和借鉴国际水会计核算理论和方法，丰富和发展现有水资源统计核算体系，才能客观反映水实体权益的涉水活动信息以及可能产生的“水负债”影响，进一步优化水资源供给结构，扩大水资源有效供给，完善水资源要素配置，着力提高水资源供给体系质量和效率。

* 周普（1982—　），女，高级会计师，中国水利水电科学研究院财务资产管理处预算统计科科长。

一、水权益实体实物型水会计核算关键点

周普、贾玲和甘泓（2017）已对水会计核算框架体系（包括理论基础、基本假设、确认基础、核算要素、填制会计凭证、登记会计账簿、编制财务报表等内容）作了论述，本文主要从实务操作出发，探索编制单个水权益实体的水资源资产负债表，清晰反映水资源资产、权益及变动信息，为我国水利供给侧结构性改革提供数据支撑。为此，需要进一步明确如下关键内容。

（一）水资源负债——超用水量

对于目前某些地区地下水长期超采导致地面沉降、咸淡水界面下移等一系列地质和地下水生态环境问题，引发水资源的过度使用（超过自身所具有的水资源权益限额）所产生的对“他人”的负债，这种超采行为产生的水资源负债（即“超用水量”）与水利供给侧基础端的优化配置密切相关。

超用水量是指微观经济体与环境之间产生的关于水资源的债权债务关系，是超过自身所具有的水资源权益限额的水量，是微观经济体对环境的欠账。在不考虑其他水资源负债的前提下，超用水量是指水资源资产使用量超过了单个水权益实体取水许可量的上限值，其实物量判断公式为：

超用水量 = 水资源资产 - 水实体权益　　　　（公式 2 - 1）

当超用水量 >0 时，即表示微观经济体对环境产生了水资源负债；当超用水量 <0 时，即表示微观经济体对环境没有产生水资源负债。

（二）水会计核算科目体系

根据前述研究成果，本文以 A 单位为算例分析对象，将水资源会计核算的具体内容按照“来源与占用”关系，分为水资源资产类、水资源负债类与水实体权益类核算科目。三大类核算科目根据 A 单位管理的需要，在保持一级科目固化的原则下，增加或减少二级及以下的明细科目，主要体现在：

（1）A 单位以地表水管理为主，应细化地表水的核算内容以满足精细化管理的需要，增设了“未用水量—地表水—水库（10010101）”“未用水量—地表水—河流（10010103）”下级的明细科目；删除了“未用水量—其他水资源（100103）”的下级明细科目。

（2）根据输配水类型，增设了“实际用水量—地表水（100201）”“实际用水量—地下水（100202）”下级的明细科目，包括生产用水、生活用水、生态环境用水。

（3）结合实际，不设水资源负债类“挤占水量（2002）”“未供应水量（2003）”一级科目。

综上，A 单位实物型水资源水会计核算科目体系如表 2－6 所示。

表 2－6　A 单位实物型水资源水会计核算科目体系

科目编码	级次	科目名称	科目编码	级次	科目名称
一、水资源资产类			10020201	3	生产用水
1001	1	未用水量	10020202	3	生活用水
100101	2	地表水	10020203	3	生态环境用水
10010101	3	水库	100203	2	其他水资源
1001010101	4	A 水库	1003	1	损失水量
1001010102	4	B 水库	100301	2	地表水
1001010103	4	C 水库	100302	2	地下水
10010102	3	湖泊	100303	2	其他水资源
10010103	3	河流	1004	1	排放水量
1001010301	4	A 河流	100401	2	地表水
1001010302	4	B 河流	100402	2	地下水
1001010303	4	C 河流	100403	2	其他水资源
10010104	3	塘坝			
10010199	3	其他	二、水资源负债类		
100102	2	地下水	2001	1	超用水量
10010201	3	浅层水	2098	1	以前年度累计用损量
10010202	3	深层水	2099	1	其他水量
10010203	3	微咸水			
100103	2	其他水资源	三、水实体权益类		
1002	1	实际用水量	3001	1	水资源使用权
100201	2	地表水	300101	2	确权式
10020101	3	生产用水	300102	2	购买式
10020102	3	生活用水	300103	2	无偿式
10020103	3	生态环境用水	300199	2	其他
100202	2	地下水			

二、水权益实体实物型水会计核算方法理论依据与实践

（一）水权益实体实物型水会计核算的理论依据

借鉴会计学复式记账法和会计恒等式的理论精髓，在水权明晰的条件下，微观水

权益实体水资源资产的转化数量随着水量取得或使用、损耗、排放等发生水量的增加和减少两个方面的变动相伴而生，体现在一项水资源资产转化运动在数量上的增加或减少上，总是与另一项水资源资产的转化运动在数量上的减少或增加紧密相连。因此，水资源资产转化运动的客观规律满足财务会计的核心理论——复式记账法和会计恒等式的基本原理，即可以把每一项水资源资产转化运动（包括水权交易、使用、排放、损耗等）所引起的水量的增减变化，通过两个或两个以上相互联系的账户进行等额记录，全面完整地反映水资源实物量增减变化的来龙去脉，并在此运动过程中保持水资源实物总量的平衡。其数学表达式描述为：

水资源资产 = 水资源负债 + 水资源所有者权益　　（公式 2 - 2）

（二）水权益实体实物型水会计复式记账规则

实物型水资源会计核算的记账方法应采用复式记账法，以公式 2 - 2 为依据，以“借”和“贷”为记账符号，以体积立方米为实物量的计量单位，以“有借必有贷，借贷必相等”为记账规则，对各核算要素及时进行确认、计量和记录，据以填制水资源会计凭证。结合账户特性，记账规则如下：

1. 水资源资产类账户

水资源资产的占用/使用（包括取得水资源资产使用权、水资源资产流入、使用水资源资产等）记入账户的借方（左边），反之则记入账户的贷方（右边）。年末账户若有余额，一般为借方余额，表示水资源资产的期末结存数。

2. 水资源权益类账户

水资源权益的增加数记入账户的贷方（右边），反之则记入账户的借方（左边）。年末账户若有余额，一般为贷方余额，表示水资源负债或水实体权益的期末结存数。

根据水权益实体涉水活动的类型，将水资源会计凭证记账分录种类归纳为如下四类：

（1）反映水资源资产来源增加情况的水资源会计记账分录为：

借：水资源资产—A1　　××

　　贷：水资源权益—E1　　××

（2）反映水资源资产来源减少情况的水资源会计记账分录为：

借：水资源权益—E2　　××

　　贷：水资源资产—A2　　××

（3）反映水资源资产内部增减变化的水资源会计记账分录为：

借：水资源资产—A3　　××

贷：水资源资产—A4　　××

（4）反映水资源权益内部增减变化的水资源会计记账分录为：

借：水资源权益—E3　　××

贷：水资源权益—E4　　××

（三）水权益实体实物型水会计复式记账算例

A 单位涉水业务的记账模式采用一定的书面格式，遵循复式记账规则，以复式的“水资源会计凭证”为载体替代单式的“日流量记录表”，逐日逐项反映 A 单位水资源量的变化过程。限于篇幅，本文以 A 单位 2016 年度数据为例，涉水活动类型可归为如下：

1. 取/来水业务

2016 年度 A 单位河道来水（A 河流）845.62 万立方米、A 单位河道来水（B 河流）611.31 万立方米、A 单位南水北调（C 河流）62423.42 万立方米。

借：未用水量—地表水—河流—A 河流　　845.62

未用水量—地表水—河流—B 河流　　611.31

未用水量—地表水—河流—C 河流　　62423.42

贷：水资源使用权—无偿式　　63880.35

2. 水资源资产天然转化业务

2016 年度 A 单位引水从河道、南水北调等自然流入 A 单位 C 水库累计 63880.35 万立方米。

借：未用水量—地表水—水库—C 水库　　63880.35

贷：未用水量—地表水—河流—A 河流　　845.62

未用水量—地表水—河流—B 河流　　611.31

未用水量—地表水—河流—C 河流　　62423.42

3. 输配水业务

2016 年度生产用水（××工业）10000.60 万立方米、生活用水（×××水厂等）38582.72 万立方米、生态环境用水（××湖等）19008.00 万立方米。

借：实际用水量—地表水—生产用水　　10000.60

实际用水量—地表水—生活用水　　38582.72

实际用水量—地表水—生态环境用水　　19008.00

贷：未用水量—地表水—水库—C 水库　　67591.32

4. 损失水量业务

2016 年度 A 单位 C 水库发生渗漏等损失水量 6421.80 万立方米。

借：损失水量—地表水　6421.80

　　贷：未用水量—地表水—水库—C 水库　6421.80

水资源负债业务：根据公式 2－1 测算 A 单位可能产生的水资源负债—超用水量（2015 年年末 C 水库水资源存量为 4345.80 万立方米），即超用水量＝水资源资产－水实体权益＝67591.32＋6421.80－63880.35－4345.80＝5786.97＞0，此时，A 单位产生水资源负债—超用水量。

借：未用水量—地表水—C 水库　5786.97

　　贷：水资源负债—超用水量　5786.97

三、水权益实体实物型水资源资产负债表表式与试编

（一）水权益实体实物型水资源资产负债表表式

水资源资产负债表是记录、报告核算主体水资源资产、权益结存及内部结构的水资源会计报表，从而反映核算主体与其他水权益实体或环境虚拟主体之间关于水资源的债权债务关系以及享有水资源资产剩余权益的状况。

水资源资产负债表分为左右两方，左方列示水资源资产项目，反映可资产化的全部水资源的分布及存在形态，包括未用水量（地表水、地下水、其他水资源）以及水资源资产转化后的实际用水量、损失水量和排放水量；右方列示水资源负债和水实体权益项目，包括对其他水权益实体的偿还义务（如超用水量和其他债务性水量等）以及享有的取水许可量或权益（如以行政批准方式取得的取水许可权益等）。水资源资产负债表遵循“水资源资产＝水资源负债＋水资源所有者权益”这一水资源会计恒等式。

填列方法：结合 A 单位水情，首先根据取用水台账等资料，填列水资源资产分布、使用情况；其次根据取水许可、购买水资源使用权等资料，填列水实体权益结构情况；最后分析计算超用水量，应等于水资源资产减去水实体权益。具体表式结构如表 2－7 所示。

表 2-7　水资源资产负债表　　（单位：万立方米）

水资源资产	2016 年期末数	负债和净资产	2016 年期末数
未用水量		超用水量	
地表水		减：以前年度累计用损量	
地下水		其他水量	
其他水资源		水资源负债合计	
实际用水量			
地表水			
地下水		水资源使用权（含上年结转）	
其他水资源		确权式	
损失水量		购买式	
地表水		无偿式	
地下水		其他	
其他水资源		水实体权益合计	
排放水量			
水资源资产总计		水资源权益总计	

（二）水权益实体实物型水资源资产负债表试编

A 单位之前的实物型水资源量的统计，是通过“日流量记录表”“水情记录表”“月水费收支情况表”“月水资源费征收情况表”等第一手资料，生成“水情月报表”，在此基础上，形成“年度水情汇总表”，反映水资源实物量的各项指标状况，供国家、区域水资源管理机构分析、决策使用。

A 单位构建水资源会计核算体系后，实物型水资源量的统计（包括水资源资产负债表等），根据有关水资源会计账户的明细分类账簿、总分类账簿记录，分析填列 2016 年度 A 单位的水资源资产、水资源权益的状况以及形成水资源负债的根源，为国家或者区域水资源供给结构优化配置提供参考。具体统计数据如表 2-8 所示。

表 2-8　A 单位水资源资产负债表　　（单位：万立方米）

水资源资产	2016 年期末数	负债和净资产	2016 年期末数
未用水量		超用水量	5786.97
地表水		减：以前年度累计用损量	
地下水		其他水量	
其他水资源		水资源负债合计	
实际用水量	67591.32		
地表水	67591.32		
地下水		水资源使用权（含上年结转）	68226.15

续表

水资源资产	2016 年期末数	负债和净资产	2016 年期末数
其他水资源		确权式	
损失水量	6421.80	购买式	
地表水	6421.80	无偿式	68226.15
地下水		其他	
其他水资源		水实体权益合计	
排放水量			
水资源资产总计	74013.12	水资源权益总计	74013.12

综上可知，2016 年 12 月 31 日 A 单位拥有的水资源资产为 74013.12 万立方米，包括转化为其他资产形式的地表水实际用水量 67591.32 万立方米以及地表水损失水量 6421.80 万立方米；产生的水资源负债—超用水量为 5786.97 万立方米；A 单位取水许可批准的水资源使用权 68226.15 万立方米。整个水会计核算过程遵循复式记账法及会计恒等式。

四、结　　语

在国家经济稳步发展的背景下，水资源短缺的问题、水资源供给分配的争议持续不断，需要强化水利供给侧结构性改革。特别是，我国已建立水资源确权登记制度、水权交易制度以及最严格水资源管理制度，正在落实《水利改革发展“十三五”规划》各项决策部署以及水资源可使用量预警机制，迫切需要调整水资源供给结构，扩大有效供给，提高水资源供给结构适应性和灵活性，使水资源供给体系更好地适应水利改革与发展的需求结构变化。而优化水资源结构性调整的有力抓手就是完善水资源核算与管理体系，本文借助财务会计理论和核算技术优势，构建微观水权益实体水资源精细化核算体系，使会计学中反映职能和监督职能扩展到水资源管理活动中，不仅可以加强单个水权益实体水资源开发、利用、节约、保护等一系列的管理活动，而且可以促进现有的水资源统计核算向精细化、标准化迈进，为完善最严格的水资源管理制度，推动水权制度建设、构建水市场体系等提供必要的核算手段，促进我国水资源供给侧结构性改革的纵深发展。

严格黄河水资源管理　助力供给侧结构性改革

陈萌萌*

我国是水资源短缺的国家，水资源短缺已成为制约经济和社会可持续发展的突出问题。黄河是滨州市主要的客水资源，在全市的经济社会发展中有着举足轻重的战略地位。自改革开放后，由于社会经济高速发展，黄河水供需矛盾日益突出，黄河断流频繁，对工农业生产、人民生活和生态环境等一度造成严重影响。1999 年 3 月，国务院授权黄委正式对黄河干流水资源实施统一调度，此后，黄河水未再出现断流，黄河下游工农业、生活和生态用水大有好转，有力地支持受水地区经济社会的快速发展。为了开发利用黄河水资源，滨州市境内截至2016 年年底，共建引黄闸 14 座，设计引水能力 516 立方米每秒。

一、黄河水资源对滨州经济发展的影响

随着经济的发展，黄河水资源的开发逐年增加，黄河下游于 1972 年发生首次断流，此后至 20 世纪末，黄河不断发生断流现象。1972—1999 年的 28 年中，利津站有 21 年出现断流，占总年份的 79%，其中断流天数最多的年份 1997 年为 226 天，占全年时间的 62%；断流河段最长的年份是 1995 年和 1997 年，断流至河南省陈桥附近，分别长为 683 公里、704 公里，占整个下游河道的 85%、87%。断流大部分发生在济南以下河段。

黄河断流或流量较小对下游引黄灌溉产生较大影响。给滨州市工农业生产造成重大经济损失，对城乡生活用水、生态环境造成了严重影响。据统计，1972—1996 年由于黄河水资源缺乏，黄河下游地区农业累计受旱面积 70.4 亿亩，粮食减产 98.6 亿公斤，直接经济损失 122 亿元。1992 年断流期间，滨州市 590 万亩农田全部受旱，其中重旱 425 万亩，造成 68.84 万亩夏播作物未能播种或未出苗，全市农民人均减少收入 267.5 元，总损失 8 亿多元。1997 年断流，下游沿黄地区 2500 个村庄，130 万人吃水困难，多数城市采取定时、定量供水，有的甚至用汽车拉水供应居民，滨州市自 7 月份城市供水实行限供，

---

* 陈萌萌（1986—　），女，中级经济师，滨州黄河河务局供水局。

居民用水减少 2/3，造成无棣县 30 万人、10 万头牲畜无饮用水。

黄河下游水资源锐减的原因：一是水资源缺乏统一管理：在 20 世纪七八十年代黄河水资源多头管理，地区间水资源利用协调难度大，黄河跨行政区又较多，黄河用水管理以区域分散管理为主，还没有形成流域统一管理，更谈不上有效的管理体制、约束机制和管理手段。已制定的黄河水资源分配方案，由于缺乏监督，并未得到严格的执行；二是水资源利用不规范，在 20 世纪七八十年代，节水意识淡薄，黄河之水天上来，是取之不尽，用之不竭的资源；三是水资源管理方式粗放，管理水平不高，无序用水时有发生；四是黄河水资源费尚未征收、水价偏低、节水投入少、灌区不配套、农田灌溉粗放，造成水资源利用率低，浪费严重。

二、引黄灌溉与经济发展

黄河水资源缺乏后，使人们清醒地认识到水资源对社会发展的重要性，只有实行最严格的水资源管理，提高水资源的最优配置，扩大有效供给，才能促进经济社会的健康发展。

（一）经济体制改革前滨州市黄河引水情况

表 2－9　1974—1978 年滨州市黄河引水量　（单位：亿立方米）

年份	1974	1975	1976	1977	1978	平均
水量	7.58	6.79	10.55	13.85	11.08	9.79

从表 2－9 可以看出，新中国成立后黄河水资源开发利用发展是比较快的。一个河道长 94 公里的地级市一年的引水量平均达到 9.79 亿立方米，期间主要是以农业灌溉为主。

（二）1978 年至 1993 年滨州市黄河引水情况

经济体制改革至黄河水资源统一调度，滨州市黄河引水量 5 年平均年引水 17.44 亿立方米（见表 2－10），期间还受到断流和流量小的限制，比经济体制改革前大幅增加。主要原因：一是工农业经济迅猛发展、城市和生态用水增加；二是水资源管理粗放、节水意识淡薄、水价偏低、农田灌溉无序、水资源利用率低，浪费严重。

表 2－10　1988—1992 年滨州市黄河引水量　（单位：亿立方米）

年份	1988	1989	1990	1991	1992	平均
水量	14.66	28.33	13.85	13.52	16.83	17.44

（三）1999 年后滨州市黄河引水情况

1999 年 3 月，国务院授权黄委正式对黄河干流水资源实施统一调度，黄河至今未断流，下游引水基本满足需求。滨州市 2011—2016 年平均年引黄河水 15.45 亿立方米（见表2－11），并不断加大非农业用水比例。其间，滨州市在工农业生产、城市建设和生态用水等方面都有长足发展，但是比 1992 年前的 5 年平均每年少引 11.41%。主要原因：一是通过水法宣传，人人节水意识增强。二是制定水量控制管理制度、用水循环灌溉办法等水资源管理控制措施。三是滨州市农业生产结构发生较大变化，大力开发旱作高效农业，形成沾化冬枣、阳信鸭梨、无棣小枣、大棚蔬菜等高效农业，农民经济收入大幅增加，用水反而减少。四是节水措施有效、投入增加，先后在韩墩、簸箕李、小开河、白龙湾闸等干渠进行衬砌，提高用水效率。五是水费价格逐步提高，减少浪费。这些都是水生态文明建设带来的显著成果。

表 2－11　2011—2016 年滨州市黄河引水量　　（单位：亿立方米）

年份	2011	2012	2013	2014	2015	2016	平均
水量	12.62	12.04	12.57	17.17	20.51	17.78	15.45

三、黄河下游水资源管理努力的方向

2017 年 5 月，水利部办公厅正式印发《关于严格水资源管理促进供给侧结构性改革的通知》，通知中明确指出，为贯彻落实党中央、国务院关于推进供给侧结构性改革的决策部署，通过严格水资源消耗总量和强度控制，推动化解过剩产能和淘汰落后产能，推动产业布局结构优化调整。这就要求滨州要从提高黄河水资源供给质量出发，使黄河水资源实现最优配置，扩大有效供给，更好促进经济社会持续健康发展。

（一）严格水资源管理，加强取水许可审批

按照水利部《关于严格水资源管理促进供给侧结构性改革的通知》的有关要求，要加强产能过剩行业项目取水许可和入河排污口设置审批管理，强化水资源刚性约束，对国家已明确淘汰的落后产能和化解的过剩产能，应同步核减企业年度取水用水计划。滨州的电解铝项目，属于产能严重过剩行业，原则上不得办理新增取水许可，取水许可延续时，取水许可审批单位应对其取水情况进行重新评估和水资源论证，全面重点评估其是否采用已经淘汰的高耗水生产工艺，是否达到用水定额标准，对于不符合水资源管理要求的企业，不得批准延续取水申请。

（二）水资源统一调度，严格用水总量控制

加强水资源统一管理，推进水管理体制改革，继续优化黄河流域水资源统一管理

与行政区域管理相结合的水资源管理体制。进一步加强黄河流域水资源统一规划、配置、调度和管理，严格执行水量指标分配方案，并兼顾黄河下游水资源日益缺乏的矛盾。国家和地方政府先后出台了《黄河水量调度条例》《黄河取水许可管理实施细则》《山东省用水总量控制管理办法》等法规性文件，继续完善和健全黄河水资源引用制度，使黄河水资源纳入法治化轨道。山东黄河水调处把黄河水量计划按年、季、月下达到沿黄地市，实现了计划用水，有效缓解了黄河水资源的被动局面。省市县三级严格执行水量指标分配方案，确保实现用水总量控制。各行政区必须实行年度计划用水管理，严格执行各行政区和灌区的分配水量，严格取水许可审批和水资源论证，强化取水计量监管，对超过取水总量控制指标的，不再审批新增取水，确保水资源总量计划控制。

（三）调整农业结构，推广节水型高效农业

调整和优化产业结构，把建立节水型国民经济体系作为重大的战略来实施。进一步调整农业结构，推广节水型高效农业，大力推广喷灌、滴灌和管灌等先进适用节水灌溉技术，加大耐旱经济农作物的种植比例。经过几年的奋斗，滨州市农业生产结构发生较大变化，依据区域优势开发沾化冬枣、阳信鸭梨、无棣小枣、大棚蔬菜等高效农业，农民经济收入大幅增加，用水反而减少。在水利建设方面将重点按照“耕地灌区化、灌区节水化、节水长效化、环境生态化”的目标，依托科技，大力推广节水技术和旱作农业技术，建立抗旱保水、节灌补水等旱作技术体系。

（四）用建立市场经济的理念，制定水资源管理办法

“黄河之水天上来”的陈旧观念已经打破，水资源必须作为一种商品融入社会主义市场经济的建设中。从确保水资源的永续利用和保护生态环境出发，必须建立同市场经济相适应的水资源有偿使用制度，运用经济杠杆，调节水资源的供需矛盾。水权转让制度是市场经济条件下优化配置水资源的重要途径，水利部门要逐步研究制定各行各业耗水定额，科学合理地核算区域或灌区取用水总量和权益，为水权转让做好基础工作，同时积极探索或试点水权流转的实现形式，为水权转让的实现和推广不断总结经验，逐步实现水资源市场化；改革水价政策，全面规范和征收水资源费，建立科学合理的水资源引用价格制度，长期以来，低费供水带来的最大副作用就是造成水的滥用和水资源的浪费。

（五）建设水生态文明灌区

要广泛宣传水生态文明建设的重要性和深远意义。建设水生态文明，是关系人民

福祉、关乎民族未来的长远大计，必须树立尊重自然、顺应自然、保护自然的水生态文明理念，把水生态文明建设放在突出地位，融入经济建设各个领域。让水生态文明建设的理念践行到实践中。

四、结　语

通过黄河水资源的开发利用，对区域经济发展变化的影响，进一步证明了水生态文明建设的重要性和必要性。为了使今后黄河沿岸地区社会经济发展产生的水资源需求增长与黄河水资源供给能力达到相对协调，根本出路是加快实行生态经济型的黄河水资源开发利用方式，严格执行水量分配方案，确保用水总量控制。约束各种不顾后果、破坏各种生态环境和过度开发利用黄河水资源的行为，从缺乏生态环境意识的无序、无节制地低水平利用黄河水资源转变为在保护和改善生态环境的前提下，有序、全面、合理、可持续地开发利用水资源，力求实现黄河水资源开发利用的生态、经济和社会效益的高度统一。这就需要建立能够推动黄河水资源合理配置、高效利用的行政宏观调控和市场推动相结合的运作机制，制定保护水资源的各项制度，全面落实“四项制度”和“三条红线”。同时，着力建立节水型国民经济体系，加大产业结构调整，增加和扩大耐旱经济农作物的种植比例，进一步加强水利工程建设和水生态文明建设，缓解黄河水资源的供需矛盾。大力推进水资源管理从供水管理向需水管理转变，从过度开发、无序开发向合理开发、有序开发转变，从粗放利用向高效利用转变，从事后治理向事前预防转变，对水资源进行合理开发、高效利用、综合治理、优化配置、全面节约、有效保护和科学管理，以水资源的可持续利用保障经济社会的可持续发展。

供给侧结构性改革背景下水资源大数据平台构建模式初探

杨大杰　李　娟　孙文超*

供给侧结构性改革要求提高供给体系的质量和效率，增强经济持续增长动力，推动我国社会生产力水平实现整体跃升。① 伴随着“中等收入陷阱”历史性考验阶段的到来，我国社会经济发展面临着“半壁强压型”的能源、环境、空间压力约束②。提高社会经济发展中的资源利用效率是供给体系质量提升的必然要求。长期以来，水资源短缺是制约我国部分地区社会发展的最重要资源要素。以供给侧结构性改革为契机，严格控制水资源消耗总量和强度，优化水资源配置，为进一步落实最严格水资源管理制度提供了契机。

落实最严格水资源管理制度需要客观、公正、准确的水资源数据支持辅助决策。随着新型信息发布方式的不断涌现，以及物联网、云计算等技术的兴起，数据正以前所未有的速度在不断地增长和累积，大数据时代已经来到③。我国水利信息化建设业务实践积累了大量分布异构独立的业务数据④，将其规模化、高速化、价值化，结合物联网和云计算等先进技术，构建水资源大数据平台，将为落实最严格水资源管理制度，将水资源约束条件融入供给侧结构性改革创造条件。本文将对水资源大数据平台构建模式进行初步探讨。

一、水资源大数据平台的建设目标

（一）落实基础支撑能力建设，构建云计算服务平台

由政府管理部门统筹云计算基础硬件平台建设，大数据平台则充分与之衔接，使

---

* 杨大杰（1982—　），男，清华大学博士生，高级工程师，水利部发展研究中心。李娟（1982—　），女，大学本科，北京水务投资中心政工师。孙文超（1982—　），男，博士，北京师范大学副教授。

① 新华网：《习近平主持召开中央财经领导小组第十一次会议》，见 http://www.xinhuanet.com，2015 年 11 月 10 日。

② 贾康等：《“十三五”时期的供给侧结构性改革》，《国家行政学院学报》2015 年第 6 期。

③ 孟小峰、慈祥：《大数据管理：概念、技术与挑战》，《计算机研究与发展》2013 年第 1 期。

④ 冯钧等：《水利大数据及其资源化关键技术研究》，《水利信息化》2013 年第 4 期。

大数据平台在管理部门统一构建的云计算平台上运行，打造区域统一的水资源云模式。

（二）推动数据信息资源整合，实现数字水资源信息共享

通过建设水资源大数据中心，纵向贯穿省、市（州）、县（区）、乡（镇、街道）、村（社区）五大层级，横向围绕政府各水资源管理部门和相关事业单位，通过大数据采集技术对结构化和非结构化数据进行全方位整合，为水资源信息资源共享和应用提供有效支撑，健全水资源信息共享交换机制，为各层级、各领域用户提供可靠的大数据服务。

（三）加强水资源监管能力建设，增进管理精细化水平

以大数据为依托，结合GIS可视化展示方案，搭建一套“定区域、定人员、定职责、定任务”的网络化监管体系，将网络与属自愿监管完全整合，使管理人员能清晰了解管辖区域范围、责任单位及责任人、用水概况等信息。

（四）增强政务管理能力建设，提高公共服务水平

围绕水资源管理工作，加强政务信息化能力建设，通过政务内外网系统的建设，提高水资源部门的政务服务能力。对水资源部门以政务内网门户为平台，为资源管理与综合决策提供全方位的信息服务和数据支持；对外以水资源保护政府网站为门户，为企业、公众和政府相关部门提供“一站式”的水资源信息服务。

（五）建立大数据管理机制，完善大数据保障体系

建立和完善水资源大数据的管理、建设、运行保障机制，水资源大数据管理工作机制包括数据共享开放、业务协同等工作机制，以及水资源大数据科学决策、精准监管和公共服务等创新应用机制，促进大数据形成和应用。组织保障和标准规范体系为大数据建设提供组织机构、人才、资金及标准规范等体制保障；统一运维和信息安全体系为大数据系统提供稳定运行与安全可靠等技术保障。

（六）挖掘水资源大数据价值，提升科学决策水平

运用大数据、云计算、机器学习、人工智能等现代化科技手段，加强水资源数据的关联分析和综合研判，强化经济社会、基础地理、气象水文和互联网等数据资源融合利用和信息服务。推动水资源应急处置能力、加强舆情监控。

二、水资源大数据平台的建设思路

（一）重视平台保障机制体系建设

为保障平台建设过程中有据可依，建成后保障有效，需要研究制定平台保障机制体系，建立水资源大数据管理工作机制，健全大数据标准规范体系，保障数据准确性、一致性和真实性，强化运维管理和安全防护，保障信息安全。

（二）以应用价值为导向整合数据资源

结合实际工作需要，梳理水资源开发利用相关的各类数据，逐步实现各套数据的整合。并借助移动互联网、物联网等技术，拓宽数据获取渠道，逐步实现数据动态更新。应用大数据技术，对大量的结构化和非结构化数据进行分析处理，从中获取应用价值。

（三）建立完善的信息化功能体系

从平台化角度出发，整体统筹大数据功能体系建设，从根本上规避产生信息孤岛的风险。运用大数据新理念、新技术、新方法，开展水资源综合决策、水质监管和公共服务等创新应用，为水资源决策和管理提供服务。

三、水资源大数据平台的建设内容

（一）大数据平台规范体系建设

水资源大数据建设规范体系包括数据采集、数据管理、数据共享开放、业务协同等工作机制，以及水资源大数据科学决策、精准监管和公共服务等创新应用机制，促进大数据形成和应用。

通过建立和完善水资源大数据管理制度，明确各级各部门的数据责任、义务与使用权限，合理界定业务数据的使用方式与范围，规范数据采集、存储、共享和应用，保障数据一致性、准确性和权威性。制定水资源信息资源管理和数据贡献考核评估办法，促进数据在风险可控原则下最大程度共享和开放。

（二）大数据服务平台建设

建设地理信息平台。利用基础 GIS 平台，保证系统能方便对电子地图进行浏览和查询，并实现数据共享，在此基础上进行专题图开发、空间信息服务等功能，实现地理信息共享服务和空间数据管理平台的建设。

建设公众服务平台。水资源大数据应用到公众领域，能够提供可视化的区域水环境质量，展现出水环境质量状况的分布及其动态变化。此外，可以将公众反馈即时整合，应用到城市水资源保护，完善公众从感知水环境到参与水环境质量改善全过程管理。

建设企业服务平台。企业用户可以通过企业服务平台，建立企业用水监控体系。建立企业服务体系，实现行政许可事项办件跟踪、监管信息推送、自测信息公开等功能。

建设政务服务平台。政府服务包括用于政务信息公开的政府服务网站和用于开展水资源业务办理的政府服务门户组成，实现政府服务网站、政府服务门户建设。

（三）大数据应用平台建设

网格化智能监管系统。按照最高管理部门统一组织的水资源监管“网格化”，建立省、市（州）、县（区）、乡（镇、街道）、村（社区）五个行政层级的管理网格。各责任主体按所明确的职能承担网格内的水资源监管任务。

（四）大数据共享平台建设

大数据共享平台主要建设大数据共享交换机制、水资源大数据查询、水资源大数据展示及水资源大数据发布四个方面。数据共享建设主要实现水资源部门间共享、跨部门信息共享、跨部门水资源保护与治理信息共享以及政务网站集约化共享。

（五）大数据管理平台建设

根据水资源大数据平台建设规划，建立覆盖所有水资源管理业务的中心数据库，集成和整合基础信息、业务信息、分析主题信息等信息数据，实现数据的统一存储、统一管理维护、统一检索、统一应用以及统一展示，将充分提升用水信息资源的利用效率，建立完整的区域水资源大数据资源体系，为后续的水资源信息化建设奠定基础。

（六）大数据环保云中心建设

推选合适的云平台服务商，为大数据平台提供充足的计算资源保障。在信息化云计算平台的存储中保留着大量的核心数据，其中涉及处理结果、检测结果等信息，这部分数据的丢失会对整个系统产生巨大的影响，应制定完善的数据存储管理方案。

农村水利与农村供给侧结构性改革

深入推进供给侧结构性改革
不断开创新时代农村水利新局面

王爱国　倪文进　周　玉*

我国人口众多，特殊的自然地理和气候条件，以及水资源短缺、水土资源匹配性差、灾害易发频发等特点，决定农村水利在我国经济社会发展中具有不可替代的重要地位和作用。党中央、国务院历来高度重视农村水利工作，特别是党的十八大以来，以习近平同志为核心的党中央把水安全上升为国家战略，作出一系列决策部署，对加快推进农村水利改革发展提出明确要求。各有关部门和各地坚持把大规模推进农田水利建设、解决农村饮水安全问题作为补齐补强农业现代化和全面建成小康社会短板的重点任务来落实，把大力发展农业节水作为农业供给侧结构性改革的重要内容和方向性、战略性大事来抓，农村水利改革发展成效显著，为发展现代农业、保障国家粮食安全、促进全面建成小康社会和经济社会持续健康发展提供了有力支撑和重要保障。同时，农村水利发展也面临诸多困难和挑战，短板突出问题须作为推进供给侧结构性改革的重点补齐补强。

一、近年来农村水利发展成效显著

一是农村水利工程建设全面推进。持续加强农田水利设施建设与配套改造，规划内434处大型灌区、2157处重点中型灌区和251处大型灌排泵站，分别已有291处、1265处和216处完成规划中央投资；新建了青海湟水北干渠扶贫灌溉工程一期、尼尔基等一批灌区；支持各地以县为单元因地制宜开展高效节水灌溉、田间渠系配套、“五小水利”工程、农村河塘清淤整治等小型农田水利设施建设，项目基本覆盖主要农牧业县，并不断向山丘区、集中连片贫困区延伸和倾斜；冬春农田水利基本建设蓬勃开展。“十二五”以来，全国净增灌溉面积1.15亿亩，改善灌溉面积3亿多亩。支持和指导各地超额完成“十二五”农村饮水安全规划建设任务，解决了3.04亿农村居民和

---

* 王爱国（1962—　），男，水利部农村水利司司长。倪文进（1968—　），男，水利部农村水利司副司长。周玉（1968—　），男，水利部农村水利司供水排水处处长。

4133 万学校师生的饮水安全问题，兑现了党和政府提出到 2015 年基本解决农村饮水安全问题的庄严承诺。“十三五”时期，农村饮水安全巩固提升规划顺利实施，两年可解决约 9000 万农村居民饮水安全巩固提升问题，其中建档立卡贫困人口达 1000 万人。到 2017 年年底，农村集中式供水人口比例可达到 84% 以上，农村自来水普及率提高到 79% 以上，供水保障水平进一步提高。农村水利设施的建设与完善，进一步增强了农业结构调整水利支撑、夯实了脱贫攻坚基础、提高了粮食安全保障能力、改善了农村人居环境、推进了城乡基本公共服务均等化、拉动了经济增长，产生了显著的经济、社会和生态效益。

二是高效节水灌溉快速发展。坚持节水优先方针，加快落实最严格的水资源管理制度和实施《国家农业节水纲要（2012—2020 年）》，编制实施东北节水增粮、西北节水增效、华北节水压采、南方节水减排等区域规模化高效节水灌溉总体方案和《“十三五”新增 1 亿亩高效节水灌溉面积实施方案》。东北节水增粮行动建成高效节水灌溉面积 3800 万亩，开启了节水灌溉建设大规模、高投入、快见效的新阶段；支持新疆、甘肃、宁夏等西北干旱地区大力发展高效节水灌溉，近几年新疆和兵团每年新增高效节水灌溉面积 400 万亩；河北地下水超采区累计发展高效节水灌溉面积 1060 万亩；云南、广西等南方地区高效节水灌溉快速发展。通过项目带动、政策扶持、开展灌区水效领跑者行动和国家高效节水灌溉示范县创建活动等，各地因地制宜选择灌溉发展模式，膜下滴灌、大型喷灌机组灌溉、低压管道输水、大首部系统、IC 卡智能管水、信息化自动监控等得到推广应用。近年来全国每年新增高效节水灌溉面积 2000 万亩左右，到 2017 年年底，全国高效节水灌溉面积达到 3. 12 亿亩，农田灌溉水有效利用系数提高到 0. 542 以上。

三是农村水利改革创新不断深化。坚持两手发力，以财政投入为主的农村水利多元投融资机制逐步形成。不少地方财政性投入持续增长，并通过推行“先建后补、以奖代补”“社会公示、群众参与”“自主申报、竞争立项”“政府托底、企业保利”等机制，用好金融支持政策，激发社会力量参与。云南、山东、安徽、广西、四川、甘肃、新疆等地引入社会资本参与农村水利的经验在全国范围复制推广和创新发展。据统计，近两年社会资本投入高效节水灌溉和农村饮水安全巩固提升，分别约占总投资的 13% 和 30% 。2016 年 1 月，国务院办公厅印发《国务院办公厅关于推进农业水价综合改革的意见》，提出用 10 年左右时间基本完成改革任务的目标要求。水利部专门成立了改革工作领导小组和工作机构，与有关部门联合下发了一系列扎实推进改革的文件，制定了绩效考核办法，将改革绩效评价指标体系纳入最严格水资源管理制度和粮食安全省长责任制考核，强化指导督导、挖掘宣传典型经验，各省级均建立了改革领导机构或协调机制、审批出台了实施方案，逐级压实责任，落实目标任务，结合灌区节水配套改造、小型农田水利建设、高效节水灌溉等工程建设全面推进改革，改革已扩大到797个县，完成改革农田灌溉面积5300多万亩，不少地方在明晰农业水权、完善水价形成机制、用水精准补贴和节水奖励机制等方面取得了成效、积累了经验、树立了典型，涌现出“水权流转”“协商定价”“财政精准补贴”等一批典型。全年完成改革农田灌溉面积3200多万亩。在深化灌区、泵站等水管体制改革，推广农村饮水安全工程管护“三项机制”的同时，围绕三大类工程、13项改革措施在全国100个县开展了农田水利设施产权制度改革和运行管护机制创新试点。推行“两证一书”制度，全国已有近一半小型农田水利工程明晰产权。落实中央财政农业灌排工程运行管护费用补助政策，带动地方落实工程管护主体、责任和经费。

四是农村水利管理明显加强。国务院颁布《农田水利条例》[①]，在农田水利法治建设上具有里程碑意义。农村水利规划和标准体系不断完善，规划的基础指导和纲性约束作用逐步得到加强。加强农村水利建设管理，推动各地落实政府责任，健全督查考核和奖优罚劣机制，构建了政府主导、规划统筹、政策引导、制度管控、监督考核的依法依规建设管理格局。坚持因水制宜、以水定产，推行灌溉用水总量控制和定额管理，结合农业种植结构调整、耕地休耕轮作、生态修复与治理等，合理确定灌溉规模，科学选择灌水方式，灌溉用水效率与效益不断提高。全国共有乡镇或流域水利站29351个，基层水利服务机构能力建设加快推进。加强灌溉试验站网规划与建设及成果转化应用，灌溉技术指导和服务支撑能力增强。支持农民用水合作组织申报、实施和管护农田水利项目，全国发展农民用水合作组织8.34万个[②]，管理灌溉面积约3亿亩，评定全国农民用水合作示范组织334个，工商部门注册登记的数量明显增加。各地采取政府购买服务、委托经营等，探索灌区、小型农田水利、农村饮水安全等工程专业化社会化物业式管理，全国已建立各级抗旱抢险服务队1.7万余支。辽宁、天津等13个省份推行村级水管员制度。农村水利基础研究以及技术和装备的研发、集成与推广应用加强，农村水利信息化加快推进。

二、农村水利供给侧结构性改革要求紧迫

应该说，通过长期不懈努力，我国农田水利和农村饮水安全事业都得到了全面发展，成就举世瞩目。但也要清醒地看到，农村水利公益性强、历史欠账多、投资需求大，农村水利建设滞后仍然是农业农村基础设施的短板，随着“四化同步发展”和各

---

① 国务院：《农田水利条例》，国令第669号。

② 水利部农村水利司：《着力深化改革 加强建设管理 推动农村水利新发展》，水利部农村水利司在水利部2016年全国农村水利厅局长会议上的交流发言。

项改革全面深化、农村经济社会深刻变化，农村水利发展体制机制也面临不少问题和挑战。农村水利在推进供给侧结构性改革方面要求紧迫、任务艰巨。

第一，农村水利供给总量不足。一是供给总量有限。我国自然条件复杂，人口多，人均可耕地面积和水资源量均较低，而且由于水资源分布不均以及水土资源不匹配，一方面保障粮食安全对灌溉农业依赖性强，另一方面发展灌溉受水资源及生态环境约束紧。尽管我国现在仍然有近一半耕地缺少灌溉设施，但在当前条件下大规模发展灌溉面积难度较大，根据相关规划，我国到2030年农田灌溉面积的阈值不超过11亿亩，发展空间和供给总量十分有限。二是现有供给能力利用不足。已有大中型灌区和小型农田水利设施，大多数建设和运行时间较长，年久失修、配套不完善，不少低洼易涝地区排涝标准较低。在有些地区水土过度开发的同时，仍有部分具备水土资源条件的地方缺少灌溉设施，饮水安全工程供水保障程度不高，特别是贫困地区农村水利基础设施薄弱，与当地干部群众改善条件、加快发展以及脱贫致富的要求还不相称。三是随着我国经济社会结构深刻变化、农村土地“三权分置”经营权流转加速、各类新型农业经营主体不断发展壮大，适度规模经营与农户分散经营并存，农业生产自主程度提高、农业布局与种植结构调整更加弹性，农田水利布局和功效与“北粮南运”格局、与调整优化农业结构及开展“三区”（粮食生产功能区、重要农产品生产保护区、特色农产品优势区）、“三园”（现代农业产业园、科技园、创业园）建设等还需要融合对接。

第二，农村水利供给质量不高。一是农村水利现代化水平较低。我国交通、能源、信息等基础设施和基础产业经过多年的快速发展，过去落后的面貌得到很大改观，有的在高起点谋划、高标准建设、现代化管理等方面已处于世界领先水平，目前农田水利建设标准不高，改造步子缓慢，还有不少是在吃过去的老本，部分农村饮水安全工程规模偏小、设施简陋，存在不稳固、易反复的问题，这些都与以农村水利现代化支撑农业现代化、城乡公共服务均等化的要求还有较大差距。二是我国农业节水发展相对滞后。我国水资源供需矛盾日益尖锐，农业灌溉用水效率总体偏低，一些地方水资源不足与灌溉用水浪费并存的问题还很突出。我国现在虽然已是名副其实的世界第一灌溉大国，但还不是灌溉强国，多数地区仍然以传统地面灌溉甚至大水漫灌为主，喷灌、微灌、低压管道输水灌溉等高效节水灌溉面积约占有效灌溉面积的三成，与世界上一些占比达六成以上的先进灌溉大国相比差距较大。农业灌溉用水管理方面还没有全面落实总量控制、定额管理制度，科学的灌溉用水管理制度体系和技术保障还不完善。三是农村水利科技支撑服务能力还有限。随着农村改革的不断深化，农村水利设施建设与运行管理主体也在不断变化，由于农业比较效益低、工作条件和待遇差，当前农村青壮年劳动力大量转移、基层技术服务管理人员明显不足，各类经营主体对农田水利设施的便利化和多元化需求增加，农村水利科技成果应用转化、技术人员深入基层指导帮扶等还不够。农村水利服务要满足与调整中的农业生产经营方式相适应的农田水利化、灌溉节水高效化、工程建设管理专业化社会化的新需求，还需加快健全、培育与发展完善的基层服务体系。

第三，农村水利供给机制不活。一是事权还没有完全明晰。农村水利是农村公益性基础设施，农田水利是国家粮食安全的重要保障，是中央和地方的共同事权。新颁布的《农田水利条例》确立了政府主导的原则，也明确了各级政府和各类受益主体的相应责任，但操作层面还需要界定和细化，通过完善规划、分清事权、落实责任，保持政策的连续性和投入的稳定性，防止过去出现农业危机就重视、社会反响强烈就关注、财政好了政府就多投入的不确定性。二是两手发力还不均衡。过去农村水利建设主要靠政府动员支持、农村集体组织投工投劳，随着农村经济体制改革深化，目前农村水利建设政府投入占比越来越大，农村税费改革取消“两工”后农民直接或者间接投入都越来越少，加上一些地方财政困难投入有限，农村水利投入单一和投入不足问题突出。近年来在引入市场机制参与农田水利建设与运营方面做了一些探索和尝试，取得了一些成效，但规模和范围都很有限，还需要总结推广，在处理好政府与市场关系，保证社会资本合理回报，制定落实好金融支持优惠政策等方面还需要加大实践探索和制度完善。三是推进农业水价等改革较艰难。农业水价综合改革涉及面广、利益悠关方多，有些地方认识上还有偏差，有些地方改革的基础还不扎实，推进力度还不够；小型农田水利设施产权制度改革和运行管护机制创新尚在试点之中，农民用水合作组织规范管理创新发展步子偏慢。体制创新是农村水利在推进供给侧结构性改革中必须解决的重大问题。

第四，党的十九大对新时代农村水利工作提出新要求。党的十九大报告把坚持人与自然和谐共生纳入新时代坚持和发展中国特色社会主义的基本方略，强调必须树立和践行绿水青山就是金山银山的理念，统筹山水林田湖草系统治理；提出深化供给侧结构性改革，强调要加强水利等基础设施网络建设；提出实施乡村振兴战略，强调要坚持农业农村优先发展，加快推进农业农村现代化，确保国家粮食安全，把中国人的饭碗牢牢端在自己手中；提出坚决打赢脱贫攻坚战，重申让贫困人口和贫困地区同全国一道进入全面小康社会是我们党的庄严承诺；提出推进绿色发展，强调要实施国家节水行动；再次作出将改革进行到底的明确宣示，强调不断推进国家治理体系和治理能力现代化，坚决破除一切不合时宜的思想观念和体制机制弊端。这一系列重要论述和重大部署，是我们做好新时代农村水利工作的重要遵循和根本保障。必须把深入学习贯彻党的十九大精神作为当前和今后一个时期的首要政治任务，原原本本学，反反复复学，结合实际工作学，带着问题思考学，深刻领会、准确把握党的十九大特别是习近平新时代中国特色社会主义思想的精神实质和丰富内涵，紧密团结在以习近平同志为核心的党中央周围，自觉把思想和行动统一到党的十九大精神上来，增强“四个意识”，坚定“四个自信”，把党的十九大提出的重大战略部署和部党组各项要求贯穿到农村水利工作的全过程，不断开创新时代农村水利新局面。必须把贯彻落实党的十九大精神与践行中央新时期水利工作方针有机结合起来，牢牢把握我国社会主要矛盾的重大变化，紧扣满足人民日益增长的美好生活需要，进一步厘清农村水利改革发展思路，明确目标和重点任务，翔实制定各项工作举措，一件接着一件办，一年接着一年干，确保农村水利改革发展各项目标任务顺利实现。

三、农村水利推进供给侧结构性改革补齐补强短板的重点任务

补齐补强农村水利短板是推进供给侧结构性改革、提高供给质量与效率的重点任务，是实施“藏粮于地、藏粮于技”战略、保障粮食安全的基本底线，是推行绿色生产方式、实现农业可持续发展的重大战略，是增进民生福祉、推进城乡基本公共服务均等化的重要基础，是激发内生动力、实现新旧动能转换的关键举措。当前及今后一个时期，农村水利将全面贯彻落实党的十九大精神，坚持以习近平新时代中国特色社会主义思想为指导，坚持新发展理念，积极践行中央新时期水利工作方针，坚持以人民为中心的发展思想，坚持质量第一和效率优先，深入推进农业供给侧结构性改革，围绕实施乡村振兴战略，针对农村水利发展不平衡不充分问题，抓重点、补短板、强弱项，深化农田水利改革，加快完善农村水利设施，以农村水利现代化支持农业农村现代化，为新时代的“三农”工作提供更加坚实的水利基础。

（一）加快农村水利设施提档升级

坚持系统治理，完善农田水利相关规划体系，加快补齐补强农田水利短板。加快推进灌区建设与现代化改造，统筹实施田间渠系和用水计量设施配套，全面开展小型农田水利设施达标提质，持之以恒开展冬春水利兴修，积极推进灌溉信息化和智能化，逐步构建大中小微并举、蓄引提排结合、管理现代高效的农田水利现代化网络，夯实农业农村现代化发展基础，确保国家粮食安全。强化地方政府主体责任，中央支持重点向贫困地区倾斜，突出管理管护、辅以新建改造，持续实施农村饮水安全工程巩固提升工程，大力发展城乡供水一体化和农村饮水安全工程规模化标准化建设，不断提高农村饮水安全保障水平，推进城乡融合发展、协调发展。到 2022 年，全国农田有效灌溉面积达到 10.4 亿亩左右。3000 万亩全国农村集中供水率达到 88% 以上，农村自来水普及率达到 85% 以上。

（二）全面实施国家农业节水战略

坚持节水优先方针，按照实施国家节水行动的部署要求，以供定需、因水制宜，优化农业生产空间布局和产业结构，健全完善农业节水政策体系和激励约束机制，加快实施区域规模化高效节水灌溉行动，建成一批规模适度、技术先进、管理科学、效益显著的重大高效节水灌溉工程。加大节水灌溉关键核心技术和装备研发攻关力度，强化技术服务支撑，注重节水灌溉工程与农艺、农机、生物、管理等措施相结合，加快提升高效节水灌溉比重和农业用水效率效益。继续开展国家高效节水灌溉行动。“十三五”时期全国新增高效节水灌溉面积1亿亩，到2020年农田灌溉水有效利用系数提高到0.55以上；到2022年，全国节水灌溉工程面积达到6.5亿亩，其中高效节水灌溉工程面积达到4亿亩，农田灌溉水有效利用系数提高到0.56以上。

（三）全面推进农业水价综合改革

牢牢抓住农业水价综合改革这个核心和关键突破口，认真贯彻落实党中央、国务院有关农业水价综合改革部署要求，强化政府主体责任，健全工作机制，完善实施方案，综合施策，强化典型引路和试点示范，坚持工程基础和机制健全“软硬件”协同推进，加快合理水价形成机制建立、水价调整、工程基础完善和计量设施配套、用水管理和精准补贴、节水奖励等举措落地生效，不断推广农业水价综合改革范围，引领和带动农田水利改革向纵深发展。

（四）统筹推进农村水利其他改革创新

坚持两手发力，把农村水利作为各级财政支持的优先领域，强化规划统筹整合作用，落实好土地出让收益计提农田水利资金、金融资金等政策，把农田水利等乡村基础设施建设作为高标准农田建设中形成的补充耕地指标跨省域调剂收益投资重点，完善竞争立项、以奖代补、先建后补机制，出台价格、税费、金融、风险补偿等改革措施，以及支持地方政府通过招商引资、股权投资、政府和社会资本合作、合同节水管理、设立专项投资基金等形式，鼓励和引导社会资本参与农村水利工程建设运营。加快推进农田水利工程产权量化为资产、转化为股权等改革和运行管护机制创新。加强水文化建设和水文化遗产的发掘、保护与传承。加强世界灌溉工程遗产以及古井等古水利设施和遗址遗迹的保护与利用，建设水韵水美宜居乡村。

（五）加强基层水利服务支撑体系建设

全面落实河长制，推行村级水管员和斗（渠）长制，加强乡镇水利站、农民用水合作组织、专业化服务队伍等建设，建立健全行政管理、专业管理和受益主体民主自治管理相结合的乡村水利治理体系。加大农村水利科技支撑以及人才培养、引进等政策保障力度，采取定向培养、制定优惠政策、适当降低人才招聘门槛等措施，充实基层水利服务机构水利专业技术力量。扶持农民用水合作组织多元化创新发展，健全完善农民用水合作组织申报、实施、管护和持有农田水利的体制机制。培育和发展专业化社会化服务队伍，推进农村水利工程专业化物业式管理。强化农村水利重点领域立法和综合执法，推进农村水利法治化、智慧化建设。

关于加快农田水利供给侧结构性改革的几点思考

柳长顺　杜丽娟*

农田水利是现代农业建设不可或缺的首要条件。中华人民共和国成立以来，我国农田水利建设取得了辉煌成就。近年来，我国灌溉面积稳居世界首位，灌溉水有效利用系数超过美国，已进入新的历史阶段。2016 年全国灌溉面积超过 11 亿亩，农田有效灌溉面积达到 10.07 亿亩，其中节水灌溉面积 4.88 亿亩。当前，农田水利的主要矛盾由总量不足转变为结构性矛盾，突出表现为灌溉面积与水资源分布错位，新老工程、传统灌溉模式与高效节水灌溉方式并存，运行管理滞后于建设管理，政府市场两手发力不精准等，矛盾的主要方面在供给侧。当前及今后一个时期，坚持并落实节水优先方针，把农业节水作为方向性、战略性大事来抓，要开拓创新，突破关键，狠抓落实，深入推进农田水利供给侧结构性改革，开创农田水利改革发展新局面。

一、调整结构：优化灌溉面积布局，缓解水土资源分布错位与逆向演变趋势

（一）我国水土资源空间分布结构错位，先天不足、后天失调

我国水土资源极不匹配，北方地区水资源占 19%，耕地资源占 65%；南方地区水资源占 81%，耕地资源占 35%①。近 30 多年来，水土资源呈逆向演变，北方地区水减地增，南方地区水增地减，水土资源错位加剧。全国水资源调查评价表明，1980—2000 年相比于 1956—1979 年，北方地区水资源总量减少 2.7%，其中海河区减少了 24.7%；南方地区水资源总量增加 3.8%，其中太湖流域增加了 23%。② 根据有关研

---

* 柳长顺（1975—　），男，博士，教授级高级工程师，中国水利水电科学研究院水资源研究所副总工程师。杜丽娟（1977—　），女，博士，高级工程师，中国水利水电科学研究院。本文是水利部预算项目（126301001000160020）、中国工程院重大咨询研究项目（2016-ZD-08）。

① 钱正英、张光斗：《中国可持续发展水资源战略研究（综合报告及各专题报告）》，中国水利水电出版社 2001 年版，第 42 页。

② 水利部水利水电规划设计总院：《中国水资源及其开发利用调查评价》，中国水利水电出版社 2014 年版，第 129 页。

究，1987—2010年，全国耕地重心分布由东南向西北转移，历史上长期形成的南粮北运变为北粮南运。耕地增加最显著的区域集中在北方地区，以黑龙江、新疆、内蒙古增加最多，耕地面积减少最显著的区域集中在东南沿海地区，以江苏、广东、浙江减少最多。[①] 综上所述，我国水土资源分布以及变化趋势，进一步加剧了农田水利发展的结构性矛盾，影响了农业稳定发展和国家粮食安全，危及国家水安全。为此，必须坚持并落实“以水定地”原则，在灌区节水改造、调整种植结构等常规节水措施的基础上，下决心调整优化灌溉面积布局，部分地区适度退地减水，否则积重难返。

（二）严格落实“以水定地”，着力以水资源、水生态、水环境承载能力倒逼灌溉面积调整

综合考虑水土资源条件、耕地保护红线、基本农田保护红线、人口规模、灌溉发展水平等因素，按照有保有压、有进有退的原则，研究明确各省灌溉面积红线指标，并分解到市县。对水资源短缺、水资源开发过度、生态环境脆弱地区，严格控制新增灌溉面积，在采取种植结构调整、强化节水措施后仍不能满足灌溉和退减挤占生态环境用水要求的地区，采取有效措施核减灌溉面积。对水土资源适宜地区，适度新增灌溉面积。

（三）近期实施优化灌溉面积布局现实可行

根据《全国现代灌溉发展规划》《节水型社会建设“十三五”规划》《农业环境突出问题地表水过度开发和地下水超采治理专项规划》等，重点核减海河区、辽河区，西北地区的塔里木河、吐哈盆地、天山北麓、石羊河、黑河的灌溉面积，核减面积1650万亩，可减少用水量84亿立方米。核减的灌溉面积相当于近10年每年新增的灌溉面积，在全国农田灌溉面积超过10亿亩、提前完成《国家农业节水发展纲要》确定的2020年目标（全国农田有效灌溉面积达到10亿亩）的情况下，出现一年灌溉面积零增长可以接受。核减灌溉面积大约影响国家粮食生产能力60亿千克，约占全国粮食生产能力的1%，相当于近10年每年增产粮食的43%，在国家粮食产量“十二连增”、连续4年超过6亿吨、全国粮食库存居历史最高点的情况下，出现粮食产量增产趋缓也是可以接受的。同时，其他地区特别是东部沿海经济发达地区，按照“藏粮于地”的要求，确保灌溉面积不再减少，在有条件的地区新增部分灌溉面积，力争补充因水资源紧缺地区压减灌溉面积而减少的粮食综合生产能力。综上所述，近期调整优化灌

---

① 赵晓丽、张增祥、汪潇等：《中国近30年耕地变化时空特征及其主要原因分析》，《农业工程学报》2014年第3期。

溉面积布局时机合适，要抓紧实施，切实减缓或扭转水土资源分布逆向演变趋势，为保障国家粮食安全创造更加协调、可以持续的水土资源条件。

二、去除库存：有效处置农田水利“僵尸”工程，激发农田水利发展活力

（一）农田水利“僵尸”工程多，存在严重隐患

受传统的农田水利工程管理体制影响，农田水利工程一直重复着“投资建设—老化失修—标准降低—功能降低—抢险维修—损失严重—重新建设”的生命周期，没有建立工程退出机制，导致农田水利工程数量不实，资产不优，活力不足。我国大部分农田水利工程建成于20世纪60—70年代，许多库、塘、渠到了报废年限，老化失修，未有序处置，成为“僵尸”工程，名存实亡，既失去灌溉功能，又影响人民生命财产安全。据统计，全国大型灌区骨干建筑物坏损率近40%，工程失效和报废近3成，中小型灌区状况更差，2000—2015年因工程设施损坏报废累计减少灌溉5374万亩。近年来机井“吃人”事故屡屡上演，仅山东省2013年至今有媒体公开报道坠井事件就多达35起。

（二）依法实施“僵尸”工程降等报废，及时变更注销登记

“僵尸”工程降等报废是工程管理单位的重要职责，《水法》《农田水利条例》对此有明确规定，地方也有一些实践探索。《水法》第四十二条规定：县级以上地方人民政府应当采取措施，保障本行政区域内水工程，特别是水坝和堤防的安全，限期消除险情。水行政主管部门应当加强对水工程安全的监督管理。《农田水利条例》第二十五条规定：农田水利工程设施因超过设计使用年限、灌溉排水功能基本丧失或者严重毁坏而无法继续使用的，工程所有权人或者管理单位应当按照有关规定及时处置，消除安全隐患，并将相关情况告知县级以上地方人民政府水行政主管部门。一些地方已开始实施工程降等报废工作，如浙江省从2015年开始对山塘实施降等报废；河北省从2017年开始实施取水井安全管理及报废。为此，要严格落实《水法》《农田水利条例》等有关规定，及时处置“僵尸”工程。建议在水利普查的基础上，对农田水利工程进行造册存档，实施“僵尸”工程降等报废，及时进行变更注销，准确反映农田水利工程资产状况，激发农田水利发展活力。

三、提升品质：大力发展高效节水灌溉，提升灌溉服务质量

（一）灌溉服务质量关乎农田水利发展成败

从多地调研来看，农民更加关注能否方便用水，对价格的敏感性低于对方便用水的敏感性，即农田水利发展的阻力很大程度上来源于灌溉服务不能满足农业生产的需要。据笔者在甘肃武威，云南陆良、澄江等地调查，在实施农田水利建设与管理改革的试点区，尽管水价大幅度提高，甚至达到全成本水价（甘肃民勤农业用水地表水水价 0. 24 元/立方米，陆良中坝村试点经济作物灌溉用水水价 0. 6 元/立方米，恨虎坝灌区用水水价 0. 79 元/立方米，澄江试点农业企业用水水价 1. 3 元/立方米、农户用水水价 0. 4 元/立方米），但农民对农田水利的满意度很高，全力支持和参与农田水利建设管理，各项改革取得积极成效。而据广州社情民意研究中心的调查，2015 年广东农民对农田水利设施满意度为 25%，不满意度为 32%，居乡村建设调查事项之首。对比两者不难发现，灌溉服务质量决定着农民的满意度，大力发展喷灌、滴灌，推广水肥一体化，实现省水、省工、省时、省心，保障农民顺顺当当用水，让农田喝上“自来水”，各项改革就能得到农民的理解与支持。今后，发展农田水利既要在扩大灌溉面积上下功夫，更要在提高灌溉服务质量上下更大功夫。

（二）大力发展高效节水灌溉要把提高灌溉服务质量放在重要位置

我国“十三五”规划再新增 1 亿亩高效节水灌溉面积，到 2020 年，全国高效节水灌溉面积达到 3. 69 亿亩左右，占灌溉面积的比例提高到 32% 以上，这将为提高灌溉服务质量奠定重要基础。在大力发展高效节水灌溉过程中，要研究如何提高灌溉服务质量，让农民满意。要从方便农民用水、有利于计量到户和水费计收的角度，适当增加供水点，配套计量设施，有条件的地区可以一户一表。工程规划设计要充分征求农民意见，要以农民能理解的语言和方式，充分征求农民意见，尊重农民意愿，不断优化设计方案，提高工程使用的便利性，做到切切实实为农民服务，有效解决农民关心的问题。

四、降低成本：深化农田水利管理体制改革，创新发展模式

（一）深化国有灌区管理体制改革

2002年启动的水管体制改革，未明确灌溉的定性，严重影响灌区管理体制改革，部分单位没有纳入改革范围，已改革的单位“两费”（公益性人员基本支出和公益性工程维修养护经费）落实不到位。据水利部统计，全国大型灌区“两费”落实率分别为60%和40%左右，远低于全国水利工程“两费”落实率。为此，建议开展灌区管理体制改革“回头看”，对未纳入改革的灌区，要全面启动实施改革；已纳入改革的灌区，要根据灌区节水改造进展与成效，从严控制人员编制，足额落实“两费”。此外，要贯彻落实《农田水利条例》，加快研究建立健全农田水利工程运行维护经费合理负担机制，在深化农业水价综合改革的同时，鼓励政府更多承担国有灌区运行管理成本费用。

（二）创新“最后一公里”管理模式

根据第二次全国农业普查，全国从事农作物种植业的农户平均土地经营规模为9亩，其中灌溉面积5亩左右，而且分布十分分散，农业节水面临的“最后一公里”问题尤为突出。规模化、专业化管护是大力发展高效节水灌溉的重要选项。

一是新型农业经营主体参与农业节水建设管理。截至2016年年底，我国家庭农场、农民专业合作社、农业产业化龙头企业等新型农业经营主体有280万个，流转土地面积占全国农民承包地面积的1/3左右，沿海发达地区达到1/2左右。其中家庭农场达到87.7万家，平均经营耕地170多亩，适合规模化发展高效节水灌溉。今后一个时期，大力发展农业节水要坚持“规模化”方向，主动适应土地流转、农业生产经营方式转变等新形势，优先安排规模化经营地区发展高效节水灌溉，引导新型农业经营主体参与高效节水灌溉工程建设和管理，使其成为农业节水的骨干力量，提高用水效率与产出效益。

二是农民用水合作组织参与农业节水建设管理。在土地没有流转或流转规模没有集中连片的地区，应当大力发展用水合作组织，推行“农民用水合作组织+专管人员”管理模式，提供专业化的灌溉用水服务，破解用水管水难题。据调查，我国部分用水合作组织独立运作存在困难，今后组建和发展用水合作组织可以与村委会有机结合，切实提高管理水平，控制管理成本；也可以由政府在征求用水户意见的基础上，公开

选择专业化的管理单位，由其负责农业节水灌溉工程的运行管理。

五、补齐短板：深化农业水价综合改革，提升农田水利发展新动能

农业水价综合改革是深化农田水利改革的“牛鼻子”，是一项庞杂的系统工程，涉及3个方面11项任务，要抓住关键，突出重点，创新思路。

（一）农田水利工程产权改革坚持统分结合，重点在统

近年来，各地积极推进农田水利工程产权改革，探索了多种有效的实践形式，有“统”（集体、乡镇所有或管护）有“分”（农户所有或管护）。从规模化、专业化管护的角度看，借鉴一些地方的探索与相关行业的实践经验，农田水利工程产权改革要调整完善思路，分权要适度，有条件的地区要以统为主。江苏省苏州市吴江区，由镇水利站负责全镇“闸、站、河、堤”四位一体集中管理；安徽庐江县同大镇将全镇范围内的小型水利工程统一交给安徽建川市政工程有限公司，实行物业化管理。农村电力改革也提供了很好的参考借鉴。20世纪90年代之前，农村电力工程产权归乡镇或集体，以村为单元分散管理，导致成本奇高，农民不堪重负。为此，国家启动农村电力改革，将乡镇电管站调整为县级供电企业所属的供电所或营业所，其人、财、物纳入县级供电企业统一管理；乡及乡以下农村集体电力资产采取自愿上交、无偿划拨的方式由县级供电企业管理，并由其承担维护管理责任。在统一管理的基础上，由县级供电企业对乡镇供电所实行收支两条线管理，供电所电费收入全额上交，所需费用支出由县供电企业统一核拨，实行城乡用电同网同价。今后，农田水利工程产权改革要在统上下功夫、做文章，政府投资或补助建设的小型农田水利工程，可以向受益对象确权确股但不确工程，工程交由专业队伍与机构管护。

（二）用好中央财政水利发展资金，优先建立用水精准补贴机制

我国农业水价几经改革，国家要求提价，各地难以落实，形成改革“怪圈”①。本轮农业水价综合改革，要把水价调整到运行成本水平，必须配套实施精准补贴与节水奖励机制，即提补结合。如果只提不补，改革又将陷入“怪圈”。据调研，当前制约农业水价综合改革的最大问题是地方政府无力对定额内农业用水进行补贴。《国务院办公厅关于推进农业水价综合改革的意见》明确了精准补贴和节水奖励资金来源渠道，各

---

① 王冠军、柳长顺、王健宇：《农业水价综合改革面临的形势和国内外经验借鉴》，《中国水利》2015年第18期。

有各的用途，且规模小、不够用，难以用于精准补贴。为避免陷入“怪圈”，国家把农业水价综合改革相关支出纳入中央财政水利发展资金使用范围，由各地自主安排。为此，建议各地要优先安排中央财政水利发展资金用于用水精准补贴，确保总体上不增加农民负担，以此牵动农业水价综合改革。

疏勒河灌区试行水权制和差别水价促进农业供给侧结构性改革综述

刘 鑫 刘建军*

中共中央、国务院《关于深入推进农业供给侧结构性改革加快培育农业农村发展新动能的若干意见》决定，推进农业供给侧结构性改革，要以体制改革和机制创新为根本途径，提高资源利用率，促进农业农村发展由过度依赖资源消耗、主要满足量的需求，向追求绿色生态可持续、更加注重满足质的需求转变。水利部《关于严格水资源管理促进供给侧结构性改革的通知》，明确要求通过严格水资源消耗总量和强度控制，不断优化水资源配置格局，落实以水定产，推动产业布局结构优化调整，深化水利重点领域改革，着力推进水治理体系和能力现代化，通过完善农业水价、水权水市场、充分发挥市场在资源配置中的决定性作用，助推供给侧结构性改革。农业部《关于推进农业供给侧结构性改革的实施意见》，明确要求大力发展节水农业，扩大耕地轮作休耕制度试点规模。疏勒河灌区积极响应国家号召，落实最严格水资源管理制度，适时开展水权试点和水价改革，有效促进了灌区农业供给侧结构性改革。

一、改革背景

（一）灌区概况

疏勒河灌区位于河西走廊最西端甘肃省玉门市和瓜州县，包括昌马灌区、双塔灌区和花海灌区，总灌溉面积134.42万亩，多年平均降水量96毫米，蒸发量2500毫米，年平均气温6.9℃—8.8℃，属典型的内陆干旱性气候，是极度干旱地区。水源单一，地表水主要水源疏勒河多年平均径流量10.31亿立方米，水资源总量短缺严重制约经济发展，威胁人民生存和自然生态安全。

---

* 刘鑫（1992— ），男，助理工程师，江西省南昌市水务局。刘建军（1966— ），男，工程师，甘肃省疏勒河流域水资源管理局。

（二）水资源管理

疏勒河灌区施行流域和区域相结合的水资源管理体制，甘肃省疏勒河流域水资源管理局和玉门市、瓜州县水务局，分别负责地表水和地下水资源管理。

灌区取用水监控设施健全，管理制度完善。疏勒河管理局建设了水量信息自动化调度系统。在灌区内干、支、斗渠口均安装了雷达水位计、磁伸缩水位计、巴歇尔量水堰、梯形量水堰以及钢制测桥等各类水量测报装置。在各机井安装了磁卡计量水表。疏勒河灌区取水计量精准，为水权水价改革奠定了基础。

（三）取水许可

改革前，甘肃省水利厅核发疏勒河管理局取水许可证两宗，许可疏勒河地表水取水总量8.3165亿立方米每年用于农业灌溉，玉门市、瓜州县水务局核发各机井主取水许可证3541宗，许可地下水取水总量2.3892亿立方米，用于工业、生活和农业灌溉。

（四）农业水价

改革前，疏勒河灌区农业用地表水价根据《甘肃省发展和改革委员会关于调整省疏勒河灌区农业供水价格的通知》确定，综合平均为0.111元/立方米，其中昌马灌区0.111元/立方米，双塔灌区0.111元/立方米，花海灌区0.121元/立方米。地下水水资源费按照《甘肃省取水许可和水资源费征收管理办法》规定，农业生产限额内用水不征收水资源费，超过限额部分用水0.005元/立方米。

二、水权改革做法

按照水利部《关于开展水权试点工作的通知》，甘肃省政府将疏勒河灌区列为全国水权试点，2014—2017年在玉门市和瓜州县疏勒河灌区试行水权制度。

在甘肃省水利厅主持下，酒泉市人民政府组织玉门市政府、瓜州县政府、疏勒河流域管理局，成立了省、市、县（市）、流域管理局各级水权试点领导小组，制定实施了《甘肃省疏勒河流域水权试点方案》《甘肃省疏勒河流域水权试点工作方案》《甘肃省疏勒河流域水权试点水资源使用权确权实施方案》《疏勒河流域水权交易管理试行办法》《玉门市疏勒河流域水权分配方案》和《瓜州县疏勒河流域水权分配方案》，完成了水权总量控制指标确定、水权面积核定、水权分配、水资源使用权确权登记、农业用水水资源使用权证颁发、工业和生活用水取水许可证换发、水权交易平台搭建、水权交易制度建设、水市场监管体系建设等一系列水权改革工作，为农民用户水协会、农业经营大户和取水单位颁发水资源使用权证211本，核发工业、生活、人工生态取用水户取水许可证3515本，流域水资源使用权确权颁证率和取水许可证核发率达到了100%，多种形式的水权交易有序开展。2017年疏勒河灌区农业用地表水许可取水总量由改革前的8.32亿立方米调减到了5.02亿立方米，实现节水3.3亿立方米。

（一）开展水权的确权登记

一是编制方案。水资源使用权分配方案是水权确权工作的依据，以县（市）为单位编制，做到数据可靠准确。二是方案审批。由酒泉市政府牵头，省水利厅水资源处、酒泉市水务局、疏勒河管理局、县（市）水务局等单位组织联合审查组，对方案的编制依据、可分配水权水量、预留水量、各单位水量分配等内容进行审查，提出审查意见，由酒泉市水务局审核确认。三是确权公示。对生活、生态、工业取用水户采取书面告知的方式，通知取水许可量。对农业取用水户，以协会为单位，将确权结果公示，征求意见，接受监督。四是确权发证。按照方案，将取水许可证和水权证发放到户。五是登记造册。水行政主管部门对确权结果登记造册、存档，建立水权确权登记管理平台，逐步实行查询、交易、变更等过程的系统化、科学化、规范化。确权登记工作要力求做到：一要简便实用。要明确可分配水量、计量断面、取用水量。确权的方法要简便实用，操作性强，群众能掌握。二要全面覆盖。地表水、地下水全面配置，所有用水户全部确权，保证全覆盖。三要可调整。要设定水权确权的有效期，期满后可根据实际情况进行调整。四要促进节水。水权确权后，超用水量要实行累进加价，通过价格杠杆促进节水。

（二）建设水权交易平台

为了保证水权交易的合法性，酒泉市水务局、疏勒河管理局与中国水权交易所签订了水权交易平台搭建和维护委托协议，共同编制了水权交易平台搭建与运行维护方案，在中国水权交易所建立了疏勒河流域水权网上交易大厅。对区域用水总量控制指标、水资源确权数据、用水户协会和主要农户用水、工业企业用水等信息进行采集，建立了甘肃省水利厅、酒泉市水务局、疏勒河管理局三级互联互通、实时共享的水资源使用权确权登记数据库，由中国水权交易所负责实时动态更新和维护，整合地表水、地下水资源信息，开展水资源综合平衡和统计分析，直接为疏勒河流域水权交易流转提供服务，保障了水权交易流转的有序进行。

（三）加强水权交易审批管理

酒泉市政府制定实施了《疏勒河流域水权交易管理试行办法》，对水权交易实施用途管制和分类管理。

水权交易审批监管权限，按照地表水取水许可管理权限划分。一般来讲，2000 万立方米以下的水权的交易应由疏勒河管理局主导，酒泉市水务局参与审批。交易水量在 2000 万立方米以上的，应由酒泉市水务局和疏勒河管理局初审后，由甘肃省水利厅审批。

水量交易审批监管权限，按照交易双方取水口属地划分：灌区之间交易，由疏勒河管理局灌溉处审核同意；同一灌区内交易，由灌区管理处审核同意；同一灌区同一渠系交易的，双方共同向所在渠系水管所提出申请，所在渠系水管所核准同意并报所在灌区管理处备案；同一灌区不同渠系之间交易，双方向各自渠系所在水管所提出申请，经两渠系水管所协商一致，报灌区管理处审核同意；同一协会内农户之间交易，由水管所审核同意后，在协会的监管下进行。

三、水价改革做法

为了落实《中共中央、国务院关于加快水利改革发展的决定》《甘肃省发展和改革委员会、甘肃省水利厅、甘肃省财政厅关于印发进一步推进农业水价综合改革实施意见的通知》《中共酒泉市委、酒泉市人民政府关于深化水权制度改革推行差别水价的实施意见》酒泉市人大 2003 年作出的《关于禁止无序开垦荒地资源的决定》《关于禁止农村无序移民的决定》和《关于加强地下水资源管理的决定》（以下简称“三个决定”）等有关精神，疏勒河灌区于 2014 年开展了农业水价改革，推行了农业灌溉实行超定额累进加价和差别水价制度，促进了农业节水。

（一）基本原则

一是坚持用水总量控制和配水定额管理原则；二是坚持农业灌溉用水超定额累进加价和施行差别水价原则；三是坚持兼顾效率和公平原则；四是坚持统筹兼顾原则；五是坚持尊重历史、面对现实、促进节水、保障发展原则；六是坚持分灌区因地制宜、稳妥推进原则。

（二）基本水价供水量

基本水价供水量由灌溉定额和基本配水面积确定。

灌溉定额根据《甘肃省人民政府关于印发甘肃省行业用水定额（修订本）的通知》规定的甘肃省河西片农业用水定额、《敦煌水资源合理利用与生态保护综合规划》规定的农业灌溉定额和本流域近年农业灌溉实际灌溉定额，确定基本水价灌溉定额。

采用各灌区2008—2012年五年实际灌溉配水斗口定额平均值，确定各灌区斗口灌溉定额。以后随着节水措施的落实，逐步达到《敦煌水资源合理利用与生态保护综合规划》规定的农业灌溉定额目标。

灌区管理处配水面积以“三个决定”以前的耕地面积为基本配水面积。计划内各类移民的耕地，依据安置时规定分配的面积确定基本配水面积。以后违规开垦的荒地原则上不予配水。各灌区管理处与当地政府、国营农场共同将基本配水面积确定到各农民用水者协会，各农民用水者协会将基本配水面积确定到各用水户。

（三）差别水价和累进加价

农业用水实行超定额累进加价和差别水价：在统一配置地表水、地下水两种水源的前提下，按照不同耕地类型，在执行批准后的现行水价和水资源费标准的基础上，实行超定额累进加价和差别水价。

“三个决定”以前的耕地全部核定水权，用水实行现行水价（或水资源费）和超定额累进加价。地表水：水权额度内，执行现行水价；超水权额度50%以内（含50%）的，超额部分水费按不低于现行水价的1.2倍收取；超水权额度50%以上的，超额部分水费按不低于现行水价的1.5倍收取。地下水：水权额度内，按现行标准征收水资源费；超水权额度50%以内（含50%）的，超额部分水资源费按不低于现行标准的2倍征收；超水权额度50%以上的，超额部分水资源费按不低于现行标准的3倍征收。以后违规开垦的荒地不核定水权，可根据水资源保障程度和水利设施供水能力，在合理范围内调整供给，用水实行差别水价（或水资源费）：地表水按不低于现行水价的2倍收取水费，地下水按不低于现行标准的10倍征收水资源费。

国家政策性新增耕地，经水资源论证，水源有保障的，核定水权，用水实行差别水价（或水资源费）：地表水按不低于现行水价的1.5倍收取水费，地下水按不低于现行标准的3倍征收水资源费。非法开垦的耕地不核定水权，也不得通过市场交易等手段取得用水量。

井河混灌区，按照先配置地表水、不足部分地下水补充的原则，合理确定各灌溉轮期地表水、地下水用水比例和水量。对不服从水管单位的水量调度、自行提取地下水灌溉的，按照水法等有关规定予以处罚。

四、改革经验

（一）政府主导，分类推进

疏勒河灌区实践证明，顺利推进水权改革的前提是做好水权试点方案顶层设计，保障是坚持政府主导，基础是完善水量计量设施，措施是加强制度创新和社会宣传，统筹水价改革。注重分类施策，对工业用水、城市生活用水只发放了取水许可证，实行动态管理，定期审验，取水许可证和水资源使用权证具有同等效力。对农业用水除发放取水许可证外，将水资源使用权向具体用水户细化分解，向农民用水户协会（村或组）增发水资源使用权证，而不直接向农户发放水资源使用权证，既响应了当前中央对农村土地集中流转等方面的最新政策，又有效避免了水资源使用权的过度碎片化，最大限度地为水资源使用权的调配管理和交易流转提供了便利和可操作性。

（二）总量控制，协会管理

疏勒河灌区水权改革的最大困难是灌溉面积大、水资源总量少，以政府常务会议审查批复的形式，确定水权总量控制红线；明确水权配置范围为二轮土地承包面积、国家土地占补平衡和政策性新增耕地等三类耕地，非法开垦的耕地不配置水权；水权确权主体为农民用户水协会、农业经营大户和工业取用水单位。以“确定灌溉定额、核实灌溉面积、核定灌溉水量”为水权改革的切入口，对作物灌溉定额标准核定、用水户面积核实、计量断面设置等基础工作进行深入细致的调查、分析，充分考虑各种历史因素，核实了用水户灌溉面积。以农民用水户协会能力建设为水权改革先导，改善办公条件，改选协会人员，配套基础设施，完善协会章程、选举办法、考核办法以及灌溉管理、工程管理和财务管理制度。同时，根据渠系完好程度，把末级渠道划段承包到户，明确承包管理制度，落实管护措施，建立管护奖励机制。开展阳光水务，完善了水务大厅管水模式，实行“一事一议”和面积、水费、水价、水量“四公开”，接受用水户、水管单位、当地政府和社会监督。农民用水户民主参与农业用水管理，充分发挥了利益相关者管理的积极性，增强了利益相关者主动参与性，提高了水资源管理效益。用水者的节水意识可以得到加强。在不同水权制度下，用水者的用水收益和水资源利用的相关程度不同，节约的水资源可以为用水者带来显著的收益，用水者就会有很强的节水意识，想办法提高水资源的利用效率。

（三）生态优先，保障农业

在确权分配工作中，优化配置水资源、保障生态用水。《甘肃省疏勒河流域水权试点水资源使用权确权实施方案》充分考虑了现状及未来试点区内城镇及农村生活需水量，预留 10% 作为政府调控水量，主要用于水资源应急调度。考虑工业用水保证率较高，在水资源使用权确权中，按照工业现状用水量予以取水权进行确认。农业用水的使用权在确权中考虑了来水条件、斗口以上输水损失等因素，确定的是斗口以下净水量，基本能够保证节水作物用水需求。生态用水作为公益用水，按照《敦煌水资源合理利用与生态保护综合规划》确定的生态水下泄目标，给予了优先考虑。对农业用水，试点方案按照法定灌溉面积配置水权，计划外发展的灌溉面积不配置水权，保障了合法耕地用水权益，坚决杜绝开荒土地的不合理用水需求，如此可有效避免农业用水无序增长导致存量指标互相挤压以至区域水资源用水结构严重不协调的问题。新上涉水项目受用水指标限制越来越严格，直接影响区域经济发展。通过水资源确权和交易，盘活用水指标存量，为新上用水项目开辟新的指标通道。

（四）搭建平台，促进交易

按照“优化配置、节约有奖、市场交易、有序转让”的原则，积极探索建立水权流转和运行机制，制定水权转换实施方案，建立用水权交易市场规则，健全水权登记、公示、调整、中止等管理制度，建立由政府主导、各行业用水户和农民用水户协会参与的水权交易市场。充分发挥水票在水权回收、交易、转让中的媒介作用，对农户节约的水量由供水单位按不低于现行水价 1.5 倍的价格有序回收，组织交易和转让；对属于国家产业政策鼓励类新上工业项目及现有企业因扩大生产规模需申请水权的，应在水行政主管部门或流域管理机构的监督指导下，按照有关法律法规的规定，进行水资源论证，并签订水权转让协议书，办理取水许可相关变更手续。

凝心聚力、攻坚克难，助力农业供给侧结构性改革

孙小铭　吴修杰*

一、准确把握都江堰灌区水利发展新形势

水是生命之源、生产之要、生态之基，是民生福祉的重要保障。党的十八大以来，以习近平同志为核心的党中央提出了一系列治国理政新理念新思想新战略，形成以新发展理念为指导，以供给侧结构性改革为主线的政策框架，提出了新时期水利工作方针，开辟了中国特色社会主义新实践新局面新境界。四川省省委省政府贯彻落实习近平新时代中国特色社会主义思想“四川篇”各项部署要求，提出：一个愿景、两个跨越、三大发展战略、四项重点工程的战略谋划，着力形成“一干多支”的发展格局。省水利厅提出要将都江堰灌区打造成为“具有都江堰特色、国内一流、世界领先”的现代化“智慧灌区”。因此，科学判断当前水利工作形势，统筹改革发展各项任务，始终保持专注发展、转型发展、绿色发展定力，给当前都江堰灌区水利工作提出了新要求。

（一）成都平原经济区领先发展对提升灌区水安全保障能力提出了更高要求

都江堰灌区涵盖成都平原经济区8个市中的7个市，属四川省政治、经济、文化核心地带。多年来，都江堰灌区通过加强水利建设和管理，强化水资源科学调度，有效保障了成都平原经济区城乡供水安全、防洪安全、粮食安全和水生态安全。但是，随着近年来成都平原经济区工业化、城镇化和城乡统筹发展快速推进；成都市建设国家中心城市和天府新区进程的加快，都江堰灌区经济总量不断扩大，经济结构不断升级，用水需求结构也在快速变化和增长，保障供水量的满足、质的要求、多元化多层次需求的压力越来越大。据初步测算，到2020年整个都江堰灌区需水将超过100亿立方米、2030年达到123亿立方米。要实现成都平原经济区的领先发展，迫切需要都江堰灌区水管单位全方位提升服务水平、高标准提供水安全保障、高要求维护良好水

---

* 孙小铭（1970—　），男，高级会计师，四川省都江堰管理局局长。吴修杰（1983—　）男，四川省都江堰管理局办公室副主任、文明办副主任。

生态。

（二）农业供给侧结构性改革对农业节水提出了更高要求

当前，四川省农业农村发展已进入新的历史阶段。2017 年四川省委一号文件提出，要深入推进农业供给侧结构性改革，加快培育农业农村发展新动能，开创农业现代化建设新局面。目前，都江堰灌区内农业生产的水利根基还不太稳固，农业用水总量不足与效率不高并存，农业节水还有很大空间。推进农业供给侧结构性调整，必须适应农业由总量不足转变为结构性矛盾的阶段性变化，着力实施农业节水工程，加快补齐农田水利短板特别是农业节水这个突出短板，把农业节水作为方向性、战略性大事来抓，加快完善农业节水政策支持体系、农业节水技术和产品标准体系、农业节水激励机制，在灌区抓紧建设一批重大节水灌溉工程，着力解决农业用水粗放和缺水问题，进一步提升农田水利设施保障能力。

（三）绿色发展对水资源节约保护和严格管理提出了更高要求

当前，水安全领域新老问题相互交织，水资源短缺、水环境污染、水生态损害等新问题愈加凸显。我们要全面贯彻落实绿色发展理念和要求，深刻理解绿水青山就是金山银山的实质与内涵，严守水资源消耗上限、水环境质量底线、水生态保护红线，加强灌区系统治理和保护修复，统筹推进水资源全面节约、合理开发、高效利用、综合治理、优化配置、有效保护和科学管理，推动灌区经济社会走上生产发展、生活富裕、生态良好的文明发展道路。

（四）推进现代化灌区建设对深化水管单位改革提出了新要求

今后一段时期，是都江堰全面建设“具有都江堰特色、国内一流、世界领先”的现代化“智慧灌区”的关键阶段。这就迫切需要灌区强化供水价格、河渠管理保护、工程建设管理等重点领域改革，深化依法治水管水兴水，构建两手发力、创新驱动、法治保障的体制机制，探索“灌域”管理模式，统筹推进水利改革攻坚，不断提高水利改革的精准化、精细化、精深化水平，加快构建现代水治理体制机制。

二、厘清水利助力农业供给侧结构性改革思路

习近平总书记在 2017 年全国“两会”期间参加四川代表团审议时，就四川省如何推进农业供给侧结构性改革提出了明确要求，四川省省委省政府就贯彻落实习近平总书记指示精神作出了具体部署。省水利厅就贯彻落实中央和四川对水利工作的要求并

结合实际，对都江堰灌区水利工作提出“十个坚持”的要求。水利是推进农业供给侧结构性改革的重要内容，我们要牢固树立“统筹、节约、绿色、共享”的发展原则，助推农业提质增效。

（一）灌区建设要以统筹为先导

都江堰引水总量占灌区水资源总量的37%，已经超过了全国24%的水平。引用岷江上游来水总量达68%，已经超过国际公认河流最大开发利用程度40%的警戒线。因此，要守住用水总量这条“红线”，在支持灌区经济社会发展的同时，必须严格实行灌区水资源统一管理调度，严格执行建设项目水资源论证制度和取水许可审批制度，严格地下水管理和保护，对都江堰水资源实行更加科学的“统筹”管理，减少水资源总量的利用。

（二）灌区建设要以节约为根本

根据《都江堰灌区续建配套与节水改造规划》，从1996年至2017年，灌区共投资41.96亿元，新建、整治渠道4178.8千米。实现新增灌面162万亩，改善灌面360万亩，灌溉水利用系数由0.432提高到0.51。到2020年，实现灌溉水有效利用系数提高到0.55的目标，困难还相当大。为此，都江堰灌区要守住用水效率这条“红线”，必须强化节水监督管理，严格控制高耗水项目建设，落实建设项目节水设施与主体工程同时设计、同时施工、同时投产制度，全面加强节水宣传和节水管理，加快节水型社会建设，通过“节约”，让有限的水资源发挥最大的社会效益、经济效益和生态效益。

（三）灌区建设要以绿色为基础

目前，都江堰供水区幅员面积2.72万平方公里，占全省5.6%，覆盖了2300万人口，占全省人口的25.8%，其中城镇人口1060万人，占全省人口的32.8%，城市化率达45.6%；在连续多年的全省十强县评选中，有九个县在都江堰灌区内，充分体现了都江堰灌区对全省经济发展的支撑作用。虽然近年我们加强水政执法，严格水质监测，限制沿渠排污，但如2006年沱江水污染事件、2013年泥石流污染影响自来水制水等事件时有发生。经济社会发展带来的供水矛盾日益突出，人民群众对水环境的要求越来越高，“绿色发展”“绿色供水”已经成为我们下一步关注的重点和追求的目标。

（四）灌区建设要以共享为目标

2020年，我国要全面建成小康社会，都江堰灌区也不会例外。但仅有“总值”和“人均”的小康并不是全面的小康，一部分人“被小康”会损害全面小康的价值底色、降低全面小康的实际成色。灌区各地全面建成小康社会，离不开水资源的保障和支撑。我们不能把一部分人或地区的“获得感”建立在另一部分人或地区的“失落感”甚至“被剥夺感”的基础上。作为都江堰水资源的管理者和调配者，我们必须科学精细配置水资源，推进灌区不同区域之间，生产、生活、生态等不同项目之间、上下游之间和左右岸之间在享受用水这一基本公共服务上实现均等化，使灌区均衡受益，使灌区群众和单位职工共享水利改革发展的成果。

三、夯实水利助力农业供给侧结构性改革基础

第一，以农业节水为方向，补齐补强水利基础设施短板。一是把农业节水作为方向性、战略性大事来抓，加快完善灌区农业节水政策支持体系、农业节水技术和产品标准体系、农业节水激励机制，大规模实施农业节水工程，着力开发一批种类齐全、系列配套、性能可靠的农业节水技术和产品，全面提高水土资源利用效率和效益。二是进一步优化配置水资源。根据灌区水资源分布、岷江来水、灌区实际供需水等情况，实施水资源科学配置、优化调度，按“三条红线”实行最严格的水资源管理。三是大力推进灌区水利现代化建设，加快开展试点工作，以水利信息化带动灌区现代化，充分发挥信息化全面渗透、跨界融合、加速创新的催化作用，为现代化灌区建设立梁架柱，助力现代化“智慧灌区”建设，提高城乡水安全保障水平。

第二，以科学规划为引领，完善灌区水利规划体系。一是制定《都江堰灌区现代化升级改造规划》。2020 年后，灌区水利建设重点要紧跟水利部灌区建设发展思路，由续建配套向现代化升级改造转变，在总结现代化灌区试点建设经验的基础上，抓好《都江堰灌区现代化升级改造规划》制定。二是制定《都江堰灌区省管河道综合治理规划》，构建内江四大干渠、外江两大干渠等灌区省管河道高标准防洪体系。三是修订《都江堰灌区末级渠系节水改造规划》，为建设效益型灌区、节水型灌区解决好“最后一公里”问题。四是制定《都江堰灌区水资源综合利用规划》和完善相关专业规划，科学统筹安排都江堰灌区水资源可持续利用。五是制定《都江堰灌区水利信息化发展规划》，进一步提高都江堰灌区信息化和自动化水平。

第三，以改造提升为重点，筑牢完备的水利工程网络。一是全面完成灌区续建配套与节水改造。力争在 2020 年全面完成灌区续建配套与节水改造规划投资，新增年节水能力 2 亿立方米左右。二是提高管理水平，确保建设规范开展。加快推进水利工程划界确权工作，努力解决河道管理用地“一女二嫁”问题；认真执行项目法人责任制、招标投标制、工程建设监理制、合同管理制和廉政责任制，确保水利建设的生产安全、质量安全、资金安全、干部安全。三是加大水利工程建设力度，进一步夯实工程基础。

坚持“岁勤修、预防患”的历史传统，建立健全各级政府和水管单位岁修资金投入机制，加强都江堰水利工程维修养护，保障已建工程良性运行；加强灌区水毁工程修复和薄弱环节整治，大力消除工程隐患，确保灌区防汛和供水平安；加强支渠口以下渠系配套和末级渠系建设，进一步提高供水保证率和灌溉水利用率。

第四，以信息化建设为核心，促进“智慧灌区”建设。一是认真开展灌区现代化试点工作，积极争取成为水利部开展灌区现代化建设的首批试点单位。二是按照“四化同步”、现代农业发展、生态文明建设对灌区的新要求，科学编制符合灌区实际的现代化建设规划。从规划理念、技术标准、新技术应用、信息化建设、节水生态型改造措施以及体制创新、现代管理制度等方面全方位推进都江堰现代化灌区建设。三是大力提升灌区信息化水平，在全省水利云平台的基础上，通过建立“一个中心”——灌区水利云数据共享服务中心，完善“一张地图”——灌区水利地理信息 GIS 系统，构建“一套体系”——灌区信息传输网络与安全标准体系，搭建“一个平台”——智慧灌区应用管理运维一体化平台，实现信息化系统由网络化到云中枢化，灌区信息化由静态信息到动态体征，由被动方式到主动方式，由事后处理到事前预知，由具体事务到系统综合的创新发展，基本建成具有都江堰灌区特色、达到国内先进技术水平的“智慧灌区”。

第五，以改革创新为导向，逐步理顺体制机制。一是灌区内各管理单位要形成合力，探索“灌域”管理模式，逐步从水资源统一调配过渡到单位之间统一管理，有利于同各级地方政府和社会各界协调配合。二是按照《四川省都江堰水利工程管理条例》逐步统一水权，强化“三条红线”管理并开展都江堰水资源综合利用规划的编制。三是按照国务院《农田水利条例》的总体要求，加快推动农业水价改革，提出水价调整方案的方式，建立水价动态调整机制，建立水价解缴考核办法。同时鼓励先进耕作技术，奖励节水行为。四是继续推进灌区民主化管理，支持用水户协会的工作。目前都江堰灌区已有农民用水户协会 400 多家，管理灌面 300 多万亩，不足有效灌面的 1/3，发挥的作用还极其有限，需要通过政策扶持、管理创新、资金支持等办法措施来激励和加强。

第六，以人才建设为驱动，努力增强灌区发展内动力。水管单位作为传统的以基层和一线工作为主的老单位，普遍存在人员老化、人数超编、人才缺乏的情况。灌区大多数单位要达到定编方案的人数，需要持续的以职工退休为主的自然减员，长的需要近 10 年的过渡期。这样带来的问题是职工年龄结构不断老化，老职工成批退休，却无人接替。水利管理工作需要理论知识，但更需要实践经验，上述现象造成水管单位人才断档，青黄不接，好的经验、方法、技能逐步失传。我们必须通过外部引进和内部培训相结合，加快培养既懂管理又懂专业、既懂法律又通政策、既有理论基础又能实际操作的复合型人才，提倡“师带徒”和“传帮带”，鼓励工作创新和技术革新，建设起“老中青”相结合的人力资源配置合理的人才队伍。

推进新时期灌区水利改革发展，任务艰巨，使命光荣。我们将更加紧密地团结在以习近平同志为核心的党中央周围，贯彻落实习近平新时代治水兴水思想，按照四川省委省政府、省水利厅要求，紧紧围绕“再造都江堰”区水利大提升行动，践行都江堰灌区发展新理念，锐意进取，扎实工作，为把都江堰灌区建设成为“具有都江堰特色、国内统一、世界领先”的现代化“智慧灌区”而努力奋斗！

社会资本参与农田水利建设的典型案例分析及经验启示

严婷婷　罗　琳　王转林*

农田水利是国家农业发展和粮食安全的基础，加快农田水利建设是水利改革发展的重要任务①。为改善农田水利基础设施建设这一薄弱环节，亟须加大投资力度②。政府和社会资本合作（Public - Private Partnership，PPP）开展农田水利建设，是适应水利需求结构变化、改变水利供给结构和水平的有效举措，是实施水利供给侧结构性改革的重要内容，是水利供给侧结构性改革中“补短板”的具体表现③。近年来，国家出台一系列政策支持社会资本参与水利建设，社会资本在水利工程中的参与程度不断提高，“十二五”期间全国水利建设资金中社会投资约964亿元，是“十一五”期间的5.4倍。④ 各地在鼓励引导社会资本参与农田水利建设方面也开展了积极探索，社会资本和信贷资金规模在农村水利总投资中的比重超过了10%。2016年颁布实施的《农田水利条例》，进一步以法规的形式明确了农田水利建设实行政府投入和社会力量投入相结合的机制。⑤ PPP模式作为水利供给侧结构性改革中制度要素的创新，将成为推动农田水利建设持久良性发展的新动力。本文选取社会资本参与农田水利建设的典型案例，分析云南陆良、山东齐河以及安徽定远等地在创新PPP模式方面的主要做法，初步总结社会资本参与农田水利建设的经验启示，为各地进一步鼓励和引导社会资本参与水利工程建设运营提供借鉴。

---

* 严婷婷（1984—　），女，博士，工程师，水利部发展研究中心。罗琳（1987—　），女，博士，高级工程师，水利部发展研究中心。王转林（1994—　），女，硕士研究生，北京大学。本文是国家自然资源基金青年科学基金项目（51409159）。

① 中共中央、国务院：《关于加快水利改革发展的决定》，见 http://www.gov.cn/jrzg/2011 - 01/29/content_1795245.htm，2011年1月29日。

② 王冠军、陈献、柳长顺等：《新时期我国农田水利存在问题及发展对策》，《中国水利》2010年第5期。

③ 严华东、蒋松凯、张迪等：《PPP模式应用于水利工程的动机和政策建议》，《水利发展研究》2016年第9期。

④ 马超、袁晓奇：《社会资本参与水利建设的典型模式及操作要点》，《水利经济》2016年第6期。

⑤ 国务院：《农田水利条例》，见 http://www.gov.cn/zhengce/content/2016 - 06/02/content_5078987.htm，2016年6月2日。

一、典型案例分析

(一) 云南省陆良县恨虎坝中型灌区创新机制试点项目

恨虎坝灌区位于云南省陆良县西部，多为缓坡地，主要种植马铃薯、烤烟等经济作物，是全国首个规范地引入社会资本到农田水利建设中的试点项目。项目区设计灌溉面积1008万亩，主要新建泵站2座，铺设干支管道243千米，田间管网1111千米。其中，灌区骨干工程由政府负责投资兴建和运行管护，社会资本负责农田末级渠系的投资、经营及管理。项目总投资2712万元，其中吸引社会资本646万元（市场投资主体452万元，农民用水合作组织194万元），占比约24%①。

在灌区建设和运营的过程中，社会资本通过“企业+合作社”的新型合作模式，以特许经营方式参与。农民通过成立合作社入股，与企业共同组建项目公司。项目公司作为支管、配水管网和配套设施的产权和管理责任主体，直接享有灌区支渠、斗渠和田间工程的所有权，由县人民政府颁发产权证书，同时享有经营权和收益权。按照特许经营协议，项目公司运营管理期为20年，经营满3年后可以转让退出。项目设计社会资本供水收益的年均资本收益率为9.8%，高于商业银行贷款利率。为了分担风险，协议还明确当社会资本投资收益和折扣之和低于7.8%时，由县政府补足相应缺口部分资金，并鼓励公司通过提供生产技术服务等农业综合性经营服务获得额外收益。

该项目通过“企业+合作社”的模式创新，不仅将工程受益农户和市场主体组成利益分享、风险共担的共同体，同时也在政府主导、社会资本充分参与的条件下，借助企业先进的管理经验和技术解决了管理维护主体缺位的问题，有助于农田水利工程长期良好运行。

(二) 山东省齐河县PPP农田高效节水灌溉试点项目

山东省齐河县位于鲁西北平原，土地较为分散，主要种植粮食作物，是全国首个在平原地区开展农田水利PPP项目的试点。试点项目区涉及7个行政村，共发展喷灌工程面积5292亩，已于2016年3月全面完工并投入运行。其中，政府负责投资建设水源、电力等骨干工程，社会资本负责投资建设田间喷灌设施的投资建设。项目区田间节水灌溉设施投资共1012.52万元，社会资本投入225.07万元，占比约22%②。

---

① 吴德平：《引入社会资本解决农田水利“最后一公里”问题的恨虎坝探索》，《中国水利》2016年第1期。

② 李鹏、王龙浩：《山东齐河探索引入社会资本参与农田水利工程建设新课题》，《中国水利报》2016年3月8日。

在社会资本参与的过程中，建立了农民用水协会和社会资本方参与的股份合作机制，以“企业＋农民用水协会”构建“合作社”的市场合作新模式。财政投资部分工程造价作为协会投入，双方依法注册成立农业灌溉专业合作社，共同经营管理，共同分享投资管理红利，并按出资比例行使权利和承担义务。财政投资建设的工程所形成的国有资产产权归焦庙镇人民政府，社会资本方则获得了其投资建设的田间喷灌设施的产权。合作社作为工程运行管理主体，为农业用水户提供及时可靠的灌溉服务，同时负责节水灌溉设施的运行管理和维修养护。合作社经费主要来源于收取的灌溉水费收入及其他水利服务的综合经营收入。项目实施过程中，先后出台关于初始水权分配、合理水价形成机制和政府扶持等相关激励和约束机制，保障 PPP 项目的有效进行。县政府出台了有关节水奖励与灌溉补贴的执行办法，设立了节水奖励和灌溉补贴专项资金，分别对用水户进行节水奖励和合作社的灌溉补贴。

齐河县的试点项目是继云南省陆良县恨虎坝灌区和澄江县丘陵经济作物区项目之后，又一成功地引入社会资本参与农田水利建设的试点项目。齐河县在建立相应的配套机制和创新组织形式的基础上，用财政资金承担农民用水协会应该承担的合作社注册资金、实行灌溉补贴兜底等措施都为同类型地区引入社会资本提供了良好的借鉴示范作用。

（三）安徽省定远县小型农田水利工程 PPP 模式

安徽省定远县地处江淮分水岭，农业人口比重为 85%，是典型的农业大县。近年来，定远县积极推进小型农田水利工程建设和运行管理，大力推广“泵站串塘”建设模式，致力于实现让水利死角地区也有水可用的目标。自 2011 年开展水利改革，该县累计完成小型农田水利建设投资 4.85 亿元，其中社会资本占比约 29%。5 年来，该县新增和恢复有效灌溉面积 26.3 万亩，有效灌溉率提升了 11.1%，农村水利基础设施条件和农业灌溉保障能力大为改善①。

在小型农田水利工程的建设管理中，定远县建立“一金一费”、颁发“两证一书”，大力推广 PPP 模式，努力构建政府主导、社会参与、农户支持的合作机制。政府按照“先建后补，多建多补”的原则，对社会资本建设的考核达标的农田水利工程，按照工程决算审计价的 2/3 发放水利建设奖补资金；对社会投资主体自主建设的小型水利工程发放管护补助经费，对通过政府购买服务方式管护公益性小型水利工程的专业化公司支付管护经费。定远县积极开展小型水利工程“两证一书”改革，采用承包、租赁、股份合作、拍卖等多种形式，广泛吸纳社会资金投资农田水利设施建设和管理。

---

① 吴晓珺、范智：《大河有水小塘满水系连通创丰年——安徽定远县打通农田水利“最后一公里”》，《中国水利报》2015 年 10 月 20 日。

此外，民丰村镇银行与定远县水务局达成协议，开展小型水利工程产权证、使用权证抵押贷款，提供额度为5万—80万元的低息贷款，盘活了水利资产，增强了农田水利项目对社会资本的吸引力。

定远县是全国小型农田水利PPP模式建设的先进典范，充分发挥了财政资金的杠杆作用以及金融机构的支持力量，形成了多元化的投入机制，让社会投资者有合理的投资回报，提高了农村水利设施的完好率和使用率，实现政府财政资金的效益提高、农民增收、社会资本获益的三方共赢。

二、经验启示

根据典型地区社会资本参与农田水利建设的做法，从农田水利PPP模式各方的参与要点、合作的关键机制以及相关保障措施等方面，总结以下几点经验启示，为各地进一步推动社会资本参与农田水利建设提供参考。

（一）发挥政府的主导作用

农田水利项目具有较强的公益性，盈利能力较弱，必须充分发挥政府的主导作用来推广农田水利PPP模式[①]。一是要通过财政资金引导社会资本投入。在加大公共财政投资力度的前提下，可依法依规将各级政府财政资金作为水利项目资本金，统筹用于水利项目建设，发挥财政资金的杠杆作用，通过对采取PPP模式的农田水利项目给予财政补贴等形式撬动社会资本。二是要完善相关的政策[②]。地方政府应尽快出台支持和规范社会资本参与农田水利建设的政策法规，明确农田水利PPP项目的基本原则、准入退出机制、操作要点、监督管理等，规范项目实施流程[③④]。同时，进一步完善农田水利建设与运行管理制度，加大用地支持力度，给予社会资本税收、用电等方面的优惠，鼓励开展综合性经营，提高农田水利项目对社会资本的吸引力。

（二）激发社会资本的活力

在政府有序引导下，要进一步激发社会资本的活力。一是培育多元化投资主体。

---

① 张海川、李苏犁、马礼平：《鼓励社会资本建设和管理农田水利工程初探》，《水利发展研究》2016年第8期。

② 穆希：《云南：引民资“活水”入公共“大田”》，《创造》2015年第10期。

③ 云南省人民政府办公厅：《关于鼓励引导社会资本参与农田水利设施建设运营管理的意见》，见http://www.jsgg.com.cn/Index/Display.asp？NewsID=20472，2015年10月19日。

④ 四川省水利厅、四川省财政厅：《关于鼓励引导社会资本参与农田水利设施建设运营的意见》，见http://www.jsgg.com.cn/Index/Display.asp？NewsID=21583，2017年1月9日。

目前，参与农田水利建设的社会资本主要有专业大户、家庭农场、集体经济组织、农业企业等[①]。一些地方还形成了不同类主体相互联合的创新模式，如“企业＋合作社”“企业＋农民用水协会”等。为充分发挥社会资本灵活和高效的特点，要不断培育新型投资主体，引导各类社会资本积极参与农田水利基础设施建设管理，形成多元化主体格局，提供更为高效专业的服务。二是不断丰富社会资本的参与方式。社会资本参与农田水利建设的方式既有特许经营、股份合作、承包、租赁、财政奖补等，也有激励工程受益区农户集资、投工投劳等。农田水利项目还可借鉴其他水利项目的经验，进一步探索建造—运营—移交（Build－Operate－Transfer，BOT）、建造—拥有—运营（Build－Own－Operate，BOO）等模式，丰富多元化资金筹集机制。

（三）加大金融的支持力度

农田水利建设任务重、资金需求总量大，需多渠道解决建设投资不足的问题，持续加大金融的支持力度[②]。一是要建立投融资平台，打通融资渠道。通过资金注入、财政补助、设立担保资产以及重组、增加水电站、城市供水等部分优质资金的方式，帮助水利投融资平台做强做大。二是要加强与金融机构的合作，充分发挥金融机构在农田水利建设中的作用。通过财政贴息、建立农田水利投资基金等方式，建立政府、企业、金融机构的联动机制，积极鼓励银行、投资公司等各类金融机构加大对水利改革发展的支持力度，加强和提升对农田水利投资的金融信贷服务[③④]。

（四）建立共赢的长效机制

政府和社会资本合作开展农田水利建设，需要建立公平合理、长效共赢的机制。一是要进行项目投资回报分析，建立合理的投资回报机制[⑤]。以现行的国家和水利行业章程规范为依据，严格执行国家现行的财税、价格政策，根据预测的项目收入及成本情况，测算农田水利 PPP 项目投资回报水平，明确项目资金筹措方式和社会资本投资规模、收益分配方案，形成合理的投资收益机制。二是充分考虑各种因素的变化可能，设计公平的风险分担机制[⑥]。农田水利 PPP 项目尚处于起步阶段，社会资本参与的过程

---

① 罗琳、李晓晓：《新型农业经营主体参与农田水利建设和管理存在的问题及对策》，《中国农村水利水电》2017 年第 1 期。

② 范卓玮：《“十三五”建立水利投入稳定增长机制的对策措施》，《水利发展研究》2016 年第 6 期。

③ 刘静、谢勇：《引导金融资源向水利倾斜》，《中国水利报》2012 年 8 月 28 日。

④ 胡亚利：《云南省设立省级农田水利投资基金》，见 http://www.mwr.gov.cn/xw/ggdt/201702/t20170213_854358.html，2016 年 8 月 11 日。

⑤ 庞靖鹏：《水利项目推广应用 PPP 模式相关建议》，《中国水利》2017 年第 4 期。

⑥ 魏天辉：《河南省社会资本投资农田水利建设的困境和保障机制》，《华北水利水电大学学报（社会科学版）》2016 年第 5 期。

中存在很多不确定性。为保证项目的顺利实施，要对可能面临的政策、法律、融资、市场、技术等风险进行有效识别和合理分配，给社会资本吃一颗“定心丸”。此外，农业用水需求受天气等因素影响较大，社会资本参与农田水利项目面临的自然灾害风险，可通过购买保险等方式进行分担和转移。

（五）深化农田水利综合改革

进一步深化农田水利重点领域改革创新，为社会资本更加积极顺畅的参与农田水利建设奠定坚实基础。一是深化农田水利设施产权制度改革。按照“谁投资、谁所有”的原则，明确农田水利基础设施的所有权和管护责任主体，发放小型水利工程所有权证、使用权证、管理维护责任书等，以“两证一书”保障社会资本权益，为进一步的产权交易、经营权转让等创造有利条件①。二是推进农业水价综合改革。通过落实农业水价综合改革的各项任务，建立健全初始水权分配和水权交易机制，形成科学合理的农业用水定价和动态调整机制②，提高农田水利项目的盈利能力。同时，通过不断完善节奖超罚的激励机制，增强社会资本的创新意识，不断提升农田水利设施的管理水平和效率。

三、结　　语

农田水利工程具有准公益性的特点，其首要功能是保障粮食安全和维护农民利益。农田水利 PPP 项目虽然可以回收部分投资，但受项目风险因素多、投资收益率低等影响，社会资本参与的意愿不强。根据典型案例的已有经验，各地在推广农田水利 PPP 项目时，政府应因地制宜，出台引导和补助政策，完善配套措施，创新合作模式，着力提高社会资本参与农田水利建设运营的积极性，为 PPP 项目的顺利实施和农田水利工程的良性运行提供保障。

---

① 王健宇等：《小型农田水利工程产权制度改革研究——理论模式及实践形式》，《中国水利》2015 年第 2 期。

② 刘小勇：《农业水价改革的理论分析与路径选择》，《水利经济》2016 年第 4 期。

丰水地区农业水价综合改革路径探寻
——以扬州市为例

李章林　王　洁*

农业是用水大户，也是节水潜力所在。开展农业水价综合改革是党中央、国务院加强农业供给侧结构性改革的重大决策，江苏省物价局、水利厅、财政厅联合印发的《江苏省农业用水价格核定管理试行办法》（以下简称《办法》），规定2017年开始试行新的农业用水收费制度，凡之前与《办法》相抵触的管理规定一律废止，新《办法》彻底改变了现行水费收缴制度，从政策上取消了按亩收取水利工程供水水费的政策，是策应国务院水价改革的关键举措。

一、扬州市农业水价综合改革实践

扬州市地处江淮交汇处，辖一县二市三区，总面积6591平方公里，耕地面积442万亩，人口446万。全市河湖密布，长江依境东流，淮河入江水道，京杭大运河纵贯南北，邵伯湖、高邮湖、宝应湖、白马湖由南而北依次排开。举世闻名的江都水利枢纽，国家南水北调东线工程源头亦在扬州市境内，全市水域面积占总面积的31%，其中县乡河道2300条，村庄河塘32000条，中小水库65座，多年平均降雨量1000毫米左右，是名副其实的丰水地区。

根据省政府办公厅《关于推进农业水价综合改革的实施意见》等文件要求，全市以县为单位编制了农业水价综合改革实施方案，并获得县级政府批复。按照实施方案，各地在试点村、试点灌区开展改革工作，大力发展管道灌溉以及喷滴灌等高效节水设施，结合大中型灌区改造、小农水重点县等项目加快农业供水计量设施建设。市级加强对农业水价综合改革的指导，先后到邗江区、江都区、宝应县试点村进行现场调研指导，并组织基层水利人员到宿迁、盐城、南通等地学习考察，2017年6月以来，每月一县召开现场观摩会，交流经验，探讨问题，部署下一阶段工作。

截至2017年9月，全市农业水价综合改革已取得一定进展。按照管理服务到位、

* 李章林（1963—　），男，高级工程师，扬州市水利局。王洁（1986—　），女，工程师。

水价核定到位、水费收缴到位和监督管理到位“四个到位”的标准，已完成农业水价综合改革面积9.4万亩。安装灌溉计量设施789处，占小型灌溉泵站比例达11.4%。在供水服务方面，已注册成立农民用水合作组织223个，其中民政局注册219个，工商局注册4个，参与农户231803户，农民用水合作组织管理灌溉面积136.76万亩，占全市总耕地面积的31.25%。在产权改革方面，全市997个行政村已有839个行政村明确了工程产权，颁发了工程产权证，共发放产权证91432本。

高邮市作为农业水价综合改革的全国试点县，在里下河提灌地区选择了2个乡镇5个行政村2万亩农田开展试点。改革内容主要有建立项目建设管理公开公示制度、工程产权确权和移交、落实工程管护经费长效机制、研究制定精准补贴与节水奖励办法、扶持农民用水协会发展等。通过完善工程配套、安装计量设施、测算分类水价、出台精准补贴、组建农民用水协会、建立节水奖励制度、开展民主管理，促进了节水减排，提高了供水保证率，减轻了农民负担，试点改革取得了阶段性成效，尤其在农业节水精准补贴机制与节水奖励制度方面的实践，取得了一些可复制、易推广的经验。

二、丰水地区农业水价综合改革路径探寻

农业水价综合改革政策性强、要求高、时间紧，扬州市在农业水价综合改革工作推进上虽然取得了一定进展，但由于丰水地区节水难度大、技术难点多，工作中矛盾复杂阻力大。在改革过程中，如何强化水利部门的农业供排水服务职能，倒逼基层水利管理单位实施管养改革，成为农业水价综合改革成败的关键。为了推进农业水价综合改革，帮助基层水利部门卓有成效开展农业水价综合改革，结合扬州市农业水价综合改革的实践，推荐采取以下“八步走”的改革步骤，以实现丰水地区水价改革目标。

（一）落实农田水利工程管护组织

按照“谁供水谁收费，谁用水谁缴费”的原则，分级成立农田水利管护组织。在组建村级农民用水合作组织的同时，组织乡镇水利站编外人员，按乡镇或灌区成立乡镇（灌区）用水合作组织，合理配置技术人员，界定水利站管理督查职能和乡镇（灌区）用水合作组织供排水服务职能，明确财务资金实行事企分开，形成乡镇（灌区）与村级农民用水合作组织共同负责农业供排水和管护工作的组织体系。乡镇水利站作为业务主管单位，负责建立区域内管护人员档案，按照统一编发的管护内容、设备操作、安全生产工作手册，开展用水合作组织管护人员业务培训，指导用水合作组织做好供排水服务和规范收费、规范设施维修养护、规范经费开支。

（二）合理划分水价收费单元

水价收费单元是指供排水条件相似、有利于核定水价成本、方便实施水费收缴的区域范围。目前大多数小型灌区是以村、组为水费核算单元，大型灌区为独立的核算单元。随着《办法》的实施，以乡镇水利条件相似的行政区域或灌区为单元，进行水价核算和收缴比较合理，既避免水价核算过多过繁，又避免水价标准不平衡性过大。对于使用集体所有水塘中的水和拥有独立灌排水系的用水户，可以单独进行水价核定、收费。

（三）建立供排水设施档案

农业供排水设施包括河道、提水泵站（引水闸首）、渠道及配套工程、排涝站等。考虑到今后发放取水许可证，县级以上河道不列入供排水设施档案。按照水价收费单元，对供排水设施进行分类登记，建立固定资产明细账，开展产权登记并用于测算运行维护成本。对于整合后的供排水单元，要不断优化供排水工程布局和运行调度方案，充分发挥供排水工程综合效益，着力节省运行维护成本。

（四）调查农民现状水价负担

农业水价改革政策性强，以不增加农民负担为前提，准确统计农民现状用水水价负担，关系到财政精准补贴的测算和水价改革的成败。农民现状水价负担包括农业灌溉负担、排涝负担等，其中农业灌溉负担包括水利工程供水水费、本村或本组收取的灌溉水费（主要含电费、人工费），此外丘陵山区一些农民还要自己买水泵、缴电费，才能灌溉到田，以及现状由村级经济承担的灌溉费用也要进行调查统计，纳入负担范围。统计内容包括灌溉面积和作物品种，排涝负担指乡镇按亩向农民收取的排涝费。通过样点调查统计，一般取三年平均作为农民负担的上限，同时统计结果确定的最高水价要有农民代表、村级基层组织签字盖章确认。

（五）核定灌排周期支出

乡镇（灌区）用水合作组织，在一个灌排周期结束后，要及时开展水价核算工作，统计实际支出，包括用电、维修、购买原水及人员工资等。核定后的水价超过农民现状负担的部分，就是财政需要补助的部分。对于各类收费主体，应当将核算的水价，以及向农民实际收取的水价报经县级物价、水利部门核准后执行。在实际工作中可以在灌溉前先按农民现状水价负担进行预收费，灌溉结束水价核算后，如果核算水价低于实收水价，则在下年度预收费时扣减，如果高于实收水价，则超过部分纳入财政补贴范围。对于受特大自然灾害影响而增加的供排水支出，应当作为公益事业由财政负担。小型灌区、使用集体所有水塘中的水和拥有独立灌排水系，供排水组织与用水户之间可以直接按协商水价收取。

（六）开展水价宣传树立资源意识

推进农业用水总量控制定额管理，以乡镇或灌区农民用水合作组织为对象核发取水许可证，在取水口安装计量装置，通过抄表计量开展节水奖励。现阶段针对取水泵站多、流量计价高，全部安装困难大的实际，在部分已经安装流量计的取水泵站，再安装开机时间累加器（以下简称“计时器”），实测不同泵型机组开机时间与取水量的线性关系，对其他未安装流量计的泵站，则直接安装计时器，通过上述率定的线性关系，推算出水力条件和机泵条件类似的泵站取水量，为水价核算和节水考核提供重要的数据支撑。

（七）健全“两证一书一台账”

切实发挥农民用水合作组织的重要作用，鼓励用水合作组织通过招投标或协商委托，以购买服务的方式实施灌排工程日常运行维护。做到工程处处有人管护，层层有台账档案，村村有公示专栏，农民用水合作组织实行阳光建设、阳光运行、阳光管理。对农业取水许可、农田水利设施产权和管理权证书、水价收费票据格式，在一省一市范围内应当统一，管护台账表式，应当规范简洁。县级水利部门负责农民用水合作组织行业管理，做好农村水利工程建设、使用、维护、管理的监督工作。

（八）建立信息化管理平台

构建农村水利“一张图”数据系统，完善农业水价综合改革信息平台，全市统一开发水价收缴机打发票凭证及远程传输系统，利用物联管理技术，提高管护及数据统计效率，实现数据统计科学可信、规范精准，同时加大以用水合作组织为主体的“一事一议”“先建后补”政策落地研究，农村水利项目优先安排用于开展农业水价改革的地区，多渠道促进农业水价改革行之有效、持之以恒、不断完善。

国家明确江苏省农业水价改革的时间节点是2020年，《江苏省农业用水价格核定管理试行办法》明确的试行时间为两年，当前一些试点完成地区还存在收费主体分别是用水合作组织、水费管理单位、乡镇人民政府，灌溉费、水利工程供水水费、排涝费三费并存现象。还存在不切实际的工作要求，统计数据造假，应付式的改革。因此，在试点区工作的基础上，必须加强调查研究，创新工作方法，全面推进农业水价改革工作，实现取水有计量，缴费一次性，管护有提高、用水更方便，经费有保障，改革可持续。推进农业水价综合改革工作，意义重大，任务艰巨，政策性强，各级政府水利部门要集中时间，加大力度，将农业水价改革作为重点工作，狠抓组织落实，统筹安排，稳步推进，才能确保实效。

农村供给侧结构性改革面临的问题与对策

——以湖南省农村水利改革为例

何　慧　邵东国　徐义军　刘泊宇*

2015年12月25日中央农村工作会议和2016年中央一号文件首次明确提出了“农业供给侧结构性改革”，2017年中央一号文件提出“把深入推进农业供给侧结构性改革作为新的历史阶段农业农村工作主线”，重点仍然是去产能、去杠杆、去库存、降成本、补短板，即通过土地制度改革形成适应市场经济要求的、生机勃勃的新型农业经营主体；通过结构调整实现农业领域去产能、降成本、补短板；通过粮食价格体制和补贴制度改革去库存，形成具有国际竞争力的粮食产业①。

农业是我国的第一产业，也是农村的产业基础。农业综合生产能力的提高，在很大程度上取决于农村水利事业的发展。农村水利是农民抗御自然灾害、改善农业生产条件、农村生态环境条件的基础设施，是促进农业增产、农民增收的保障条件，具有较强的公益性。因此研究我国农村水利的相关问题，通过农村供给侧结构性改革，探寻实现农业生产与自然之间的协调、农业增效与农民增收和农村发展路径，促进农业现代化和“四化”同步，具有重要的战略意义。

一、农村水利发展现状和存在问题

（一）设施老化问题

农田水利基础设施严重老化，建设标准偏低。排灌标准偏低，大部分为土渠，未进行防渗处理，渠系水利用率低，设置严重老化，功能衰减，既造成排涝能力弱，农田涝灾转化为河、湖防洪压力，农田积水无法排出，又导致提灌能力差，不能满足农田的灌溉需要。因经费不足，难以全面处理，更难以及时修补，而不能及时修补的后

---

* 何慧（1994—　），女，硕士研究生，武汉大学水利水电学院。邵东国（1964—　），男，武汉大学水利水电学院教授。徐义军（1981—　），男，湖南省水利水电科学研究院工程师。刘泊宇（1990—　），男，硕士研究生，武汉大学水利水电学院。本文是湘水科技项目（2015 13－32）；湖南省重点研发计划（2015NK3133）。

① 孔祥智：《农业供给侧结构性改革的基本内涵与政策建议》，《改革》2016年第2期。

果则是损毁愈发扩大和严重，严重影响了工程效益的正常发挥和造成了诸多隐患。

（二）农田水旱灾害问题

南方农村因堤防标准不达标，电力排涝机埠不配套，中小河流治理任务繁重，重点垸（烂泥湖垸）防洪能力不足，洪涝灾害问题尤其严峻。主要表现为平原区的江河湖泊洪涝灾害和山地丘陵区的暴雨山洪灾害；同时连旱也是常见灾害。农田水旱灾害造成巨大的经济损失，严重制约了农业经济的可持续发展。

（三）农村劳动力与人才问题

农村取消“两工”后，群众出工投劳没有强制性约束，再加上传统农业效益逐步下降，与社会上农民工报酬增加形成鲜明对比，农村劳力外出经商务工更为普遍；农村富余劳动力数量庞大，但整体素质特别是平均文化程度仍然不高，农村劳动力培训力度不够，有文化的劳动力外流，人才素质整体偏低，不能吸引优秀人才，农村水利的发展就跟不上社会发展的脚步，从而效益较差，陷入恶性循环。

（四）粮食安全问题

从目前我国粮食安全现状来看，存在的问题主要体现在：第一，人口总量持续增长，粮食缺口逐步扩大，粮食安全形势日趋严峻。第二，耕地数量和质量问题日趋严重。第三，种粮农民收益不高，农民从种粮中得不到足够的劳动价值补偿，种粮积极性下降。第四，农业科技推广体系不健全，农田水利工程配套率不高，粮食综合生产能力亟待提高。第五，农民增产不增收问题突出，农产品加工业发展落后，农民增收门路少、渠道单一，增收的长效机制尚未建立。

（五）生态建设问题

通过调研发现，我国仍存在部分小农水重点县农田水利设施规划设计理念陈旧，工程建设与当地需求不适应，在工程设计和施工过程中未考虑到生态环境的需要，表面上工程完工，可是却对周边农田土壤造成较大影响，未考虑生态需求，导致工程周边生物多样性遭到破坏。小农水工程设计不合理，只能灌水不能排水，或者只能排水不能灌水。导致田间水位过高或过低，破坏了田间生态系统平衡。有些排水设施未按照生态化的要求建设，排水渠道内依然是混凝土衬砌，导致农田面源污染直接排放到河道中，且不利于下游其他生物获取水源。

（六）投融资问题

农田水利投资资金的最终来源主要是财政资金，包括中央财政资金和地方财政资金，还有少量其他投入，包括群众集资、投劳折资以及社会团体投资等，但是占比较小，90%以上都来源于财政资金。因此农田水利投资来源依旧单一，政府投资财政负担较重，难以达到有效率的投资水平。同时，中央投资计划一刀切，地方规划和配套资金不到位，农田水利工程建设普遍存在经费投入不足，经费整合效果不明显的问题，工程维护经费没有稳固的来源，从而加重了设施老化和损坏，造成工程效益的下降。

（七）工程管护问题

一方面，管护经费短缺、管理人员冗余，素质技能偏低问题严重，渠系管理主体缺位，灌区管理设施规划标准低，导致农田水利设施只建不管、重建轻管及水利设施带病运行现象普遍；且地方政府在依法治水、依法管水方面存在较大欠缺，水行政主管部门在水行政执法力度不够，致使设施遭受自然损毁或人为破坏，丧失基本功能。另一方面，农村小型水利工程建设管理部门多，涉及水利、农开办、国土、发改局、烟叶办等多个部门，各涉农部门资金来源、下达资金时间、投资方向和侧重点不同，相互间缺乏统一规划和协调，导致在工程技术、合理开发和社会经济效益等诸多方面不能相互兼顾，很难做到集中连片整体推进的建设，小农水建设呈现多头管理、部门分割使用状态，未能充分发挥资金集中使用效益。

（八）农业水价综合改革问题

首先，农村现行水价格没有进入市场化运作机制，水价没有涵盖管理运行成本、维护成本等，造成农业终端水价较低。其次，灌区各地发展不均衡，用水计划制度、用水管理水平发展不统一，水价改革难以在试点项目区外实施，而改革覆盖面狭窄，造成水价改革大范围实行。此外，由于灌区渠系不配套，主要建筑物老化严重，失修损毁严重，渠道断点多，灌溉面积锐减，灌区经济效益较差，水费征收工作越来越难以开展，加之灌区基本是补源灌区，无法合理确定补源范围，而只能依靠行政手段，造成农民用水权利和义务不对称，水费征收困难重重。

二、推进农村供给侧结构性改革的基本思路

“十三五”规划对做好新时期农业农村工作作出了重要部署，明确提出了创新、协调、绿色、开放、共享的发展理念，大力推进农业现代化。中央农村工作会议强调，要加强农业供给侧结构性改革，切实提高农业供给体系质量和效率，从而推动农业现代化进程。故可确定推进农村供给侧结构性改革的核心、理论、思路和目标。

核心：提质增效。提质，是指要切实提高水安全保障质量水平、工程建设质量水

平、粮食安全质量水平、百姓生活质量水平、生态环境质量水平。增效，是指增加农田水利建设管理的效益和效率，其中效益增加主要是指工程产出效益增加、百姓劳动收益增加、农业产量增加，效率提升则包括了灌溉水有效利用系数提高、水分生产率提高、土地生产力效率提高等。

理念：农村供给侧结构性改革必须长期坚持遵循创新、协调、绿色、开放、共享五大发展理论。[①] 创新是指推动治水思路战略性转变及机制体制上的改革，强调节约用水、需水管理、系统治理；协调是指统筹解决水资源、水环境、水生态、水灾害等问题，强调流域与区域、城市与农村、山区与坝区水利的协调发展；绿色是指与自然相联系的生态文明和生态安全，强调人口经济与资源环境两者间的均衡；开放是指在投融资和技术人才的多元化，强调宽领域和广范围；共享是指要均等化水利公共服务水平，为农村饮水安全、防灾减灾体系、精准扶贫机制等民生水利提供保障。

思路和目标：农业供给侧结构性改革主要是解决供求结构失衡、要素配置不合理、资源环境压力大、农民收入持续增长乏力等问题，但目的绝不是要让粮食生产能力降低，而是要建设更高水平、更高质量的粮食供给能力，实现更有效率、更可持续的粮食安全保障体系。因此一定要守住三条底线：确保粮食生产能力不降低、农民增收势头不逆转、农村稳定不出问题。从农产品结构调整、农业生产基础设施完善、产业链条延长、农村改革和体制优化等方面下手[②]，从而实现农村水利建设工程标准化、管理信息化、环境生态化、服务高效化、效益最大化，最终形成安全、高效、生态、文明的现代农村社会治理体系。

三、政策建议

（一）完善农田水利建设多元化投融资机制，加大财政资金投入力度

政府应在农田水利投资中起到主导作用，各级政府应保证财政资金的稳定投入，完善各类水利建设项目配套政策，土地出让收益中足额计提农田水利建设资金；同时应建立政府推动的工作组织协调机制，树立大项目和大部门制管理理念，整合水利资金；并完善省级水利融资平台，优化平台资产，建立信息监督制度；采取 PPP、BOT 等多元化项目投融资模式，并优化农村用水协会的组织结构，实现集中灌溉、集中管理，并利用其中介功能，作为政府与农户，企业与农户之间的桥梁，成为农户利益的表达与维护者，最终实现农业生产服务的标准化、一体化，向现代农业发展方式转变。

---

① 陈坚：《加快推进云南水利供给侧结构性改革的认识与实践》，《中国水利》2016 年第 22 期。

② 本刊编辑部：《三农专家论农业供给侧结构性改革》，《农林经济管理学报》2016 年第 2 期。

（二）牢牢把握形成市场导向，加快农业结构调整

农业结构包括产品结构、经营结构和区域结构。首先，在确保粮食安全的基础上，以增加中高端供给为重点，树立大粮食和大国土观念，促进粮食作物、经济作物、饲料草三元种植结构协调发展①，适当调减非优势产区玉米生产，扩大玉米大豆轮作试点，扩大青贮玉米、苜蓿等优质饲草料种植面积；大力稳定发展果、菜、肉、蛋、奶等“副食品”行业；逐步减少近海养殖，规划和发展“海洋牧场”，大力发展区域优势特色农产品。其次，重点建立好粮食生产功能区、重要农产品生产保护区、特色农产品优势区②，并重视现代农业产业园区、农业科技园区、创业园区，提升农业产业竞争力。此外，经营主体也应由传统农户转化为大学生、农民工和城镇居民③，以满意现代化生产需求。

（三）提倡灌区进行生态水利景观建设和分区推广生态高效建设模式

现代化农田水利工程建设模式，不仅是水工建筑物的修建，还包括渠系配套，成系统发挥作用，推广生态化设计和使用生态友好材料，保证人与自然和谐，人水和谐。灌区生态水利景观建设可从引水输水工程景观、田间生态水利景观、农村生活休闲景观、灌区风景名胜与文化景观等新模式着手④，从而推动灌区的生态改造，改善水利工程管理与维护条件，促进新农村建设。另外要进一步提高骨干工程和田间工程配套率，加强灌区水量调配监测与精细化管理，在灌溉渠道（干、支、斗渠）、田间和主要退水口（主要干沟、支沟）布置量水设施，大力推广节水灌溉技术。

（四）进一步重视政府与农户进行农田水利工程管护决策的协同功能

在农田水利工程管护动员机制和农业生产的组织形式都发生了深刻变化的情况下，原有的对农户在工程管护中发挥作用有限的认知已经不合时宜。应统筹城乡发展，确保农民决策的主体地位，让农民群众共同参与农业发展进程，扩大农民在农田水利建设决策过程中的参与决策权，并定期公开农田水利基础设施建设进展情况特别是财务情况，接受农民监督，公平享有发展成果。寻找合适的农户参与激励方案已经成为农田水利工程管护中非常重要的环节。

（五）进一步明晰农田水利工程产权归属，改革体制机制

建立基于“互联网＋用水户＋供水企业＋管护企业”的新型农田水利工程管护体

---

① 孔祥智：《农业供给侧结构性改革的基本内涵与政策建议》，《改革》2016 年第 2 期。
② 郭玮：《以供给侧结构性改革为主线加快农业农村发展》，《中国发展观察》2017 年第 4 期。
③ 管程龙：《从农业供给侧结构性改革到农村金融变革》，《现代金融》2016 年第 11 期。
④ 刘泊宇、邵东国：《新农村建设新常态下的灌区生态水利景观建设》，《水利发展研究》2015 年第 7 期。

系。小农水重点县农田水利工程产权宜交由农民用水协会管理，大型灌区骨干工程及支渠宜交由灌区管理局负责管护，支渠以下渠道及配套工程宜交由农民用水协会管理，田间工程宜交由受益农户负责管理。有条件的地区应当成立相应的灌区供水公司、管护公司进行商业化运作。“互联网＋”农田水利工程产权管护模式的特点在于：首先，将互联网技术运用到管护设施的现代化改造中去，将原本分散的小农水设施通过互联网连接成一个整体，实现运行情况互通，实时数据共享。其次，通过互联网金融体系将社会资金多样、有序地引入小农水工程的管护中来，拓宽了融资渠道，实现了金融创新。第三，成立了专门的公司进行企业化管理，更专业更系统，同时减轻了政府的负担，实现了体制改革中的监管职能与公共事业运行分开，理顺权责，提高效率。

（六）深化农业水价综合改革

农业水费征收可结合当地特点和基础条件，采取不同的水费收取方案。灌溉面积较大，田间计量设施不完善的地区宜采用“定额供水，按亩收费”的方案，而灌溉面积集中，田间计量设施完善的地区，应采用“计量收费，超用加价”的水费征收方案。同时实行“先费后水”预存模式，按照平均用水标准制订配水定额计划，对灌区内的受益者以支渠或村为单位分配水权，基本水权内水量实行低收费，超水权部分实行梯级加价制度。并在各行政村组建农民用水协会，按协会章程对本协会内部水权进行再次分配。

农村水利与农村供给侧结构性改革初探

黄左贤*

河池市是一个水资源比较丰富的地区，水资源总量250亿立方米，人均拥有水资源量5950立方米，是全国人均的2.9倍，是广西人均的1.8倍。但河池市涉及民生的水问题仍然十分突出。农田水利依然薄弱，粮食播种面积400万亩，有一半以上耕地望天收，缺少基本灌排条件。农业每年因旱成灾面积达上百万亩，洪涝灾害每年频频发生，据调查，全市常年内涝面积达51万亩，其中耕地面积33万亩。水资源问题已经成为实现全面建成小康社会战略目标的突出瓶颈，成为经济社会可持续发展的重要制约因素。

一、河池水利基础设施薄弱，高效节水灌溉面积少，对特色农业增收拉动不明显

“十二五”以来，全市共建成水利水电工程设施19.25万处，完成水利水电固定资产投资87.76亿元，新建堤防护岸150公里，完成水库除险加固188座，治理水土流失面积258.6平方公里，坡耕地改造4.4万亩，治理水土流失面积218.9平方公里，新增装机容量5.2万千瓦，乡镇通电率100%，村级通电率91.76%，农村自来水普及率67%以上，农村供水水质合格率55%以上，农业灌溉用水有效利用系数达0.487，河池水利基础得到进一步夯实。

但河池是集“老少山库穷”于一身，历史欠账过多，水利设施薄弱，中小河流治理、水土保持、农村洪涝灾害治理等水利建设资金缺口大。水利灌溉效益低，基础设施缺乏。全市农村人均有效灌溉面积仅0.39亩，特色产业精准灌溉率极低。水土流失严重，治理难度大。全市属典型石漠化地区，大石山区占总面积的66%，水土流失面积6760.49平方公里，占土地总面积的20.2%，坡耕地每年流失土壤厚度1厘米左右，严重威胁当地群众的生存生产，生态环境恶化的趋势未得到有效的遏制。

截至2015年，河池市总灌溉面积138.165万亩，其中耕地有效灌溉面积136.335

---

* 黄左贤（1968— ），男，高级工程师，广西省河池市水利局局长。主要从事水资源规划、水生态保护及水利工程管理工作。

万亩，林地有效灌溉面积 0.255 万亩，园地有效灌溉面积 1.575 万亩。目前有节水灌溉面积 75.405 万亩，高效节水灌溉面积 12.1 万亩（其中喷灌 10.515 万亩，微灌 1.62 万亩），高效节水灌溉面积仅占节水灌溉面积的 16%，水肥一体化节灌技术还没有大面积推广，而“十二五”期间，百色市累计建设高效节水灌溉面积达 21.6 万亩，崇左市累计建设高效节水灌溉面积高达 47.8 万亩，对发展芒果、火龙果、反季节蔬菜、糖料蔗等特色农业创造了有利的灌溉条件。因此，河池市与周边兄弟市相比，还有很大的差距。

二、特色农业示范区要优先发展高效节水灌溉，以促进农村供给侧结构性改革

2017 年的中央一号文件就如何做好农业供给侧结构性改革进行了顶层设计，其核心是以增加农民收入、保障有效供给为主要目标，以提高农业供给质量为主攻方向，调好调顺调优农业结构，加快培育农业农村发展新动能，全面提升农业现代化水平。

（一）加强农田水利建设，发展农业新产业，推动一二三产业融合发展，通过产业扶贫最终实现稳定脱贫

近年来，河池市为显著提升农业现代化水平，促进农业增效农民增收，创建了 3 个自治区级、12 个市级现代特色农业示范区，并全面启动了县、乡两级示范区创建，初步使示范区农产品供给数量充足，品种和质量契合消费者需要，真正形成结构合理、保障有力的农产品有效供给。如大化县红水河现代农业（核心）示范区，区域涉及大化镇龙口、龙马、城内 3 个行政村，示范区按照核心区、拓展区、辐射区 3 个层次进行建设，其中核心区建设面积 3200 亩，拓展区建设面积 5500 亩，辐射区建设面积 15000 亩。核心示范区按照“五化”的基本要求，突出“一带三园”的产业布局，“一带”即一条农业产业示范带，“三园”即汁用丝瓜种植示范园、生态精品农业示范园和休闲旅游园。重点打造汁用丝瓜主导产业，通过引进广西大化时代美人化妆品有限公司，利用丝瓜原液研制丝瓜护肤品、洗发水、沐浴露等系列产品，创建一批特色农产品品牌，规划建成集现代特色农业、休闲观光旅游、生态乡村于一体的自治区级现代特色农业示范区。

核心示范区先后引进 3 家企业入驻置业，同时培育有 3 家农民专业合作社，组织示范区主导产业运作经营。目前，示范区累计投入资金 1.2 亿元，其中市级财政投入 2876 万元，县级财政投入 2248 万元，经营主体投入 6876 万元。已经建成 2000 亩汁用丝瓜种植示范园、800 亩精品农业示范园和 100 亩丝瓜标准化种植示范园。大化县汁用

丝瓜种植示范园由广西大化时代美人化妆品有限公司和广西大化天然丝瓜种植专业合作社共同创办，主要从事汁用丝瓜产业综合开发。经营主体采取“公司+合作社+基地+农户”运作模式，推行订单生产，即通过整合农户土地，由经济能人带动贫困农户实现集中连片接单生产。由公司制定汁用丝瓜生产标准及回收价格，并为农户提供所需种苗、农药、肥料等物资，集中收购的丝瓜水统一进行加工、销售，形成分工明确、利益共分、风险共担的产供销一体化的经营体。经营主体通过建立丝瓜标准化种植基地，让当地农户亲眼看到种植汁用丝瓜的经济效益，当地农民通过信息咨询、技术培训和就地务工的方式，掌握汁用丝瓜种植技术。一年种植两造，年亩产丝瓜汁1500公斤，按公司以12元/公斤保底价回收丝瓜汁计算，年亩产值达1.8万元以上。通过示范园的示范和推广，辐射带动了周边348户贫困农户参与汁用丝瓜主导产业的开发，促进了贫困户精准脱贫。

为提高汁用丝瓜的产量和品质，2015年以来，大化县水利局积极争取项目资金，配套建成园区高效灌溉基地，既满足作物特定的用水要求，又节约水资源，让作物达到高产高品质目的，让农民生产出的产品，满足市场和消费者的需求，促进了农村供给侧结构性改革。

（二）精准灌溉助推河池名特优产品走出山外

都安县下坳镇隆坝村龙磊屯是一个石漠化严重的大石山区，有农户32户、耕地面积287亩、山地2076亩，主要以玉米种植为主，平均亩产值不到300元。2015年，大学毕业生蓝钧通过土地流转的方式，租用其他农户的荒山荒坡扩种毛葡萄150亩，使毛葡萄示范基地面积达到350亩。经过周边贫困群众精心管护，葡萄苗长势旺盛，2016年第一批挂果上市，预期两年后进入盛果期。

都安县水利局积极助力扶贫攻坚，精心谋划毛葡萄种植基地节水灌溉项目，2016年筹措资金85万元，建设300立方米水池1座，60立方水池2座，铺设供水主管路4千米，滴灌带8公里，节水灌溉面积达600亩，受益人口450人。通过政府主导、部门联动，龙磊屯将被打造成为一个集乡村旅游、精准扶贫为一体的最美毛葡萄沟。

（三）引导和支持农村土地经营权向特色农业产业集聚

2015年以来，南丹县引导土地有序流转，促进适度规模经营，鼓励新型农业经营主体参与“小块并大块”耕地整治，大力发展高效节水灌溉，已经有1.4万亩流转的耕地采用低压管灌方式，主要发展猕猴桃、红高粱、蔬菜等附加值高的水果及作物。南丹县水利部门主动作为，在流转后的项目区积极争取资金，实施高效节水灌溉。工程运行后，相对传统渠道引水漫灌方式，不但可以节约用水50%以上，并且能对作物实施适时适量的灌溉，运行成本低，便于用水户实际操作，提高了农业生产管理水平，促进农村供给侧结构性改革。

三、高起点谋划水利项目，促进农村发展、农民增收

为改变河池水利基础薄弱的现状，确保粮食生产稳定和农业产业结构调整，必须规划新的水利项目，形成以蓄、引、提相结合的水利工程网络和统一调度配置的供水系统，着力提高灌区的供水能力和供水保证程度。比如，在石山区通过兴建一批雨水集蓄工程及提水、引水、山塘等小型水源工程，缓解山区干旱缺水问题。在红水河、龙江、大环江、刁江、灵岐河、盘阳河等河谷地带，兴建一批提水项目，合理调配水资源，保障农业、农村用水安全。

2016 年，河池市领导审时度势，在水利部、自治区水利厅的支持下，谋划了一批重点项目，主要有桂西北扶贫治旱红水河灌区工程、桂北贫困地区（河池）特色农业节水灌溉项目和新建八个中型水库。

（一）桂西北扶贫治旱红水河灌区工程

由中水珠江规划勘测设计有限公司开展前期工作，项目涉及河池市的南丹、天峨、东兰、巴马、大化、都安 6 个县，规划建设灌区面积 62. 64 万亩，涉及 17 处灌片，新建提水管线 41. 78 公里，新建泵站 72 处，项目匡算投资 89. 3 亿元。工程建成后，可灌溉 62. 64 万亩土地，解决灌区内城乡及生态移民新村 77. 44 万人的用水问题，为临近的 7 个工业园区提供水源保障。尽管项目已初步列入国家水利发展“十三五”规划及国家水利扶贫“十三五”规划，但项目还未获得国家的立项，必须抓紧完成规划报告的编制，并送水利部水规总院审查，审查通过后将开展项目可研报告编制。红水河灌区工程建成后，将从根本上解决河池市工程性缺水问题，对河池的脱贫攻坚、与全国全区同步建成小康社会具有十分重要的意义。

（二）桂北贫困地区（河池）特色农业节水灌溉项目

项目主要涵盖河池市特色农业种植区，以节水改造和新建节水工程为主，大力推广喷灌、滴灌、低压管浇灌等节水措施，涉及 11 个县（区、市），总规划面积 110. 46 万亩，其中自治区级、市级示范区（含辐射区）28. 24 万亩，共 62 个子项目，概算总投资 25 亿元。目前，设计单位基本完成项目规划报告编制工作。由于此类项目属于点多面广的面上项目，只能通过中央财政小型农田水利项目县申报项目，逐年逐步解决项目资金问题，下一步，河池市将依据项目规划，积极参与自治区每年的小农水项目

县遴选来争取项目资金，使全市特色农业种植区逐步实现节水农业、高效灌溉。

（三）新建八个中型水库

主要有巴马所略水库扩容工程、罗城板阳东水库、南丹天生桥水库扩容工程、都安板岭水库、环江上帮水库、天峨索法水库、凤山上林水库（按小型水库建设）、金城江水库。其中有1座调整为以水电开发方式立项（金城江水库），其他7座水库都具有灌溉、供水、防洪功能，工程设计估算总投资为28.12亿元，7座水库可研报告将于2018年10月底前分批上报水利厅审查，力争年底前有两座水库开工。

四、加大民生水利投入，提高水利扶贫精准度

河池市的脱贫攻坚目标是2017年南丹县率先实现脱帽，2018年金城江区、天峨县脱帽，其他县将在2020年之前分批脱贫。

为助力扶贫攻坚，全市水利工作按照“1234610”总体思路，紧紧围绕新时期中央治水方针“节水优先、空间均衡、系统治理、两手发力”的工作总基调，扎实推进“水利基础设施建设大会战”和“农村饮水巩固提升”活动，打好重点水源、农村水利、防洪减灾三大战役，实现水利投入、水资源优化配置、农村水利设施建设、防洪减灾建设四个突破，强化防汛抗旱、依法治水、项目前期、质量安全、廉政建设、绩效考评六项工作，强力推进农村饮水安全巩固提升工程、农田水利工程、病险水库加固工程、水源工程、河流治理工程、抗旱引调提水工程、水土流失治理工程、地方小水电工程、水资源保护工程、公益性水利工程维修养护等十大项目。2017年计划完成投资16.9亿元，同比增长11.4%。通过十大工程的建设实施，建成一批农村饮水巩固提升工程，有效解决农村贫困人口饮水困难问题，加强小型农田水利项目建设，新增和恢复农田灌溉面积10.15万亩，改善灌溉面积5.38万亩；1座病险水库获得加固，防洪及蓄水能力恢复到正常状态并建成5个小型水库水源工程，新增总库容790万立方米；完成主要支流治理项目1个，中小河流治理项目15个，建设河流河堤及护岸工程35公里，使全市16个乡镇政府驻地的防洪能力提高到10年一遇；建成抗旱引调提水工程项目26个，稳步提升全市抗旱减灾能力。完成水土保持治理项目3处，综合治理水土流失面积24平方公里，项目涉及区域的水生态环境将得到有效修复。通过以上措施，全市水利基础设施条件将大为改观，为全面打赢区域脱贫攻坚战提供有力的水利支撑和保障。

基于农村水利供给侧结构性改革的赣榆区高效节水灌溉研究

李亚雯*

狭义的农村水利，主要是灌溉排水和农村供水①。随着气候变暖，降水的时空分布不均衡性将加大，旱涝等农业自然灾害的发生频率将会增加，农作物复种指数将提高，客观上要求增加灌溉用水，而水资源供需矛盾日益加剧，因此节水灌溉是适应现代农业发展，保障国家粮食安全，促进水资源可持续利用的重要手段，要进一步加快建设管理步伐，成为农村水利的重点工作内容之一②③。

一、赣榆发展高效节水灌溉的必要性

赣榆地处鲁东南丘陵与苏北黄海平原交接地带，区境东临黄海，西与山东临沭县毗邻，南以新沭河为界，与连云港市区、东海县相望，北与山东省日照市接壤，是江苏的“北大门”。总面积 1514 平方公里，其中丘陵山区面积 485 平方公里，耕地 102.83 万亩，人口 119.27 万人。赣榆地势西北高、东南低，山、丘、平、洼依次排列，水资源匮乏，加之丘陵山区灌溉设施较为落后、末级渠系工程管护缺位，灌溉水有效利用系数较低，水源性缺水严重制约了农业种植与农业经济的发展，遇到雨水偏少年份，山区农民只能“望天收”。

党的十八大以来，党中央及时作出经济发展进入新常态的重大判断，形成以新发展理念为指导，以供给侧结构性改革为主线的政策框架，作出“三去一降一补”战略部署，把加强基础设施薄弱环节列入补短板的重点内容④。赣榆区的“望天收”状况突出，严重影响了赣榆水利的可持续发展，迫切需要进行供给侧结构性改革。大力发展

---

* 李亚雯（1991—　），女，工程师，连云港市赣榆区水利局。

① 倪文进：《中国农村水利发展状况与科技需求》，《农业工程学报》2010 年第 3 期。

② 王建华、杨志勇：《气候变化将对用水需求带来影响》，《中国水利》2010 年第 1 期。

③ 《中共中央、国务院关于深入推进农业供给侧结构性改革加快培育农业农村发展新动能的若干意见》2016 年。

④ 苏银增：《把握新要求，抢抓新机遇，全力推进水利改革发展新跨越》，《河北水利》2017 年第 1 期。

高效节水灌溉成为赣榆农村水利发展的必然选择和根本出路①。

二、赣榆发展高效节水灌溉的成效

近年来，赣榆按照“四个全面”战略布局要求，牢固树立“创新、协调、绿色、开放、共享”的发展理念，落实“节水优先、空间均衡、系统治理、两手发力”的新时期治水方针，加强供给侧结构性改革和农业用水需求管理，在江苏省水利厅的大力支持和指导下，创新体制机制，实施“高效节水 + 高效农业”模式，有力促进了农业增产、农民增收。截至 2017 年 7 月，赣榆已建成各类高效节水灌溉面积 26. 85 万亩，厉庄镇、黑林镇的大樱桃、蓝莓、猕猴桃，金山镇、石桥镇的黄桃、苹果、茶叶等种植基地已成为产业富民、生态旅游的示范区。其中，猕猴桃种植通过小管出流的方式灌溉，每次灌溉仅需 1. 2 立方米/亩，灌溉定额仅 18 立方米/亩，灌溉水有效利用系数由 0. 5 提高到 0. 601 以上，每年可节约用水 3000 多万立方米。高效节水灌溉工程由地上渠道变成地下管道，项目区共计节约土地 1800 多亩。

在建设节水灌溉工程的同时，配套建设沥青道路 28. 5 公里，水泥道路 170. 9 公里，桥梁 21 座，涵洞 1374 座，加固塘坝 75 座，新建泵站 90 座，完成土方 625 万立方米，实现了农产品收购到田头，改善了农产品种植和交易环境。

三、赣榆发展高效节水灌溉的经验分析

（一）坚持政府引导，两手发力

立足赣榆丘陵山区实际，以民生利益、发展利益为重，以政府引导、统一规划、整合资金、逐步推广的模式，大力推进高效节水工程。按照“统筹规划、渠道不乱、用途不变、优势互补、形成合力”的原则，依据区政府组织编制农业产业规划及全区高效节水灌溉规划，水利、财政、发改、国土、农委、农开、交通、扶贫等部门密切配合，统筹协调各类项目资金 2. 8 亿元，有效将小型农田水利重点县、高标准农田建设、农业综合开发、土地整治、石梁河片区扶贫、大中型水库后期扶持、农业水肥一体化等涉及高效节水灌溉工程项目打捆集中，使项目资金充分发挥综合效益，真正做到为百姓做实事、为百姓谋福利。

---

① 张庆：《甘肃规模化发展高效节水灌溉的思路与建议》，《水利水电》2017 年第 3 期。

（二）坚持创新改革，务实管理

坚持“谁使用谁管理”的原则，强化管理责任，确保灌溉设施长期良性运行。成立农民用水协会，负责管理高效节水灌溉工程的管理与运行，推动农业综合水价改革，强化供水管理，健全运行机制，提高供水服务效率，把需求管理摆在突出位置，全面提高农业用水精细化管理水平，推动农业用水方式转变。在高效节水项目区全面推广农业综合水价改革，已安装电磁流量计、水表等计量设施230套。

（三）坚持统筹规划，因地制宜

工程实施前，丘陵山区有地块分散、作物结构零散、不易成片推进的特点，工程实施过程中通过农业龙头企业示范带动零散户流转土地的方式，实现了丘陵山区每亩地流转费从不足80元到850元的转变，特色种植已发展到20万亩，亩均可实现纯收入1.5万元以上，农民人均年可增收5000元，带动了丘陵山区40万农民共同致富。此外，灌溉技术的改进还带动了沃田蓝莓等14家农业龙头企业建立种苗研发中心、冷链加工中心、仓储物流中心。据测算，通过推广水肥（药）一体化灌溉，每亩可缩减5—8个工作日，减少肥（药）25—35公斤。高效节水工程有效涵养水源，减少水土流失和农药化肥等面源污染，土地利用率、生产率大幅提高，实现农业高效、稳产。

发展高效节水灌溉涉及土地流转、种植结构调整、工程建设等多个方面，赣榆丘陵山区的高效节水灌溉工程仍在探索前进中，为确保工程建得成、管得好、长受益，必须按照规划目标任务，层层落实工作责任，细化工作措施，共同推进。改变传统灌溉方式，促进农业生产向专业化、标准化、规模化、集约化转变，提高水资源综合生产效益，推动农业发展转型升级。同时，要全面推行公示制，主动公开项目建设规模、资金来源、实施地块、目标任务、建设主体等信息，公布举报电话和信箱，接受社会监督。

推进农村水利与农村供给侧结构性改革还需做到“7个结合”

吕　坤*

一、农村水利建设成就和现实问题

（一）农村水利建设成就

一直以来，我国高度重视水利工作，特别是近年来，国家大幅度增加了水利投入，并采取积极的财政政策，我国水利建设迎来了新的发展机遇。一大批水利重点工程相继开工或竣工。农村水利也经过长期努力实现快速发展，我国农村水利建设取得显著成效。全国农田有效灌溉面积和高效节水灌溉面积分别达到9.97亿亩和2.71亿亩，累计解决5.21亿农村人口的饮水安全问题，农村自来水普及率达到76%，洪涝灾害死亡失踪人数大幅降低，在农业用水连续零增长的条件下，保障了粮食产量连年增产。

（二）农村水利建设所面临的一些问题

目前，我国水资源供需矛盾依然突出，我国人均水资源占有量仅为世界平均水平的28%，正常年份全国缺水量达500多亿立方米。同时，区域水利发展还不平衡，部分农村基础设施建设依然相对滞后，农村水利还存在许多薄弱环节，农田抵御水旱灾害能力不强，传统用水方式和灌溉模式已经不能适应现代农业发展的要求。且因农村空心化、农民老龄化日益加重，农村、农田水利建设组织难、投入难、管理难、投资浪费等问题较为突出。这些问题不能用老方法、老思路解决，不然会造成大量资源浪费，所以需要加强供给侧研究，着力推动精准、精细发展农村水利与农村供给侧结构性改革。

二、加强供给侧结构性改革，着力推动农村水利补短板

推进供给侧结构性改革，特别是农业供给侧结构性改革，是经济工作的重大战略

---

* 吕坤（1987—　），男，工程师，江苏省水利厅骆运水利工程管理处。

部署，其中补短板是主要任务之一。水利建设作为补齐补强基础设施短板的重要组成部分，要把习近平总书记“创新、协调、绿色、开放、共享”新发展理念和“节水优先、空间均衡、系统治理、两手发力”的新时期水利工作方针贯彻到水利供给侧结构性改革中，要着力增强区域和城乡水利发展的整体性和协调性。大的方面要紧紧围绕保障国家水安全这条主线，以重大水利工程和灾后水利薄弱环节建设为重点，加快完善水利基础设施网络，集中力量补齐、补强短板。而下一步农村水利建设要着力补齐中小河流防洪能力偏低、农村饮水和水环境等水利短板，全力保障防洪安全、供水安全、粮食安全和生态安全。同时全国各地情况不同，农村水利建设在具体推进过程中，要进行外科手术式的推进，强调要精准，要对症下药，要因地而异，要因时而异。中西部地区更多的还是补齐水利建设发展短板，而江浙等东部地区，要结合美丽乡村建设等，确保水利投入资金用在刀刃上。同时也要依托“一带一路”总规划等，在更高水平上推动水利“走出去”和“引进来”。

三、“7 个结合”推进农村水利与农村供给侧结构性改革

一是农村水利建设要与补基础设施短板相结合。习近平总书记在安徽凤阳县小岗村农村改革座谈会上强调要坚持把解决好“三农”问题作为全党工作重中之重，促进农业基础稳固、农村和谐稳定、农民安居乐业。水利在推进农业农村改革发展中肩负着重要使命。首先要以补齐基础设施短板为着力点，加快建设一批打基础、管长远、利发展、惠民生的水利工程，突出抓好工程性缺水问题，各地根据具体情况通过实施水资源配置，建设一批重大骨干水源工程、引提调水工程，按照旱涝保收、高产稳产、节水高效原则，建设旱涝保收标准农田，加快田间渠系配套、“五小水利”、雨水集蓄利用及农村河塘清淤整治，解决好农田灌溉“最后一公里”问题。实现县以上地区都有中型水库，乡以上都有稳定水源，做好应急水源地建设，基本解决工程性缺水问题。着力补齐、补强水利基础设施这个全面建成小康社会短板中的短板，全力保障和改善农村民生，加快解决农民群众的水忧、水难、水盼问题，这也是农村水利建设的基本要求。

二是农村水利建设要与推进农业结构调整相结合。目前我国粮食供给侧情况发生变化，口粮在粮食消费中的比例逐渐下降，居民食品消费结构由主要依靠谷物的数量型向肉蛋奶等质量型转变，引发了饲料粮消费的快速增加，高质量、高品质谷物消费量增加。但同时玉米等农产品产能又过剩，大豆等又需要大量进口。农民依靠常规农作物种植取得高收益存在一定困难。增加农民收入，在保障粮食供给安全的情况下，农村水利建设发展方向要与农业生产结构调整相结合，服务农业生产结构调整，进一

步提升水利保障种植经济作物、养殖业、渔业发展，促进农民在调整农业种植中增加收入。

三是农村水利建设要与严格水资源管理相结合。随着经济社会不断发展，今后相当长时间内，水资源供需矛盾将更加突出。所以准确地掌握水资源开发利用控制红线、用水效率控制红线、水功能区限制纳污红线，加强最严格水资源管理，全面建设节水型社会，加强农业用水需求管理，实行水资源消耗总量和强度双控行动，逐步建立农业用水总量控制和定额管理制度。稳步开展水资源使用权确权登记，鼓励农业灌溉节约水量在区域间、行业间、用水合作组织间、用水户间进行转让，积极培育水权交易市场。逐步建立健全国家、流域、区域层面水权交易平台体系，以及水权利益诉求、纠纷调处和损害赔偿机制，维护水市场良好秩序。并开展节水型社会建设达标考核，切实发挥校核风向标、指挥棒作用。

四是农村水利建设要与美丽乡村建设、水利精准扶贫相结合。我国水利在供给和保障能力方面还有较大差距，目前还有很多地方吃水、防洪、灌溉等问题没有得到解决。而东部地区，工程性缺水情况解决基本到位。下一步农村水利建设要因地而异。东部发达地区要先向美丽乡村建设方向发展。着力打造“亲水宜居、环境优美；水清岸绿、饮水安全；渠通沟畅、灌排自如管理规范、良性运行”的绿色水利与美丽乡村建设相适应的现代农村新水利。中西部地区先解决工程性缺水，增强水源保障。并通过农村水利建设推动水利精准扶贫。在水利建设项目安排上，要结合打赢脱贫攻坚战，保障水利投资向贫困县倾斜，做好贫困地区水利项目储备，加大对贫困县的技术帮扶，做到扶持项目精准、项目安排精准、解决措施精准、扶贫效果精准，大力推进民生水利发展，不断改善贫困地区水利条件，让人民群众有更多的获得感。中西部地区解决工程性缺水问题后，再重点推动美丽乡村水利建设，缩小地区间差异。

五是农村水利建设要与节水灌溉相结合。大规模实施农业节水工程，把农业节水作为方向性、战略性大事来抓，加快完善国家支持农业节水政策体系。全面推进农业水价综合改革，加快建立合理水价形成机制和节水激励机制。实行农业用水分类定价，逐步实行超定额累进加价制度，建立农业用水精准补贴机制和节水奖励机制，促进农业节水增效，保障农田水利工程良性运行。加快推进西北节水增效、华北节水压采、南方节水减排等区域规模化高效节水灌溉。加快开发种类齐全、系列配套、性能可靠的节水灌溉技术和产品，建立健全农业节水技术产品标准体系，大力普及喷灌、滴灌等节水灌溉技术，加大水肥一体化等农业节水推广力度。在水土资源条件较好的地区建设一批现代化大型灌区。支持土地集中连片的种植大户、合作社等因地制宜科学设定灌溉模式，建设节水农业示范区。严禁地下水超采区新打井实施旱改水。稳步推进牧区高效节水灌溉饲草料的建设，严格限制生态脆弱地区抽取地下水灌溉人工草场。

六是农村水利建设要与改革投资渠道相结合。加快水利投融资体制机制改革，破解体制机制矛盾，通过深化改革激发和释放农村水利发展动力和活力，持续推动农村水利发展。建立财政投入水利的稳定增长机制，继续稳定和增加各级公共财政投入，用好贷款、专项建设基金等扶持政策，为水利工程建设提供中长期、低成本的贷款。建立农业水权制度，按照“谁投资、谁所有”的原则，明确农村水利工程的所有权和使用权，推动建立和完善多元化投入机制，通过 PPP 模式等方式鼓励和引导社会资本参与水利工程建设和运营。创新农村水利工程建设模式。通过以奖代补、先建后补、项目扶持等政策措施，调动农民群众和各类市场主体参与农村水利，大力探索适合小型农村水利工程特点的项目建设管理模式。建立反映水资源稀缺性程度和供水成本的水利工程供水价格机制，保障水利工程良性运行。

七是农村水利建设要与全面实行“河长制”相结合。积极推广“河长制”，落实农村河湖管理责任主体，推动基层水利管理体制改革，建立行之有效的基层水务管理体制和农民自治管水机制，健全防汛抗旱、灌排服务等专业化服务组织，健全基层水利服务体系。支持农民用水合作组织创新发展并逐步成为小型农村水利工程建设和管护的主体。通过实行“河长制”，切实强化水土资源保护、水环境治理、水生态修复等工作任务，努力推动水生态文明建设迈上新水平。

深化小型水利工程管理体制改革　助力农业现代化

陈　献*

中国共产党第十八次全国代表大会提出，我国坚持走中国特色新型工业化、信息化、城镇化、农业现代化道路，推动信息化和工业化深度融合、工业化和城镇化良性互动、城镇化和农业现代化相互协调，促进工业化、信息化、城镇化、农业现代化同步发展。我国是一个农业大国，小型水利工程作为农业发展、农村生产中水利基础设施的重要组成部分，在改善农业生产条件、促进粮食生产方面发挥着不可替代的作用。推进农业供给侧结构性改革，是当前的紧迫任务，是农业农村经济工作的主线。抓住新时期大力推进农业供给侧结构性改革的新机遇，加快小型水利工程管理体制改革，不断提高小型水利工程供给质量与供给效率，有利于加速推动农业现代化发展。

一、小型水利工程与农业现代化发展

（一）农业现代化的内涵

农业现代化一般是指从传统农业向现代农业转化的过程和手段，在这个过程中，农业日益用现代工业、现代科学技术和现代经济管理方法武装起来，使农业生产力由落后的传统农业日益转化为当代世界先进水平的农业，主要表现在生产条件现代化、生产技术科学化、生产组织社会化、生产环境可持续。本文重点关注农业生产条件现代化，即与农业生产密切相关的小型水利工程基础设施管理①。

（二）小型水利工程在农业现代化中的作用

小型水利工程是水利基础设施的重要组成部分，大多以公益性为主，具有量多面广、涉及专业范围广、服务功能多、管理困难等特点，在抵御水旱灾害、保障饮水供水、灌溉排水、保护和改善生产环境等方面，在推进农业现代化发展中发挥着重要的作用。

---

* 陈献（1963—　），男，教授级高级工程师，水利部发展研究中心/水经会秘书长。

① 孙中艮、贾永飞、黄莉：《农业现代化内涵、特征及评估指标体系的建立》，《价格月刊》2009 年第 1 期。

一是小型水利工程是促进农业生产发展、提高农业综合生产能力的基本条件。在我国，农业是第一产业，民以食为天，农业生产的发展首先是以粮食为中心的农业综合生产能力的发展，而农业综合生产能力提高的关键在于农村小型水利工程供给。小型水利工程是调控小区域内水文分布与使用的重要基础设施，对于区域内减轻旱涝灾害、促进农业灌溉等有着重要的作用①。

二是小型水利工程是提高农民生活水平与质量的重要保障之一。社会主义新农村建设的一个十分重要目标就是增加农民收入，提高农民生活水平，加强小型水利工程等基础设施建设与管理是其基本条件之一。小型水利工程规模虽小，但与广大农民群众的衣食住行紧密相关，小型水利工程供给质量和供给效率的发挥直接关系着农村生活环境的改善，影响着群众生活水平的提升，更是确保农村社会稳定、国家粮食持续增产的重要战略保障。

三是小型水利工程是改善农村生态环境，促进生态文明建设的基本要求之一。建设社会主义新农村要实现村容整洁，就必须加强小型水利工程建设，统筹考虑水资源利用、水土流失与污染等一系列问题及其防治措施，实现保护和改善农村生态环境的目的。

四是小型水利工程为我国农业结构调整提供支撑。城镇化是我国经济新的增长点，国家对城镇化建设越来越重视，也对农业结构的调整提出了更高要求。城镇化建设，需要更多农村人口从农村转移出来，大量农业人口需要从土地中脱离出来，这就对农村产业结构调整和农业经济生产力提出了更高的要求②。农业生产力的提高，需要提高粮食生产能力和发展规模化农业，这两方面都对小型水利基础设施的建设与管理有着很高的要求，即要求小型水利工程为提高粮食产量和发展农业规模化经营提供很好的支撑。

二、推进农业现代化对小型水利工程管理提出的新要求

作为农业生产的重要基础设施，农业现代化发展新形势对小型水利工程提出了新的要求。随着土地流转规模扩大和新型农业生产经营主体发展壮大，迫切需要通过农业供给侧结构性改革，探索建立与集约化、专业化、组织化、社会化的现代农业经营体系相适应的小型水利工程建设管理机制，更好地发挥小型水利工程效益，促进农业稳定发展③。

（一）农业综合生产能力提升，要求构建完善的小型水利工程体系

提高农业综合生产能力是农业发展的一个重大战略问题，是新时期农业和农村工

① 王贵宸：《中国农村经济学》，中国人民大学出版社1988年版。

② 黄佩民：《建设有中国特色的现代化农业》，《农业科技管理》1997年第2期。

③ 王学增：《正确认识农业规模化经营的内涵》，《河北职业教育》2008年第3期。

作的主题，也是社会主义新农村建设的重要物质基础。2011 年中央一号文件将水利改革发展放在了首要位置，强调要大兴农田水利建设，补齐农田水利短板，夯实农业基础，提高农业综合生产能力。水资源是农业生产物质循环的介质和动植物生存生长的基本条件，也是农业综合生产能力的构成要素。水利工程是调配水资源的重要载体，通过修建水利工程并加强运行管理调度，才能控制水流，防止洪涝灾害，并进行水量的调节和分配，以满足农业生产对水资源的需要。因而构建完备的小型水利工程体系是提升农业生产综合能力的重要组成部分。

（二）农业生产规模化经营，需要改革小型水利工程管理体制机制

近年来，随着工业化、城镇化进程加快，越来越多的农业剩余劳动力转移到非农业，为适度扩大农业经营规模、有效提高劳动生产率创造了条件，各地围绕发展农业适度规模经营进行了多种形式的有益探索，积累了丰富的实践经验。从长远看，推动农业从传统农户分散经营向集约化、专业化、组织化、社会化相结合的新型经营体系转变，是建设现代化农业强国的必由之路（《中共中央、国务院关于加大改革创新力度加快农业现代化建设的若干意见》）。在规模化经营成为农业发展趋势时，小型水利工程作为支撑农业发展的重要基础设施，必须适应这种发展趋势，通过供给侧结构性改革，不断完善小型水利工程管理体制，发挥小型水利工程支撑农业发展的作用。

（三）农业生产水资源要素约束，需要提高小型水利工程运行效率

我国是一个水资源严重短缺的国家，水资源供需矛盾突出仍然是可持续发展的主要瓶颈。农业是用水大户，农业用水效率不高，节水潜力很大。提高小型水利工程运行效率是促进农业现代化发展的需要：（1）农业现代化发展，水利工程持续稳定高效运行是基础支撑，只有小型水利工程支撑有力，才能提高农业生产的效益和效率，进而推进土地流转，扩大土地规模经营，催生农业新型经营主体，加快农产品加工业发展，农民才能持续增收。（2）增强农业抗风险能力的需要。小型水利设施配套不全、工程老化失修严重、灌溉水利用率低、管理滞后等问题十分突出，已成为制约农业现代化发展的主要因素。（3）降低生产成本的需要。加强小型水利设施管护，多蓄水，多节水，放好水，可以有效减少生产成本，避免水利设施建设资金投入浪费。为此，必须提高小型水利工程运行效率，促进农业生产节水，缓解水资源供需矛盾，提高农业防灾抗灾能力，保障国家粮食安全。

（四）农业生产信息化，需要提升小型水利工程管理信息化水平

近年来，农业生产信息化建设取得了重要成绩。经过多年的建设，农业信息化基

础设施明显改善，信息资源建设成效显著，各级农业部门初步搭建了面向农民需求的农业信息服务平台，为农民提供科技、市场、政策等各类信息（《中共中央、国务院关于加快推进农业科技创新持续增强农产品供给保障能力的若干意见》）。但小型水利工程的信息化建设相对滞后，各类小型水利工程的综合性应用平台建设尚未启动，信息化网络在覆盖范围和容量上还远远满足不了民生水利的发展需要。必须针对小型水利工程的特点，积极研发推广操作简便、功能实用、运行稳定、维护方便的信息化管理设备和应用系统，进一步提升小型水利工程各个领域信息化发展水平，以水利信息化促进小型水利工程管理效率提升，进而满足农业生产信息化发展的需要。

三、小型水利工程管理体制改革中存在的主要问题

近年来，各地按照中央部署和水利部要求，精心组织，多措并举，推进工程产权制度改革，落实管理责任与经费，探索创新管护模式，加强基层水资源管理组织建设等，取得了显著成效。管理体制初步得到理顺，工程面貌向好的方向转变，管理人员素质得到一定提升，工程综合效益进一步显现。但面广量大的小型水利工程管理中依然存在很多问题，特别是在一些地方，小型水利工程数量多、地方财力有限、投入不足，工程管护问题依然突出。

一是确权工作存在难题。由于历史原因，许多小型水利工程在建设时没有划定工程管理范围，存在边界不明、管理和保护范围内土地和山林等权属不清等问题，给工程管理带来很多困难①。大部分小型水利工程管理体制改革的市县地处偏远，农民普遍收入较低，且河道、灌区涉及面广，跨度长，划界确权涉及土地权属和农民切实利益，矛盾较突出，影响小型水利工程管理体制改革进度。

二是管护经费投入依然不足。大部分小型水利工程管理经费无财政投入渠道，管理经费大都靠自筹解决；同时，由于小型水利工程不配套、地理位置偏远等因素，导致其经营面较窄，经营效益较差，即使部分效益较好的小型水利工程也未能将经营收益用于工程管理和维修养护。中央针对小型水利工程出台了维修养护财政补助政策，但在一些经济欠发达地区，特别是小型水利工程数量较多的地区，本身处于山区，地方财力有限，工程管护资金还未完全落实到位；由于维修养护经费短缺，小型水利工程在运行过程中无法得到及时有效维修保养，造成工程带病运行现象增多，影响工程及其周边的安全。

三是管护主体不能满足工程管护的需要。根据统计数据，全国超过 2/3 的小型水

① 王冠军等：《小型农田水利工程产权制度改革研究——改革思路及总体框架》，《中国水利》2015 年第 2 期。

库由乡镇或农村集体经济组织管理，而乡镇以下人力、财力、物力远远无法满足“点多量大”的小型水利工程的管理需求。在乡镇机构改革中，乡镇水利站大多被撤并或削弱，乡镇水利人才流失严重；村级管理的小型水利工程大部分实行粗放型管理，基本处于无人监管的状态。很多小型水利工程没有配置专职管理人员，多以兼职为主，人员年龄大、结构不合理、技术水平和管理水平差的问题比较突出①。

四是管护设施和基础设施相对不足。全国确保小型水利工程安全任务依然繁重，小型水库几乎没有安全配套设施，虽然除险加固工程要求对管理设施、防汛道路进行完善，但由于县级配套资金缺口较大等原因，致使很多小型水库未能实施。一些小型水利工程安全隐患治理技术难度较大，实施除险加固或报废的成本比较高，难以实施安全隐患治理；有的地区小型水利工程数量较多，财政支出压力大，影响了除险加固工作的及时开展和隐患消除。

五是管护人员缺乏和管护技术力量不足。管理队伍中专业技术人员少，管理人员业务知识不足，安全责任心不强，管理手段和设施也很落后，无法满足规范化、科学化管理的需要。管理人员大多是在当地农村招募，文化程度不高，缺乏专业和管理技术培训，不能适应现代水利工程管理的需要。非专职管理人员管护责任还不能完全到位。尽管许多地区建立了巡查制度，但大量聘用的兼职人员因技术力量、业务素质、个人意识等方面的不足，无法真正落实工程的管理制度和直接管护责任。

四、相关建议

针对推进农业现代化对小型水利工程建设与管理提出的新要求，结合供给侧结构性改革的相关要求，针对小型水利工程管理体制改革中存在的问题，从产权制度改革、管护模式创新、财政资金引导、管护基础设施、生态化发展等方面提出相关建议。

（一）推进产权制度改革，适应农业土地规模化经营

一是推进小型水利工程产权制度改革。在土地规模化经营的基础上，在工程建设中，重点向专业大户、家庭农场、农民合作社等规模经营主体倾斜，在同等条件下优先安排；在工程管护中，厘清工程产权归属，明确建设和管护权责②。

二是推进农业用水水权制度改革。明晰产权边界，完善与改革农业水资源产权制度；充分调动、提高农民在农业用水管理中的积极性和参与度，形成农民自我约束和

---

① 水利部建设与管理司：《全国深化小型水利工程管理体制改革典型地区交流材料》，2015 年。

② 刘小勇等：《小型农田水利工程产权制度改革研究——进展情况及问题诊断》，《中国水利》2015 年第 2 期。

自我保护的管理模式；建立健全节水奖励机制和补偿机制。

三是统一推进地权、工程产权、水权改革。鼓励和支持农村土地向专业大户、家庭农场、农民合作社等规模经营主体长期流转。同时，推进小型水利工程产权制度和农业用水水权制度改革，引导农户自愿“互换并地”“化零为整”，充分发挥不同规模经营主体的优势和作用。

（二）加强小型水利工程建设，提升工程管护水平

一是加强小型水利工程建设。强化工程类型和规模的协调建设。既要推进节水供水重大水利工程建设，解决好“最先一公里”的问题，还要加快“五小水利”工程建设，解决好田间地头“最后一公里”的问题。

二是加大小型水利工程管护科技投入。加快小型水利工程管理由传统型管理模式向信息管理模式转变，提升信息化管理水平；加大水利设施管护及运行的科技研发及投入，尽快建立农村小型水利工程管理信息系统。

三是明确小型水利工程分级管理责任机制。明确层级管理机制，对小型水利基础设施实行分级管理，分级负责；明确各级各部门管护责任。

四是建立小型水利设施长效管理机制。全面落实小型水利工程管护行政首长负责制，做到小型水利基础设施有专人抓、专人管，定工程、定人员、定职责，分级负责；建立监督考核机制，将小型水利工程管护纳入乡镇年度绩效考核内容。

（三）建立财政资金引导机制，吸引社会资本投入

一是加大政府财税政策支持。坚持以政府公共财政为主体，把小型水利工程公共财政经费落实作为一项重点抓好抓实；提高小型水利工程建设投入占财政收入的比重，确立资金投入持续增长机制；通过置换小型水利工程产权，盘活水利工程存量，取得水利建设资金。

二是扩大信贷资金规模。探索通过政策性金融获得资金支持小型水利建设项目的新路子，建立健全财政与金融相结合的投入机制，在资金来源、税收优惠、财政贴息等方面对承担农业政策性金融业务的机构实行差别化政策。

三是广泛吸引社会资金。以小型水利工程产权改革为契机，吸引社会资本投入，允许小型水利工程设施以承包、租赁、拍卖等形式进行产权流转，吸引社会资金投入①。

---

① 王昕、陆迁：《基于社会资本视角激励农户合作供给小型水利设施的政策建议》，《水利经济》2015年第3期。

（四）推进管护模式创新，适应社会化服务的需要

一是因地制宜地创新小型水利工程管护模式。以乡镇、村组等行政区划为单位，在确保安全、公益属性和生态保护的前提下，鼓励各地采取承包、租赁、股份合作、拍卖和委托管理等多种管护形式，探索专业化、市场化的管护模式。

二是完善基层水利服务体系。加强基层水利服务体系建设，建立健全基层水利服务机构，明确基层水利服务机构建设重点及其公益性职能定位。

三是加大小型水利工程自管组织扶助力度。各级财政部门加大对农民用水户协会的支持，给予一定的运行维护补贴费用，探索设立农民用水合作组织建设基金。

深化水利改革与供给侧结构性改革

深入推进水利供给侧结构性改革的对策措施

王冠军*

推进供给侧结构性改革，是以习近平同志为核心的党中央在深刻分析国际国内经济新形势、科学判断我国经济发展新走向基础上作出的重大战略部署，是适应引领经济发展新常态的重大创新和必然要求。水利是国民经济发展的重要基础设施，也是推进供给侧结构性改革的重要实施领域①②。面对新形势、新任务、新要求，必须紧紧围绕供给侧结构性改革，紧密结合水利特点和改革发展实际状况，进一步创新水利发展体制机制，补齐补强民生水利发展短板，深化水利重要领域改革攻坚，增加水利公共产品和服务供给，着力构建与全面建成小康社会相适应的水安全保障体系③。

一、推进供给侧结构性改革对水利提出的新要求

习近平总书记在2015年中央财经领导小组第十一次会议上首次提出“供给侧结构性改革”，强调“在适度扩大总需求的同时，着力加强供给侧结构性改革，着力提高供给体系质量和效率，增强经济持续增长动力，推动我国社会生产力水平实现整体跃升”。此后，党中央、国务院多次对供给侧结构性改革进行研究并作出决策部署，进入“十三五”以来，以“去产能、去库存、去杠杆、降成本、补短板”为重点的供给侧结构性改革全面推进，社会各方高度关注，各地积极制定出台相关政策措施，以经济新常态为背景、以新发展理念为指导、以供给侧结构性改革为主线的政策框架迅速形成，逐步明晰。水利是公共产品和公共服务的重要范畴，也是供给侧结构性改革的重要内容，中央有关供给侧结构性改革的决策部署，对水利改革发展提出了新的要求。

（一）对增加水利公共产品有效供给提出要求

从供给侧结构性改革任务看，深入推进“三去一降一补”和农业供给侧结构性改

---

* 王冠军（1965— ），男，博士，研究员，水利部发展研究中心副主任。

① 高军明、卢明：《紧紧围绕水利建设存在突出问题 在落实供给侧结构性调整中补齐短板》，《河北水利》2016年第6期。

② 范恒山：《推进水利供给侧结构性改革》，《中国水利》2017年第18期。

③ 陈坚：《加快推进云南水利供给侧结构性改革的认识与实践》，《中国水利》2016年第22期。

革，着力振兴实体经济，优化区域发展格局，推进新型城镇化，加快推进关键性改革，都与水利息息相关，需要发挥水资源的引导约束功能和水利的支撑保障作用。从扩大有效投资需求看，增加水利投资当前能拉动需求、长远能改善供给，具有很强的乘数效应、结构效应，是激活有效需求的重要措施。从生态文明建设要求看，需要增加优质生态产品的有效供给，发展绿色产业，引领绿色消费，为经济发展创造新需求、拓展新空间、打造新优势。为此，必须围绕深化供给侧结构性改革，在补短板、破瓶颈、夯基础、增后劲上下功夫，切实增强水工程、水资源、水环境等公共产品的供给能力，提高水利公共服务水平，提升国家水安全保障水平。

（二）对优化水资源开发利用结构提出要求

供给侧结构性改革要通过各类资源、要素配置和主体的改革创新，实现资源优化配置，提高全要素生产率。水资源是国民经济发展的战略性资源，也是生物生存不可或缺的环境资源，具有很强的稀缺性和不可替代性，水资源的利用方式和效率对经济发展方式具有深刻影响，在很大程度上关系着供给侧结构性改革的质量和效果。推进水利供给侧结构性改革，必须对水资源进行优化配置、合理开发、高效利用、全面节约和有效保护，利用水资源节约保护的“倒逼机制”，推进经济结构调整和发展方式转变，更好地推动形成更加符合市场导向的经济结构和生产方式。

（三）对创新水利发展体制机制提出要求

供给侧结构性改革本质上是体制机制改革，其核心是坚持处理好政府与市场的关系，通过改革破除经济发展长期积累的体制机制问题，激发经济增长的内生动力。其中，行政审批制度改革、财税体制改革、投融资体制改革等事项都和水利具有密不可分的联系。推进水利领域的供给侧结构性改革，也必须把体制机制改革作为加快水利改革发展，提高水利公共服务水平的重要举措，针对水利供给侧的关键领域和环节，着力推进水利投融资、水利建设和管理等方面的改革攻坚，使水利发展更加充满活力、富有效率，让水利改革发展成果更多更公平惠及全体人民。

二、当前水利供给侧结构性改革发展的现状及问题分析

水利是基本的公共产品和民生福祉，加快水利改革发展必须在供给侧和需求侧两手发力。在供给侧，主要通过工程建设、技术改造、体制机制改革等多种手段，履行好防洪、灌溉、供水、生态等多种公益性职能，满足国民经济发展和人民群众生产生活的需要。在需求侧，主要是针对供水、灌溉、生态等方面的公共产品和公共服务，

综合运用行政、技术、经济等措施，有效调节经济社会发展需求，提高水利公共产品的利用效率和效益。近年来，随着中央先后作出加快水利改革发展、保障国家水安全、推进节水供水重大水利工程等系列决策部署，水利改革发展取得了重要进展和成绩，其中在供给侧主要体现在以下五个方面。

（一）水利工程供给体系不断完善，水安全保障能力有效提高

坚持确有需要、生态安全、可以持续的原则，通盘考虑 172 项重大水利工程建设布局，西江大藤峡、淮河出山店、陕西引汉济渭等重大工程陆续开工建设，大江大河大湖治理加快实施，南水北调东中线一期工程全面通水，一批引调水工程和水源工程相继建成运行，现代水利工程体系进一步完善。中小河流治理、小型病险水库除险加固等防洪薄弱环节加快建设，以堤防、水库、蓄滞洪区等为重点的大江大河干流防洪减灾体系基本形成，水安全保障能力进一步提高。

（二）农村水利供给不断增加，民生水利短板有效补齐

针对事关人民群众切实利益和经济社会发展的安全饮水问题，“十二五”期间，全面解决规划 2. 98 亿农村居民和 4133 万农村学校师生饮水安全问题，农村集中式供水受益人口比例由 58% 提高到 82%，农村自来水普及率达到 76%，超额完成农村饮水安全任务。农田水利基础设施持续加强，新增农田有效灌溉面积 7500 万亩，改善灌溉面积 2. 8 亿亩，发展高效节水灌溉面积 1. 2 亿亩，全国农田灌溉水有效利用系数从 2011 年的 0. 51 提高到 2016 年的 0. 54，为全国粮食产量连年增长提供了有力支撑。

（三）供水管理水平不断增强，水资源利用效率大幅提升

以实施最严格水资源管理制度为主线，建立用水资源开发利用总量控制、用水效率总量控制、水功能区限制纳污总量控制“三条红线”指标体系，并逐级分解到省、市、县三级行政区，作为强化水资源水环境承载力刚性约束的重要依据。健全规划和建设项目水资源论证制度，严格执行取水许可制度，加强计划用水管理，强化用水定额管理。开展最严格水资源管理考核，考核结果向社会公布，并作为地方领导干部综合考核评价的重要依据。“十二五”末，全国实际用水总量 6103 亿立方米，低于 6350 亿立方米控制指标，以用水总量的微增长支撑了经济社会持续健康发展。

（四）生态文明建设加快推进，水生态产品供给持续增加

针对经济社会发展进程中出现的水生态水环境问题，大力实施水土保持生态建设，加强坡耕地综合整治和生态清洁小流域建设，每年新增水土流失治理面积 5. 45 万平方

千米，整治坡耕地400万亩。积极推进京津冀“六河五湖”综合治理和生态修复，加强长江经济带水生态空间管控，推进河北等地下水超采区综合治理。强化黄河等流域水量统一调度，实施江河湖库水系连通和重点河湖湿地生态补水，水资源水环境承载能力得到提升。

（五）水利供给侧结构性改革深入推进，水利体制机制逐步完善

坚持把政府该管的事情管严管好，同时注重发挥好市场机制作用，建立健全水利供给侧管理制度体系。全面推行河长制，建立健全以落实地方各级党政领导河湖管理保护主体责任为核心的河长体系。加快水行政审批职能转变，提高水行政管理效率和质量。创新水利投融资体制机制，鼓励社会资本参与水利建设，一批水利PPP项目有效落地实施，非财政资金在水利建设投资中比重进一步提高。深入推进农业水价综合改革，加快建立符合市场导向的水价形成机制。加快推进水权水市场建设，中国水权交易所挂牌运营，促进水资源在更大区域内实现优化配置。

同时也要看到，受我国国情水情和水利发展阶段等因素影响，当前水利改革发展还存在一些薄弱环节，特别是与经济新常态下中央推进供给侧结构性改革的要求相比，水利作为补短板、扩大有效投资需求的重要领域，许多方面亟待进一步加强和完善。比如，重大水利工程建设任务依然繁重，存在前期工作、资金保障、投资来源渠道单一等制约因素；水资源管理“三条红线”倒逼作用尚未充分发挥，水资源利用效率和效益不高，水资源承载能力刚性约束有待进一步加强；创新水利投融资机制、农业水价综合改革、国家水权制度建设等改革任务落实有待检验和修正，改革攻坚力度需要进一步加大。

三、深入推进水利供给侧结构性改革的重点举措

今后一个时期，推进水利供给侧结构性改革的总体思路是：深入贯彻落实新时期中央加快水利改革发展系列决策部署，紧紧围绕供给侧结构性改革的中心任务，坚持问题导向，正确处理好水利供给与需求的关系、政府与市场的关系、总量与结构的关系、生态与发展的关系，加快完善水利基础设施网络，补齐补强民生水利短板，积极推进水生态文明建设，健全水利公共管理和服务体系，不断提高水利公共产品供给能力和公共服务水平，着力构建与全面建成小康社会相适应的水安全保障体系。重点举措主要包括以下几个方面。

（一）以补齐补强水利短板为重点，完善水利基础设施网络

针对防洪、供水、灌溉、生态等领域的薄弱环节，全面加强水利基础设施建设，

补齐水利发展的功能短板。

一是补齐防灾减灾短板。在加快推进大江大河大湖治理和流域骨干控制性工程建设的同时，重点抓好中小河流治理、小型病险水库除险加固、重点区域排涝能力建设、农村基层防汛预报预警体系建设以及城市易涝点整治等薄弱环节建设，补齐事关人民群众生命财产安全的防灾减灾短板。

二是补齐供水安全保障短板。有序建设一批重点水源工程和引调水工程，积极推进江河湖库水系连通，大力提高区域水资源调蓄能力、供水保障能力和水环境承载能力，切实解决好重要经济区和城市群的资源性、工程性、水质性缺水问题，补齐事关经济社会持续健康发展的供水安全保障短板。

三是补强农业节水工程短板。充分考虑农业由总量不足转变为结构性矛盾的变化趋势，把农业节水作为主攻方向纳入农业供给侧结构性改革任务框架，大规模实施农业节水工程，完善农业节水政策、技术和产品标准体系，提高水土资源利用效率和效益。

四是补强农村饮水安全保障短板。在全面完成农村饮水安全建设任务基础上，综合采取改造、配套、升级、联网等方式，进一步提高农村集中供水率、自来水普及率、供水保证率、水质达标率，补齐补强这块事关群众健康和生产生活的民生短板。

（二）以优化水资源配置结构为重点，强化用水红线管控

牢固树立“在水资源上过紧日子”的思想，强化水资源红线管控，深入落实最严格水资源管理制度，全面加强节水型社会建设。

一是强化“三条红线”管理，严格落实水资源开发利用总量、用水效率和水功能区限制纳污总量“三条红线”，实施水资源消耗总量和强度双控行动。加强相关规划和项目建设布局水资源论证工作，对取用水总量已达到或超过控制指标的地区，暂停审批新增取水，强化水资源开发利用刚性约束。

二是强化用水定额管理，完善重点行业、区域用水定额标准。严格水功能区监督管理，从严核定水域纳污容量，严格控制入河湖排污总量。

三是强化最严格水资源管理考核，把节水作为约束性指标纳入政绩考核，在严重缺水的地区率先推行，保障最严格水资源管理制度有效落实，以用水方式转变倒逼产业结构调整和经济布局优化，实现水资源管理供给侧结构的“帕累托改进”。

（三）以增加生态产品供给为重点，推进水生态文明建设

牢固树立“绿水青山就是金山银山”的理念，坚持山水林田湖统筹，加快推进生

态文明建设，增加生态产品有效供给①②。

一是科学确定和维持河湖生态流量。科学确定重要江河湖泊生态流量和生态水位，将生态用水纳入流域水资源统一配置和管理，维持重要河湖、湿地及河口基本生态用水，重点保障生态基流。

二是加强水土保持生态建设。坚持预防为主、防治结合，注重封育保护和自然修复，加强重要江河源头区、重要水源地和水蚀风蚀交错区，以及老少边穷等重点区域水土流失防护和治理。实施清洁小流域建设，加强坡耕地、侵蚀沟及崩岗综合整治。

三是严格河湖生态空间管控。划定河湖管理和保护范围，加强河湖水域岸线保护，严格限制占用水域，系统整治江河流域，有序推动河湖休养生息，保护和恢复河湖生态系统及功能。通过退耕还湖还湿、退养还滩、封育保护、水源涵养等措施，强化重要生态功能区、江河源头区、自然保护区生态保护。

四是加强地下水保护和超采区综合治理。严格地下水水量和水位双控制，综合采取划定限采禁采范围、水源置换、休耕、试行退地减水等措施，对地下水超采较严重的京津冀晋等地区开展地下水超采区治理与修复，压减地下水超采量，逐步实现地下水采补平衡。

（四）以改善水利投资结构为重点，创新水利投融资机制

考虑今后一段时期水利投资需求规模仍将“居高不下”，水利投资以财政为主、来源渠道相对单一等特点，加快完善水利投入稳定增长机制，为大规模水利建设提供资金保障③。

一是完善公共财政水利投入政策。积极争取增加中央预算内水利投资规模，同时调整优化政府投资结构，中央预算内固定资产水利投资更多向重大水利工程、民生水利工程及中西部和贫困地区倾斜，地方财政资金优先保证列入中央投资计划的重大水利建设项目和民生水利项目。

二是落实水利金融支持相关政策。继续推动建立水利政策性金融工具，加大中央和地方财政贴息力度，为水利工程建设提供中长期、低成本的贷款。积极协调金融监管机构，进一步拓宽水利建设项目的抵（质）押物范围和还款来源。

三是鼓励社会资本参与水利建设。针对当前社会资本参与水利建设存在的不愿进、不敢进和操作经验不足等问题，进一步研究完善投资补助、财政补贴、贷款贴息、收益分配、价格支持等优惠政策，加强服务与监管，促进社会投资经营主体更好参与水

---

① 陈明忠：《明确目标　突出重点　加快推进水生态文明建设》，《中国水利》2013 年第 6 期。
② 马建华：《推进水生态文明建设的对策与思考》，《中国水利》2013 年第 10 期。
③ 李泉、刘燕平：《我国农田水利发展与投融资机制创新》，《山东农业科学》2013 年第 45 期。

利建设运营。

（五）以提升水利管理能力为重点，深化重点领域改革

针对水利体制机制中的薄弱环节，深化水利重点领域改革，着力推进水治理体系和治理能力现代化。

一是增强国家水治理能力。全面建立河长制湖长制，夯实地方党政领导河湖管理保护主体责任，加强绩效考核和责任追究，推进落实河长制湖长制主要任务措施，有效解决河湖管理保护中的突出问题。

二是提高水资源市场化水平。把产权制度和价格机制作为水资源管理的有效手段，通过稳步推进农业水价综合改革，加快建立健全水价形成机制，促进节约用水和水利工程良性长效运行。推进水流产权确权，健全水权配置体系和交易制度，探索多种形式的水权流转方式，提高水资源利用效率和效益。

三是增强水利建设管理能力。因地制宜推行水利工程项目法人招标、代建制、设计施工总承包等模式，实行专业化社会化管理。推动管养分离和政府购买服务，提高水利工程建设和管理的专业化、市场化和社会化水平。健全基层水利服务机构，加强农民用水合作组织和专业化服务队伍建设，强化基层水利队伍建设，切实提高基层水利建设、管理和服务能力。

四是增强依法治水能力。加快出台节约用水条例、地下水管理条例，推进河道采砂、流域管理、农村饮水安全保障、水权交易管理、农村水电等重点领域立法，开展《水法》《防洪法》修订前期研究，完善与水利供给侧结构性改革相适应的水法规体系。

珠江流域水利供给侧结构性改革对策分析

郑冬燕*

水利是国民经济发展中重要的基础性供给侧。我国供给侧结构性改革要求“以提高发展质量和效益为中心，着力解决制约发展的结构性、体制性矛盾和问题”。为落实改革要求，水利供给侧结构性改革分析研究迫在眉睫。

一、珠江水利供给侧现状问题分析

珠江是我国七大江河之一，自西至东横贯华南大地。珠江气候温和多雨，水资源充沛，流域开展了大规模的水利建设，对保障用水安全、促进经济社会发展等发挥了重要作用。但也暴露了供需不平衡、供给效率和效益较低、供给质量不高等问题。

（一）水利有效供给与经济社会发展需求不平衡

随着经济社会的不断发展，用水的需求不断发展变化，而水利属于基础设施短板，水利的有效供给难以满足发展需求。

一是供给总量不足。珠江流域虽水资源总量丰富，但局部地区水资源仍较匮乏，加之供水工程不足，缺水严重。南盘江、北盘江等局部区域人均供水能力不足400立方米，远低于流域及全国平均水平，缺水问题突出。面对未来2030年流域634亿立方米用水需求，供给总量仍存在较大缺口。

二是供给结构与经济社会发展不相适应。随着经济社会发展，流域用水需求结构发生变化，城镇生活及工业用水比例不断增大，近二十年间流域城镇生活用水比例从4%提高到14%，工业用水比例从16%提高到22%。城镇生活及工业用水对供水保证要求更高，而流域径流调配能力仅为7.6%，蓄水工程供水能力仅占总供水能力的32.6%，遇干旱年份抗风险能力弱，供水调节能力与保障能力均难以适应发展需求。

三是供给分布与经济社会发展布局不协调。上游云南、贵州地区矿产资源丰富，

---

* 郑冬燕（1978—　），女，高级工程师，水利部珠江水利委员会珠江水利综合技术中心，主要从事水文水资源研究工作。

但水资源不丰富，大部分地区为径流深在400毫米以下的低值区，而且人地高水低，用水困难；中游地区耕地资源丰富，但农业水利化程度低，粮食尚不能自给；下游三角洲地区城市化程度高，但开发利用程度较高，缺乏水资源开发潜力。随着珠江—西江经济带、环北部湾、大湾区、云贵煤炭基地、百色生态型铝产业示范基地等布局发展，区域用水矛盾将更加尖锐。

（二）水利供给效率不高难以充分发挥水效益

由于珠江水资源丰富，总体上流域用水粗放，浪费水的现象较为突出，水利供给效率不高。

一是现状用水效率低。珠江水资源利用效率虽较以往有了较大的提高，但与国内外相比，仍有很大差距。根据2015年水资源公报，流域人均用水量、农业亩均用水量分别为465立方米/人和698立方米/亩，均高于全国平均水平，其中郁江、西江亩均灌溉用水量比全国平均值高出1倍以上；万元国内生产总值用水量和万元工业增加值用水量分别为70立方米和46立方米，虽低于全国平均值，但与国际先进水平相比仍偏高；农田灌溉水有效利用系数为0.47，低于全国平均水平0.53，与发达国家0.6—0.7相比差距更大。

二是现状用水产出效益低。用水效果不高，不仅浪费水资源，而且也没有充分发挥水资源效益，导致产出效益低。珠江单方水工业增加值产出22元，约为国际先进水平的一半；单方水粮食产量仅0.875千克，而世界先进水平已达到2.6千克，仅为世界先进水平的1/3。

三是部分地区用水定额标准制定相对宽松。根据流域主要省区用水定额标准评估，通过与行业先进值、国家标准或邻近省份比较，按照严格、合理、宽松进行评价，流域云南、贵州、广西、海南等省区工业用水定额标准宽松，贵州、广西生活和服务业用水定额标准宽松。

（三）水利供给质量不足威胁用水安全

受水体污染及河口咸潮影响，珠江流域现状用水部分供水水质不满足要求，威胁安全饮用。

一是部分水源地水质不达标。根据珠江水资源保护规划调查，在616个县级以上集中供水水源地中仍有12%的供水水质不达标，不合格的生活供水量达11亿立方米，影响总人口估计约900万人。

二是咸潮威胁珠江三角洲供水安全。珠江河口咸潮上溯不断加剧，影响范围大，不仅涉及澳门、珠海，而且影响到珠江三角洲大部分地区，受咸潮影响的人口达1000

万人，尤以冬春季节最为严重，供水咸度曾达400—800毫克每升，最高超出国家饮用水标准（含氯度小于等于250毫克每升）3倍多。

二、珠江水利供给侧结构性改革总体思路

供给侧结构性改革以提高质量和效益为主攻方向。水利作为五大基础设施之一，供给改革就要提质增效，矫正供需结构错配和要素配置扭曲，扩大有效和中高端供给，增强供给结构对需求变化的适应性和灵活性，更好满足广大人民群众的需要，促进经济社会持续健康发展。

（一）基本理念

水供给侧结构性改革必须遵循国家新发展理念。创新，要推动供给工程建设向供给管理转变，加强科技应用创新，切实扭转水利发展方式，提升供给效率，增强水利发展推动力。协调，要充分考虑流域供给和经济社会发展需求不平衡等特点，优化流域水资源配置，不断增强水利发展的整体性和协调性。绿色，要把水资源节约保护放在更加突出的位置，高度重视供给质量与效益，维护好、保护好流域河湖健康。开放，要更宽领域、更大范围引进技术、资本和人才参与水利建设管理，强化跨界（境）水合作与交流。共享，要让水利发展成果惠及全流域，大力发展民生水利，推动水利基本公共服务均等化。

（二）主攻领域

珠江上游多为山地，少数民族聚集，水资源承载能力低，现状工程缺水问题突出，该区域水利供给侧结构性改革要以水资源承载能力为硬性约束，合理增加供给总量，在农村饮水安全巩固提升中坚决兜住民生底线。中游地区耕地集中，水量丰富，现状用水效率低，该区域水利供给侧结构性改革要以提升水利供给效率和效益为重点，优化水利基础设施布局，增加高质高效供给。下游地区经济发达，局部生态破坏严重，该区域水利供给侧结构性改革要以提升供水质量为重点，加强水资源保护，优化水利供给结构，提高生态用水的保障能力。

（三）控制目标

水资源是有限资源，水利供给不能突破水资源利用高线，不能破坏生态环境底线，要最大实现水资源综合效益。珠江流域水资源虽然丰富，但水资源水环境承载能力也有限，2030年流域总用水量控制在630亿立方米以内；流域现状水体水质优良，主要

江河水体水质优于Ⅲ类比例要高于95%；地级及以上城市集中式饮用水源水质达到或优于Ⅲ类比例总体高于93%，珠三角区域基本消除丧失使用功能的水体。流域供水布局要不断优化，农村集中式供水人口比例达到80%以上；供水效益要不断提升，单方水产出GDP效益260元以上。

三、珠江水利供给侧结构性改革主要对策

（一）控制水资源消耗，强化水利供给总量控制

实施水资源消耗总量和强度双控行动，完成流域主要江河水量分配，建立流域水利供给总量控制指标体系，严格指标管理工程取水，建立管理台账对接机制和预警机制，开展最严格水资源管理制度考核。

（二）加快水源建设，缓解水利供给不足问题

加快水利基础设施建设，实施滇中引水、珠江三角洲水资源配置、环北部湾水资源配置等一批重大跨区域供水工程，缓解缺水问题；有序推进莽山、德厚等大中水源工程，提高水资源调控能力；加强雨水、海水等非常规水源利用，逐步形成大中小微并举的供水体系，增加总量供给，增强水利有效供给，到2030年流域年平均新增供水能力218亿立方米，能更加准确地适应经济社会发展用水需求。

（三）优化水利供给结构，促进经济社会协调发展

调整优化供水结构，在有限的用水总量增长空间下，需狠抓节水，尤其需要通过农业节水调出部分额度以满足城镇化、工业化发展需要。于2030年农业供水比例进一步调整到52%，工业及城镇生活供水比例47%。通过新建蓄水工程，替代现有保证率不高的中小型引提水工程，退还部分地下水，至2030年共调整供水结构140亿立方米，赋予大型水电站配置任务，加强流域水资源统一调度，既保障民生水利，兜住饮水安全底线，又促使水利跟着城镇化和产业发展走，还提高生态用水的保障能力，有效促进经济社会协同发展。

（四）强化节水，提升水利供给效率

提升水利供给效率和效益，增加高质高效供给。采取强化节水措施，大力推进农业、工业和城镇节水，实施大中型灌区节水改造，推广喷灌、微灌、低压管灌等高效节水技术，加快工业技术改造，改造城市供水管网，不断提升供水效率，使珠江三角

洲等发达地区用水效率达到同类地区国际领先水平，云贵等欠发达地区用水效率达到同类地区国内先进水平，2030 年流域万元国内生产总值用水量降低到 38 立方米以下。

(五) 加强水源保护，提高水利供给质量

加强江河湖库水源保护，划定水生态空间保护红线，严格水生态空间功能管控，严格入河污染物总量控制，2030 年流域重要水功能区化学耗氧量 COD 入河控制量 88 万吨。加大水源地保护，重点针对列入《全国重要饮用水水源地名录》的重要水源地继续推进流域重要饮用水水源地安全保障达标建设。合理布设与调整水源地格局，重点通过珠江三角洲水资源配置工程、环北部湾水资源配置工程、滇中引水配置工程等，以及南宁水城补水、桂林漓江补水等河湖连通工程，改善供水水源水质。对水体污染比较严重的南盘江、北盘江、红水河、郁江、珠江三角洲等水质为Ⅴ类和劣Ⅴ类的 2000 公里河段，实施重点整治，提高水环境承载能力，改善水体质量。

(六) 健全水供求制度，解决体制性问题

水供给侧结构性改革，不仅需要科学的水资源调配及供水保障基础设施，还需要解决水供给管理体制机制问题。要积极推广河长制，坚决落实最严格水资源管理制度，严格水资源水环境红线管控，建立水资源承载能力监测预警机制。健全计划用水管理制度，完善节水政策和激励机制，深化水价改革，健全水流产权制度和水市场，完善水资源监控体系与调度管理，建立考核机制，促进和倒逼经济发展方式转变。

黄河水利委员会经济可持续发展路径探析

王文增*

一、黄河水利委员会经济发展历程概述

自20世纪70年代末开始，我国逐步由计划经济向商品经济转变。在经济转型时期，黄河水利委员会（以下简称“黄委”）事业经费缺口开始显现并呈现逐年增大趋势，为此各级单位开始大规模开展多种经营、举办经营实体，黄委经济工作正式起步。截至目前，黄委经济发展大致可分为以下四个阶段。

（一）探索阶段（1978—1986年）

水利综合经营这一新生事物在1978年水利部全国水利工程管理会议上给予了肯定①，黄委基层单位由此开始尝试结合工程管理开展综合经营、走向社会承包工程、推行事业经费预算包干、生产经营盈亏包干、技术经济责任制等多种形式的经营创收活动，9年间全委多种经营产值由不足30万元发展到近1亿元。②

（二）快速发展阶段（1987—1996年）

黄委各级在1987年建立了综合经营管理机构，形成了自上而下的领导管理体系，并于1988年11月在郑州召开了全委第一次综合经营工作会议，出台了《黄委会综合经营管理暂行办法》和《黄委会综合经营近期发展规划》。“八五”期间，全委对经济工作的认识不断深化，广大治黄职工充分认识到大力发展黄委水利经济的迫切性和必要性，黄委水利经济步入快速发展时期，全河经营产值以每年32%的速度递增，利润年递增速度为38%③。到1996年年底，黄委实现经济总收入12.3亿元，利润1.7亿元，各种行政事业性收费1610万元。

---

* 王文增（1982— ），男，经济师，黄河水利委员会经济发展管理局。

① 《黄河年鉴（1990）》，中国环境科学出版社1993年版，第231页。

② 《黄河年鉴（1995）》，黄河年鉴社1995年版，第420页。

③ 徐百鹏：《水利经营管理20年》，中国水利水电出版社1999年版，第175页。

（三）清理规范阶段（1997—2002 年）

1997 年黄委在全河范围内开展了“研讨全河经济，清理整顿公司”的专项工作，对全河 224 家公司（实体）进行了清理整顿。先后出台了《黄委关于加快发展经济的若干意见》《黄委加快土地开发的意见》《黄委经营开发项目立项决策管理办法》《黄委经济工作综合评价指标及考核办法》等文件，对推动全河经济工作持续健康发展起到了积极促进作用，经济总量持续增长，为改善职工生产生活条件作出了重要贡献；内部事企逐步分开，新的管理模式初露端倪；企业改革步伐加快，股权多元化取得新进展；经营思路逐渐清晰，优势产业发展加快。据统计，2002 年黄委实现经济总收入 34.8 亿元。

（四）科学管理阶段（2003 年至今）

2003 年 2 月，黄委经济发展管理局正式成立①，标志着全河经济管理工作步入了新阶段。为明确黄委一个时期内经济工作的发展目标、方向和工作任务，黄委召开全河经济工作会议，并陆续出台了《黄委关于加快经济发展的意见》《黄委关于进一步加强经济工作的意见》《黄委经济发展“十二五”规划》《黄委关于进一步促进经济健康发展的意见》《黄委关于事业单位投资企业清理整合方案的意见》《黄委关于进一步加强财务管理工作的指导意见》《黄委经济发展“十三五”规划纲要》等有利于促进黄委经济科学管理、规范健康发展的制度措施。据统计，2003—2016 年，黄委共实现经济总收入 1309 亿元，年均增长 12%。

二、黄河水利委员会经济发展的基本现状

（一）经济总量逐步提升

2016 年，黄委拥有独资、控股企业 180 家，资产总额 221 亿元，实现经营总收入 166.5 亿元；从事企业经营工作的人员近 1.2 万人。“十二五”期间，黄委共实现经营总收入 664 亿元。

（二）主要产业亮点纷呈

技术服务行业能力显著提升，充分发挥人才、技术优势，为治黄事业提供支撑的

---

① 《黄河年鉴（2004）》，黄河年鉴社 2004 年版，第 263 页。

同时，积极开拓外部市场，“十二五”期间实现收入72亿元。供水产业发展步伐加快，委属单位积极发展远程供水和直供水项目，认真落实“两水分供、两水分计”工作，“十二五”期间实现收入16.4亿元。建筑施工行业稳步提升，施工企业紧紧抓住国家加大水利投资的机遇，积极拓展国内外市场，“十二五”实现经营收入445亿元。

（三）治黄事业得到支撑

各单位通过大力开展经营创收工作，弥补了经费缺口，提高了职工收入水平，改善了职工生活条件，稳定了职工队伍。“十二五”时期，全河各级单位通过经营创收弥补的经费缺口约占黄委基本支出总额的30%以上，可以说，经济工作为治黄事业稳定发展起到了十分重要的支撑保障作用。

三、影响黄河水利委员会经济健康发展的主要问题

（一）创新不足

一是制度创新不够，现有经济管理体制和运行机制尚未完全适应市场经济发展的需要，一些单位仍按事业单位管理模式管理企业，缺少必要的激励、约束机制，部分按照《公司法》注册的企业，公司股东会、董事会、监事会职责不到位，未形成有效的决策、制衡机制；二是科技创新不强，黄委虽然拥有一大批高素质的科技人才队伍，但并未形成在行业、领域具有较大影响力的科技创新品牌，企业普遍缺乏核心科技创新能力，导致市场竞争力较弱；三是人员交流与引进存在障碍，不同性质单位之间的人员交流受诸多因素影响缺乏充分流动性，人员固化现象比较突出，特别是企事业单位之间人员的相互交流渠道不畅。

（二）结构失衡

黄委经济发展的主要行业中，技术服务、供水、水电等行业收入不到全河经营总收入的20%，建筑施工业占比则超过60%，沙土资源利用程度较低、经济产值过小。

（三）持续发展能力差

一是效益水平低，黄委年均产值利润率不足2%，特别是建筑施工业年均产值利润率仅在1%左右；二是黄委企事业单位普遍缺乏具有长远持续收益的项目，如供水、租赁、水电等；三是管理精细化程度不足，企业内控制度建设滞后，项目部管理存在不少漏洞，导致企业积累不足；四是潜力资源尚未完全挖掘。

（四）融合发展意识不够

目前，黄河流域已成为国家推进“一带一路”倡议国内部分的核心区域之一，发展势头强劲、潜力巨大，许多沿黄城市相继提出跨河或沿河发展战略，努力把黄河打造为城市景观河，黄河大堤打造成城市景观大道或慢车道，这些都为黄委各单位发展经济提供了难得机遇。但是不少单位缺乏主动出击、积极参与融合到地方以及区域经济社会发展的意识，“等靠要”思想还有不同程度的存在。

（五）职工幸福感有待增强

一是与其他流域管理机构相比，黄委职工收入依然偏低；二是与属地同类型单位相比，黄委各单位引进人才、留住人才的吸引力不强；三是黄委自身的政事企单位职工收入彼此差别较大，而且没有充分体现出能者多劳的激励作用。

四、黄河水利委员会经济可持续发展的路径选择

从经济发展长期趋势看，经济学界的普遍共识是应该从供给侧的基本因素去分析经济增长，其主要因素有：①投资；②新增劳动力；③效率。供给侧结构性改革核心思想是降低制度性交易成本，关键是提高经济增长质量和效益。结合黄委经济发展现状，按照供给侧结构性改革相关理论，笔者认为应重点关注以下几个方面。

（一）保持治黄事业投资的稳定增长

1. 科学编制规划、预算

规划、预算的编制科学与否直接关系到批复的及时性和资金使用的规范性，相关部门和单位应当充分认识其重要性，要求有关专业人员参与编制工作，并积极做好向上级和地方政府的汇报、沟通工作，争取其对治黄工作的了解、理解和支持，确保黄河的岁岁安澜。

2. 积极推动重大项目前期工作

随着经济发展进入新常态，国家把水利作为基础设施建设的重要支柱，“十三五”时期成为大规模水利建设高峰期，黄委应抓住有利时机，力争古贤水利枢纽工程、粗泥沙集中来源区拦沙工程、禹潼河段“十三五”治理工程等一批治黄重点工程（项目）早日获批，确保治黄投入保持稳定和必要的增长。

3. 抓好治黄重大工程建设

治黄工程涉及流域、区域经济社会的安全稳定，不容半点疏忽，要进一步规范黄

河水利工程建设行为，开展转包和违法分包专项整治；加快重大工程建设进度，按时完成工程建设任务。

（二）提高经营人才的有效供给

1. 疏通高素质人员的双向交流渠道

要解放思想，大胆创新，结合黄委实际，细化相关政策，研究具体措施，建立健全相关管理制度，贯彻落实好国家关于支持和鼓励事业单位专业技术人员创新创业的指导意见，支持和鼓励事业单位选派专业技术人员到企业挂职、参与项目合作或到与本单位业务领域相近的企业兼职。按事业单位身份管理的人员，按照干部管理权限，经批准后可以到企业挂职、参与项目合作；企业的优秀管理人员经过必要程序也应能够使用到更加重要的岗位上。

2. 切实赋予企业自主用人权

人才是立企之本、兴企之要。允许、鼓励、支持黄委企业根据自身发展需要，从社会招聘管理和专业技能人才，并给予其合理的相关待遇。

3. 完善企业激励机制

积极推进企业负责人年薪制，把企业负责人的收入与企业长远发展有机结合起来，激励大家多劳多得，贡献越大收入越高，合理合法增加收入；破除旧有观念，鼓励发展好的企业职工收入可以高于事业单位职工收入、发展好的事业单位职工收入可以高于机关职工收入。

（三）提升资源配置效率

1. 加快企业清理整合

黄委现有企业中多数规模小、竞争力弱、业务相近，甚至还有一些“僵尸企业”，应按照国家相关政策和要求，通过市场化、法制化手段，继续推进清理整顿工作，加快同类型业务企业资源整合步伐，做实做优做强一批资产规模大、市场竞争力强的企业。

2. 降低企业负债水平

近几年，黄委企业整体资产负债率均在65%以上并呈现逐年上升趋势，不利于控制经营风险，应适当控制企业债务增长速度和规模，加强新投资项目融资风险评估和科学决策，逐步退出不熟悉、不擅长和高风险的项目与领域。

3. 降低企业经营成本

黄委企业内部管理较为粗放，制度建设滞后，执行力不强，导致运营成本较大，需要按照国家有关内控体系建设要求和单位自身实际，健全完善内部控制制度，着力抓好关键业务流程控制，建立重大风险预警机制，完善并落实应急预案，及时把工作中的好做法上升为制度，并结合实际对已有的制度进行修改、修订或废止，提高制度的可操作性。企业项目部是创造利润的基础，也是控制经营成本的关键环节，强化项目资金使用和监管，科学合理核算成本，确保企业正常收益。

4. 补齐经济发展短板

一是加大创新力度，除科技创新之外，更应侧重于有关人、事、物方面的制度创新，破除制约企业健康发展的制度性障碍。二是加快黄河水沙资源的利用步伐，参与黄河干流控制性骨干枢纽的建设，完善水沙调控体系；明确黄河泥沙治理“拦、排、调、放、挖”五大措施，在符合防洪安全、有利于减少泥沙淤积的前提下，深入研究黄河泥沙资源化利用的各种途径，科学规划好可开采区域，制定严格的泥沙开采管理办法，主动寻找生态效益与经济效益的最佳契合点，有效解决泥沙淤积问题。三是深入融合沿黄地区经济社会发展，因势而谋、应势而动、顺势而为，主动对接服务地方经济社会发展，结合治黄业务，积极推进黄河景区建设，改善周边生态环境，宣传人民治黄成就；探索建立与地方融合发展的长效机制，对有关涉河项目、争取地方投资等，应以长远目光考虑问题，借力地方经济社会的发展加快自身发展。

五、结　　语

黄河水利委员会经济的持续健康发展，关系到治黄队伍的稳定和治黄事业的发展。我国经济发展已迈入新常态，黄河流域是国家“一带一路”倡议的重要区域，水利也是国家基础设施建设的重要领域，黄委应抓住这一重要发展机遇，深刻领会供给侧结构性改革的实质，结合实际，通过深化改革推进黄委经济结构调整升级，提高资源配置效率和全要素生产率，以敢担当、勇负责的精神，努力推动全河经济健康快速发展，使职工有更多的获得感和幸福感，为维持黄河健康生命、促进流域人水和谐打牢坚实的经济基础。

深化供给侧结构性改革　破解水利发展现实问题

阚善光　曹革苗*

沂沭泗水系位于淮河流域东北部，北起沂蒙山，东临黄海，西至黄河右堤，南以废黄河与淮河水系为界。流域面积 7.96 万平方千米，涉及苏鲁豫皖四省 17 个地市 79 个县（市、区）。自 1981 年国务院批准成立沂沭泗水利管理局，对沂沭泗流域的主要河道、湖泊、枢纽工程及水资源实行统一管理和调度运用以来，流域水利事业取得长足发展，水利管理成效显著，为流域水安全提供了有力保障。但是，沂沭泗水系复杂，水事矛盾多发，水旱灾害频繁，随着流域工业化和城镇化的快速推进，水少、水多、水脏、水浪费、水生态退化等共性问题依然是流域经济社会发展的重要制约因素。

一是水资源短缺问题仍未根本得以解决。沂沭泗水系水资源总量多年平均为 235.31 亿立方米，是我国重要缺水区之一，人均、亩均地表水资源量分别只占全国平均值的 16.4% 和 16.2%；受自然条件和极端灾害天气事件影响，流域旱涝灾害呈现突发频发重发态势；南水北调东线一期调水极大地缓解了北方严重缺水的情况，沿线河湖蓄水在枯水期得到改善，但流域水资源供需矛盾仍较为突出，资源性缺水、工程性缺水、水质性缺水和管理性缺水仍不同程度地存在，区域性缺水、季节性缺水、行业性缺水多发频发。

二是节水型社会尚未真正形成。实行最严格水资源管理制度要求，到 2030 年万元工业增加值用水量降低到 40 立方米以下；农田灌溉水有效利用系数提高到 0.6 以上；水功能区水质达标率提高到 95% 以上。沂沭泗流域内离目标节水要求尚有很大差距，用水效率不高、管理粗放、跑冒滴漏等水资源浪费现象仍然存在。部分县（市、区）节水型社会建设取得突破，但社会节水意识未真正形成，节水管理制度尚待健全，“自律式”节水运行机制、激励机制尚不完善，有利于提高水资源使用效率和效益的水价形成机制尚未建立，水价的杠杆作用尚未真正发挥。

三是水生态问题依然突出。水资源对经济发展方式转型的倒逼机制尚未真正形成，城镇建设产业布局、园区建设等尚未充分考虑到水资源水环境的承载能力，水资源刚性约束作用仍未有效发挥。个别区域产业结构和布局与水资源条件不相匹配，水资源

---

* 阚善光（1963—　），男，高级工程师，沂沭泗水利管理局，主要从事工程管理等研究。曹革苗（1970—　），男，高级工程师，沂沭泗水利管理局。

开发利用水平已超出水资源和水环境承载能力，湖泊干涸、河道断流、湿地萎缩、地下水超采、水体污染、水土流失等水生态问题仍有发生。从单纯的水资源管理向水生态环境治理的理念需进一步转变。

四是应对极端灾害天气事件的能力仍然不足。受全球气候影响，沂沭泗流域水文要素变化明显，旱涝灾害频繁发生。一方面，流域旱灾频频出现，流域内的南四湖20世纪80年代后多次出现干湖现象；另一方面，流域又多次出现大范围暴雨洪水，造成个别地区洪涝灾害。面对流域旱涝灾害呈现突发频发重发态势，流域防洪抗旱减灾体系、应对极端灾害天气事件的能力仍显薄弱。

五是流域水治理体系和治理能力仍待提高。目前，我国已形成一套基本完备的水法规制度体系，但流域管理立法、流域综合规划、岸线利用专业规划缺位或滞后的问题仍较突出，流域管理与区域管理相结合的管理体制仍需进一步理顺，重复发证、违规建设、无序开发的现象应得到及时纠正。流域和区域联合执法、综合执法体制机制有待进一步建立健全，流域水资源管理能力亟待进一步强化，水行政执法强制性不够，约束力不强，行政执法与刑事司法衔接有待加强。

“供给侧结构性改革重在解决中长期经济增长所面临的突出问题。”破解沂沭泗水利发展面临的现实问题，也迫切需要进一步深化水利供给侧结构性改革，优化水利公共产品供给结构和水资源配置体系，提高水利发展质量和效益，增强流域水安全保障综合能力，加快构建有利于实现流域水利创新发展、协调发展、绿色发展、开放发展、共享发展的新体制机制。

一、补齐补强水利建设短板，着力提升流域水利支撑保障能力

水利既是供给侧结构性改革的重要领域，也是扩大有效投资的关键领域。从扩大有效投资需求看，增加水利投资当前能拉动需求、长远能改善供给，具有很强的乘数效应、结构效应，是激活有效需求的重要措施。

经过多年努力，沂沭泗流域水利基础设施建设取得重大突破，但流域整体防洪能力仍需提高，流域内地方水利发展还不平衡，水资源供需矛盾依然突出。“十三五”期间，“要紧紧围绕以提升流域防汛抗旱减灾能力为核心，以严格水资源节约保护为抓手，以加强流域综合管理为支撑”，集中力量补齐补强影响水利发展短板，加快完善水利基础设施网络，为沂沭泗流域经济社会持续健康发展提供更加有力的水利支撑和保障。

一是进一步完善流域防灾减灾工程体系。进一步完善流域、区域、城市间及大中小工程间相协调的防洪除涝工程体系，协调治理指标、工程规模、实施时序和调度运

用，着力提高对洪水的综合防御能力。紧抓国家新一轮治淮的有利时机和国家大力开展中小河流、江河主要支流治理的大好机遇，加快推进沂沭泗河上游治理，推进城市防洪和南四湖湖东滞洪区、黄墩湖滞洪区、重点平原洼地南四湖片和沿运邳苍郯新片治理工程建设，积极开展沂沭泗河洪水东调南下提高防洪标准论证工作，相继启动实施南四湖、骆马湖防洪体系完善工程，全面实施工程除险加固，筑牢城乡防洪保安屏障。

二是统筹优化流域水资源配置格局。以河、湖、库工程为框架，以雨洪资源利用、南水北调为依托，统筹引江和引沂济淮，科学论证、稳步推进江河湖库水系连通骨干工程，推进南水北调后续工程规划与建设，加强水源控制工程建设，完善跨流域、区域调配水体系，加快构筑多水源互联互调、多功能安全可靠的城乡区域用水保障体系，全面提升水资源保障水平。统筹上下游、左右岸、干支流，兼顾防洪减灾和蓄水兴利，按照安全第一、风险可控、效益最大的原则，进一步优化完善水利工程调度运用方案，科学实施防汛、抗旱、排涝、减污、生态联合调度，研究论证大中型水库增容，稳妥实施南四湖、骆马湖汛限水位动态控制，科学开发雨洪资源，促进流域水资源综合利用效益最大化。

二、创新管理体制机制，推进流域水治理体系和治理能力现代化

新制度经济学认为，制度与劳动力、土地、资本、科技创新一样，是经济增长的要素之一。当前，中国经济进入转型升级的新阶段，水资源条件变动、涉水利益格局调整、涉水思想观念变化、涉水管理体制变革，带来对水利公共管理与社会服务的难度和挑战不断加大，迫切要求进一步更新传统观念，创新流域管理法规制度供给，建构流域管理新模式新机制，改进流域管理的方式和手段。

一是加快流域管理立法步伐，突出流域综合规划的刚性约束作用。供给侧结构性改革的重中之重是制度创新。针对目前水法规体系结构中流域管理立法滞后的问题，改善水行政管理制度供给结构，应加快流域管理立法步伐，制定江河流域管理法、河道采砂管理条例、南四湖管理条例、边界水事纠纷争议处理规约等水法规，进一步明确流域管理机构的法律地位，合理划分流域和区域的事权，将全面推行河长制的精神实质、根本要求和主要制度设计内容融入新的水事立法中去。认真做好流域综合规划、专项规划的修编工作，切实改变规划滞后于经济社会发展的现实，解决流域管理规划依据相对不足的问题，突出水利规划的时效性和约束力，强化水利规划对水利建设和涉水事务社会管理的刚性约束。

二是树立流域共治理念，完善水治理体制机制。适应社会管理向社会治理转型的

新形势，树立流域共治理念，完善流域管理与行政区域管理相结合的水资源管理制度，注意发挥涉水利益主体特别是地方政府及有关部门的积极作用，在总结湖西联防、打击河湖非法采砂联合执法机制实践经验的基础上，推动建立各方参与、民主协商、共同决策、分工负责的流域议事协调机制和高效执行机制。强化流域与区域之间联动执法，积极化解省际边界水事纠纷，形成团结治水合力，共同维护河湖健康生命。按照中共中央办公厅、国务院办公厅《关于全面推行河长制的意见》要求，把推行河长制作为深化水利供给侧结构性改革的重中之重，抓紧制定细化工作方案，建立完善工作机制，制定相关工作制度，加快建立以党政领导负责制为核心，以水域岸线管控、节水治污控源和生态保护修复为重点，覆盖省市县乡四级的河长体系，开展定期督导，为维护河湖健康生命、实现河湖功能永续利用提供制度保障。

三是强化流域社会法治意识，着力推进依法治水管水。随着水利功能不断拓展、效用不断延伸，水资源开发利用的利益主体和利益诉求日益多元化，涉水主体的法律维权意识进一步增强，迫切要求全社会的水患意识和水法治观念宣传教育也要进一步强化，牢固确立“法律红线不能触碰、法律底线不能逾越”和“法无授权不得为、法定职责必须为”的法治观念，进一步提高干部职工法治思维和依法办事能力，在流域治理中努力推动形成办事依法、遇事找法、解决问题用法、化解矛盾靠法的良好法治环境。持续深化“放管服”水行政审批制度改革，严格按照行政许可法和有关法律法规要求，优化审批流程，提高审批效率。切实加强审批事项的后续监管工作，明确监管责任，落实监管任务，确保监管到位，防止出现“监管真空”。

四是加强水利管理科技创新，扎实推进水利信息化建设。加强雨水情墒情监测站网建设，调整改造现有监测站网，充实完善中小河流、中小水库水文监测站网。加快实施国家水资源监控能力建设，力争水量、水质动态监测站点覆盖流域内所有监测断面、城乡饮用水水源地、主要水功能区、规模以上取水户和大型灌区，努力为最严格的水资源管控提供技术支撑。加强水库、堤防、险工险段安全监测、通信预警和远程控制系统建设，提高水利管理信息化、自动化水平。积极运用遥感、GPS 等技术手段，对重点堤防、水利枢纽、重要河湖节点等进行视频实时监控，对涉河湖违法违规行为做到早发现早制止早处理。大力推广应用“互联网+”、物联网等新理念、新技术，强化相关信息系统和数据资源整合，探索构建互联互通、信息共享、运转高效的智慧水利管理平台，全面提升水利管理信息化水平。

三、牢固树立生态优先绿色发展理念，统筹推进流域水生态文明建设

生态文明建设是“五位一体”总体布局和“四个全面”战略布局的重要内容。水

是生存之本、文明之源、生态之要。水是生态环境的主要控制性因素，水生态文明是生态文明的重要组成和基础保障。要把生态文明理念融入水利管理工作的各方面和全过程，充分发挥流域机构职能作用，促进和保障流域水生态文明建设。

一是大力实施生态保护和修复工程。推动实施南四湖、骆马湖退圩（渔）还湖工程。加快环南四湖、骆马湖大生态带建设，构建生态廊道和生物多样性保护网络，在环湖地区、大型水库周围、主要河流水源地及沿线建设绿色生态保护带，强化生态屏障建设。统筹水环境、水生态、水景观、水文化，综合实施河湖治理、湿地修复、塌陷区利用、水利风景区建设，贯通城乡河湖水系，提高水资源调配能力，努力构建“互联互通、引排顺畅、水清岸洁、生态良好”的流域现代水网，形成蓄泄得当、丰枯调剂、多源互补、水清岸绿的水生态保护格局。

二是严格河湖水生态空间管控。完善水域岸线管理利用规划，界定河湖岸线，明确水域功能定位与开发利用保护要求。依法划定河湖管护范围，推进水利工程划界确权。强化河湖空间用途管制，建立建设项目占用水利设施和水域岸线补偿制度。强化涉河建设项目和活动监督管理，以河道采砂、涉河建设和水资源监管为重点，切实加强河湖执法巡查，及时发现、坚决打击违法侵占水域岸线的行为。继续推进水行政执法能力建设，推动建立行政执法与刑事司法衔接机制，积极推进以刑事司法手段打击非法采砂等严重水事违法行为。

三是切实落实最严格水资源管理制度。按照水资源消耗总量和强度双控方案要求，“牢牢把握生态优先、绿色发展的战略定位，坚持把水资源和水环境承载能力作为刚性约束，以水定产、以水定城，因水制宜、量水而行”，更加重视南四湖、骆马湖及其河道水资源保护，严格机关建设项目水资源论证报告书的技术审查。强化用水总量控制，实施区域用水总量控制，突出抓好取水许可与监管工作。优化水资源供给结构，建立水资源供给配置制度，水资源供给要优先保障城乡居民生活用水和高附加值、高技术含量、绿色低碳、具有国际竞争力的产业用水。按照已批准的流域河道分水方案，严格执行计划用水管理制度，强化用水定额修编和管理，实施阶梯水价，积极推进合同节水管理，提高水资源供给效益。

我国部分地区水利供给侧结构性改革的实践探索

敖　菲　郑宇辉　张海龙　林辛锴　张　璐*

推进供给侧结构性改革，是我国经济工作的重大战略部署。水利关系到防洪安全、供水安全、粮食安全、经济安全、生态安全和国家安全。水利是国民经济发展的重要基础设施，是社会发展和民生改善的要求，是生态文明建设的核心要素，是国民经济发展的技术保障和基础条件，因此，水利本身就是国民经济发展中重要的基础性供给侧。党的十八届五中全会把水利作为践行新发展理念的重要内容，摆在八大基础设施网络建设的首要位置。供给侧结构性改革以提高质量和效益为主攻方向，水利作为经济社会发展的重要基础设施，在供给侧结构性改革中的主要任务是补短板。水利部对今后一段时期推进水利供给侧结构性改革作出了部署并出台了相关政策，各级水行政管理部门也因地制宜制定了水利供给侧结构性改革实施方案、措施。

一、水利部关于推进水利供给侧结构性改革的工作部署

（一）总体部署

2016 年 1 月，水利部召开全国水利规划计划座谈会。会议强调要紧紧围绕供给侧结构性改革，创新水利投资计划管理方式，拓展水利投资来源渠道，加快节水供水重大水利工程建设，补齐补强民生水利短板，积极推进水生态文明建设，增加水利公共产品和公共服务供给，着力构建与全面建成小康社会相适应的水安全保障体系。

2017 年 5 月，水利部印发《关于严格水资源管理促进供给侧结构性改革的通知》，要求通过严格水资源消耗总量和强度控制，推动化解过剩产能，助推供给侧结构性改革。通知指出，要加强产能过剩行业项目取水许可和入河排污口设置审批管理，强化水资源刚性约束。原则上一律不得办理新增取水许可和入河排污口设置等相关手续。

---

* 敖菲（1987—　），女，中级工程师，中国水务投资有限公司、工程技术研究院职工、水利部综合事业局党群工作办公室职工。郑宇辉（1973—　），男，高级工程师，高级经济师，水利部综合事业局党群工作办公室主任。张海龙（1968—　），男，高级工程师，水利部综合事业局党群工作办公室副主任。林辛锴（1988—　），男，助理工程师，水利部综合事业局党群工作办公室职工。张璐（1989—　），女，助理工程师，水利部综合事业局党群工作办公室职工。

从2016年起的3年内原则上停止受理新建煤矿项目、新增产能的技术改造项目和产能核增项目的取水许可申请；各省级水行政主管部门要及时制修订行业用水定额标准，严格过剩产能和落后产能行业企业的取用水总量控制和定额管理，按照定额核定年度取用水计划，对超计划或超定额取水的，实行累进征收水资源费；坚决落实以水定产要求，全面开展产业园区和重大产业布局规划水资源论证。

（二）专项推进

2016年10月，中共中央办公厅、国务院办公厅印发《关于全面推行河长制的意见》。同年12月，水利部等十部委联合召开视频会议，深入学习贯彻习近平总书记系列重要讲话精神，按照《关于全面推行河长制的意见》要求，总结交流各地河长制成功经验，动员部署全面推行河长制各项工作。此外，还制定了《关于全面推行河长制的意见》实施方案，建立部际联席会议制度，开展全方位督导检查。2017年，水利部将第二十五届“世界水日”和第三十届“中国水周”活动的宣传主题确定为“落实绿色发展理念，全面推行河长制”。目前31个省、自治区、直辖市和新疆生产建设兵团工作方案已经全部编制完成，20多个省份明确2017年年底前全面建立河长制。

二、先行先试地区相关工作开展情况

为落实国家和水利部有关推进供给侧结构性改革工作部署，部分地区结合实际，率先编制了推进供给侧结构性改革方案，把水利工作任务作为其中的重要内容。

（一）福建省

福建省人民政府于2016年8月发布了《福建省推进供给侧结构性改革总体方案（2016—2018年）》，方案在“补齐产业供给短板，扩大公共产品与服务供给”部分提出完善城市防洪排涝设施，加快大型排涝工程建设和城市河道整治，全面疏通河道沿岸雨水排放口，贯通骨干河道，促进城市河网水系有效联通；加快城乡污水处理设施及管网建设，推动市县污水处理厂扩容提升、管网扩面，提高污水收集率和处理率；建设安全生态水系。系统开展水环境综合整治，加强洪泛区滩地管理。

（二）贵州省

贵州省水利厅2016年11月印发了《省水利厅推进供给侧结构性改革实施方案2016—2020年》。该方案在补短板方面提出通过实施水资源配置工程、引提调水工程，基本解决工程性缺水问题；通过实施饮水安全和农田水利建设，解决贫困地区人口饮水安全；通过实施病险水库除险加固、中小河流治理等，提升防汛抗旱能力；通过实施最严格的水资源管理制度、水土保持生态建设、河湖水生态保护与修复等，提高生态文明水平。在改革创新方面，提出通过水利投融资体制改革，建立水利建设融资信贷机制和政府与社会资本合作的 PPP 机制；通过水行政管理体制改革，提高水行政管理效率和质量；通过水务管理体制改革，实现地方涉水事务一体化管理；通过水利工程建设管理体制改革，提高水利工程建设和管理水平；通过基层水利管理体制改革，建立行之有效的基层水务管理体制；通过水价改革和水权制度改革，初步建立全省水权交易平台。

（三）吉林省

吉林省在 2017 年 3 月召开的全省水利工作会议上提出，要根据全省“三个五”发展战略、“三区”建设总体布局和吉林新一轮老工业基地全面振兴的要求，加强重大水利工程建设，包括中部城市引松供水、西部河湖联通、松花江干流治理、月亮泡蓄滞洪区、松花江流域综合治理以及 139 个扶贫项目等重点工程建设；扩大水田面积，发展高效农业，发展加工渔业和休闲渔业两大产业；完善防洪工程体系，提升工程建设标准，提高防洪能力；加强生态文明建设，启动推行河长制，强化水土资源保护、水环境治理、水生态修复等工作。通过积极争取中央资金、协调省级资金、督促地方落实配套资金等方式，积极扩大水利投资；加快重点领域水利改革，推动水利现代化建设，加快水利投融资体制机制改革，大力度推广 PPP 模式，统筹推进农业水价、小型水利工程管理体制等其他方面改革。

（四）江苏省

江苏省水利厅于 2017 年 4 月召开贯彻全省推进供给侧结构性改革工作会议，对全省水利工作作出部署。会议要求，全面加快水利基础设施网络建设，落实投资计划月度推进目标制；夯实打牢现代化农业发展基础，深入落实藏粮于地、藏粮于技战略，开展高标准农田建设；围绕解决农田水利“最后一公里”问题；推进水生态文明建设，以最严格水资源管理制度考核为抓手，实行水资源消耗总量和强度双控行动；全面落实《江苏省节约用水条例》，积极推行合同节水管理；加快地下水超采区综合治理，推进河湖生态管护；实施水利精准帮扶；不断深化水利改革攻坚，加快水行政审批制度改革、小型水利工程管理体制改革、农业水价综合改革，在水利建设的政策、项目、资金等方面给予倾斜，确保全省深化水利改革向纵深推进。

三、水利供给侧结构性改革的经验

从福建、贵州、吉林、江苏四省推进水利供给侧结构性改革工作部署和实践来看，工作重心主要集中在补短板和工作创新两个方面。

（一）补齐短板

上述四省均集中于着手发展民生水利、完善水利基础设施、加强农田水利建设和农村安全供水、推行河长制和落实水生态文明建设以及防汛体系薄弱环节等方面补齐民生水利短板，推进供给侧结构性改革。

四省分别根据本省特点，因地制宜确定了推进水利供给侧结构性改革的任务和重点。福建省主要针对城市防洪排涝设施和城乡污水处理设施及管网体系的不足确定工作重点；贵州省主要针对工程性缺水问题，提出完善全省水资源配置工程等任务；吉林省主要结合区域发展规划和老工业基地振兴要求，重点加强重大水利工程建设、河湖综合治理和发展水产行业等；江苏省则是在地下水超采治理工作基础上，完善水利工程基础网络①、节约用水和合同节水等补齐水利工作短板。

（二）改革创新

四省均集中于投融资体制改革、水利工程建设管理和运行体制改革、水价改革和水权制度改革等方面。其中，在投融资体制改革方面，主要是通过增加资金来源，加大政府与社会资本合作参与水利建设与管理力度；在水利工程管理运行方面，主要是针对新的投融资模式，创新相应管理运行模式，增加社会资本的运行管理，提高水利建设运营效益。

先行先试地区供给侧结构性改革的主要措施详见表4－1。

表4－1 先行先试地区供给侧结构性改革措施汇总

地区	补齐短板				改革创新	特色
	基础设施	农业/饮水安全	水生态文明	防汛体系		
福建	城乡污水处理设施及管网建设	—	安全生态水系；水环境综合整治；加强洪泛区滩地管理	完善城市防洪排涝设施；城市河网水系联通	强化组织领导；深化改革，优化公共产品与服务供给，激发市场活力	污水处理；河网联通及城市防洪
贵州	水资源配置工程；引提调水工程；县县有中型水库、乡乡有稳定水源	饮水安全和农田水利建设；新增农田有效灌溉面积；发展高效节水	最严格水资源管理制度；水土保持生态建设；河湖水生态保护与修复；农村小水电建设等	病险水库除险加固；中小河流治理、山洪灾害治理；非工程措施建设	投融资体制改革；行政管理体制改革；工程建设管理体制改革； 水利工程运行管理体制改革；水价改革；水权制度改革	工程性缺水短板

① 陈坚：《加快推进云南水利供给侧结构性改革的认识与实践》，《中国水利》2016年第22期。

续表

地区	补齐短板				改革创新	特色
	基础设施	农业/饮水安全	水生态文明	防汛体系		
吉林	水利工程；扶贫项目	扩大水田面积，发展高效农业；灌区现代化改造；发展加工渔业和休闲渔业	实行河长制；强化水土资源保护、水环境治理、水生态修复	完善防洪工程体系；提升工程建设标准	重点领域水利改革；水利投融资体制机制改革；统筹推进农业水价、小型水利工程管理体制改革	流域综合治理；发展水产
江苏	水利基础设施网络建设	夯实打牢现代化农业发展基础；开展高标准农田建设；围绕解决农田水利“最后一公里”问题	最严格水资源管理制度考核；《江苏省节约用水条例》；积极推行合同节水管理	—	加快水行政审批制度改革；小型水利工程管理体制改革；农业水价综合改革；政策、项目、资金	超采区管理；合同节水管理

（三）经验总结

主动适应，解决好思想问题。推进供给侧结构性改革，是适应和引领经济发展新常态的重大创新，是适应国际金融危机发生后综合国力竞争新形势的主动选择。水利作为经济社会发展的重要基础和支撑，要主动适应新常态，通过解决结构性问题，提高供给的质量和效率，进而推动经济增长。水利工作要与国家的方针、政策和国家布局、部署对接，补齐水利基础设施短板，各地区要把握好水利供给侧结构性改革基本方向和内在要求与国家和地方决策部署之间的关系。

结合实际，解决好短板问题。各地发展情况不同、水资源禀赋各异，推进水利供给侧结构性改革的重点和任务有着各种不同的特点。改革进程中，必须一切从实际出发。对于共性的问题，应多借鉴先行先试地区成功的经验；对于个性的问题，要找准短板、提出有针对性的措施、加大工作力度，着力增强水利公共产品供给能力。

大胆创新，解决好方法问题。推进水利供给侧结构性改革，既要有思路、有想法，也要有措施、有办法。要用改革的办法推进结构调整，既要减少水利产品无效和低端供给，扩大有效和高端供给，又要促进其他行业化解过剩产能和淘汰落后产能。如在投融资方面，在争取政府支持的同时创新思维模式，引入市场机制和力量，提高水利建设和运营管理的效率效益，充分发挥市场机制的作用，弥补公共管理的不足，确保各地水利投资稳步增长。

四、结　语

“十三五”是全面建成小康社会的决胜阶段，水利既是供给侧结构性改革的重要内容，也是扩大有效投资的关键领域。水利工作要从经济发展进入新常态这个大背景出发，把“创新、协调、绿色、开放、共享”新发展理念和“节水优先、空间均衡、系统治理、两手发力”的新时期水利工作方针，贯彻到水利工作的谋篇布局、目标指标、重点任务和保障措施中。

推进水利供给侧结构性改革，是贯彻新时期中央治水工作方针的必然要求，也是适应经济发展新常态的必然选择。水利工作要围绕深化供给侧结构性改革，与各地区经济社会发展目标指标相衔接，紧密结合本地实际，统筹兼顾的同时因地制宜、突出重点，在补短板、破瓶颈、夯基础、增后劲上狠下功夫。要认真总结先行先试地区的实践经验，针对普遍适用的能推广、可复制的成功做法进行推广应用。同时，各地应立足本地实际，坚持问题导向，找准自身短板，聚焦主要矛盾，提出针对性措施，充分发挥水资源的引导约束功能和水利的支撑保障作用，不断推进水利供给侧结构性改革向纵深发展，持续为保障国家水安全、促进经济社会发展提供更为有力的水利支撑。

从执法的角度浅论最严格水资源管理与供给侧结构性改革的关联

倪周晶[*]

水是人类赖以生存和发展的重要资源，是农业的命脉、工业的血液和运输的大动脉，良好的水环境是发展的基础。整治水环境就是供给侧结构性改革。要以供给侧结构性改革为契机，抓住整治水环境这个供给核心进行结构性改革，在治水中创造新供给，释放新需求，提升水质，通过治水倒逼转型升级和全要素生产率的不断提高。最严格水资源管理与供给侧结构性改革是相辅相成的，只有以最严格水资源管理用水总量、用水效率控制和水功能区限制纳污容量等相关制度为抓手，才能更好地促进供给侧结构性改革。供给侧结构性改革聚焦生产要素的供给和有效利用，强调供给的质量与效率，以提升竞争力，促进经济发展。

一、上海市水资源管理基本现状

上海市水务局自2000年成立以来，依托水务一体的体制优势，立足于水安全、水资源和水环境"三位一体"的发展思路，将取水、供水、用水、节水、排水、污水处理和河道治理纳入水资源的统一管理，进行总体谋划和协调推进。对照当前实施最严格水资源管理制度的目标和要求，上海市在多个水资源管理领域，特别是体制机制建设方面，与中央的总体要求有着较好的契合度。

（一）用水总量控制方面

全面建立了建设项目水资源论证制度和取水许可制度，实施地表水市、区二级管理体制、地下水市一级管理体制。地下水经过多年的控制，实现了采灌平衡，地下水位得到大幅提升。2006—2015年的十年间上海市以12.5%的用水减量维持了2.4倍的GDP增长，见图4－1。

---

* 倪周晶（1992— ），女，一级执法员，上海市水务局执法总队（中国海监上海市总队）。

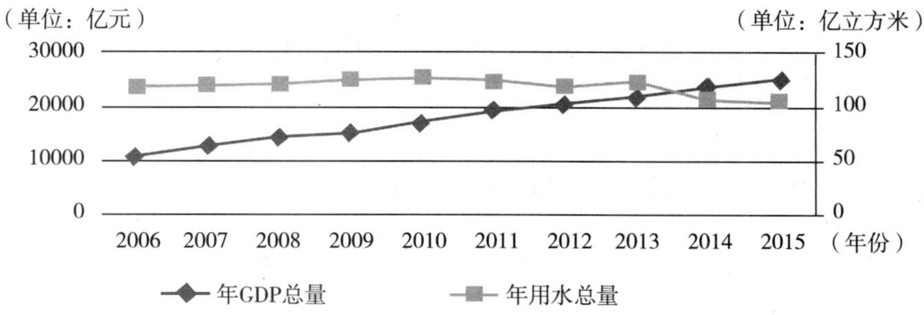

图 4－1　2006—2015 年上海市年用水总量、年 GDP 总量比较图

（二）用水效率控制方面

基本建立市、区两级水资源管理体制，以及市、区（县）水行政管理部门和行业主管部门、用水单位组成的三级节水管理网络，全市计划用水率达到 82%；全面开展行业用水定额地方标准的修订工作；积极开展国家级和市级节水型社会建设试点，以及工业、农业和社区等节水载体建设。2014 年上海市万元工业增加值用水量为 53 立方米，较 2013 年下降 17.2%，成效显著。

（三）水功能区限制纳污容量方面

颁布了《上海市饮用水水源保护条例》，全面推进饮用水水源地的调整、治理和达标建设；全面推进郊区供水集约化，把水源统一集中到划定的四大饮用水水源保护区；以环保三年行动计划为载体，持续推进以污水厂网建设和河道整治为主体的水环境治理，累计投入近 800 多亿元，城镇污水处理率达到 83%，城乡水环境面貌得到了较大改善。2015 年上海市的 COD 排放量比 2006 年下降了 36.5%。

（四）水资源基础管理方面

基本实现所有水功能区每月一次的水质监测、主要水源地水质的实时监测、长江口氯化物的实时监控，以及全市 80% 以上污水量的监控；并以水利部水资源实时监控系统建设项目为平台，实现了水资源管理静态信息和动态信息的整合。同时，本市已基本形成相对完善的水资源管理统计体系和法规体系。

经过多年的努力，本市在取水管理、计划用水和节约用水、水环境治理、水资源基础管理等方面积累了一定的经验，为“三条红线”制度建设打下了扎实的基础。

二、执法如何促进供给侧结构性改革

(一)对四大行业进行整治从而淘汰落后产能

通过对餐饮、工业、医疗、建筑四大高污染行业进行整治，对未办理“排水许可证”的高污染企业进行严厉打击，对于有“排水许可证”但污水排放超标、未按许可要求排放污水的企业处以吊销许可证等相关处罚。高污染污水反射出的是背后的法治意识淡薄、污水处理装置落后、企业负责人相关知识匮乏等问题。通过对四大行业的严厉整治，可以从根本上，强化企业管理人的法治意识及社会责任感，促使企业更新污水处理装置，对企业相关负责人进行相关的业务知识培训。通过对污染源的控制，能够迫使一些产能落后的企业转型升级，淘汰落后产能，促进产业结构优化和发展动能有效转换，促使企业走可持续发展、绿色发展道路。

(二)通过执法促使涉水行业释放新的需求

2017 年是上海“治水年”，为治理河道黑臭问题，上海全面推行河长制。在推行河长制的同时，对涉水工程进行事后监督、对直接排放进河道企业的排放口进行封堵、对负责河道疏浚的相关单位进行监管、对按要求封堵的河道的水域面积进行监督等。对河道黑臭的治理也促使涉水行业市场产生了新的需求。包括对水质的严厉执法，促使很多企业单位委托专业环保公司对污水水质进行处理，一定程度上刺激了涉水市场的活跃度；执法对水污染源的控制也提高污水处理厂的处理效率和降低处理成本，促使资源进行整合流向处理工艺的革新，进一步节约效能，促进污水处理厂的产业升级，优化产业结构；对河道黑臭的治理也给河道疏浚等相关单位带来了新的活力，同时执法的介入对涉水单位的监督促使相关单位不断优化服务，也提高了其市场竞争力，更有利于其在涉水市场的占有率和知名度。

(三)推行按日计罚确保执法结果

日常水质监测工作和按日计罚相结合，在超标单位整改工作完成 30 日内重新采样，复核发现仍然超标的单位，罚款额为原本审议金额乘以整改工作完成后的天数。例如：原先水质超标结果拟处罚款 3 万元，该单位整改工作落实后的第 N 天进行了复核，若该单位水质监测结果又超标，该单位罚款变为 3 × N 万元。如果再整改后复核不合格，以此类推。通过按日计罚，强行逼迫当事人落实整改工作，如果整改效果不理想，将会面临数额巨大的罚款。通过增加违法成本，对违法单位产生警戒作用，成为排水单位思想上的高压线。通过执法，激发了涉水行业新的活力，使涉水行业的服务、技术、管理方式都达到一个新的高度，从而更好的服务排水单位，确保排水单位依法排放污水，确保执法结果。

三、供给侧结构性改革如何推进执法

（一）落后产能的淘汰，减少执法难度

因为原先很多高污染的落后产能企业，在更新污水处理设施方面也存在预算、资金等各方面的困难，不具备派具有专业资质的工作人员负责日常养护工作的条件，难以做到污水的达标排放。随着供给侧结构性改革的推进，落后产能得以淘汰，企业污水处理设施得以更新，使得排水户更容易做到污水的达标排放。即使因为各方面的疏忽，未能达标排放，也能通过整改做到达标排放，大大减少了企业依法排水的难度。

（二）提高涉水行业服务水平，提高执法效率

水环境治理迫在眉睫，但目前供给侧结构存在深层次的矛盾：中高端的水生态环境治理服务短缺。供给侧结构性改革带来的制度的优化、产业结构的升级、成本的降低以及效率的提高，激发了新的消费倾向、提高了企业盈余所占比率，使得涉水企业拥有更多资金投入技术革新、产业结构优化、成本降低，形成一个良性的循环，同时也提高了相关涉水企业的服务质量，将会使得越来越多的排水户向涉水行业寻求专业的指导和帮助。在专业的帮助下，执法单位的工作执法对象由以个体企业为主逐渐转向以专业涉水环保企业为主，大大降低了执法成本、提高了执法效率。

（三）涉水服务行业的繁荣，减小执法推动阻力

随着供给侧结构性改革带来的涉水服务行业的繁荣，减少了执法的宣传成本，涉水服务行业为了盈利，会向其潜在客户宣传依法排水的重要性及相关的法律依据，使得排水企业对执法工作加以重视，执法单位在推进执法工作时的阻力大大减小。双管齐下的宣传，能帮助排水单位树立正确的意识，减少抵触情绪，把排水工作当成企业日常工作常态中重要的一部分。

四、结　　语

水务执法能为供给侧结构性改革提供很大的推进和促进作用，从淘汰落后产能、

刺激涉水行业、释放新需求三个方面进行推动。本文的主要内容概括如下：第一，通过对四大高污染行业污水的整治，淘汰落后产能，促进产业结构优化和发展动能有效转换，促使企业走可持续发展、绿色发展道路。第二，通过加强对涉水行业的监管，提高行业竞争力，进一步节约效能，优化产业结构。第三，通过按日计罚，确保执法效果，激发涉水行业新的活力，使涉水行业的服务、技术、管理方式都达到一个新的高度，从而更好的服务排水单位，确保排水单位依法排放污水。

供给侧结构性改革中加强小型水利工程管理能力建设的思路与重点

王亚杰　张瑞美　尤庆国*

水利是国民经济和社会发展的基础和命脉，建立合理的水利基础设施投入结构，加大对已建水利工程的管理和维修养护投入，是确保水利发挥经济、社会效益的重要保障。我国小型水利工程数量众多、分布广泛，包括小型水库、水闸、小型灌排工程、水源工程、引水工程等多种类型，承担着蓄、引、提、灌、排、防、饮等多种功能，发挥了防洪排涝、灌溉供水等重要作用。然而，由于小型水利工程大多地处偏远地区，建设年代较久远，加之产权不明晰、管理经费不足、管理人员整体素质偏低等因素，部分地区工程管护责任难以落实到位，是影响小型水利工程效益发挥和推进农业现代化发展的明显“短板”。推进和深化小型水利工程管理体制改革和管护机制创新，对促进农业供给侧结构性改革，实现农村水利可持续发展，加快现代农业和水利现代化建设进程具有重要意义。

一、供给侧结构性改革对小型水利工程管理提出的新要求

（一）对推进小型水利工程管理体制改革提出了新要求

2013 年，水利部、财政部联合印发的《关于深化小型水利工程管理体制改革的指导意见》中明确提出，小型水利工程要建立产权明晰、责任明确的工程管理体制；建立社会化、专业化的多种工程管护模式；建立制度健全、管护规范的工程运行机制；建立稳定可靠、使用高效的工程管护经费保障机制；建立奖惩分明、科学考核的工程管理监督机制，对加强小型水利工程管理能力建设提出了明确要求。

小型水利工程是经济社会发展的基本支撑，提升小型水利工程管理能力，是稳增长、调结构的迫切需要，是改善农民生活条件、推进城乡一体化发展的迫切需要。加

---

* 王亚杰（1989—　），女，工程师，中国水利经济研究会。张瑞美（1980—　），女，博士，高级工程师，水利部发展研究中心。尤庆国（1981—　），女，博士，高级经济师，水利部发展研究中心。

快小型水利工程管理体制改革，需要全面提升小型水利工程管理能力，特别要突出解决小型水利工程管理体制机制等薄弱环节问题。针对面广量大的小型水利工程产权不清、管理主体缺位、老化失修、效益衰减、安全隐患突出等问题，要求坚持政府主导与发挥市场机制作用相结合，坚持权责利相统一，坚持分类指导因地制宜，坚持统筹兼顾的原则，以落实管护主体和责任为核心，以明确工程所有权、使用权、管理权为抓手，以落实财政补助和创新管理模式为重点，以确保工程安全运行和充分发挥效益为目标，着力建立归属清晰、责权明确、经费保障、长效运行的体制和机制。

（二）对加快适应农业现代化发展提出了新要求

我国是一个农业大国，小型水利工程作为农村生产基础设施的重要组成部分，在改善农业生产条件、促进粮食生产方面发挥了重要作用。随着农村经济体制改革的深入，农业生产种植结构、生产规模、生产方式等都发生了较大的变化。党的十八大提出，到 2020 年要全面建成小康社会，并提出坚持走中国特色新型工业化、信息化、城镇化、农业现代化道路。促进农业现代化，水利基础设施是重要保障之一。

通过多年持续不懈努力，小型水利工程建设和管理取得积极成效，但建设标准低、工程老化失修、管护不到位等问题依然突出，影响到了工程功能和效益的充分发挥，已成为提高农业综合生产能力的主要制约因素之一，一定程度上影响了农业现代化的发展。随着土地流转规模扩大和新型农业生产经营主体发展壮大，迫切需要通过深化改革创新，探索建立与集约化、专业化、组织化、社会化的现代农业经营体系相适应的小型水利工程建设管理机制，更好发挥小型水利工程效益，促进农业农村稳定发展。因此，必须加强小型水利工程建设与管理工作，探索创新小型水利工程管理体制机制，全面提升管理能力与水平，有效发挥工程综合效益，以适应农业现代化发展的新形势和新要求。

（三）对健全完善基层水利服务体系提出了新要求

2011 年，水利部、中编办、财政部制定出台了《关于进一步健全完善基层水利服务体系的指导意见》。明确了基层水利服务机构的性质与职能，对理顺管理体制、科学设置机构、合理确定人员编制、建立经费保障机制、改进人员管理方式、改善工作条件等提出了明确的要求。并提出建立职能明确、布局合理、队伍精干、服务到位的基层水利服务体系，全面提高基层水利服务能力，提升基层水利工程管理水平。

小型水利工程主要由基层水利人员进行管理，从整个水利行业来看，基层水利人员技术力量显得较为单薄，业务水平较低。同时，基层水利技术人员从事上传下达等事务性工作较多，没有或很少有时间进行深造，技术水平提高的速度慢，更缺乏深层次的实践经验，难以承担有一定深度的水利工程运行管理工作。此外，长期存在的“重工程建设、轻工程管理”的思想倾向，使得在兴建水利工程时，没有很好地考虑工程运行维护经费，管理设施简陋，管理人员经费得不到有效落实，形成工程建设越多，背的包袱越重的非良性运行机制。健全基层服务体系要求进一步提升小型水利工程管理能力，推进有先进手段、有优良人员、有规模示范基地、有严格责任制度、有稳定财政保障的基层水利服务中心建设，全面推行人员聘用、绩效考评、推广责任、知识更新、多元推广服务等制度，切实履行水利技术推广、工程质量监管、建后管护等监管职能。

（四）对推进生态文明建设总体布局提出了新要求

水是生命之源、生存之本，水资源是生态系统的控制要素，水利是生态文明建设的核心内容。党的十八大把水利放在生态文明建设的突出位置，作出一系列重要部署。党的十八届三中全会提出要用制度保护生态环境，并将水资源管理、水价改革、水权制度、对水土资源超载区域采取限制性措施等纳入生态文明制度建设重要内容，提出了明确要求。党的十八届四中全会特别强调，要制定完善生态补偿和土壤、水、大气污染防治及海洋生态环境保护等法律法规，促进生态文明建设。2015 年 5 月，中共中央、国务院出台了《关于加快推进生态文明建设的意见》，9 月印发了《生态文明体制改革总体方案》。

加快生态文明建设要求全面提升小型水利工程管理能力。在工程建设与管护中，要系统治理，完善水利工程体系，必须更加注重山水林田湖的系统治理，积极促进大中小微设施的协调配套，确保工程和投资整体效益的发挥；要建管并重，促进工程长效良性运行；要按照分级负责的原则，以明晰所有权、放活经营权、保障收益权为重点，健全管护制度，落实工程管护主体、明确管护责任；要巩固国有大中型水利工程管理体制改革成果，认真总结推广小型水利工程设施产权制度改革和运行管护机制创新试点经验，加快明晰小型水利工程产权，努力做到大中型水利工程专业机构管理、小型水利设施自主管理全覆盖；要加强基层水利服务体系建设，规范和创新农民用水合作组织多元化发展，积极培育专业化服务队伍，引导社会力量管护小型水利工程。

二、小型水利工程管理能力建设现状与问题

（一）基本情况

据统计，24 个省（自治区、直辖市）、计划单列市、兵团 80% 以上的小型水库由

乡镇和农村集体经济组织管理，85% 以上的中小河流堤防由县级水行政主管部门和乡镇管理，60% 以上的小型水闸由农村集体经济组织和用水合作组织管理。① 管理主体主要有县级水行政主管部门、乡镇、农村集体经济组织、用水合作组织、新型经营主体（专业化维修养护公司等）及民间组织、个人等。②

根据各省调研情况，公益性的小型水利工程，主要靠各级财政补助，但由于各级财政资金紧张，补助额度有限，不能满足小型水利工程维修需求；少部分小型水利工程通过承包等形式，将收入部分用于小型水利工程维修养护和管理人员基本支出；部分属于农村集体经济组织所有的工程，由集体经济组织筹措部分资金用于小型水利工程基本管理支出；部分地区结合目前正在进行的小型水利工程管理体制改革，积极探索通过政府购买服务、创新管理机制、组建物业服务公司等方式进行管理。③

从全国情况来看，东部发达地区的小型水利工程管理的设备设施较西部地区完备。但是，经济发展水平相对落后的西部地区、边远山区，小型水利工程管理单位办公条件较差，办公用房老旧，设备设施落后，信息化建设相对滞后，各类小型水利工程的综合性应用平台建设尚未启动，信息化网络在覆盖范围和容量上还远远满足不了民生水利发展需要。特别是小型水库与河道堤防普遍缺乏自动监控系统，信息化手段严重不足。

（二）存在的主要问题

一是经费保障机制尚未完全建立。由于小型水利工程大多地处偏远贫困地区，工程自身造血赢利能力差，地方财政特别是县级财政紧张，无法安排管护补助资金给予一定的引导扶持。二是工程维修养护难以到位。因工程数量多，产权复杂，大部分工程长期处于无机构、无人员、无经费的“三无”状态。管理责任缺失，管理制度不健全。④ 三是管理人员结构性缺乏。主要表现为小型水利工程管理单位人员大多不具备水利管理等方面的专业技术职称、文化水平普遍较低、中老年居多。四是管护基础设施亟待完善。多数省份小型水利工程管理单位办公用房等基础设施不完善，办公设备陈旧，缺乏电脑、打印机等基本办公设备，缺少水尺、水位测量仪等必要的测量、监测、巡查工具，缺乏基本的通讯设施。⑤

---

① 本文数据摘自河北省、内蒙古自治区、辽宁省、吉林省、黑龙江省、上海市、浙江省、福建省、江西省、山东省、河南省、湖北省、重庆市、四川省、西藏自治区、陕西省、甘肃省、青海省、宁夏回族自治区、新疆维吾尔自治区等 20 个省（自治区、直辖市），大连、青岛、厦门 3 个计划单列市和新疆生产建设兵团 2016 年关于小型水利工程管理能力建设情况调查的反馈统计数据。

② 王冠军等：《水利工程管理体制改革评估及深化改革研究》，中国水利水电出版社 2016 年版，第 185 页。

③ 刘小勇等：《小型农田水利工程产权制度改革研究——进展情况及问题诊断》，《中国水利》2015 年第 2 期。

④ 李怀明等：《水利工程管理单位现代化建设路径初探》，《企业技术开发》2012 年第 2 期。

⑤ 孙明：《浅析水利工程管理单位现代化建设要点》，《水利发展研究》2009 年第 7 期。

三、供给侧结构性改革中加强小型水利工程管理能力建设的思路

（一）完善管理模式，强化管护措施

一是进一步探索专业化管护模式。如成立工程养护公司，对规范化管理小型水利工程由试行管养分离，逐步过渡为管养分离模式。由地方政府或水利站（所）组建专业的管护机构，并与专业管护机构签订管护责任书。① 二是进一步推广市场化的管护模式。对有条件、效益明显的小型水利工程，采用承包、租赁经营权、拍卖等形式，进一步明确小型水利基础设施的产权，实行市场化运作、物业化管理。通过公开招标，选择专业公司、合作组织或承包人为管护责任单位。② 三是继续支持受益户共管模式。以受益户共同出资兴建并协商推选产权人代表的小型水利工程，村组与产权人代表签订管护责任书，并负责对安全责任落实情况进行检查考核。完善“民办公助”“一事一议”等机制，引导农民参与小型水利工程建设和管护。

（二）拓宽经费渠道，完善经费保障机制

一是在现有政策基础上，继续加大管护经费财政补助。各级财政从公共财政预算、水利建设基金、水利规费投入、土地出让收益中计提的农田水利建设资金中安排一定比例资金，专项用于小型水利工程管护和安全运行。二是多渠道筹集资金投入工程管理。合理划分工程管理事权，落实地方主体责任，对小型水利工程，每年可由县区财政分别补助运行管理经费。在省级财政补助基础上，按照县级财政拿一点、水务投资公司筹一点、承包资金挤一点的办法，保障管护资金足额到位。三是进一步提升工程自身“造血”能力。如对于具有灌溉、供水、发电、养殖等功能，效益较好的小型水库，宜采取“以库养库”等方式，在确保工程安全运行的前提下，加强经营管理，增强经济效益。③

（三）继续鼓励引导，推动农民用水合作组织建设

一是加大对用水户协会资金扶持。落实中央财政农民专业合作组织发展资金，支持农民用水合作组织创新发展和能力建设。地方各级财政部门在安排农田水利建设资金时，可安排一定比例用于农民用水合作组织能力建设。二是引导大户带头。引导家

---

① 孙峰：《水利工程管理单位职工队伍建设的思考与对策》，《中国水利》2011 年第 5 期。

② 王冠军等：《小型农田水利工程产权制度改革研究——改革思路及总体框架》，《中国水利》2015 年第 2 期。

③ 王健宇等：《小型农田水利工程产权制度改革研究——理论模式及实践形式》，《中国水利》2015 年第 2 期。

庭农场、专业大户等新型农业经营主体发挥带头作用，加入或创办农民用水合作组织，逐步提高农民用水合作组织专业化程度，提升工程管护水平。三是加大业务指导和培训力度。对协会中农民进行必要的技术培训，使其能掌握基本的工程维修养护知识和技术。四是建立协会管理激励机制。制定激励政策，完善协会管理办法，对管理运行比较好的协会，要给予表彰和奖励，并在小型水利工程建设项目上给予倾斜，以提高农民用水户协会的管理积极性。

（四）创新人才引进机制，强化管理队伍建设

一是创新人才引进机制。针对基层水利专业技术人才匮乏、人才引进困难的问题，地方各级水利部门和单位应根据本地区、本单位的实际情况，加强与当地组织、人事、机构编制等部门的沟通协调，制定吸引人才的相关政策。如提高基层水利职工待遇标准，鼓励和引导水利大中专院校毕业生到基层就业。二是不断强化人才培训力度。针对小型水利工程管理人员素质较低、专业人才不足等问题，重点加强人员技术培训，定期组织专门培训，对工程安全运行管理、巡查的法律法规和规程规范进行系统培训。

（五）建立考核评价机制，提高工程管理水平

一是探索建立小型水利工程管理考核相关制度规范。各地可结合实际管理需要，探索建立工程管理考核相关制度，明确考核内容、方式、指标、程序等内容。如通过对小型水库的考核，及时对坝体、溢洪道、输水涵洞等各个关键部位的运行情况进行核查，有效地排查安全隐患，保证小型水库除险加固后安全运行，巩固水库除险加固成果。① 二是探索建立考核结果与奖惩挂钩机制。如将考核结果与工程管护经费挂钩，通过评价考核，地方水行政主管部门根据各地管护工作开展情况，会同财政部门下达下年度小型水利工程管护经费；将考核结果与管理人员薪酬绩效挂钩，如对管理工作到位、责任心强、表现突出的管理人员，地方水行政主管部门应给予表彰和奖励。

---

① 张嘉涛：《对小型水利工程产权制度改革的反思》，《中国水利》2012 年第 7 期。

关于有效落实河长制关键措施的思考

李肇桀　王贵作①

全面推行河长制是党中央、国务院为加强河湖管理保护作出的重大决策部署。2016年中共中央办公厅、国务院办公厅印发了《关于全面推行河长制的意见》，明确了河湖管理保护的主体责任，并提出到2018年年底前全面建立河长制。在河湖管理保护的实践工作中，还迫切需要解决河湖管理保护基础薄弱、目标任务不够细化、管理手段不足、监管力度不强等问题，以确保河长制落到实处，发挥效能。

一、建立健全规划管理体系，夯实管理基础

河湖管理法律法规、规划是开展河湖管理的重要制度与技术基础，建立健全河湖管理相关制度办法、规划是有效落实河长制的前提条件。

一是建立健全河湖管理相关办法，完善河湖管理制度基础。我国已初步建立以《水法》等法律法规为核心的水法规体系，但配套规章及规范性文件方面仍存在空白、不能满足河湖管理需要等问题。如河湖岸线管理存在岸线的概念、范围、管理主体与责任、违法责任等无明确规定等问题。此外，河道采砂、河湖水域等管理也存在类似问题。为有效落实河长制，有必要加快推进《河道管理条例》修订的立法进程，争取在法规层面完善河湖管理相关要求。考虑《河道管理条例》修订耗时较长，可先行出台规范河湖水域岸线、河道采砂等方面管理的部门规章或政策性文件，完善河湖管理制度体系。

二是健全河湖管理规划，完善河湖管理技术基础。明确的河湖管理范围、功能定位、管理目标要求是开展河湖管理的技术基础，建立完善的河湖管理规划体系是落实河长制的重要技术基础。现阶段，国家层面批复出台的河湖管理方面的相关规划有《全国重要江河湖泊水功能区划（2011—2030年）》《全国江河重要河道采砂管理规划》等，《全国水资源保护规划》《全国河湖管理与保护“十三五”规划》《重点流域水污

---

① 李肇桀（1964—　），男，高级工程师，水利部发展研究中心副主任。王贵作（1979—　），男，高级工程师，水利部发展研究中心。

染防治“十三五”规划》等仍待批复或正在制定中，流域、地方层面的规划体系较为滞后。为夯实河湖管理的技术基础，有必要加快完善河湖管理相关规划。

二、开列问题清单，明确差异化管理目标任务

以问题为导向，“因河制宜”开列河湖管理问题清单、制定工作方案，明确河湖管理目标任务是落实河长责任的关键举措。

一是会诊河湖问题，开列问题清单。我国河湖众多，河湖管理重点问题差异性强，应以问题为导向，对一河一湖逐一排查存在的问题。水利部及相关部门、流域管理机构应会同省级人民政府重点针对长江、黄河等重要江河湖泊和省级行政区域内主要河湖，共享管理信息，汇集梳理河湖管理存在的重点问题，指导地方政府研究制定河湖管理问题清单；各级地方政府负责协调水利、环保、住建等部门，针对辖区范围内的河湖汇集梳理河湖管理重点问题，形成辖区内河湖管理重点问题清单。河湖管理问题清单上报上级政府核准，并向社会公开。

二是制定河湖管理工作方案，明确河湖管理阶段目标任务。以河湖管理重点问题清单为基础，各级地方政府依据河湖管理政策法规、规范性文件、相关规划目标要求，编制河湖管理工作方案，明确管理工作阶段任务、目标、行动路径，报上级政府核准，作为河长制考核的重要依据。河湖管理工作方案向社会公开。

三、建设监控系统，强化科技支撑

充分应用先进技术，完善河湖水域岸线保护管理的手段，是提升管理水平的必然要求。

一是应用遥感技术，开展河湖动态监控。充分应用遥感卫星、无人机技术，建设河湖管理动态监控系统。应用遥感影像识别技术全面开展河湖管理动态监控，动态掌握河湖水域岸线变化情况，重点排查围垦河湖、违规建设项目、非法设障、违规设置入河排污口及非法采砂等问题。

二是定期发布监控成果，指导地方开展执法监管。建设河湖管理动态监控系统流域、省、市、县四级应用平台，包含 PC 端和手机端，定期发布河湖监控发现的问题，指导地方开展执法监管。建立问题核实处理反馈机制，要求地方政府将问题核实、处理结果及时通过平台反馈，确保通报有回应、处理有结果。

四、多措并举，强化监督考核

多渠道、开放式的监督管理，规范化的考核和责任追究是河长制有效落实的有力保障。

一是建立督导巡查机制，指导地方加强河湖管理。建立河湖管理督导巡查机制，以河湖管理问题清单和工作方案为主要依据，督导巡视河湖管理工作进展，坚持“检查、指导、整改、提高”的原则，通过开展规范化、制度化、常态化督导巡查，强化地方政府对河湖管理工作的重视，指导地方采取有力措施有序完成河湖管理任务目标。

二是建立社会参与机制，多途径加强监管。通过建立公众信息平台等方式，公告河长名单、河湖管理问题清单、河湖管理工作方案，建立社会公众参与河湖管理的通道，建立奖励、表扬等激励机制，鼓励社会媒体、环保组织、社会公众积极建言、监督河湖管理工作，建立反馈机制，做到建言有反馈、监督有落实，形成政府、社会共同管理保护河湖的良好互动局面。

三是完善差异化考核机制，确保河长责任落实。将河湖管理问题清单、河湖管理工作方案作为河长责任落实情况的重要考核依据，县级及以上河长负责组织对相应河湖下一级河长进行考核，逐项评价工作目标达成、任务完成情况，准确评价河长责任落实情况，对未能完成预定目标任务的，严格依据地方党政领导干部综合考核评价要求进行处理，对造成生态环境损害的，严格按照有关规定追究责任。

巩固完善好水管体制改革成果 助力供给侧结构性改革

刘航东*

供给侧结构性改革旨在调整经济结构，使要素实现最优配置，提升经济增长的质量和数量，水利在我国经济发展中的地位举足轻重，历来为党和政府所重视，黄河是我国第二大河，为保证黄河工程的安全运行，充分发挥工程的综合效益，解决工程管理体制不顺、维护经费不足等若干问题，黄委所属基层水管单位于2005—2006年相继实施了水利工程管理体制改革，形成了水管单位、维修养护企业、施工企业并行的新格局，并在运行实践中进行了不断的探索和完善，黄河工程管理水平明显提高。本文结合黄河河口管理局水管体制改革以来的实际情况，从当前维修养护应着力解决的重要问题入手进行了深入思考，提出了黄河维修养护运行发展的建议。

一、基本情况

（一）工程概况

黄河河口管理局地处黄河入海口地区，辖垦利、利津、东营、河口4个县区黄河河务局及7个直属单位，职工1000余人，主要担负着河口地区138公里黄河河道的防洪、防凌、基建岁修、工程管理、水政监察、引黄供水以及黄河故道的管理与黄河河口的治理研究工作。防洪工程主要有堤防304公里；险工工程22处642段；控导工程17处262段；引黄涵闸16座，设计引黄流量505立方米每秒；非引黄涵闸12座；黄河南展宽工程1处。

（二）维修养护运行情况

2005年6月5日，根据上级统一部署，河口管理局所属利津黄河河务局作为山东河务局10个试点单位之一率先实施改革，以原利津黄河河务局为基础，按照竞争上岗

---

* 刘航东（1970— ），男，高级工程师，黄河河口管理局。

程序分离为新的利津黄河河务局、东营黄河水利工程维修养护有限公司（以下简称“养护公司”）、山东利津黄河工程有限公司，其中养护公司上岗 93 人。2006 年 5 月 27 日，根据上级关于水管体制改革全面推开的要求，垦利、东营、河口三个县区局水管体制改革全面展开，水管事业单位上岗 308 人，养护公司上岗 202 人。本次改革以市局为单位组建新的东营黄河水利工程维修养护有限公司，为具有独立法人资格的企业，承担着 4 个县区境内的黄河水利工程维修养护任务。11 年来，水管单位和维修养护单位结合实际进行了不断的探索和改进，确保了历年维修养护任务的完成和职工队伍的稳定。

二、当前维修养护应着力解决的几个重要问题

（一）维修养护规范化管理问题

1. 维修养护经费定额和实际发生费用局部存在差异

水管部门与养护公司签署维修养护经费合同是以维修养护定额和工程数量为依据签订，而实际费用与定额有些出入，一是东营区河务局、垦利区河务局沿黄村庄人口密集，还有部分群众居住区紧邻黄河大堤，垃圾弃于堤坡，是养护工人日常养护的主要工作，投入了大量的人力、机械，清理垃圾费用数额较大。二是近年来美国白蛾蔓延东营地区，投入大量的人力、物力、财力进行防治。三是备防石垛水泥砂浆抹边抹角、堤顶设置限宽路墩、土堤顶铺撒石屑等。以上在养护合同中均未体现，工程部门要求按定额结算，财务部门要求实际费用结账等，不同部门对经费使用要求有冲突，不利于工程的运行管理。建议养护方案制定上结合当地实际，在维修养护经费使用上加以明确规范。

2. 运行管理与维修养护有机统一，可节省大量维修养护费用

广大黄河职工和沿黄人民群众在多年来的治河实践中形成了许多优良的传统，诸如“冒雨顺水”“限制载重和特种车辆通行”等防护措施，维护了工程、节约了大量的维修养护费用，效果十分显著，但改革运行方式后，由于水管单位负责管理，养护单位负责维修施工，如果各自为政，局部或单位利益的不一致，对这些传统的继承难免产生一定的影响。建议加强对维修养护合同的研究，对水管单位和水管企业各自的职责进一步明确、要把维修和养护紧密结合起来，把防护工作作为合同的一项重要内容，而不只以工程量定投资，更不能各行其是，造成浪费。

3. 建议维修养护经费实行动态管理

维修养护经费定额是 2004 年颁布的，水利部、财政部颁发的《水利工程维修养护

定额标准（试点）》按当时工程量和标准测算，10 年来黄河系统内外部形势已发生较大变化，社会用工价格标准逐步提高，专项工程成本造价上调，相关施工设备运行成本增加，加大了养护资金的支出。黄河上中下游地区差别较大，如人工、材料、运输等。黄河口地区与其他地区相比经费明显不足。因此，水利工程维修养护经费应该结合不同时段、不同地域，充分考虑地区差别和物价材料费用的正常增长因素，考虑各地工程的基础状况，实行动态管理，建立维修养护资金定额标准定期调整制度，按照国家公布的年度居民消费价格和生产资料价格指数，参考水利系统职工工资和福利标准调整实际定额，对养护定额实行动态管理，每 1—2 年设定一个调整周期，对维修养护资金定额标准加以认真及时、科学合理的调整。养护经费主要用于工程的日常管理，保持工程原有的抗洪强度不下降，逐步走向精细化管理，对于基础性投资较大的项目，建议上级加大基础性投资力度，主要通过增加基建工程投入来解决。

（二）养护企业的积累与发展问题

2006 年改革伊始，按照改革方案该局成立了养护公司，经过 11 年自然增减员，目前在岗 108 人，注册资金 303 万元，在养护投资基本保持平衡的前提下，养护成本逐年提高，企业积累明显不足，市场竞争能力较弱。建议在国家政策框架内，认真研究建立养护企业管理考核机制，加强对养护企业成本核算、经营利润、工程养护效果等指标的考核，引导养护企业不断增强成本意识，优化人员结构，改善操作手段，降低生产成本，提高公司效益，促进公司实现可持续发展，为全面走向市场做好必要的准备。养护企业职工基本养老保险纳入省级统筹后，退休人员从省级社会保险机构领取的养老金与事业单位离退休人员退休费存在一定差距，为保证退休人员的待遇和生活水平不降低，稳定职工队伍，养护公司退休人员的退休费应不低于事业单位退休人员的退休费，对退休的职工工资由养护企业进行差额补发，但经费中没有退休职工工资差额这一项，需占用维修养护工程成本。建议从公司收益中或其他政策性资金中筹集专项资金用于老职工的工资补差，缓解维修养护压力，有利于职工和谐稳定，有利于维修养护工作正常开展。

（三）维修养护的科技创新与队伍专业化问题

改革后养护公司设备老化严重，施工作业的机械化程度很低，职工仍靠铁锨、镰刀和半机械化的小型割草机作业，操作手段落后，养护任务繁重，体力劳动强度依然很大，工作效率低，现代化的工程管理对现代化的工器具配置也提出了更高要求，过去简单的维修机具必将被现代科技设备替代，而养护经费中也没有较充足的设备购置投资，没有能力购置维修养护设备，难以真正与原单位脱离并进入市场进行竞争，建议加大对维修养护公司的投入，增加石料、土方等施工所需机械设备，补充高效率的机械设备，如堤防道路养护车、履带式挖掘机、割草机和翻斗车等，注重提高施工科技含量。同时，加强职工队伍培训，提高职工专业业务水平和技能，增强职工队伍整体素质，从而提高企业施工能力和水平。对于维修养护设备的日常管理和使用，在足额提取折旧的基础上，确保维修养护设备的保值增值，提高养护企业的自我维持，自我发展能力，真正建立起过硬的专业化队伍，增强市场竞争力。

（四）养护职工队伍的管理问题

2006 年改革后，养护公司定编 333 人，实际到岗 202 人，2012 年按照黄河水利委员会《关于进一步加强黄河水利工程维修养护公司人员管理的通知》进行了机构和人员调整。调整后的公司总部由原来 5 个职能部门调整为综合、工程、财务 3 个职能部门，实行“一人多岗，一职多责”。目前年龄偏大的养护职工已相继退休或转岗，在岗 108 人中，年龄全部在 35 岁以下，多数具有大学本专科学历，从年龄和学历结构上看，队伍已不再老龄化，现在是一支年轻化、有知识的团队，但也存在结构不合理，缺少技能操作人才，职工晋升制度不完善，积极性不高等问题。建议加大对养护队伍稳定的研究力度，出台相关的配套政策，加快人才培养，促进黄河治理事业的全面健康发展。一是建立合理的人才交流机制，养护职工职级选拔制度，使全局统一形成合理的梯级培养格局，使黄河事业更加充满活力；二是从更高层面上尽快建立新的晋级增资分配制度、维修养护工作制度，使养护工作有章可循，工作框架更加明确；三是加强对企业人才的培训力度，培养一批黄河养护骨干队伍，让企业真正强起来，维护好改革的成果。

（五）养护企业的文化建设问题

养护企业是水管体制改革后成立的特有的新生事物，养护企业需要有相应的企业文化去支撑，才会走得更远做得更强，要引导和教育全体职工爱岗敬业，团结奉献，做新时期懂管理、高技能的新型黄河养护职工。通过逐步建立和完善企业文化，增强职工向心力凝聚力，建立完善工作管理制度，完善职工薪酬体系，加强保障，增强对职工的激励性和约束性，让职工对企业的发展充满信心。

三、结　　语

黄河水利工程管理体制改革的实施，实现了管理单位、维修养护单位和其他企业机构、人员、资产的分离，改变了多年来形成的集“修、防、管、营”四位于一体的管理体制，通过改革使制约黄河工程管理发展的经费问题得到基本解决，工程面貌焕然一新，工程维修养护质量明显改善，效果显著，为今后黄河工程的标准化、精细化管理做好了必要的准备，影响积极而深远。同时，水利管理体制新的运行方式也是一项全新的工作，需要在实践中不断探索和完善，只有这样，才能使之成为更加运行有力、制度完备、富有朝气的工作模式，必将为我国水利事业发展作出更大的贡献，更加有力助推国家目前正在实施的供给侧结构性改革。

南水北调中线工程供给侧结构性改革研究

王晓贞　邓方方*

供给侧结构性改革旨在调整经济结构，使要素实现最优配置，提升经济增长的质量和数量。从提高供给质量出发，用改革的办法推进结构调整，矫正要素配置扭曲，扩大有效供给，提高供给结构对需求变化的适应性和灵活性，提高全要素生产率，更好满足广大人民群众的需要。要政府宏观调控与民间活力相互促进，优化投融资结构，促进资源整合，实现资源优化配置，优化流通结构，节省交易成本，提高有效经济总量，实现创新、协调、绿色、开放、共享的发展。

一、供给侧结构性失衡导致南水北调中线工程供需错位

南水北调中线工程供水正面临着不可忽视的结构性失衡，“供需错位”已成为阻挡南水北调发挥综合效益的最大障碍。南水北调中线工程设计年引水量，渠首 88.94 亿立方米（不含河南刁河灌区用水 6 亿立方米），到总干渠分水口 79.49 亿立方米，2015—2016 年度实际总调水量 38.3 亿立方米，约占设计引水量的 48.2%，超过一半引水能力闲置。北京、天津两市水价承受能力高，引水量达到了分配指标，而河北省因水价承受能力低①②，配套成本高③，到用户供水成本甚至高于北京、天津两市④，且国家没有制定南水北调农业和环境用水水价政策，尽管受水区十分缺水，省政府也下大力量鼓励用水，但因水价过高，河北省实际引水量却只有 3.56 亿立方米，仅占分配指标的 11.7%。就供给侧来讲，水价高，供水量少，水费征收困难，工程引水能力严重闲置，甚至因流速小已经导致水质恶化，成为国家和工程管理单位的一大包袱。再看需求侧，用户承受能力低，引水量少，巨大的用水需求得不到满足，以河北省为例，

---

* 王晓贞（1959—　），男，教授级高级工程师，河北省水利水电第二勘测设计研究院。邓方方（1984—　），女，硕士，工程师，河北省水利水电第二勘测设计研究院。

① 王晓贞、张建平：《河北省工业水价承受能力分析》，《城镇供水》2008 年第 1 期。

② 王晓贞：《河北省城镇居民水价承受能力分析》，《城镇供水》2008 年第 2 期。

③ 河北省水利水电第二勘测设计研究院：《河北省南水北调工程配套工程可行性研究报告》，2011 年。

④ 河北省发展和改革委员会、河北省财政厅、河北省水利厅：《关于南水北调中线一期配套工程供水价格的通知》（冀发改价格〔2015〕297 号），2015 年。

一般年份缺水量 50 亿—60 亿立方米，南水北调中线设计年供水量为 30.4 亿立方米，考虑输水损失，仅仅相当于总缺水量的一半。南水北调用水指标本不多还引水不足，工业城镇继续占用农业和环境用水，地下水环境在继续恶化。滚滚长江向东流，流走财富和粮油。可以说，南水北调中线工程引水能力闲置的原因，不在需求侧，而在供给侧。因此，必须从供给侧结构性改革入手，加强宏观调控，有效降低水价，用足用好南水北调水，真正启动内需，打造经济发展新动力。

进行南水北调供给侧结构性改革，首先需要总干渠工程管理单位改变观念、开阔眼界，多一些大局意识、公益意识、综合效益意识和环境意识，少一些单纯经营观念，在维持工程基本运行的前提下，将高水价少供水少收益的局面，改变为低水价多供水保基本收益的格局，真正实现南水北调工程建设目标。

二、采取措施有效降低总干渠分水口水价

考虑南水北调工程建设目标和京津冀协同发展需要，中央政府有责任采取有效措施降低总干渠水价，以保证足量引水。

国家发展改革委 2014 年 6 月印发的《南水北调中线一期主体工程运行初期供水价格政策安排说明》（以下简称《说明》），列明全线平均运行还贷水价 0.98 元/立方米，其中河北省 0.97 元/立方米。由于种种原因，水价测算时没有充分吸收受益省市意见，导致测算水价较高。经测算[①]，总干渠分水口实际平均运行还贷水价应为 0.77 元/立方米（建成后 15 年还贷）[②]。如果还贷期限由 15 年延长至 25 年，按当前贷款利率测算，工程水价可降低至 0.67 元/立方米。如果运行初期不还本，只付息，水价可降低至 0.55 元/立方米。如果国家考虑生态修复需要，偿还干线 407 亿元的银行贷款，工程运行初期缓提折旧费，干线平均水价可降到 0.27 元/立方米。可见总干渠水价有下调空间，只要中央或国家有关部门采取措施，即可实现充分供水的目标。南水北调中线工程水价解析见表 4－2 和表 4－3。

---

① 水利部：《水利建设项目经济评价规范（SL 72－2013）》，2014 年。

② 王晓贞：《南水北调中线总干渠水价合理标准及收费制度研究》，《水利经济》2015 年第 1 期。

表 4－2 南水北调中线水源工程水价解析表

序号	项目	国家发展改革委运行还贷水价		不还本只付息水价	15 年还本付息水价	25 年还本付息水价		基本运行水价	
1	总成本费用（亿元）	—	水源固定资产＝大坝加高 29.72 ＋价差 7.46 ＋渠首 6.80 ＋利息 1.59＝45.57 亿元，未进行防洪兴利分摊	—	—	—	固定资产价值 45.57 亿元，未分摊	—	固定资产 45.57 亿元，未分摊
1.1	折旧费（亿元）	0.975	水源工程投资 45.57 亿元，按《说明》折旧率 2.14%	—	0.975	0.975	折旧率 2.14%	—	国家还贷或贴息推迟还本，初期暂不提折旧、摊销费
1.2	摊销费（亿元）	3.825	水源工程贷款 72 亿元，分 15 年偿还，每年 4.80 亿元，用折旧后，应计提摊销费 3.825 亿元，反推	—	3.825	1.905	分 25 年还本，每年 2.88 亿元，用折旧后，应计提摊销费 1.905 亿元	—	—
1.3	工程维护费（亿元）	0.692	按水源投资的 1.5%，同《说明》	0.440	0.440	0.440	按《水利建设项目经济评价规范》（以下简称《规范》）取 1.0%	0.440	按《规范》取 1.0%
1.4	工资福利费（亿元）	0.145	增加 205 人，同《说明》	0.145	0.145	0.145	同《说明》	0.145	同《说明》
1.5	管理费（亿元）	0.218	工资福利费的 1.5 倍，同《说明》	0.218	0.218	0.218	同《说明》	0.218	同《说明》
1.6	其他费用（亿元）	0.053	工程维修费、工资福利费、管理费之和的 5%，同《说明》	0.040	0.040	0.040	5%，计算方法同《说明》	0.040	5%，计算方法同《说明》
1.7	利息净支出（亿元）	3.065	贷款 72 亿元，分 15 年偿还，年利率 6.53%，反推	3.708	2.207	2.306	年利率 5.15%		国家还贷或贴息推迟还本
1.8	成本合计（亿元）	8.973	—	4.551	7.850	6.029	—	0.843	—
1.9	其中年运行费（亿元）	1.107	渠首调水 94.94 亿立方米，扣刁河灌区 6 亿立方米，渠首新增 88.94 亿立方米	0.843	0.843	0.843	同《说明》	0.843	同《说明》
2	渠首引水量（亿立方米）	88.940		88.940	88.940	88.940		88.940	
3	运行还贷成本（元/立方米）	0.101	—	0.051	0.088	0.068	—	0.009	—
4	单位运行成本（元/立方米）	0.012	—	0.009	0.009	0.009	—	0.009	—

表 4－3　南水北调中线总干渠分水口水价解析表

序号	项目	国家发展改革委运行还贷水价		不还本只付息水价	15 年还本付息水价	25 年还本付息水价		基本运行水价	
1	总成本费用（亿元）	—	—	—	—	—	—	—	—
1.1	水源工程水费（亿元）	8.973	水源运行还贷成本乘以渠引水量	4.551	7.850	6.029	水源运行成本乘以渠首引水量	0.843	水源运行成本乘以渠首引水量
1.2	动力费（亿元）	3.720	含沿途水闸电费、北京市提水电费，同《说明》	0.300	0.300	0.300	只计沿途水闸电费	0.300	只计沿途水闸电费
1.3	工程维护费（亿元）	16.49	固定资产的 1.5%，取《规范》规定上限，同《说明》	11.00	11.00	11.00	按《规范》取 1%	11.00	按《规范》取 1%
1.4	工资福利费（亿元）	2.842	同《说明》	2.842	2.842	2.842	同《说明》	2.842	同《说明》
1.5	管理费（亿元）	4.263	工资福利费的 1.5 倍，同《说明》	4.263	4.263	4.263	同《说明》	4.263	同《说明》
1.6	其他费用（亿元）	1.180	工程维修费、工资福利费、管理费之和的 5%，同《说明》	0.905	0.905	0.905	5%，计算方法同《说明》	0.905	5%，计算方法同《说明》
1.7	折旧费（亿元）	22.33	贷款 335 亿元，分 15 年还本，每年还 22.33 亿元，折旧费已够还贷，不再提摊销费	—	22.33	13.40	分 25 年还本，每年还 13.4 亿元	—	运行初期暂不提取
1.8	摊销费（亿元）	—		—	—	—		—	运行初期暂不提取
1.9	利息净支出（亿元）	13.364	贷款分 15 年偿还，反推年利率 6.53%，同《说明》	17.25	10.27	10.73	年利率 5.15%	—	国家还贷或贴息
1.10	成本合计（亿元）	73.16	—	41.11	59.76	49.47	—	20.15	—
1.11	其中年运行费（亿元）	37.46	—	23.86	27.16	25.34	—	20.15	—
2	渠首引水量（亿立方米）	88.940	—	88.940	88.940	88.940	—	88.940	—
3	总干渠分水口供水量（亿立方米）	79.490	—	79.490	79.490	79.490	—	79.490	—

续表

序号	项目	国家发展改革委运行还贷水价		不还本只付息水价	15年还本付息水价	25年还本付息水价		基本运行水价	
4	运行还贷成本（元/立方米）	0.920	—	0.517	0.752	0.622	—	0.254	—
5	运行成本（元/立方米）	0.421	—	0.268	0.305	0.285	—	0.227	—
9	运行还贷水价（元/立方米）	0.974	税率5.5%	0.547	0.796	0.659	税率5.5%	0.268	税率5.5%

注：如果工程维护费据实计算，初期成本应更低。

三、改革供水和收费制度

（一）南水北调中线供水的特点

南水北调中线供水系统中，除南水北调水、黄河水、当地地表水、地下水和再生水需联合调度外，南水北调自身的供水、使用以及经营还有其明显特点。南水北调供水在不同年份、不同季节流量不稳定，而工业城市用水则要求流量基本稳定。在工程运行初期及正常运行期的丰水年份、丰水季节，满足工业城市用户需要以外的富余水量，不应弃掉，也不应少引水，而应用于农业灌溉、地下水补充和河道生态环境，主要发挥环境和社会效益。受农业、环境用户水价承受能力和承受主体限制，这部分水量水费收入将会很少。工程的经营管理、水价制定和水费管理应充分考虑来水不稳定和工程公益性特点。国家应在税收、投资、融资及经营指标等方面，给予最大限度的优惠和政策倾斜。

（二）目前“两部制”水价制度存在的问题

目前总干渠执行“两部制”水价制度。这种制度基本站在经营者角度，只为保证水费收入，对工程公益性考虑很少，无论遇到什么情况，如特枯年，经营者可以得到固定回报，而用水户没有权利，只有义务。由于调水流量不稳定，在工程运行初期和丰水年份、丰水季节必然出现多余水量，即使“两部制”水价有鼓励用水的作用，由于其计量水价仍然远超过农业和环境承受能力，各省市宁愿（实际不愿）白支付基本水费也不会买水用于农业、环境。因此，“两部制”水价并没有保证工程足量引水，却导致工程部分引水能力闲置，造成国家投资严重浪费。预交基本水费，没有基本水量，无论企业预付还是财政垫支都难以接受，执行困难的问题已很明显。不考虑工程的公益性和供水区实际，在运行初期期望回收成本，根据国内外大量调水工程经验，这种理想化的目标难以实现。“两部制”水价制度忽视了公益性，无论怎样鼓励用水，客观上因水价过高已导致引水过少。因此，应该选用供、用水各方都能接受又有利于发挥工程最大综合效益的收费方式。

（三）水费征收方式探讨

在最终用水总量一定的情况下，减少外调水，必然多用当地水，那种认为引水量少有利节水的观点是错误的。并且中线工程全线自流，引水多少总成本费用基本不变，只要少引水就是损失。从工程经营、水资源优化配置和合理利用的角度，南水北调中线工程应鼓励各省市多引水（是多引南水北调水，少用当地水，不是鼓励浪费水），以最大限度地发挥调水工程综合效益，而不能以任何理由限制引用南水北调水。因此，骨干工程运行初期不适用“两部制”水价制度，而应大幅降低水价，提高竞争力和用户用水积极性，把南水北调水真正用起来，迅速占领城镇用水市场，才有利于控制当地水源的使用，以保护环境和减少对农业的影响。总之，南水北调供水总公司的营销策略应该是在国家宏观调控和水行政主管部门的支持下，以用足用好外来水为目的，合理确定收费方式。

根据南水北调供水特点、当地水特点、用户特点，以及工程运行初期工业城镇用水量少等特点，总干渠水费征收方式可有两种方案。

1. 合同供水，计量收费（方案一）

每年各省市向总干渠管理单位申报下年度工业生活引水计划，然后签订供水合同。合同中规定各省引水量、水价、水费等双方权利义务，目前采取的就是这种方式。事实证明“合同供水计量收费”存在一定问题，一是各省工业、生活引水量增长速度不同步，不能保证足额引水；二是运行初期和丰水年、丰水季节，满足工业、生活用水后，剩余水量没有解决；三是不能足额引水造成工程引水能力闲置。由于水价偏高，引水量少导致成本更高，形成恶性循环，管理单位水费收入少，受水区受益难，造成了国家投资的巨大浪费。

2. 足量供水，定额收费（方案二）

收费制度应有利于调动各省市引水积极性，鼓励各省市多引水，并由其承担省内工业、生活、农业、环境用水量分配和收费的义务。总干渠满负荷供水，按满足工程运行最低经费需求（折旧、摊销仅满足还贷，维护费据实计算）核算，收取各省市总水费（前提是水价必须合理）。此方案的优点是中线总公司按工程设计供水比例向各省市分水即可，省却了国家总公司计划、协调、核算和催收基本水费等工作量，可避免扯皮，调动各省市引水的积极性，只要综合水价合理，即可确保足量引水。目前执行“两部制”水价的结果是，供水企业没有足额回收运行还贷费用，用水户引水少而支付了高水价，社会和环境效益很小，工程引水能力闲置使国家投资严重浪费，供水企业、用户和国家三方皆输。

四、结论与建议

南水北调中线工程兼有经营性和公益性，必须保证工程最大限度发挥经济、社会和环境综合效益。如今因为水价标准和收费制度不合理导致没有足量引水，造成国家投资浪费，无法面对各级政府，也无法面对受水区人民。因此，建议南水北调骨干工程切实从供给侧进行结构性改革，具体就是在有效降低总干渠分水口水价的基础上，采用“足量供水、定额收费”的方案。建议由中央财政还贷，或运行初期推迟归还贷款本金时间，由政府贴息，使南水北调供水迅速占领城市水市场。水源工程平均水价标准，运行初期0.010元/立方米，逐步过渡到0.100元/立方米；总干渠分水口平均水价标准，运行初期0.270元/立方米，逐步过渡到0.770元/立方米，确保工程最大限度引水，发挥最大效益。为了使执行水价既合理、具有权威性，又能被供用水各方愉快接受，建议国家发展改革委组织召集供水单位和受水区各省市水价专家，共同商定相关参数，进行合理水价测算，核定运行初期水价，此后依此为基础，每年根据上年财务报告和审计报告，适时调整维护费、工资管理费等费用指标，核定下一年度水价标准，以保证工程正常运行和综合效益发挥。

山东省水权改革的进展与建议

王俊杰　刘开非　李　政*

一、山东省水权改革总体概况

（一）改革背景

党的十八大以来，为深入推进水利改革工作，使市场在水资源配置中发挥决定性作用，加强水利供给侧结构性改革，山东省在本省区启动了水权实践探索工作。

2014 年 11 月 27 日，山东省水利厅印发《山东省水利厅关于加快推进水权水市场制度建设的意见》（以下简称《意见》），正式启动了水权改革工作。同时，选择积极性高、工作基础好的“一市三县”开展了水权水市场制度建设试点工作。其中，济宁市作为市级试点，具体探索包括泗河流域上下游、左右岸区域间的水权转让和交易试点，兖州区行业水权和井灌区农业水权交易试点，尼山水库供水工程水权交易试点三部分内容。沂源县作为山丘区井灌区农业水权试点，确定燕崖镇双泉村和石桥镇的后大泉村作为水权转让试点村。东平县确定了滨河新区作为工业用水水权交易实验区、二十里铺灌区作为农业用水水权实验区，控制工业聚集区地下水开采，引导新上项目开发利用矿坑排水、中水等非常规水源。宁津县作为引黄井渠双灌区农业水权试点县，选择长官镇井灌区和相衙镇河灌区作为试点。

（二）水权改革总体进展

总体上看，山东水权改革工作已取得初步成效。山东水利厅专门成立了水权水市场制度建设领导小组，发挥改革组织协调作用，统筹开展制度建设、试点推进、交易平台建设、技术支撑等工作。在制度建设上，除出台《意见》外，还制定了《山东省水权交易管理实施办法（暂行）》和《山东省水权确权登记工作指导意见（试行）》《山东省水权交易审批流程图》《山东省水权转让合同范本》供各地参阅。在交易平台

* 王俊杰（1986—　），男，高级工程师，水利部发展研究中心。刘开非（1979—　），男，山东省水利厅水资源处四级调研员。李政（1975—　），女，工程师，水利部发展研究中心。

建设上，成立山东省水发水资源管理服务有限公司，作为中国水权交易所会员单位，具备了组织交易的主体资格；依托山东省水利职工技术协会成立山东省水权交易管理服务中心，具体负责搜集发布水权交易信息、开展水权知识培训、指导水权交易等工作。为进一步贯彻落实党中央、国务院开展供给侧结构性改革、创新政府配置资源方式的决策部署，2017 年 4 月，山东省水利厅印发了《关于加快水权水市场建设的意见》，进一步深化水权改革。在原有基础上继续扩大试点范围，组织各市选择 1 个以上县（市、区）开展水权水市场建设试点。试点以县域为单元，按行业、功能全域完成确权，尽量确权到用水户。此外，启动了《山东省水资源管理条例》修订工作，拟对水资源权属和用途管理等作出明确规定，实现水权水市场建设的有法可依。

济宁市试点方面。济宁市水利局编印了试点实施方案，成立了试点建设领导小组及水权交易管理中心，制定了水权交易规则和交易流程，积极统筹推进落实各项改革事项；泗河流域编制完成《济宁市泗河流域水资源利用及保护规划》并经市政府批复同意，明确了有关县市区的水量分配方案，为实现水权交易和水生态补偿提供了技术依据；尼山水库编制完成水权制度改革方案，确定了初始水权，并提出水权改革的制度框架和工作流程；推进兖州井灌区农业水权改革，32 个试点推广村各自成立了农民用水合作组织，完成了初始水权登记，颁发了 9000 余套水权证及其相配套的 IC 卡。此外，济宁市还探索了南水北调截污导流蓄水区及兖州污水处理厂再生水的水权交易。

沂源县试点方面。一是完成农业初始水权分配到户工作，其中双泉村土地确权登记面积 1305 亩，初始水权总量 22.59 万立方米，发放水权证 240 余套；二是初步制定了农业水权转让办法，对农业节水的交易价格、交易对象、组织管理等进行了详细规定。

东平县试点方面。一是以各乡镇（街道）、园区为单位完成了全县初始水登记工作，开发了“东平县水权水市场建设试点管理系统”；二是着手建立健全交易制度，编制了东平县水权交易管理办法及水权交易流程图，对开展水权交易的企业用水户水权交易协议实施审核，并依托县农村综合产权交易所搭建了水权交易融资平台，在省内首次设立了非农业用水水权交易平台，为水权交易提供便捷、高效、及时服务；三是大力推广在产企业及新上项目中水和矿坑水的利用，已达成宏达铁矿矿坑排水向瑞星集团供水的意向。

宁津县试点方面。一是开展初始水权分配，完成了项目区用水户水权确权登记工作，向用水户发放水权证 3500 多套；二是健全交易制度体系，制定印发了《宁津县农业水权水市场建设试点项目区水权交易补贴奖励管理办法》《宁津县水权交易管理办法》等文件，在宏观上为水权改革提供政策支持，同时研发了水权管理平台，实行县水务局、镇总会、村分会三级管理模式联网运行。

二、山东省水权改革主要做法

在对山东水权改革总体情况及济宁市试点实践情况进行详细调研的基础上，总结主要做法如下。

（一）注重健全初始水权分配体系

山东将水权制度作为最严格水资源管理制度的重要组成部分，认为落实最严格水资源管理制度，首先要明确实行最严格管理的对象及其对应的水资源量。初始水权分配工作的开展，则实现了管理对象及其可利用水资源量的明晰。山东省水利厅2014年出台的《意见》提出，通过明晰区域水权、明确行业水权、落实用水户水权、探索工程供水水权，积极构建初始水权确认制度。2016年完成了省、市、县三级生活、生产、生态行业用水总量分配；初步建立了省市县三级区域和行业用水总量控制指标体系，实现了省市县三级区域和行业用水总量“双控制”。

济宁市作为水权水市场制度建设试点，同时开展了区域水权、流域水权、行业水权、用水户水权、工程供水水权的界定明晰工作。区域水权方面，济宁市把区域用水总量控制指标分解到各县（市、区），作为县级水行政主管部门地表水、地下水初始水权分配的基础。流域水权方面，编制了《济宁市泗河流域水资源利用及保护规划》，按照不同保证率提出了泗河流域各县（市、区）的县际水量分配方案，为流域初始水权分配奠定了基础。行业水权方面，明晰济宁市各行业可利用水量，尤其是农业、生活、生态用水，为实施不同行业的水资源用途管制提供依据。用水户水权方面，一是实施取水许可管理，严格水资源管理，对取用水户颁发取水许可证；二是在对行政村颁发农业用水取水许可证的基础上，对灌溉农户颁发水权证，各农户用水量之和等于试点村年度农业计划用水量。工程供水水权方面，编制《曲阜市尼山水库水权制度改革方案》，明确了尼山水库农业、工业、生态、生活供水比例，厘清供水优先次序，为日后农业灌溉用水向工业用水流转奠定基础。

（二）同步推进农田水利工程产权改革与水权改革

农田水利工程产权的明晰，良性运行管护机制的建立，为保障农业灌溉生产，推进水权改革奠定了基础。济宁兖州区水利局、财政局、发改局联合出台了《兖州区农田水利产权、水权制度改革考核细则》《兖州区小农水项目区农田水利设施维修管护实施细则》，注重在井灌区农业水权交易试点实践探索过程中同步推进农田水利工程产权改革、农业水权改革，明确了“三项权利”，落实了“两证一书”，建立了高效、及时的管护机制，实现了农村水利改革效益的最大化。

关于“三项权利”“两证一书”。一是指明晰工程产权，颁发产权证。在调查核实的基础上，对小农水项目区各村的农田水利设施界定产权，由区水利局统一颁发产权证，载明工程基本信息，明确管护责任。二是指界定水权，颁发水权证。在区水利局对行政村颁发农村用水取水许可证的基础上，对每一农民取用水户，根据其家庭拥有的土地亩数核定用水量，颁发水权证。三是指理顺管理权，签订责任书。村委会以签订责任书的形式，委托村农民用水合作组织行使水利工程的管理权，履行工程管护责任。

关于管护机制。一是明确工程管护经费来源，由水费中的维修基金、区政府补助资金、国家扶持资金及村集体自筹四部分组成。二是明确管护方式，分为日常管护和大修两种。对于每年亩投资小于 5 元的维修管护项目，由村自行负责投资，鼓励因村制宜采用“井长制”“承包制”来负责日常维护；对于年度亩均投资超过 5 元的大修项目，主要材料、设备由区水利局组织采购配置，施工队伍由镇政府通过招投标确定，施工费用由各村自行负责。

（三）健全井灌区水权制度框架

兖州井灌区农业水权交易试点分别从确权、交易、监控三方面健全了水权制度框架。

确认农业初始水权方面。首先，兖州区水行政主管部门首先根据村委会提出的用水申请、水资源论证结论和灌溉定额等，为试点村颁发农业用水取水许可证，并下达年度用水计划。其次，根据农户承包的土地亩数及所在村取水许可水量总数，核定各户用水量即基本水权，颁发区水利局统一印制的水权证书。各农户用水量之和等于试点村年度农业计划用水量。在侯店村先期试点的基础上，兖州水利局又在小孟镇 40 余个行政村进行了推广，总计发放水权证 9000 余套，有力提升了农民的水权意识与节水意识。

农业用水交易方面。建立了村级水权交易平台，各取用水户持水权证向村农民用水合作社按基本水价购买水权分配量。如有结余可在平台出售，如有不足可在平台按交易价格购买其他用水户结余量，水权交易收益归转让方所有。全村平台结余量不足时，可向农民用水合作社购买计划外水量。定额内用水执行基本水价，开展交易执行交易水价。基本水价、交易水价由村农民用水合作组织开会讨论通过，并报镇政府、区水利局备案。交易水价应高于基本水价。目前，试点村确定的基本水价是 10 元/小时（包括 7.5 元电费、1.7 元维修基金、0.8 元工人工资，按水量计算为 0.22 元/立方米），交易水价按 11 元/小时计算。

农业用水监管方面。试点村实行信息化管理，对全村井用提水设施进行更新改造，同步发放 IC 卡来体现水权，实行充值刷卡取水，结余年末返还清零，次年重新核定。农民用水合作社能够实时掌握农户取用水情况，避免了偷水情况的发生。

（四）开展再生水水权交易探索

再生水是水资源的重要组成部分，在明晰权属的基础上，借助市场机制发挥再生水利用价值，对于优化水资源配置、保护水生态意义重大。针对工矿企业大量开采地下水，再生水利用率不高的现状，济宁市积极开展了以再生水水权置换地下水水权的实践探索。

一是开展蓄水区再生水水权交易。济宁市是南水北调东线工程的重要输水通道，为保障南水北调水质，投资 18603 万元兴建了南水北调截污导流工程用于承接污染处理厂排放的再生水，蓄水区总库容 1300 万立方米。为了实现济宁市水资源的合理配置和可持续利用，充分发挥工程效益和蓄水区再生水资源价值，济宁市以市水利投资公司为经营主体行使水资源经营权，通过水资源论证明确可供水量 1438 万立方米并办理取水许可证。在明确蓄水区可供水量及经营主体的基础上，投资公司和附近的兖矿济三电力有限公司签订供水和排水协议，承诺向济三电力有限公司年供水 352 万立方米，目前已实现供水，价格为 0.65 元/立方米。济三电力有限公司的取水许可也已得到省水利厅的调整。

二是开展污水处理厂再生水交易。为贯彻地下水超采区综合整治要求，兖州污水处理厂与兖矿国际焦化有限公司签订再生水使用协议，每年供水 70 万立方米，价格为 0.5 元/立方米。同时，兖矿国际焦化重新开展水资源论证工作，实现再生水的利用和取用水源的置换。

蓄水区及污水处理厂的水权交易，一方面降低了蓄水区及污水处理厂的运行成本和企业的生产成本（取用地下水水资源费为 1.8 元/立方米），另一方面大大减少了地下水取用量，保护了当地珍贵的地下水资源，实现了工业生产与生态保护的双赢。

三、山东省水权改革存在的问题和困难

（一）传统观念有待进一步转换

长期以来，我国水资源管理方式以行政配置为主，相关工作的开展有法可依，有

章可循。面对新的改革形势和要求，有的水利工作人员无所适从，形成并固化的水资源传统管理观念迟迟没有转换过来。一些地区虽然存在水权交易的需求和可能性，但“两手发力”意识不强，仍然坚持“等靠要”观念，希望通过向上级政府申请应急调水等方式来解决水资源短缺问题。

（二）上位法支撑力度不足影响了水权改革的推进

由于颁发水权证、开展水权交易等缺乏上位法的有效支撑，一方面在推进水权改革工作中无法有效回答用水户的质询，造成了工作的被动局面；另一方面水利工作人员担心一旦用水户水权意识被唤醒，现有法律无法满足用水户将水权作为生产要素，像土地一样进行抵押、交易的需求。

（三）计划用水管理和水权制度的关系尚待厘清

我国计划用水管理制度尚未和水权改革有效衔接。当前实行的《计划用水管理办法》规定，当用水单位的用水水平未达到用水定额标准时管理机关应当核减其年计划用水总量，而对于开展节水实行水权交易的情况没有明确规定。目前，山东省开展水权制度建设的思路使用水户获得对应许可水量的初始水权，在实施节水等措施后，节余水量可通过市场交易。因此计划用水的地位需重新界定，如因节水而压缩用水户用水计划乃至压减水权水量，将挫伤用水户节水的积极性，或因所节约水量通过计划用水手段调控被无偿收回，而无法实施交易。

（四）基础计量设施建设相对薄弱

监测计量是开展水权确权交易的基础。目前山东省的农业计量设施建设相对薄弱，试点地区主要依赖 IC 卡、射频卡等通过控制抽水时长间接控制、核算用水量，无法做到水量精准计量。引黄（河、库）灌区支渠、斗渠等缺少计量设施，农户灌溉水量往往进行估算或推算。农灌用水无法准确计量，一定程度上削弱了农民缴纳水费，开展节水交易的积极性。

（五）赋予的过大初始水权量影响了农户开展节水交易的积极性

水权改革开展初期，考虑到群众参与改革的积极性与接受程度，由于经验不足，水利工作人员核算初始水权量时确定的用水定额偏大。由于赋予农户的水权量足以满足一般年份农业生产需要，老百姓没有节水交易的内生动力，一定程度上影响了水权交易的开展。

四、对策建议

（一）尽早启动《水法》等上位法修订论证工作

就全国而言，针对水权制度建设中面临的发放水权证、开展水权交易仍无法可依，与取水许可制度相衔接，加强用途管制等问题和要求，要启动《水法》《取水许可和水资源费征收管理条例》等上位法的修订论证工作，为开展水权制度建设提供有力的法治保障，改变当前水权改革于法无据的被动局面。

（二）理顺计划用水、定额管理等水资源管理基础工作与水权改革的关系

在今后水资源管理工作过程中，要注重“两手发力”相衔接。在政府行政手段方面，一是在计划用水管理工作中，考虑通过节水开展水权交易的情况，有针对性的修改《计划用水管理办法》等已发布的政策和文件；二是考虑到工农业生产节水潜力与水权交易需求，从严核定用水定额，为水权改革的顺利推进奠定基础。

（三）加强水资源监控和管理能力建设

水权水市场建设要有扎实的基础工作作为保障。要抓紧完善水资源监测、用水计量与统计制度，加强省界等重要控制断面、水功能区和地下水的监测能力建设，完善取水、排水计量监控设施，提升监测能力。逐步建立中央、流域和地方之间“纵横贯通”的水资源监控管理平台，全面提高水资源监控、预警和管理能力，加快推进水资源管理信息化，为水权水市场建设奠定良好的技术基础。

（四）加快推进水权确权和水权交易监管体系建设

水权确权，是落实最严格水资源管理制度的重要抓手，是开展水权交易的重要前提，是保障取用水户合法权益的重要依据。要抓紧明确水权确权的类型、对象和具体路径，加快推进水权确权工作，转换传统水利工作思路，为从根本上解决水资源管理现实工作中存在的相关问题和“两手发力”奠定基础。健全的水权交易监管体系，有利于打消水权转让方、受让方的交易顾虑，便于第三方影响评估等工作的开展，能够为政府开展交易监管、落实用途管制等提供支撑。为此，要在吸纳水权交易实践经验的基础上，针对水权交易的主体、价格、用途、期限及可能的风险、纠纷等相关要素和可能性进行规范和管制，逐步健全监管体系。同时，还要积极探索发挥社会公众和专业机构的第三方监管作用。

加快水利改革发展与供给侧结构性改革
——推进水利部行政审批改革工作纪实

王爱莉　程　琳　郑　策　张　铮*

一、“水利部行政审批受理中心”的成立标志水利部行政审批改革工作迈出历史性一步

水利部各级领导高度重视简政放权和深化行政审批制度改革，针对建设行政审批窗口、实现网上审批①，部领导多次作出重要批示，研究部署相关工作：批准水文局（水利信息中心）增设行政审批受理处（对外可称“水利部行政审批受理中心”），实现部机关行政审批事项的接收、审批进程的监控和督导、审批结果的送达等工作，承担水利部电子政务行政审批系统的建设、管理和运行维护工作。

在部领导的高度重视和相关司局的大力支持下，选址、人员配备、基础环境建设迅速到位，2015 年 6 月 15 日，水利部行政审批受理中心正式成立，标志水利部实体行政审批服务大厅正式面向公众提供政务服务。将原分散于各司局的行政审批业务，集中到一个“窗口”统一受理，实现了“一站式办公、一个窗口办理、一条龙服务”，极大方便了企业和群众办事。大厅运行初期是人工办理阶段，严格执行受理、转办、办理节点登记制度，全面执行《受理单制》《首问负责制》《一次性告知制》等，并制定《大厅工作人员守则》严格遵守。在政法司、办公厅的指导下，和审批事项办理司局一起，逐步规范受理、转办、办理、批复、送达等各环节的表单和法律文书的使用并及时归档，使其规范化、系统化。

---

* 王爱莉（1975—　），女，教授级高级工程师，水利部水文局（水利信息中心）。程琳（1961—　），女，教授级高级工程师，水利部行政审批受理中心主任。郑策（1979—　），女，水利部行政审批受理中心职员。张铮（1989—　），男，水利部行政审批受理中心职员。

① 国务院审改办关于贯彻落实《国务院关于规范国务院部门行政审批行为改进行政审批有关工作的通知》（审改办发〔2015〕1 号）的指导意见。

二、“水利部行政审批监管平台”的建立积极推进水利部行政审批标准化建设

为实现“精简审批事项、网上并联办理、强化协同监管”的目标，建立健全本部门在线审批监管平台，与投资项目在线审批监管平台联接，尽快实现行政审批事项网上办理的要求，水利部在组建实体大厅的同时，同步开展水利部行政审批监管平台立项工作，并获批复。2016 年，水利部行政审批监管平台建设全面开展，经过 1 年多的建设，水利部行政审批监管平台于 2017 年 6 月 1 日上线试运行，标志着水利部行政审批事项实现了全流程网上办理新模式。

（一）推进《行政审批事项审查工作细则》和《水利部行政审批事项服务指南》的修订

为更好地规范审批实现水利部行政审批事项全流程网上办理，政法司和办公厅在 2016 年年底和 2017 年年初，依据国务院印发的《行政许可标准化指引（2016 版）》组织各审批事项办理部门进行了《行政审批事项审查工作细则》和《水利部行政审批事项服务指南》的重新修订，做为水利部行政审批监管平台流程定制的重要依据。

（二）系统建设总体框架

水利部行政审批监管平台建设采用“外网受理、内网办理”的模式。实现水利部 7 个流域机构所有审批事项的网上办理和全流程监管（见图 4－2）。

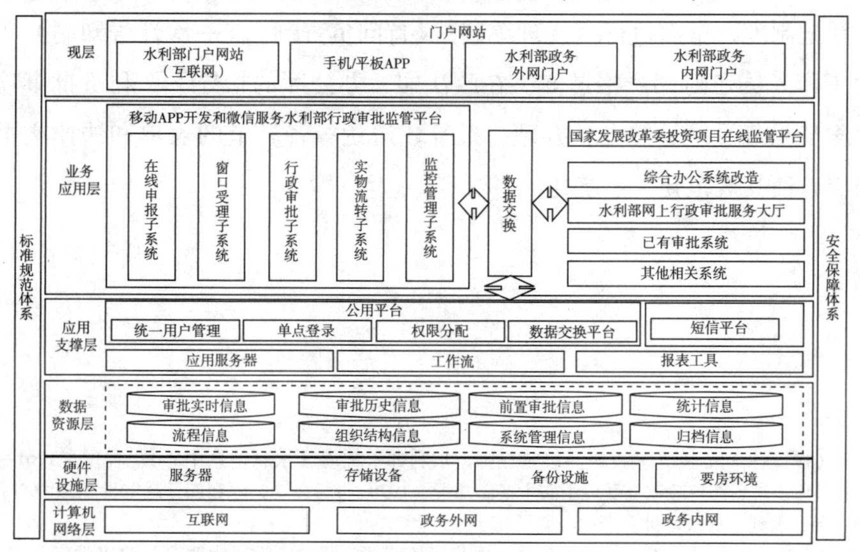

图 4－2　水利部行政审批监管平台总体框架图

平台主要包括在线申报子系统、窗口受理子系统、行政审批子系统、实物流转子系统、监控管理子系统、移动 APP 开发和微信服务；同时完成与发展改革委投资项目在线审批监管平台对接；完成综合办公系统改造以及对接工作；完成水利部网上行政审批服务大厅设计建设；完成与相关应用系统对接工作。

（三）系统使用范围和服务对象

本项目涉及水利部本级、部水文局和流域机构 9 家单位，均涉及多个用户角色，主要包括公众申请人员、窗口受理人员、行政审批办理人员、监察管理人员、系统管理员。

（四）网上行政审批服务大厅的建设

水利部行政审批监管平台实现了水利部行政审批事项在线申请、网上办理、全流程监管等功能，并初步建成“水利部网上行政审批服务大厅”。访问者可在服务大厅查询浏览行政审批相关的新闻动态、公示公告、申请项目信息、政策法规等内容，可以注册、登录，进入在线申报子系统，进行行政审批事项的申报和查询。网上大厅实时公告已获批复审批事项的项目信息，同时提供了资料下载、导航、服务电话、咨询、满意度评价以及快速登陆全国投资项目在线审批监管平台等服务。

（五）全流程网上办理

水利部行政审批监管平台实现全流程网上办理，申请单位（个人）在网上行政审批政务大厅进行注册，登录在线申报系统进行水利部行政审批事项的申请，提交后，由水利部窗口工作人员进行初步核查后转业务办理司局，业务办理司局通过行政审批系统进行审查确定是否受理的决定，再由窗口工作人员给申请单位（个人）发送是否通过预受理或补正的通知，通过预受理的系统会自动提示提交纸质材料，纸质材料邮寄或送到水利部行政审批受理中心，由窗口工作人员进行材料接收，并转送文件流转柜，文件流转系统会短信提醒业务司局办理人员来取纸质申请材料，由业务司局办理人员取件后在行政审批系统进行审查，审查结束后，进入综合办公系统进行批文办理。申请人可以通过在线申报系统查询申请事项的“材料接收、补正、受理、技术审查、审批、批复（批文）”等各办理节点信息，关键办理节点的信息也会通过短信通知给申请单位（个人）。实现申请、转办、受理、审批、批复全流程网上办理和全流程系统监控，系统根据办理时限会自动告警提示，也可以通过系统发送催督办信息。全流程网上办理流程图如图 4 - 3 所示。

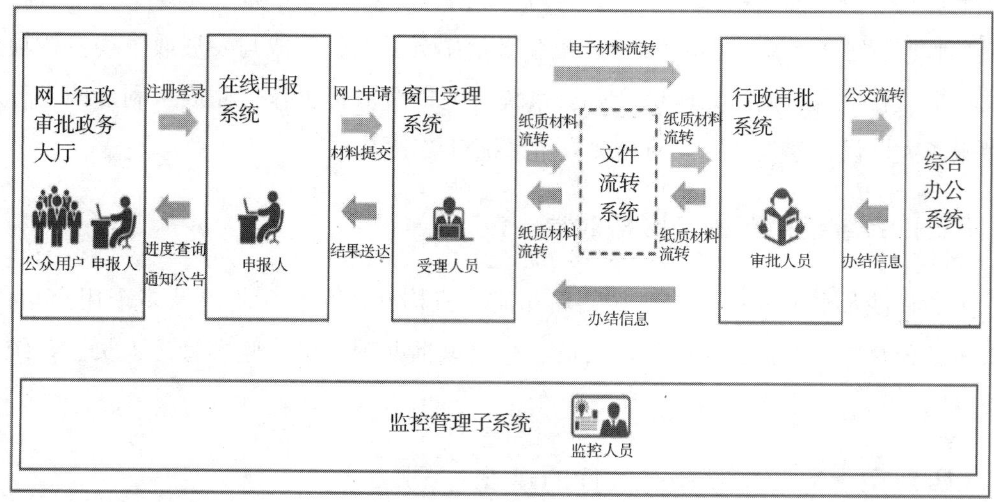

图 4－3　全流程网上办理流程图

三、“水利部行政审批监管平台”实现全流程网上办理，是水利部行政审批改革成果的全面展现

（一）精简审批事项，简化申请材料

水利部行政审批监管平台实现所有审批事项全流程网上办理，网上行政审批服务大厅和在线申报系统，涵盖了部本级、水文局和流域机构的全部审批事项和服务指南。平台开发所需申请材料和申请流程的重要依据之一《水利部行政审批事项服务指南》由办公厅和政法司组织相关单位进行修订，以《行政许可标准化指引（2016 版）》为标准，各单位规范服务指南的同时，进一步简化申请材料，特别是“水利基建项目初步设计文件审批事项”由原来 8 项申请材料精减到 2 项，其他审批事项也都精减了 1—2 项申请材料，平台根据新修订的《水利部行政审批事项服务指南》，简化申请材料，使申请审批更便捷。体现了水利部行政审批改革的“放”。

（二）规范审批流程，推进涉水审批改革

平台根据《行政审批事项审查工作细则》定制各行政审批事项的流程，并考虑特殊环节的处理，充分体现各审批事项改革的特点。根据《行政许可法》和《行政许可标准化指引（2016 版）》，政法司组织相关单位重新修订了《行政审批事项审查工作细则》，各审批事项精减了不必要的审批环节，为申请人提供更有效的服务。水土保持方案审批作为水利部标准化建设的试点，增加了受理材料公示环节，将受理信息及时告

知公众的同时，接收公众的监督。

根据《水利部关于高速公路涉水行政审批改革的通知》《水利部简化整合投资项目涉水行政审批实施办法（试行）》《水利部关于做好取水许可和建设项目水资源论证报告书审批整合工作的通知》等改革举措，平台设计满足涉水审批改革的要求，初步实现“首先受理申请的单位牵头，有关单位协同”“涉及四个涉水审批事项的合一办理”“取水许可和建设项目水资源论证报告书审批二合一办理”等办理模式。

为推进标准化建设，平台严格遵照《首问负责制》《一次性告知制》《受理单制》等《行政许可标准化指引（2016 版）》中规定的相关制度开发系统功能。

以上，体现了水利部行政审批改革的“管”。

（三）统一入口申请，统一出口查询

水利部所有行政审批事项的申请统一通过水利部网上行政审批服务大厅在线申请系统进行申请，对于已经批复的审批事项网上大厅办结结果公示栏目会实时公示，提供结果查询服务的同时接受公众的监督。对于申请人统一在在线申报系统进行申请事项办理节点信息查询，包括批复文件的查询。实现统一入口申请，统一出口查询，让数据在线上跑。

体现了水利部行政审批改革的“服”。

四、不断创新的服务模式

行政审批制度改革是“放管服”改革的重要内容和具体实践，是贯彻落实党的十八届三中、四中全会精神，全面深化改革、全面推进依法治国的重要举措。这项重大改革实现了“一枚公章管审批，一个部门办审批”的格局，转变政府职能，不断提升政府服务效能，更好、更全面、更接地气地实现以人为本，从根本上解决好为民服务“最后一公里”问题。

从水利部行政审批受理中心成立到水利部行政审批监管平台上线试运行，近 2 年的时间，水利部积极探索创新服务模式。

（一）实现“一个窗口受理”，统一办理新模式

2015 年 6 月 15 日，水利部行政审批受理中心正式运行，实现了部本级“一站式办公、一个窗口办理、一条龙服务”，极大方便了企业和群众办事。

（二）实现“网上预受理”，让群众少跑路

2015年年底，根据国务院审改办的文件要求，水利部先期实现了“网上预受理”，申请人通过网上预受理预审查系统提出申请，上传电子材料经网上审核合格后，再现场提交或者邮寄申请材料，受理中心签收纸质申请材料，当场受理，签发受理单，让材料在线上跑，减少申请人往返提交补正材料的辛苦。

（三）实现“行政审批事项全流程网上办理”新模式

2017年6月1日，水利部行政审批监管平台上线试运行，标志水利部开启行政审批事项全流程网上办理新模式。平台主要包括在线申报、窗口受理、行政审批、实物流转、监控管理、移动APP等功能模块。同时实现与国家投资项目在线审批监管平台、综合办公系统、内外网交换系统、短信平台等相关应用系统的接口对接工作，落实国务院协同审批、资源共享的统一要求。并给申请人提供查询办理节点信息和短信提醒服务，平台实现从申请、受理、审批、批复、送达全流程监管。

（四）实现与投资项目在线审批监管平台对接，实现并联审批服务模式

2015年6月，率先实现与投资项目在线审批监管平台“浏览器”方式对接，2017年6月，随着水利部行政审批监管平台上线试运行，实现与投资项目在线审批监管平台系统对接。涉水事项的办理信息实时交换到投资项目在线审批监管平台，实现并联审批。

（五）落实涉水审批事项“双告知”服务新模式

2017年6月，根据《国家发展改革委办公厅关于全国投资项目在线审批监管平台增加“双告知”功能的通知》要求，水利部率先实现全国投资项目在线审批监管平台“双告知”的服务。由受理中心统一进行项目信息采集，进行“双告知”转办和确认工作。

（六）积极探索“互联网＋水利政务服务”新模式

随着平台建设的进一步推进，将实现移动APP和微信服务的建设，进一步提高工作效率，为申请人提供更高效便捷的服务。

五、积极践行行政审批改革工作

简政放权、放管结合、优化服务是一场从观念到体制机制的深刻革命，事关发展

全局和人民福祉。水利部将持续深化水行政审批制度改革，水利部行政审批受理中心要积极践行行政审批改革工作，全面实行统一受理、服务指南、一次性告知、受理单、办理时限承诺、审查工作细则和申请人满意度评价等制度，加快水利部行政审批在线监管平台建设，推动线上线下办理无缝对接，将各项改革举措落实到平台建设中，全面实现水利部行政许可事项在线办理。

实施基础设施供给侧结构性改革创新水利工程建设体制

陈韻俊　胡敏杰　陈兰川*

一、水利基础设施供给侧结构性改革的紧迫性

“供给侧结构性改革”是近两年我国经济体制改革领域的热词。李克强总理在2016年“两会”政府工作报告中明确指出，要“加强供给侧结构性改革，增强持续增长动力”，“既做减法，又做加法，减少无效和低端供给，扩大有效和中高端供给”。

目前，我国几乎每个地区都面临着水利基础设施供给的短板。近几年来，水灾水患、水环境问题、城市内涝、地下水骤降、水资源短缺、雨洪资源不均衡等问题都困扰着各地政府，水利基础设施建设仍处于大投入、大建设的阶段。虽然中华人民共和国成立以来我国水利等基础设施建设取得了巨大成就，但不可回避的是，依然存在体制不顺、管理粗放等问题，水利基础设施供给侧结构性改革迫在眉睫。

二、水利基建体制存在的问题

我国水利基础设施建设体制经历了从改革开放前的计划经济模式到改革开放后的项目法人负责制的转变。但现行体制仍存在以下弊端。

（一）项目法人单位属性不明确、职责不一致

水利部《关于进一步加强水利工程建设管理的指导意见》指出，“公益性质和不具备自收自支的准公益性水利项目应组建事业性质的项目法人”，而原国家计委《关于实行建设项目法人责任制的暂行规定》明确关于项目法人的规定是依据《公司法》制定的。由于建设项目数量众多，如都组建事业性质的项目法人需要编办、财政等多部门审批，经费较难落实，实际操作过程中也极少做到。如都组建企业性质的项目法人，

* 陈韻俊（1967—　），男，教授级高级工程师，浙江省浙东引水管理局。胡敏杰（1983—　），男，高级工程师，浙江省浙东引水管理局。陈兰川（1982—　），男，高级工程师，浙江省浙东引水管理局。

由于水利工程属公益性建设项目且是阶段性的，单靠项目建设管理费，企业生存无法维持、难以为继。从近些年来诸多水利工程项目法人制案例来看，政府主导的公益性与企业的逐利性是相互冲突的，导致项目法人单位属性不明，人员不定，特别是建设管理的专业技术人员流失严重，难以长久发展。

《关于实行建设项目法人责任制的暂行规定》及《水利工程建设项目管理规定》都指出："项目法人对建设项目的立项、筹资、建设、生产经营、还本付息以及资产保值增值的全过程负责，并承担投资风险。"但事实上，公益性质的水利工程涉及利益部门众多，立项审批阶段就至少涉及十余个专项审批，建设阶段监管部门则更多。各监管部门都有其规定、规范和程序，工程建设涉及各部门利益的平衡，如果离开了政府的主导，项目法人难以协调，工程建设推进困难。项目法人单位规定中需承担的职责和实际操作中能承担的职责不一致。

（二）项目法人单位人员少、能力弱

水利工程的建设管理工作是一项专业性和经验性很强的工作，我国绝大多数水利行业从事建设管理的技术骨干都是事业身份人员，而现行的大中型基础设施建设推行的都是项目法人负责制，导致公益性建设项目建设管理模式基本上都是临时抽调骨干组成以事业身份人员为主、企业身份人员为辅的项目管理团队，以企业项目法人的名义实施工程建设管理。由于基础设施建设项目周期长、数量增加快，招投标、质量安全管理等各类要求越来越高、人员编制数量不足等原因，导致项目法人单位人手紧缺，专业性不强，管理能力普遍偏弱。

（三）项目建设时序矛盾多、浪费多

由于我国各类规划体系名目繁多，庞杂紊乱，分别涉及发改、国土、建设、交通、水利、市政、环保等20多个部门分头管理。各类规划特别是行业规划各自为政，投资建设信息不透明，各部门出发点不同，对空间规划角度不同、各自表达同一空间规划内容也不同，缺少协调、相互制约。功能类似的建设项目重复建设，空间上相邻位置的建设项目选址冲突、建设时序相互打架等，最为明显的就是建设项目土地预审和用地审批阶段经常出现规划红线交叉、"一地多嫁"的情况，都导致了极大的人力、财力和国土空间资源浪费，制造了很多无效和低端的供给。

三、改革举措

（一）"多规融合"破解项目建设审批难题

我国现状规划存在各规划时限、技术标准不一导致，经常出现规划打架、规划选

址空间交叉等问题，使基础设施建设落地、推进难。建议以县级为单位，将县域范围内的各类规划利用地理信息系统落实到“一张图”中。

由县级规划主管部门进行统筹协调，基于项目落位，划定重点项目建设控制线，保障重大项目的用地需求。同时，通过廊道的预控，为水利、市政、交通等狭长型基础设施的项目预留空间，对河道、航道等可相互叠加的项目提早统筹规划，通盘考虑建设标准和规模，即可节约投资，又可节省建设周期，尽最大限度发挥公益性建设项目的综合社会效益。

（二）“集中建设”破解项目建设时序难题

项目法人负责制在公益性建设项目中存在先天缺陷，建议每个县（市、区）组建公益性质单位集中负责当地公益基础设施建设。创新公益性基础设施建设体制，改“项目法人负责制”为“行政领导负责制”。

公益性基础设施建设投资大且事关一个地方的发展和政府优质基础设施的供给，理应实行“行政领导负责制”，集中事权，减少项目推进中的权力冲突，加快项目相关政策处理及项目建设进度。

公益基础设施建设单位掌握全县（市、区）公益性建设项目相关信息，人员也不再是临时的抽调，而是专门从事建设管理工作，又在统一的班子领导下工作，可以主动与相关行业管理部门协商，合理调整不同建设项目的建设时序，统筹各施工场地的布局、统筹各项目土石方平衡的方案等，破解项目建设时序难题。

（三）“行业监管”破解项目验收管理难题

公益性建设项目的立项由各行业管理部门提出，设计方案由各行业管理部门负责审查。建议项目建设过程中的监理由各行业管理部门和建设单位共同委托，建成后的验收由各行业管理部门主持，项目验收后的移交和管理也应由各行业管理部门负责，纳入现有的基础设施管理网络，依托已有的行业工程管理单位通过“政府购买服务”的形式成片化、专业化管理。

“行业监管”可以使相关工程建成后直接纳入原有的工程管理体系，通过科学运行和调度，最大化的发挥工程的效益。同时，可以破解项目移交管理的难题，使工程运行更高效，维护资金得到保障，建设效果进一步提升。

落实水利“放管服”改革精神 彰显政府职能转变新成效

程　琳　郑　策　王爱莉　张　铮*

习近平总书记强调，推进供给侧结构性改革，是调整经济结构、转变经济发展方式的治本良方，最终目的是满足市场需求，主攻方向是提高供给和服务质量，根本途径是深化改革。① 从政府管理角度，简政放权、放管结合、优化服务是推进供给侧结构性改革的重要内容，是处理好政府与市场、政府与企业关系的根本所在，也是提升政府服务社会发展效能的重要举措。水利部党组高度重视行政审批制度改革工作，按照国务院统一部署，水利部积极创新服务模式，设立了水利部行政审批受理中心（以下简称“受理中心”）实体大厅和网上大厅，将原本分散于各司局的行政审批业务，集中到一个“窗口”统一受理、限时办结。这不仅是水利部贯彻落实国务院“放管服”改革部署的一项重要举措和深化水利行政审批制度改革的一项重要成果，也标志着水利部进入了依法规范行政审批工作的新阶段，具有开创性和里程碑意义。按照李克强总理要求的那样，以推进供给侧结构性改革为主线，“放管服”改革重点之一是要为群众办事生活增便利，打破“信息孤岛”，提高政务服务便利化水平。②

一、水利“放管服”改革意义及举措

“放管服”改革是一个系统的整体，既要进一步做好简政放权的“减法”，又要做好加强监管的“加法”和优化服务的“乘法”，啃政府职能转变的“硬骨头”，逐渐做到审批更简、监管更强、服务更优。

---

* 程琳（1961—　），女，教授级高级工程师，水利部行政审批受理中心主任。郑策（1979—　），女，水利部行政审批受理中心职员。王爱莉（1975—　），女，教授级高级工程师，水利部水文局（水利信息中心）。张铮（1989—　），男，水利部行政审批受理中心职员。

① 习近平总书记在中央全面深化改革领导小组第三十五次、三十六次会议上的重要讲话。

② 李克强总理在 2017 年 6 月 13 日国务院召开全国深化简政放权放管结合优化服务改革电视电话会议上的重要讲话。

（一）深化制度改革，精简审批事项，加大“放”的力度

做好简政放权之“放”的文章，继续深化制度改革仍是重中之重。按照国务院的新要求，水利部继续加大简政放权力度，将原有48项水行政审批事项削减到22项（水利部行政许可事项目录及实施单位详见表4－4），在减幅达54%的基础上，拟再取消建设项目水资源论证报告书审批、坝顶兼作公路审批、利用堤顶戗台兼作公路审批、生产建设项目水土保持设施验收审批和水利工程启闭机使用许可证核发等5项行政审批事项，将水行政审批事项进一步减少为17项，降成本效果初显。① 受理中心将紧紧围绕“为促进就业创业降门槛、为各类市场主体减负担、为激发有效投资拓空间、为公平营商创条件、为群众办事生活增便利”的要求，对精简的事项做到有效衔接、平稳过渡，防止出现“监管真空”。

表4－4　水利部行政许可事项目录及实施单位

序号	审批事项		实施单位								
	事项编码	事项名称	部本级	长委	黄委	淮委	海委	珠委	松辽委	太湖局	水文局
1	16001	水工程建设规划同意书审核		√	√	√	√	√	√	√	
2	16002	不同行政区域边界水工程批准		√	√	√	√	√	√	√	
3	16003	水利基建项目初步设计文件审批	√								
4	16004	建设项目水资源论证报告书审批	√	√						√	
5	16005	取水许可		√	√	√	√	√	√	√	
6	16006	江河、湖泊新建、改建或者扩大排污口审核		√	√	√	√	√	√	√	
7	16008	非防洪建设项目洪水影响评价报告审批	√	√	√	√	√	√	√		
8	16009	河道管理范围内建设项目工程建设方案审批		√	√	√	√	√	√	√	
9	16010	河道管理范围内有关活动（不含河道采砂）审批			√	√	√				
10	16011	河道采砂许可			√	√					
11	16012	长江河道采砂许可		√							
12	16015	利用堤顶、戗台兼作公路审批			√	√	√				
13	16016	坝顶兼作公路审批		√	√	√	√	√	√		
14	16017	生产建设项目水土保持方案审批	√								
15	16018	生产建设项目水土保持设施验收审批	√								

① 《水利部研究部署进一步深化水利“放管服”改革》，2017年6月28日，水利部网站。

续表

序号	审批事项		实施单位								
	事项编码	事项名称	部本级	长委	黄委	淮委	海委	珠委	松辽委	太湖局	水文局
16	16019	水利工程启闭机使用许可证核发	√								
17	16020	外国组织或个人在华从事水文活动的审批	√								
18	16021	国家基本水文测站设立和调整审批									√
19	16022	专用水文测站的审批		√	√	√	√	√	√	√	
20	16023	国家基本水文测站上下游建设影响水文监测工程的审批		√	√	√	√	√	√	√	
21	16025	水利工程建设监理单位资质认定	√								
22	16026	水利工程质量检测单位甲级资质认定	√								
合　计			9	11	12	12	11	9	9	8	1

（二）严格按照行政许可标准化要求，强化“管”的能力

1. 在权力监管方面，加强信息管理水平

为保障审批事项限时办结，水利部建设并使用了行政审批监管系统平台，逐步将审批项目的受理、办理、批复等环节全部纳入平台，做到“平台受理、在线办理，限时办结、全程监管”，极大提高了审批工作效率。系统还包含督办预警机制，各业务部门密切配合，按照“优化流程、提高效率、确保质量”要求压缩办理时间，有效确保审批工作按时完成。

2. 在责任监管方面，构建标准化管理体系

水利部对所保留的各项审批事项的审批流程逐一规范，制定了《审查工作细则》，明确各部门职责、办理流程和时限等具体要求，增强部门间协同监管能力，搭建标准化、跨部门的协作流程和互动机制，切实做到行政审批事项全流程的规范办理，也从程序上杜绝了审批办理时“不作为”和“乱作为”情况的发生。

3. 在内部监管方面，建立标准化监管机制

严格按照《国务院审改办关于开展国务院部门行政许可标准化测评的通知》文件精神，制定并贯彻执行《一次性告知制》《首问负责制》《AB 岗工作制度》《服务承诺制》《文明服务制》等规范行政许可办理的制度，对组成要件、实施流程、办理结果等内容实行标准化管理，规范和约束监管主体行为，防止自由裁量权的滥用，促进了政务公开的制度化、标准化工作。在 2017 年度国务院审改办开展国务院部门行政许可标准化测评检查中，受理中心逐一对照《行政许可标准化测评指标》将受理中心标准化

建设的进展情况和成效进行充分全面的展现，得到审改办的高度赞扬。

4. 在社会监管方面，建立健全公众监督投诉机制，开通投诉电话、投诉邮箱，畅通投诉渠道

充分利用互联网、各种举报电话等及时收集群众、媒体反映的监管对象服务质量、违反法律法规等投诉信息加强监管，体现“减权、去利、公开”的原则，不断深化行政审批改革，落实监管责任，维护市场秩序，有效提升政府效能，为经济社会发展提供有力保障。

（三）努力做到把审批变成服务，提升“服”的水平

1. 创建优质服务窗口

水利部行政审批受理中心试运行前一天，水利部部长陈雷亲临受理中心检查指导工作时强调：优质服务，要强化法治意识和服务意识，严格遵循服务规范，接待群众要热情周到、态度和蔼、有问必答，言谈举止要文明得体，展示良好风貌。受理中心要在认真学习领导讲话精神的基础上，严格遵循“依法行政，规范服务，科学管理，便民高效”服务宗旨，主动学习因行政管理变革、业务流程重组等需求变化所产生的新政策、新知识，进一步规范工作程序和标准，打造主动服务、贴心服务的政府服务形象。

2. 网上审批现已初现成效

2017 年 6 月水利部建设了行政审批监管平台，水利部本级 8 个审批事项和水文局 1 个审批事项全面实现在线申请、网上办理、全流程监管，申请单位和个人可以通过水利部网站“服务”栏目中点击“审批服务大厅”进入“水利部网上行政审批服务大厅”提出申请，上传电子材料经网上审核合格后，再现场提交或者邮寄申请材料，一是可以防止申报人到现场后才发现材料不符合申报条件，减少申请人往返提交补正材料浪费的时间；二是从一定程度上减轻受理员重复审核的工作量，提高工作效率。受理中心坚持以群众满意为原则，严格执行审批受理服务首问负责制，及时跟踪审批事项的办理进展，并将行政审批事项办理节点信息通过短信等方式告知申请人，实现了“一站式办公、一窗口办理、一条龙服务”。

3. 开通自助语音咨询服务专线

受理中心提供 24 小时自助语音咨询服务，提供规范标准、简洁明了的语音咨询。帮助申请人进行网上填报申请办理，特别是资质变更类申请时，各种变更需要准备不同的材料，可根据语音提示，选择相关事项按键，了解事项所需准备材料，如果咨询的问题较为复杂，可以转人工咨询，全天候的语音服务更加方便申请人，避免了申请

人因材料准备不全需要多次补正的困扰，受到多方好评。

4. 实现与国家发展改革委平台并联审批服务

随着水利部行政审批监管平台上线试运行，水利部实现与国家发展改革委投资项目在线审批监管平台从 2015 年"浏览器"方式对接到 2017 年系统对接方式的顺利转换（水利部与国家发展改革委对接实现并联审批的 7 个审批事项详见表 4－5），且从 2017 年 6 月起涉水事项的办理信息可以实时交换到投资项目在线审批监管平台，实现信息共享、互通互联服务，大大节约了申请人的时间。将服务前移，有利于改变政府形象，增强政府部门服务意识。

表 4－5　水利部与国家发展改革委对接实现并联审批的 7 个审批事项

序号	审批事项		实施单位							
	事项编码	事项名称	部本级	长委	黄委	淮委	海委	珠委	松辽委	太湖局
1	16001	水工程建设规划同意书审核		√	√	√	√	√	√	√
2	16005	取水许可		√	√	√	√	√	√	√
3	16008	非防洪建设项目洪水影响评价报告审批	√	√	√	√	√	√	√	√
4	16009	河道管理范围内建设项目工程建设方案审批		√	√	√	√	√	√	√
5	16017	生产建设项目水土保持方案审批	√							
6	16018	生产建设项目水土保持设施验收审批	√							
7	16023	国家基本水文测站上下游建设影响水文监测工程的审批		√	√	√	√	√	√	√
合　计			3	5	5	5	5	5	5	5

5. 加强行政审批受理工作档案管理

通过档案规范化管理，加大对档案管理工作的宣传力度和加大档案管理人员的业务知识培训工作力度，提高受理中心工作人员的档案管理意识，按档案规范化和标准化管理流程，严格做好档案资料的收集、整理、鉴定、分类管理等工作，杜绝一切有损申请人利益的泄密事件发生，充分发挥档案的利用价值。

二、水利"放管服"改革成果及目标

自 2015 年 6 月 15 日水利部行政审批受理中心运行以来，扎实落实、稳步推进水利"放管服"改革，已收到初步成效，同时也面临一些挑战，需要积极有效应对。运行两年来受理行政审批事项 2388 件，办结 2241 件；受理变更事项 1660 件，办结 1660 件；2015 年 6 月—2016 年 12 月规范存档行政审批事项 1214 件，办结事项满意度达 100%。

为更加便于需求侧的行政相对人，水利部于行政审批监管平台上线试运行的同时启用行政许可事项专用文种，对一进一出进行全过程监管，有效提升了政务服务效能，架起政府部门和企业、群众间的“连心桥”。2017 年 6 月平台上线试运行 1 个月就有 1052 家企业在网上申请办理审批事项，凸显了让群众少跑路，让数据多在线上跑的作用。

水利部将持续深化水行政审批制度改革，2017 年年底前将全面实现部本级和流域机构网上办理平台建设，进一步规范审批流程，积极推进“互联网 + 政务服务”，建立健全内部管理制度，完善申请处理流程，防止因遗漏、延误、内部衔接不畅等问题损害申请人合法权益，最大限度减少不必要的行政争议。随着进一步深化制度改革，着力降低制度性交易成本，加快转变政府职能，行政审批监管平台还将逐步实现移动 APP 和微信服务的建设，建立起以企业和群众需求为导向的简约便捷公共服务模式，加快政府职能转变，以“放管服”改革为突破口，转职能，提效能，加强调查研究，加强统筹协调，推动各项改革之间配套组合、前后呼应、系统集成，推进平台整合、促进信息共享，用信息化倒逼改革，在这场深刻的刀刃向内的自我革命中，多措并举加强监管，为推进供给侧结构性改革助力发力。

三、结　　语

2017 年是推进供给侧结构性改革的深化之年，深化行政审批制度改革是供给侧结构性改革成功的关键路径。习近平总书记在中央全面深化改革领导小组第三十五次、三十六次会议上，再次就推进全面深化改革特别是抓好改革试点、注重改革的系统性整体性协同性等提出明确要求，以推进供给侧结构性改革为主线，其实质内容包括了建立健全适应社会主义市场经济的各种体制机制、创新各种科学有效的监管政策措施以及为市场主体提供高效精准的服务。从这个意义上来说，水利部门的行政审批受理工作也正是这场供给侧结构性改革大潮中腾起的浪花，受理中心将进一步强化责任担当和行动自觉，在“放管服”改革推向纵深过程中，按照李克强总理要求的那样，以推进供给侧结构性改革为主线，为群众办事生活增便利，提亮便民服务的窗口，提高政务服务便利化水平。

深化水利改革与供给侧结构性改革

谭燕生*

党的十八大以来，以习近平同志为核心的党中央励精图治、砥砺奋进，带领全党全国人民进行全面深化改革，把改革向纵深推进发展，不回避矛盾和问题，在治国理政和经济建设方面出台了一系列具体改革措施，在短暂的五年时间里，取得了巨大成就，受到全党全国人民的拥护，得到世界瞩目。

水利事业的发展要与国家发展战略相一致，水利作为基础产业，要紧紧围绕国家发展战略来做文章，即“五位一体”总体布局和“四个全面”战略布局，要有前瞻性，服务保障于国家建设，具体讲，服务于一、二、三产业，使一、二、三产业融合发展，以结构性改革入手，推进水利供给侧结构性改革，全面发力，全面施策。水利要把如何适应供给侧结构性改革，更好地服务经济社会发展作为主线来抓，坚持以提高质量和效益为中心，紧紧围绕去产能、去库存、去杠杆、降成本、补短板这个核心思考。按照中央要求要做到以下几点：一是搞清现状，深入调查研究，这是我们做好一切工作的前提和基础；二是搞清方向和目的，把握好手段，防止就事论事甚至本末倒置，防止出现一刀切或者南辕北辙；三是搞清楚到底要什么，确定的任务要具体化，可操作，办事要靠谱，要接地气，不能纸上谈兵，大而化之；四是搞清楚谁来干，做到有督促、有检查、能问责，确保落到实处；五是搞清楚怎么办，用什么政策措施来办，这是改革的保障，最终让群众满意。

水利部长期以来坚持以“民生水利”建设为先导，为水利改革发展指明了方向，明确了任务。民生水利具有公共性，涉及人民群众的基本需求，具有广泛的受益面，政府应当发挥主导作用，公共财政应给予更大支持。民生水利具有差别性，东中西部、城市农村、流域之间的民生水利问题表现各异，不同阶层群体对民生水利的期盼各不相同，解决这些民生水利问题的难易程度、紧迫程度和方法措施也不尽一致。民生水利具有综合性，一项民生水利工程往往具有保障生命安全、促进经济发展、改善人民生活、保护生态与环境等多种功能和多重效益，发挥某一功能效益又需要多项民生水

---

* 谭燕生（1960— ），男，水利部机关服务局，处级，高级经济师，现任北京新水投资管理有限公司物业管理分公司总经理。

利工程相互配套配合。

做好民生水利工作，促进传统水利向现代水利、可持续发展水利转变。着力做好涉及民生的水利工作，实现保障经济与改善民生相结合、城市水利与农村水利相统一、东中西部水利发展相协调的科学发展，实现人与自然和谐、河湖生态健康、水资源永续利用的可持续发展。组织开展全国水库安全生产专项检查，确保水库安全运行；有效防御台风，最大限度地减少人员伤亡和财产损失；抓好农村饮水安全，让人民群众早日喝上放心水；加大农田水利基础设施建设，保障国家粮食安全，研究制定加强农田水利基本建设的对策措施，认真动员部署，狠抓农田水利基本建设。以问题为导向，努力贯彻落实中央精准扶贫决策，着力解决五大民生水利问题：一是直接关系人民群众生命安全的民生水利问题。如防汛抗洪、病险水库除险加固、水利工程建设质量和运行安全管理等。二是直接关系人民群众生活保障的民生水利问题。如农村饮水安全建设、极端干旱情况下城乡供水保障、水电农村电气化县建设、小水电代燃料等。三是直接关系人民群众生存发展的民生水利问题。如灌区续建配套与节水改造、小型农田水利工程建设、牧区水利等。四是直接关系城乡人居环境的民生水利问题。如水土保持、水资源保护、城乡河湖沟塘整治、血吸虫病防治等。五是直接关系人民群众合法权益的民生水利问题。如蓄滞洪区运用补偿、大中型水库移民安置和后期扶持等。

经过几年的不懈努力，我们在治水管水管理能力上有新提高。通过不断地深入实践，新的理念、新的认识、新的举措和新的经验在推进可持续发展治水思路上得到不断地丰富和完善，在推进民生水利上取得了新成效。着重推进解决事关人民群众生命安全、生活质量、生产条件、生态需求的水利问题，着重维护人民群众的合法权益，努力形成保障民生、服务民生、改善民生的水利发展格局，保证人人共享水利发展改革成果，在提高树立保障能力上有新提高。继续加强防洪工程与非工程措施建设，全面提高防洪安全保障能力，加强水利资源配置工程建设，全面提高供水保障能力，实施最严格的水资源保护制度，全面加强节水，推进节水防污型社会建设，加强水功能区管理，改善水环境与水生态系统，维护河流健康。在依法行政和增强政府执行力上有新举措，全面推行河长制。在成绩面前，我们还应看到不足，看到深层的矛盾和问题，把握好关键环节，使水利改革发展平稳推进。

当下一是要尽快摸清家底，搞清现状，才能发现不足，补短板。要全面认真开展水利工程项目普查工作，成立普查工作领导小组，有部署、有督促、有检查，明确相关责任。区分类别，认真制定普查工作细则、标准、需求，务求实效。在此基础上认真梳理，不断完善和修订水利发展规划，规划中要紧紧围绕不足和短板下功夫，确保支撑国家发展战略，确保水利工程发挥巨大社会效益和经济效益，造福子孙后代。二是要做好区域、部门、行业的相互协调，确保水利改革发展的相互促进与协调发展，在解决民生用水、生态用水、节约用水和治理污染方面形成合力。三是要在工程标准和质量方面下功夫，使水利工程标准和质量经得起历史的考验。水利工程标准和质量是千年大计，民生所系，只有高标准和高质量的精品工程，才能不断提高水利在社会经济发展中的重要作用。四是要在加强投融资建设方面下功夫，生产要素投入要更加趋于合理（包括劳动力投入、资本投入、土地、科技、制度和资源等投入），全要素生产率要提高，强化水利在结构性调整改革过程中的作用，努力补短板，扩大水利投资需求和消费需求。五是要在管理制度上有所创新，在管理方面积极探索与实践。

当前，我国经济发展长期积累的深层结构性矛盾尚未得到根本性缓解，部分领域风险隐患仍然在积蓄。表现在结构调整的矛盾非常突出，相互交织、相互作用，给结构性改革带来较大难度。长远利益与当前利益、部门利益与全局利益相互矛盾，生产与消费的矛盾等。供给侧的问题导致经济增长速度下滑，生产领域部分行业产能过剩，创新驱动不足，产业结构不合理，企业经营困难，生产效率、质量不高等。我国社会主要矛盾已转化为人民日益增长的美好生活需要和不平衡不充分发展之间的矛盾。如何向社会提供高标准高质量运行高效的水利工程设施，为人民日益增长的美好生活需要提供强有力的保障，是摆在水利人面前的重大任务。面对巨大的防洪抗旱压力，在大自然面前，我们有很多事情要做。要顺应自然，不能违反自然规律，要做符合自然规律，顺势而为的事。泄洪区内绝对不能建设永久性建筑物，更不能建工厂企业。要准确把握水利建设的现状与不足，看到水利工程建设与国家防洪安全的差距，查找水利工程标准、施工技术水平与质量方面存在的不足。

创新先进的管理理念、管理模式和管理体系，是水利改革发展的关键环节。思路决定成败，如何引进创新先进的管理理念、管理模式和管理体系，使之贯穿于整个水利改革发展之中是非常重要的，它是一个系统工程。必须坚持以人为本，需要培养出一大批热爱水利事业的方方面面的人才，做到懂技术、会操作、会管理。目前，水利人才的短缺以及一线施工作业人员自身的素质偏低，极大地影响水利工程的建设管理质量。一方面是人才的流失，主要原因是机制体制造成的，基层水利骨干技术人员收入待遇低是导致大多数基层水利人才流向重点工程和大型施工企业的原因，哪里有钱哪里有项目人才就流向哪里，这是市场规律。重视大项目，忽视小项目，必然导致资金流向大项目，据全国人大农业与农村委员会委员张晓山观察，大部分水利资金投在了大中型工程，投到小型工程尤其是农村“最后一公里”的末级渠系的微乎其微。水利投资额连年猛增的同时，基层水利建设却匮乏。

加大水利改革力度，在深化改革和创新体制机制上有所突破，任务非常艰巨。努力在水资源管理、水利工程管理、水利投融资、工程质量和资金监管、水权、水价、水利生态补偿等关系水利发展全局的体制机制创新上实现根本性的突破，加快构建充满活力、富有效率、更加开放、有利于水利发展的体制机制。我认为从以下几个方面入手。

一、管理体制机制上要有突破

（一）要明确突破什么

突破就是要破除原有不合理的管理体制机制，优化管理体制机制，解决制约水利发展的结构性矛盾，建立一个更加有利于管理的新的体制机制，就是利益的再调整。这个突破是有前提的，根本的前提就是要有利于解放生产力。围绕解放生产力这个前提来查找问题，一切阻碍生产力发展的方式方法所表现出来的问题都要逐一解决，这就是我们常说的要以问题为导向。一切制约水资源管理、水利工程管理、水利投融资、工程质量与资金监管、水权、水价、水利生态补偿等影响水利发展全局的体制机制都要有突破。

（二）要注意改革创新的系统性、关联性、全局性

管理体制机制的创新不是单一的，而是具有系统性、关联性和全局性。管理体制的改革不是一个部门、一个地区、一个单位所决定的，也不是政府一家说了算，所有的改革方案要经过各方面人员（投资主体、管理者、相关联人）代表、专家、学者共同制定。要认真研究改革方案的可行性，避免一家独大，政府在这里主要扮演协调角色，必要时起到宣传引导作用。管理体制机制改革创新只要做到了系统性、关联性、全局性，加之各方利益达成共识，这样的体制机制才能有效地推行，才会取得好的效果，通过这样的创新，才能推进水利改革的发展，在供给侧结构性改革中发挥水利的作用。

（三）要明确责任主体和扮演的角色

社会是在不断研究和解决问题中前进的。水利管理体制机制的改革创新是社会管理体制机制改革的重要组成部分。迫切需要我们从理论和实践的层面进行总结、梳理与创新。因此，要认真学习党的十八大和十八届四中、五中、六中全会精神，学习习近平系列重要讲话中关于治国理政论述的研究，要加强对我国历史上有关水利建设管理的研究，要加强对国外关于水利建设管理相关经验的研究，吸取和借鉴世界各国管理的有益经验。

政府负责主导、社会协同、企业参与、民众拥护的创新的体制机制，在实践中如

何协调好彼此间的关系，做到分工明确、各司其职，又相互配合，需要进行试点加以实施，还要加强城乡基层自治组织在协调利益关系、化解矛盾、排忧解难中的作用机制、运行机制的研究，真正在基层形成一个横向到边、纵向到底的社会管理体系。如何做到精准扶贫，如何在政策导向上积极提高农、牧民及少数民族边缘地区人均收入，如何使全体人民共享水利改革发展成果。

（四）法律的保障

构建管理科学化、规范化、高效化的制度条件，这是创新管理体制的一项最为艰巨的任务，也是一项最重要的任务；要加强水利管理与其他管理、管理体制与其他管理体制的关系研究，找准自己的位置，用“换位思维”的角度去考虑问题，努力做到不“越位”，更不“缺位”，尽可能地使管理体制外的单位和人员得到认可，就是我们常说的“以人为本”，要用法律的形式确定下来。有了法律的保障，才能使管理体制创新得到推广。

二、要有巨大的勇气和决心

（一）要解决谁来领导的问题

改革的推动者必须要有对历史负责的责任感，需要巨大的政治魄力和胆识，需要有巨大的担当精神。要坚持党的领导，成立专门的领导小组，要制定出改革事项，编制出时间表和进度表。党中央成立的深化改革领导小组，全面领导改革事项，为我们指引了方向。

（二）所有的改革要坚持人民至上、民族至上、国家至上

在水利改革推进过程中，坚持思想上尊重群众、感情上贴近群众、工作上依靠群众；在政策制定时，充分考虑群众利益、充分尊重群众意愿，统筹协调各方面利益关系，坚持民主决策、依法决策；在政策法规的执行时，着力维护人民群众权益，切实解决损害群众利益的突出问题。坚持“公平正义”的理念，公平正义是人类社会价值观的终极追求，也是保障社会和谐运转的必要条件。要统筹解决好各民族区域水利改革的政策，相互协调推进。

（三）制定改革的原则

水利改革涉及全局利益，影响面广大，要按照决策、执行、监督相协调的原则，

打破原有的行业分割和系统分割，对现有政府机构进行有效整合，改变机构重叠、部门职能交叉的现象，降低部门间协调困难，使政府运作更有效率，更符合市场经济的宏观管理和公共服务的角色定位。必须坚持实事求是的原则，必须坚持有利于符合国家战略、有利于促进水利发展、有利于供给侧结构性改革、有利于符合最广大人民群众根本利益的原则。既要因事制宜，又要大胆创新；既要有利于经济发展，又要有利于社会稳定；既要切实维护好职工利益，又要使国有资产保值增值；既要统筹兼顾、认真完善各项配套措施和相关政策，又要稳步推进水利改革工作的顺利进行；还要坚持合法性、透明性、责任性、法制性、回应性原则，落实这些原则的过程就是还政于民的过程。管理体制创新的过程，就是要通过民主法治、公共服务、责任诚信、公正透明等治理方式实现公共利益持续增进的政府合法化过程；就是要让政府在行使任何权力时，都要有相应的责任约束，权力与责任应当保持平衡，做到执法有保障、有权必有责、用权受监督、违法受追究、侵权须赔偿，最终走向法治管理过程。

三、积极推进，稳步前行，逐步深入

水具有自然属性，是大自然赐予生命的源泉，没有水就没有生命，是大自然的产物，是最重要的资源。我们必须要爱护资源，没有水就没有生命的存在，所以说水又具有共有性。不仅仅归属于人类，它归属于地球上所有物种。在人类社会，由于人们的生产生活活动，把自然的水，用一定的方式集蓄起来加以利用，水又成了商品，又具有商品属性，有了商品的属性就有了价值和价格。水多了不行，水少了也不行；水浪费了也不行，水污染了更不行；水价高了不行，水价低了也不行；用于调蓄水的工程建多大，谁来建，谁来管，谁来看护，费用谁来负担，都要合理解决。

（一）水价改革，要靠科技投资管理齐发力

水价改革，要着重解决农业用水问题，城镇生产生活用水已经步入成熟期，需要细分的是生产用水与生活用水在供水渠道上要分开，两者的品质不同，用途不同，要着重提高饮用水的品质，扩大用水适用范围，建立更加合理的有区别对待的用水价格。

农业用水已经步入科技时代，农田水利建设喷灌滴灌正在推广和普及，但是我国还有一部分地区仍然是靠天吃饭，一部分地区仍然是粗放型种植，大水漫灌。总体上说，农民收入还是非常低的。水价高，农民承担不起，对农民的种粮积极性必将受到影响。这就需要政府或企业来投资，彻底解决农业生产用水的基本建设问题，把分散式的农田集中起来，开展集中种植，搞集体农庄，走集约式发展模式，注重生产效率，把农民彻底解放出来，以地入股，走产业化道路。水价的瓶颈就会迎刃而解，既做到

了节约用水，又提高了水的利用价值。合理的水价上涨，必将促进科技、管理、投资的提升，最终实现生产效率的提升。

（二）江河流域、河湖、水库安全管理必须由政府来负责

江河流域河道防洪、防止河道污染及泄洪区的管理，需要国家投入资金来建设和管理，关键在于管与建的关系上。谁来管，谁来建，必须要明确，要在机构设置上体现出来，必须明确责、权、利，这些管理工作的重点都在一线和基层，在机制体制上要注意水利职工的关切，关心他们的待遇，建立基层干部职工关怀机制，调动水利职工的积极性。要着重解决基层水利编制和待遇问题，防止水利人才流失，新进乏人；要解决水利设施重建设、轻管护问题。把维护养护资金编入政府预算，确保资金要到位，明确相关养护标准，明确责任，管理者要做水利设施的守护者，把维护养护工作做到位，确保国有资产保值。

（三）抓大不能放小

大型水利工程的建设的目的是非常明确的，就是要保证水的合理运用，起到防洪、疏浚、调蓄的目的，是水安全管理、水资源管理、民生水利和生态用水的基础工程。要充分发挥水利工程巨大社会效益和经济效益，最大限度地发挥水利工程的整体效率，在水利工程建设布局方面要大小兼顾，要考虑水的来与去、留与走，注重水利工程建设项目的系统性、联动性、调节性。

水利建设的工程有大中小之分，大到一项投资几十、几百亿的调水工程，小到投资数十万元的末级渠系加固工程。而这些“毛细血管”才真正关系到灌区的灌溉率和粮食的收成，对农田及时储水排水、减轻旱涝至关重要。在我国农村，沟渠塘堰是真正的蓄水利器，而现在这些最基本的水利设施都年久失修，一场大雨下来，水都无法蓄存下来，白白流失，而一旦降水不足，这些地方很容易演变成干旱。

水利改革任重道远，需要我们共同努力，为水利改革增砖添瓦。

切实有效推进小型水利工程管理体制改革

廖振雷　张　真*

常州市天宁区是常州中心主城区，全区面积153.93平方公里，辖1个省级开发区、1个乡镇和6个街道，共有大小泵站202座、农村河道306公里、河道堤防73公里，小型排灌站、水渠等若干。天宁区农村小型水利工程主要是在郑陆镇，郑陆镇是在近期常州市区划调整时归属天宁区的，区小型水利工程管理体制改革主要是郑陆镇。

一、天宁区小型水利工程管理现状

天宁区小型水利工程管理实行属地管理的原则，主要有街道（镇）、村（社区）、物业和企业四种管理模式，由管理单位选聘具有一定管理经验的专职或兼职管理人员进行管理，区水利局作为主管部门对管理单位进行业务指导，制定有关管理制度，并组织相关的技术培训。每年在汛期来临之前，区水利局组织对全区所有水利工程进行全面细致的检查，对存在问题的水利工程制定整改方案，及时处置，消除隐患，以确保使用时全部能正常发挥作用。

2013年12月，天宁区出台了《天宁区泵站运行管理办法》《天宁区泵站运行管理考核细则》，从站容站貌、设备运行、设备维护、劳动纪律、管理台账等五个方面明确了运行管理标准；2016年8月，出台了《常州市天宁区水利工程管理实施细则（试行）》，全面、细致地规定了全区水利工程管理办法。

二、当前小型水利工程管理普遍存在的问题

（一）权责不明、管理不善、效益衰减

随着农村经济体制改革的深入，大多数由集体管理的小型农田水利设施的管理存

---

* 廖振雷（1974—　），男，高级工程师，江苏省常州市天宁区水利局。张真（1963—　），男，工程师，江苏省常州市天宁区水利农机站站长。

在产权不清、责任不明、有人建设无人管理的现象；由于农村水利工程管理不到位，有的灌区支渠以下用水混乱，“跑、冒、渗、漏”较为严重；另外，由于土地的开发利用，有的水利工程损毁严重，或者遗弃不用，起不到原有的用途。

（二）规模意识、系统意识、发展意识不足

大多数农田水利设施的建设都是地方行为，往往重实用性，追求近期利益的最大化，没有立足长远去统一、系统地规划设计，随意性和盲目性大，建设标准不高，存在建后仍然不能根本性的解决问题，或者重复建设等情况。

（三）基层水利技术力量严重不足，且队伍不稳定

近年来，由于水利项目逐年增多，规模不断扩大，很多水利工程管理单位水利技术人员配备不足，或人力资源配备不合理，懂技术会管理的人员缺少，或者是有但年龄偏大，没有及时补充或培养后继人员，导致小型水利工程管理不到位。随着区域的调整撤并和机构改革的深入，天宁区各街道水利技术人员配置普遍不足，技术力量薄弱，管理水平低，目前 6 个街道有 4 个街道只有 1 名水利兼职人员，其他 2 个街道也面临人员老化、退休离岗的问题，而增加人员又受制于体制、定编、经费等问题。

三、切实有效推进小型水利工程管理体制改革的几点设想

水利部《关于深化小型水利工程管理体制改革的指导意见》明确指出，到 2020 年，基本扭转小型水利工程管理体制机制不健全的局面，建立适应我国国情、水情与农村经济社会发展要求的小型水利工程管理体制和良性运行机制。江苏省水利厅《江苏省深化小型水利工程管理体制改革实施方案》明确提出，2014 年完成全国改革示范县改革试点工作，2015 年完成省级试点县改革工作，2016 年基本完成全省改革，2017 年完成全省改革的验收工作。完善和提高农村小型水利工程的建设和管理，创建优美的水环境，是建设美丽乡村，促进农村经济发展的迫切需求。小型水利工程体制改革势在必行，而且必须改好。

（一）确定产权，明确责任

各级水利主管部门尤其是乡镇水利站（科）应对辖区内所有小型水利工程进行全面清查并登记造册，按照所有权和经营权分离的方式，对所有小型水利工程逐一明确产权，同时，坚持“谁投资、谁所有，谁受益、谁负担”的原则，按照受益主体落实小型水利管理使用权，彻底解决水利工程产权主体和管理权责不明问题。同时明确各

自的使用和管理职责，确保有人使用和有人管理。

（二）全面调查，系统规划，多方论证

在所有小型水利工程全面清查登记的基础上，对其现状进行梳理评估，查清楚哪些是可以正常使用的，哪些是不能正常使用的，哪些是整治后方可正常使用的，哪些是已经没有实际用途的等，对于新建或改扩建的水利工程建设，要根据现实需求，结合市、区、乡镇中远期发展规划，以及流域和区域水系的状况进行规划设计，设计方案需经多方论证后最终确定最优方案，力求一步到位，避免重复建设。

（三）推行更为合理、经济、高效的运行管理模式

小型水利工程主要包括泵站、排涝站、河道、堤防、水渠、引（排）水管涵等水利设施，目前管理模式大多采取分项分区独立承包的方式，这种管理模式承包人员多，管理分散，管控难度大，导致管理成本很高，且效果不好。为了更有效地对小型水利工程进行管理，提高管理效益，可采取分区综合打包承包的方式，就是将一定范围内所有的水利设施全部打包给一家公司管理，由区或街道（镇）水利主管部门组织向社会招标，引进管理单位，制定标准、细则，由其实施管理。

（四）建立健全各项管理制度

标准化、规范化的管理体制是好的管理的保证，各级水利主管部门要根据实际情况，建立健全各项管理制度，制定管理标准和规范，管理单位人员严格按照要求加强日常管理和维修养护，水利主管部门要加大检查和考核力度，确保小型水利工程安全良性运行。

（五）加强基层水利队伍的建设和技术人员的培训

水利工程管理是一项专业性很强的工作，需要保持一支相对稳定的专业队伍，各级应从体制、机制上保证基层水利管理专业队伍的建设。同时要加强技术指导和培训工作，一方面是水利主管部门要经常对基层水利工作进行技术指导；另一方面通过内部培训，增强基础管理人员的业务能力和专业水平，提高管理队伍的整体素质。

南水北调京石段应急供水工程施工阶段合同管理难点浅析及应用

肖文素　杨宏伟*

南水北调中线京石段应急供水工程采用公开招标方式选择施工承包人，施工合同条款全部采用了水利部、国家电力公司、国家工商行政管理局颁发的《水利水电土建工程施工合同条件》中的通用条款，并根据各施工标段的不同情况在专用合同条款中对通用合同条款进行了修改和补充。在专用合同条款中，明确了合同文件的组成部分和优先顺序为：协议书（包括补充协议书）、中标通知书、投标报价书、专用合同条款、通用合同条款、技术条款、图纸、已标价的工程量清单、经双方确认进入合同的其他文件。在上述合同文件中，对合同双方关注的费用问题进行了较为详细的约定。在施工投资控制过程中，监理人、发包人、承包人均以有关法律法规和合同文件为依据，经过充分的协商和谈判，必要时还邀请有关合同方面的专家进行咨询，处理了许多合同管理中的难题，本文是笔者对施工合同管理和施工投资控制过程中处理的难点问题的分析和总结，可为建设工程施工阶段合同管理中遇到类似问题的解决提供参考和借鉴。

一、10千伏临时供电线路问题

招标文件技术条款中约定：发包人将10千伏供电线路引至施工现场，承包人由10千伏供电线路端口引接，并负责设计、施工、采购、安装、调试、管理和维修等所有施工区和生活区的输电线路、变压器及其全部配电装置和功率补偿装置。绝大部分标段发包人在开工前按照合同约定将10千伏供电线路引至施工现场，而个别标段因外部环境等多种因素未能将10千伏供电线路及时引至施工现场。为满足南水北调中线京石段应急供水工程建设总工期的要求，有的承包人通过各种渠道与地方电力公司联系并签订协议书，将10千伏供电线路及时引至施工现场，有的承包人采用自发电（柴油发

---

* 肖文素（1965—　），女，高级工程师，南水北调中线干线工程建设管理局。杨宏伟（1976—　），男，高级工程师，南水北调中线干线工程建设管理局。

电机）的形式解决施工现场的用电问题。由于承包人自行解决了10千伏供电线路及时引至施工现场的问题，为此承包人提出对其增加的费用进行补偿的要求。在工期万分紧迫的情况下，因各种原因发包人没有及时将10千伏供电线路及时引至施工现场，承包人为保工期主动解决施工用电问题，对工程建设整体目标的实现是有积极意义的，经监理人和发包人共同研究并咨询有关专家，给予承包人一定补偿，符合公平、公正的合同要求。

（一）承包人直接与地方电力部门签订10千伏电力施工合同的情况

承包人提交实际架设10千伏临时供电线路的有关资料（包括电力施工合同、现场工程量签证、单价分析表及预算书等），报送监理人。监理人进行审核、确认，并组织发包人、电力施工等单位进行现场验收，验收合格且其费用经发包人审批后按支付程序进行支付。为了合理控制投资，供电点的数量根据南水北调工程的特点做了一定的限定，即大型建筑物1个供电点、渠道2—3个供电点，计量设备另计。如无特殊原因，超过上述供电点数量的，一般不予补偿。

（二）发包人未提供或承包未架设10千伏临时供电线路之前，承包人使用自发电施工的情况

首先，要求承包人依据使用自发电完成的工程量计算出用电量，报监理人审核、确认。根据《水利工程设计概（估）算编制规定》的有关计算规则编制自发电单价，按自发电价格与投标时电价差值乘以相应时段用电量得出应补偿承包人的自发电费用。另外，对于无法依据工程量计算出用电量的项目，比如有的施工合同中渠道衬砌混凝土单价中的衬砌机在机械台班费中无电力消耗，可采用经监理实际签认的控制电表电量进行补偿。

二、招投标阶段观测仪器指定价格的价格调整问题

招标文件的工程量清单说明中对观测仪器价格的调整分两种情况：工程量清单中所列观测仪器暂按给定单价报价，承包人订货时需将供货厂商、价格等报监理人、发包人审批并据实进行调整；工程量清单中所列观测仪器给定单价，投标人应考虑设备率定、安装、保护、维修保养、观测等费用后报价，其观测仪器订货时，承包人需将供货厂商、仪器型号、价格等报监理人、发包人审批，并据实调整设备费。上述两种情况均有发生，承包人申请了费用补偿。

针对第一种情况，承包人投标时按发包人指定的价格报价，该报价是发包人初步

考察市场后并考虑价格波动因素后的预估价格。在施工过程中，观测仪器价格按程序申报后确定，同时要考虑设备率定、安装、保护、维修保养、观测等费用后报监理人和发包人审批。所以，这种情况下承包人要套取相关安装定额并考虑相关费用后分析单价组成，按价格审批程序进行申报，并按审批后的价格进行支付。

针对第二种情况，因为设备率定、安装、保护、维修保养、观测等费用是要求承包人在投标时考虑在报价中的，所以这些费用在费用调整过程中将不再考虑，只是将实际观测仪器价格确定后，据实调差并计取税金进行补偿即可。

三、招投标阶段发包人指定材料价格的价格调整问题

对涉及主体工程施工质量的6种材料，招标文件的《工程量清单》说明中对其价格做了规定：聚乙烯闭孔泡沫板、聚硫密封胶、土工布、聚苯乙烯薄膜保温板、防渗土工膜、橡胶止水带由发包人通过招标选定供应商，而后由承办人负责采购，同时规定了货物运至施工现场的材料预算价格，并规定上述材料的铺设安装等施工费用由投标人自行考虑在报价中，当发包人招标确定的最高限价与暂定价不一致时，据实调差并计取税金。

（一）调差公式确定

经过分析，上述几种材料价差的调整单价可按下列公式计算：

K = C ×（A - B）×（1 + 税率）+ N

其中：

K：调整后的材料单价；

C：水利建筑工程预算定额中单位成品材料消耗量，防渗土工膜为1.06，土工布为1.07，橡胶止水带为1.03，其他3种材料暂定为1；

A：招标选定的材料价格；

B：招标文件暂定材料价格；

N：投标单价，是在发包人给定材料价格的基础上考虑了安装及其他取费后的价格。

（二）施工损耗量的确定

要注意这6种材料的实际完成工程量是按计价规则计算出的净量，并没有包括施工损耗量，其损耗量已考虑在单价中，所以在调差的过程中一定要注意考虑损耗量，那么具体考虑多少损耗量呢？防渗土工膜、土工布、橡胶止水带在2002年水利部颁布

的水利预算定额中能查到损耗系数，这些损耗系数是经过综合测定的，代表社会平均先进水平，具有代表性和权威性。而聚乙烯闭孔泡沫塑料板、聚硫密封胶、聚苯乙烯泡沫保温板在 2002 年水利部颁布的水利预算定额中没有损耗系数，理性的处理方法是，可参照承包人相应材料投标报价单价分析表中的损耗系数，但因承包人的数量较多且上述 3 种材料投标人的损耗系数差别较大，经与承包人、监理人协商，其系数暂时考虑为 1，待工程完工进行完工结算时，根据各标段上述 3 种材料的实际消耗情况取损耗系数的平均值进行调整。

（三）采保费的处理

有的承包人根据《水利工程设计概（估）算编制规定》提出上述 6 种材料调差过程中也应考虑材料的采保费，监理人根据专用合同条款的约定："承包人应按合同进度计划与中标的供货厂家签订供货协议，并报监理人、发包人核备。承包人应负责上述材料的采购、验收、运输和保管，并承担所需的全部费用。" 6 种材料调差后的采保费应考虑在投标报价中，故对 6 种材料调差后的采保费予以核减。

（四）钢筋的加工损耗、搭接、架立筋等支付问题

在施工过程中，有的承包人将设计图纸给定的 5% 的钢筋损耗作为工程款支付申请，然而招标文件技术条款中关于钢筋的计量是这样描述的："每项钢筋以监理人批准的钢筋下料表所列的钢筋直径和长度换算成重量进行计算。在采购、运输、存储、加工损耗、安装、绑扎、架立、试验等全部钢筋附加量不予计量，各项钢筋分别按《工程量清单》所列项目的每吨单价支付，单价中包括钢筋材料的采购、加工、运输、储存、安装、绑扎、架立、试验以及质量检查和验收等所需的全部人工、材料附加量以及使用设备和辅助设施等一切费用。" 基于上述理由，承包人是不能取得该部分钢筋损耗的工程款的。合同双方应注意以下问题：

1. 承包人申报费用的主要原因

一是钢筋施工损耗量与钢筋净用量混淆在一起并且图纸给定了工程量，容易造成承包人的误判；二是承包人将钢筋的架立和搭接与钢筋加工损耗混淆，而投标时单价中未考虑架立和搭接的工程量，图纸中给出了损耗量就进行申报。

2. 承包人投标时应注意的事项

承包人在投标过程中，关于钢筋的报价绝大部分采用的是 2002 年水利部颁布的水利预算定额中的第 40289 项子目，其备注描述为："定额中钢筋含加工损耗，不包括搭接长度及施工架立筋用量"，如果投标人只是按定额投标，而定额中只考虑了 2% 的加工损耗，并没有考虑钢筋的架立和搭接，而招标文件有关条款又规定了投标单价应该

包括这些费用的规定，所以投标人在报价时要将钢筋的架立和搭接隐含考虑在报价中，否则当合同条款和实际施工消耗发生矛盾时，承包人就可能会造成较大的损失（尤其是钢筋用量较多的建筑物标段）。

四、弃土弃渣变更中土方平衡合理性对投资控制的影响问题

弃土弃渣变更费用是南水北调中线京石段应急供水工程主要的变更项目，其影响费用的因素主要是弃土弃渣工程量和单价。弃土弃渣工程量的确定主要依据原始地形地貌的测量、渠道断面设计尺寸、筑堤土和不可用来筑堤土料（弃土弃渣）的地质分界线；工程单价的高低主要与定额消耗量、材料价格、运距以及所使用的机械组合有关。所以土方平衡的合理性决定了该变更费用的大小。

（一）弃土弃渣的施工方案要遵守事先报批的原则

弃土弃渣方案变更是南水北调京石段应急供水工程增加投资比较大的变更项目，按照监理规范要求和合同的约定，其施工前的施工组织方案需报监理工程师批准，以保证施工组织方案中弃土弃渣方案合理，并得以优化，以达到节约投资和环保的目的。

（二）渠段划分要遵守地质变化分布均匀且渠段最短的原则

因为每一个渠道标段都具有一定的长度，同时渠道距离所征用弃土弃渣场一般不会太远，所以在考虑弃土的运距时，不能只作为一个点考虑，渠道标段的长度是不能忽略的。为准确计量弃土的合理运距，需要把渠道标段划分为若干渠段，其划分的原则主要有两点：①渠段是运距计量的最小单元，渠段的中心是运距计算的起点。只有一个渠段的地质变化基本在同一高程上，渠段弃土的中心才能与其重心吻合，达到准确计量运距的目的，如果弃土的中心与其重心偏差较大的话，会出现多计或少计的问题；②渠段的划分越短越好，渠段越短就越接近一个点，运距的计算就越精确。当然，为了较少计算的烦琐和工作量并结合工程实际情况，南水北调京石段应急供水工程弃土方案的渠段划分一般以500—1000米为宜。

（三）弃土弃渣时要遵循先近后远、尽量避免交叉运输的原则

一个渠段的长度确定后，根据其地质勘查情况和设计开挖尺寸能计算出其弃土量，而弃土场给定后，依其原始地形测量资料能得出其容量。渠段开完后，弃土首先运到距离其最近的弃土场，最近的弃土场弃满（达到其容量）后再考虑弃往次近的弃土场，尽量避免交叉运输增加运距的现象，只有这样才能达到节约投资的目的。当然，局部

交叉运输也有发生，造成这种情况发生的主要原因是，距离最近的弃土场未交付使用，而本渠段已经开工，不得不运往次近或较远的弃土场，此种特殊情况，需要监理人和发包人根据弃土场的整体征迁进度和工程施工进度严格把关，谨慎审批。

五、结　　语

场外临时高压供电线路在施工合同中通常约定由发包人负责完成，如遇特殊情况，为确保工期，承包人也是可以完成此项工作的，但要确保工程量的实事求是、验收支付程序严密、方案经济合理，并满足工程建设的需要。对于高压供电前自行发电进行工程施工的情况，其费用的补偿从定额提取工作量和电表控制电量无法完成计量时，可考虑采用计量柴油发电机的台班数量进行计量。

对于同一种观测设备或其他类似情况，要根据合同给定的不同条件，采用不同的调整费用方法。

对发包人指定价格的材料进行价格调整时，要注意聚乙烯闭孔泡沫塑料板、聚硫密封胶、聚苯乙烯泡沫保温板 3 种材料在定额中没有损耗量，在施工过程中要注意搜集有关数据，并进行数理统计分析，以得出合理的损耗系数，可在完工结算前补偿此费用。

土方平衡方案编制的是否合理是影响弃土弃渣变更的至关重要的因素，投资控制中，除做好土方的调配、渠段的划分经济合理等，还要做好整个南水北调工程土方的系统平衡和方案批准后的落实。

优化水闸管理与供给侧结构性改革

蒯元星*

2016年1月26日中央财经领导小组第十二次会议上，习近平总书记强调，供给侧结构性改革的根本目的是提高社会生产力水平，落实好“以人民为中心”的发展思想。在水闸运行管理中，提高管理能力，提高工作效率，是进一步体现供给侧结构性改革的成效。完善的体系一旦形成，对于各种供给的矛盾关系和自上而下的管理，通过有效数据的统计研究，提供了技术解决的平台，能切实履行好宏观调控、职能监管、公共服务、社会管理、保护环境等基本职责。

一、新时期下水闸运行管理中供给侧结构性改革的意义

（一）面对市场经济的冲击需要供给侧结构性改革

目前随着经济形势剧烈变化，我国供给侧矛盾越来越突出。进行供给侧结构性改革是适应国际金融危机发生后综合国力竞争新形势的主动选择。供给侧结构性改革与社会主义市场经济相适应、相融合，是新常态下我国跨越“中等收入陷阱”的必然选择。首先是市场机制的决定性作用，客观上形成了资源配置上的供给效率。而在新经济新环境的国际趋势下，我国原有的调节性手段不足以应对多变的宏观经济变化，从而提出供给侧结构性改革。一方面为经济创造新的机遇，另一方面随着调控重心的转向，充分发挥结构性改革的能效，以此对应新时期的新挑战。

（二）水资源的现状需要供给侧结构性改革

近年来，随着生态环境的恶化，导致了不少河流出现水污染，水库干涸，水资源短缺的困境。水不仅是人类生存的命脉，也是农业和整个经济建设的生命线，人口增长、经济发展对水的需求也在增加。水资源短缺将成为制约我国经济社会发展越来越重要的因素。水资源短缺的严峻形势，需要我们大力推进水利行业的供给侧结构性改

---

* 蒯元星（1986— ），男，助理工程师，上海市松江区水利工程管理所。

革，管好水、护好水、用好水。

（三）水利行业自身性质需要供给侧结构性改革

水利是有巨大利益的公共物品，自身又具有公益性质。它主要体现了社会公共利益，这就更需要常态化的有效管理。水利在供给和保障能力方面存在很大社会责任，排涝、防洪、灌溉等问题都是民生实事。创新水利改革机制，一方面可以弥补水利建设资金缺口，另一方面通过引入新模式，健全水利设施多元化的产权结构体系，对于设施稳定运行和经济良性发展有较大益处。

（四）水闸运行管理的重要性需要供给侧结构性改革

松江区位于长江三角洲的东部，太湖流域的最下游。地势低平，夏秋季节多台风暴雨。水闸分布特点是密度大，规模属于中小型，多以通航水闸和泵闸为主，启闭频繁，同时也承担调水和防汛的职能。水闸运行安全直接关系国民经济发展、社会秩序和人民生命财产安全，一旦失事，将造成人员伤亡、城镇及交通等基础设施毁坏、损失。

二、改善水闸管理与供给侧相结合的具体措施

（一）通航中优化供给方式

2009 年 8 月 7 日，受第 8 号台风“莫拉克”的影响，导致湖州一带滞留船舶 8000 多艘，绵延 40 多公里，根据华田泾闸次统计，8 月 25 日以前共开闸 6920 次，平均每天开闸 30. 5 次，每闸次在 50 分钟左右，自从 8 月 25 日船只流量增大后，至 11 月 23 日共开闸 2881 次，平均每天开闸 48. 3 次，每闸次约 30 分钟。由于通航量加大，抢档、塞档、搁浅等现象时有发生，严重影响了正常通航秩序。2011 年，油墩港启闭闸次 4403 次，总通航吨位 21832515 吨，汛期通航 7354520 吨，占全年通航量的 33. 69%。2013 年，启闭闸次 4073 次，总通航吨位 28271846 吨，汛期通航 11033292 吨，占全年通航量的 39. 03%。2015 年，启闭闸次 5391 次，总通航吨位 32880568 吨，汛期通航 11779278 吨，占全年通航量的 35. 82% （见图 4 –4）。由于汛期经常有连续降雨的情况，以致水位急速上涨，上下游水位落差较大，水流流速骤增，严重影响通航安全。结合供给侧供给方式的认识，充分发挥社会职能在配置资源中的决定性作用，在汛期船舶通航中，总结通航规律，预判天气情况，着重抓好涨潮落潮的具体时间，加强宣传、合理调度、正确指挥，尽量缩短船舶候闸时间，保持船舶良好的进出闸秩序，确保船舶安全通航。同时，在通航高峰加强宣传力度，做好现场指挥调度工作。供给方

式的改革，不是水闸管理等待船舶通航的被动服务，而是结合行业规律，更加优化地主动承担社会职责。

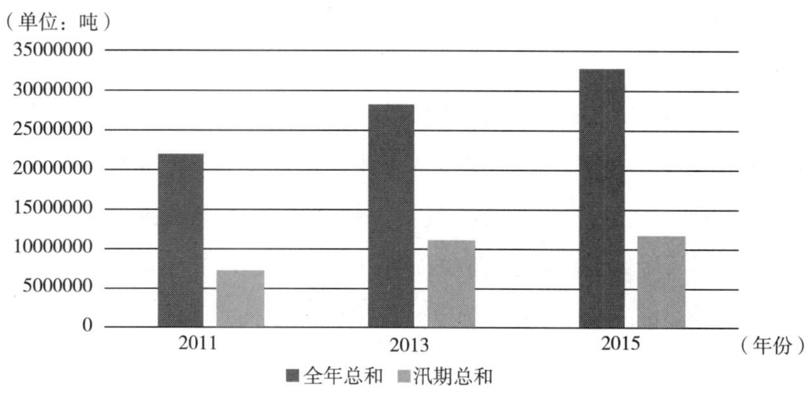

图 4－4　历年汛期通航占比吨位

（二）防汛调水中优化供给结构

长江中下游，每年 6 月左右都会出现持续较大降雨量的天气，上海典型的“入梅”期。2002 年上海市水资源公报中，本市从 6 月 19 日进入梅雨期，至 7 月 10 日出梅，本次梅雨期历时 21 天，与常年持平。梅雨期间，雨日 17 天，全市平均降雨量约为 207 毫米，与常年相近。暴雨最早出现在 5 月 3 日的金山张埝和奉贤青村站，最迟出现在 9 月 15 日的宝山吴淞等站，全市日降水量≥100 毫米的大暴雨就有 4 次。“入梅”期也正值汛期，天气特点是强对流天气活动频繁，突发性的强降雨、雷电、大风频繁交替，灾害性天气比较多。松江区外围有“青松大”防洪控制线控制，但是内河水位极易受到区域内持续暴雨及北部涝水南排的影响，特别是松江浦南地区，地势南高北低，片内水系分布不合理，造成排水不畅，农田内涝，个别区域内小区出现积水，地下车库被倒灌的情况。松江区水利工程管理所华田泾水闸坐落在松江区小昆山镇以西约 3 公里，位于华田泾和泖河交汇处，是青浦区西大盈出水口，主要承担着防汛、排涝、调水和通航任务。华田泾水闸由船闸和节制闸组成。船闸闸室长 200 米，宽 14 米，闸门孔径 10 米。节制闸有 3 孔，每孔 8 米，设计流量为 80 米/秒，是“青松大”控制的主要水利枢纽工程之一。2015 年，华田泾全年测得降雨量 1458 毫米，节制闸引水 351 次，运行 958 小时，共计引水 7106 万方；节制闸排水 60 次，运行 325 小时，共计排水 1069 万方（见图 4－5）。2016 年，油墩港全年测得降雨量 1506 毫米，节制闸引水 594 次，运行 1320 小时，共计引水 17705 万方；节制闸排水 373 次，运行 2112 小时，共计排水 11016 万方（见图 4－6）。我所各沿江水闸，区域内泵闸利用汛期，实施引排水，控制水位，根据各闸所处区域不同，承担引排水任务不同，排水量不同，制定优化了在不同气候条件下各阶段的调水模式：洞泾水闸，引二排一（排日潮）“日潮排水时间为早上6时至晚上6时”引水至3米，高潮位引水至3米关一半闸，继续引水至3米后关闸；排水至2米。油墩港水闸，引二排一（排夜潮）引水后5孔闸门关闭2小时再排水，引水时开启4孔，排水时开启1孔，引水至3米，高潮位时引水至3米关3孔，1孔继续引水至3米后再关闭；如日潮引水闸内达2.9米以上的夜潮排水，不到2.9米则不排，排水至2.4米时，关一半闸门继续排水。华田泾水闸，引二不排，引水时开启3孔，引水至3.1米，高潮位时引水至3.1米后关闭2孔，1孔继续引水至3.1米后再关闭。供给结构的优化就是需要创新改变，创造条件来满足各时期的任务。以创新促进供给侧结构性改革，既包括通过全面深化改革实现工作制度创新，进一步解放生产力；又包括以实际为前提，服务为指导，优化供给结构。

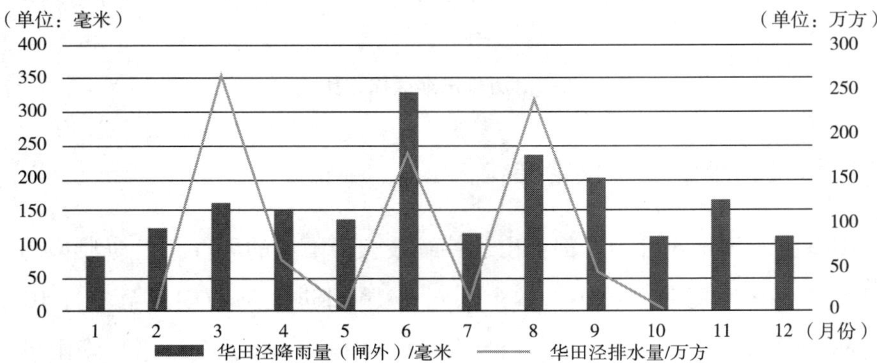

图4－5　2015年华田泾降雨量及排水量示意图

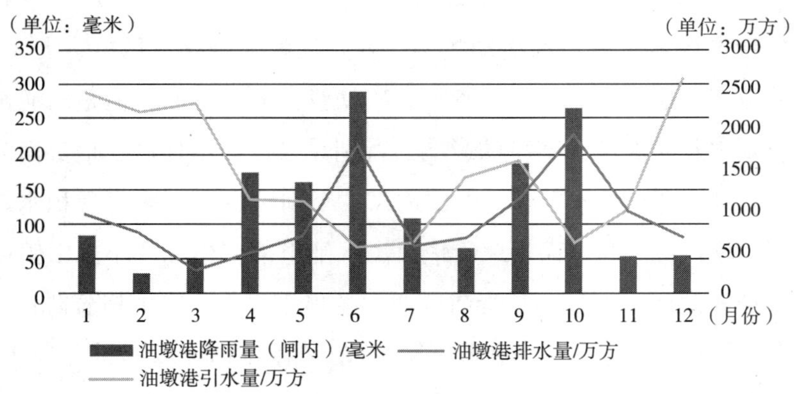

图4－6　2016年油墩港降雨量及引排水量示意图

三、常态化工作下如何推进供给侧结构性改革

2016年1月26日中央财经领导小组第十二次会议上，习近平总书记强调，做好工作方案，一是情况要摸清，搞清楚现状是什么，深入调查研究，搞好基础数据测算，善于解剖麻雀，把实际情况摸准摸透，胸中有数，有的放矢。二是目的要明确，搞清

楚方向和目的是什么，把握好手段，防止就事论事甚至本末倒置。三是任务要具体，搞清楚到底要干什么，确定的任务要具体化、可操作。四是责任要落实，搞清楚谁来干，做到可督促、可检查、能问责。五是措施要有力，搞清楚怎么办，用什么政策措施来办，政策措施要符合实际、有效有用、有操作性，让地方和相关部门知道怎么干。[①] 明确制定工作方案总体思路和基本路径必须融入日常的工作中：目前的水闸通航环境不仅仅是船舶吨位大，闸次繁忙。因天气原因的水位变化、风向变化、雨情变化，都在影响通航的效率和安全，除加大对闸区加装探头、路灯、显示屏这些硬件外，也采取了以下几点措施：（1）所有过闸船舶：重船必须到海事报港船报港，未经报港的船舶不准进闸；空船必须到水闸上领取过闸号码，按号码依次过闸。（2）利用南、北闸电子显示屏，加大宣传力度，强调过闸要求，并向船户分发《船舶通航安全提示》宣传册，提高船户的安全意识。（3）加强现场指挥。一旦发生个别船只抢档影响正常的通航秩序时，及时组织人员到现场对船户进行劝导，让船户认识到造成水闸堵航的危害。（4）加强水闸员工安全意识。要求排档人员必须两人同行，在可避免的情况下，尽量靠喇叭宣传，尽量避免到船上指挥调度。特别是秋、冬季，天气转凉，衣服穿得较厚，早、晚室外容易结冰，更要避免，一切要以安全为主。（5）严格按单位制度布置各项工作。要求所有员工 24 小时到岗，不准独自开闸，班长晚上不准离开票房。机电工要做好机电设备的检查与维护，确保所有设备都能安全运行。在每年的汛期前，汛前检查提前做，积极做好预防工作，做到早检查，早发现，早落实，发现安全隐患及时汇报和处理。汛期加强检查的力度，确保工程设施、设备始终处于良好的状态，确保万无一失。汛后及时总结当年在防汛工作中存在的问题和薄弱环节，并进行整改和完善。建立汛期值班和汇报制度。全闸实行 24 小时专人值班制度，及时收听气象预报，充分利用水位监测系统来查看水位、潮位情况，随时关注雨情、水情、潮情的变化，并做好记录。汛期保持通讯畅通，24 小时有人接听电话，做到上情下达、下情上报及时、准确、到位。建立汛期巡查和四级应急响应制度。汛期每周由闸长、班长和机电工在全闸范围巡视 1 次，在台风和暴雨期间每天巡视 1 次。当发生以下情况时，水闸进入应急响应状态。

---

① 《习近平主持召开中央财经领导小组第十二次会议》，《人民日报》2016 年 1 月 27 日。

供给侧结构性改革背景下松江水务行政审批改革浅析

张　翔*

以政府为核心的各类制度创新与制度供给，是推进供给侧结构性改革的重要基础，深化行政审批制度改革是增加有效制度供给的必然选择。①

2016 年 3 月，国务院发布了由国家发展改革委制定的 2016 年深化经济体制改革重点工作的指导意见，其中对转变政府职能、深化行政体制改革提出了一系列新的部署和举措。概括起来说，就是继续围绕“简政放权、放管结合、优化服务”，整体推进，在简化、降低入口管理的同时，进一步加大事中事后的监管，并把优化服务、提高为企业、公众办事服务的水平等，放在了突出的位置，不断强化政府提供行政服务的水平和质量。因此，进行行政审批改革，构建结构合理、制度严谨、制约有效的权力运行机制，是供给侧结构性改革的客观需要，是实现服务型政府、法治型政府的必然选择。

一、供给侧结构性改革与行政审批改革的内在联系

供给侧结构性改革，是从提高供给的质量出发，用改革的方法进行结构调整，改变供给要素的扭曲配置，提高供给结构对需求变化的灵活适应，提高全要素生产率以满足社会与人们的需要。② 行政审批是政府为应对经济社会发展中市场失灵和社会自律不足等问题而采取的必要的前置性管理手段，在预防危险、保障安全、分配稀缺资源、提高从业水平和提升市场主体抵御风险能力等方面发挥着积极作用。但随着经济社会发展，尤其是“全面深化改革”战略布局向供给侧结构性改革持续推进后，行政审批的问题开始不断显现出来，过多的行政审批事项和烦琐交叉的审批流程扭曲市场信号，抑制经济活力，妨碍社会发展，严重阻碍了供给侧结构性改革的有序推进。

目前，政府与市场的关系还存在大量交集，政府对市场的不当管制与干预，在供

---

* 张翔（1986—　），男，上海市松江区水务局行政审批科工作人员。

① 张定安：《行政审批制度改革攻坚期的问题分析与突破策略》，《中国行政管理》2012 年第 9 期。

② 王彬：《供给侧结构性改革下深化行政审批制度改革的策略》，《行政管理改革》2017 年第 1 期。

给要素方面存在严重的约束和抑制供给行为①。推进供给侧结构性改革，要改变政府使用经济手段解决发展中的突出矛盾与问题，更要通过制度创新和制度供给，推进“简政放权、放管结合、优化服务”的“放管服”行政管理机制，明确政府权力的界限，将行政审批限定在合理范围内，让市场充分发挥作用，更好地推动供给侧结构性改革。

二、松江水务行政审批改革的现状与存在的问题

（一）松江水务行政审批现状

松江水务行政审批事项共有22项，涉及水利、供水、排水三大类。2014年根据区行政审批改革要求，对水务行政审批事项进行流程优化和再造，简化审批程序，设立水务服务窗口，实现窗口办理，承诺受理，大幅提高了行政审批办事效率。

近年来，随着政府行政管理服务不断健全，政府职能不断完善，形成以市场配置资源代替政府行政管理的模式，取得了一定成效。现有水务行政审批逐渐暴露出了政府干预过度、市场化程度低、前置条件过多等问题；同时，随着网络的不断发展与进步，水务审批工作没有及时实现信息化办理，也暴露出了工作效率低下等问题。不断深化水务行政审批改革，实行以“严审批、简流程、强监管”的政府行政管理模式，对提升行政审批效率和质量有着极其重要的作用。

（二）当前行政审批模式存在的问题

经过前期的行政审批制度改革，调整部分审批事项，精简审批流程，完善管理制度，提高服务水平，在一段时间内取得了较大成效。但毋庸讳言，当前的松江水务行政审批仍暴露出不少问题。

1. 存在审管不分，权责不一致的情况

部分审批事项的审批与监管权责不分，既参与审批又负责监管，造成审批与管理界限不清，审批办理进度慢、难度高，批后管理力度小、强度低，与行政审批“轻审批、重监管”要求背道而驰，无法供给优质的行政服务，阻碍了供给侧结构性改革的推行。

2. 审批主体分散，无法一门受理

松江水务行政审批事项由部分职能科室或委托下属单位行使行政审批权限，审批主体分散，建设项目遇到多个审批事项时，虽经窗口受理，但无法实现一门审批，部

① 唐明良：《标准化与行政审批制度改革：意义、问题与对策》，《中国行政管理》2013年第5期。

分互为前置条件的审批事项无法及时掌握，给申请单位带来一定的影响，同时影响建设项目推进。

3. 受理与审批分离，流程亟待优化

目前，水务行政审批由水务窗口接收材料，齐全无误后再由具体审批主体取回进行审批，完成后由窗口代为发放相关审批文件，审批材料在流转过程中花费了大量时间，遇到涉及多个部门审批的事项时，承诺受理时限更无法得到保障。

4. 信息化程度低，审批结果无法共享

水务行政审批事项只在区行政服务中心内网中有一个受理登记模块，用于整个行政服务中心统计事件受理量、完成情况，无法进行审批资料的录入、处理、归档与审批，也无法查询审批具体情况与结果，审批信息化办理基本为空，严重影响了审批办理效率。

三、供给侧结构性改革下松江水务行政审批的发展

松江聚焦 G60 上海松江科创走廊建设，全面落实供给侧结构性改革，优化“要素供给”和“制度供给”，探索制造业转型发展新路。① 松江水务行政审批只有以制度改革为突破口，“简政放权、放管结合、优化服务”，充分发挥市场调节机制，才能不断提高行政效能，促进松江经济持续健康发展。

（一）重构行政审批组织体系

针对现有松江水务行政审批主体分散、受理与审批分离等问题，应对现有组织架构进行重构，统一审批权限，由一个部门全权负责审批的受理、审批与反馈，提高办事效率；同时，明确批后监管主体单位责任与分工，通过顶层设计优化审批制度，通过建立信息系统规范审批与监管行为，逐步实现“轻审批、重监管”。

（二）加强审批制度顶层设计

重构审批体系后，对原有审批制度进行优化与细分。一是在满足上位法的前提下，重新梳理行政审批权力边界，尽可能简化审批流程，提高政府服务水平；二是充分调动市场调节机制，通过竞争促进市场化技术服务的水平与力量，形成良性的运行机制，以市场调节代替政府参与；三是建立充分的批后监管体系，制定细致的监管方案，包

---

① 松江区政府门户网站：《优化“两个供给”、做强先进制造业、松江实践——抓实供给侧结构性改革》，2016 年第 12 期。

括针对市场调节失灵的对策方法，使政府成为体系运行的“维护者”，而不是“参与者”。

（三）优化行政审批运行模式

在信息化技术高度发展的大背景下，水务行政审批应及时调整运行模式，充分利用信息化手段优化流程、完善记录，同时配合移动终端与手机 APP 等，构建出集审批、监管、核查、行政处罚、企业信用（黑名单）为一体的大数据平台，切实为水务行业管理提供快捷与便利，为政府提供优质的供给服务提供数据与平台。

（四）创新行政审批服务亮点

在行政审批制度改革的进程中，各级政府探索创新出了许多行之有效的制度与模式，创建政务大厅，推进集中审批、承诺审批、后置审批、并联审批、网上审批等。同时，在推进重点项目、重点工程审批时还建立了“绿色通道”，承诺、后置审批，确保项目及时落地。松江水务行政审批改革应集众之所长，逐步完善企业信用记录，分门别类细化流程，实行特殊事项特别对待，既有为民服务的绿色通道，又不失审批底线，发挥审批实效。

供给侧结构性改革对政府职能转变提出了很多新的要求，对政府行政管理更作出了严格的限定，政府应该做什么、不应该做什么，政府、市场、社会的关系与各自承担的职责，以及市场在资源配置中的角色，如何更好地促进政府管理作用。因此，政府管理应在社会发展过程中不断变化与完善，审批亦要通过不断改革审批内容和流程，顺应供给侧结构性改革的需要。

关于上海市松江区水利设施管理市场化的探究

李屹硕*

一、上海市松江区水利设施和管理概况

（一）水利设施概况

1. 水利设施基本概况

上海市松江区地处黄浦江干流的上游段，地势低洼，处于太湖流域碟形洼地底部，境内河道均属于黄浦江水系。堤防岸线全长102千米，是抗御台风洪超的第一屏障。松江地区属于青松控制片，目前松江境内已建成市管水利枢纽1座，区管水利枢纽5座、船闸5座、节制闸34座。全区共建有圩区94个，控制面积近80万亩，共拥有圩区水闸647座，排涝泵站591座，动力5.78万千瓦，排涝流量为1007立方米/秒。①

2. 水利设施分布情况

上海市松江区占地面积605.64平方千米，所有区管水利设施以河道为线、圩区为面均匀分布于整个松江辖区内，松江区内6个街道，11个镇中除九里亭街道与泗泾镇外，其他街镇均分布着区管水利设施，尤以黄浦江沿岸、松江新城区与佘山度假区周边较为集中。松江区水利工程管理所辖区内部分主要水闸、泵站分布情况及其管理模式见表4－6。

3. 水利设施、设备现状

上海市松江区境内区管水利设施大多已经使用陈旧、老化。此类水利设施主要集中在黄浦江及其上游沿岸水闸，其中油墩港水利枢纽、华田泾水利枢纽、黄桥水闸、建设河水闸、石湖荡水闸等设施大多建成于20世纪七八十年代。这些设施的各项基础建筑物都已经出现不同程度的问题，虽经过多次维修，但也是治标不治本，无法根本解决问题。其配套设备也是年久失修，特别是机械设备由于使用年限长，存在着各种问题，电气及电力设备也都已经达到大修或者更换的年限。

---

* 李屹硕（1984—　），男，工程师，上海市松江区水利工程管理所。

① 高允基等：《上海市松江区圩区工程情况汇编》，上海市松江区水务局，2014年。

表 4 – 6 松江区水利工程管理所辖区内部分主要水闸、泵站分布情况及其管理模式表

所属街道、镇	水闸、泵站	管理模式
车墩镇	得胜水闸	承包责任制
	泖泾水闸	承包责任制
	俞塘水闸	直属
新桥镇	六磊塘水闸	承包责任制
九亭镇（含九里亭街道）	蒲汇塘水闸	正在改造
石湖荡镇	油墩港水利枢纽	直属
	石湖荡水闸	直属
泖港镇	黄桥水闸	直属
	建设河水闸	承包责任制
叶榭镇	紫石泾水利枢纽	直属
	祝家港水闸	承包责任制
小昆山镇	华田泾水利枢纽	直属
	小斜塘水闸	承包责任制
	古蒲塘中闸水闸	承包责任制
	古蒲塘泵闸	承包责任制
工业区	张泾河泵闸	承包责任制
永丰街道	大涨泾水利枢纽	直属
	毛竹港水闸	承包责任制
方松街道（含广富林街道）	沈泾塘泵闸	承包责任制
	银河东泵闸	承包责任制
	曹里浜泵闸	正在改造
	张家浜泵闸	承包责任制
	施贤港泵闸	直属
	二里泾泵闸	直属
	大邱泾泵闸	承包责任制
	横泾港泵闸	承包责任制
	团结河泵闸	承包责任制
佘山镇	高粱泾泵闸	直属
	任其浜泵闸及 8 座水闸（百花港流域）	承包责任制
洞泾镇	葛娄泾水闸	承包责任制
	洞泾港水利枢纽	直属

（二）水利设施管理单位现状

1. 管理体制

松江区水利工程管理所是由区财政全额拨款的全民事业单位，其在编在册人员有

132 名，另外下辖上海浦安水利工程养护有限公司 45 名企业员工，还有劳务外包人员。

松江区水利工程管理所在水闸管理模式上主要分为直属管理、承包责任制管理两种。直属管理主要集中在大、中型水利枢纽及城区主要泵闸；承包责任制管理主要集中在沿江、沿河水闸、泵站。具体管理模式如下：一是 6 座通航水闸由区水利工程管理所在编人员管理，设立闸长、副闸长、班长实行垂直管理；二是 37 座水（泵）闸由区水利工程管理所实行承包责任制管理，其中部分为在编人员和养护公司人员承包，其余由劳务派遣公司派遣人员进行管理。

2. 管理机构

松江区水利工程管理所设办公室、工作室、水闸科、物财科、综合科、维修科，共二室四科，实行由各分管领导垂直管理的模式。松江区水利工程管理所下辖油墩港水利枢纽、紫石泾水利枢纽、华田泾水利枢纽、大涨泾水利枢纽、俞塘水闸，设立闸长管理制，其余水闸部分实行直属和承包责任制。

3. 管理人员配置及养护现状

区管水（泵）闸维修工作由区水利工程管理所负责，包括对管理人员进行安全、操作等培训和日常的管理工作并定期对水闸工作做好监督检查。沿江一线水闸维护由水闸员工进行日常的养护工作，主要包括异常设备巡检及简易维修工作。

区管水（泵）闸的养护工作主要分为水泵的维修养护及日常养护。水泵三年一次的大修及汛前、汛后的两次常规保养，由区水利工程管理所负责采取招投标方式，委托有资质的专业养护公司进行养护，日常维护则由水闸管理人员负责做好相应的工作。

区管水闸高低压设备非汛期一月一检、汛期一月两检均通过招投标形式委托有资质的专业公司负责检查，并出具检测报告。自动化系统分为水位监测系统与全球眼系统，水位监测系统通过招投标方式，委托专业公司养护，全球眼系统由电信部门负责日常维修养护。水闸绿化养护采用招投标方式，委托专业公司养护。①

二、水利设施管理存在的问题及原因分析

（一）水利设施管理存在的问题

由于目前松江区水利工程管理所所辖水利设施未能实行“管养分离”，所以在水利

① 王鹏飞、杨新秀：《关于松江水务行业市场化若干问题的探讨》，载刘晓涛主编：《上海市水利论文集》下册，黄河水利出版社 2015 年版，第 103 页。

设施管理上存在着结构性的弊端。

首先，松江区水利工程管理所承担着全区所有水利设施的日常运行管理工作，同时负责水利设施的部分定期保养工作，虽然工作认真负责，但在专业技术上存在欠缺，在水利设施的运行、保养工作中还有不足。

其次，松江区水利工程管理所所辖部分水利设施的定期保养以招投标的形式委托专业维保单位具体实施，虽然专业维保单位在技术上有优势，但是缺少对水利设施的具体了解，疏于对水利设施日常巡查，没有办法及时掌握水利设施的相关运行情况。

（二）水利设施管理问题的原因分析

目前，松江区水利设施管理还停留在粗犷型、分散型的管理模式。在水利设施日常管理上，由于单位职工人员性质复杂，管理结构混乱，造成水利设施日常管理效率低。虽然在近几年通过技术手段对部分设施进行了设备改造，较以往的工作效率有所提高，但还是很难满足日益增长的防台防汛压力。造成这一现象的主要原因还是管理体制上的落后，水利设施管理单位直接参与水利设施的日常运行和维护，在日常工作中分担太多的精力于常规事务中，无法估计例如防汛防台、引清排浊以及通航等管理工作。

三、水利设施管理市场化前景分析

（一）水利设施管理市场化现状

截至 2016 年年底，上海市除中心城区外，闵行、宝山、金山、奉贤、青浦以及浦东新区等区县都已经对部分水利设施进行市场化管理，其中青浦、宝山、金山三区的水利设施已经基本完成了区内水利设施的市场化管理。

松江区水利设施管理市场化暂时还停留在部分设备养护、维修上，在日常管理市场化的进度上还是有所欠缺，离水利设施完全市场化管理还有很大的差距。

（二）水利设施管理市场化模式

水利设施管理市场化主要分为两个方面：一是设施日常管理市场化，二是设备维修、保养市场化。

1. 水利设施日常管理市场化

水利设施日常管理市场化就是指在水利设施日常运行、维护完全交由市场管理。由水利设施管理单位对有资质的运行、维保公司进行审核、调研，再由水利设施管理上级部门安排专家组对具有相关资质的公司进行专项评比，最终由水利设施管理单位进行招投标，委托中标单位对水利设施进行日常运行、维护，并由水利设施管理单位对其进行监督、考核。

水利设施管理单位主要对参与市场化管理的单位进行监督、考核工作。日常监督工作分为以下三点：

（1）派驻监督人员对日常管理工作进行监督，保证水利设施运行稳定。

（2）监察运行单位是否做到水利设施日常检查工作，监督其对设施、设备进行维护、保养。

（3）要求运行单位及时上报相关设施的异常情况，按时上报相关设施的运行情况记录。

目前，按照松江区水利设施的布局基本上可以划分为以下几大板块进行板块化的监督、考核管理：

西北片区：华田泾水利枢纽、小斜塘水闸、古浦塘中闸水闸、古浦塘泵闸。

西南片区：大涨泾水利枢纽、油墩港水利枢纽、毛竹港水闸、石湖荡水闸。

东片区：洞泾港水利枢纽、张泾河泵闸、得胜水闸、泖泾水闸、俞塘水闸、六磊塘水闸。

浦南片区：紫石泾水利枢纽、黄桥水闸、建设河水闸、祝家港水闸。

中心片区：松江城区各泵闸、百花港流域各水（泵）闸。

2. 水利设施维修、保养市场化

水利设施维修、保养市场化主要指将水利设施的维修、保养交由市场管理。水利设施常规保养由水利设施管理单位做年度预算，再由管理单位委托具有资质的维保单位承接相关设施、设备维修、保养工程，工程结束后由水利设施管理单位对工程进行考核、评定。

对水利设施的应急抢修，先由水利设施管理单位进行初步判别，再由相关水利设施维保单位对设施进行抢修，最终由水利设施管理单位对抢修工程进行考评、结算。

（三）水利设施市场化管理展望

按照松江区水利工程管理所管辖的松江区内水利设施分析可以发现，松江区水利设施管理市场化后明显可以提升水利设施的运行效率，增强水利设施的维保能力。

在人员管理方面，按照市场化管理后，水利设施管理单位只需要在监督、考核方面安排适当人员进行管理，主要在管理辖区内五片区安排相应人员进行日常管理，可以将原有水利设施管理人员调配至其他岗位以增加区内防汛、防台以及其他水务岗位。

在设施日常管理方面，实行水利设施日常管理市场化之后，进一步增加责任单位对水利设施日常运行、检查方面的力度，将日常运行的一手资料掌握清楚，更有利于将来在维保、抢修时能够做到有的放矢。

在设施维保、抢修方面，在原有市场化的基础上推行更加完全的市场化模式，更有利于维保单位在常规保养的合理安排。当有抢修任务时，抢修单位也可以更加迅速、合理地采取行动，有力解决相关设施故障问题，为水利设施良好运行作出有力保障。

水利供给侧结构性改革的认识与初探

郑宇辉　敖　菲　张海龙　林辛锴　张　璐*

一、供给侧结构性改革与水利发展

推进供给侧结构性改革，是适应和引领经济发展新常态的重大创新，是适应国际金融危机发生后综合国力竞争新形势的主动选择。习近平总书记指出，要“坚持把供给侧结构性改革作为经济发展和经济工作的主线，坚持以提高发展质量和效益为中心，着力解决制约发展的结构性、体制性矛盾和问题”。供给侧结构性改革，最终目的是满足需求，主攻方向是提高供给质量，根本途径是深化改革。供给侧结构性改革为我国明确了在经济转型阶段实现长期健康发展的正确路径，对中国经济长远发展意义深远。

兴水利、除水害，事关人类生存、经济发展、社会进步，历来是治国安邦的大事，水利关系到防洪安全、供水安全、粮食安全、经济安全、生态安全和国家安全。推进供给侧结构性改革，是经济工作的重大战略部署。加快水利改革发展，必须按照习近平总书记提出的“节水优先、空间均衡、系统治理、两手发力”的新时期水利工作方针，深入贯彻“创新、协调、绿色、开放、共享”新发展理念，通过推进水利供给侧结构性改革，突破水资源供需矛盾突出这一可持续发展的主要瓶颈，治好农田水利建设滞后这一影响农业稳定发展和国家粮食安全的最大硬伤，补齐水利设施薄弱这一国家基础设施的明显短板。

二、去产能、出实招，补齐短板

（一）严格水资源管理，推动去产能

要依据水资源禀赋条件、发展阶段、经济承受能力等因素，及时制定、修订行业

---

* 郑宇辉（1973—　），男，高级工程师，高级经济师，水利部综合事业局党群工作办公室主任。敖菲（1987—　），女，中级工程师，中国水务投资有限公司、工程技术研究院职工、党群办职工。张海龙（1968—　），男，高级工程师，水利部综合事业局党群工作办公室副主任。林辛锴（1988—　），男，助理工程师，水利部综合事业局党群工作办公室职工。张璐（1988—　），女，助理工程师，水利部综合事业局党群工作办公室职工。

用水定额标准，严格过剩产能和落后产能行业企业的取用水总量控制和定额管理。对国家已明确淘汰的落后产能和化解的过剩产能，及时核减企业取水用水计划。认真落实国务院化解过剩产能的相关政策要求，加强产能过剩行业项目取水许可和入河排污口设置审批管理，强化水资源刚性约束。对于钢铁、水泥等产能严重过剩行业新增项目，原则上不予办理新增取水许可和入河排污口设置等相关手续。对不符合国家产业政策，使用淘汰的高耗水工艺、技术和装备，未达到用水定额标准和不符合水资源管理要求的，不予批准延续取水申请。

（二）加快生态文明建设，推行河长制

全面推行河长制，是落实绿色发展理念、推进生态文明建设的内在要求，是解决我国复杂水问题、维护河湖健康生命的有效举措，是完善水治理体系、保障国家水安全的制度创新，也是减少水利无效和低端供给，扩大有效和中高端供给的实招硬招。各地区要按照中央全面深化改革领导小组审议通过的《关于全面推行河长制的意见》，结合实际，坚持问题导向、因地制宜，统筹上下游、干支流、左右岸，实行一河一策、一湖一策，本着分河分级分段设立河长的原则，积极建立省、市、县、乡、村五级河长体系。通过实行河长制，切实强化水资源保护、水域岸线管理保护、水污染防治、水环境治理、水生态修复、执法监管等工作任务，努力推动水生态文明建设迈上新水平。

（三）加大水利工程建设，补齐基础设施短板

我国地理气候条件特殊，水资源时空分布不均、水旱灾害频发，是自古以来的基本国情水情，特别是随着经济社会发展，水的需求发生重大变化，水利建设的任务重、困难多。重大水利工程是水利基础设施体系的骨干和关键，在保障国家水安全中具有不可替代的基础性作用。2014 年 5 月 21 日，国务院常务会议明确提出在继续抓好中小型水利设施建设的同时，集中力量有序推进一批全局性、战略性节水供水重大水利工程，分步建设纳入规划的 172 项工程。这是中央依据我国基本国情水情作出的重要战略部署，也是立足当前着眼长远发展、补齐水利基础设施短板采取的重大举措。各地要以基础设施短板为着力点，全面贯彻党中央和国务院部署，积极主动适应经济发展新常态，认真践行新发展理念，正确处理好水利供给与需求的关系、政府与市场的关系、总量与结构的关系、生态与发展的关系，持续加强重大水利工程建设。

三、破瓶颈、增供给，改革创新

深化水利改革，是推进国家治理体系和治理能力现代化的重要内容，是使市场在

资源配置中起决定性作用和更好发挥政府作用的必然要求。

（一）深化水利“放管服”改革

通过“放管服”改革，矫正水利发展供需结构错配和要素配置扭曲，促进要素流动和优化配置。

一是“放”得下，继续深化水行政审批制度改革。进一步加大简政放权力度，在水行政审批减幅54%的基础上，进一步减少为17项。对取消的行政审批事项，逐项明确监管责任，细化监管措施，做到有效衔接、平稳过渡，防止出现“监管真空”。二是“管”得住，全面推进行政许可标准化建设。对保留的行政许可事项，全面推进标准化建设，进一步统一许可标准，简化许可手续，规范许可流程，严格办理时限，同时推动线上线下办理无缝对接，实现水利行政许可事项在线办理。加强对下放水利事权的业务监督和指导，建立有效的督导检查和跟踪考核评估机制，强化事权承接单位的管理水平和能力提升，确保水利事权“放得下、管得住”。三要“服”得好，积极推进“放管服”信息公开。主动公开行政许可事项清单、公共服务事项清单、随机抽查事项清单、行政审批中介服务事项清单等“放管服”改革信息，让群众和企业了解放权情况、监督放权过程、评价放权效果，让基层、群众和企业办事更方便、更快捷、更有效率。

（二）创新水利投融资体制改革

水利在供给和保障能力方面还有较大差距，一些地方的饮水、防洪、灌溉等问题没有得到根本解决，资金缺口较大。加快水利投融资体制机制改革，是水利改革发展面临的重大课题，也是提高水安全保障能力进程中必须面对的现实问题。特别是在经济发展新常态下，水利建设不能只靠政府，还要积极发挥市场的作用，创新投融资体制机制，更多调动和吸引社会资金的力量。

创新水利投融资体制机制，一方面可以扩大水利建设资金供给总量，弥补水利建设资金缺口，吸引政府投资之外的社会资金投入水利建设；另一方面可以改善水利建设资金供给结构，大力度推广发展PPP（Public—Private—Partnership）、BOT（建造—运营—移交）、TOT（转让经营权）等水利项目建设和投融资模式，提高水利公共产品的供给能力和水平。此外，吸引社会投资，还可以激发用水户对节水、对工程管护的积极性，通过建立健全水利设施多元化的产权结构体系，对于设施稳定运行和经济良性发展也有较大益处。

（三）推进水利工程建设管理体制改革

第一，创新水利工程建设管理模式。不断完善水利工程建设项目法人责任制、招标投标制、建设监理制和合同管理制，因地制宜推行水利工程项目法人招标、代建制、设计施工总承包等模式，实行专业化社会化建设管理。对中小型水利工程建设，可采取集中建设管理模式。第二，强化水利工程质量安全与市场监管。加强水利工程质量与安全监管机构和能力建设，推进水利建设项目招投标进入公共资源交易中心交易，加强水利工程建设市场监管，公开水利工程建设领域项目信息和市场主体信用等信息。第三，深化国有水利工程管理体制改革，健全水利工程运行维护保障机制，做好水利工程确权划界，深入推进管养分离，推行水利工程物业化管理。

四、结　语

推进水利供给侧结构性改革，是在经济发展新常态下，贯彻落实“创新、协调、绿色、开发、共享”新发展理念的新举措，充分发挥水资源在推动经济发展方式转变和经济结构调整中的作用，通过严格水资源消耗总量和强度控制，推动化解过剩产能，助推供给侧结构性改革；水利发展在供给侧结构性改革，既要通过调整产业结构，使用水方式更加优化，又要在节水型社会建设过程中，通过多元、合理的途径让用水的需求进一步减少。需求侧要尽量控制需求量增加，供水侧要根据水资源的承载能力，优化调整水资源配置格局，既实现经济社会的发展，也保证生态环境的可持续发展。

关于推进水利供给侧结构性改革的思考

范卓玮*

推进供给侧结构性改革，是党中央综合研判世界经济形势和我国经济发展新常态作出的重大决策，是全面深化改革的决定性战役。水利作为国民经济和社会发展的重要基础，在供给侧结构性改革中应积极作为，为全面建成小康社会提供支撑。

一、水利是供给侧结构性改革的重要方面

推进供给侧结构性改革，是调整经济结构、转变经济发展方式的治本良方，水利与之息息相关。

一方面，水利本身就是重要的供给侧。习近平同志指出，供给侧结构性改革的根本目的是提高供给质量满足需要，使供给能力更好满足人民日益增长的物质文化需要。水是生命之源、生活之本、生态之基，水利不仅是实现农业现代化不可或缺的首要条件，也是支撑新型工业化、城镇化发展不可替代的基础支撑，更是改善生态环境不可分割的保障系统。从其功能作用和重要性来看，水利提供了众多的公共产品和公共服务，是国民经济和社会发展的重要基础条件，具有无可替代的重要性，其本身就是重要的供给侧。

另一方面，水利也是供给侧结构性改革的重要内容。推进供给侧结构性改革主攻方向是扩大有效供给，提高供给结构对需求结构的适应性；本质属性是深化改革，推进国有企业改革，加快政府职能转变，深化价格、财税、金融等领域基础性改革；当前重点任务是推进“三去一降一补”。水利既是扩大有效供给的关键领域，也是供给侧结构性改革的重要内容。从扩大有效供给来看，目前水利供给能力仍有待加强，大力增加水利投资，构建与需求结构相适应的水利公共产品和服务供给水平，不但能扩大有效供给，而且能拉动当前需求。从深化改革来看，加快水利国有企业改革，推进水利政府职能转变，深化水价、水资源费和水利投融资机制改革，都是供给侧结构性改革的重要领域。从改革任务来看，中央已把水利列为补短板的重要领域，并从政策和

---

* 范卓玮（1982— ），男，高级工程师，水利部发展研究中心。

资金上给予重点支持，国务院就重大水利工程和灾后水利薄弱环节建设作出了安排部署。

二、推进水利供给侧结构性改革的紧迫性

当前，我国水利改革发展取得显著成绩，但有效供给不足、供给质量效率不高等问题依然突出，亟待通过供给侧结构性改革加以解决。

一是贯彻落实中央决策部署要求水利加快推进供给侧结构性改革。2015 年以来中央多次对供给侧结构性改革作出部署。中央财经领导小组第十一次会议提出，要加强供给侧结构性改革，着力提高供给体系质量和效率；中央财经领导小组第十二次会议强调，要在适度扩大总需求的同时，从生产领域加强优质供给，提高供给结构适应性和灵活性，使供给体系更好适应需求结构变化；中央财经领导小组第十三次会议要求坚定不移推进供给侧结构性改革。水利既是经济社会发展的基础条件，也是重要的供给侧。当前，水灾害频发、水资源短缺、水污染严重、水生态恶化等问题日益复杂，水利发展不平衡、不协调、不可持续问题依然突出，要解决好这些问题，必须贯彻落实党中央的决策部署，加快推动水利供给侧结构性改革，充分发挥市场在资源配置中的决定性作用和政府的宏观调控作用，加快破解制约水利科学发展的体制机制障碍，不断激发水利事业的生机与活力。

二是提升水利保障经济社会发展的能力要求加快推进水利供给侧结构性改革。中华人民共和国成立以来，特别是近些年来，通过大规模的水利基础设施建设，水利保障经济社会发展的能力显著提升；但是，与经济社会发展、人民生活水平提高、生态环境改善的需求相比，还存在不少差距。局部流域性洪涝灾害时有发生，防洪减灾体系仍不完善；水资源利用效率和效益不高，水资源约束趋紧矛盾尚未有效缓解，部分地区供水保障和应急能力不强，水资源配置体系仍有待健全；农田水利基础设施仍然薄弱，水利制约农业发展的瓶颈有待解决；全国废污水排放量居高不下，水生态环境恶化趋势尚未得到根本扭转。提高水利公共产品和服务供给水平，提升水利保障经济社会发展的能力迫切需要加快推进水利供给侧结构性改革，抓紧补齐补强水利基础设施短板，增加水利公共产品有效供给，全面提升水安全保障能力。

三、加快推进水利供给侧结构性改革的着力点

加快水利供给侧结构性改革，可以从以下几个重要着力点加快推进：

第一，加快补齐水利基础设施短板。补齐水利基础设施短板是推进水利供给侧结

构性改革的重要任务之一。未来一段时期，水利要加快补齐补强短板，加快构建完善的水利基础设施网络。补齐水利基础设施短板既要加强大江大河大湖治理和流域骨干控制性工程建设，也要加快推进中小河流防洪工程建设；既要科学论证，统筹规划，建设一批影响全局的水资源配置工程，也要联系地方，兼顾重点，实施一批区域引调水工程，保障重要经济区和城市群供水安全；既要加快农田水利基础设施薄弱环节建设，进一步提高粮食生产水利保障能力，也要加强城市防洪排涝设施建设，提高城市防洪排涝能力，着力解决城市积水内涝问题。

第二，积极探索水权制度改革。党的十八届三中全会要求健全自然资源资产产权制度和用途管制制度。探索建立水权制度，明确水权归属，塑造水权主体，培育水权交易市场，是市场经济条件下优化配置水资源的重要途径。首先要按照现代产权制度的要求，明晰初始水权。在水量分配方案基础上确定不同主体的用水权指标，健全水权配置体系，建立水权初始分配制度，明确区域和取用水户初始水权。其次要塑造符合市场经济要求的水权主体，这样的水权主体既有强烈发展冲动，又有理性的自我约束，才能对政府关于水的监督调控作出积极、合理的反应。再次要建立水权转让制度，利用市场机制优化配置水资源，使“经营权”流动、运转起来。最后还要建立完善相关的法律法规制度，让水权从确权到交易全流程有法可依。

第三，继续深化水价改革。价格反映了资源的稀缺程度。长久以来，我国水价普遍偏低，水价形成机制不完善，体现不出我国水资源紧缺的现状。开展水利供给侧结构性改革，要继续深化水价改革，建立充分体现我国水资源紧缺状况，以节水和合理配置水资源、提高用水效率、促进水资源可持续利用为核心的水价机制。一是要深入推进农业水价综合改革，通过改革农业用水管理体制、完善水价形成机制、建立精准补贴和节水奖励机制、完善计量设施等措施，建立健全合理反映供水成本、水资源稀缺程度，有利于促进农业节水增效，实现农田水利工程良性运行农业水价形成机制。二是要全面推进城镇供水水价改革，实行城镇居民用水阶梯价格制度、非居民用水超计划超定额累进加价制度，拉开高耗水行业与其他行业的水价差价。三是鼓励有条件的地区开展水价市场化定价探索，积极支持新建供水单位与用水户开展协商定价。

第四，积极开展水利投融资改革。党的十八届五中全会强调，要发挥投资对增长的关键作用，创新公共基础设施投融资体制。开展水利投融资体制改革，要进一步发挥市场配置资源的决定性作用，扩大水利建设投资的渠道来源。一是要加强政府各级公共财政对水利的投资力度。需要政府出资建设的水利工程，政府一定要尽全力、不折不扣地出资建设。二是要鼓励和引导社会资本参与水利工程建设。消除壁垒，创造条件，鼓励符合条件的各类企业和相关经营主体投资水利工程建设。三是要加大金融支持水利工程建设力度。在财政担保、财政贴息、优惠贷款和税收等方面给予一定的优惠政策，提高水利项目的自身融资能力。四是要不断创新水利项目融资方式。大力推广政府和社会资本合作、政府购买服务、股权合作等多种形式投资水利工程建设运营和管理。

第五，继续深化水利工程管理体制改革。2002 年《水利工程管理体制改革实施意见》颁布实施以来，经过多年不懈努力，我国水利工程管理体制逐步完善，管理水平明显提高。但是，与经济社会发展新形势和新要求相比，仍然存在一定差距，还需继续深化水利工程管理体制改革，分类推进改革，创新管理模式，健全良性运行机制。一是深化国有大中型水利工程管理体制。认真落实管养经费，稳步推进管养分离，引入竞争机制，培育维修养护市场。二是加快小型水利工程管理体制改革。明晰工程所有权和使用权，落实管护主体，对公益性小型水利工程管护经费给予一定补助。三是不断创新水利工程管理模式。充分发挥市场机制在水利工程管理中的作用，积极探索政府与社会资本合作、政府购买服务、分级负责、分类管理、集约管理等模式。

第六，加快推进水行政审批制度改革。加快政府职能转变是推进供给侧结构性改革的重要内容。加快政府职能转变就是要持续推进“简政放权、放管结合、优化服务”，具体到水利而言，就是要加快推进水行政审批制度改革，切实转职能、提效能。一是要加快水行政职能转变，提高水行政管理效能，激发市场活力和社会创造力，深入推进简政放权，深化投资项目涉水行政审批改革，最大限度减少政府对企业经营的干预，最大限度缩减政府审批范围。二是要切实转变监管理念，创新监管模式，强化监管手段，落实监管责任，不断提高事中事后监管的针对性和有效性。三是要着力优化政府服务，加快推进行政审批标准化建设，进一步规范行政审批行为、改进行政审批工作。

基层水利工程项目档案管理的现状与对策建议

顾　芸*

水利工程项目档案是国家档案的重要组成部分，是记录水利工程项目建设管理全过程控制的原始资料。水利工程项目档案管理不仅反映了项目规划、勘查、设计、施工以及建设管理的真实面貌，而且为工程后期运行、管理、维护和水利决策提供重要依据，是服务水利和经济社会发展不可或缺的基础工作。近年来，随着国家和地方政府对水利建设力度的不断增强，水利建设投资规模不断加大，水利工程建设项目越来越多，而水利工程项目档案管理水平并没有随着建设强度的增加同步提升，反而随着项目数量增加档案管理总体水平呈现下滑趋势，部分建设项目存在档案资料不全、整理归档不及时、登记保存不规范、信息化水平偏低、有效利用效率不高等问题，在关键时期，没能做到为水利事业的持续发展和参考决策工作提供良好的基础服务，加强基层水利工程项目档案管理规范化、标准化建设非常必要。

一、基层水利工程项目档案管理现状

根据《水利工程建设项目档案管理规定》，水利工程建设项目档案包括工程立项、可研、设计、审批、招标投标、施工、质检、监理到竣工验收、运行使用等全过程中形成的、应当归档保存的文字、图纸、图表、数据、声像等各种载体的文件材料。具有内容丰富、专业性强、形成时间长、流程联系紧密、文书科技一体等特点。经调查，现阶段基层水利工程建设项目档案管理情况如下。

（一）档案分类

基层水利工程项目档案按照建设过程可分为项目前期、工程实施、竣工验收、运行使用四个阶段；按照参建主体可分为法人档案、施工档案、监理档案、设计档案、财务档案等；按照表现形式可分为文书档案、电子档案、实物档案、声像档案等；按

---

* 顾芸（1979—　），女，副研究馆员，湖北省南水北调监控中心。

照保管期限可分为短期（10年）、长期（30年）、永久三种。

（二）档案管理

水利工程建设项目在实施过程中，施工档案一般由项目法人负责收集、整理和归档。其中：工程招标投标、施工图纸、质量检测、计量结算、现场管理、征地移民等资料直接由项目法人内设机构负责管理；项目前期档案和财务档案由地方水行政主管部门或委托具有独立法人资格的水管单位管理。项目法人和主管部门制定了相应的档案管理办法，指定专人负责档案管理工程。工程验收之后移交地方水行政主管部门或工程运行管理单位。

（三）档案验收

工程竣工后，除骨干控制性水利工程档案以外，大多数水利工程档案没有申请通过县级档案管理部门检查验收。现有水利工程建设项目中，新建水库、病险水库加固、大中型涵闸、重要堤防工程档案在竣工验收之前，申请档案管理部门进行验收，其他项目一般由项目法人自行整理归档和保存。

二、当前存在的主要问题

受项目法人的重视程度、管理水平、制度建设、基础条件、管理投入以及档案管理人员的业务素质等方面的影响，基层水利工程建设项目档案仍然存在资料收集不齐全、整理不标准、归档不及时、保存不完整等突出问题，主要表现在以下几个方面。

（一）项目法人重视程度不够

部分项目法人没有认识到工程档案对于工程后期运行、管理、维护、决策等方面的重要性，存在重外业、轻内业的思想。一是制度不健全。部分项目档案管理制度实际操作性不强，要求不细，还有部分法人单位没有制定和完善工程档案管理制度。二是缺少专业档案管理人员。大多数项目管理单位由施工员兼职档案管理人员，没有对工程档案管理进行系统的学习和培训，档案管理业务不熟。三是系统检查不到位。除阶段性验收考评或结算审计之外，大多数项目法人没有开展档案专项检查，日常管理也是“谁的档案谁负责”的分散管理状态。特别是临时组建的项目部，人员流动性强，在工作衔接中，只注重业务和财务的交接，不重视档案的交接确认，为后期的档案管理工作留下了隐患。

（二）档案管理移交不到位

基层水利工程项目类别较多，工程项目的实施大多数由对应的业务科室负责监管，考虑后期业务工作需要，工程结束后，没有系统整理并移交主管部门专业档案室负责管理，导致水利工程档案管理不规范。一是收集的档案资料不齐备。现有工程档案以文书、图纸、结算、质检等资料为主，缺少声像资料和电子档案资料，还有部分工程项目招标投标资料、征地移民的原始资料不完整，工程档案无法反映项目实施过程控制情况。二是档案资料质量不符合规范要求。部分文书档案原件遗失，以复印件代替；部分工程项目缺少竣工图纸，以设计图纸代替，竣工图纸没有盖章签字的现象也普遍存在。三是档案验收移交不到位。相当多的中小型水利工程完工后竣工验收严重滞后，多数工程档案没有系统整理并通过县级档案管理部门验收，也没有移交主管部门管理，有的档案在业务科室存放多年，在后期管理使用过程中遗失较多。四是档案登记保存不规范。部分档案登记不清楚，档案编号没有统一标准，导致了档案管理的不规范、不科学。

（三）档案存放管理环境差

除县级水行政主管部门以外，一是多数基层水管单位受条件限制，现有档案室面积小，档案管理投入不够，档案保存设施不足，以前年度发生的工程档案损坏较重。二是部分是临时组建的项目法人机构，没有固定的办公地点，也没有专门的档案室和档案保存设施，随意堆放，造成资料遗失或损坏。三是工程档案电子信息化管理水平低。受条件限制，现有基层水利工程档案90%以上的没有实行电子录入系统，出入登记不清楚，保存质量差，使用效率低，不利于工程项目档案管理规范化建设。

三、加强基层水利工程档案管理的建议

随着经济社会的快速发展，各级党委政府高度重视水利工作，基层水利工程建设投入日益增多，水利工程布局广泛，规模不一，对工程档案管理和规范化建设带来了挑战。《水利工程建设项目档案管理规定》中明确提出，项目法人对水利工程档案工作负总责，必须认真做好自身产生档案的收集、整理、保管工作，并应加强对各参建单位归档工作的监督、检查和指导。① 必须建立基层水利工程档案管理机制，探索可行有效的档案管理途径，提高档案管理质量和水平，确保水利工程档案管理的系统性、完

---

① 王美琳：《浅谈项目法人如何做好水利工程档案管理工作》，《治淮》2012年第9期。

整性和规范性。

（一）建立工程档案管理责任机制

项目法人和有关领导要提高对工程建设项目档案工作的认识，改变“重建设、轻档案”的思想。一是加强档案管理业务学习。各项目法人、工程技术人员、监管人员、档案管理者要不断学习档案管理方面的法律法规，掌握相关的档案专业知识，做到思想上重视、业务上精通、工作上统一。二是强化档案管理责任。要把档案工作责任制层层落实到人，明确项目法人职责，构建从上到下、分级负责、职责明确、科学严谨的工程建设项目档案管理体系，提高增强水利工程档案管理的主动性和责任感。三是完善档案管理工作机制。从工程项目申报审批到组织实施，再到竣工验收和移交保存，应确立领导专人负责，成立由建设单位、监理单位、施工单位组成的领导小组，遵循工程建设和档案工作的规律，坚持档案工作与工程建设同步进行，统筹规划，建立制度，制定措施。四是加强日常监督检查。聘请地方政府档案管理部门组织对工程档案进行专项检查和指导，保障工程建设项目档案工作一开始就步入正轨，随时了解掌握水利工程档案工作发展动态，推动工程档案规范化管理。

（二）加强工程档案管理制度化建设

水利工程建设项目档案涉及面广，质量要求高，原件收集归档难度大，利用价值高，必须加强制度化管理。一是严格执行行业规范和标准。依据《中华人民共和国档案法》相关要求，严格执行《水利工程建设项目档案管理规定》和水利科学技术档案管理相关规定，增强水利建设单位和施工单位档案人员和工程技术人员的档案意识和依法制档的自觉性。二是分类制定并完善档案管理制度。健全档案工作的各项规章制度，如各种档案的管理制度、岗位责任制度、查借阅制度等，建立一个结构合理、管理科学的档案组织体系。同时，把基层水利单位档案工作业绩列入项目法人和相关管理人员工作考核内容，严格考核问责和兑现。三是建立层层审核机制。把建设项目的建档工作纳入工程建设及管理程序，纳入专业部门和专业人员职责范围，层层审核把关，充分发挥专业部门与档案部门的积极性，确保竣工档案的内在质量。

（三）注重档案管理工作创新

水利工程建设项目大致分为立项阶段、设计阶段、施工阶段、竣工验收阶段四个部分，考虑到部分工程建设工期较长，为了保证工程项目档案的齐全完整，可分阶段进行项目档案的收集。一是注重资料的收集归类。档案管理人员必须亲临施工现场收集资料，认真核对档案资料的准确性和精确性，发现问题及时反映解决。二是注重沟通衔接。档案管理人员要积极与参建单位管理人员和监管人员配合，适时掌握工程进度、质量安全控制、计量结算等情况，收集原始资料，确保档案资料的真实性。三是注重档案收集时限要求。档案管理人员必须区别不同情况，确定相应的工作时限，以保证档案的完整性，对于那些形成周期短、时间性强的档案要做到及时收集；对于形成周期长的档案，要明确收集时段，避免造成内容混淆、遗漏，降低档案质量。[①] 四是完善登记移交手续。工程档案收集后，应及时系统整理、分类、登记，定点保存，在管理使用或移交期间，要注重工程项目档案移交手续，罗列档案资料清单，注明用途、数量、出入方向等内容，做到有据可查。五是建立档案统一管理模式。一般情况下，县级水行政主管部门要对本区域内水利建设项目档案管理负责，实行集中统一管理（不属于县级水行政主管部门管理、具有独立法人机构的水电企业除外），定期对所属单位的工程档案进行检查、指导和收集、分类、整理、归档，并按照档案管理时限统一移交县级档案管理部门保存，确保资料的完整性。

（四）提高档案管理人员综合素质

水利工程项目档案管理的好坏取决于档案管理人员的素质和能力，也取决于档案管理人员的事业心和责任心。随着水利工程项目档案种类增多，对档案管理的要求和档案管理人员业务能力提出了更高的要求，必须加强对基层单位人员进行相关的专业培训，掌握档案和档案工作的基础理论知识，掌握最基本的实际操作技能。一是定期组织业务培训。各地水行政主管部门要结合本地档案管理实际需求，有针对性地组织短期培训，增强实际操作技能的培训，培训内容包括各类档案的收集、立卷、装订、整理、上架等全过程，及时了解党和国家有关档案方面的新方针、新做法，提高档案管理人员实际操作水平。二是提高档案管理人员综合素质。不管是专职档案管理人员，或者是施工过程中的兼职档案管理人员，不仅要系统学习档案概论、文书档案、科技档案、档案保管、档案利用等档案常识，而且要学习档案管理相关法律法规知识，使其具备档案管理职责精神，增强基层档案管理规范化、科学化意识。

（五）加大基层水利工程档案管理投入

加强基层水利工程档案管理水平和质量，必须具备相应的硬软件设施。一是落实水利工程档案管理的资金渠道，建议在项目管理费中明确一定的支出比例专项用于水利工程档案管理。二是按照“省一级”以上标准，完善档案规范化建设，县级水务（水利）局及所属水管单位必须设置专门的档案室，建设期间配备专职档案管理人员，

① 李爽：《对加强水利工程档案管理的思考》，《黑龙江史志》2012 年第 5 期。

配置相应的硬件设施，做到库房、办公、阅览三分开，且布局合理，便于档案整理、存放、查阅。三是配备必要的档案管理设备。如配备规范统一的档案箱柜、电脑、传真机、打印机、温湿度控制等设备，为档案管理工作提供良好的办公环境和足够的经费保障，促进基层水利工程档案管理工作有序开展。四是建立基层水利工程档案信息化管理系统。充分考虑操作便捷、安全可靠、人性化操作等因素，统一开发功能完备、科学合理、系统严谨、技术规范的水利工程档案管理应用信息系统，提高基层水利工程档案管理信息化水平。

供给侧结构性改革视角下河湖管护动力机制发展分析

——基于河长制的思考

李晓晓　郎劢贤*

2015年11月，习近平总书记在中央财经领导小组第十一次会议上首次提出“供给侧结构性改革”，自此“供给侧结构性改革”成为我国“十三五”期间引领经济发展新常态和应对综合国力竞争新形势的重大举措。一切与发展有关的议题都要在这个战略框架下讨论和谋划。在此框架下，诸多领域的发展动力得到拓展和延伸。长期以来，作为政府职能一部分的河湖管护，在此框架下也有了新的动力机制的发展演化方向。2016年11月，中共中央办公厅、国务院办公厅印发《关于全面推行河长制的意见》，标志着河湖管护动力机制向前发展迈出了重要步伐。在供给侧结构性改革框架下，在河长制推动下，河湖管护动力机制将进一步向前发展演化。

一、河湖管护动力机制

河湖作为维系城乡发展的重要基础设施，承担着防洪、供水、生态、景观、休闲、人文等多种功能，关系着人们生产生活各方面的公共福祉。河湖管护直接关系这一公共福祉的实现程度。河湖管护动力机制关系河湖管护的持续运转。

根据动力机制的内涵，我们可以将河湖管护动力机制界定为：推动河湖管护所需动力的产生机理，以及维持和改善这种作用机理的各种经济关系、组织制度等所构成的综合系统的总和。简单地说，就是能够推进河湖管护的各种力量及其之间的相互关系。动力机制组成要件可简单分为动力要素和作用机理。动力要素根据作用方式的差异可以分为外生性动力要素和内生性动力要素。

---

* 李晓晓（1987—　），女，经济师，水利部发展研究中心。郎劢贤（1982—　），女，经济师，水利部发展研究中心。

二、供给侧结构性改革视角下河湖管护动力机制发展

（一）政府 GDP 考核下的动力机制

作为生态环境和资源组成部分的河湖，从公共经济学角度来看，河湖产品具有公共产品属性。河湖管护具有明显的正外部性和公益性，历来作为政府职能的一部分，一般认为很难依靠调节市场机制提高管护效率和水平。长期以来，政府承担着提供河湖公共产品供给第一责任人的职责。在生态环境公共产品供给中，政府的滞后性、权力寻租性等“政府失灵”行为越来越成为社会指责的地方，带来的是日益严峻的水体污染、河道断流、湖泊萎缩、生态退化等问题。这一模式下的河湖管护动力机制以社会需求为动力诱因。对于第一责任人的政府而言，在 GDP 追赶的考核指挥棒下，社会需求动力诱因是外生要素，缺乏自循环作用机理。

（二）供给侧结构性改革视角下河湖管护动力机制发展

供给侧结构性改革是我国经济发展新常态下的必然选择。在长期的需求管理策略下，我国出现需求乏力，但并不是消费能力疲弱导致，而是在很大程度上受供给抑制。一是供给结构升级缓慢、创新能力不足等问题抑制居民现实消费需求；二是供给方式不够优化、供需信息不对称导致潜在需求难以转换为有效需求；三是公共产品和公共服务供给不足也制约了消费需求的增长；四是由于缺乏相应的技术设备和原材料供给，资本难以形成对中间品的有效需求。供给侧结构性改革通过生态资源的高效利用，在环境污染的治理和生态建设中尽可能降低资源、能源的消耗，减少对环境的破坏，同时达到同样的产出效果。资源、能源、环境在经济发展中是必要的投入，以较小的投入获得更多的产出，这是生态文明建设中供给侧结构性改革的核心所在。

从供给侧结构性改革的要义看，在“五位一体”总体布局下，绿色发展成为供给侧结构性改革的突破口。绿色发展理念打破了简单把发展与保护对立起来的思维束缚，指明了实现发展和保护内在统一、相互促进和协调共生的方法论，深刻揭示了自然资源和自然生态作为生产力内在属性的重要地位，阐明了生态环境与生产力之间的关系。

从满足消费端来看，供给侧结构性改革的出发点是去掉过剩的产能，提供真正需要的产品，提高消费的有效性，而当前的绿色消费产品和服务需求正是这样的消费需求，生态环境是百姓最需要的公共产品。习近平总书记强调，从政治经济学的角度看，供给侧结构性改革的根本，是使我国供给能力更好满足广大人民日益增长、不断升级和个性化的物质文化和生态环境需要，从而实现社会主义生产目的。良好生态环境是

供给侧结构性改革的题中应有之义，也是评价供给侧结构性改革成效的重要标准。这一改革框架对政府的环境职能提出了新的更高要求。

从供给端来看，供给侧结构性改革的核心是通过制度改革提高全要素生产率，以实现经济可持续发展。提高全要素生产率正是供给侧结构性改革的要义所在。技术、环境等都是全要素生产率下的生产要素。一系列制度改革促进环境生产要素的生产率提升。如政府机构改革、行政审批制度改革可以通过简政放权、激发市场活力、提高企业效率和效益、减少对资源环境的依赖，同样的资源环境消耗有了更高的产出，环境生产率提升；资源产权制度改革、环境制度改革可以直接达到节约资源、保护环境的效果，资源环境作为生产要素在价格机制作用下生产率提升；科技创新制度改革，释放全社会创新活力，倡导技术创新、机制创新，开创绿色生产消费模式，绿色生产成为企业的研发创新指引。

从供给侧结构性改革和绿色发展的要义看，优质的河湖资源成为生产要素的一部分。在供给侧结构性改革框架下，河湖管护从产品提供的消费端和供给端产生了新的作用机制。满足人们优质的河湖产品成为市场需求的一部分，同时作为生产要素的一部分。在这一作用机制下，河湖管护同时有了外生动力要素和内生动力要素。其中，外生动力要素是对政府而言。在满足人们消费升级需求、提供人们需要的公共产品的国家战略引导和要求下，对于具有“私利”性的政府行动而言，政府的河湖管护动力加强，初步建立了政府职能下的河湖管护作用循环机制（见图4－7）。从满足消费需要的企业端看，生态产品融入市场机制作用下，有了新的生产动力机制（见图4－8）。绿色发展理念和供给侧结构性改革框架下一系列制度形成协同发力的综合作用，对企业产品端形成引导和压力机制，促进企业在河湖管护的环境生产要素下，通过产品的绿色化获得市场认可、社会声誉和经济利益等，从而完成了内生性动力机制运转的关键环节构建。

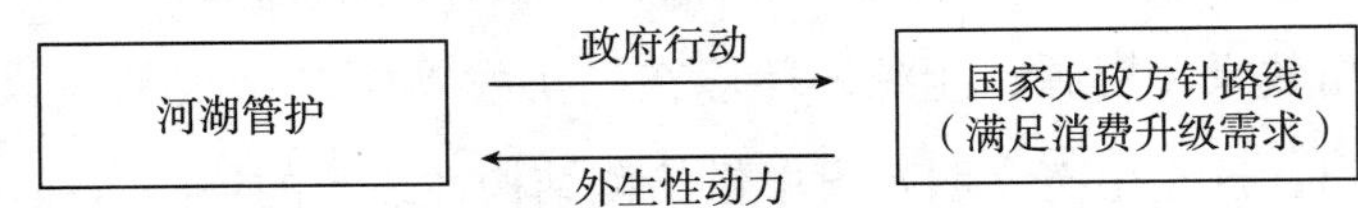

图4－7　政府河湖管护的外生性动力作用机制

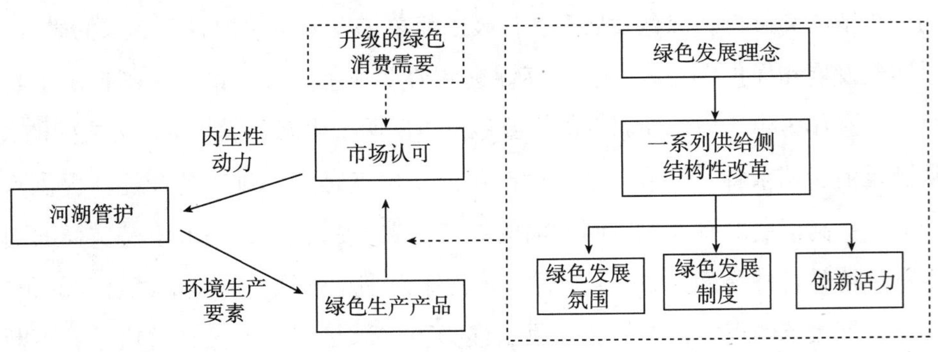

图4－8　企业河湖管护的内生性动力作用机制

三、河长制促进河湖管护动力机制演化

“河长制”是在我国严峻的河湖生态环境问题下的行政管理制度创新。河长制围绕河湖管护“职能交叉、权责不清”的核心症结，通过“统一领导、协同作战、明确责任、加强考核”，强化政府河湖管护职责。河长制通过追责效应、协同效应、执行效应等作用机理，促进河湖水环境治理。

河长制抓住当前阶段河湖管护的核心问题，提供的不仅仅是解决河湖问题的一时之策。从促进河湖管护动力机制转变的作用看，河长制有着更为深远的意义。

河长制是供给侧结构性改革框架下制度改革的一部分，是对政府河湖管护职能外生性动力的现实强化。这一强化机制以严格的考核为动力来源。然而，在河长制掀起的河湖治理氛围和政府职能履行的催化下，来自社会的动力机制也逐步建立。河长制不仅让辖区乡（镇）、村、居委会干部加入到管理队伍，通过河长公示牌公布河长手机号码、环保热线、手机随手拍、举报有奖等形式，让广大群众参与进来，有的地方还吸收环保志愿者、群众代表等参与巡河督查等活动，与企业、第三方服务组织和社会力量汇聚成了一道河流环境防治的强大推力。部分地区往前进一步延伸，建立社会自发性参与的动力机制。在丽水市章村乡，在对黑臭河、垃圾河治理后，探索了以“河权承包到户”为主要形式的河道经营权改革，让山区“死水”变“活水”，变政府被动治水为全民主动治水，有效解决了农村河道长效管护的问题。德清县雷甸镇共有420户种养殖户，涉及1.9万多亩种养殖面积。在推进农业水产尾水治理的工作中，引导党员种养殖大户包干自身养殖场周围小微水体，聘请一批种养殖户为民间网格“河长”，鼓励和引导党员养殖户抱团联动参与剿灭劣V类水体攻坚战，倒逼农业生产走生态养殖的道路。

新制度经济学认为，人们总是在特定制度下作出理性选择，制度对于人们行为选择具有决定意义。河长制这一制度创新对社会各方产生了理性选择下的内生性动力机制。一些地方的创新做法从调动公民参与的积极性出发，激发全社会的河湖治理活力，建立河湖治理长效机制。在这一过程中，河长制实际发挥了外生性动力向内生性动力转化的催化剂作用。当追逐个人私利有助于实现公共福祉时，就实现了制度的激励相容（见图4－9）。河长制作为供给侧结构性改革的一部分，抓住当前河湖管护的症结，以短期快速的行动，从启动河湖管护政府职能的外生性动力，激发了市场、社会的内生性动力。在这一启动下，河湖管护在一系列供给侧结构性制度改革框架下，可以期望其走上自我实现的良性循环。

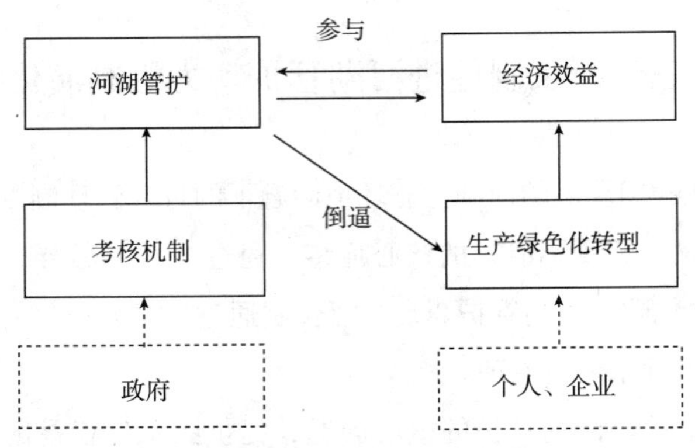

图4－9　河长制下促生的河湖管护内生性动力作用机制

四、河湖管护动力机制发展方向——循环动力机制

河湖管护在绿色发展和供给侧结构性改革的一系列制度框架下，由单纯的政府一方主体通过外生性动力推动，到河长制下开始初步推动多方参与的内生性动力作用运转，在这一方向下，可以预期，在经济新常态背景下，按照供给侧结构性改革的设计继续向前发展，河湖管护将朝着更为全面的动力机制发展，最终动力机制是一个以内外生要素为形成基础，以市场需求、社会需求等需求为动力诱因，以政府政策支持、社会协同发力为发展路径的良性循环动力。总之，要通过制度设计、宣传教育等使各主体承担其应有职责，形成一个河湖管护共同体：政府重点做好制定法律法规、政策、标准、规划，开展试点，提供公共服务等工作；企业努力提高效率，降低资源能源消耗，减少环境污染；各种社会组织应发挥自身优势，开展各种形式的推进河湖管护的活动等；居民应树立河湖保护意识，尽量减少资源能源消耗、减少浪费、控制排放等。

这一自循环动力机制的发展需要完善制度和执行体系。一是完善环境法规，严格环境执法。在河长制成功经验的辐射下，严格资源环境的问责体系和机制，在山水林田湖体系下，建立资源保护的合力。以法律制度形式明确环境问责的主体、对象、内容、程序、方式、结果运用等一系列制度，用法治的手段将地方政府对辖区环境质量负责的要求落到实处。同时，加大执法力度，提高违法成本，通过强化河湖资源环境破坏的执法力度，使河湖环境管理从被动应对向主动防控转变，从控制局地向区域联防联控转变，全面提升水环境保护的精细化、信息化和专业化水平。二是实施统一规划、产业协同。秉承“河长制”以地方政府领导为环境治理第一责任人的思路，从建立河湖管护自循环动力机制着眼，同时处理好经济发展与环境治理的关系，将环境保护和经济发展置于同等重要的地位，统一规划产业布局，实施产业升级，发展绿色高效的经济模式。三是完善对水环境治理的监督、考核和评价机制，充分发挥媒体宣传、教育、监督作用，营造群众参与的社会氛围。考核、监测、重点违法案件查处向群众公开，接受社会监督。四是充分发挥市场机制动力，强化河湖管护自循环动力机制。建立流域环境治理投入多元机制，大力鼓励社会资金投入河流环境治理，从产业政策、税费、金融信贷等方面激活节水、节能及资源合理利用。

贵州马岭水利枢纽 PPP 项目法人组建及相关法律政策问题分析

张闻笛　贺　骥　李　伟　吴兆丹*

水利工程 PPP 项目法人组建是社会资本参与工程建设运营的重要环节，也是开展项目建设的关键步骤。水利工程 PPP 项目投资规模大、建设周期长，对于参与工程建设运营的社会资本要求较高，需要在项目法人招标过程中系统有效地对社会资本方进行多方位的考核，以保证社会资本能够满足工程建设运营的各方面需求；同时，社会资本参建的水利工程项目投资主体多元化，法人的资金来源和股份构成相对于由政府单一投资的水利工程而言更加复杂，在项目法人组建过程中要考虑多重因素，整合各方力量，以确保项目法人作为工程项目的责任主体，能够积极认真履行筹划设计、建设实施、生产经营和资产保值增值等相关职责。因此，在组建水利工程 PPP 项目法人过程中，建立完善的项目法人招标方案和合理的项目法人治理结构，明确政府投资方和社会资本方的权责利，对于扩大水利建设资金来源渠道、吸引社会资本参与水利工程建设运营有着重要作用，对于提升水利工程建设质量、发挥水利工程运营效益也具有十分重要的意义。

贵州省马岭水利枢纽是 2015 年国家发展改革委、财政部、水利部联合印发《关于鼓励和引导社会资本参与重大水利工程建设运营的实施意见》中确定的社会资本参与重大水利工程建设运营第一批 12 个试点项目之一，工程在吸引社会资本投资组建项目法人的过程中，按照国家有关政策指引，根据工程实际情况构建了较完备的 PPP 项目法人招标方案，建立了合理的项目法人治理结构，一次性成功完成了社会资本引入。总结该工程在 PPP 项目法人组建过程中的典型做法，探讨其中存在的法律政策问题，可为其他吸引社会资本参与的水利工程提供有益借鉴。

---

* 张闻笛（1985—　），男，水利部发展研究中心，《水利发展研究》副主编。贺骥（1972—　），女，水利部发展研究中心，《水利发展研究》处长。李伟（1982—　），男，水利部发展研究中心，《水利发展研究》副处长。吴兆丹（1981—　），女，水利部发展研究中心，《水利发展研究》副主编。

一、PPP 项目法人组建情况

马岭水利枢纽位于贵州省黔西南布依族苗族自治州（以下简称“黔西南州”）兴义市境内马别河中游。工程主要由水源工程和供水灌溉工程组成，以城乡供水为主，结合灌溉，兼顾发电，属于准公益性工程且工程整体经营性较强，为Ⅱ等大（2）型水利工程。工程于2015 年9 月开工，建设期为38 个月。工程初步设计报告批复的总投资概算金额为26. 66 亿元，投资结构为中央补助9. 84 亿元，贵州省政府出资2. 28 亿元，社会资本投资4. 28 亿元，贷款10. 26 亿元。

2015 年，贵州省人民政府以《贵州省人民政府关于马岭水利枢纽工程 PPP 实验方案的批复》（黔府函〔2015〕305 号）文件批准了马岭水利枢纽工程 PPP 项目的招标工作，提出由贵州省水利投资（集团）有限责任公司（以下简称“省水投公司”）作为招标人，对项目以公开招标的方式招募社会资本方作为项目股东，与省水投公司、黔西南州水资源开发投资有限公司（以下简称“州水投公司”）共同组建项目公司。项目公司采用 BOT 模式，开展马岭水利枢纽工程的建设、运营和管理。通过对多家投标单位的评审，最终由中国电建集团贵阳勘测设计研究院有限公司为牵头方的联合体（由中国电建集团贵阳勘测设计研究院有限公司、中国水利水电第十四工程局有限公司、中国铁建大桥工程局集团有限公司三单位组成联合体）成为项目中标方，一次性成功引入社会资本。

完成项目股东招标后，由省水投公司作为省级政府出资人代表，州水投公司作为地方政府出资人代表，和社会资本方三方作为股东，共同组建项目公司作为项目法人，项目公司注册资本金为16. 40 亿元，其中省水投公司、州水投公司、社会资本方分别出资9. 12 亿元、3 亿元、4. 28 亿元，与资本金出资额对应的持股比例分别为55. 60%、18. 30%、26. 10%。工程在建设期（38 个月）和特许经营期（30 年）内，由项目法人履行项目建设、运营、维护和用户服务等各方面职责，待特许经营期满后，项目法人将工程资产及相关权力移交由项目发起人（即贵州省人民政府）或项目发起人指定单位。

二、PPP 项目法人组建过程中的典型做法

马岭水利枢纽工程在 PPP 项目法人组建过程中结合工程实际情况提出了很多吸引社会资本的做法，保证了工程招标一次成功，工程建设工作顺利推进。

（一）接受企业联合体投标，整合多个社会资本方优势

马岭水利枢纽工程在 PPP 项目招标公告明确提出接受联合体招标，并根据工程实际情况提出了具体要求：一是联合体成员数量不超过三家，并共同签署联合体协议，协议牵头单位应为本 PPP 项目社会资本实际或主要出资人；二是联合体成员之一须具有水利水电工程施工总承包一级及以上资质、具有水利水电建设管理经验及良好的投融资能力和商业信誉；三是联合体招标要符合法律法规的其他各项条件。

水利工程投入大、要求高，接受联合体投标，能够保证社会资本方满足建设运营多方面的要求，有利于社会资本方资源整合、优势互补。马岭水利枢纽最终的中标方为中国电建集团贵阳勘测设计研究院有限公司、中国水利水电第十四工程局有限公司、中国铁建大桥工程局集团有限公司三家单位组成的联合体，充分体现了企业联合体的优势。其中，中国电建集团贵阳勘测设计研究院有限公司持有国家颁发的多个甲级设计、咨询、建设等方面的资格证书，负责过石垭子、沙阡等多项水利水电工程设计，同时承担了贵安新区月亮湖改扩建工程等多个总承包项目，具有丰富的总承包经验，能够胜任社会资本方牵头人；中国水利水电第十四工程局有限公司参与过云南小湾、糯扎渡等多个大型水利工程建设，中国铁建大桥工程局集团有限公司参与过南水北调、引黄入晋等供水调水工程建设，两家企业分别负责工程主体和供水工程的建设，能够较好地在工程建设方面实现优势互补。

上述三家企业组成的联合体整合了设计、建设、运营、维护等方面的优势资源，并且缓解了投资规模对于单一企业的资金压力，让社会资本方具备了负责工程全流程建设运营的能力，发挥了各个企业专业分工的优势，提高了工程的整体施工效率。

（二）由社会资本方采用总承包方式建设，提高投资收益回报

贵州省 1996 年就开始推行水利工程的总承包试点。目前，总承包模式在贵州省水利建设领域逐渐完善成熟，在水库工程、农村饮水工程及水文监测系统等各类水利工程中都有运用。马岭水利枢纽在项目法人招标过程中，提出采用工程总承包的方式，在完成项目法人招标后，由社会资本方签署履行《贵州省马岭水利枢纽工程 PPP 项目总承包合同书》，按照设计、施工和采购（Engineering Procurement Construction，EPC）总承包方式进行马岭水利枢纽工程的建设。社会资本方按照合同约定对工程建设项目的设计、采购、施工、试运行等实行全过程承包，在合同规定的总价条件下，对其所承包工程的质量、安全、费用和进度负责。同时，规定在初步设计范围内工程建设费用不得超出中标总承包价格，超出部分由社会资本方自行承担。

由社会资本方实施总承包方式建设具有以下优点：一是社会资本方既是工程的设

计施工方，又对工程建成后的运营管理负责，因而可以将工程的设计施工和运营管理作为整体进行考虑，确保工程设计施工可以更好地满足工程运营管理的需求；二是社会资本方采用 EPC 模式，以设计单位为牵头主体进行总承包，可以充分发挥社会资本方在工程设计中的主动性，最大程度地优化设计，开展精细化施工，积极投入新技术、新工艺、新方法的应用，降低超概风险，提高工程建设收益；三是由社会资本方负责工程总承包，工程设计建设阶段的利润属于社会资本方，在一定程度上提升了社会资本方工程投资的整体收益，提高了社会资本方参与水利工程建设运营的积极性。

（三）建立科学的评标方案，重视社会资本方的运营管理能力

马岭水利枢纽项目法人招标采用了综合评分法进行评审，设计资金、技术、管理等多方面的综合评分标准，由专家打分推荐中标候选人。同时，评标不仅考察社会资本方的投资能力，同时兼顾评判社会资本方对于水利工程项目设计、建设以及管理等方面的经历和水平。

评标审查内容主要为商务部分（70 分）和技术部分（30 分），其中商务因素包括出资得分（25 分）、总承包报价（15 分）、财务状况（6 分）、项目管理业绩（6 分）、水利水电枢纽工程施工业绩（6 分）、工程建设期施工现场管理机构（6 分）、水利枢纽工程运营维护业绩（6 分）七方面；技术因素包括工程建设方案（14 分）、项目运营及管理方案（10 分）、移交方案（6 分）三方面。

在评标审查内容中，出资得分并不是决定评标结果的唯一标准，出资得分满分在总分中占 25%。同时，出资得分并不是按照投标人出资金额线性赋分，投标人出资赋分标准如表 4 - 7 所示，投标人出资金额应在区间［2 亿元，12. 1185 亿元］，且在［6. 5592 亿元，12. 1185 亿元］内赋分斜率低于［2 亿元，6. 5592 亿元］对应斜率，当出资金额介于两者之间时，采用内插法计算得分，这使得各投资方投资额越大，彼此之间在投资项上的分差越小。此外，项目招标还特别强调了社会资本方的水利工程管理水平，其中水利枢纽工程项目运营及管理方案和移交方案可赋总分达到了 16 分，对于投标人近 5 年具有水利水电枢纽工程或供水工程运营维护业绩的，也有 6 分赋分。上述根据实际情况制定的马岭水利枢纽项目法人招标综合评分标准，充分体现了项目法人对社会资本方技术、管理能力的重视；排除了不善于进行项目建设管理、仅希望利用大量出资扩大自身资产规模的社会资本方，降低了工程在建设运营中的风险。

表 4 - 7　马岭水利枢纽工程投标人出资赋分标准

出资金额（亿元）	<2	=2	=6. 5592	=12. 1185	>12. 1185
出资得分	0	8	16	25	0

（四）明确黔西南州作为项目出资方，充分发挥地方政府作用

为了充分发挥地方政府在工程建设运营中的作用，根据《贵州省马岭水利枢纽工程 PPP 投资人合作协议》规定，贵州省政府将中央补助中的 3 亿元划拨给黔西南州人民政府，作为州政府出资，并指定州水投公司作为出资人代表，在项目公司中占股比例为 18.30%；由州水投公司向项目公司推荐 2 名董事及 1 名副总经理，保证地方政府在工程建设运营中具有一定的决策权。

明确黔西南州政府作为项目出资方，一方面，有利于在工程建设过程中，充分发挥其对当地自然、经济、社会、环境等方面情况更为熟悉的优势，履行股东职责，负责完成征地拆迁、移民安置、社会维稳等工作，协调与项目场地周边所涉及的有关单位及当地群众的关系，确保工程的工作开展更加适合当地实际情况，工程建设得以稳步推进。另一方面，便于其结合当地实际情况，对工程建设运行研究制定具体的支持政策和措施，对《贵州省马岭水利枢纽工程 PPP 实施方案》中供水量、水价、供水配套设施和上网电量、电价进行承诺，签订政府补贴协议。若项目运行期发生供水水量、水价、上网电价达不到预期等情况，根据补贴协议，当地政府将承诺给予相应的财政补贴，以满足企业合理的投资回报要求。

（五）限定政府投资方的分红条件，更好地保证社会资本方收益

在明确项目法人股东结构和股东职责的基础上，项目法人还在 PPP 项目合作协议中对工程收益的边界条件进行了明确规定，对政府投资方的分红条件予以限定，针对不同的项目公司股东提出了适应工程实际情况的收益分配机制。

马岭水利枢纽工程作为大型水利工程，工程整体经营性较强，其收入来源主要包括工程发电收入和城镇供水收入；但同时，在漫长的建设周期和特许经营期内，项目收益也存在很大的不确定性。因此，马岭工程引入社会资本时，除了承诺供水水量、水价和上网电价等边界条件外，还对项目法人各股东提出了明确的收益分配条件。在工程建成运营 15 年内，经三方认可的第四方机构进行审计得出的财务内部收益率低于社会资本投入后测算确定的财务内部收益率的情况下，省水投公司及州水投公司作为项目法人股东，承诺国家投入部分不参与分成，让社会资本方优先享有工程收益的优先分配权，以确保社会资本方的投资回报。当工程产生的收益高于社会资本投入后测算确定的财务内部收益率时，高出的部分则由各股东按照实际出资比例进行利润分配，进而保证国家投资和工程资产的保值增值。

明确收益分配的边界条件一方面进一步降低了社会资本方的投资回报风险，提高了社会资本方的投资回报率；另一方面，也提高了社会资本方提升工程运营管理水平、

控制工程运营成本的积极性，进一步保证了工程效益的发挥。

三、相关法律政策问题

马岭水利枢纽工程在组建项目法人过程中深入落实国家关于吸引社会资本参与水利工程建设的相关法律政策，拓宽了融资渠道，保障了工程建设的顺利开展。但作为大型水利工程，由于涉及多级政府投资和多个社会资本方的参与，股权结构较为复杂，马岭水利枢纽工程在项目法人组建过程中，也存在一些需要解决的问题和需要加强管控的风险。一是中央补助资金是否应作为项目资本金并形成相应股权存在争议。贵州省政府和黔西南州政府将中央补助资金作为项目资本金，并形成了在项目公司中的股权，该做法有利于加强政府出资人在项目公司中的决策权，确保工程公益性功能的发挥；但同时，社会资本方认为将中央投资作为地方政府出资并形成股权，冲淡了社会资本方在项目公司中的股权，中央补助资金应当作为社会资本投资的补充。二是项目公司的经营管理权限划分不够明晰。政府出资方认为项目公司按照资本金出资额进行股权划分，政府出资方对整个工程项目绝对控股，在项目公司中按照相应股权行使经营管理决策等权利；社会资本方则认为在 BOT 项目中，为保障项目公司在经营方面的市场化运作，应当由社会资本方掌握工程经营管理权，行使工程的特许经营权，双方存在一定分歧。三是 PPP 工程由社会资本方总承包建设存在一定风险。社会资本方既是 PPP 项目公司股东又是具体的设计施工方，既负责项目投资又获取项目设计施工的收益，因此可能削弱政府对项目采购、实施、施工、管理、试运行等方面的总体控制能力。此外，工程监理企业本应受项目公司委托对承包单位在施工质量建设工期和建设资金使用等方面实施监督，应该是独立的第三方；而在总承包模式下，承包单位身份的多重性不利于监理工作的独立开展。

对于上述问题，应当深入分析国家相关法规政策，结合工程实际情况，采取相应的适用措施。在确定中央补助资金的性质方面，《关于鼓励和引导社会资本参与重大水利工程建设运营的实施意见》《关于切实做好传统基础设施领域政府和社会资本合作有关工作的通知》等政策文件明确，“政府投资安排使用方式和额度，应根据不同项目情况、社会资本投资合理回报率等因素综合确定”。由于马岭水利枢纽工程作为当地重要的民生工程，单纯地将中央投资转化为补助资金，存在国有资产流失的风险，可能会出现社会资本利用较少投资控制工程全部资产的情况，影响工程社会效益的发挥。因此，将中央补助资金纳入政府出资人代表的出资金额中，并形成相应股权是比较合理的。同时，让社会资本方享有工程收益的优先分配权，并对政府投资回报提出了各项边界条件，合理保障了社会资本方的利益，保证了社会资本方的投资回报。

在明晰项目公司的经营管理权限方面,《关于推广运用政府和社会资本合作模式有关问题的通知》中提出,政府和社会资本合作模式中,由社会资本承担设计、建设、运营、维护基础设施的大部分工作;政府部门负责基础设施及公共服务价格和质量监管,以保证公共利益最大化。因此,应根据水利工程自身的经营管理特点和需求,由政企双方协商来确定项目公司的经营管理权。对于公益性较强的水利工程,可结合工程实际的筹资能力,适当控制社会资本方出资额及其对应的经营管理权,保障工程社会效益的充分发挥;对于经营性较强的水利工程,可由政府出资方授予社会资本方较大的经营管理权,充分发挥社会资本方的市场化管理优势,有效提高社会资本参与的积极性。

在控制由社会资本方实施工程总承包建设的风险方面,《招标投标法实施条例》规定已通过招标方式选定的特许经营项目投资人依法能够自行建设、生产或者提供的,可以不进行招标;招标人可以依法对工程以及与工程建设有关的货物、服务全部或者部分实行总承包招标。因此,PPP 项目在通过公开招标确定了具有相应设计施工资质的投资人后,由社会资本方实施工程总承包建设是可行的。同时,针对总承包方式容易导致监管缺位的风险,应当由政府出资方加大对于工程的监管力度,直接聘用工程监理单位对工程实施监理,保证监理工作的独立开展。

水利建设营运投融资多元化与供给侧结构性改革

加快水利资产证券化进程
推进水利投融资结构性改革

段红东*

当前，国家正在基础设施和公用事业领域的建设运营方面大力推进 PPP 模式，增加投融资来源渠道，减轻政府投融资压力，优化投融资结构。截至 2017 年 4 月底，财政部入库项目总数达 12700 个、投资总额 15.3 万亿元，其中三批示范项目已签约落地的 1279 个、金额 2.9 万亿元，落地率 34.5%，几乎涉及所有公共服务领域。2016 年 9 月，国家发展改革委组织向社会公开推荐了第一批传统基础设施领域 PPP 项目，共 1233 个，总投资 2.14 万亿元，涉及交通、能源、水利、环境保护、农业、林业和重大市政工程 7 个领域①。这些，为我国投融资供给侧结构性改革取得显著成效提供了一种有效手段。但在这一过程中，也或多或少地出现了国有资本集中、民间资金偏少，融资成本上升、金融风险累积，地方政府违规举债融资、违法违规购买公共服务，超出政府财政承受能力投资（我国规定累计不能超过一般公共预算支出比例的 10%②，即使是对 PPP 运用较为成熟的英国、澳大利亚等西方国家，PPP 投资的占比也未超过 15%）、违规承诺回购和最低收益、承担投资本金损失，额外附加条款等诸多问题。此外，PPP 模式在水利建设运营上，当前更多地注重新建项目，即新增资产，而对盘活存量资产介入较少。因此，亟待在加大水利 PPP 项目数量和投资规模的基础上，研究提出加快盘活存量资产、更多吸引除银行贷款外的市场融资参与已建水利工程的扩建、更新改造、除险加固和运营，而水利证券化不失为一个可行、有效的途径，与 PPP 模式在新增资产和存量资产上相辅相成、相得益彰。

---

* 段红东（1959— ），男，博士，教授级高级工程师，水利部发展研究中心。

① 国家发展改革委：《国家发展改革委向社会公开推介 2.14 万亿元传统基础设施 PPP 项目》，见 http://tzs.ndrc.gov.cn/zttp/PPPxmk/gzdt/201609/t20160914_818455.html，2018 年 1 月 5 日。

② 关于印发《政府和社会资本合作项目财政承受能力论证指引的通知》，见 http://jrs.mof.gov.cn/zhengwuxinxi/zhengcefabu/201504/t20150414_1216615.html，2018 年 1 月 5 日。

一、资产证券化概念和证券类型

（一）基本概念

资产证券化兴起于20世纪70年代初。1970年，美国首次发行以住房抵押贷款为基础资产的住房抵押贷款支持证券（房贷转付证券）①，这是一种被广泛采用的金融创新工具。20世纪80年代中期至90年代，欧美国家被证券化的资产除了住房抵押贷款外，还扩展到汽车贷款、信用卡应收款和其他商业贷款等资产。20世纪90年代以后，开始向其他领域和国家的基础设施收费、贸易公司应收款、服务公司应收款、消费品分期付款和版权专利权收费等渗透，且在发展速度和品种上都较有较大规模的增长。

资产证券化有广义和狭义两种概念。广义的资产证券化是指市场上发行股票、债券等有价证券直接从资金提供者那里获得资金的一种融资方式，是一种增量资产的证券化（实体、信贷、证券、现金资产证券化四类）②。狭义的资产证券化是将缺乏流动性，但具有某种可预见收入的资产或资产组合，通过发行以其为担保的资产支撑证券，在资本市场上融资的一种手段，是一种存量资产证券化（信贷资产证券化）③。

（二）证券类型

美国按照基础资产划分类型有住房抵押贷款支持证券（MBS）——住房抵押贷款；资产支持证券（ABS）——汽车贷款、信用卡应收款和学生贷款等④。

我国按照主管部门不同划分类型：中国人民银行和中国银行业监督管理委员会主管信贷资产证券化，中国证券业监督管理委员会（简称“证监会”）主管企业资产证券化，中国银行间市场交易商协会主管资产支持票据⑤。

---

① 高振州、吴越：《美国住房抵押贷款证券化模式的演进》，《产权导刊》2005年第7期。

② 陈思润、刘淮金：《国企资产证券化思考》，《中国金融》2016年第15期。

③ 陈思润、刘淮金：《国企资产证券化思考》，《中国金融》2016年第15期。

④ 夏鸥：《从美国次贷危机看我国住房抵押贷款证券化》，《金融经济》2008年第6期。

⑤ 邓海清：《资产证券化国内实践研究报告》，《创新与发展：中国证券业2013年论文集》，中国财政经济出版社2014年版。

二、水利资产证券化必要性和可行性分析

（一）大规模水利建设需要继续创新投融资机制

2015 年，全国水利建设投资完成 5452 亿元，比 2014 年增加 33.5%①。“十二五”时期，水利建设投资来源结构较为单一，以政府投资为主，占总投资的 87%，而市场融资不够充分，金融贷款和社会投资仅占总投资的 13%，详见图 5－1。“十三五”时期，水利建设运营任务十分繁重，资金需求量依然较大。据初步测算，水利建设投资总规模缺口为 5000 亿元，年均 1000 亿元。当前及今后一个时期，在经济发展新常态、坚持稳健中性的货币政策下，仅仅依靠政府加大财政投入来继续扩大水利投资规模，将会有很大的困难或不确定性，在大力推进 PPP 模式的同时，必须继续创新市场融资方式。初步匡算，开展水利建设贷款信贷资产证券化市场融资，每年有望至少增加建设资金 300 亿元。

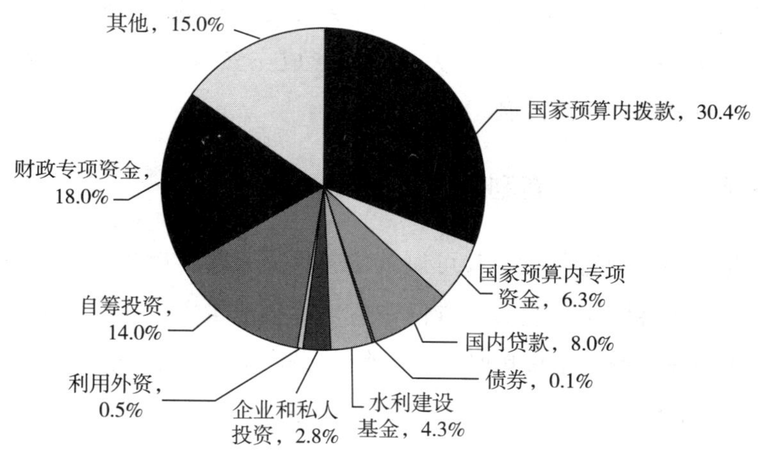

图 5－1　2001—2015 年分资金来源的水利建设投资比例图

（二）资产证券化能有效缓解政府水利运营维养资金压力

据不完全统计，全国现有水利工程维养经费 220 亿元左右。《中国水利统计年鉴》显示，2011—2016 年，全国水利建设完成投资累计达 26442.6 亿元，累计新增固定资产 19251.8 亿元。这些新建水利工程的运行维护资金需求量很大，若按固定资产的 0.5% 计算运行维护费，每年需新增经费约 96.3 亿元。除各级政府增加财政投入外，

---

① 中华人民共和国水利部：《2015 年全国水利发展统计公报》（2016）。陈思润、刘淮金：《国企资产证券化思考》，《中国金融》2016 年第 15 期。

开展水利信贷资产证券化融资，能大大减轻水利运营维养资金压力。

（三）支持水利资产证券化的外部环境正在成熟

资产证券化的基础法律框架和政策已基本建立。国家层面出台了《国务院关于推进资本市场改革开放和稳定发展的若干意见》《关于金融支持经济结构调整和转型升级的指导意见》，颁布实施了《信托法》《合同法》《公司法》《担保法》《物权法》等法律；有关部门印发了《信贷资产证券化试点管理办法》《证券公司及基金管理公司子公司资产证券化业务管理规定》《银行间债券市场非金融企业资产支持票据指引》《关于推进传统基础设施领域政府和社会资本合作（PPP）项目资产证券化相关工作的通知》。

资本市场发展提供了水利资产证券化的基础环境。一是资本市场日益健全和完善。资产证券化使市场结构得到优化，市场深度得到加强；金融工具之间的竞争降低了金融市场的交易成本和资金价格以及各种费用，完善了金融工具的价格结构，从而可以提高金融市场资源配置的效率，加速金融市场化的改革进程。二是机构投资者不断发展壮大。2016 年上半年，126 家证券公司当期实现营业收入 1570.8 亿元、净利润 624.7 亿元①。机构投资者持续发展壮大有利于形成充满活力、富有效率的融资市场，促进了我国资本市场良性加速发展。

（四）水利资产证券化有利于降低市场融资成本

资产证券化不同于银行贷款，其可以就单一项目、甚至就单一资产进行融资，不受贷款申请的诸多条件限制，能够更方便快捷地筹集建设资金。资产证券化只涉及基础资产与未来现金流，交易结构相对简单，相较于银行贷款而言能有效降低融资成本。与传统融资方式相比较，资产证券化具有审核速度快、融资成本低、规模和评级不受主体信用及偿债能力限制等优势。

三、水利资产证券化总体设计

（一）总体思路

按照“节水优先、空间均衡、系统治理、两手发力”的新时期水利工作方针，以经营性水利资产证券化和水利贷款信贷资产证券化为重点，加快推进水利资产证券化

---

① 第一财经：《126 家证券公司上半年实现净利润 624.72 亿元人民币》，见 http：//www.yicai.com/news/5059507.html，2018 年 1 月 5 日。

融资步伐，探索开展非经营性水利资产证券化，加快水利投融资结构性改革步伐，拓宽水利建设运营投资来源渠道，完善水利投入稳定增长机制，为深化水利改革发展提供重要支撑和有力保障。

（二）基本原则

1. 先易后难

水利资产证券化是一个较新的事物，通过划分不同类型的水利资产，先从较容易的基础资产入手，开展证券化融资实践；待相关条件成熟，再逐步推进。

2. 分类推进

对于资产证券化来说，未来稳定的现金流是最为可靠的偿债来源。水利建设项目所形成的资产较大、类型较多，可以依据资产未来的收益情况划分类型，按照各种类型的特点，分类开展资产证券化。

3. 自愿公平

资产证券化过程中涉及众多参与者，各参与者代表不同的利益。开展水利资产证券化，必须遵循自愿、公平和平等的原则，保障每个参与者的权利和权益，实现合作共赢。

4. 诚实信用

诚实信用是市场经济活动的一项基本道德准则，在水利资产证券化过程中应讲信用，恪守诺言，诚实不欺，不损害他人和社会利益，做到基本信息真实，信息披露及时，为开展水利资产证券化提供基础支撑。

（三）总体目标

1. 近期目标

通过3—5年的积极实践，以经营性水利资产为基础资产的证券化产品形成较为成熟模式，得到广泛推广和应用；水利贷款信贷资产证券化试点取得一定成效；非经营性水利资产证券化探索不断深入；资产证券化融资成为水利建设运营市场融资的重要手段之一。

2. 远期目标

通过5—10年的发展，随着我国资产证券化法律法规、产品形式、政府监管制度、风险管控能力的发展和完善，水利资产证券化也形成了较为完整的体系，资产证券化市场融资规模在水利建设运营资金中占有一定比例，成为水利建设运营资金的重要来源之一。

（四）模式设计

1. 经营性水利资产证券化

供水、灌溉、污水处理、水力发电、水库养殖、水上旅游及水利综合经营等经营性水利资产，可以其未来收益权为基础资产，采取未来收益证券化的方式进行市场融资。其交易结构详见图5－2。

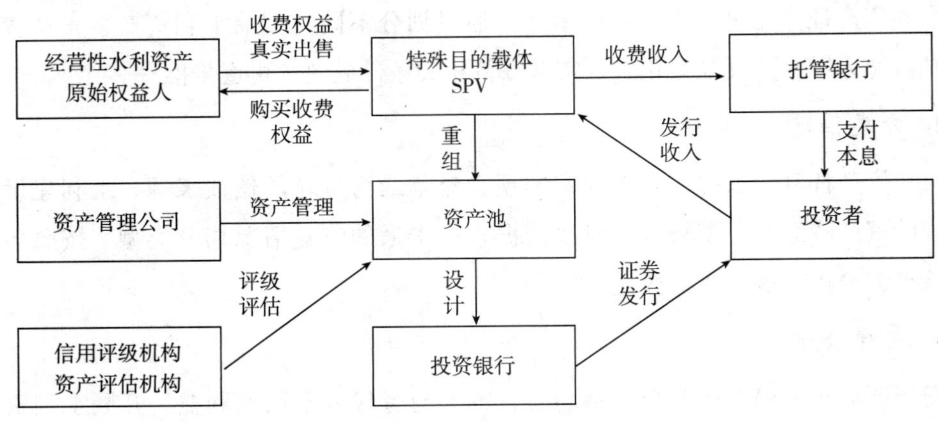

图5－2　经营性水利资产证券化交易结构图

2. 非经营性水利资产证券化

防洪除涝、河湖连通、蓄滞洪区建设、水土保持、生态建设、水资源保护、防汛通信、水文设施等非经营性水利资产由于缺少市场化的收费机制，也不具有产生未来现金流的能力，很难像经营性水利资产一样基于未来的收益权进行证券化融资。非经营性水利资产证券化可能有三种模式：与经营性项目捆绑模式、政府分期采购模式和政府分期回购模式。

与经营性项目捆绑模式。对以社会效益为主的非经营性水利资产，可由政府成立中介机构，将其与经营性项目捆绑，开展证券化，其收益不足抵补还款部分可由经营性项目的项目收益和部分财政补助补偿，从而降低公益性项目的融资成本，缓解水利建设运营资金压力。其交易结构详见图5－3。

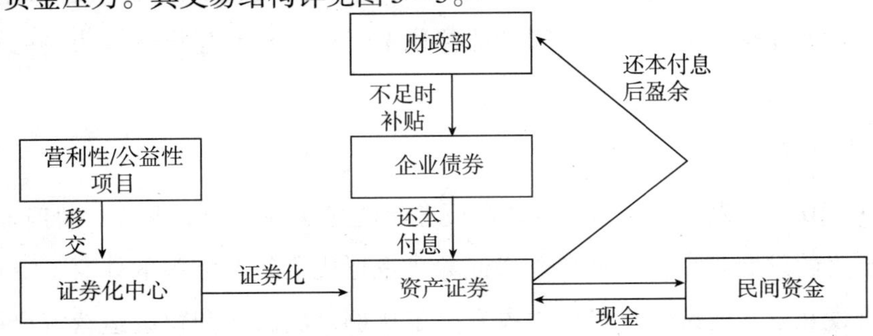

图5－3　与经营性项目捆绑模式交易结构图

政府分期采购模式。因水利项目所需资金较大，短期内政府无法仅靠财政收入满足水利设施建设的融资需求，可考虑“政府采购、分期付款”的方式进行资产证券化融资，以政府的长期应付款的分期支付作为资产证券化资产池。其交易结构详见图5－4。

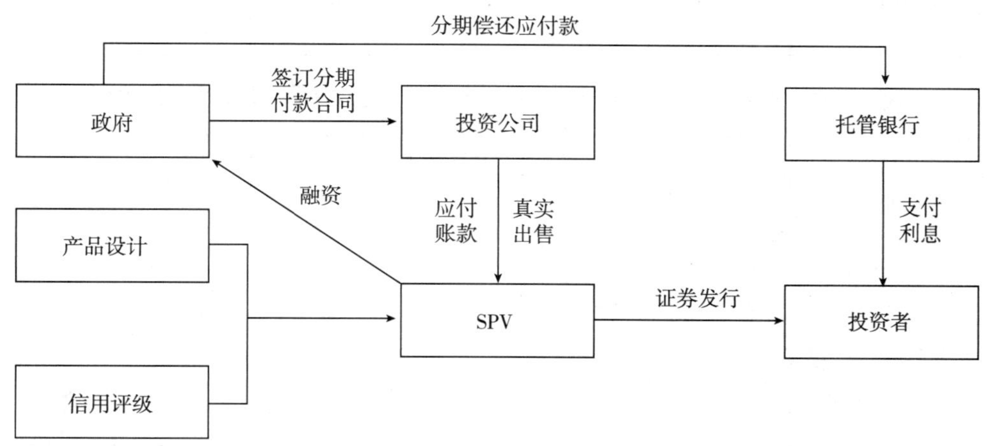

图5－4　政府分期采购模式交易结构图

政府分期回购模式。政府分期回购模式类似于BT项目，即政府和企业签订合同，给予企业水利设施特许建设权，由企业对项目进行投资、建设和管理，在项目完成验收后再由政府对其进行回购。这种模式中，资产池的构成可以是单个或不同企业的回购款项，这不仅能扩大资产池的规模，还有利于降低融资成本。其交易结构详见图5－5。

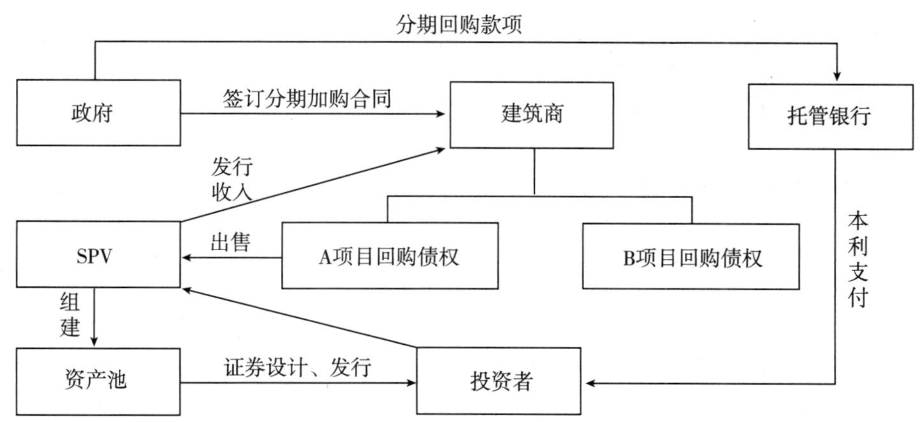

图5－5　政府分期回购模式交易结构图

3. 水利信贷资产证券化

水利信贷资产证券化是将缺乏流动性，但具有某种可预见收入的资产或资产组合，通过发行以其为担保的资产支撑证券，是一种存量资产证券化。其交易结构详见图5－6。

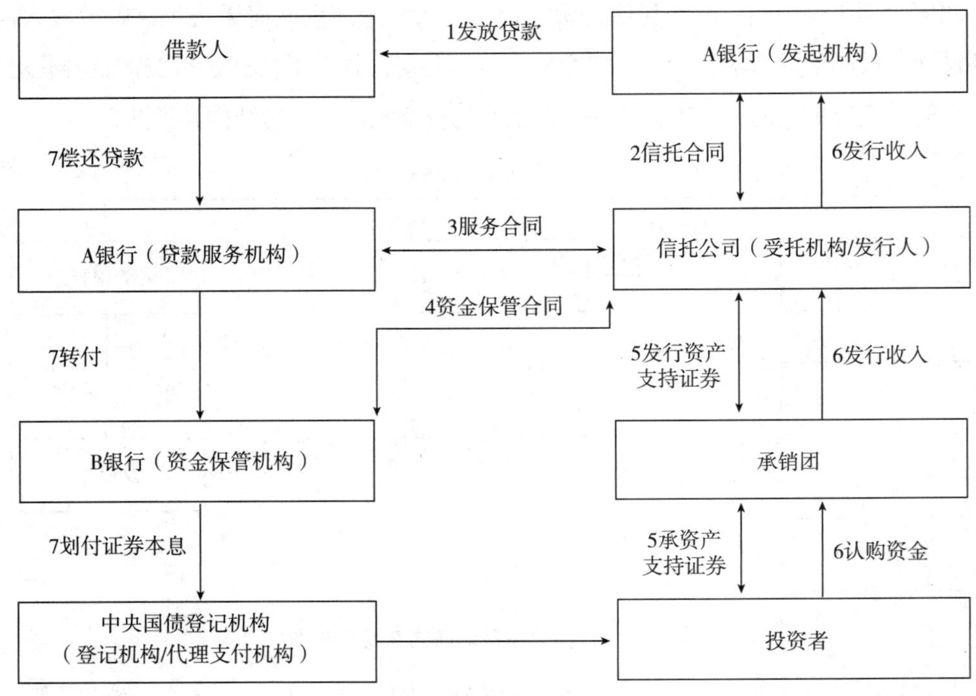

图 5－6　水利信贷资产证券化交易结构图

四、加快推进水利资产证券化工作的对策建议

为加快推进水利资产证券化工作，盘活水利存量资产、吸引更多社会资本参与水利项目建设运营，提出以下对策建议。

（一）研究制定加快水利资产证券化工作的指导意见

水利资产证券化对水利行业来说是一项创新性工作，国家水行政主管部门可联合中国人民银行、中国银监会、中国保监会以及中国银行间市场交易商协会，出台加快水利资产证券化工作的指导意见，积极鼓励、引导和规范其发展，给予政策上的支持，进行全过程监督，推动加快水利资产证券化工作进程。

（二）积极培育水利资产证券化融资市场

积极培育水利资产证券化市场有利于水利资产证券化发展。要促进投资者类型多元化，逐步引入私募基金、银行理财产品、社保基金、养老基金、企业年金及境外合格机构投资者。要扩大发起主体范围，鼓励水利证券化产品创新，充分发挥资产证券化对盘活水利基础资产的作用。要进一步健全水利资产证券化产品托管、结算和流通转让机制，增强水利证券化产品的流动性。

（三）主动与金融机构和证券机构加强协调

水利资产证券化融资离不开金融机构和证券机构的全面参与，水利部门应主动、积极与相关的金融机构和证券机构加强沟通协调，探讨合作开展水利资产证券化市场融资的可行性方式和实现途径。当前，在全国大规模推广水利资产证券化市场融资的基本条件尚不成熟，但可适时在一些水利基础资产较好、金融机构和证券机构积极性较高的地区进行小规模探索性的试点工作。

（四）加快完善全成本水价和提高水电上网电价的形成机制

资产证券化是以未来稳定持续的现金流为基础，对于水利资产证券化来说，未来现金流主要来源之一就是水费、电费等未来收益权。但是，目前我国绝大部分地区水价远低于供水成本，需要进一步完善全成本水价形成机制；水电上网电价也未能反映市场真实的供求关系或稀缺程度，需要进一步理顺上网电价。完善有关的价格形成机制，为推进水利资产证券化工作创造不可或缺的基本条件。

水利 PPP 项目合同争议的多元化解决机制研究

梁　姝*

我国经济发展已进入新常态，党中央提出必须深入推进供给侧结构性改革，并提出当前重点是推进“三去一降一补”五大任务，把加强基础设施薄弱环节与生态环境保护列入补短板的重点内容，把重大水利工程和灾后水利薄弱环节建设纳入扩大有效投资的关键领域。供给侧结构性改革是我国全面深化改革的重要一步，对于水利发展而言更是重大机遇。2015 年国家发展和改革委员会、财政部和水利部联合印发《关于鼓励和引导社会资本参与重大水利工程建设运营的实施意见》，鼓励和引导社会资本参与水利工程建设和运营。PPP 项目有助于优化投资结构，通过引入市场竞争机制，提高水利管理效率和服务水平，对于完善我国水利基础设施建设具有重要作用。

我国已有 PPP 模式在水利建设项目中成功运用的案例，但尚未全面推广，这与相关法律制度不健全有很大关系，特别是合同双方发生争议时解决机制的不完善，给社会资本进入水利项目造成严重阻碍。合同争议解决是合同理论体系中不可或缺的一环，如果争议得不到妥善解决，合同当事人的合法权益将面临威胁，由于水利 PPP 项目的特殊性，社会公共利益也将受到损害。

一、水利 PPP 项目合同争议解决在我国的现状

（一）理论

对水利 PPP 项目合同争议的解决途径研究需要从合同本身及争议的性质入手，学术界对此意见不一。由于水利 PPP 项目合同相比其他行政行为而言对契约理念的体现更为明显，相应的权利义务配置也受其影响，很多学者主张将其归为民事合同，所生争议属于民事争议。也有学者从合同当事人、政府方在合同中享有的行政优益权以及水利项目的特殊性出发，认为水利 PPP 项目合同是行政合同，合同争议属于行政争议。关于行政合同争议的解决，相关理论主张包括“双阶理论”“拆分理论”（又称“拆分

* 梁姝（1992—　），女，河海大学法学院宪法学与行政法学专业。

模式”）和“双阶＋拆分理论”。“双阶理论”即依据合同所处阶段的不同制定不同的纠纷解决机制。“拆分模式”即拆分合同中的行政性因素与契约性因素，通过公法规则调整其中的行政性因素，私法规则调整其中的契约性因素[①]。“双阶＋拆分”即将“双阶理论”与“拆分理论”相结合，运用“拆分理论”改造传统的“双阶理论”[②]。三种理论相较而言，“双阶＋拆分理论”为重新构建水利 PPP 项目合同争议解决机制提供了一条更为有效的路径，根据所生争议的性质选择民事或行政解决方式，更有针对性，也更有助于合同目的的实现。

（二）立法

我国目前还没有出台《行政合同法》，关于行政合同争议解决途径的规定散落在各部门文件、地方性规定和司法解释文件之中。正因为统一法律规定的缺位和理论界不同声音的存在，以致我国关于行政合同争议解决没有普适性原则和一致方向，不利于争议的公平有效解决。如财政部印发的《PPP 项目合同指南（试行）》列举的常见的争议解决方式包括：友好协商、专家裁决、仲裁和诉讼；国家发展和改革委员会印发的《政府和社会资本合作项目通用合同指南（2014 年版）》规定双方可以约定的争议解决方式包括：协商、调解、仲裁或诉讼。很多地方政府发布的规范政府合同的文件均规定采用协商、仲裁或者诉讼的方式来解决合同争议。不难发现，指导文件列举的争议解决方式以非诉讼手段为主，诉讼手段也未明确是民事诉讼还是行政诉讼。通过仲裁解决 PPP 争议是国际惯例，但《中华人民共和国仲裁法》明确将行政争议排除出可仲裁范围，究竟仲裁可否作为我国水利 PPP 项目合同争议解决的途径以及如何确定适用范围仍需进一步讨论。

（三）实务

在水利 PPP 争议案件的处理上，人们不愿意选择行政诉讼，是因为还有民事争议解决渠道可以选择。许多人不大相信法院能够公正地审理行政协议案件[③]。在司法实践中，多数水利 PPP 项目合同争议被纳入民事诉讼或者通过诉讼外途径解决，只有少数进入行政诉讼途径来解决，侧面反映了司法机关对水利 PPP 项目合同性质的态度。最高人民法院在辉县市人民政府与河南新陵公路建设投资有限公司合同纠纷上诉案［（2015）民一终字第 244 号］中一方面肯定案涉合同是“典型的 BOT 模式的政府特许

---

① 江必新：《中国行政合同法律制度：体系、内容及其构建》，《中外法学》2012 年第 6 期。

② 李宁：《我国政府购买公共服务的纠纷解决机制及其完善》，《山东大学学报（哲学社会科学版）》2015 年第 2 期。

③ 于安：《我国 PPP 合同的几个主要问题》，《中国法律评论》2017 年第 1 期。

经营协议”；另一方面又认为“虽然合同的一方当事人为辉县市政府，但合同相对人新陵公司在订立合同及决定合同内容等方面仍享有充分的意思自治，并不受单方行政行为强制，合同内容包括了具体的权利义务及违约责任，均体现了双方当事人的平等、等价协商一致的合意……从本案合同的目的、职责、主体、行为、内容等方面看，合同具有明显的民商事法律关系性质，应当定性为民商事合同”。从这段论述来看，最高人民法院认为政府特许经营协议既可能是民商事合同，也可能是行政合同，这显然与《最高人民法院关于适用〈中华人民共和国行政诉讼法〉若干问题的解释》中将政府特许经营协议归为行政协议的规定是不一致的。

（四）小结

我国水利 PPP 项目合同争议解决在理论研究上存在严重分歧，PPP 上位法缺位，实务上的矛盾也侧面反映了理论和立法乱象。水利工程属于基础设施建设领域，是社会生产和生活的物质基础，天然具有“准公益性”，提供“准公共产品”。水利 PPP 项目合同的根本目的在于提供公共服务和产品，且内容涉及行政法上的权利义务，与《行政诉讼法解释》第十一条对行政协议的定义相契合，因此，将水利 PPP 项目合同归为行政合同更为合理。此外，水利项目涉及社会公共利益，项目运行过程中需要保证生产生活的正常进行，从司法最终原则考虑，行政诉讼相对民事诉讼而言对社会公共利益的保护更为有力，但项目合同中包含的契约性因素和由此引发的民事性争议也不可忽视。为合理化解水利 PPP 项目合同争议，建构多元化争议解决机制尤为必要。

二、水利 PPP 项目合同争议解决机制的完善

通常水利 PPP 项目合同争议解决方式包括友好协商、专家裁决、调解和诉讼等。传统的行政争议解决方式包括行政复议、行政诉讼、行政裁决、行政仲裁和行政和解等。《中华人民共和国政府采购法》中争议解决方式包括询问、质疑和投诉、行政复议和行政诉讼。询问程序十分简单，虽规定了采购人答复的义务，但对答复时间、内容和拒绝答复的救济措施均无明确规定，这也使得询问很难成为正式的纠纷解决机制①。质疑和投诉机制是基于“政府采购合同适用《合同法》”这一规定使政府采购合同争议无法直接进入行政争议解决途径而设计的，水利 PPP 项目合同不存在这一法律障碍，因而在争议解决机制设计中不作考虑。通过行政方式解决水利 PPP 项目合同争议，不

① 李宁：《我国政府购买公共服务的纠纷解决机制及其完善》，《山东大学学报（哲学社会科学版）》2015 年第 2 期。

能完全套用既有的解决模式，毕竟行政合同争议与传统行政争议存在差别。在检视现有解决方式的基础上，设计特殊解决机制，充分发挥各解决手段的有效作用，是当前解决水利 PPP 项目合同争议的重要任务。

（一）对既有争议解决方式的检视

1. 行政复议

能否运用行政复议解决水利 PPP 项目合同争议，首先要解决行政复议制度的定位问题。根据国务院提请全国人大常委会审议行政复议法（草案）的立法说明，“行政复议是行政机关内部自我纠正错误的一种监督制度”。但是有学者认为，虽然现行《行政复议法》第一条将“纠正违法或不当行政、保护公民合法权益、保障和监督行政机关依法行使职权”都视为行政复议制度的目的，但与保护公民合法权益这一根本目的相比，无论是纠正违法或不当行政，还是保障和监督行政机关依法行使职权，都只是一种次级目的。将行政复议制度定位于公民权利的救济方式，可以说是对行政复议制度本质的回归，能够促使行政复议制度设计更加科学和理性①。

通过行政复议解决水利 PPP 项目合同争议，就现行《行政复议法》来说，从基本原则到程序设计都需要修改，对行政复议制度进行重构就具有必要性，但其可能涉及的面向和出现的阻力都不可忽视。在现行规定的基础上加入水利 PPP 项目合同争议解决的特殊规则不失为一种良方，但考虑到目前的制度定位，将解决规则符合立法目的、融入法体系的难度非常大，相应地对水利 PPP 项目合同争议解决的作用也就有限。不过这并不意味着绝对排除其在水利 PPP 项目合同争议中的运用，涉及传统行政争议并符合行政复议范围规定的仍然要通过行政复议解决。

2. 行政诉讼

行政诉讼是解决行政合同争议最重要的方式。针对目前行政诉讼只能由行政相对人提起的现状，余凌云教授提出为适应解决行政契约纠纷的要求，就必须在原有单向性构造的行政诉讼制度框架中针对行政契约特点建立专门适用于解决行政契约纠纷的双向性构造的诉讼结构，反映在具体制度与规则的构建上就是在行政诉讼中专门规定解决行政契约纠纷的特别规则，包括允许行政机关起诉的条件、调解原则、举证责任、确认契约效力以及对违约责任处理的判决形式等②。但杨解君等教授认为：行政主体只能做被告，似乎行政主体在行政诉讼阶段处于不利境地，但实际上，由于行政主体在行政契约的缔结、履行和执行阶段，一直处于主导和支配地位，拥有诸多法定或约定

① 章志远：《行政复议困境的解决之道》，《长春市委党校学报》2008 年第 1 期。

② 余凌云：《论行政契约的救济制度》，《法学研究》1998 年第 2 期。

的“优益权”，行政主体不需要司法机关的介入，也可达到促使契约相对方履行契约义务的目的。因此，现有行政诉讼的单方性制度只需要在受案范围、审查原则、举证责任以及法院审理程序与判决等方面补充特殊规则，就可以初步具备处理行政契约案件的能力①。

对行政诉讼法进行重构，允许行政机关提起行政诉讼，与行政诉讼的立法目的不相符合，正如杨教授所说，行政机关在行政合同关系中享有行政优益权，处于优势地位，再赋予其起诉行政相对人的权利，未免会加剧行政相对人的弱势地位。加之《行政诉讼法》刚刚修改不久，短期内再次修改的可能性不大，对行政机关的救济需要寻求其他更为合理的方式。

通过行政诉讼解决水利 PPP 项目合同争议，在适用规则上应兼顾行政和民事规则，《行政诉讼法解释》对此采取相同态度。因为水利 PPP 项目合同中契约性因素的存在，民事规则非但不可避免，在解决相关争议上反而更公平有效，但具体适用需要考虑出现争议的合同阶段及具体的争议类型，不可盲目适用。

3. 行政仲裁

目前我国的行政仲裁制度主要解决行政机关内部的行政合同争议、农村土地承包经营纠纷和劳动争议。《仲裁法》已经明确规定行政争议不能仲裁，如果要通过行政仲裁来解决水利 PPP 项目合同争议的话，必须先对其进行改革。仲裁在解决争议方面的优势是显而易见的——灵活、简捷、专业、低成本等，目前我国行政仲裁制度的设计并未全面发挥该制度的先天优势。水利 PPP 项目合同争议虽然是行政争议，但其合意性因素不可忽略，这正是仲裁的适用空间。

改革行政仲裁，将水利 PPP 项目合同争议解决纳入其范围，对于保障政府方的合法权益以及社会公共利益提供了一条新出路。政府方不能做行政诉讼的原告，当其利益受损时多采用行政手段、作出行政行为来寻求救济，在这一过程中难免出现滥用职权等问题。政府方在合同中被赋予的行政优益权源于合同所涉及的社会公共利益和公共管理的合同目的，权力行使的范围也应仅限于此，虽然社会资本方有权进行监督，但在实际操作过程中，其监督实效存疑。对此，更合理的解决办法是对政府方行使行政优益权的范围法定，范围之外的事项通过行政仲裁来解决。

仲裁天然具有独立、公正的属性，代表争议之外的第三方。通过行政仲裁解决水利 PPP 项目合同争议，首先要明确仲裁的范围，将公法上的争议排除在外；其次仲裁机构需要改革，仲裁委员会的组成应涵盖行政人员、行业代表、项目专家以及法律专家，保证各方利益代表人均有参与。仲裁程序和规范可以参照《仲裁法》《劳动争议调

① 杨解君、顾冶青：《行政契约的诉讼制度架构探微》，《江苏社会科学》2003 年第 6 期。

解仲裁法》和《农村土地承包经营纠纷调解仲裁法》的相关规定进行设计。需要特别注意的是，通过行政仲裁解决水利 PPP 项目合同争议，旨在更高效地定纷止争，以及为政府方寻求救济提供一种更规范的途径，仲裁范围也限于合同文意争议和履行过程中的契约性条文争议等争议类型，区别于传统行政仲裁，因此合同双方在仲裁中处于平等地位，相应的制度设计也应有所不同。仲裁庭作出裁决之后，在特定条件下（参照《仲裁法》第五十八条至第六十一条规定），双方当事人均有权在法定期限内申请人民法院撤销，人民法院受理撤销裁决的申请后，认为可以由仲裁庭重新仲裁的，通知仲裁庭在一定期限内重新仲裁，并裁定中止撤销程序。仲裁庭拒绝重新仲裁的，人民法院应当裁定恢复撤销程序。裁决撤销之后，社会资本方仍可以通过行政诉讼来维护自己的合法权益，政府方则止步于此。这既是对政府方优势地位的一种平衡，也是现行法律规定的要求。

4. 行政裁决

关于通过行政裁决来解决水利 PPP 项目合同争议存在几个问题。首先行政裁决的定义是不明确的[①][②]，裁决机构究竟是合同政府方还是独立第三方，学者观点各不相同[③][④]；其次，在合同中适用裁决这种公法色彩浓厚的方式是否合理也有待论证；最后，最高人民法院发布的《最高人民法院关于人民法院进一步深化多元化纠纷解决机制改革的意见》中提到："促进完善行政调解、行政和解、行政裁决等制度……支持行政机关依法裁决同行政管理活动密切相关的民事纠纷。"从中得知，最高法认为行政裁决的对象是民事纠纷，而水利 PPP 项目合同争议的性质在最高法内部观点不一，究竟可否适用行政裁决仍无答案。因此，通过行政裁决解决争议有很多问题需要解决。

5. 行政和解

行政和解的实质是一种调解，一般没有强制的法律效力。传统行政和解解决行政机关与行政相对人之间的行政争议，或者行政机关作为第三方，对民事双方之间的民事争议进行和解。通过行政和解解决水利 PPP 项目合同争议，和解的范围需要有所限制，避免合同双方在和解过程中达成不利于社会公共利益的协议，损害国家利益[⑤]。行政和解作为争议解决方式的优势在于减轻司法诉累，提高效率，解决效果也更好，有助于社会和谐。因此，在行政合同争议解决中，应允许双方当事人行政和解，这与行政合同的合意性相契合，但是涉及社会公共利益和第三人利益的，则必须谨慎对待，

---

① 姜明安：《行政法与行政诉讼法》，北京大学出版社、高等教育出版社 2011 年版，第 254 页。
② 胡宝岭：《行政合同争议司法审查研究》，中国政法大学出版社 2015 年版，第 90 页。
③ 许崇德、皮纯协主编：《新中国行政法学研究综述（1949—1990）》，法律出版社 1991 年版，第 486 页。
④ 林莉红：《法治国家视野下多元化行政纠纷解决机制论纲》，《湖北社会科学》2015 年第 1 期。
⑤ 杨解君、顾冶青：《行政契约的诉讼制度架构探微》，《江苏社会科学》2003 年第 6 期。

防止侵害公共利益或第三人的合法利益。

（二）多元化争议解决机制的构建和完善

构建和完善多元化的水利 PPP 项目合同争议解决机制，“拆分 + 双阶理论”给出了理论指导。在此基础上，结合我国既有的争议解决方式，构建水利 PPP 项目合同争议多元化解决机制（见图 5 -7）。水利 PPP 项目合同的整个生命周期可以划分为三个阶段：缔约前阶段、缔约后的履行阶段和合同履行完毕的后合同阶段。因循“拆分 + 双阶理论”，将不同阶段出现的不同争议按照契约性因素和行政性因素进行拆分，继而选择对应的解决方式。

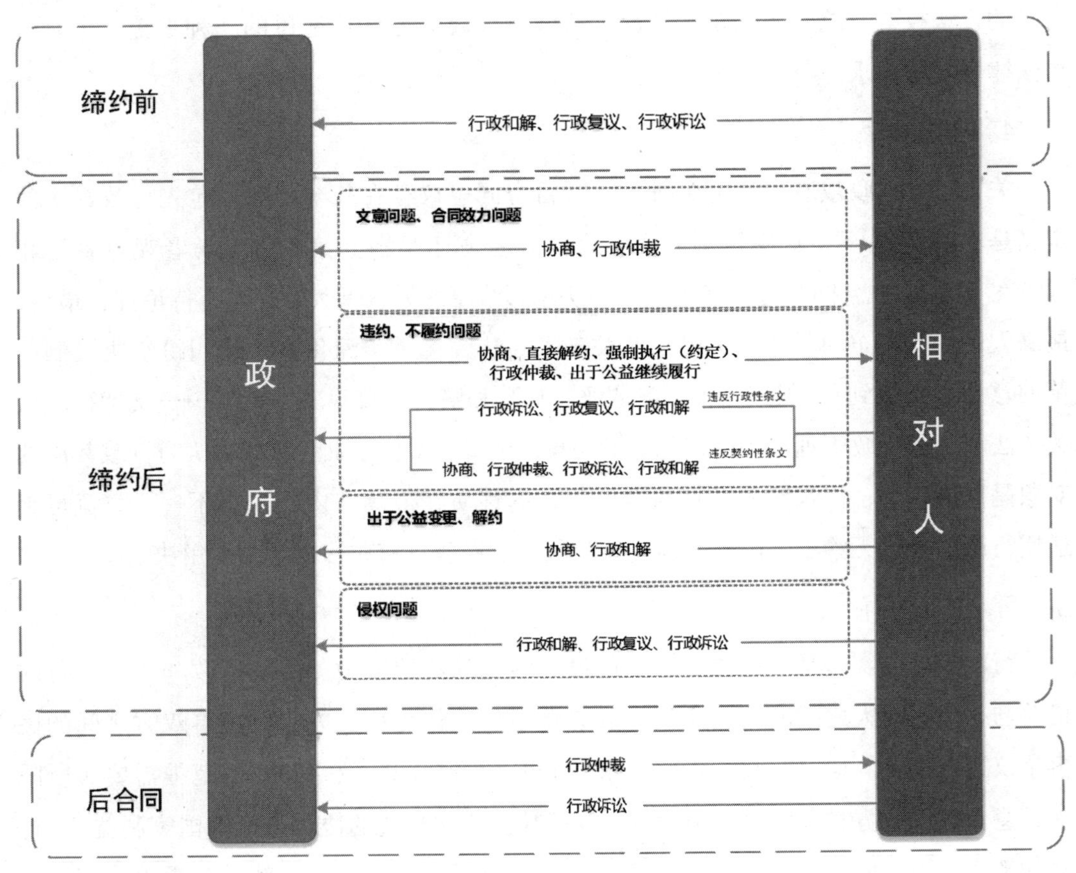

图 5 -7　水利 PPP 项目合同争议解决机制构建图

在缔约前阶段，主要争议是政府方在选择相对人的过程中产生的，例如：招投标过程中社会资本方认为政府方损害了其正当权益，这时社会资本方可以选择行政复议或行政诉讼寻求救济，也可以与政府方达成和解。缔约之后，出现的争议类型包括：因合同文意本身产生的争议、合同效力争议、违约争议以及侵权争议。如果合同双方对于合同文本的意思产生分歧，可以先自行协商处理，如果协商不成，双方均有权提请行政仲裁。仲裁庭依法从社会公共利益出发作出解释。履约过程中，合同双方均有可能违约。在社会资本方违约的情况下，合同双方需要先行协商，协商未果的情况下，政府方可以行使行政优益权直接解约，或者强制执行（需要由双方提前约定），对公共利益造成损害的，政府方可以提请行政仲裁，要求社会资本方给予相应赔偿，仲裁过程中出于公益考虑，合同一般不停止执行。但如果停止执行不会加剧损害的可以协商停止执行。如果政府方在合同履行过程中违约或者履行不适当的，根据现行《行政诉讼法》规定，社会资本方可以直接提起行政诉讼，符合《行政复议法》规定的也可以行政复议，在此过程中鼓励双方达成和解，但和解协议必须在不损害社会公共利益和第三人合法权益的范围之内。如果政府方违反的是契约性条文，社会资本方在行政诉讼和行政复议之外还可以选择行政仲裁来解决争议。仲裁的成本低、效率高、保密性好，尽快解决争议可以有效止损，防止对相对人造成的损害扩大。

出于公共利益的考虑，政府方拥有单方变更或解除合同的权利，相应地需要对社会资本方的预期利益损失进行赔偿，以及先期投入尚未回收的利益进行补偿。社会资本方认为政府方的赔偿或者补偿不到位的，可以与其进行协商，达成和解。确实无法达成一致并实际造成损失的，社会资本方可以提起行政诉讼，符合《行政复议法》规定的可以行政复议。政府方在合同履行过程中，因行政优益权行使不当使相对人造成损失的，按照《行政诉讼法》的相关规定，相对人可以提起行政诉讼或者行政复议，具体需要根据争议情况进行选择。有权力必有监督，否则就会成为腐败滋生的土壤。政府方在法定范围内拥有行政优益权，这种权力源于社会公共利益和公共管理目的，对此，合同相对方应被赋予对政府方在整个合同过程中的监督权，以保持双方权利的平衡，对应的惩戒机制和行政机关内部的监督机制也需要完善。

合同履行完毕归于消灭之后，根据《合同法》第九十二条规定，双方当事人仍需遵循诚实信用原则，互负协助、保密等后合同义务。在这一过程中如果政府方不履行义务，社会资本方仍可以提起行政诉讼，虽然《行政诉讼法》对此未作出明确规定，但同属政府方违约情形，符合行政诉讼的受案范围。如果社会资本方不履行后合同义务或者履行不适当，政府方可以通过行政仲裁寻求救济，这为政府方维护自身权益提供了一条合理路径，也可避免使用行政处罚等强制手段所产生的额外争议。

三、结　　语

在多元化纠纷解决机制中，各种方式和途径既有其独立发挥作用的空间，又可以相互衔接、优势互补，在既有的争议解决体系中搭建属于水利 PPP 项目合同争议解决的特殊路径，兼顾了公平与效率，平衡各方权益，保证救济顺畅。虽然成本效益并非法治社会唯一的价值标准，但是成本效益的平衡确为衡量社会和司法公正的重要尺度。在水利基础设施建设中合理利用 PPP 进行投融资，吸收利用社会资本，在市场规律的作用下，对于提高水利管理水平具有重大意义。因此，理顺现有的水利 PPP 项目合同争议解决方式，建构和完善特殊解决机制，对于水利发展抓住供给侧结构性改革机遇，补齐发展短板具有重要推动作用。

推进水利建设众筹融资的思考

刘　汗　高　龙*

众筹是一种具有互联网时代特征的新兴融资模式，通过互联网传播发布筹款项目，向社会大众募集资金，从而为筹资主体解决融资难题。水利投融资一直以来是水利改革的重点和难点。随着互联网金融的普及，水利建设项目能否利用众筹模式，更多借助社会力量，不断拓展融资渠道，促进互联网金融支持水利建设，是撰写本文的初衷和目的。

一、众筹的定义及特点

众筹模式起源于美国，最初是利用互联网和社交网站传播的特性，让小企业、艺术家或个人对公众展示创意，争取大家的关注和支持，进而获得所需要的资金援助，被广泛用于支持公益事业、创业募资、艺术创作、自由软件、设计发明等活动。众筹模式的兴起打破了传统的融资模式，任何有创意的项目都能够通过平台向社会公众筹集资金，不再局限于金融、风投机构等传统投资方。

目前，众筹使用较为广泛的定义，是指项目发起者通过互联网和社交网络传播项目，利用平台、项目方及支持投资者三大要素，发动社会力量，为推动项目实施筹集资金的一种融资模式。众筹作为互联网金融的重要组成，相对于传统的融资方式有很大的差别，体现出众筹融资显著的特点。

（一）众筹属于直接融资模式，双方交易成本低

以商业银行为主导的传统融资形式，属于间接融资模式。这类模式为资金供需双方匹配融资金额、融资期限和风险收益，在提高融资效率，优化金融资源配置和促进经济增长方面发挥了巨大作用，但间接融资中投融资双方都需要支付相对较高的交易成本。相较而言，众筹是一种低成本的直接融资渠道，通过信息传播高效、快速的互

* 刘汗（1981—　），男，高级工程师，水利部发展研究中心。高龙（1983—　），男，副处长，高级工程师，水利部发展研究中心。

联网平台，为投资者和筹资者对接打通了通道，互联网金融模式信息量大且易获取，可大幅减少交易成本，市场充分有效，接近一般均衡定理描述的无金融中介状态，节省大量中介资金、时间成本。

（二）众筹面向用户范围广，潜在资金储备量大

与传统融资模式相比，众筹的优势主要体现在基于互联网、面向非特定人群，具有极强的开放性特征，一般不会对用户进行地域、职业和年龄等限制，可提供无地域无国界服务，拥有庞大的用户人数。当前，我国城乡居民人民币储蓄存款余额呈现高速增长的态势，2010—2014 年从 30.3 万亿元增长到 50.3 万亿元。储蓄存款余额的升高带来人们对于能够直接投融资的需求，尽管众筹项目吸引单人的投资额可能较小，但经过互联网大量用户的汇集，能够聚沙成塔形成可观的总投资额，帮助急需资金的个人或组织迅速获得低成本的资金来源，同时使小额资金拥有者获得财产性投资的机会。

（三）众筹运作模式灵活多样，操作适用性较广

众筹有不同的分类标准，目前主要按照对投资人的回报种类进行划分，众筹可分为回报众筹、股权众筹、公益众筹和债券众筹。回报众筹指投资该类众筹项目的投资人未来将获得产品或服务；股权众筹即投资该类众筹项目可获得相应比例的股权，按照是否包含跟投机制还可细划分为领投式和非领投式；公益众筹即支持公益事业不要求获得回报的投资；债权众筹指投资人会获得一定比例的债权，未来获得利息收益及本金。上述四种众筹模式，可以根据众筹项目内容、性质、特点和融资需求等因素灵活匹配，甚至交叉选择，操作上具有较广的适用性。

2009 年，全球第一家众筹平台 Kickstarter 在美国纽约成立。2011 年，随着国内首家众筹网站“点名时间”成立，国内众筹平台快速增长，京东、淘宝和百度都相继推出众筹频道。截至 2016 年 9 月底，我国处于运营状态的众筹平台共有 455 家。如图 5－8所示，2011—2016 年全国众筹行业筹资规模呈快速增长趋势，2016 年达到 220 亿元。世界银行发布的《发展中国家众筹发展潜力报告》显示，预计到 2025 年，中国众筹行业市场规模可达 500 亿美元（约合 3000 多亿元人民币）。

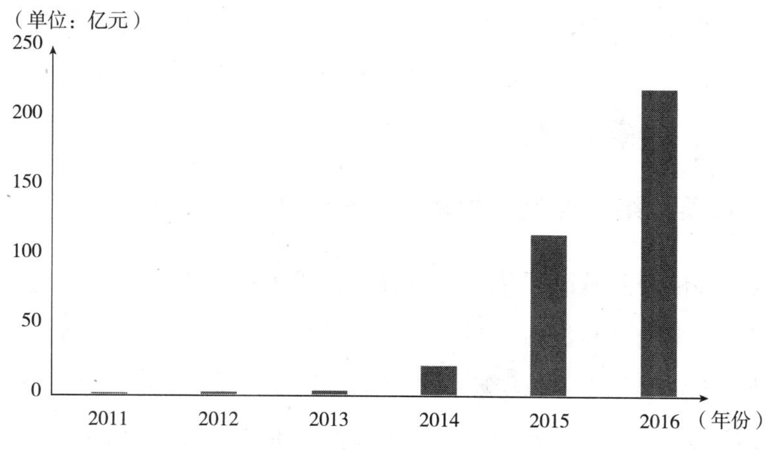

图 5－8　2011—2016 年全国众筹行业筹资规模

数据来源：《2016 年中国互联网金融市场数据监测报告》。

二、水利建设众筹的可行性分析

当前，水利基础设施仍然是国民经济重要基础设施的明显短板。水利建设融资是加强水利基础设施薄弱环节建设、从根本上扭转水利建设滞后的重要保障。在当前我国经济转型、增速放缓和财政紧缩的新形势下，以财政性资金投入为主的资金来源，已难以满足水利建设的发展形势和实际需求。创新水利建设融资方式，拓宽水利建设融资渠道，积极吸引各类社会资本投入，充分调动社会公众的积极性，对于加快推进水利建设具有重要的现实意义。

（一）水利基础设施的准公益性特点适宜发动公众参与

水利项目大多属于准公益性项目，一般具有规模大、投资多、受益面广等特点，如：水库工程、农田灌溉、农村供水、水土保持等水利项目，属于公共物品，是公共利益的载体。公众参与是保障公共利益、维护社会公平和规范公共决策的重要途径。目前，能源、交通、水利等传统公共物品供给，公众参与大多采用“公告、公示、通告”等形式，公众参与深度不够，层次也不高。根据公众参与阶梯理论①，最高层次的

① 1969 年，谢里·安斯坦（Sherry Arnstein）在美国规划师协会杂志上发表了著名的论文《市民参与的阶梯》（*A Ladderofcitizen Participation*），为公众参与成为可操作的技术奠定了定理性的基础，至今仍广为世界各地的公众参与研究者和实践者所采用。谢里将公众的参与程度从低到高划分为三个层次、八种形式。最低层次是非参与，其中最低形式是操作性参与，即权力部门或机构事先制定好方案，让公众直接接受方案。第二层次比第一层次的参与程度有所提高，权力机关开始将方案的部分信息向公众告知或披露，并将预先制定的方案进行少许的妥协或退让。如目前在我国较多采用的“公告、公示、通告”等公众参与形式。但这种参与信息的流动基本上是单向的，是从权力机关流向公众，公众缺乏反馈的渠道和谈判的权利。故这种参与实际上是一种象征性的参与。第三层次的参与是公众在知情权得到保障的情况下，全程参与，发表看法，共同决策。

公众参与是决策性参与，即公众在知情权得到保障的情况下，决策者与参与者交换各自资源和意见，使原本的参与变成了由决策者与参与者共同作出决策。众筹的核心就是广泛地吸引公众互动参与、共同决策的过程。

（二）水利项目综合效益明显增强了众筹的实施基础

水利作为重要的公共基础设施，项目投资回报大多表现为经济效益、社会效益和环境效益的统一。单纯从经济效益指标看，大部分水利工程由于公益性突出，投资回报率往往偏低。水资源作为生态与环境的控制性要素，建设生态文明，水利必须先行，水利建设对保护水生态、改善水环境、打造水景观具有不可替代的作用。随着物质文明和生活水平的提升，“绿水青山就是金山银山”的科学论断逐步成为现实，社会公众对水清、岸绿、河畅、景美的良好生态环境越来越期盼，水利建设带来的生态效益和环境效益逐渐成为社会关注的焦点，社会公众支持、参与水利建设的意愿更加强烈。

（三）众筹模式的多样化增强了项目融资的可操作性

按照众筹回报方式的不同，众筹可分为债权众筹、股权众筹、回报众筹和公益众筹四种类型。[①] 其中，债券众筹的约束条件是以还本付息作为回报；股权众筹的约束条件是以股权作为回报；回报众筹的约束条件是提供相应回报，回报标的通过合同约定。按照不同众筹模式实施的约束条件和水利项目类型特点，债权众筹适用于准公益性和经营性水利项目；股权众筹适用于经营性水利项目；回报众筹适用于公益性水利项目、准公益性水利项目和经营性水利项目；公益众筹适用于公益性水利项目和准公益性水利项目。

三、水利建设众筹模式设计

按照公益性、准公益性和经营性水利项目分类标准，分别选择窖池工程[②]、水库工程和城市供水工程作为典型案例，设计适宜的众筹模式。

（一）以公益性窖池工程为例

以农村单户家庭为受益对象，满足基本用水需求为目标建设的窖池工程，属于典

---

① 债权众筹：投资者对项目或公司进行投资，获得其一定比例的债权，未来获取利息收益并收回本金；股权众筹：投资者对项目或公司进行投资，获得其一定比例的股权；回报众筹：投资者在前期对项目或公司进行投资，获得产品或服务；公益众筹：投资者对项目或公司进行无偿捐赠。

② 窖池工程一般是指采取防渗措施，拦蓄、收集天然来水，用于农业灌溉、农村供水的蓄水工程。

型的公益性水利工程。如：甘肃、宁夏及陕西等西北地区的水窖，贵州、云南及广西等西南地区的水柜，四川的水池等。窖池工程属于典型的纯公益性水利工程，一般以村或队为单位，具有建设相对分散独立、单个工程投资不大等特点，适宜采用公益或回报众筹模式，有利于提高项目众筹的成功率。

窖池工程公益众筹运作方式如表 5 - 1 所示，地方水行政管理部门或地区民间组织作为窖池工程项目发起方，通过京东、淘宝、腾讯等众筹频道或平台，发布项目需求信息。从社会公众对公益项目关心关注的角度出发，对项目的实施意义、社会效益、执行保障、资金监管等方面进行介绍，设定筹款目标。因地制宜采取工程冠名、媒体宣传等方式作为项目投资回报，通过回报众筹吸引项目投资方，促进项目的公益宣传与推广，顺利筹集项目建设资金。

表 5 - 1 公益性窖池工程众筹运作方式

项目发起方	地方水行政管理部门或地区民间组织	
众筹模式	公益众筹	回报众筹
众筹平台	京东、淘宝、腾讯等众筹频道/平台	
社会投资方	通过互联网面向关心支持公益事业的社会公众、企业等	
回报方式	无物质回报，可选择感谢信、荣誉证书等精神回报	工程冠名、企业推广、媒体宣传等方式回报投资方
回报周期	从项目筹资成功到建成投产	从项目筹资成功到建成投产

（二）以准公益性水库工程为例

准公益性水库一般指工程开发目标以防洪、抗旱等公益性功能为主，同时兼有供水、发电功能的水库。按照四种众筹模式的实施要求和约束条件，推荐采取股权众筹、债券众筹和回报众筹相结合的方式，即供水、水力发电等经营性部分投资采取股权众筹或债券众筹；水库防洪、灌溉等公益性部分投资采取回报众筹。

准公益性水库工程众筹运作方式如表 5 - 2 所示。对于经营性部分投资推荐采取股权或债权众筹，项目公司作为项目发起方，通过众筹平台（如：淘宝众筹、京东众筹、天使汇、大家投等），发布项目需求信息。从社会公众对股权或债权融资项目关注的核心内容出发，对项目亮点、市场分析、赢利能力、实施进展等进行介绍，便于潜在投资方增进对项目的了解程度。对于公益性部分投资推荐采取回报众筹，考虑到水库建成后形成的水库生态旅游资源，水库风景区冠名权、开发权、经营权、免票权等可作为投资回报，广泛吸引企业、社会公众等潜在投资方。

表5-2 准公益性水库工程众筹运作方式

项目发起方	项目公司		
众筹模式	股权众筹	债权众筹	回报众筹
众筹平台	淘宝众筹、京东众筹、天使汇、大家投等	淘宝众筹、京东众筹、天使汇、大家投等	京东、淘宝、腾讯等
社会投资方	通过互联网面向有长期稳定投资收益需求、对水库资源开发利用感兴趣的社会公众、企业等		
回报方式	股权收益，分享收益或承担亏损	债权收益，本息保障程度高	水库风景区冠名权、开发权、经营权、免票权等
回报周期	项目全生命周期	合同约定期限	合同约定期限

（三）以经营性城市供水工程为例

城市供水工程属于经营性水利工程，主要指为城市提供生产、生活等用水而兴建的，包括原水的取集、处理以及成品水输配等各项工程设施。推荐项目公司作为项目发起方，采取股权或债权众筹，通过众筹平台（如：淘宝众筹、京东众筹、天使汇、大家投等），发布项目需求信息。重点对项目基本情况、市场供给现状、未来发展需求、运营赢利能力、投资可行性等方面进行介绍，吸引潜在投资方对项目的关注程度。经营性城市供水工程众筹运作方式如表5-3所示。

表5-3 经营性城市供水工程众筹运作方式

项目发起方	项目公司	
众筹模式	股权众筹	债权众筹
众筹平台	淘宝众筹、京东众筹、天使汇、大家投等	淘宝众筹、京东众筹、天使汇、大家投等
社会投资方	通过互联网面向有长期稳定投资收益需求的社会公众、企业等	
回报方式	股权收益，分享收益或承担亏损	债权收益，本息保障程度高
回报周期	项目全生命周期	合同约定期限

四、有关建议

积极推动水利建设众筹融资，是鼓励和吸引社会资本投入水利建设的一种新型模式。结合水利建设融资需求和众筹融资特点，从制度环境、实际操作和人才培养等方面，提出以下有关建议。

（一）开展众筹融资监管政策的跟踪性研究

众筹作为互联网金融的新兴业态，有效弥补了传统融资渠道狭窄、品种单一、成本较高等不足。但由于我国众筹融资起步较晚而发展迅速，各项规则制定滞后，形成了众筹融资发展速度先于相关规则制定和出台的局面。在众筹融资不断成长、规范、成熟的过程中，需要加强对众筹融资监管政策的跟踪研究，应密切关注政策和法律法规的走向和动态，尤其是股权众筹避免触及公开发行证券或“非法集资”红线，合理规避可能存在的法律风险，充分利用政策红利。

（二）鼓励各地自主开展项目众筹融资试点

鼓励各地按照公益性、准公益性和经营性水利项目类型，因地制宜开展水利建设众筹融资试点，扩大直接融资规模。在众筹管理机制、融资规则、融资回报、资金管控、风险防控、投资者保护等方面大胆创新，积极开展尝试和探索，总结可复制、可推广的试点经验，为后续制定出台水利建设众筹融资有关政策文件提供实践参考。加大对地方实施众筹项目中央财政补助资金的支持力度，通过采取“领投加跟投”模式，降低项目融资风险，增强社会资本跟投方的信心。

（三）加强与互联网众筹平台的交流合作

目前国内互联网众筹平台发展受到广泛关注，腾讯、京东、阿里、百度等知名互联网公司均已上线众筹平台。在众筹项目筛选、孵化、包装、整合等方面积累了丰富的经验，为上线众筹项目提供宣传、推广、渠道等方面具有突出的规模优势。加强与现有互联网众筹平台的交流合作，充分借助市场已有力量，发挥双方各自优势，共同推动水利众筹项目的顺利实施。根据水利建设众筹实施进展和需求，适时选择国内已有综合性众筹平台作为合作方，共同推动建立水利专业化垂直众筹平台。

（四）借助互联网推广理念不断创新行业宣传

水利建设众筹融资属于互联网金融范畴，必须在传统行业宣传工作的基础上，吸收互联网推广的先进理念，创新项目方案设计、路演推广、咨询解答、流程跟踪等，充分借助互联网公众传播的力量。通过制定明确的筹资目标、合理的实施方案、清晰的预算编制、严格的监管措施等，提高社会公众对众筹融资项目的认可程度。以窖池工程公益众筹为例，不仅需要依靠“眼泪指数”吸引社会关注，还需在项目设计的认同度、新颖度、规范度上吸引公众，调动社会公众主动投入公益项目，自觉履行社会责任的积极性。

（五）注重水利建设众筹领域专业人才培养

水利建设引入互联网众筹融资，对政府、行业还是监管部门来说，都属于新生事物。从发展趋势看，众筹对提高融资效率、降低融资成本和扩大就业都具有积极的推动作用，涉及互联网、经济、金融、管理、法律等多项专业领域，亟须加大相关专业人才的培养和引进力度。建立政府、智库、企业联合培养人才的机制，设立水利建设众筹融资相关课题研究，培养形成一批既有理论知识又有实践经验的复合型人才，提升众筹融资管理专业化和决策科学化水平。

规范地方政府举债融资政策背景下推进水利PPP的思考

马　超　李　昂*

2017年以来，财政部等先后制定印发了《关于进一步规范地方政府举债融资行为的通知》（以下简称“50号文”）、《财政部关于坚决制止地方以政府购买服务名义违法违规融资的通知》（以下简称“87号文”）等政策文件，对PPP、政府投资基金、政府购买服务等各类政府与社会资本合作行为提出明确要求，对地方政府举债融资行为作出严格规范①②。水利是国民经济发展的重要基础设施，也是政府与社会资本合作的重要领域，由于公益性强、投资规模大、建设周期长，水利工程建设长期以政府财政投资为主，且多数在地方组织实施，是地方政府财政金融风险的多发、易发环节，在推行政府和社会资本合作时应注重规范和监管。

一、规范地方政府融资相关政策文件的内容解读

党中央、国务院高度重视政府债务风险防范。近年来的中央经济工作会议、中央政治局会议、国务院常务会议、政府工作报告均提出明确要求。为进一步规范地方政府举债融资行为，避免因个别地方违法违规融资行为发生区域性系统性风险，2017年以来，财政部会同有关部门先后印发了50号文、87号文对政府融资行为作出了要求和规范，初步实现了对当前地方政府及其部门主要违法违规融资方式的政策全覆盖。其政策内容及有关要求主要包括以下几个方面。

（一）加强地方政府融资平台管理

50号文强调，要推动融资平台尽快转型为市场化运营的国有企业，依法合规开展

---

* 马超（1986—　），男，博士，高级工程师，水利部发展研究中心副处长。李昂，硕士，工程师，中国水利水电科学研究院。本文是国家自然科学基金资助项目（41301630）、中国科协青年人才托举工程（2015QNRC001）。

① 财政部、国家发展改革委、司法部等：《关于进一步规范地方政府举债融资行为的通知》，见 http://www.gov.cn/xinwen/2017-05/03/content_5190675.htm，2017年5月26日。

② 财政部：《财政部关于坚决制止地方以政府购买服务名义违法违规融资的通知》，见 http://www.gov.cn/xinwen/2017-06/03/content_5199529.htm，2017年6月13日。

市场化融资，地方政府及其所属部门不得干预融资平台公司日常运营和市场化融资。同时明确指出，地方政府不得将公益性资产、储备土地注入融资平台公司，不得承诺将储备土地预期出让收入作为融资平台公司偿债资金来源，不得利用政府性资源干预金融机构正常经营行为。

（二）规范政府与社会资本合作行为

50号文强调，地方政府不得以借贷资金出资设立各类投资基金，严禁地方政府利用PPP、政府出资的各类投资基金等方式违法违规变相举债，除另有规定外，地方政府在推行PPP项目、设立财政性投资基金时，不得以任何方式承诺回购社会资本方的投资本金，不得以任何方式承担社会资本方的投资本金损失，不得以任何方式向社会资本方承诺最低收益，不得对有限合伙制基金等任何股权投资方式额外附加条件变相举债。

（三）规范政府购买服务实施行为

针对政府购买服务行为，87号文从规范实施范围和预算管理两个方面作出了要求。在实施范围方面，以“正面清单+负面清单”的方式，规定政府购买服务的内容的重点是有预算安排的基本公共服务项目，严禁将基础设施建设、储备土地前期开发、农田水利等建设工程作为政府购买服务项目，严禁将建设工程与服务打包作为政府购买服务项目。在预算管理方面，要求坚持先有预算、后购买服务，政府购买服务资金应当在既有预算中统筹考虑，期限应严格限定在年度预算和中期财政规划期限内，以确保购买服务项目及其预算安排真实合规。

（四）严禁利用购买服务合同违法违规融资

针对一些地方假借政府购买服务名义违法违规融资的做法，对地方政府、金融机构、承接主体行为均提出明确要求，防止发生违法违规融资行为。一是明确政府部门行为边界。地方政府及其部门不得利用或虚构政府购买服务合同为建设工程变相举债，不得通过政府购买服务向金融机构等融资，不得以任何方式虚构或超越权限签订应付（收）账款合同帮助融资平台公司等企业融资。二是保障金融机构合法权益。要求金融机构涉及政府购买服务的融资审查必须符合预算管理要求，引导金融机构加强风险识别，防范经营风险。

总的来看，50号文和87号文的相继出台，对遏制地方政府非法融资行为将起到十分关键性的作用，这也标志着我国地方政府举债融资行为和PPP模式的推广运用，已经进入更加公开、更加透明、更加规范的操作实施阶段。

二、新形势下水利 PPP 应引起重视的几个问题

近年来，为激发社会资本活力，建立健全水利投入资金多渠道筹措机制，提高水利管理效率和服务水平，水利部先后制定出台了关于吸引社会资本参与农田水利、水土保持、重大水利工程建设运营的政策措施，通过投资补助、财政贴息、价格机制、税费优惠等政策措施，鼓励社会资本以参股控股、特许经营等多种形式参与水利工程建设运营①②。同时，选择了 12 个项目开展国家层面联系的试点工作，积极探索可复制推广的经验，指导地方积极开展政府和社会资本合作探索实践。截至目前，湖南莽山水库、广东韩江高陂水利枢纽等 5 个试点项目已经完成引入社会资本工作，共吸引社会资本 37. 61 亿元，约占项目总投资的 22. 8%。2011 年以来，全国民间投资用于水利建设资金约 1267 亿元，年均投资规模约为“十一五”期间的 6 倍，水利建设的市场融资能力进一步增强，非财政资金在水利建设投资中比重不断提高，总体来看，水利吸引社会资本取得了积极进展和成效③④。但同时也要看到，由于水利建设周期长、投资回报率低、长期由政府组织实施，水利 PPP 尚缺乏成熟的操作经验⑤⑥⑦。特别是从近期财政部关于对规范政府融资举债行为的要求来看，水利领域在推行 PPP 过程中对如下几个问题需要引起有关方面的高度重视。

（一）从合作方式看，政府付费类 PPP 与政府购买服务的边界不够清晰

近年来，国家有关政策文件对 PPP 的概念进行了界定，但业界对 PPP 实质性表述的理解上仍有偏差，认识上存在分歧。有的认为 PPP 就是政府购买服务，凡是适宜政府购买服务的项目同样适用于 PPP 模式；有的则认为 PPP 属于政府购买服务的范畴，是政府购买服务政策的延伸；也有观点认为，政府购买服务是 PPP 的一种特殊形式，在实际操作中将其近同于政府付费类的 PPP 项目。从现有政策看，政府购买服务与 PPP 在适用范围、实施主体、实施程序、预算安排、回报来源等方面都存在较大差异。比如在适用范围上，工程建设项目不得作为政府购买服务项目，而 PPP 模式的适用范

---

① 国务院：《关于创新重点领域投融资机制鼓励社会投资的指导意见》（2017 年 5 月 26 日），见 http://www.gov.cn/zhengce/content/2014－11/26/content_9260.htm。

② 国家发展改革委、财政部、水利部：《关于鼓励和引导社会资本参与重大水利工程建设运营的实施意见》（2017 年 6 月 5 日），见 http://www.gov.cn/xinwen/2015－03/19/content_2836367.htm。

③ 马超等：《当前水利吸引社会资本应避免陷入的几个误区》，《中国水利》2017 年第 3 期。

④ 马超、袁晓奇：《社会资本参与水利建设的典型模式及操作要点》，《水利经济》2016 年第 6 期。

⑤ 马毅鹏：《地方政府融资平台转型路径：透视水利行业》，《改革》2015 年第 3 期。

⑥ 魏红亮、张旺：《加大水利投入稳定增长机制创新探索的思考》，《中国水利》2013 年第 8 期。

⑦ 李敏：《水利 PPP 项目运营模式选择的适应性分析》，《人民珠江》2016 年第 6 期。

围相对更加广泛；在具体操作中，PPP 项目中政府支付责任不能超过本地公共预算支出的 10%，而政府购买服务并无 10% 的约束。调研发现，对于一些公益性很强的水利项目，由于市场融资能力较差，财政补贴又相对有限，有的地方将其列入政府购买服务的范畴。这一做法事实上将政府付费类的 PPP 项目与政府购买服务混为一谈，既违反了先有预算、后采购的原则，又规避了 10% 的预算管理限制，容易产生较大的债务风险，相当于无形之中把 PPP 模式“架空”了。

（二）从融资模式看，部分水利投融资平台存在违规举债融资现象

近年来，随着中央加快水利改革发展利好政策相继出台，水利投融资平台得到了快速发展。调研了解到，许多地方在推进水利 PPP 项目时，往往选择当地的投融资平台（政府出资人代表）作为社会资本合作方之一。特别是对于一些赢利能力较差甚至没有赢利能力的水环境整治等项目，为满足社会资本方投资回报要求，有的地方采取无偿划拨土地资源，或允许社会资本方分享周边土地增值等方式。在实际操作中，不少融资平台将政府的土地预期出让收入作为偿债来源向银行或其他金融机构进行贷款融资，造成了“借政府信用进行市场化融资”的假象。从财政部规范融资平台的要求看，今后不仅融资平台不得利用政府性资源干预金融机构的正常经营行为，金融机构也应当严格规范融资管理，切实加强风险识别和防范，在融资平台借贷时不得接受担保函、承诺函、安慰函等任何形式的政府信用担保，并要求对当前存在的违法违规融资行为进行清理整改。由此可见，在防范地方违法违规举债融资政策形势下，地方水利投融资平台过去长期依靠政府信用的融资模式已难以为继，平台市场化转型已迫在眉睫。

（三）从回报机制看，部分水利 PPP 项目难以实现利益共享和风险共担

财政部有关文件对政府和社会资本合作中的“收益兜底”模式作出了严格要求，比如不得以任何方式承诺回购社会资本方的投资本金，不得以任何方式承担社会资本方的投资本金损失，不得以任何方式向社会资本方承诺最低收益，等等。从调研情况看，由于水利投资回报率较低，不少地方在推行水利 PPP 时，为提高社会资本的收益预期和参与意愿，在回报机制上往往采取“投资封顶”“收益保底”等方式保障社会资本的投资收益。比如，有的地方明确，如果项目运行期发生供水水量、水价、上网电价达不到预期情况，政府将通过增加补贴或者政府付费等方式，保障社会资本的年度收益或回报率不低于预期水平。有的地方则明确，当工程建设期间项目投资规模超出预期时，超出投资部分由政府财政承担。尽管这类做法可以近乎“零风险”地满足社会资本投资预期，但事实上违背了政府和社会资本“利益共享”和“风险共担”的原则，不仅降低了社会资本方加强经营管理、提高项目收益的积极性，也增加了政府

为满足社会资本方收益而产生的财政负担，是一种典型的“明股暗债”。

（四）从服务与监管来看，地方在推行水利 PPP 时存在一些监管漏洞

从财政部相关文件内容来看，不管是规范地方政府举债融资行为，还是规范政府购买服务，目的都是防范地方财政风险，完善中央对地方的债务监管。近年来，国家大力推行以“放管服”为核心的投融资体制改革，通过简政放权、放管结合、优化服务等措施，激发民间投资的积极性，尽管取得很大成效，但在实际操作过程中也暴露出“重放轻管”的问题。特别是对于水利这样公益性很强的领域而言，长期以来水利工程建设多数由地方组织实施，向社会资本敞开大门以后，势必对政府加强监督管理，保障公共安全和公共利益提出了更高要求，而一旦规范和监管力度不够，就容易发生债务方面的风险。比如，对社会资本而言，为了实现自身利益最大化，往往在项目谈判时就要求政府给予投资收益方面的承诺，或要求政府为其在融资方面提供便利条件，有的还在建设管理过程中变相增加预算，并要求政府给予追加投资。而对地方政府而言，有时存在“为了 PPP 而 PPP”的心理，为了尽快吸引社会资本落地实施，在和社会资本合作过程中，往往让渡自身投资收益，甚至对社会资本作出收益兜底的承诺，在建设过程中也未能真正建立起有效的监管体系，导致建设管理效率不高，不仅增加了自身债务风险，也影响了公共安全和公共利益。因此，推行政府社会资本合作，不仅要通过简政放权敞开大门，优化环境，更要通过加强监督管理正本清源、防范漏洞。

三、进一步推进水利 PPP 的政策措施和建议

财政部近期相继出台的防范地方政府违法违规融资政策，并非是对 PPP 的限制，而是进一步堵住违法违规融资行为的“暗渠”，敞开政府和社会资本合作的“明渠”，标志着我国政府举债融资行为和 PPP 的推广应用已经进入了规范实施的关键阶段。水利部门应充分认识这一形势，积极采取有效措施，将水利 PPP 推向更加透明、更加规范、更加高效的实施阶段。

（一）划清边界，确保 PPP 和政府购买服务泾渭分明

针对一些地方将政府付费类的 PPP 和政府购买服务混为一谈的操作误区，必须进一步划清两者之间的边界，避免政府以购买服务的名义进行违法违规融资。

1. 细化政府购买服务范围

要科学制定并适时完善水利购买服务指导性目录，将其严格限制在属于政府职责范围、适合采取市场化方式提供、社会力量能够承担的公共服务事项，将水利工程建

设、原材料购买等事项排除在购买目录之外，逐步形成政府购买服务的“负面清单”。

2. 严格购买服务预算管理

要坚持先有预算、后购买服务的方式，将政府购买服务期限严格限定在年度预算和中期规划预算之内，禁止地方把政府购买服务作为增加预算单位财政支出的依据，不给违法违规融资可乘之机。

3. 规范水利 PPP 项目运作

水利项目采用政府付费方式吸引社会资本时，要严格遵守财政部划定的 PPP 项目预算支出“红线”，即每一年度全部 PPP 项目需要从预算中安排的支出责任，占一般公共预算支出比例应当不超过 10%，坚决杜绝以水利 PPP 之名行违法违规融资之实。

（二）深化改革，加快推动水利投融资平台市场化转型

针对地方融资平台公司发生的违法违规行为，地方政府要进一步加快职能转变，处理好政府和市场的关系，规范融资平台公司的融资行为管理。

1. 尽快开展清理整改工作

许多违法违规融资行为，表面在融资平台，根源在地方政府。目前，财政部正在组织开展地方政府融资担保清理整改工作。建议水利部门要尽快对当前地方水利融资平台债务情况进行统计了解，组织开展摸底排查，特别是针对参与水利 PPP 项目的地方融资平台公司，要对其融资行为是否合法合规进行核查，对利用政府性资源进行担保的融资行为进行整改，对违规融资形成的债务风险，及时通报地方人民政府，联合有关部门通过债务置换、优质资产资源注入、无效资产剥离等方式进行化解，保障地方水利投融资平台良性运行。

2. 加快推动融资平台转型

对水利管理部门而言，在推行水利 PPP 过程中，要尽量选择市场化、实体化、多元化程度高的融资平台作为社会资本合作方，规避因平台融资能力不足而增加的债务风险，在选择过程中要通过公开招标、竞争性谈判方式，择优确定社会投资经营主体，倒逼融资平台加速转型。对水利融资平台而言，要主动思考未来发展方向，考虑围绕水利建设进行产业链的前后向延伸，如供水、水务等，进行相关多元化发展，确保依靠自身实力从资本市场筹集资金。

（三）完善机制，实现 PPP 合作双方利益共享、风险共担

针对部分地方推进水利 PPP 时存在的“收益兜底”行为，要进一步完善项目论证与竞争合作机制，促进实现政府和社会资本双方利益共享和风险共担。

1. 完善项目论证机制

水利项目向社会资本放开，并不等于所有项目都适合开展 PPP。为此，在推行 PPP 之前必须委托专业机构进行项目甄别，通过物有所值评价和财政承受能力分析，对水利项目开展 PPP 的适宜性进行判断，特别是对于收益性较差、需要由政府付费或者补贴的项目，要判断财政能力是否可以承受。

2. 完善收益分配机制

政府与社会资本能否进行有效合作，关键在于通过责权利的合理划分，确定双方各自收益和风险的区间和边界。对赢利条件较好的水利项目，政府可通过股权投资的方式吸引社会资本，双方按照出资比例分摊收益分担风险；对赢利条件较差的水利项目，可由政府承担公益性部分投资，承诺让渡投资回报，并适当对社会资本收益给予补贴。

3. 完善风险分担机制

政府和社会资本在签订协议时，要摒弃“保障社会资本基本收益”甚至是“零经营风险”的固有模式思维，进一步明确双方的风险分配机制，即社会资本不仅要承受因经营不善带来的投资收益风险，也要承担因未能发挥好项目公益性职能带来的违约风险。

（四）加强监管，提高水利领域政府社会资本合作质量

“敞开大门”不等于“撒手不管”，政府要通过多种方式加强对水利 PPP 项目的监督管理，提高水利领域政府和社会资本合作质量。

1. 尽快出台监管措施

针对当前地方在推行水利 PPP 时暴露出的违法违规融资行为，在水利部层面制定印发规范性文件，从合作模式、融资方式和建设管理行为方面，对政府和社会资本双方的行为进行规范，坚决打击地方政府为实现融资目的推行“假 PPP”，确保水利吸引社会资本行为是确有需要、合乎规范。

2. 尽快出台水利 PPP 操作指南

尽快出台政府和社会资本合作建设重大水利工程操作指南，从项目前期、投资建设、运营管理等方面，明确政府和社会资本合作的关键环节、操作步骤和注意事项等，为社会资本参与水利工程建设工作提供指导和参考，促进政府和社会资本合作的效果和质量的提升。

3. 切实加强对 PPP 的监管

建议可采取政府直接参与 PPP 的方式，由政府出资人代表与社会投资经营主体以一定持股比例联合组成项目公司，作为项目法人负责项目建设运营管理。也可由政府成立专门的监管机构，或亲自选定工作人员履行监事职责，对项目建设运营全过程进行监督管理，确保工程质量安全和效益发挥。

供给侧结构性改革中的跨流域合作建库模式研究
——以浙江钦寸水库为例

张松达　毛顶晖[*]

一、钦寸水库概况

钦寸水库地处浙江省绍兴市新昌县境内，位于曹娥江流域的黄泽江上。按照《浙江省水资源保护和开发利用总体规划》《钱塘江河口水资源配置规划》和《曹娥江流域综合规划》，钦寸水库确定为浙东引水与水资源配置及曹娥江防洪治理的重要工程，列入浙江省“十二五”水资源保护百亿工程，工程性质明确为供水、防洪为主，兼顾下游灌溉和发电的综合利用工程，供水方向为宁波市。设计显示，钦寸水库坝址以上集水面积316平方公里，多年平均入库径流量2.13亿立方米，设计总库容2.44亿立方米，大坝为砼面板堆石坝，最大坝高64米。水库移民安置总人数约12976人，其中搬迁安置人口约10891人，生产安置移民2085人。工程总占地1000.66公顷，拆迁房屋76万平方米，征用山林3.5万亩，建设工期6年，总投资约60亿元。

新昌县与宁波市的奉化区接壤，钦寸水库离奉化市边界仅15公里，又地处山区，输水隧洞可直达奉化区的亭下水库。因此，引水条件得天独厚。

二、合作建库框架

2008年，宁波市与新昌县正式商议合作建库事宜，当年，国家发展改革委正式批准钦寸水库工程项目，两地合作步入快车道。

（一）签署政府间合作协议

2008年10月，宁波市人民政府与新昌县人民政府在协商一致的情况下，签署合作建设钦寸水库工程协议书，主要内容有：

---

* 张松达（1960—　），男，教授级高级工程师，宁波市三江河道管理局局长，原浙江钦寸水库有限公司总经理。毛顶晖（1987—　），男，浙江钦寸水库有限公司。

1. 明确合作建设的内容

含钦寸水库和钦寸水库至亭下水库30公里输水隧洞。

2. 建立工程建设协调小组

由双方政府领导担任召集人，相关部门领导为成员，明确分工，定期召开会议，协调工程重大事项。

3. 组建钦寸水库工程项目法人

新昌方确定新昌县钦寸水库投资有限公司、宁波方确定宁波原水集团有限公司为各自的出资人。依法组建浙江钦寸水库有限公司，作为项目法人，由浙江省人民政府批准设立。

4. 明确项目建设资金

项目资本金新昌方为51%，宁波方为49%，由双方在规定时间内注入。资本金额度按国家规定确定，其余建设资金由项目公司负责筹措。

5. 成立工程建设指挥部

负责工程建设相关工作，与项目公司合署办公，实行“两块牌子、一套班子”的管理体制。

6. 成立移民安置机构

移民安置任务原则上按投资比例分摊，即新昌方安置移民占51%，宁波方安置移民占49%。

7. 明确供水基本水量

钦寸水库多年平均向宁波市供水量为1.26亿立方米。

（二）建立公司运作机制

1. 项目公司组织机构

项目公司成立股东会、董事会、监事会。董事长由新昌方担任，副董事长兼总经理由宁波方担任，监事会主席由宁波方担任。项目公司内设部门负责人交叉任职，按对等原则协商后安排，互相制约。

2. 工程指挥部组织机构

工程指挥部在双方协调小组领导下，负责工程日常事务的决策、协调、管理等各项工作，全面负责工程建设。总指挥由新昌方领导担任，副总指挥由双方安排，项目公司董事长、总经理分别兼任副总指挥。

3. 依法规范运作

双方明确，项目公司按公司法要求依法运作，依照国家、省、市基本建设项目管理有关规定，制订公司章程，制定财务管理制度和全程跟踪审计制度、工程建设管理若干规定等相关制度。

4. 明确移民安置“双包干”办法

项目公司与双方移民安置机构共同核定具体安置人数，签订移民安置协议书，实行任务和资金“双包干”，一次核定，总额包干，分期拨付。

5. 明确供水水价核算办法

运行期水价按还贷年限 20 年，水价先低后高，运行初期适当考虑资本金分红，折旧还贷，基本供水收入应满足项目公司运行需要等原则综合测算，商品用水同库同价，农民饮用水适当优惠，按规定程序批准后执行。

6. 明确水源保护要求

库区污染企业全部搬迁，库区山林全部转为水源涵养林，一次性支付山民 50 年林地租金，确保水库水源符合国家规定的饮用水水源水质标准。

7. 明确融资安排

除双方资本金外，其余资金通过国家开发银行等国有银行融资，双方人民政府向银行确认测算水价，双方公司分别向贷款银行出具担保承诺，项目公司融资。

双方同意上级对水库建设的补助资金由新昌方享受。

8. 投资收益

水库建成运行后，供水及发电所得收入，在还贷期限内公司每年应分红，年分红额度不超过注册资本乘以中国人民银行五年期基准贷款利率。还贷结束后，所得利润依据相关规定按双方投资比例进行分配。

三、移民安置分担

钦寸水库总计搬迁安置人口约 10891 人，按照双方协议，新昌安置移民 51%，计 5811 人，宁波市安置移民 49%，计 5080 人，新昌县出台《钦寸水库移民安置办法》，宁波市出台《钦寸水库移民安置实施意见》，分别落实移民安置工作。新昌县在 4 个街道 17 个村确定了 18 个安置点集中安置，宁波市也相应在 8 个县（市区）确定了 196 个安置点分散安置，原则上实行有土安置。新昌县同时承担 2085 人的生产安置任务，新林乡政府办公区、新林中学等 6 所教育机构，新林卫生院等 6 所卫生院，粮站，兽医站等集镇相关市政的搬迁复建或补偿任务；25 家工商企业淹没搬迁补偿安置任务；

二级公路江拔线、库周交通工程、输变电工程、通信工程、广播电视工程、水利水电工程、文物古迹保护、古树名木等专项项目复建或淹没补偿任务。上述任务均实行任务资金“双包干”政策，由双方协调小组一次性核定资金，两地政府总额包干，不足资金自行负责，限期完成。

水库淹没及移民安置用地数额巨大，并且涉及许多农保地和标准农田。双方政府积极争取上级国土部门的大力支持，相关占补平衡指标除了上级国土部门的安排以外，不足部分由双方政府按投资比例分摊，共同承担耕地占补平衡指标的落实，水库仅占用耕地达 7394 亩。购买土地指标的费用均由双方政府各自承担。

新昌县举全县之力搬迁安置移民，宁波市各县市区努力为移民创造良好的安置条件，让移民搬得出、安得下、能致富。由于两地党委政府十分重视，全力支持移民安置工作，因此，钦寸水库移民在短短的 5 年内基本得以搬迁安置。

四、建库利益共享

钦寸水库具有防洪、供水、灌溉、发电及生态旅游功能，水库建成后，甬新两地均能获得利益。所在地新昌县将收获如下效益。

（一）防洪效益显著

水库按 200 年一遇洪水设计，5000 年一遇洪水校核，仅防洪库容有 6205 万立方米，有效地控制上游 316 平方公里集水范围内的洪水，大大提高了区域防洪能力。

（二）充分利用水资源

新昌是一个山区县，水资源储量丰富，自身需求量较小。钦寸水库建成后，每年有 1.5 亿立方米的优质水可供，有效地开发了水资源。同时，每年可获取 3000 万元的水资源费，增加财政收入。

（三）生态效益彰显

水库形成近万亩的水面，周边环境得到极大改善，旅游资源也得以较好的开发利用。下游生态补水得到一定保障。

（四）拉动县域经济发展

水库总投资约 60 亿元，平均每年达 12 亿元投放在新昌县，同时加上移民带动的消费增量，对新昌县的县域经济发展具有一定的拉动作用。

宁波市的收益主要是每年向钦寸水库引水 1.26 亿立方米，有效解决宁波城市远期优质水供应紧缺的矛盾，同时从曹娥江流域引入水量，也改善了宁波市甬江流域的生态环境。宁波市又将钦寸水库输水隧洞与市域内的八座大中型水库实现联通，进行水库群互联互通，优化调度，使区域水资源得到充分利用。通过联调，又增加了约 5000 万立方米的供水量，相当于又建了一座中型水库。对宁波市来说优质水的引入，大大提升了城市发展的后劲，增强了地区发展的应变能力。因此，钦寸水库的建设实现了宁波、新昌两地互利共赢，成为利益共同体。

五、结　　语

宁波市与新昌县跨流域合作建库已成为十分成功的范例，形成的“合资建库、分担移民、定量供水、利益共享”已成为跨流域引水的新模式，为此类工程提供了经验，具有很好的推广价值。

（一）模式创新

钦寸模式不同于浙江义乌—东阳横锦水库引水模式和浙江余姚—慈溪梁辉水库引水模式。

一是水库工程主体不同，钦寸模式水源工程为双方共同所有，横锦模式和梁辉水库引水工程均在引水工程前水库早已建成，且为卖方所有。

二是时间属性区别。钦寸模式具有永久性引水的属性，而其他引水模式属于中长期的合作方式，随着卖方自身发展对水资源需求的变化而变化。

三是管理体制不同。钦寸模式中水库和引水工程由共同组建的项目公司运行，却有双方人员共同管理，实则为双方的一个投资项目，运行原则和方式已明确界定，对双方有较强的约束性。而横锦模式是通过购买水权的方式约束，梁辉模式通过行政加经济手段约束，双方谈判商定，引水管道由买方运行维护。

（二）战略合作

宁波市承担来自新昌钦寸水库的 5080 个移民安置，并承担 49% 的土地占补平衡任务，从资源的配置上实现了相互平衡。即新昌县给予宁波市水资源的使用权，宁波市承担了来自新昌移民的人口容量和土地资源的再分配。双方一库合作，一隧联通，一衣带水，更有移民的血缘情结，具有牢不可破的战略合作关系。

（三）互利共赢

新昌县从自身防洪要求和下游曹娥江流域防洪出发，需要建库拦洪。钦寸水库建成后，下游区域防洪标准从原来不到10年一遇提高到50年一遇，仅防洪库容就设置了6205万立方米，防洪效益十分显著。宁波市每年从钦寸水库引水1.26亿立方米，占现有宁波城市供水总量的20%，解决了2030水平年优质水的供应要求，为宁波名城名都的建设发展提供了良好的水资源保障。

（四）机制高效

双方建立的工程协调小组为合作建设的最高决策机构，负责重要事项的决策。协调小组下设工程建设指挥部与项目公司，两者合署办公，实行“两块牌子、一套班子”的管理体制。双方人员对等安排，互相监督，规范运作。如此大规模的移民和水库建设，从前期开始能在7年时间内建成蓄水，是合作建设大型水库的奇迹，是双方智慧的结晶。2016年，钦寸水库工程被水利部评选为全国有影响力的十大水利工程，即为明证。

跨流域或跨区域引水工程是水资源优化配置的重要手段，但实施困难，问题较多。当前供给侧结构性改革中，应创新破题，解决问题。钦寸模式可以共享推广。

供给侧结构性改革下水利建设营运投融资多元化的分析

林　军*

2015 年 11 月 10 日，习近平总书记在中央财经领导小组第十一次会议上发表重要讲话强调，推进经济结构性改革是贯彻落实党的十八届五中全会精神的一个重要举措。会议提出了“供给侧结构性改革”概念：“要在适度扩大总需求的同时去产能、去库存、去杠杆、降成本、补短板。”

一、补齐补强水利基础设施短板才能更好地补齐农业的短板

供给侧结构性改革成功的关键在于补短板。补短板涉及的内容之一包括继续抓好农业生产，保障农产品有效供给，保障口粮安全，保障农民收入稳定增长，加强现代农业化基础建设。农业是国民经济的基础，而水利又是农业的命脉，只有切实加大水利基础设施建设，才能有效保证农业现代化，只有先补齐补强水利基础设施这个短板才能更好地补齐农业的短板。

水利是国民经济和社会发展的基础和命脉，决定了水利事业需要相应的大量投入，建立合理的水利基础设施投入结构，加大对已建水利工程的管理和维修养护投入，确保水利发挥经济、社会效益。目前，由于长期缺乏足额投入，导致水利工程在规模总量、空间布局、调节能力等方面存在严重不足。长江、淮河、珠江等流域及北方一些城市经常出现的洪涝灾害暴露出的城市内涝和支流、湖泊排水不畅等问题，说明在防洪防涝、城乡供水排水、农业灌溉、保护生态等方面仍有大量水利工程需要建设。一直以来，国家有限的财政资金投入渠道分散，水利建设经费缺口问题一直很突出。水利建设的短板问题很明显。

---

* 林军（1971—　），男，高级会计师，安徽省茨淮新河工程管理局。

二、目前水利建设营运投融资的存在方式

补齐补强水利基础设施这个“短”并非易事。如何引导资金流向水利设施基础建设这个短板领域是个难点。截至目前，我国引导水利建设营运资金投融资方式具体包括：第一，公共财政为主渠道，中央和地方财政预算内投资还是占最大比例；由于水利建设的公益性和社会性决定了水利基础设施建设在很长一段时间内仍然依靠公共财政的支持；国家重点水利工程建设项目和关系老百姓切身利益的水利项目，公共财政的投入责无旁贷。第二，水利建设基金的投入：我国目前已经建立的水利建设基金，其来源包括城市建设维护税的15%、中央部门收取的政府性基金和地方部门收取的政府性基金的3%，整体规模较小。第三，银行贷款：包括国家政策性贷款和商业性贷款，主要是中国农业发展银行和中国农业银行等金融机构对水利的信贷支持。由于政府部门的财政政策和金融部门出台的政策协调性不够，导致政策性银行对水利的信贷支持没有能够很好地发挥应有作用；同时，由于水利基建项目占有资金大、时间长且收益不明显，导致商业银行不愿意向水利建设项目放贷。第四，发行债券：近年来，已有多家水利投资平台发行了不同类型的债券，筹集资金投入防洪、灌溉、供水等水利建设项目。这些成功的发债实例表明了水利发债是一种很好的筹资途径。第五，目前逐步开展的政府和社会资本合作方式（PPP），该模式适用于基础设施建设、自然资源开发、公共服务提供等方面，常见形式包括：建造—运营—移交（BOT）模式、建造—移交—运营（BTO）模式、建造—移交（BT）模式。PPP适合一些大型准公益性水利工程兼具防洪排涝公益性和发电供水灌溉经营性功能的项目。这种特许经营方式筹资，是弥补财政资金不足的一种渠道。

三、水利建设营运投融资多元化存在的问题

目前，我国水利建设营运投融资多元化存在的问题主要有：第一，渠道较窄，效率较低。我国水利建设投资的主渠道仍然是财政无偿性资金，据水利部测算，每年水利建设资金缺口估计在500亿至600亿元。第二，从资本市场融资的方式及品种都较为单一，主要是金融机构的一些政策性贷款，以及各地根据自身情况而发行的一些债券。这些融资金额都相对较小，比例偏低，且融资过程手续复杂，融资资金发放缓慢，无法满足水利建设需要。第三，我国很多水利项目是带有公益性的民生工程，因此政府在引入民营及外商资本方面有所顾虑，设置许多限制措施，无法吸收各方面资金，制约了水利建设可持续发展。第四，对于一些大型基础设施项目，政府资金不足，需要

采取政府与社会资本合作的PPP模式，但一些政府官员对这种新型投融资模式把握不透，积极性不高，推广力度小，造成了这一模式在实践中遇到许多困难，落实起来不尽如人意。第五，作为水利建设投融资主体，水利工程是具有极强公益性的基础设施，且投资规模大、建设周期长、投资回报慢。我国水利建设需要建立健全一套合理的公益补偿机制，使水利运营成本能够得到合理补偿，以利于水利建设的可持续利用。第六，水利建设投融资没有形成有效的良性循环。由于投融资经费不能足额到位，导致水利建设因资金不足或配套经费不够使项目施工进度不能如期进行；投融资的资金不能如期顺利转化成水利资产，不能按期产生经济效益，使投融资资金不能按照计划增值，达不到良性循环。

四、完善水利建设营运投融资多元化实施建议

综合以上分析，对完善水利建设营运投融资多元化有以下几点建议：第一，继续坚持发挥财政资金作为水利建设投融资主渠道作用；财政资金的投入是目前乃至将来很长一段时间内水利建设投融资的主要来源，这是我国国情决定的；水利人应抓住机遇，认真做好各项规划，争取更多的国家财政资金的投入。第二，继续坚持水利建设投融资重要渠道的银行贷款和发行债券方式：要完善相关的政策，充分发挥银行的信贷优势，利用好国家政策性银行贷款、商业银行贷款和国债转贷为水利建设融资。发行债券属于直接融资方式，具有透明度高市场约束力强的优势。通过发行债券融资可以增加直接融资比重，降低银行信贷的系统性压力。第三，解放思想，更新观念积极推进新投融资方式的实施。目前水利投融资的重点工作之一应是政府部门大力推进政府和社会资本合作（PPP），根据工程的不同属性选择合适的建造—运营—移交（BOT）模式、建造—移交—经营（BTO）模式、建造—移交（BT）模式加以推广。第四，水利建设投融资引入市场机制，充分利用市场对资金的导向作用引导外资、民营资本、社会资本参与水利建设。合理合规地利用全社会各种资金参与水利建设，拓宽投融资渠道，在一定程度上缓解水利建设投入不足的压力，是水利建设投融资方式的有效补充。第五，随着国家混合所有制改革（以下简称“混改”）的进一步深入，国家高度垄断的行业如军工、石油石化、电力、金融、铁路，以及公益性行业如环卫、国防设施、公共卫生保健等已经向民间资本开放；同理，水利行业也完全可以进行混改。笔者建议，作为水利建设营运投融资应引入混改的思路：国企混合所有制是指在国有控股的企业中加入民间（非官方）的资本，使得国企变成多方持股，但还是国家控股主导的企业来参与市场竞争。混改实际上是打破现有垄断利益格局，向民间资本开放的重要举措。把混改的思路引入水利建设投融资多元化，通过投资的股份化，扩大投融

资直接融资比例。具体做法：水利建设项目投资股份化，公益性强的项目，国家投资股份多占比高处于控股地位；兼具公益性和经营性质的项目，其股份可以大量引入各种资本，国家投资不一定需要具有控股；通过引入股份制进行投融资混改，使市场准入进一步放宽，民企和社会资本获得更大参与水利建设投资的机会；当前社会资本充足，民间投资热情和投资能力也十分高涨，强烈建议国家对此进行尝试，无疑为亟须注入投资补短板的水利建设以及亟须良好投资空间和机会的各种资本提供了双向利好的政策通道，使水利建设既弥补了短板又使大量过剩的各种资本获得了双赢的机会。

水利风景资源开发 PPP 模式探讨

——以云南省为例

陈少妹　夏　魁　陆　欣*

水利风景资源指江河湖海、涧溪泉瀑、水库湿地等水域及相关联的水利工程、周边环境能对人产生吸引人的自然景观和人文景观。① 早在 20 世纪八九十年代，一些基层水管单位就曾尝试利用水利风景资源开展水利旅游。② 到 2001 年，随着水利部水利风景区评审委员会的成立，水利风景资源开发以水利风景区创建为主要形式，开始走上规范发展轨道。水利风景区是指以水域（水体）或水利工程为依托，具有一定规模和质量的风景资源与环境条件，可以开展观光、娱乐、休闲、度假或科学、文化、教育活动的区域。③ 通常分为水库型、湿地型、自然河湖型、城市河湖型、灌区型和水土保持型。④

一、云南省水利风景资源及其开发现状

（一）水利风景资源概况

云南省是水资源大省，丰富的水资源形成了以六大水系和九大高原湖泊为主线的崇山深峡、急流险滩、高原平湖等壮丽河湖景观，三江并流、虎跳峡、抚仙湖、洱海、九龙十瀑等河湖自然景观闻名于世。6000 多件水库工程在发挥防洪、供水、灌溉、水土保持等功能的同时，在全省造就了星罗棋布的人工湖泊景观。结合云南传统文化和少数民族文化，形成了深厚的、多样的、绚烂的水文化，傣族泼水节、元阳梯田灌溉等水文化驰名中外。丰富的水资源、壮美的水景观、深厚的水文化为“七彩云南”旅游发展增添了不竭动力。

---

* 陈少妹（1982—　），女，高级工程师，云南省水利水电勘测设计研究院。夏魁（1988—　），男，助理工程师，云南省水利水电勘测设计研究院。陆欣（1979—　），男，高级工程师，云南省水利水电勘测设计研究院。

① 王会战：《我国水利风景区旅游开发存在的问题及对策》，《经济与社会发展》2007 年第 1 期。

② 詹卫华等：《国家水利风景区发展述评》，《广西经济管理干部学院学报》2013 年第 2 期。

③ 水利部：《水利风景区评价标准》，中国水利水电出版社 2013 年版，第 1 页。

④ 水利部：《水利风景区发展纲要》，中国水利水电出版社 2005 年版，第 9 页。

（二）水利风景区建设现状

云南省自然河湖风景资源开发成效显著。世界独有的“三江并流”在 1988 年就被列入第二批国家级风景名胜区，在 2003 年被列入世界遗产名录；风光秀丽的滇池在 1992 年就被评为国家级旅游度假区；险峻的虎跳峡是国家 4A 级旅游风景名胜区；抚仙湖、洱海、泸沽湖、阳宗海也先后成为省级旅游度假区或风景名胜区；融合了灌溉文化的元阳梯田被列入世界遗产名录。

但以水利工程为主的水利风景区总量较少，水利风景资源开发进度滞后。截至 2016 年，云南省已创建 18 家国家水利风景区，仅占全国 778 家的 2.3%，创建进度落后于四川、贵州等兄弟省份。与省内庞大的水利风景资源体量相比，水利风景区建设存在巨大的发展空间。如水库型水利风景区仅有 15 家，仅占全省水库总数的 2.4%。同时，水利风景区建设管理人才缺乏。现有水利风景区管理团队大多为传统的水利管理人员，缺乏水利风景区经营管理人才，缺少必要的旅游专业知识和景区管理经验，制约了云南省水利风景区的发展和水利旅游品牌塑造。

二、水利风景区建设采用 PPP 模式的必要性和可行性

（一）水利风景区 PPP 模式简述

1. PPP 模式

PPP（Public - Private Partnership）是指公共部门、营利性企业和非营利性组织等在某些公用事业项目的建设或运营中进行相互合作的一种制度安排。依据财政部《关于推广运用政府和社会资本合作模式有关问题的通知》，在我国，PPP 是政府部门和社会资本在基础设施及公共服务领域建立的一种长期合作关系，属于广义 PPP。

2. 水利风景区 PPP 模式

水利风景区建设 PPP 模式是指具有管辖权的地方政府通过特许经营或委托管理方式，将国有水利风景资源的管理权和经营权（有时包括所有权）特许给社会资本主体成立的水利风景区投资运营公司，由区投资运营公司按照合同约定的事项负责景区建设、管理和经营等活动。同时水利、旅游、环境等部门依法依规行使监督权。

（二）水利风景区 PPP 模式的必要性分析

水利风景区 PPP 模式是水利供给侧结构性改革的必然要求。供给侧结构性改革从提高供给质量出发，用改革的办法扩大有效和中高端供给，增强供给结构对需求变化

的适应性和灵活性，使供给体系更好适应需求结构变化，更好满足广大人民群众的需要。

随着时代的发展和社会的进步，水利工程的文化内涵、价值功能已发生了根本变化。水利工程的功能作用已从治国兴邦、兴利除害等，逐步向物质、精神、文化等多个层面的功能演变。发展水利风景区，以独特的工程、资源、环境优势，统筹山、水、林、田、湖等资源保护，利用水利的工程性和水体的润泽性、亲和性，集中打造山水秀丽的美好环境画卷，不断满足城乡居民“望得见山、看得见水、记得住乡愁”的美好愿望，有效满足经济社会发展和人民群众日益增长的精神需要，是水利供给转型升级的重要方式。

1. PPP 模式是创新投资方式，加快水利风景区发展的有效途径

党的十八大以来，党中央、国务院高度重视生态文明建设，将其纳入“五位一体”总体布局，先后出台了一系列重大决策部署，生态文明建设已成为社会发展的新常态。云南拥有良好的生态环境和自然禀赋，同时又是生态环境比较脆弱敏感的地区。作为西南生态安全屏障和生物多样性宝库，国家赋予了云南争当全国生态文明建设排头兵的重要使命。水利风景区建设作为生态文明建设的重要组成部分，发展紧迫性日益凸显。

为科学规划今后一个时期全省水利风景区发展目标、空间布局和保障措施，云南省正在开展全省水利风景区发展规划工作。规划初步成果表明，丰富的水利风景资源造就了数量庞大的水利风景区建设项目，规划总投资将达到百亿元级别。若按照以往政府主导，由政府财政直接投入的方式，不仅给捉襟见肘的财政增加负担，也难以满足人民群众快速增长的精神需求。

有研究指出，从目前发展比较好的水利风景区来看，主要是市场力量发挥了作用，可以预见，除了行业管理和服务以及未来公益性水利风景区外，绝大多数水利风景区的发展依然要走市场化道路。① 采用 PPP 模式，在水利风景区建设领域引入社会资本，既可以缓解政府的财政压力，又能够为水利风景区发展提供资金来源，是新形势下盘活水利资产的必然要求、加快水利风景资源开发的有效途径。

2. PPP 模式是提升水利风景区管理水平、促进水利供给转型升级的重要抓手

由政府通过财政来提供的水利风景区服务，由于政府自身的缺陷，容易出现管理方式陈旧、效率低下、对市场需求反应迟钝等问题，不利于水利风景区的健康可持续发展。许多水利风景区运营机构为事业化编制，市场动力不强，不符合提升运营效率

① 李柏文等：《当前水利风景区发展形势研判与关键问题研究》，《水利发展研究》2015 年第 11 期。

的需求。①

《国务院关于印发"十三五"旅游业发展规划的通知》指出，"以水利风景区为重点，推出一批生态环境优美、文化品位较高的水利生态景区和旅游产品"，对水利风景区建设和管理提出了更高要求。李柏文指出，未来水利风景区必须由"规模化"向"质量化"转型，适度控制规模和发展速度，提高行业发展质量和管理服务水平。

通过 PPP 模式，吸引社会资本参与水利风景区建设运营，并开展多种形式的竞争，引入社会资本主体先进的管理理念和技术，可以有效提高水利风景区服务质量和效率，促进水利供给转型升级，同时实现"双赢"或是"多赢"。

3. 水利风景区 PPP 模式的可行性分析

（1）资源自身吸引力。河湖是资源，水利工程是资产。云南省河湖风景优美、水库星罗棋布，融合少数民族文化的水文化独具特色，是令人羡慕的重要资源，对于社会资本具有较强的吸引力。社会资本主体投资水利风景资源开发，通过水利风景区运营取得经营收入，可以收回投资成本并获取相应利润。

（2）相关政策鼎力支持。国家和云南省政府相关政策文件为水利风景区 PPP 模式保驾护航。《国家发展改革委关于开展政府和社会资本合作的指导意见》指出，"PPP 模式主要适用于政府负有提供责任又适宜市场化运作的公共服务、基础设施类项目"，"水利、资源环境和生态保护等项目均可推行 PPP 模式"。国家发展改革委、财政部、水利部联合出台的《关于鼓励和引导社会资本参与重大水利工程建设运营的实施意见》要求"盘活现有重大水利工程国有资产，选择一批工程通过股权出让、委托运营、整合改制等方式，吸引社会资本参与"。水利风景区项目是水利、资源环境和生态保护的结合体，开展 PPP 模式符合上述文件精神。

《云南省财政厅关于印发〈云南省财政厅推广和运用政府和社会资本合作（PPP）模式以奖代补资金管理暂行办法〉的通知》规定，对各州（市）、县（市、区）财政部门和项目实施机构，根据 PPP 项目及工作情况实施奖励或补助。这表明，纳入财政部门 PPP 项目库的水利风景区建设项目，相关机构可以享受省财政厅的奖励政策。

三、水利风景区 PPP 模式选择及政策建议

（一）水利风景区 PPP 模式选择

根据《国家发展改革委关于开展政府和社会资本合作的指导意见》的相关规定，

---

① 孙琨等：《水利风景区演变特征与旅游发展导向》，《水利经济》2013 年第 11 期。

“水利、资源环境和生态保护等项目均可推行 PPP 模式”。针对水利风景区不同的性质，具体操作模式如下。

1. 经营性水利风景区项目

对于经营性水利风景区，具有明确收费性质，并且经营收费能够完全覆盖社会资本投资成本的水利风景区项目，可由政府授予特许经营权，采用建造—运营—移交（BOT）、建造—拥有—运营—移交（BOOT）、购买—建造—运营（BBO）、转让—运营—移交（TOT）、委托经营（O&M）、私人主动融资（PFI）等模式。

2. 准公益性水利风景区项目

对于承担部分公益功能，经营收入不足以覆盖社会资本投资成本的水利风景区项目，可由政府授予特许经营权并附加财政补贴、资源补偿或直接参股投资等措施，采用建造—运营—移交（BOT）、建造—拥有—运营（BOO）、委托经营（O&M）等模式。

3. 公益性水利风景区项目

对于承担公益性任务的水利风景区建设，如城市河湖型水利风景区，由于缺乏“使用者付费”基础，可通过资源补偿（通常为周边土地）或政府购买服务等方式，采用建造—移交（BT）、建造—运营—移交（BOT）等模式。

（二）水利风景区 PPP 模式配套政策建议

1. 加快河湖岸线划定和水利工程划界确权工作

对于河湖型水利风景区，须按照河长制实施“加强岸线管理保护”任务，严格水域岸线等水生态管控，尽快依法划定河湖管理范围并进行保护利用管理规划，以确保社会资本主体在河湖水域岸线保护要求框架下进行河湖风景资源开发。有学者指出，水利风景区应建立以地方为主体的权威管理机构，实行景区所有权、管理权、经营权与监督权的“四权分离和制衡”制度。① 因此，对于水库型水利风景区，须加快推进水利工程划界确权工作，明确水利工程管理范围和权属主体以明晰产权，为实现水利风景资源所有权、管理权、经营权、监督权“四权分离”和 PPP 模式提供制度基础。

2. 尽快出台《水利工程管理条例》

水利工程是服务民生的重要基础设施，同时也是水利风景区的重要载体。应根据《水法》《农田水利条例》等法律、法规，结合云南省实际，尽快出台《水利工程管理条例》，明确水利工程权属、管理主体、管理职责、保护范围及事项等，以理清水利工程管理单位和水利风景区运营主体的管理边界，加强水利风景区内水利工程管理，保

---

① 余凤龙等：《水利风景区的价值内涵、发展历程与运行现状的思考》，《经济地理》2012 年第 12 期。

障水利工程安全与正常运行，发挥水利工程综合效益。

3. 积极探索水利风景区周边土地有偿使用方式

一是结合中共中央办公厅、国务院办公厅印发的《关于完善农村土地所有权承包权经营权分置办法的意见》要求的“三权分置”工作逐步推进，在农村土地确权登记基础上，社会资本主体可以通过土地股份合作、土地托管、代耕改种等多种方式取得水利工程管理范围周边土地的经营权，进行特色农业种植等活动，以丰富壮大水利风景区资源。二是根据《物权法》第一百五十六条规定，“地役权人有权按照合同约定，利用他人的不动产，以提高自己的不动产的效益”，社会资本主体可以通过与农村集体自治组织或具体承包经营权人签订合同，购买其所有或使用的土地地役权，从而取得供役地的用益物权，进行水利风景区配套工程建设或资源保护。

四、结　语

水利风景区 PPP 模式是加强生态文明建设、加快水利供给侧结构性改革等新形势下加快水利风景资源开发的必然要求。针对经营性、准公益性和公益性三种不同的水利风景区功能定位，因地制宜地选择具体操作模式，是水利风景区 PPP 模式成功的关键。云南省河湖风景优美、水库星罗棋布，融合少数民族文化的水文化独具特色，水利风景区项目资源众多。若结合具体项目研究 PPP 操作模式、资源补偿方式、运作流程等内容，是对本文观点的深入研究和具体展开。

社会资本参与重大水利工程建设运营投资回报机制分析

罗 琳 庞靖鹏 严婷婷*

作为基础设施的重要领域，水利行业的发展需要政府的大力支持，也需要社会资本的参与并发挥重大作用。重大水利工程建设引入政府和社会资本合作（PPP），合理的投资回报是PPP合作成功的重要保障，也是项目实现管理规范化的重要支撑。项目投资回报机制主要说明社会资本取得回报的资金来源，包括项目收益来源、项目赢利机制和回报方式。目前我国水利工程PPP模式在投资回报机制方面仍不成熟，投资回报的规范化流程亟须加强。开展重大水利工程PPP项目投资回报机制分析，建立完善合理的PPP投资回报机制，可为项目资金筹措方式和社会资本投资规模、收益分配方案等明确奠定基础，保障政府和社会资本合作积极稳妥推进。

一、项目投资回报分析相关要求

项目投资回报分析应以现行的国家和行业规程规范为依据，考虑重大水利工程建设项目特点，严格执行国家现行的财政、会计、税收、投资和价格等政策规定，从资本金和债务资金、合理的收益水平两个方面总结重大水利工程建设PPP投资回报相关要求。

（一）资本金和债务资金

无论采用何种方式进行水利工程建设，水利工程项目资本金和债务资金的比例要符合国家法律和行政法规规定。根据《水利建设项目经济评价规范》《国务院关于调整和完善固定资产投资项目资本金制度的通知》相关规定，目前国内纯水力发电项目和水利建设项目中以发电为主的项目，最低资本金比例为20%。对以城市供水（调水）为主的水利建设项目，由于确定供水水价考虑因素较多，与发电项目相比其贷款偿还

---

* 罗琳（1987— ），女，高级工程师，水利部发展研究中心。庞靖鹏（1976— ），男，教授级高级工程师，水利部发展研究中心。严婷婷（1984— ），女，高级工程师，水利部发展研究中心。

能力相对较弱，债务资金比例原则上不高于65%；其他水利建设项目的债务资金比例根据项目具体情况及其贷款能力测算成果确定，但不能高于80%。如果引入社会资本参与水利工程建设，社会资本的出资规模和比例也是需要考虑的因素。

（二）合理的收益水平

合理收益意味着在重大水利工程建设运营阶段，项目投资者既要保证水利基础设施提供的公共产品属性，保障水利相关产品消费者的权利，同时也要保证投资者获得一定收益，使其不因政策变化或行业不稳定等因素而承担太大的风险，促进重大水利工程项目的健康持续发展。由于重大水利工程PPP项目建设运营周期长、资金规模大等特点，需要对合理收益水平进行动态调整，适当反映不确定性因素以及宏观经济影响。

有关规定明确了水利运营行业的合理收益水平。比如《上网电价管理暂行办法》规定，电力运营企业的合理收益以资本金内部收益率为指标，按照长期国债利率加一定百分比核定；《城市供水价格管理办法》指出城市供水企业合理赢利的平均水平一般应为净资产利润率的8%—10%；《水利工程供水价格管理办法》明确农业用水价格按补偿供水生产成本、费用的原则核定，不计利润和税金，非农业用水价格利润率按国内商业银行长期贷款利率加2—3个百分点确定。此外，《财政部 发展改革委关于进一步共同做好政府和社会资本合作（PPP）有关工作的通知》指出，要坚决杜绝各种非理性担保或承诺、过高补贴或定价，避免通过固定回报承诺和明股实债等方式进行变相融资。

二、项目投资回报水平测算

水利工程建设PPP项目的投资回报水平测算是在国家现行财税制度和价格体系条件下，充分考虑各种变化因素，对项目收入、成本、相关税费等进行合理测算，测算项目赢利能力相关指标，分析项目赢利能力，以考察项目财务可行性。

（一）项目收入

在重大水利工程建设PPP项目中，预期营业收入主要来源于水利产品，包括供水收益和供电收益。分析水、电产品供需情况和市场前景，考虑国家和地方政府关于项目产品价格有关规定、不同用户对水价（电价）的承受能力，确定可能的水价（电价）合理区间和预期达产方案，进而确定可能的项目收入测算方案。除此之外，由重大水利工程项目的建成带来的土地增值和旅游收益也不能忽视。比如城市防洪工程建成或防洪保护区防洪标准提高，导致过去被洪水淹没的部分土地可以得到开发利用。

（二）项目成本

项目总成本主要包括两个方面：一是建设期的投入成本，此成本在项目可行性研究报告中有比较详细的测算；二是运营期的经营成本和相关税费，主要包括年度运行费（经营成本）、折旧费（摊销费）和财务费用等，其中年度运行费主要包括材料费、燃料及动力费、修理费、职工薪酬、管理费、库区基金、水资源费（税）、固定资产保险费和其他费用，应按照当时当地的政策，参考已建类似工程的成本费用情况科学测算。

（三）现金流和预期收益率

根据项目收入和总成本费用测算等情况，按照《水利建设项目经济评价规范》分析项目现金流量，编制投资各方现金流量表，测算项目主要赢利能力指标。对于采取模块化设计方式的PPP项目，要分别测算各个模块（移民等除外）的赢利能力。赢利能力分析的主要指标包括项目投资财务内部收益率、投资各方财务内部收益率（*FIRR*）、项目投资财务净现值（*FN－PV*）、投资回收期（P_t）等指标。项目投资回报水平测算流程见图5－9。

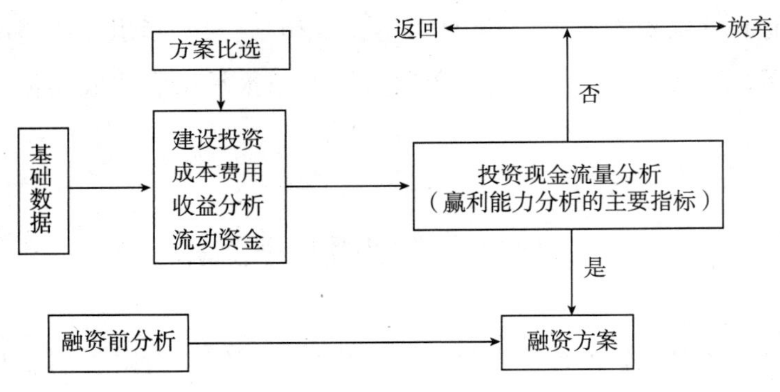

图5－9　项目投资回报水平测算流程图

（四）投资回报与基准收益率

判断项目是否可行的关键在于比较项目预期现金收益率与基准收益率。基准收益率确定的基本原则是合理分摊风险与收益，最大限度地发挥政府财政预算资金的作用，提高社会资本的投资比例。目前水利行业的财务基准收益率可以参见表5－4，其中水库发电工程为7%，调水、供水工程为4%。在PPP项目合同的谈判阶段，可基于现金流量表测算各方投资的财务内部收益率，通过调整合同条款使得财务内部收益率达到双方认可的水平。

表 5－4 水利工程建设项目财务基准收益率参考表 （单位：%）

行业名称		融资前税前财务基准收益率		
		专家调查结果	行业测算结果	协调结果
水利	水库发电工程	8	6—8	7
	调水、供水工程	6	2—4	4

三、社会资本投资及回报方式

PPP 模式成功的关键在于实现让各方满意的项目利润分配和风险分担。以满足基本收益要求为前提，设计多种项目融资方案，在此基础上确定可行的社会资本投资规模。经营性、准公益性和公益性等不同类型的项目有不同的回报方式。社会资本通过项目获取投资回报的资金来源主要包括使用者付费、政府购买服务和政府补贴等方式。

（一）出资模式和比例

基于对上述项目净现金流的测算结果和基准收益率的比较，下一步则是确定政府和社会资本各自的出资比例。主要存在两种模式：社会资本全部出资与政府和社会资本共同出资。一般而言，项目评估价值越高的项目，政府直接投资比例越低。当项目（或项目模块）资本金财务内部收益率高于或等于比较基准，或者项目（或项目模块）资本金财务内部收益率约为 0 时，通常可以考虑社会资本全部出资。当项目（或项目模块）资本金财务内部收益率低于比较基准但大于 0 时，通常采用政府和社会资本共同出资的模式，由于水利工程项目的准公益性质，这种形式更为常见。《关于印发政府和社会资本合作模式操作指南（试行）的通知》规定：政府在项目公司中的持股比例应当低于 50%，且不具有实际控制力和管理权。

对于采取政府和社会资本共同出资的项目，为确保社会资本的赢利能力，可通过政府让渡部分或全部收益、调整特许经营期等方法，使社会资本收益水平达到比较基准值。在此基础上，测算出社会资本的出资规模。

（二）社会资本投资回报方案

在 PPP 项目中，社会资本的回报方案主要包含使用者付费、政府付费和可行性缺口补助中的一种或多种方式的组合。根据水利工程 PPP 项目的不同性质和特点，需要设计不同的回报机制以确保社会资本获取合理的收益，基本原则是主要依靠水利产品收费和政府公共服务支出，以及最终缺口的政府补贴。

使用者付费方式是指由最终消费用户直接付费购买公共产品和服务。社会资本依靠此种方式收回投资、运营和融资成本，并获取正常利润。此方式适用于可经营性程度高、财务效益良好、政府授予社会资本（或项目公司）在项目建成后的合同约定期限内特许服务权利，并直接向最终使用者提供公共服务的基础设施项目，如市政供电和供水、城市管道燃气和城市交通等。

政府购买服务方式是指政府直接付费购买公共产品和服务。主要包括可用性付费、使用量付费以及两者混合模式。主要适用于不直接向最终使用提供服务的基础设施项目，如污水处理厂和垃圾焚烧发电厂等，或者政府无法授权社会资本在项目建成后特许服务权利（不具备收益性）的基础设施项目，如市政道路和河道治理等。

使用者付费 + 政府补贴方式。政府补贴是指使用者付费不足以满足社会资本成本回收和合理回报，而由政府以政府补贴、优惠贷款、股本投入、融资担保和其他优惠政策的形式，给予社会资本或项目公司的经济补助。在水利 PPP 项目中，当项目的经营性赢利能力不足，单纯依靠使用者付费的方式不足以弥补社会资本投资者的投资和运营成本时，为保证社会资本合理的回报水平，政府可同时以补贴的形式对社会资本进行补助。部分水利工程供电能力和市政供水能力存在增长的过程，达到稳定的发电量和供水量需要时间，这一期间社会资本的缺口部分应由财政补贴进行支持。

四、水利工程投资回报水平案例分析

以我国某水利工程项目为例，项目属公益性基础设施建设项目，主要收益为供水和发电。由于项目投资额较大，靠现有条件下的经营收益无法实现财务平衡，政府鼓励社会资本参与工程建设，社会资本在特许经营期内通过使用者付费方式获取回报。项目总投资包括三部分：中央预算内投资定额安排占 45%，地方自筹资金占 25%，拟引入社会资本承担 30%。根据项目营业收入和成本费用测算等情况，基于项目现金流量分析项目投资回报水平。

（一）测算方案

案例以项目投资财务内部收益率作为投资者投资回报率的评判指标。按照《建设项目经济评价参数》规定，水利行业项目投资财务基准收益率（融资前税前）的取值，水库发电工程为 7%，调水、供水工程为 4%。结合水利工程项目实际情况，在特许经营期内，项目投资财务内部收益率大于 6%，认为符合项目运营投资收益要求。

项目采取政府和社会资本共同出资的方式，通过政府让渡部分或全部收益，推动社会收益水平达到比较基准值。考虑两种让渡收益的方案：一是中央投资获得的所有权益让渡给地方自筹资金和社会资本，测算地方自筹资金与社会资本的财务内部收益率；二是中央投资和地方自筹资金获得的所有收益让渡给社会资本，测算社会资本的财务内部收益率。综合考虑水利行业特点，工程规模大、建设周期长、运营期需要30—50年。案例设置高方案和低方案两种工程水价方案。

（二）投资回报测算

基于项目全部投资现金流量表、投资各方现金流量表，投资回报测算结果如表5－5所示。

表5－5 某水利工程财务内部收益率及投资回收期测算结果

各方资金	计算指标（所得税后）	方案一（高方案）	方案二（低方案）
项目总投资	财务内部收益率（%）	4.4	3.6
	投资回收期（年）	25	28
中央投资收益让渡给地方自筹资金与社会资本	财务内部收益率（%）	7.7	6.7
	投资回收期（年）	19	20
所有收益让渡给社会资本	财务内部收益率（%）	11.4	10.2
	投资回收期（年）	15	16

两个方案的项目投资财务内部收益率（所得税后）均小于当期银行长期贷款利率4.9%，项目赢利能力有限。方案二将中央预算内投资获得的收益全部让渡给地方自筹资金资金和社会资本时，地方自筹资金与社会资本的财务内部收益率接近收益比较基准，可作为推荐方案。

考虑到未来价格调整等因素影响，项目投资的实际回报具有动态性，资金的财务内部收益率可能达不到或超过收益比较基准，为此，水利项目不同类别投资可将社会资本作为“优先股”、地方自筹资金作为“普通股”、中央预算投入作为“劣后股”考虑收益分配。

五、建议完善收费定价调整机制

根据水利PPP项目类型，充分发挥价格机制在PPP项目中的关键作用，完善水价、电价等价格形成机制，实施支持性价格政策，通过建立健全科学明晰的价格机制，营造良好的政策环境，长期有效地分担和控制PPP项目中的主要风险，引导社会资本形成合力，稳定收益预期，积极参与水利PPP项目的建设运营。

（一）调价方式

PPP项目调价方式比较灵活，主要包括公式调价、基准比价机制和市场测试机制三种方式。由于公式调价操作简单，便于设计和执行，因此实践中往往以公式调价为主。如自来水项目和污水处理项目通常会以电费、人工费、化学药剂费、企业税收等指数作为主要的调价因子，当上述因子变动达到约定幅度时即可触发调价程序，按调价公式自动调整定价。

（二）调价程序

价格调整启动机制分为定期调价和临时调价。定期调价是指项目公司根据调价因子的变动情况，定期按调价公式或定期启动基准比价机制和市场测试机制，重新测算价格，向政府提出调价申请。此外，为应对某些调价因子短期内波动引起的运营成本大幅度变动的风险，价格调整启动机制中还需约定临时调价机制。价格调整申请可由政府方提出，也可由社会资本方提出，双方达成一致意见后，向价格主管部门提出申请，或者直接由价格主管部门提出价格调整申请，依法执行价格调整程序。

（三）创新价格管理方式

对实行政府指导价、政府定价的重大水利工程，可尝试在定价过程中采取与社会资本投资方、PPP 项目运营单位协商沟通等方式，引导其充分反映意见诉求；也可在确定 PPP 项目社会资本合作伙伴环节中，按照保障供给质量、价格水平不超过政府指导价上限标准的原则要求，通过招投标、竞争性谈判等方式形成合理的价格。此外，还应完善政府价格决策听证制度，广泛听取社会资本方、公众和有关部门意见。

对城市水务市场化改革的再认识

——兼论城市水务 PPP 模式

王亦宁*

我国的城市水务（以城市供水、排水和污水处理为核心的城市水服务行业）从 21 世纪初开始市场化运营的改革尝试。经过十余年的发展，水务市场化改革已经广泛渗透到众多地区和城市，取得了一些效果。但同时，在改革过程中也产生了一些负面问题，伴随了众多争议和质疑。随着我国加快完善社会主义市场经济体制，党的十八届三中全会提出“使市场在资源配置中起决定性作用”，中央近来在多个领域大力推动政府和社会资本合作的 PPP 模式。如何顺应新的形势，利用好城市水务 PPP 模式，推动城市公共水服务水平提升，需要对水务市场化改革作出客观、清晰的认识。本报告针对这一问题提出思考，并对实施水务 PPP 模式提出几点建议。

一、什么是水务市场化

市场化指的是经济运行机制逐渐由“非市场”方式向“市场”方式转变的过程。这一概念强调过程性、变化性，从我国经济发展的背景环境和发展特点看，可以认为是由计划经济向市场经济转变的过程，更多地把市场手段而不是计划手段作为解决经济问题的基础手段。

水务市场化，即城市水务产品和服务从传统的政府包办转向以市场机制的方式来提供。20 世纪 90 年代以前，中国城市供水没有明确的价格，基本上是无偿供水或象征性收费，体现了计划经济时代水的福利性特征。城市水务企业完全国有，由政府单一主体运营，运行成本由财政支付。水务市场化后，水务产品和服务的供给机制发生改变，根据我国水务市场化的经验现象梳理，主要有以下几个特征。

第一，投资和运营主体的多元化。通过市场化，吸引大量民资和外资进入水务市场，形成了多元化的投融资渠道和运营主体。

第二，水务产品和服务的价格机制逐步确立和完善。按照“补偿成本、合理收益”

---

* 王亦宁（1982— ），男，高级工程师，水利部发展研究中心，主要从事水利政策与水利经济研究。

的大原则，逐步完善水价机制，并调整水价。

第三，“付费”的合理化和普遍化。随着价格机制的完善，将水务产品和服务作为市场中的商品，支付费用成为获取水务产品和服务的必要前提条件，福利水基本退出历史舞台。

第四，水务企业运行机制的改变。传统的水务企业实行政企分开、产权改制，以建立现代企业制度为目标实施改造，建立独立的成本核算体系，自负盈亏，同时也具有了一定经营自主权。

第五，出现水务市场的扩张和整合。随着投资和运营主体的多元化，以及水务企业运行机制的改变，中国的水务市场体系逐渐改变了计划经济时代以城市为单位形成的一个个大而全、小而全的割据市场格局（从本质上讲，这个时期完全是政府运营，其实并不存在水务市场），出现了地域间水务市场的扩张、并购和整合，资金、技术、人员在一定程度上实现地区间的流动和配置，水务市场的联系程度不断加强。

二、我国城市水务市场化历程——历史脉络的逻辑把握

中国城市水务市场化开始于20世纪90年代中期。其时，传统计划经济体制下形成的城市水务运营模式存在诸多弊端，包括：政企不分、效率低下；投入渠道单一，水务设施建设需求难以满足；服务质量和水平低；经营分散，水务产业链无法整合。随着1992年党的十四大全面确立社会主义市场经济体制，水务运行机制逐步开启市场化改革道路。而此时，经历了十几年的改革开放，各种社会资金有所积累，并开始寻找新的投资方向和领域，为城市水务市场化提供了现实条件。水务市场化的历程可分为以下几个阶段。

（一）第一阶段：起步阶段（20世纪90年代中期—2001年）

以各地自主实践为主，以引资为主要目的（特别是大量引入外资），解决水务设施（主要是水厂设施）建设滞后问题，水务发展迎来一个快速上升期，但改革的规模和深度都还比较小，迫切要求国家在政策层面上予以回应与支持。

（二）第二阶段：快速发展阶段（2002—2008年）

这一阶段是水务市场化改革全面确立的时期，国家政策层面予以了肯定，各地的改革迅速展开，无论是从规模到深度都达到了前所未有的高度。关键的几个政策性文件包括：2002年年底，原建设部颁布了《关于加快市政公用行业市场化进程的意见》，允许并鼓励不同性质的投资主体进入市政设施领域；2004年，国务院发布《关于投资

体制改革的决定》，要求“吸引社会资本参与有合理回报和一定投资回收能力的公益事业和公共基础设施项目建设”；2005 年，水利部发布《深化水务管理体制改革指导意见》，提出要“积极推进水务产业化与市场化进程”。

在相关政策背景下，各地城市水务行业主动或被动地开始了市场化改革，各类民资、外资、上市公司蜂拥而入水务领域，水务市场化改革突飞猛进。第一，从进入水务行业的资本来源上，由外资扩大到民间资本、市场化运作的国有资本（区别于政府指令性投入的国有资本）和公众资本。第二，从进入领域上，从单纯制水扩展到制水、供水、污水处理，还有进一步向再生水、工业污水处理、污泥处理、海水淡化等其他领域扩展的趋势。第三，从进入水务行业的社会资本定位上，有专注于经营某一领域的，也有实现上下游一体化经营的，有集股权投资和运营于一体的，也有分别专注于股权投资或运营的。第四，从进入模式上，从最初单纯以 BOT/TOT 单体项目为主走向整体改制、整体并购等方式。第五，从地域上，从东部沿海省份逐渐向中西部二三线城市进军。这一阶段，中国的水务基础设施水平和服务能力在短时间内实现了较大的飞跃，促进了水务事业大发展。

经过这一轮水务市场化的大发展，初步形成了投融资主体多元化，多种经济成分并存，共同竞争的格局，水务行业一体化、集团化，水务市场扩张和整合的趋势出现，专业化运营市场逐步形成，城乡水务统筹开始提上日程。据 2010 年的统计，城市供水能力的 50% 和污水处理能力的 60% 已经引入了社会资本的参与，中外投资公司在中国水务市场的资金投入总额约 1000 亿元。经过市场化改革的项目，建设、运营成本要比原有的项目平均低 20%—30% 左右。

（三）第三阶段：调整阶段（2009—2013 年）

过快的市场化步伐也造成了一些问题，引发了众多质疑和争议。从 2009 年开始，各地水价纷纷上调，公众及媒体将矛头无一例外地指向水务企业的市场化改革。外资水务集团高溢价收购国内水务项目更是成为另一个争论的焦点。反对水务市场化改革的声音此起彼伏，认为这种改革造成地方政府推卸公共服务责任，给行业市场监管带来困难，从长远看不利于城市供水安全。曾经一度非常开放的水务市场，在这之后骤然收紧，城市水务市场化的步伐减缓。

与此同时，伴随着 2008 年“四万亿”投资计划的开始，政府投资大扩张开始，在“经营城市”理念下，政府深度介入城市基础设施投资建设。这一战略推动了中国城市基础设施的一轮“大跃进”。水务基础设施发展也较快，特别是这一时期顺应加强污染防治的形势，各地污水处理厂设施迎来大发展。

但是这种模式模糊了政府和企业、市场的边界。虽然在这一过程中，有民间资本的介入，但运作的主导者和主体都是政府，民间资本始终未能形成一种和政府平等合作的关系，从而使市政公用行业的市场化过程出现了很多方向上的偏差，使得市场化没有形成一套规范的运作体系，也产生了很多为人所诟病的问题，如项目效益不高、行为短期化、权力寻租等。更为严重的是，这种模式最终导致了近年地方债高企的局面，以致尾大不掉、积重难返。

（四）第四阶段：二次启程阶段（2014 年至今）

2013 年党的十八届三中全会确立了“使市场在资源配置中起决定性作用”，并强调大力转变政府职能，宣示了市场化的方向坚定不容动摇。响应党的十八届三中全会精神，从 2014 年开始，中央开始了市政公用行业领域的投资、建设和运营机制的又一次深入改革。最核心的两点：一是全面清理地方债和地方融资平台；二是重新拿起 PPP 这一“武器”。

2014 年，国务院出台《关于加强地方政府性债务管理的意见》，强调赋予地方政府依法适度举债融资权限，但坚决制止地方政府违法违规举债。要明确分清政府和企业的责任，政府债务不得通过企业举借，企业债务不得推给政府偿还，谁借谁还、风险自担，并严格限定政府举债程序和资金用途，把地方政府债务分门别类纳入全口径预算管理，牢牢守住不发生区域性和系统性风险的底线，切实防范和化解财政金融风险。

2014 年，以国务院发布《关于创新重点领域投融资机制鼓励社会投资的指导意见》为标志，中央层面出台了一系列推动各领域实施 PPP 模式，吸引社会投资的政策性文件，PPP 模式迎来了大发展的关口。

这两项政策密切联系。在全面规范政府的投资行为的情况下，强调政府的归政府，市场的归市场，地方政府直接投资被大大限制，吸引社会资本就成为必然的途径。

对城市水务行业来说，迎来了一轮新的吸引社会资本，推动市场化的契机。但具体发展走势如何，仍有待观察。

三、城市水务市场化定位和方向——水务准市场化

经过近 20 年的水务市场化改革，目前我国大部分城市的水服务提供形成了双轨制的格局：政府提供的水服务与市场提供的水服务并存；政府直接控制的水务企业与市场运作的水务企业并存；对于不同性质的水务企业，监管方式也存在一定差异。市场化的因素已经无处不在，应考虑如何善加利用而不是从整体上否定。

建议倡导水务准市场化。准市场化，顾名思义，即部分市场化。一方面，要充分

利用市场经济的合理因素，运营体制和机制要符合市场经济的基本原则和规律，以激发活力，提升效率和质量；另一方面，要把城市水务这一涉及重大国计民生的社会公用事业纳入健全的政府公共财政政策支持体系下，由政府承担基本公共服务责任，体现社会公平与公正。这一运行模式，将成为完善我国社会主义市场经济运行模式的重要组成部分。

我国之前的社会公用事业市场化改革之所以引起争议和质疑，原因就在于把公共服务产品完全商品化，使公众直接面对运营企业。一方面，政府对社会公用事业投入减少，公共服务企业依靠收费回收成本，为了弥补不断上涨的成本和历史欠账，只能要求不断提价，完全以经济效益为中心，丧失了其公共服务的本质。另一方面，完全或很大部分由公众自己承担这些本来应由政府提供的基本公共服务成本，支付压力加重，出现抱怨和不满。

水务准市场化运作模式的基本思路是：政府向独立运作的水务特许经营企业购买水公共产品和服务（按照双方协议的价格），再按照某种价格（包括免费、象征性收费、实额收费、超额收费等形式，视政府的财力和政策取向而定）提供给公众。因此，公众应该面对的是政府，政府应当充当运营企业和公众之间的桥梁，公众不能直接面对运营企业。

四、对水务 PPP 模式的认识——基于一个理论模型

PPP，简言之，就是“公私合作”。在当前的背景下，这里的“私”可以认为是各类“社会资本”。PPP 的核心理念是政企协同、各负其责、效率更高、服务更好。最本质的，有以下特征。

第一，政府管理理念的转变，强调政府在公共事务管理方面不再是单向地对社会实施控制和给予，而是处于与社会平等的合作关系，建立起协商谈判与合作的互动机制。

第二，参与主体的转变，即从一元到多元，政府不再是公共事务的唯一管理者，而是根据公共事务的不同性质和特点交由不同主体管理，从而形成包括各种非政府组织、社会团体和私人部门在内的多元主体共同参与社会公共事务管理的局面。

第三，管理机制和手段的转变，即通过改革管理机制和创新管理手段来提高政府管理效率和组织绩效，并适当引入私营部门成功的管理理念、模式和方法。

本文建立了一个城市水务 PPP 的概念模型（见图 5－10），对改革的任务、目标、相互关系做了分析，从而阐明“公私合作”的具体意涵。

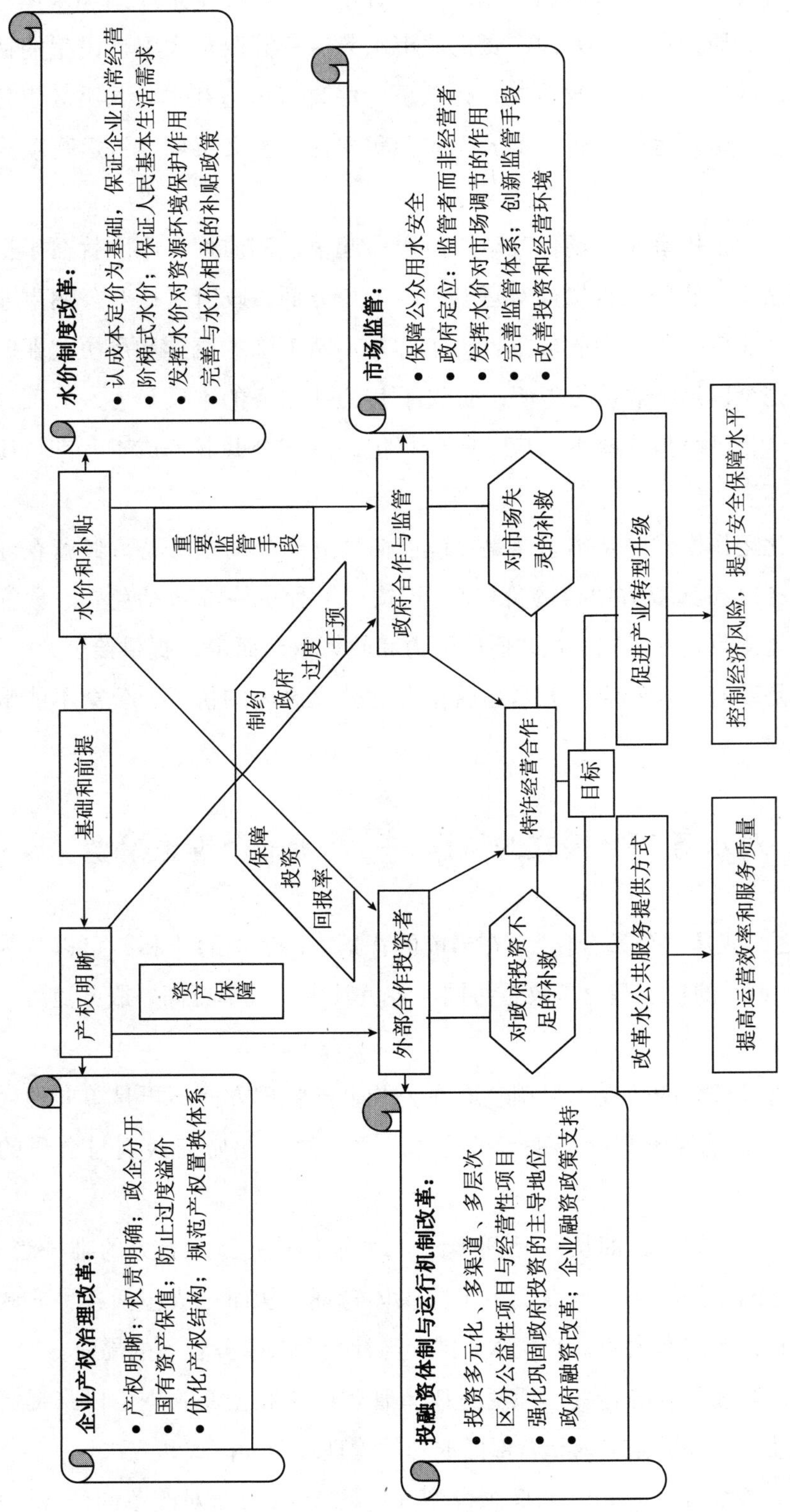

图5-10 城市水务PPP“公私合作”分析框架

五、对推进城市水务市场化和 PPP 改革的建议

（一）建立健全水服务公共财政支持体系和公共服务购买制度

加大政府公共财政支持水利发展力度，改革公共财政筹资方式和投入方式。明确政府筹资责任，根据不同水服务的性质和特点来确定直接筹资（即消费者直接付费）和间接筹资（即政府间接付费）的比例。从上到下理顺和整合涉水项目公共财政资金渠道，明确各级财政对涉水项目的投入重点和领域，同时平衡中央和地方财政责任与财力，使各级政府所承担的责任与其财力相适应。

变革公共财政投入方式，明确政府是水公共服务的最终保证人和责任人的观念，财政资金从支持项目更多转变为购买产品和服务，将财政支持与水公共服务效果挂钩，积极发展政府在各类水服务产品和交易市场的公开采购。

（二）大力培育专业化水务运营主体

按照政府购买服务的模式，大力发展专业化水务运营市场。清晰界定政府与企业各自应负的责任以及各自应承担的风险，在逐渐完善水公共设施政府投入支持、水公共服务政府购买制度的基础上，建立相应的水务企业绩效评估和奖惩制度。水务企业（运营者）与政府（监管者和服务购买者）分别作为独立主体运作，企业提供优质服务时应获得足额成本费用补偿并获得奖励，企业提供的服务不合格时应受到相应处罚。由此促进城市水服务水平和运营效率的不断提高，并保证水务运行安全。

（三）健全专业监管体系，加大水务 PPP 服务监管力度

根据水务项目自身的专业化特征，要建立以专业监管为主、社会监督为辅的水治理 PPP 项目监督管理机制。项目建设过程中，相关部门要对规划、招投标、政府采购、合同订立、施工安全等环节实施跟踪监督。项目实施过程中，相关部门要加强对企业的行业监督管理，建立对企业经营管理质量的绩效考核体系，加强对水务企业成本、产品和服务质量、运行安全、应急处置等方面的监管。加强信息公开，提高项目的透明度。充分发挥社会中介机构和专业机构的作用，委托进行采样取证、现场稽查、检查评估等工作，加强监管的专业性、独立性以及公信力。

（四）整合水务产业结构，培育跨区域大型水务集团

未来伴随着我国新型城市化进程的加快，水公共产品和水公共服务的需求必将迎

来一个快速发展期。一方面，大规模供排水管网改造将对相关市场形成强力拉动；另一方面，一些潜在的新兴环保和资源节约利用产业，如节水灌溉、雨水利用、再生水利用、海水淡化、污水治理等，必将带来水治理产业发展新的增长点。水治理 PPP 的实施，必然带动水务产业的大发展。

水务产业发展，要以一批上规模、经验丰富的水务集团作为基础。这类水务集团，不仅仅应具有专业的运营能力，更应当具有强大的融资能力和向外开拓市场的能力。我国当前多数供排水企业经营仍呈现区域分散的特性，为大型水务公司的购并发展带来巨大的潜在机遇。建议各地政府积极创新制度和政策，以市场为主导，以资本结构的调整拉动产业整合，并鼓励和引导金融机构进一步增加水务建设信贷支持，促进水务企业迅速壮大，加快在我国形成一批资本雄厚、股权清晰，具有现代企业治理结构，达到一定国际影响力的水务集团。

（五）转变政府职能，建立“各尽其能，各得其所”的城市水务公共管理新形态

转变政府职能的本质是要使政府走出“全能政府”的误区，认识到政府作用的有限性，明确政府职能边界，真正做到政府的归政府，市场的归市场。大力推动城市水务管理决策和监督体制的变革和创新，建立包括非政府专家、政府相关职能部门、人大代表和政协委员、各类用水者代表等成员在内的“城市水事务理事会”组织，负责对重大涉水事务决策提出建议，同时享有监督决策执行的权利，推进城市水公共管理迈向民主化、科学化。全面界定好所有者、投资者、运营者、监管者、使用者各方的责权关系，逐步理顺水价机制、税费机制、政府补贴和支出机制，并不断完善法律手段，规范行政手段，实现水务企业规范和良性运行、用水者合理负担及享有优质水服务、资源节约和环境保护多重目标共赢。

供给侧结构性改革视角下创新水利投融资机制的对策措施

马 超 李 昂*

创新水利投融资机制，是水利领域供给侧结构性改革的重要内容，也是有效扩大水利投资规模、拓宽水利投融资渠道，增强水利发展动力与活力的重要举措。党的十八大以来，水利部深入贯彻落实中央加快水利改革发展决策部署，坚持政府和市场两手发力，以完善公共财政水利投入政策、强化水利建设金融支持、吸引社会资本参与水利建设为重点，不断深化水利投融资体制机制改革，取得了明显进展和成效。全国水利投资规模实现大幅度增长，“十二五”时期全国水利建设完成总投资超过2万亿元，创历史新高，是“十一五”期间的2.9倍，民间投资用于水利建设资金964亿元左右，为“十一五”期间的5.4倍，非财政资金在水利建设投资中的比重进一步提高，水利市场化融资能力显著增强。

但同时也要看到，由于当前和今后一段时期水利改革发展任务仍较繁重，水利在供给和保障能力方面还有较大差距，很多地方供水、防洪、灌溉等问题没有得到解决，未来一段时期的水利资金与需求相比仍有较大缺口。特别是党中央作出经济发展进入新常态的重大判断、部署推进供给侧结构性改革以来，把加强基础设施薄弱环节、加强生态环境保护列入补短板的重点内容，把重大水利工程和灾后水利薄弱环节建设纳入扩大有效投资的关键领域，这些供给侧结构性改革任务要求稳定的水利投资作为保障，也对创新水利投融资机制提出了新的要求。有必要对近年来水利投融资体制改革的进展和成效作系统回顾，在此基础上研究提出新形势下创新水利投融资机制的重点任务和举措。

---

* 马超（1986— ），男，博士，高级工程师，水利部发展研究中心副处长。李昂，中国水利水电科学研究院，硕士、工程师。本文是国家自然科学基金资助项目（41301630），中国科协青年人才托举工程（2015QNRC001）。

一、水利投融资体制改革取得的进展和成效

（一）公共财政水利投入政策逐步完善

各级水利部门积极争取公共财政加大水利投入力度，落实好土地出让收益计提农田水利建设资金政策，为大规模水利建设提供了重要资金保障。

一是中央财政投入增速明显，投资规模连创新高。党的十八大以来，在中央加大水利投入一系列政策措施支持下，重大水利工程和民生水利工程全力提速，水利薄弱环节建设逐步加强，中西部和贫困地区得到重点倾斜支持。总体来看，水利投资规模稳定增长，投资来源不断拓宽，投资结构不断优化。据统计，2012—2016 年，全国水利建设投资超过 2. 3 万亿元，年均投资 4600 亿元，是“十一五”期间年均投资的 3. 3 倍。中央水利建设投资大幅增加，中央安排投资达 7759 亿元，年均投资 1551 亿元，是“十一五”期间年均投资的 2. 6 倍。

二是水利投资结构不断优化，保障重点水利项目实施。中央水利投资重点向重大水利工程、民生水利以及中西部、农村和贫困地区倾斜，近年来，用于中西部地区比重达 84. 5%，用于民生水利建设比重为 67. 3%。积极协调有关部门通过增加中央预算内水利投资规模、优化调整水利投资结构等措施，解决了重大水利工程年度投资缺口，基本满足重大水利工程建设需要。近 3 年来，中央重大水利工程年均投资超过 600 亿元，是往年的 2 倍。

三是落实专项建设基金政策，有效缓解地方筹资压力。为解决资金制约投资增长的突出“瓶颈”，国务院出台了专项建设基金政策，支持看得准、有回报、不新增过剩产能的重点领域项目建设，并将水利作为重点支持领域。地方水利部门积极与同级发展改革委、开发银行、农业发展银行等沟通、协调，2 年来共落实 7 批次 1894 亿元，有效缓解了地方筹资压力，有力支持了重大水利工程、中型水库、农田水利等水利项目建设。

（二）金融支持水利建设力度不断加大

积极协调中国人民银行和有关政策性金融机构，先后制定出台过桥贷款等多项水利信贷优惠政策，多渠道筹措水利建设资金。

一是信贷优惠措施相继出台，为支持水利建设提供政策保障。2012 年，水利部联合中国人民银行、国家发展改革委、财政部、银监会等 7 部委出台了《关于进一步做好水利改革发展金融服务的意见》，对进一步改进和加强水利改革发展的金融服务作出顶层

设计，明确了多项含金量高的金融支持水利改革发展的政策措施。2015 年，水利部联合中国农业发展银行印发了《关于专项过桥贷款支持重大水利工程建设的意见》，明确中国农业发展银行为地方开展重大水利工程建设提供无担保、低利率的过桥贷款。2016 年，水利部联合中国农业发展银行出台《关于用好抵押补充贷款资金支持水利建设的通知》，通过抵押补充贷款资金为水利项目发放低成本的优惠贷款。2011 年以来，水利部分别与国家开发银行、中国农业发展银行、中国农业银行签订了战略合作协议，3 家合作银行均把水利作为重点支持领域，通过实行优惠利率、延长贷款期限、科学设计金融产品、开辟绿色通道等方式，全力支持水利建设。2016 年，水利部联合国家开发银行印发《关于加强金融支持水利扶贫开发工作的意见》，要求地方用足用好开发性金融优惠政策，全力破解贫困地区水利发展融资难题。截至 2017 年 5 月，国家开发银行、中国农业发展银行、中国农业银行三家银行大口径水利贷款余额 11190.93 亿元，银行信贷资金已经成为水利建设资金来源的重要渠道。

二是地方水利部门多措并举，推动金融支持水利政策落地。地方水利部门积极转变思想，充分研究各项金融优惠政策，结合地方水利建设情况，通过与地方金融机构签订战略合作协议等方式开展沟通合作，在争取政府投入、盘活存量的基础上，坚持创新投融资机制，鼓励社会资本投入，为水利建设提供资金保障。比如，贵州省为破解工程性缺水难题，面对水利建设投资需求亟须扩大的实际情况，坚持政府与市场两手发力，不断加强融资平台建设，逐步规范水利投融资管理，积极推进“省、市、县投融资平台分贷”模式，同时加强和金融机构合作，用好用足过桥贷款、抵押补充贷款（PSL）等金融政策支持。通过近几年的努力，全省累计组建水利投融资公司 70 家，2016 年全省共签订融资贷款合同 397 亿元，提款 169.4 亿元，有效缓解了水利建设资金压力。贵州省水利投资架构已逐步由传统的财政投入为主转变为财政投入、金融信贷和社会投入共同发力的新格局，为水利建设又好又快发展提供了坚实保障。

（三）吸引社会资本参与水利建设成效明显

为激发社会资本活力，水利部会同有关部门和地方采取多项措施，积极开展政府和社会资本合作的探索实践，取得了积极进展和成效。

一是重大水利工程 PPP 项目取得积极进展。水利部会同有关部门制定出台了《关于鼓励和引导社会资本参与重大水利工程建设运营的实施意见》，通过投资补助、财政贴息、价格机制、税费优惠等政策措施，鼓励和引导社会资本以多种形式参与水利工程建设运营。同时，选择了 12 个项目开展国家层面联系的试点工作，加强试点跟踪指导和调研，积极探索可复制、可推广的经验。截至目前，湖南莽山水库、广东韩江高陂水利枢纽、重庆观景口水库、贵州马岭水利枢纽 4 个 PPP 项目已经成功落地实施，共吸引社会资本32.04亿元，约占工程总投资的22%，黑龙江奋斗水库、四川李家岩水库正在组织开展招标工作，择优确定社会资本投资主体，其他试点项目已编制完成PPP实施方案，正在开展项目推介，与社会资本投资方进行洽谈，细化政府和社会资本合作模式。近年来，民间投资用于水利建设的投资比重不断扩大，2012—2016年全国民间投资用于水利建设资金约1012亿元，是“十一五”期间民间投资规模的5倍以上，非财政资金在水利建设投资中比重进一步提高。

二是社会资本参与农田水利建设取得较好成效。各地积极探索创新吸引社会资本参与农村水利工程建设运营的有效模式，社会资本和信贷资金规模在农村水利总投资中的占比达到10%以上，一些特色高效经济作物种植区社会资本参与农田水利建设的占比甚至超过20%，云南陆良、山东齐河等地采取“企业+用水专业合作社”的市场合作模式，通过招标方式吸引社会资本方参与农田水利设施建设及运营管护，在创新政府和社会资本合作模式方面积累了有益经验，已在全国许多地方进行借鉴推广和创新完善。

三是民间资本参与水土保持建设形成特色产业。一些社会投资参与水土保持建设，在完成建设任务的同时，积极培育山区特色产业，形成了江西赣南脐橙、甘肃定西马铃薯、河北冀东板栗、安徽金寨茶叶等一系列特色水土保持产业。“十二五”期间，全国民间资本参与完成水土流失综合治理面积近3万平方公里，水土保持建设共增加林草植被面积2310万亩、坡改梯面积650万亩，增加粮食产能20405万公斤、年均每亩增收2887.6元、人均增收6.9万元，共吸收剩余劳动力109.08万人，促进脱贫19.65万人，取得了较好的经济效益和社会效益。

二、水利投融资体制改革面临的困难和问题

受水利公益性特点和水利发展阶段等因素影响，尽管近年来水利投融资体制改革取得显著进展，但也暴露出一些不足，特别是与新形势要求相比，还存在在几个方面的困难和问题。

（一）从未来投资需求看，水利投资规模仍面临较大资金缺口

水利是国家基础设施的重要领域，同时也是其中的明显短板，加快完善水利基础设施网络，必须要保证相应的建设速度和规模。中央从2015年开始，要求水利每年都要新开工一批重大水利工程，在建重大工程规模要维持在8000亿元以上，当年完成水利投资规模在5000亿元以上，而这一过程至少要持续到2020年。与投资需求相比，水利建设任务繁重，且公益性强、筹资难度大、投资规模不足的问题十分突出。因此，

面对繁重的重大水利工程和民生水利建设任务，必须要发挥好财政资金对水利建设的引导性、基础性功能，解决补短板、稳增长过程中面临的投资缺口问题。

（二）从现有投资结构看，水利投融资来源渠道仍较为单一

长期以来，由于水利工程建设周期长、资金回报率低，水利项目市场融资能力弱，公共财政是水利投资来源的主渠道。“十二五”以来，水利使用银行贷款规模占水利建设总投资的比重只有6.5%，社会资本投资占水利建设总投资的比重只有7%，与其他行业相比市场化参与程度不高。近年来，水利部会同有关部门先后制定印发了鼓励社会资本参与水利建设的系列政策措施，取得了一定进展和成效。但由于水利工程赢利能力弱、水利投资项目不确定因素多，加之水利市场化融资操作经验不足，市场主体参与水利建设的意愿总体不强，参与程度相对不高。

（三）从改革形势要求看，水利建设资金筹措机制亟待进一步创新

党的十八届三中全会以来，党中央国务院大力推进投融资体制改革，先后制定出台了一系列含金量高、创新性强的政策措施，将水利作为重要领域之一，提出新的任务和要求。从总体形势来看，国家投融资体制改革是坚持政府和市场两手发力，坚持简政放权、放管结合、优化服务相结合的一套“组合拳”。换言之，投融资体制改革不仅要求改善企业投资管理，确立企业投资主体地位，激发社会投资动力与活力，也要求完善政府投资体制，发挥好政府投资的引导和带动作用，不仅要求创新融资机制，畅通投资项目融资渠道，也要求转变政府职能，提升综合服务管理水平。以上改革任务涉水任务众多，尽管深化水利改革工作正在全面顺利推进，但改革的整体性、系统性和协同性有待进一步提高，相关改革举措也有待细化和完善。

三、进一步创新水利投融资机制的政策建议

今后一个时期，深化水利投融资体制改革的总体思路是：贯彻落实中央全面深化改革的总体部署和新时期水利工作方针，坚持政府和市场两手发力，在积极争取各级财政加大水利投入、落实好金融支持水利政策基础上，进一步发挥好市场作用，研究完善投资补助、财政补贴、贷款贴息、收益分配、价格支持等优惠政策，鼓励社会资本以多种形式参与水利建设运营，强化政府服务和监管，加快建立多主体、多渠道、多形式的水利投入稳定增长机制。主要举措包括以下三个方面。

（一）完善公共财政水利投入政策

一是争取进一步增加中央预算内水利投资规模的同时，调整优化政府投资结构，

中央预算内固定资产水利投资更多向重大水利工程倾斜，地方财政资金优先保证列入中央投资计划的重大水利建设项目。二是完善水利建设基金政策。落实水利建设基金筹集和使用管理政策，发挥好政府性水利基金对水利改革发展的支持作用。抓住重大水利工程建设、灾后水利薄弱环节建设等，争取扩大水利专项建设基金规模和范围。三是研究设立重大水利工程投资基金。借鉴集成电路、铁路、农业等产业投资基金做法，政府使用财政性资金通过认购基金份额、直接注资等方式予以支持，实行市场化运作，积极吸引金融机构、国有企业、民间资本等社会投资人参与，更好带动社会资本参与重大水利工程建设。

（二）落实水利金融支持相关政策

一是推动建立水利政策性金融工具，加大中央和地方财政贴息力度，为水利工程建设提供中长期、低成本的贷款。二是积极协调金融监管机构，进一步拓宽水利建设项目的抵（质）押物范围和还款来源，允许以水利、水电、供排水资产及其相关收益权等作为还款来源和合法抵押担保物。三是进一步扩宽财政贴息贷款范围，提高贴息标准，延长贴息期限，更加合理地平衡中央、地方的贴息比例。区分不同区域、不同类型、不同规模的水利工程建设，制定更加规范和精准的水利建设财政补贴和财政贴息政策。

（三）鼓励和吸引社会资本投入水利建设

一是做好跟踪指导和经验总结推广。在做好重大水利工程建设运营试点总结评估的基础上，进一步加大跟踪指导和政策支持力度，督促各地探索建立健全政府和社会资本合作（PPP）机制，提炼总结可复制、可推广的经验并加以组织推广。二是细化完善政策措施。针对水利公益性强、对社会资本吸引程度不高的问题，研究细化和完善投资补助、财政贴息、价格机制等方面的具体扶持政策，鼓励社会资本以特许经营、参股控股等多种形式参与水利工程建设运营。三是加强社会资本参与水利建设服务与监管。联合有关部门印发政府和社会资本合作建设重大水利工程操作指南，明确操作环节、关键步骤和注意事项等，进一步规范社会资本参与行为，提高政府和社会资本合作质量。研究制定加强水利 PPP 监管的政策措施，规范地方水利投融资平台发展，坚决制止地方政府吸引社会资本参与水利建设过程中的违法违规融资行为，防范和化解可能产生的地方债务风险问题。

完善绿色金融政策，发展合同节水服务

唐忠辉*

党中央、国务院高度重视节水。2014 年，习近平总书记关于水安全的重要讲话提出了“节水优先、空间均衡、系统治理、两手发力”的新时期水利工作方针，强调从观念、意识、措施等各方面都要把节水放在优先位置。2015 年，党的十八届五中全会提出“推行合同能源管理和合同节水管理”。2016 年，《中华人民共和国国民经济和社会发展第十三个五年规划纲要》也对此作出明确规定。推行合同节水管理，顺应了经济发展新常态下供给侧结构性改革的客观要求，是一项重大制度创新和政策安排，对推进节水型社会建设和绿色发展具有重要意义。

一、合同节水管理是水利供给侧结构性改革的重要创新

党的十八大以来，党中央及时作出经济发展进入新常态的科学判断，形成了以新发展理念为指导、以供给侧结构性改革为主线的政策体系，作出“三去一降一补”等战略部署，把加强基础设施薄弱环节建设和生态环境保护列入补短板的重要内容，把水利纳入扩大有效投资的重点领域。

合同节水管理是专业化的节水服务企业与用水户通过签订节水管理服务合同，为用水户募集资本、集成先进技术，提供节水改造和管理等约定服务，并以分享节水效益等方式回收投资、获得合理利润的新型节水服务机制。合同节水管理涉及水资源、节水技术、资本、政府财税等重要生产要素的投入，涉及管理政策变革、技术进步、产业结构调整和优化升级等重要供给侧要素，是供给侧结构性改革在水利领域的重大创新和重要实践。

（一）合同节水管理是扩大水利有效投资的新兴领域

受节水公益性强、经济效益不显著等因素影响，长期以来，农业节水灌溉、企业和公共机构节水技术改造等方面的业务过多依赖于各级财政资金的支持或补助，投入

---

* 唐忠辉（1979—　），男，高级工程师，水利部发展研究中心/水利部南水北调规划设计管理局副处长。

渠道和规模受到限制，影响了全社会节水工作的开展和节水效率的提升。近年来，中央积极推进水利等基础设施投融资体制改革，通过调整水价、提供优惠政策等措施，吸引社会资本更多地投入水利等基础领域。《水利部关于深化水利改革的指导意见》明确提出要进一步发挥市场作用，鼓励和吸引更多社会资本投入治水节水。新形势下，必须进一步发挥市场作用，鼓励和吸引更多社会资本参与并投入节水领域。合同节水管理服务不仅为财政资金的投入开辟了新的领域，更为社会资本的进入提供了新的通道，是社会资本投资节水减污的有效载体，是运用市场机制促进节水的重要手段，有利于弥补财政资金在节水方面的投入不足，拓宽节水减污等工作的投入渠道，增加投入规模，提高投资效率和效益。

（二）合同节水管理是补齐节水减污短板的重要举措

人多水少是我国的基本国情水情，资源性缺水、工程性缺水、水质性缺水等问题在一些地区普遍存在。同时，用水方式粗放、用水效率不高。我国工业废水重复利用率只有40%左右，远低于发达国家75%—85%的水平；农田灌溉水有效利用系数为0.536，远低于0.7—0.8的世界先进水平；城市供水管网平均漏损率超过15%，高出国际先进水平5个百分点以上。高耗水带来高排放，我国废污水排放量持续增加，水污染问题十分突出，水生态破坏十分严重。水资源短缺、水环境污染、水生态破坏已成为我国经济社会可持续发展的突出瓶颈和明显短板，节水、控排、减污的任务十分艰巨。在经济新常态下，随着最严格水资源管理制度的深入实施，各行业特别是高耗水行业用水户节水减污的压力不断增加，实现自身转型升级的愿望日益迫切。但很多用水户受制于自身条件，难以自主实施技术改造。通过合同节水管理，由有实力的第三方提供节水减污方面的技术、资金等专业化服务，能够有效弥补节水减污力度不够效果不足的短板，降低用水户节水技术改造成本，减少用水量、用水浪费和污水排放，提高用水效率和效益，推动节水型社会和生态文明建设。

（三）合同节水管理是发展节水服务产业的重要模式

党的十八届五中全会提出，要拓展产业发展空间，支持节能环保等新兴产业发展。我国高耗水行业和单位众多，用水量大，特别是钢铁、火电、纺织、造纸、食品等高耗水工业行业，其用水量占工业用水量的75%。各类用水户对节水的需求十分强烈，意味着节水服务产业潜力巨大、市场广阔。合同节水管理是以节水、减污、水环境整治和水循环利用等为主要内容的服务业，是节水环保服务市场化的产物，它集成了节水咨询检测、节水技术应用、节水产品推广、节水工程建设、节水金融服务、项目运营管理等多种服务，是节水服务模式和服务业态的重要创新。它的产业链条可延伸到技术研发、设备制造、工程建设、运营服务等其他环节，具有较长的产业链条、较大的带动作用和较广的发展空间。因此，推行合同节水管理，有利于进一步激发节水服务的市场潜力，发展节水服务产业体系，培育新的绿色经济增长点，拓展服务业和相关产业发展空间，为各行业用水户提供更多专业、高效、全面的节水服务。

总之，合同节水管理是贯彻新发展理念和节水优先方针、建设节水型社会的重要抓手，是深化水利供给侧结构性改革、培育新经济业态、推动绿色发展的重要举措。

二、合同节水管理相关金融支持政策及其局限

从中央要求来看，供给侧结构性改革，根本途径是深化改革，其中一个重要方面是要加强激励、鼓励创新。在供给侧结构性改革中，制度供给应成为核心内容。就合同节水管理而言，作为新型节水模式和服务业态，虽然经济、社会和环境效益较好，但其经济效益相比其他一些领域并不高。因此，激励政策显得尤为关键。可以说，激励政策是合同节水制度供给的核心内容。

从实践来看，激励政策主要包括财政、税收和金融等方面，其中金融是现代经济的核心，金融政策的市场化取向更明显、措施更多样、手段更灵活，也更受相关企业关注。绿色金融是合同节水管理激励政策中极具特色的内容。因此，本文重点围绕合同节水管理的绿色金融支持政策进行分析。

2016 年 8 月，为落实中央关于推行合同节水管理的决策部署，国家发展改革委、水利部和国家税务总局三部门联合印发《关于推行合同节水管理促进节水服务产业发展的意见》（以下简称《意见》），这是国家层面专门针对合同节水管理的第一个综合性文件。

该《意见》从总体要求、重点领域和典型模式、加快推进制度创新、培育发展节水服务市场、组织实施等方面，对推行合同节水管理作出专门部署。《意见》用较大篇幅专门提出了债券、信贷、基金等金融支持政策。

根据《意见》规定，合同节水管理的金融政策主要有以下几个方面：一是合同节水管理项目可以通过发行绿色债券募资。二是金融机构可通过绿色信贷，加大对合同节水管理项目的信贷资金支持。三是鼓励开发性和政策性金融机构为符合条件的合同节水管理项目提供信贷支持。四是鼓励金融资本与各类社会资本设立节水服务产业投资基金，各级政府投融资平台可通过认购基金股份等方式予以支持。五是合同节水管理项目要充分利用政府性融资担保体系，建立政银担三方参与的合作模式。

上述融资政策具有很强的时代性和针对性，初步构建了比较完整的金融政策框架，体现了绿色金融发展要求，为合同节水服务发展提供了政策供给，对破解相关融资难

题具有重要意义。

但另一方面，绿色债券、信贷、基金等一些规定仍然是比较原则的，还不够细化和完善，有的与近几年国家陆续出台的关于绿色金融方面的一系列政策衔接细化不够。对节水服务企业、用水单位以及相关金融机构而言，还不完全能“解渴”，面临如何实现落地操作的困惑。需要有关部门根据合同节水服务发展需要，进一步细化完善具体规则。

三、完善金融支持政策的几点建议

针对合同节水管理金融支持政策存在的不足，结合近年来深化供给侧结构性改革相关要求，建议紧密衔接有关绿色金融政策，进一步细化和强化合同节水管理的金融政策供给。

（一）完善相关绿色债券政策

绿色债券是非金融类企业为募集资金主要用于支持节能减排技术改造、节水、污染防治等绿色发展项目的企业债券。2015 年，国家发展改革委印发《绿色债券发行指引》（以下简称《指引》），为企业申请发行绿色债券提供了操作指南。该《指引》也适用于合同节水管理项目。考虑到节水项目的特殊性，建议在该政策基础上，国家发展改革委、水利部等部门结合合同节水管理业务实际及发展需要，进一步调整和完善有关具体规定。

一是进一步放宽节水服务企业发行绿色债券的部分准入条件。《指引》将企业债券募集资金占项目总投资比例放宽至 80%（相关规定对资本金最低限制另有要求的除外）。建议在此基础上进一步放宽比例限制，可放宽到 90% 左右，以进一步增强节水服务企业的融资能力。

二是允许节水服务企业对项目打捆后集合发行绿色债券。从实践来看，多数合同节水管理项目资金规模不大，如果以单一项目申请发行债券，债券融资规模偏小，效率不高。建议在现行政策基础上，对节水服务企业在同一省级行政区内或同一行业内开展的多个合同节水管理项目，允许企业将项目进行打包整合，以集合形式发行绿色债券。这样既可提高发行效率，降低发行成本，还可增加发行规模。

三是创新债券发行担保方式。对节水服务企业发行绿色债券用于合同节水管理项目的，地方政府可通过投资补助、担保补贴、债券贴息等方式予以支持，减轻企业发债成本。

（二）细化完善相关绿色信贷政策

绿色信贷是绿色金融体系的重要组成部分。2012 年，银监会制定《绿色信贷指引》，对银行业金融机构发行绿色信贷的有关规范提出了明确要求。2015 年，银监会与国家发展改革委印发《能效信贷指引》（以下简称《指引》），其中第 21 条规定，银行业金融机构向提高水资源和其他自然资源利用效率、降低二氧化碳和污染物排放的项目或从事相关服务的公司提供信贷融资，参照本指引执行。但从《指引》有关内容来看，并没有反映节水特别是合同节水管理项目的特点。

为此，建议水利部推动银监会、国家发展改革委等部门，在绿色信贷政策框架下，借鉴《指引》等政策，研究制定专门针对节水、适用于合同节水管理的“节水信贷指引”政策，为节水服务企业和其他企业开展节水信贷业务提供操作指南。政策的主要内容包括以下三个方面。

一是要明确节水信贷的服务领域及重点项目，为银行业金融机构选择信贷项目提供基本指南。对此，应将三部门印发的《意见》中确定的合同节水管理的重点领域全部纳入节水信贷政策的服务项目范围，同时增加居民小区节水改造、集中居住的规模化村庄供排水服务与节水等项目，并为实践中可能产生的新的节水项目预留空间。

二是要明确节水信贷的风险控制要求。信贷指引中，要为银行业金融机构明确纳入节水信贷的节水服务企业的准入要求；要求金融机构合理评估合同节水管理项目的节水收益，充分考虑合同节水管理合同中约定的收益分享方式等信息及其风险点，加强信贷授信合同管理。

三是结合节水的特点创新信贷产品。节水信贷政策应当允许银行业金融机构在做好风险防范的前提下推进节水信贷产品和服务创新。可支持金融机构探索以节水信贷为基础资产的信贷资产证券化试点，推动发行绿色金融债，扩大节水信贷融资来源。应允许节水服务企业探索采用预期节水收益（水费）质押的方式来增强偿债担保能力。通过这些方式，缓解节水服务企业面临的有效担保不足、融资难的问题，同时确保风险可控。

（三）充分发挥各类绿色发展投资基金的作用

投资基金是一种利益共享、风险共担的集合投资制度。从促进合同节水服务发展的角度，这里主要分析产业投资基金。产业投资基金是一种通过发行基金受益券募集资金，交由专业人士组成的投资管理机构操作，基金资产分散投资于不同的实业项目，投资收益按资分成的投融资方式。它一般以实业投资为主，定位于高新技术产业、有效率的基础产业和基础设施建设、促进产业升级和绿色发展等。因此，发展产业投资基金具有较强的现实意义。在产业投资基金实践中，已产生专门投资节能环保、产业绿色化等领域的绿色发展基金。

在三部门《意见》关于鼓励金融和社会资本设立节水服务产业投资基金的基础上，依托国家出台的其他有关绿色发展基金政策，建议在推行合同节水管理中，进一步提高对绿色发展基金重要性的认识，充分发挥其引导合同节水产业发展的积极作用。

一是充分利用好政府性绿色发展基金。建议有关部门加大工作协调力度，推动依托中央政府设立的国家绿色发展基金和地方政府设立的区域性绿色发展基金，按照市场化方式，积极投资合同节水服务产业。

二是积极利用民间绿色投资基金。实践中已经存在由社会资本和金融机构设立的绿色投资基金，还有专门投资节水的节水投资基金。建议有关部门进一步加大宣传力度，鼓励各类民间绿色投资基金积极开展合同节水投资业务。

三是完善配套支持政策。为提高绿色投资基金和其他各类产业投资基金投资合同节水业务的积极性，建议地方政府通过进一步完善水资源费、水价和排污费征收标准，利用政府投融资平台参与投资节水项目，落实项目土地政策等措施，支持绿色发展基金所投资的合同节水项目。

鉴于合同节水管理的业务推动工作涉及水利部及相关行业主管部门，而金融政策涉及国家发展改革委、中国人民银行、财政部、银监会、证监会等部门以及各类金融机构，建议从国务院层面加强对相关工作的统筹领导，协调推进有关政策制定，确保各项金融支持政策细化落地。

与水利相关的企业改革发展与供给侧结构性改革

黄河勘测规划设计有限公司供给侧结构性改革的企业实践

李虎平*

一、黄河勘测规划设计有限公司简介

（一）历史沿革

黄河勘测规划设计有限公司（以下简称“黄河设计公司”）隶属于水利部黄河水利委员会，始建于1956年。公司是以水利水电工程勘察设计为主业，为工程建设全行业提供全过程技术服务的科技型企业，是集流域和区域规划，工程勘察、设计、科研、咨询、监理、项目管理、工程总承包及施工等业务为一体的综合性工程勘察设计单位。

2003年改制以来，面对市场激烈竞争，黄河设计公司苦练内功，不断提升核心竞争力，在巩固水利水电勘察设计主业的同时，大力拓展市政、交通、建筑、环境、输变电、生态水利、新能源等业务领域，承担和完成的项目遍布国内以及全球30多个国家和地区，综合实力长期位居全国工程勘察设计单位百强之列。

（二）组织结构

根据企业的使命、战略和内外环境，黄河设计公司形成了如图6－1所示的组织结构。现行的组织结构有效地践行了企业的使命和战略，保证了企业的经营、生产和管理有效运行，但由于国内外经济形势、国家政策和勘察设计行业的变化也产生了部分不足。

---

* 李虎平（1981— ），男，经济师，黄河勘测规划设计有限公司。

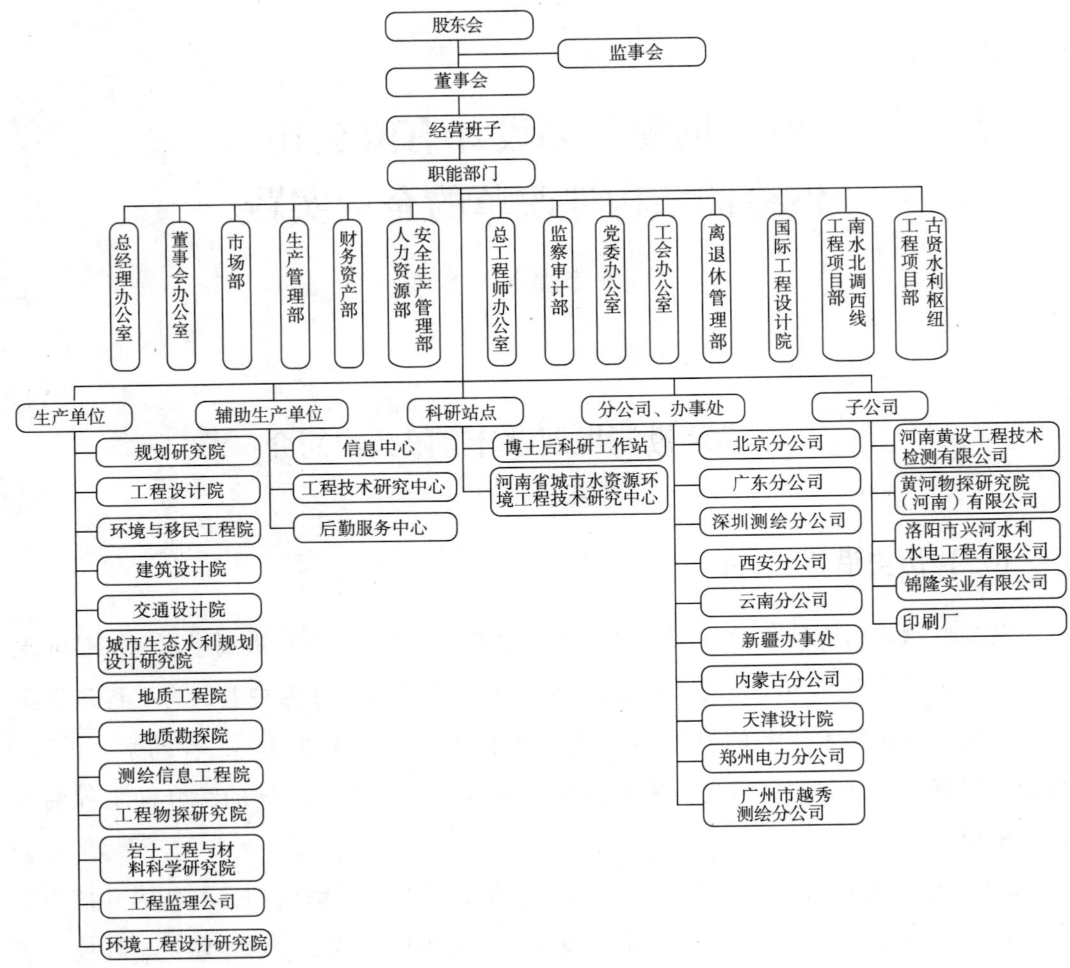

图 6－1　黄河设计公司治理结构及组织机构

二、黄河勘测规划设计有限公司需求侧变化情况和供给侧结构存在的问题

（一）黄河勘测规划设计有限公司取得的成绩

成立 60 年来，黄河设计公司持有工程设计综合甲级、工程勘察综合甲级、工程咨询甲级、建设项目环境影响评价甲级、水利水电工程施工总承包一级、对外承包工程资格等十余项国家高等级资质证书，是国家重点高新技术企业、国家级企业技术中心。60 年来公司经济实力持续增强，2016 年公司签订合同 55 亿元，实现营业收入超过 26 亿元，比 2006 年建院 50 年时分别增长了 17 倍和 11 倍。

（二）需求侧变化情况和供给侧结构存在的问题

1. 需求侧变化情况

随着国家勘察设计体制改革日益深入和市场经济迅速发展，勘察设计行业市场环境发生了深刻的变化，经公司党委及领导班子研判，认为公司面临的需求（市场）存在以下主要趋势：

（1）中小项目日趋增多，勘测设计市场逐渐在切小块，短、平、快项目在增多。

（2）水电投资高峰期已经过去，水利投资高峰期不久就会过去，公司所处行业市场和竞争环境都在变化，公司现行收入结构单一，多年来一直依靠勘察设计收入，抗风险能力较弱。

（3）投资主体和投资方式的改变带来了勘察设计市场需求的变化，特别是 PPP 项目的出现和盛行，导致跨界竞争加剧。

（4）国家工程建设模式的变化，工程总承包模式在我国建筑市场的推行，公司发展的商业模式发生了变化。

（5）国家对生态文明的重视，河长制在全国推开，催生了一大批涉及水资源保护、水域岸线管理、水污染防治、水环境治理的水生态项目，生态水利市场方兴未艾。

2. 供给侧结构存在的问题

结合公司内外环境，经公司党委及领导班子研判，公司供给（生产）结构目前存在以下问题：

（1）公司专业划分过多过细。公司现行内部组织结构和内设单位的专业划分主要脱胎于小浪底水利枢纽工程设计，一个工程项目下来涉及 10 来个单位几十个专业。这种设置在当时是需要的，也是适应的。但是，小浪底工程竣工后，公司几乎没有动用全链条业务的项目。而这种分工过细的专业设置模式，一方面造成资源的碎片化和“船大难调头”的局面。另一方面导致成本居高不下，到市场上与一些中小型设计单位特别是小的设计事务所竞争时，公司的报价与他们相比有时高得离奇，很难中标。

（2）现行组织结构不适应勘察设计行业外在形势。随着国家勘察设计体制改革日益深入和市场经济迅速发展，勘察设计行业市场环境发生了深刻的变化，中小项目的增多，就要求勘察设计单位改变管理模式来减少内部流程，提升生产效率，降低生产成本。加上执业资格管理模式由重单位资质向强化个人执业资格变革，设计事务所有大规模涌现的趋势。公司现行组织结构和管理模式对勘察设计行业市场环境变化的不适应正在逐渐凸显。

（3）岩土业务链条中各个板块各自为政，业务上交叉重叠，资源内耗，甚至有时还在市场上相互竞争。

（4）公司管理部门存在机构臃肿、人浮于事的现象。公司是一个技术型企业，管理队伍过于庞大，将会造成成本的上升和效率的降低。

三、供给侧结构性改革的基本内容

（一）提出背景

党的十八大以来，以习近平同志为核心的党中央，面对中国经济发展进入新常态、世界经济发展进入转型期、世界科技发展酝酿新突破的发展格局，综合分析世界经济长周期和我国发展阶段性特征，坚持稳中求进工作总基调，把适应、把握、引领经济发展新常态作为贯穿我国经济发展全局的大逻辑，创造性地提出了供给侧结构性改革的重要思想，为我国经济发展和转型升级指明了方向。在适度扩大总需求的同时，着力加强供给侧结构性改革，是对我国经济发展思路和工作着力点的重大部署，具有丰富的科学内涵、明确的实践要求，对于贯彻落实发展新理念，引领发展新常态，确保全面建成小康社会各项任务意义重大。

（二）主要内容

推进供给侧结构性改革这一重要思想和战略决策的提出，既是党中央科学分析我国经济发展新常态基础上的主动选择，也是适应和引领我国经济发展新常态、贯彻落实新发展理念的重大理论和实践创新，具有丰富的内涵。一是供给侧结构性改革的主攻方向是着力提高供给体系质量和效率，增强供给结构对需求变化的适应性和灵活性；二是供给侧结构性改革的当前重点是抓好“三去一降一补”（去产能、去库存、去杠杆、降成本、补短板）五大任务；三是供给侧结构性改革的重要手段是优化要素配置和提高全要素生产率；四是供给侧结构性改革的根本目的是使供给能力更好满足人民日益增长的物质文化需要；五是供给侧结构性改革的本质属性和根本途径是改革，基础动力在创新；六是供给侧结构性改革与党的十八届五中全会提出的创新、协调、绿色、开放、共享的发展理念是相通的。

（三）供给侧结构性改革对黄河勘测规划设计有限公司改革的指导意义

结合勘察设计行业市场环境的变化（需求侧变化）和公司自身存在的问题（供给侧结构对需求侧的不适应），党中央提出的供给侧结构性改革思想对公司的改革存在以下指导意义：一是加强对国家经济形势和行业市场环境的研判，明确需求侧变化情况；二是着力提高公司供给（生产）体系质量和效率，增强供给（生产）结构对需求变化的适应性和灵活性；三是根据公司实际整合重复产能（去产能），降低生产、管理成本，补足公司短板；四是通过重新配置企业资源，提高企业创新和全要素生产率；五是坚持党的新的发展理念，维护职工的利益，协调好当前利益与长远利益、局部利益与整体利益的关系。

四、黄河勘测规划设计有限公司供给侧结构性改革

根据党中央和国家的供给侧结构性改革部署和公司面临的内外环境的变化，黄河设计公司在本次供给侧结构性改革中，具体采用了以下做法。

（一）成立深化改革领导小组，为改革工作提供领导和组织保障

根据国家及上级机关关于深化企业改革的意见，公司成立了以班子成员及相关管理部门负责人为主的深化改革领导小组，公司成立外业与监理、信息业务、职能部门、服务业务等 4 个机构改革小组，经营管理、生产与技术质量管理、薪酬管理等 3 个机制改革小组，负责专项改革实施计划制定和组织实施。

（二）制定改革方案为改革提供路线图

先后印发《黄河勘测规划设计有限公司深化改革框架意见》和《黄河勘测规划设计有限公司深化改革总体实施意见》为改革提供路线图。

（三）加强舆论引导，统一思想，为改革提供思想保障

公司董事长在《坚守初心服务治黄　创新发展推进转型》（黄河设计公司 60 年座谈会上的报告）、《坚持全面从严治党　切实发挥国有企业党组织的领导核心作用和政治核心作用》（在 2017 年公司党的工作暨反腐倡廉工作会议上的讲话）、《在公司生态业务版块整合推进会上的讲话》、《推进“两学一做”学习教育常态化制度化 为公司改革发展提供坚强的组织保证》，总经理在《2017 年公司工作会议暨二届十一次职代会上的总结讲话》《在 2017 年公司管理部门作风建设暨内控体系建设工作会议上的讲话》等场合多次强调公司面临的内外环境、改革意义和改革的目的，公司各单位部门认真组织学习，使改革的思想深入人心。

（四）具体做法

根据公司党委和领导班子对国家经济形势和勘察设计行业形势变化的研判，为增强供给（生产）结构对需求（市场）变化的适应性和灵活性，具体采取了以下做法。

1. 调整供给结构，使公司供给结构适应市场需求变化

（1）整合公司水生态业务。随着国家对生态文明的重视，河长制在全国推开，催生了一大批涉及水资源保护、水域岸线管理、水污染防治、水环境治理的水生态项目，生态水利市场方兴未艾，为抓住这个重大机遇，公司把原来分散的资源调整到一个板块，打造完整的生态业务产业链，在行业顶端建立竞争优势，迅速做大做强。

（2）建立 EPC 总承包事业部。为了抓住国家提倡和推行 EPC 的机遇，建立完善的 EPC 管理体系，促进企业做强做优，公司决定成立 EPC 总承包事业部。通过 EPC，一方面可以取得项目设计费，并通过设计优化提升收益，通过提供专业的管理服务拿到管理费和招标结余。另一方面可以把公司的一般骨干培养成为懂 EPC 管理的人员，为他们的职业生涯打开上升通道。

（3）扩充公司资本金，积极介入 PPP 项目。过去公司所承接的项目多是国家和地方政府投资，但是现在投资主体和投资方式日趋多元化。特别是 PPP 项目的出现和盛行，导致跨界竞争加剧。当前，上市公司、民企、国企、银行等很多方面的资本都开始做 PPP 项目，传统勘察设计行业"地盘"的概念已经被打破。譬如，依托中电建的资金优势，西北院在三门峡和洛阳承揽了生态水利项目，华东院在郑州承揽了贾鲁河生态水利项目。长此以往，跨行业、跨区域的竞争将愈演愈烈。公司必须提升融资能力，积极参与 PPP 项目，才能保证市场份额。

2. 去产能，整合岩土业务

由于地质、勘探、物探、科研四个板块同处在一个产业链上，但却各自为政，业务上交叉重叠，资源内耗，甚至有时还在市场上相互竞争，只有从体制机制上解决"求和纠错"的问题，整合岩土业务产能，形成一个拳头，才能增加竞争合力。

3. 降成本，开展职能部门改革

为了提高管理效率，降低企业管理成本，公司制定了《职能部门定岗定编定责方案》及配套改革措施，调整部门职责，精减部门人员，提高管理效率，降低企业管理成本。

4. 补短板，积极开展投资业务

公司过去一直依靠勘察设计收入，收入来源单一，抗风险能力较弱，积极开展投资业务是公司战略转型的另一方面，目的是积累股权和资产，为快速发展奠定基础，同时也为了水电建设高峰期过后，公司能有一笔相对稳定的收益。公司已决定投资古贤的底层公司30%的股份，合计约占投资公司6%的股份。同时，公司积极开展了投资兰州地下空间项目以及与小浪底联合组建公司等资本运作，并将依托从黄河水利委员会里租来的2000 亩地进行开发。

5. 通过优化资源配置和技术创新，着力提高全要素生产率

全要素生产率，是指在各种生产要素的投入水平既定的条件下，所达到的额外生产效率。比如，一个企业也好，一个国家也好，如果资本、劳动力和其他生产要素投入的增长率分别都是5%，如果没有生产率的进步，正常情况下产出或GDP增长也应该是5%。如果显示出的产出或GDP增长大于5%，譬如说是8%，这多出来的3个百分点，在统计学意义上表现为一个“残差”，在经济学意义上就是全要素生产率对产出或经济增长的贡献。提高全要素生产率通常有两种途径：一是通过技术进步实现生产效率的提高，二是通过生产要素的重新组合实现配置效率的提高，主要表现为在生产要素投入之外，通过技术进步、体制优化、组织管理改善等无形要素推动经济增长的作用。从微观层面上讲，企业采用了新技术、新工艺，开拓了新市场，开发了新产品，改善了管理，体制改革激发了人的积极性，都可以提高全要素生产率。

公司着力提高全要素生产率的做法主要体现在以下两点：一是优化职能部门、生产单位职能和组织结构提高组织运行效率。二是大力提升公司技术进步，资助与公司生产难点相结合的自主研发项目，提升公司生产体系的质量和效率；印发《公司2017年信息化建设计划》，确立深化三维设计、建筑信息化模型（BIM）等信息技术应用研发，推进黄河“数字咨询”系统建设，基本打造公司勘测规划设计数字化生产平台，以期通过“互联网+”提升公司生产效率和质量；搭建青年员工创客中心，为青年员工交流互动，激发创造力提供平台。

五、结　　语

在党中央供给侧结构性改革政策的指引下，在公司党委和领导班子的带领下，通过调结构、去产能、降成本、补短板、提高全要素生产率等做法，公司供给侧结构性改革正在积极稳步推进，公司的供给结构得到不断优化，对需求的适应性和灵活性不断加强。

供给侧结构性改革视角下的中央水利企业改革与发展

尤庆国*

现代宏观经济学的主要流派是凯恩斯主义及在此基础上发展形成的新古典主义综合学派，主张国家采用扩张性的经济政策，通过增加需求促进经济增长，即扩大政府开支，实行财政赤字，刺激经济，维持繁荣。20世纪70年代美国兴起的供给学派则认为需求会自动适应供给的变化，生产的增长取决于劳动力和资本等生产要素的供给和有效利用。

我国改革开放以来，通过不断深化改革，释放了大量的社会生产力，并通过需求侧管理实现了经济的长期高速增长，但2010年以后我国经济增速波动下行，已持续数年，经济运行呈现出不同以往的态势。其中，供给和需求不平衡、不协调的矛盾日益凸显，突出表现为供给侧对需求侧变化的适应性调整明显滞后，这就需要在适度扩大总需求的同时加快推进供给侧结构性改革，矫正供需结构错配和要素配置扭曲，促进要素流动和优化配置，实现更高水平的供需平衡。①

2015年我国开始实施以“去产能、去库存、去杠杆、降成本、补短板”为重点的供给侧结构性改革，这不仅要求从供给侧的角度加快弥补水利基础设施网络与水生态环境保护短板，更充分地发挥水利对国民经济增长和社会发展的支撑作用，同时也对水利部所属各级事业单位投资企业（以下简称“中央水利企业”）提出了“去产能、去库存、去杠杆、降成本”等与企业改革发展直接相关的要求。

一、中央水利企业发展现状

（一）概况

1. 基本情况

纳入2016年度企业财务会计决算编报范围的中央水利企业有692户（包含中国水

---

* 尤庆国（1981— ），男，高级经济师，水利部发展研究中心。

① 王一鸣、陈昌盛、李承健：《正确理解供给侧结构性改革》，《人民日报》2016年3月29日。

利水电出版社及其所属企业），截至 2016 年年末，中央水利企业从业人员为 5.27 万人。

近 5 年中央水利企业资产总额呈稳步上升趋势，从 2012 年的 1308.94 亿元逐渐增加至 2016 年的 1479.54 亿元。近 5 年中央水利企业负债总额也呈上升趋势，从 2012 年的 743.77 亿元逐渐增加至 2016 年的 772.63 亿元（见图 6－2）。

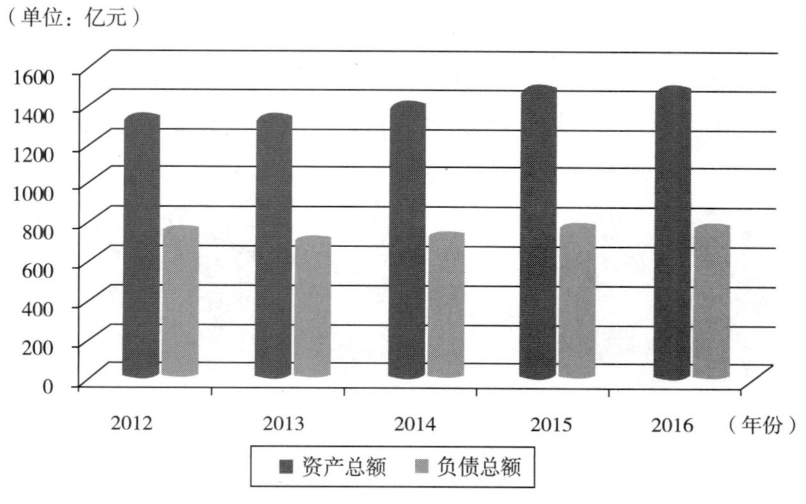

图 6－2　2012—2016 年中央水利企业资产与负债总额

2016 年年末，中央水利企业国有资本总量为 553.96 亿元，主要为企业经营收益形成的经营积累；国有资产保值增值率为 101.3%（因企业上缴利润等客观因素调增国有资本 2.66 亿元），实现了国有资产保值增值。

2016 年，中央水利企业实现营业总收入 447.16 亿元，近 5 年收入稳中有升，与 2012 年相比累计涨幅 18.5%；营业总成本 442.80 亿元，近 5 年成本费用逐年上升，与 2012 年相比累计涨幅 25.1%；利润总额 11.12 亿元，净利润 5.90 亿元。近 5 年企业净利润波动较为明显，2012—2013 年和 2014—2016 年期间均显著减少，近期减少的主要原因是受来水量变化的影响，水力发电企业发电量大幅下降（见图 6－3）。

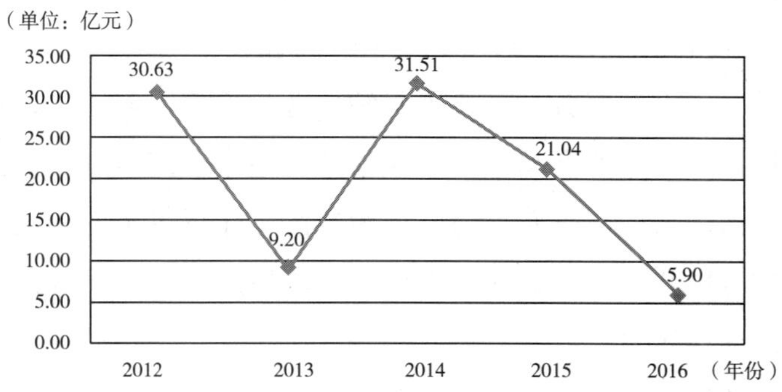

图 6－3　2012—2016 年中央水利企业净利润变化情况

2. 行业分布情况

中央水利企业涉及多个国民经济行业，重点行业企业主要为水力发电企业、水利勘测设计企业和土木工程建筑企业三类。水力发电企业是水利枢纽工程综合利用的典型，在防洪、防凌、灌溉、供水、发电等方面发挥了显著的社会效益和经济效益；水利勘测设计企业和土木工程建筑企业在保障国家水安全、实行最严格水资源管理制度等方面提供了支持和保障。

2016 年，水力发电企业、水利勘测设计企业和土木工程建筑企业共 177 户，水利管理、城市供水与污水处理等其他行业企业 515 户，其户数占比和资产总额占比见图6－4。

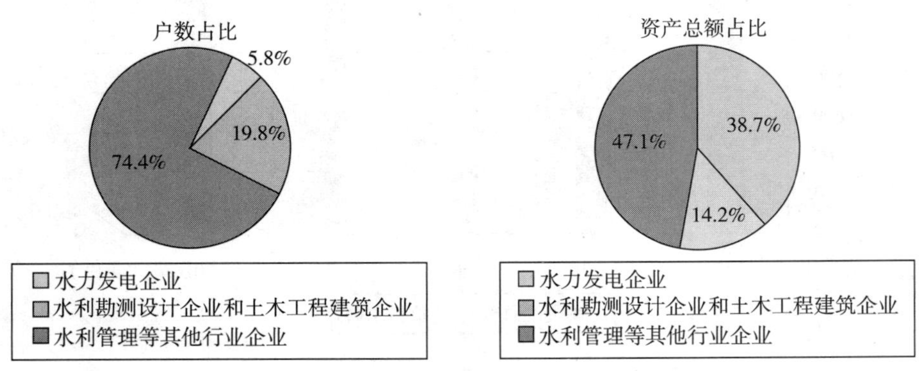

图 6－4　不同类型中央水利企业的户数与资产总额占比情况

（二）发挥的作用与存在的问题

1. 发挥的作用

中央水利企业对推进事业单位改革与发展、繁荣水利事业发挥了重要作用，主要表现在以下方面。

一是弥补了事业单位经费缺口，保证了事业单位的运转。目前，事业单位普遍存在基本支出经费不足、人员经费财政保障水平低的问题，收取企业投资收益是部属事业单位自筹解决经费缺口的主要途径之一。如小浪底水利枢纽管理中心为自收自支的事业单位，其运行经费完全来源于所属企业的投资收益。

二是提供产品、技术和服务，支撑了水利事业的发展。多年来，中央水利企业为水利事业的发展提供了大量的产品、技术和服务，如作为淮河水利委员会控股的技术咨询企业，中水淮河规划设计研究有限公司为治淮工作提供了有力的技术支撑，有效保障了治淮工作的有序开展。再如水管理体制改革后成立的维修养护企业，对水管理单位发挥了重要的支撑作用。

三是相对灵活的用人机制，弥补了事业单位人才不足的问题。随着水利事业的深入发展，对相关专业技术人员的数量和质量都提出了更高的要求。为了不影响所承担业务的正常开展，部分从事水利信息化工作的部属事业单位利用中央水利企业用人机制相对灵活的优势，采取外聘方式补充急需的高技术人才。

2. 存在的问题

尽管中央水利企业的发展成效显著，但还存在抗风险能力弱等一些不容忽视的问题，主要表现在以下方面。

一是企业规模偏小。受历史形成、自身利益驱动等因素影响，中央水利企业数量多、规模小[①]。从单户企业看，2016 年资产总额 1 亿元以上的中央水利企业只有 190 户，仅占企业总户数的 27.5%，其中资产总额 100 亿元以上的只有 1 户。

二是企业市场竞争力较弱[②]。由于中央水利企业规模小，建筑施工、勘察设计、工程监理等专业资质低，不能参与大额投标项目；企业信用等级低，银行授信额度少，且多不具备债券融资条件，往往错失商机。

三是对外投资效益较差。企业规模小，缺乏市场竞争力，直接影响事业单位对外投资的效益，不利于国有资产的保值增值。近年来，中央水利企业国有资产保值增值率明显低于同期国资委监督管理的央企平均资产保值增值率。

二、中央水利企业改革成效与不足

2013 年 12 月水利部印发了《水利部关于加强事业单位投资企业监督管理的意见》，大力推动事业单位强化落实投资企业监督管理的主体责任，理顺事企之间的资产纽带关系，在严格监督管理事业单位投资新办企业、企业国有产权转让等日常审核、审批、备案工作的同时，积极推动事业单位深入研究调整投资企业的定位，开展现有企业清理整合和改制等改革性工作。2015 年水利部制定并印发了《水利部办公厅关于进一步加强事业单位对所投资企业监督管理的通知》，提出了进一步规范企业管理、加强企业党建工作等 6 项具体监督管理措施。

（一）企业改革取得的成效

1. 强化对企业监督管理的主体责任意识，完善企业监督管理机制和管理制度

部属事业单位均按照《水利部关于加强事业单位投资企业监督管理的意见》的精神，建立了企业管理机构。黄河水利委员会等单位成立了企业监督管理工作领导小组，

---

① 赵玉红、穆范椭：《中央水利国有企业改革发展思路措施研究》，《水利经济》2007 年第 6 期。

② 陈献等：《对外投资管理制度研究——推进事业单位投资企业清理整合工作框架研究》，水利部中央级预算项目研究成果，水利部发展研究中心，2014 年，第 12 页。

单位主要负责人任组长，财务、人事、审计以及经营管理等部门参与；长江水利委员会等单位组建了企业监督管理委员会，作为单位领导班子监督管理企业的桥梁，管理委员会主任由联系各企业的委领导担任，办公室设在财务局，主要职责是审议企业投融资等10类需要报部备案的重大事项。各单位将企业监督管理职责分解落实，形成了企业重要事项单位“一把手”亲自抓的机制。

部属事业单位按要求逐步规范了企业监督管理程序和行为，健全完善了企业党组织并发挥了领导的核心作用，落实了企业重大事项的民主决策和“三重一大”事项报告制度，建立了企业监督管理机构议事机制，分类处理企业事项权责关系以及监督管理制度。2016年，长江水利委员会对企业17项“三重一大”事项进行了集体决策，并根据水利部对外投资审批授权限额进行审批审核。

2. 加大企业清理整合力度，着力整顿“僵尸企业”

为了加强企业经营定位的顶层设计，做好事业单位所属企业结构性调整，促进企业提高资本经营效益，部属事业单位按水利部的统一部署报送了企业清理整合工作方案。截至2016年年底，部属各事业单位累计清理整合85户企业，完成清理整合工作方案计划数的43%。

黄河水利委员会及所属各级事业单位累计完成清理注销企业28户，主要是施工企业从县局到市局的整合，将县局企业变为市局企业的分公司，同时将企业资质由二级提升至一级。海河水利委员会针对维修养护公司管理不到位、公司规模小、缺少资质等问题，将德州集团公司所属6家缺少资质的维修养护公司变为集团分公司，3家具有三级水利工程施工资质的维修养护公司继续作为集团子公司。综合事业局新华水利控股集团公司针对全资、控股企业风险较大的业务实行重点监控，制定逐步退出和清理方案，所属中国水务投资有限公司已完成34户公司的退出，正在办理退出企业14户。

3. 促进企业绩效提升，保障国有资产保值增值

2013年开始，水利部将企业经营绩效评价与企业负责人经营业绩考核紧密结合，促进了企业的经营发展，激励了企业负责人的积极性。经过多年努力，企业经营绩效评价范围进一步扩大，水利部统一布置开展2015年度企业经营绩效评价的企业（集团）已达68户，资产额占企业总资产的90%以上；先期开展经营绩效评价的企业次年多数评价为优良，2015年度规模以上企业经营绩效评价为优良的占68.4%；企业经营绩效评价结果也进一步得到运用，有部管干部且符合挂钩条件的企业均实行企业负责人经营业绩考核与企业负责人薪酬挂钩。

截至2016年年底，已完成第一个周期（2013—2015年）的中央水利企业绩效评价考核工作，并布置了下一个考核期的工作任务，明确55户规模以上企业集团由水利部组织实施，其他企业由所属事业单位自行组织开展绩效评价考核工作，形成了监督管

理的良性循环机制。

4. 创新企业监督管理方式，加大监督检查力度

近年来，水利部除了按照有关要求加强“三重一大”事项审核备案管理，还采取多种措施强化事业单位对企业重大经营决策的督导。2015 年，水利部成立联合督导检查组，对 12 个事业单位的企业清理整合进展情况进行督导，对 12 个重点企业经营绩效考核工作进行检查。2016 年，水利部开创性地委托中介机构从“三重一大”事项审核备案、收益上缴、违规责任追究等方面，对 8 家事业单位及其所属 8 户一级投资企业进行了重点检查。

此外，水利部还积极利用国有资本经营预算，逐步解决历史遗留问题。根据国务院印发的《加快剥离国有企业办社会职能和解决历史遗留问题工作方案》和财政部的统一部署，从厂办大集体改革、国有企业办公室公共服务机构移交、国有企业退休人员社会化管理等方面请财政部给予中央水利企业支持。2016 年财政部下达国有资本经营预算资金 8698 万元：其中，文化产业发展专项资金 6264 万元，解决了文化企业改制启动的经费问题；中央企业棚户区改造配套设施建设补助资金 2434 万元，减轻了企业棚户区改造费用负担。

（二）企业改革中存在的不足及其原因

1. 存在的不足

一是法人治理结构不健全。部分企业存在以行政管理代替法人治理的情况，已构建法人治理结构的企业也往往不能实现实质意义上的监督与制衡。

二是内部控制制度不完善①。部分企业没有建立健全内部控制制度，有些企业风险管理体系和人员配备不落实，个别企业存在延伸企业投资链条、资产重心下移、规避监督管理等问题。

三是财务管理制度不完善。一方面，财务机构设置不完备；另一方面，财务内控制度不完善，部分企业不严格执行企业财务会计制度。

四是激励约束机制不健全。部分企业没有建立经营绩效考核与企业负责人奖惩、任免、薪酬挂钩的机制，还有部分企业绩效考核评价工作流于形式。

2. 产生原因

以上存在的不足与事业单位监督管理体制不健全、监督管理能力不强有很大的关系，其深层次原因主要体现在以下几个方面。

---

① 黄江涛：《国有大中型水利企业内部控制问题研究》，《中国水利》2005 年第 16 期。

一是尚未建立以产权为纽带的事企关系。大部分流域机构特别是基层单位，存在事业单位与投资企业人事、财务、资产边界不清的现象。

二是出资人职责履行不到位。部分事业单位对投资企业存在监督管理不力的现象，如有的企业重大事项不履行事业单位领导班子民主决策程序；个别事业单位对企业监督管理事项不全，如收益上缴、违规责任追究等未纳入监督管理范围。

三是事业单位财务监督管理缺位。一方面，事业单位未按照有关规定向大中型企业派驻总会计师等财务监督管理人员；另一方面，事业单位组织的外部审计流于形式，不能起到监督管理作用。

三、中央水利企业推进供给侧结构性改革的方向

中央水利企业应按照国家推进供给侧结构性改革和国有企业深化改革的总体要求，在新时期水利工作方针的指导下通过“去产能、去库存、去杠杆、降成本”，实现强身健体、提质增效的目标，为水利事业改革发展提供有力保障。

（一）淘汰落后产能、控制合理库存

产能过剩、库存过大是无效和低端供给的集中表现。过剩产能和积压的库存沉淀了大量的厂房、土地、设备和劳动力等生产要素，使得要素无法从过剩领域流到有市场需求的领域、从低效率领域流到高效率领域，降低了资源配置效率。与此同时，有效和中高端供给不足，导致国内消费外流、消费潜力难以释放。这就必须通过供给侧结构性改革，提高供给的适应性和灵活性，提升有效供给能力。总之，“去产能、去库存”是减少无效和低端供给、增加有效和中高端供给、提高经济运行效率的根本举措，为资产层面推动供给侧结构性改革的主要手段。

当前我国宏观经济处于紧缩周期，产能过剩矛盾十分突出，部分行业出现周期性过剩和绝对性过剩的相互叠加，产品供给远大于需求，使得工业品价格持续回落，企业利润大幅下降，企业亏损面不断扩大。如汉江集团工业或产品制造行业面临原材料（内部供电瓶颈显现、电力成本上涨）和商品销售价格（如铝锭长期低价）等不利变化，且自身产业规模偏小、行业竞争能力下降，向下游延伸开展深加工也面临激烈的市场竞争。中央水利企业特别是从事房地产开发、工业产品制造等非水利主业的企业，需要按照国家产业结构优化升级的总体部署，通过“去产能”，逐步化解工业领域的过剩产能，促进企业优胜劣汰和工业品价格合理回归，扭转企业整体利润下滑的局面。

从近 5 年中央水利企业资产规模与营业收入的对比可看出，2012—2014 年单位资产创造的收入从 0. 29 万亿元下降到 0. 27 万亿元，2015—2016 年逐渐改善，2016 年达

到了 0.30 万亿元，说明低效产能得到了一定的控制（见图 6－5）。

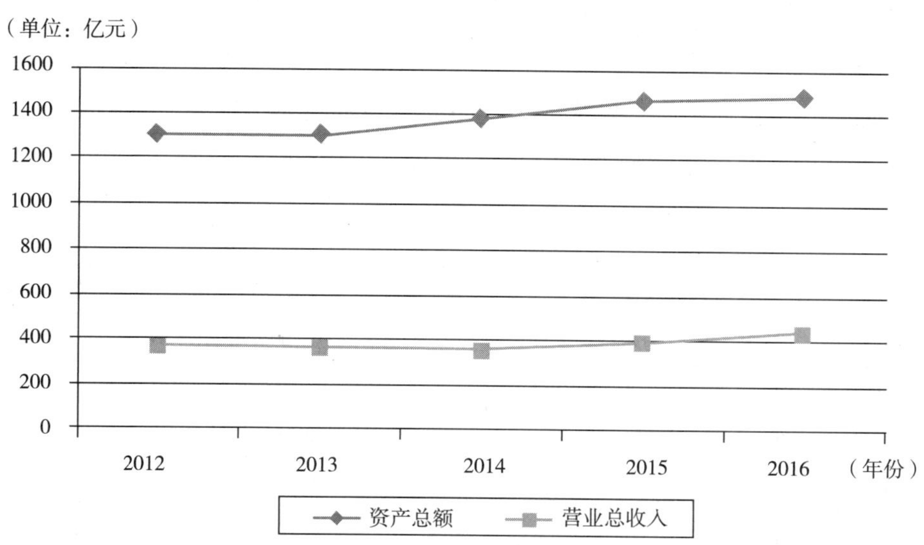

图 6－5　2012—2016 年中央水利企业资产总额与营业总收入

中央水利企业通过清理整合等多种手段“去产能”，其中一项重要工作是处置“僵尸企业”，加快资产重组，改善资产质量，提高资产收益率。如中国水务投资有限公司为保障企业整体经营和资金安全，按照水利部党组和综合事业局党委的精神，拟订了整体转让所持新疆昌源水务集团有限公司 51% 股权和债权的风险处置方案，并履行了相关决策和报批程序。2016 年 9 月，根据企业国有资产交易的相关规定，中国水务投资有限公司通过上海联合产权交易所预披露了转让信息。随后经过 8 家意向受让方多轮竞价，深圳市建信投资发展有限公司以 25.20 亿元的最高报价成为摘牌方。2016 年 12 月，双方签订了附生效条件的产权交易合同。

另外，通过“去库存”，可以减少资金无效占用，降低债务违约风险，避免对经济运行造成大的波动。这就需要中央水利企业合理控制存货规模，加快应收账款的回收并促进流动资产的变现。通常而言，企业在“去库存”的同时会带来应收账款的增加，因此要重视资金周转速度较慢行业的应收账款回收问题，以提高资金使用效率。如 2016 年黄河水利委员会下属土木工程建筑企业施工项目大幅增多，应收账款较上年增加 9.68 亿元。一旦回收了应收账款，就会带来现金、银行存款等流动资产的增加。如 2016 年小浪底水利枢纽管理中心所属小浪底置业有限公司销售商品房后存货较上年减少 11.31 亿元，货币资金较上年增加 8.42 亿元。

（二）防控债务风险

“去杠杆”为负债层面推动供给侧结构性改革的主要手段。通过“去杠杆”，可以处置不良债务，改善企业财务状况和偿债能力，降低银行不良贷款率上升的压力，避免潜在风险的积累；引导资金更好地支持实体经济的发展，增强实体企业活力，提高国民经济整体效益。为此，中央水利企业应控制发债规模，降低财务费用并控制融资风险，及时解决企业大额资金借贷、对外担保所累积的债务问题。

一般而言，反映企业债务风险的指标主要有流动比率、速动比率和资产负债率。近5年中央水利企业上述3项指标变化情况见表6-1。

表6-1 2012—2016年中央水利企业偿债能力财务指标 （单位：%）

年份	流动比率	速动比率	资产负债率
2012	129. 30	105. 00	56. 82
2013	120. 74	92. 79	52. 51
2014	118. 44	90. 41	52. 16
2015	117. 43	90. 73	52. 06
2016	118. 62	93. 69	52. 22

2016年中央水利企业资产负债率52. 22%，低于全国国有企业综合绩效评价指标的平均值65%；速动比率93. 69%，高于全国国有企业综合绩效评价指标的平均值75%。说明总体上中央水利企业财务成本较低，风险较小，偿债能力较强。

当然，不同企业的债务风险各有差别。如综合事业局所属三门峡水工机械厂、郑州水工机械厂和重庆水文仪器厂等企业都是成立于20世纪50年代的老国有企业，近年来因体制机制老化、人员冗余、产品附加价值低、设备厂房陈旧、市场竞争激烈等原因，生产经营状况下滑严重，贷款规模逐年增高，财务负担愈加沉重。长江水利委员会所属汉江集团设置了资产负债率等三条红线，确保资产负债率不超过75%。为降低资金成本，调整融资结构，适应现有开发项目周期较长的特点，汉江集团利用自身良好的资信水平创新融资方式，2016年向中国银行间市场交易商协会注册发行7亿元中票和8亿元超短融，以接续现有到期融资；2017年注册发行9亿元中票、9亿元短融、16亿元5+N年期永续中票，并向上海证券交易所申请发行20亿元非公开发行公司债券，为未来7年已确定水电项目投资提供融资。

（三）降低运行成本

通过“降成本”，减轻企业负担，促进企业的可持续发展。中央水利企业应加强内部管理，精简机构与压缩管理链条，并减少不必要的管理人员，切实降低管理费用支出。

从近5年中央水利企业的营业总收入与营业总成本对比可看出，成本收入比有所上升，其中2012—2014年成本收入比从0. 94逐步增至近1. 00，尽管2015年显著下降至0.97，但2016年又上升至0.99（见图6-6）。

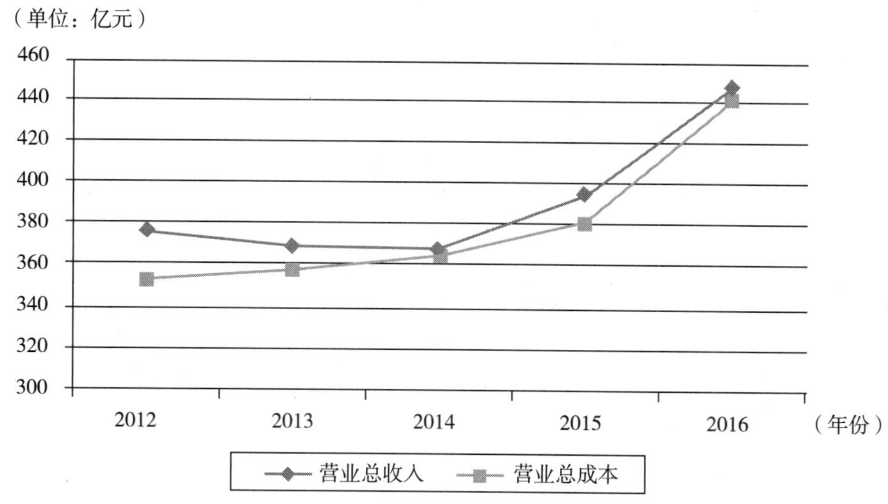

图6-6 2012—2016年中央水利企业营业总收入与营业总成本

以2016年为例，中央水利企业营业总成本构成中，营业成本占82.4%，营业税金及附加占1.7%，销售费用占1.6%，管理费用占11.0%，财务费用占3.3%，资产减值损失占0.1%。不难看出，管理费用占比相对较高，为此，中央水利企业需要分析管理费用的具体构成，挖掘潜力，尽可能降低不必要的支出，如按照有关规定减少负责人应酬等不合理支出。

近5年来，中央水利企业从业人数略有下降（个别年份有所增加），累计降幅达16.1%；但是人工成本、薪酬水平总体呈增长趋势，其中前者累计增幅达72.5%，后者累计增幅达79.2%。2016年，中央水利企业全年平均人工成本14.78万元，职工全年人均薪酬12.78万元；负责人全年人均薪酬28.23万元，是职工全年人均薪酬的2.21倍。因此，中央水利企业需要适度控制人工成本的刚性增长，使企业负责人薪酬与普通职工薪酬保持合理的差距。

四、相关建议

（一）加快清理整合，缩短管理链条

根据《关于深化国有企业改革的指导意见》“清理退出一批、重组整合一批、创新发展一批国有企业”的精神，推动企业资源整合、转型升级和国有资本合理流动优化配置，建立健全优胜劣汰市场化退出机制。通过调整投资级次、整合重组、产权转让、解散等多种方式持续推进中央水利企业清理整合工作。对规模较小但效益较好的企业进行整合，缩短管理链条，降低管理费用并提高管理效率，对效益较差和行业相关度

低的企业进行清理。水利部应结合事业单位分类改革，合理把握清理整合工作进度，适当简化清理整合审批手续，并着力开展清理整合的指导督查。

在开展中央水利企业清理整合工作的基础上，按照以管资本为主的思路推进国有资本授权经营体制改革，改组组建国有资本投资、运营公司，探索有效的运营模式①；适时启动中央水利企业集中统一监督管理改革，将国有资本纳入经营性国有资本集中统一监督管理体系。

（二）加强风险防控，确保持续发展

中央水利企业主要存在法人治理结构不完善、对外投资决策不科学、资金财务管理不到位和产权转让过程不规范等风险，为此，中央水利企业应完善强化董事会功能、加强监事会建设；进行科学、民主决策，并履行审批或报备程序；完善财务会计制度、规范资金使用程序并加强企业内部审计；依法进行产权转让决策、加强资产评估管理并规范进场交易；建立廉洁风险防控体系，形成个人利益挂钩机制②。

同时，事业单位应完善事业单位人员委派制度，建立以资本为纽带的监督管理体制；督促企业完善对外投资民主决策和报告制度；加强企业资金集中管理，全面加强财务监督管理并开展第三方审计；严格企业产权转让审批并开展专项审计制度；开展企业监督管理督导检查并建立国有资产管理责任追究制度。

（三）参与水利行业“补短板”工作

在开展清理整合等“去产能”“去库存”的同时，还要落实国家产业政策和重点产业布局调整总体要求，优化国有资本重点投资方向和领域。结合落实新时期水利工作方针、实施最严格水资源管理制度等，将有限的资金、资源调整到关键领域，实现中央水利经营性资产结构的优化，促进中央水利企业在支撑水利事业改革发展方面发挥排头兵作用。

如，不同类型的中央水利企业均可参与到重大水利工程建设中，综合企业作为社会资本参与项目的PPP模式探索，勘测设计企业承担项目前期工作，施工企业进行项目EPC总承包，维修养护企业承担工程建成后的运行管理。再如，通过企业运作发挥市场机制在水资源配置中的重要作用，构建国家水权交易平台，开展水权交易业务，提高水资源利用率和效益；以节水效益分享、节水效果保证、用水费用托管为模式，在公共机构、企业等领域率先推行合同节水管理。

---

① 王盛才、杨跃生：《水利事业单位投资企业改革发展研究》，《水利经济》2016年第6期。

② 李晖、尤庆国：《关于水利部所属各级事业单位投资企业风险防控的若干思考》，《水利经济》2017年第6期。

（四）出台配套政策，解决遗留问题

中央水利企业目前仍有厂办大集体改革、离退休干部社保补差以及医药费等很多亟待解决的历史遗留问题，同时又有大量需要国家政策性补贴的公益性支出。如长江设计院有限公司每年仍需负担5000多万元离退休人员社保补差费用；汉江集团每年承担的防洪、枢纽维护等公益性支出高达6000余万元。

建议在开展中央水利企业供给侧结构性改革时，出台相关配套政策，如针对处置“僵尸企业”过程中的人员安置问题，设立专项资金用于支付内部退养和提前退休职工的社保费用、自谋出路职工的安置费用；“降成本”过程中要着力解决历史遗留问题，如利用国有资本经营预算，加大对企业办理社会职能分离移交的支持力度。另外，应建立公益性支出的财政资金补偿机制，弥补水力发电、维修养护和供水等企业每年因支付防汛、供水、灌溉、通航、水污染防治、水环境保护、工程维修养护等相关费用而发生大量的公益性支出，为中央水利企业参与公平竞争创造条件。

未雨绸缪，多措并举，积极推进水利水电勘测设计行业供给侧结构性改革

蒋　翼*

国民经济的平衡和健康发展取决于经济中需求和供给的相对平衡。需求侧有投资、消费、出口“三驾马车”，“三驾马车”决定短期经济增长率。而供给侧则有劳动力、土地、资本、创新四大要素，四大要素在充分配置条件下所实现的增长率即中长期潜在经济增长率。而结构性改革旨在调整经济结构，使要素实现最优配置，提升经济增长的质量和数量。

水利水电勘测设计行业总体来讲是一个依靠智力资本、应用型高技术人才为基础的轻资产行业。除水电、风电等能源领域的产出之外，勘测设计产品的公益性较强，政府或者政府实际控制的投资机构是需求侧的主要客户。需求侧的政府购买的特点非常明显。因此，一方面行业需求旺盛与否客观上受到政府较为直接的调控。另一方面，水利水电行业勘测设计单位与房地产、石化、港口等行业的勘测设计单位顺经济周期不同，具有典型的逆经济周期的特点。

2008 年国际金融危机以来，中国以自身的稳定发展为世界经济的稳定和复苏起到了压舱石的重大作用，中国相继推出了刺激经济的 4 万亿元的政策，4 万亿元以基建投资为主，铁路、公路、机场等交通基础设施与水利基础设施首当其冲，作为政策性投入较大的领域，水利行业迎来了 1998 年特大洪水之后又一次重大机遇。这一次仍然是以针对江河安澜的防汛投资为主。

随着城镇化的不断加快，中国的水资源承载和保障能力问题日益凸显，珠三角、长三角地区人口集聚，产业发达，但是水污染问题严重，几乎到了有水皆污、有水皆臭的地步。京津冀本身即处于地下水过度开采的华北平原，水资源匮乏但却承载了巨大的人口集聚和高耗水产业。中国的水资源的时空分布不均衡问题古已有之，但是随着工业化、城镇化的加速，人口和产业集聚方式的大规模变化，水问题更加突出。2008 年开始西南诸省还出现了前所未有的干旱周期，很多地方山高水深，降雨量尚算不低，人均水资源总量不缺，但“水缸”匮乏，工程性缺水问题非常严重，西南缺水

---

* 蒋翼（1971—　），男，高级经济师，中水珠江规划勘测设计有限公司。

地区贫困面之大，程度之深，与当今中国发展阶段不相吻合。可以看到，石漠化问题与贫困问题同为一个硬币的两面。

为“补短板”、改变水利行业基础设施长期投入偏低，制约国民经济中长期发展的问题，2011 年年初，中央出台了加快水利改革与发展的一号文件，提出和系统阐述了“水是生命之源、生产之要、生态之基”，将水利提升到国民经济命脉的高度予以重视、加大投入。这一轮是既喊口号，又真抓实干。很多水利系统谋划已久，对于完善和补齐水利基础设施网络短板非常重要，但苦于投资巨大、公益性为主的项目有了立项的机会，172 项节水供水重大水利工程应运而生。据统计，172 项工程涵盖重点水源工程 44 项（投资 1051 亿元）、江河湖泊治理骨干工程 62 项（投资 5019 亿元）、重大引调水工程 24 项（投资 6427 亿元）、重大农业节水工程 2 项（投资 3402 亿元）、新建大型灌区工程 25 项（投资 920 亿元）、其他工程 15 项（投资 1773 亿元），估算总投资 18592 亿元。172 项工程作为国家经济社会进入新常态后，经济下行压力不断加大，国家提出的稳增长、调结构、“补短板”、惠民生的重要工具适逢其时。工程立项，设计先行，水利水电勘测设计行业从此步入一个需求旺盛、供给旺盛的全新阶段。一时间，行业兴旺程度可媲美铁路、公路、机场等传统优势行业，前期工作制约项目立项进度是近几年耳熟能详的基本状况。

2008 年以来，从行业供给侧来看，各个设计单位也迅速扩张，据不完全统计，目前甲级设计资质单位 79 家、乙级设计资质单位 310 家、丙级设计资质单位 770 家。目前超过 1000 人规模的省级水利设计院就有 10 家，31 个省（自治区、直辖市）级水利设计院总人数超过 22000 人。流域设计院（含上海院）7 家人数超过 12500 人，电建集团旗下水电规划设计单位 9 家共有 15200 人，前述三大集团直接或间接从事水利勘测设计的从业人员约 50000 人，这还不算水利行业所特有的地（市）、县各级设计院（所、室）以及持有水利设计证书的其他跨行业的设计单位（如市政、交通等设计院所）、高校科研院所的设计单位从业人员。从水利水电勘测设计协会统计数据口径来看，除前述三大集团外，还有 25000—28000 人从事水利勘测设计，也就是说，水利行业“十二五”“十三五”看似高强度的投资需求，实际上被一个庞大的不断膨胀的供给侧约 1159 家单位、76884 人的团队瓜分①。保守估计水利设计院有超过 1/3 人员从事水利水电设计，那么真正从事水利水电勘测设计的全行业人员在 65000 人左右。

“十二五”期间，有中央一号文件的有力支持，有 172 项节水供水重大项目的实际安排，“十二五”全部水利投资约在 2. 025 万亿元，每年的全国水利投资维持在 4050 亿元上下。按照目前勘测设计收费的市场标准（全阶段按 5%），考虑征地移民、业主

① 数据来自 2015 年全国工程勘察设计统计公报。

建管费用、水保环保费用等，按照1∶0.8的规模计算建安费用，人均年产值不过在24.92万元。“十三五”期间水利投资计划在2.43万亿元水平，年均投资4860亿元，维持目前供给侧规模不变，人均年产值也就是29.90万元。

另一方面，根据2015年全国工程勘察设计统计公报，水利行业营业收入共375.03亿元（其中工程勘察49.05亿元、工程设计128.95亿元、工程技术管理24.45亿元、其他收入9.43亿元、工程总承包106.46亿元、工程施工收入56.69亿元）。假设设计单位收益按工程总承包收入5%计算，去除施工费用后，水利设计单位2015年的营业收入为217.20亿元，人均年产值33.42万元。尽管与历史相比，水利设计单位人均年产值随着近十年投资强度的大幅提升而不断提升，但与交通、石化、铁道、市政、电力、冶金等行业的人均年产值动辄80万—100万元相差巨大。仅比农林行业、商物粮行业、建筑行业、勘察劳务类单位人均年产值略高，排名非常靠后。

综上，目前水利的投资规模已经是历史最高水平，但行业人均年产值不过在30万元上下徘徊，不符合行业从业人员高学历、高职称、应用型科技人才的应有产值水平，与交通、石化、铁道等行业差距巨大的主要原因还是在行业供给侧规模太过庞大（如水运行业持证单位仅47家，从业人员仅8641人；铁道行业持证单位仅38家，从业人员仅16007人），供给侧质量良莠不齐（水利行业是仍存在庞大丙级持证单位的5大行业之一），历史和现实包袱沉重。

也许水利全行业还是处于“补短板”、强基础的阶段，但客观来看，水利水电勘测设计行业和水利施工企业却处于供过于求的尴尬状况，而且，随着172项工程不断开工（据悉到2017年上半年已经开工111项），各地大中型水利项目建设逐渐从峰值掉头向下，加上西部大中水电建设急剧萎缩，相信水利全行业勘测设计供大于求是必然趋势，不可逆转。笔者认为，因应这一形势，必须认识上要到位，未雨绸缪，积极行动起来，以下几个方向正是解决水利水电勘测设计行业可持续发展问题的主要方向。

首先是“走出去”，加大国际化力度。中国的水利水电建设技术水平早已是世界一流，即使与西方发达国家相比，也具有非常强的比较优势，“一带一路”倡议的提出和加快实施正是水利水电勘测设计单位实现可持续发展的重要途径。产能输出当然也包括中高端技术输出。中国水利水电勘测设计单位正是需要主动搭上国家“一带一路”建设加快实施的快车，开阔国际视野、努力实现国际化，抢抓国内、国际两个市场机遇，按照国际工程承包市场的要求和标准，不断改革自身组织架构，从单纯的勘测设计努力向上下游延伸，整合上下游企业，打造适合自身人力资源和专业配套特点的国际工程咨询公司或者是国际工程公司。同时，要进一步抛弃专而不精的理念，要么就在水利水电勘测设计行业的某一个环节痛下功夫，成为细分行业的龙头翘楚，要么就适应国外大土建的市场需求，向一业为主，多元互补，或重组并购，或联合，或自我完善提升，勇于在基础设施各个领域寻找发展机遇。

其次，国内基础设施市场需求并不是在全面萎缩，而是正在发生结构性变化，必须积极适应、抢抓机遇。当前，尽管国内传统水利、水电业务发展可持续性较差，但是涉水行业的新的机遇却是实实在在、如雨后春笋般地出现，国内水环境治理、水生态修复领域需求旺盛，绿水青山就是金山银山，随着经济社会的发展，人民群众对于生产、生活的周边环境的品质提出了更高的要求，改善人居环境、提升幸福指数的环境修复类项目不断涌现，长三角、珠三角、京津冀以及国内主要城市黑臭水体治理需求旺盛，各类社会资本正以 PPP 模式不断介入，将打破过去环境治理只能靠政府投入的单一局面，资金投入强度、保障程度在不断提升，河长制的实施将进一步改变环保不下河、水利不上岸，九龙治水治不好的历史，行业的边界在逐渐模糊，传统水利水电勘测设计单位有条件也应该抓住这一重大市场机遇，积极参与水环境治理、生态修复领域的市场竞争，实现自身的转型和国内业务的可持续。此外，鉴于水利水电勘测设计单位过去从事深基坑、高边坡、地下厂房等业务具有丰富经验，完全可以在城镇化（地下管廊、轨道交通、城市综合体地下空间）、地下储油设施、电力、交通等领域捕捉市场机会。可再生能源领域作为国内未来履行巴黎气候协定、减少化石能源依赖的必然选择，具有长期的发展机会；2017 年以来弃风、弃光的问题已经得到有效遏制，可再生能源发展依然光明。当然抽水蓄能电站作为新一轮的平衡电网负荷的重要投资方向，也是非常好的业务转型空间。这些都是水利水电勘测设计单位国内业务可持续发展的重要机遇。

此外，从供给侧结构性改革的大的领域来看，水利水电勘测设计单位要不断适应建筑行业改革的大趋势，一是政府鼓励投资咨询、勘察、设计、监理、招标代理、造价等企业采取联合经营、并购重组等方式发展全过程工程咨询，培育一批具有国际水平的全过程工程咨询企业。二是加快推行工程总承包，不断整合上下游企业，或兼并重组，或联合施工企业组成新的生命共同体，以 EPC、PMC 等模式承接项目，也可联合社会资本积极介入全环节，以 PPP 或者以 EPC + I、EPC + F、EPC + O 的方式参与市场竞争。设计单位通过提供高质量、专业的项目管理服务，获取勘测设计之外的另一份报酬。规模大、基础条件好的勘测设计单位可向国际工程公司、“投资商 + 工程公司”模式转变，直接向金融机构进行项目融资，或者成立 SPV 公司融资，实现与国际工程承包市场需求接轨。实现“资本 + 技术”的融合、“资本 + 智力”的无缝衔接。

在全面深化改革的大背景下，水利水电勘测设计行业要获得可持续发展，必须要有时不我待的危机意识，民用建筑勘测设计行业前几年蓬勃发展、爆炸式增长适逢房地产行业的需求旺盛，一旦行业需求出现拐点，勘测设计行业作为其中一个环节必然受到“覆巢之下、焉有完卵”的影响，前两年民用建筑勘测设计行业从盛夏直转寒冬给了我们一个很好的案例。未雨绸缪，居安思危，水利水电勘测设计行业的供给侧结构性改革迫在眉睫，能否“去产能”、适度减少从业单位和人员，必须进一步深化勘测设计体制机制改革，结合政府“放管服改革”，鼓励行业单位优胜劣汰，兼并重组，适度减少一些低效、依靠行政资源干预市场获取项目、鱼龙混杂维持市场存在的单位。另一方面，要鼓励市场的良性竞争，突出创新引领发展的理念，如不断提高勘测设计信息化水平，提升“互联网 + 勘测设计”的水平，提升生产效率，让 BIM 技术应用成为行业发展的新的必备条件，进一步鼓励优质优价，打击勘测设计行业的假冒伪劣——资质挂靠行为，加强资质管理，才能逐步实现优胜劣汰。这既需要政府不断深化改革，对水利水电勘测设计行业这一庞大供给侧的改革谋篇布局，也需要行业协会扮演更加重要的角色，发挥出更加重要的作用，进一步加强行业发展引导，突出过程管理、信用管理，当然更需要作为市场主体的企业自身认清形势，积极行动起来。这三方面缺一不可。随着全面深化改革各项举措的进一步深入推进，政府、行业协会、企业若能正确定位，各司其职，水利水电勘测设计行业供给侧结构性改革的成功值得期待。

供给侧结构性改革视角下传统水利设计行业的机遇、挑战及对策

张　芳*

改革开放以来，中国经济持续高速增长，成功步入中等收入国家行列，已成为名副其实的经济大国。但随着人口红利衰减、“中等收入陷阱”风险累积、国际经济格局深刻调整等一系列内因与外因的作用，经济发展正进入“新常态”。在“新常态”背景下，供给侧结构性改革成为我国中央政府宏观调控的政策取向，2015 年 11 月 10 日习近平总书记在中央财经领导小组第十一次会议上着重指出，“在适度扩大总需求的同时，着力加强供给侧结构性改革，着力提高供给体系质量和效率，增强经济持续增长动力”。随后，政府围绕着“供给侧结构性改革”这一调控思路亦出台了一系列的意见和政策，为解决我国当前面临的经济增速下滑、结构矛盾凸显等问题提供了有效的政策工具。

与此同时，水利设计行业作为“供给侧”的重要组成部分，在经济发展“新常态”背景下，亦同样面临着改革的重任。众所周知，“十一五”“十二五”期间，我国经历了水利建设发展的黄金时期，相应地，其也是水利设计行业发展的黄金时期。在此期间，设计行业队伍不断扩大，“产能”不断增长。然而，在近两年经济发展“新常态”的背景下，面对外部需求的不断缩减的影响，水利设计行业面临着“产能过剩”的问题。因此，在经济发展“新常态”背景下，如何“去产能”，抑或如何扩大“有效供给”即成为水利设计行业供给侧结构性改革的重任。①

一、供给侧结构性改革视角下水利设计行业面临的机遇与挑战

（一）水利设计行业供给侧结构性改革的重要性和紧迫性

自 2015 年 11 月中央财经领导小组第十一次会议强调——在适度扩大总需求的同

* 张芳（1979—　），女，高级工程师，宁波市水利水电规划设计研究院规划分院院长。

① 陈坚：《加快推进云南水利供给侧结构性改革的认识与实践》，《中国水利》2016 年第 22 期；方子杰等：《对坚持五大发展理念与科学治水方针、推进水利供需改革与转型发展的思考及探索》，《水利发展研究》2016 年第 3 期。

时，着力加强供给侧结构性改革开始，“供给侧结构性改革”逐渐成为热词。供给侧结构性改革，就是从提高供给质量出发，用改革的办法推进结构调整，从生产领域加强优质供给，减少无效供给，扩大有效供给，提高供给结构适应性和灵活性，提高全要素生产率，使供给体系更好适应需求结构变化。

在此当中，水利作为国民经济发展的最重要的基础性设施建设之一，是社会发展和民生改善的基本要求，是生态文明建设的核心要素，是国民经济发展的基础保障和基础支撑，亦是保障民生、维系生态的基础条件。因此，水利其本身就是国民经济发展中重要的基础性供给侧，而水利设计作为科学指导工程建设的重要支撑，相关设计单位更是承担着水利建设的引领者和设计者的重大使命。因此，推进水利设计行业供给侧结构性改革，是行业发展规律，对于业务效率提升、行业促动、公众效益最大化具有重要意义，也是我国水利事业发展的必然选择。

（二）水利设计行业供给侧结构性改革的机遇

为进一步推动供给侧结构性改革的落实，中共中央在随后的经济会议中提出了“去产能、去库存、去杠杆、降成本、补短板”五大任务作为供给侧结构性改革的重要切入点和抓手。其中，“补短板”作为供给侧结构性改革的五大任务之一，亦是改革的难点和重中之重，是改革成功与否的关键所在。同时，水利作为经济社会发展的重要基础设施，是“补短板”的重要内容①。且随着党的十八届五中全会的召开，习近平总书记更是把水利作为五大发展的重要内容，放在八大基础设施网络建设的首要位置。此外，李克强总理在中央经济工作会议等重要会议上亦多次强调要强化水利基础设施建设。因此，种种迹象表明，在今后的一段时期内国家势必将进一步加强水利建设，而在此基础上——水利设计作为科学指导水利工程建设、支撑经济社会可持续发展的关键所在，国家实行的供给侧结构性改革对于水利设计行业也无疑将是一次重要的历史机遇。

（三）水利设计行业供给侧结构性改革的挑战

在中共中央供给侧结构性改革政策的推动下，水利基础设施建设作为补齐短板，落实供给侧结构性改革的重要切入点是今后一段时期内工作的重点。然而众所周知，“十一五”“十二五”期间，我国水利建设取得了卓越的成就，尤其是江浙等经济发达地区。据不完全统计，江浙地区水利工程实现率已达到 50%—60%，而其中宁波等地区甚至实现了近 70%。因此，可以看出，现阶段对于经济发达地区，水利基础设施建

① 陈龙：《浙江省水利工程标准化管理的探索实践》，《中国水利》2017 年第 6 期。

设的短板效应已不太明显。而中央提出的补齐短板、加快水利基础设施建设的工作重点应是主要集中于水利基础设施尚不完善的欠发达地区。

因此，就经济发达地区而言，面对日益完善的水利工程建设体系，若水利设计行业仍然采取传统思维，仅仅围绕工程建设开展相关业务，如工程前期规划咨询、项目评估、工程勘察设计、工程施工设计等则势必会遭遇发展瓶颈。因此，供给侧结构性改革对于传统水利设计行业，尤其是对于经济发达地区的水利设计行业来说，其更多的应是一场挑战。

二、宁波市水利设计院供给侧结构性改革的对策与成效

宁波市水利水电规划设计研究院（以下简称“宁波市水利设计院”）成立于1963年，自成立以来承担了中小河流域规划、水库、河道整治等多项水利相关的规划、勘察、设计工作，曾是一家典型的传统水利规划、勘察、设计单位。面对经济发展新形势，设计院在夯实传统水利设计领域的基础上，改革、转型步伐亦不断推进，2006年设计院便成立了水利信息化产品研发团队，努力由传统水利向现代水利转型。

（一）宁波市水利设计院改革的对策

随着城市的迅速发展，土地资源变得日益紧张。受制于土地面积的减少，需要占用大量土地的大规模水利工程所面临的空间环境越来越窘迫，工程存量不足，尤其是自最严格的土地管理制度出台以来，水利工程建设难度更是进一步加大。在此背景下，通过强化工程体系管理，从挖掘潜力的角度，采用各种信息技术提升水利工程调度管理效率，尝试盘活存量，让现有水利工程建设体系的效益充分发挥，甚至超常发挥便显得尤为重要。①

为此，为有效适应水利行业发展新形势，积极推动设计院改革转型，响应国家供给侧结构性改革的号召，宁波市水利设计院突破传统水利设计院咨询业务范围，由“传统粗放的原则管理”咨询向“精细化实时性的管理”咨询转变，为水利工程管理提供高端咨询服务。开拓了体系化的水利业务新型智能化管理模式，通过技术驱动水利信息管理水平升级，将物联网、大数据、云计算应用于水利信息化建设中，立足水利专业对行业的认知，基于水利专业知识，探索出一条“互联网+水利”的发展新路。②

---

① 曾焱、王爱莉、黄藏青：《全国水利信息化发展“十三五”规划关键问题的研究与思考》，《水利信息化》2015年第1期；金羽、张芳：《以现代治水理念建设宁波水利现代化》，《浙江水利科技》2012年第3期。

② 修镜洋、孙飞飞：《信息技术在宁波市智能防汛工作中的应用》，《中国防汛抗旱》2017年第27期；邹长国、佘亮亮：《宁波市水利信息化关键问题研究》，《浙江水利科技》2013年第1期。

同时，宁波市水利设计院致力于新型水利工程信息化管理工具的建设和开发，以期革新水利工程管理模式，改变传统水利工程“重建设轻管理”的模式，逐步向“建管并重”“重管轻建”转变，实现高效管理，以此推动自身的业务转型与改革。

此外，为进一步深化改革转型与升级，扩大“有效供给”，宁波市水利设计院亦将进一步积极推动水利行业的产学研合作，如策划与相关科研院校构建合作建设“水利服务云平台”，建设包括行业动态门户、水利学堂、水利云计算系统、项目接洽系统等内容的新型服务平台。在后期还计划进一步通过整合企业、高校、科研院所等相关水利优势资源，以水利学科为基础，以水利相关各类标准、规范为依据，以专业模型算法为核心，利用云计算、大数据等技术手段，打造产学研一体的水利服务云平台。以平台的建设为手段，加快推动水利行业科技成果转化，为水利行业提供全方位、高质量的咨询服务，从而切实有效推动水利设计行业的供给侧结构性改革。

（二）宁波市水利设计院改革的成效

宁波市水利设计院协同宁波弘泰水利信息科技有限公司经过10余年不断摸索构建的新型智能化管理模式目前已在宁波市范围内形成示范效应，并广泛深入地运用到了防汛抗旱、水资源、水利工程管理等核心业务中，建成了丰富的业务应用系统，包括防汛指挥平台系统、山洪灾害监测预警系统、实时水雨情发布、水政在线执法、水利建设市场信用信息管理、城市洪涝风险预报预警决策支持系统、外海潮位预报等一系列信息化系统。这些系统为各级水利行政主管单位相关业务处（室）、水利工程运行管理单位日常工作提供了重要支撑。同时在各业务系统基础上，又进一步对数据及业务进行融合，构建了智慧水利云平台，使各级领导和工作人员可以全面了解与自身工作紧密相关的其他业务动态。

在多年体系化水利业务新型智能化管理模式实践的经验积累下，宁波市水利设计院目前的水利信息化成果及相关产品已较为丰硕，先后获得了“浙江省水利科技创新奖”一等奖、“全国优秀水利水电工程勘测设计奖”等一系列奖项，自主研发的工程集控中心管理平台、水资源综合监管平台等产品亦入选《全国水利系统优秀产品招标重点推荐目录》，在全国水利行业内有很好的知名度和影响力。

三、总结与展望

（一）总结

供给侧结构性改革作为解决我国当前面临的经济增速下滑、结构矛盾凸显等问题的有效政策工具，是“十三五”期间，乃至今后相当长一段时期内国家经济治理的一剂良药。就水利设计行业而言，尤其针对经济发达地区的水利设计行业来说，此次供给侧结构性改革是一次机遇，但更多的应是一场挑战。

对此，为有效应对经济发展面临的“新常态”，加快突破瓶颈、加快传统水利设计行业的转型升级，笔者结合自身经验，以宁波市水利设计院为例，分享了宁波水利设计院在积极应对供给侧结构性改革过程中采取的对策和相关经验，为传统水利设计行业加快自身转型升级提供了一定的参考建议。

（二）展望

随着供给侧结构性改革进程的不断深入，传统水利向现代水利转型的步伐势必将不断加快。在今后一段时期内，对于水利设计行业而言，在做好传统水利建设的基础上，仍要进一步深化新型水利业务管理模式，拓展现代化管理咨询业务，加强技术创新，在《水利改革发展“十三五”规划》《“十三五”水利科技创新规划》等国家水利发展要求的科学指导下，不断探索水利行业现代化发展方向，凝心聚力，推动各项工作再上新台阶、取得新成效。

供给侧结构性改革背景下黄河施工企业健康发展的建议及对策

——以山东黄河工程集团为例

王　勇　李　瑾　孙慧梅*

山东黄河工程集团有限公司（以下简称“黄河工程集团”）在国家大力开展基础设施建设的大潮中，经过二十多年的发展，由单纯水利水电施工，拓展到公路、市政、桥梁、泵站、隧洞、铁路、房地产、投融资等领域，施工范围遍及全国27个省（自治区、直辖市），成为黄河系统和山东省最大的水利水电施工企业。然而，近年来，国家基础设施建设趋于饱和，建筑施工企业竞争日益激烈，并且劳动力等生产要素价格持续上涨，再加上企业管理粗放，企业成本加大，赢利水平逐年降低。如何推进黄河工程集团供给侧结构性改革，加快企业转型升级，是当前亟须研究探讨的重要课题。

一、黄河工程集团供给侧结构性改革的重要性

2015年11月10日，习近平总书记在中央财经领导小组第十一次会议上首次提出“供给侧结构性改革”，顿时成为中国政经语境中最热的词汇。供给侧结构性改革就是从提高供给质量出发，用改革的办法推进企业结构调整。

经过二十多年的发展，黄河工程集团综合实力得到不断壮大，积累了一定的经济基础，年均承揽合同额达25亿元以上，年均施工产值也达25亿元以上。然而，由于体制机制、管理粗放等各方面的原因，规模虽然在不断扩大，经济效益却没有得到相应的提高。黄河工程集团要实现健康持续发展，必须加大改革力度，剔除企业发展障碍，完善体制机制建设，厘清企业发展要素，梳理企业发展思路，增强企业核心竞争力，筑牢企业发展基础。

---

* 王勇（1977—　），男，政工师，山东黄河工程集团有限公司。李瑾（1981—　），男，政工师，山东黄河工程集团有限公司。孙慧梅（1983—　），女，政工师，山东黄河工程集团有限公司。

二、黄河工程集团发展中面临的主要问题

一是企业负担依然沉重。随着黄河工程集团经营规模快速扩张，资产负债率也随之迅速攀升，从企业绩效评价结果可以看出，超出了警戒线。近年来，为应对经营规模的扩大和房地产市场的开拓，融资规模也持续增加，承担的银行贷款利息很重，不良资产规模也在扩大，企业负担沉重。二是经营基础仍然薄弱。对成熟市场和重点业务的培育工作亟待加强。许多项目中标后，特别是部分联营项目，缺乏深耕细作、滚动发展意识。特别是近两年来，建筑市场竞争激烈，自揽自建项目额度明显不足，施工任务不饱满，企业发展的需要与项目存量不足的矛盾依然突出。三是诚信履约需要高度重视。近年来，集团公司对外投资项目不少，但实现高利润的项目不多。为承揽更多项目，不能更好地审查和甄别，再加上缺乏监管措施，对市场应对能力不强，致使存在较大的经营风险。部分项目施工现场管理、维护企业形象意识不强，对施工进度、质量、安全把控不到位，严重影响企业形象。四是精细化管理有待加强。精细化管理与企业规模极不相符，特别是在项目管理上，严重缺乏监管制度和程序，对出现问题的项目问责不够，致使个别项目部在选择分包队伍、合同管理、材料采购、设备租赁、工程结算、财务管理等方面不严格执行管理制度，个别项目经理权限过大，缺乏民主决策程序，造成个别项目出现亏损现象。

三、黄河工程集团转型发展的建议及对策

针对黄河施工企业在发展进程中的壁垒，根据供给侧结构性改革要求，黄河工程集团应抓住机遇，结合实际，从企业发展战略、体制机制政策、提升人才队伍素质等方面进行结构性改革，以黄河为本，探索拓展黄河水资源相关产业以适应、满足市场规律和需求，增强企业的适应性和灵活性，筑牢企业健康发展基础，促进企业尽快转型升级。

（一）科学制定企业发展战略

全面贯彻党的十八大和十八届四中、五中全会精神，围绕经济效益为中心，探索多元化发展新途径，努力寻求经济发展新动力和新的经济增长点，坚持构建和谐企业，努力提高职工生活水平，实现单位强、职工富，推动黄河工程集团健康持续发展。

（二）完善体制机制改革的配套政策

应结合企业发展实际，制定相对宽容、宽松的体制机制，让黄河施工企业轻装上

阵，为供给侧结构性改革凝聚力量，积极探索加快经济发展之策。改革的目的就是要冲破惯性思维束缚，调整产业结构，以适应市场规则，促进企业更好地发展。然而在黄河施工企业的历次改革中，均未严格按照国家有关规定，制定出台相应的配套政策。并且屡屡束缚企业的发展，致使改革遗留问题较多，企业负担重，经济发展缓慢。分流人员未享受优惠政策和安置补贴，单位的体制机制、人员的思想意识等均未转换。离退休老同志为整体分流，致使单位负担沉重。要针对不稳定因素增多的实际，采取有效措施，搞好各类稳定工作，在稳定发展的基础上深化改革。要完善企业运行机制。集团公司组建后，虽然注册资本金、资产总额上去了，但企业实力并没有得到真正的提高。要理顺管理机制，规范企业管理，充分发挥黄河企业协会的作用，加强行业自律，强化行业指导，逐步形成合力，提高社会竞争力。要掌握企业发展实情，多做市场调研，摸清企业发展脉搏，充分听取企业呼声，制定深化改革的相关配套政策，尽量为企业松绑，并参照国家大型企业的改革模式，改革管理分配机制，建立职工能进能出、干部能上能下的灵活机制，激发和提高职工积极性和创造性。同时，依靠黄河施工企业品牌优势，采取多种措施引进战略投资者，扩大融资能力，促使黄河工程集团登上更大舞台，力争开拓上游优质项目，让企业发展红利惠及干部职工，真正实现企业健康持续发展。

（三）采取多种措施，提升干部职工队伍素质

要牢牢抓住人才引进、培养、高薪聘请等环节，充分优化人力资源配置，努力提升职工队伍的整体素质，为企业健康持续发展提供人才保障。一是加强培训力度，提高整体素质。结合黄河工程集团发展需求，建立适合各个层次的人才培训机制，把人才培训作为一项经常性的工作，常抓不懈。通过理论与专业知识学习，中长期与短期培训，脱产培训与在职自学、学历教育与技能培训等多种方式结合起来，达到培训全覆盖的目的，全面提高员工的思想道德修养和业务能力水平，有效提高企业的生产效率。作为施工企业，项目经理的管理能力素质至关重要。因此，应把项目经理作为培训重点，抓紧培养和造就一批精通项目管理、熟悉施工工艺、具有开拓创新精神、勇于创建精品工程的复合型高层次管理人才的项目经理，支撑企业发展。二是引进各类人才，满足企业快速扩展的需要。黄河工程集团应积极研究对策，预测需求，建立人才需求库，并招聘、引进、高薪聘任各领域、各层次人才，逐步优化人才队伍结构。聘请一批具有高级职称和丰富实践经验且在相关行业具有代表性的权威人物，建立涵盖各个领域的专家库。并采取对疑难问题全程跟踪的方式，切实把专家的经验和技术落实到施工工序上、落实到疑难问题上，充分发挥专家的支持作用，及时把各种疑难问题苗头消除在萌芽状态，极大地提高企业的经济效益，为集团公司的健康持续发展

做好铺垫。三是加强企业文化建设，增强企业凝聚力。充分发挥黄河文化资源优势，力争利用黄河品牌开拓市场，结合行业发展特点，不断塑造、锤炼、培育、宣传先进的黄河企业文化，努力增强企业的软实力，逐步形成良好的企业风气和企业价值理念，达到用文化管人，培养优良的团队精神和敬业精神，不断营造和谐氛围，提高职工对企业的满意度、认同感，增强企业的凝聚力和团队精神。

（四）利用黄河资源优势，探索拓展水资源相关产业

近几年，建筑市场竞争非常激烈，施工企业压力逐年加大，利润空间越来越小，稍有不慎就会造成项目亏损的风险。由于各种因素，部分工程完工后，出现各种违约行为，致使出现了多起诉讼官司，影响了企业形象和可持续发展能力。从长远发展看，随着国家基础设施建设的逐渐饱和，对于施工企业而言，未来 10 年将有一大批面临倒闭潮。然而，首当其冲的将是体制机制不活、事企不分的中小型国有企业。黄河施工企业在历史上为治黄事业作出了应有贡献，却并未享受到治黄成果。要想实现健康持续发展，必须依托黄河资源优势，做足水的文章，依靠水产业拓展相关业务，才能筑牢企业长远发展根基。水是生命之源，水是不可替代的自然资源和国家的经济资源，水资源的战略管理对中国的社会稳定、经济繁荣以及可持续发展有着至关重要的影响，水资源产业将迎来巨大的发展机会。然而，对于黄河水资源开发利用却非常少，主要用于底端的农业灌溉和工业，还没有高端的水产业项目。上级及有关部门要在黄河资源分配方面制定相关优惠政策，搭建事业体制下的内部企业模式。依托黄河资源优势，在水产业方面寻求更大的发展空间，拓宽水产业业务范围，开辟新兴产业，从而分散从事单一建筑业经营的风险，实现多元化经营，促进黄河工程集团又好又快健康发展。同时，适时参与黄河内部工程施工，择机参与黄河堤防养护和涵闸的管护与维修，从而优化黄河堤防养护和涵闸管护队伍，提高堤防养护效率，积极为黄河事业作出更大的贡献。

参考文献

《安徽省2007年蓄滞洪区运用补偿工作方案》，《安徽水利财会》2007年第3期。

滨州黄河河务局编：《滨州黄河志》，滨州黄河河务局2009年版。

本刊编辑部：《三农专家论农业供给侧结构性改革》，《农林经济管理学报》2016年第2期。

步兵：《行政契约履行研究》，法律出版社2011年版。

薄晓波：《论完善水资源论证制度立法的思路》，《水利发展研究》2013年第8期。

B. W. Ang, "The LMDI Approach to Decomposition Analysis: A Practical Guide", *Energy Policy*, Vol. 33, 2005.

陈雷：《凝心聚力加快水利改革发展 以优异成绩迎接党的十九大胜利召开——在全国水利厅局长会议上的讲话》，见 http://money.163.com/17/0106/18/CA4AM383002580S6.html，2017年1月6日。

陈雷：《加强河湖管理 建设水生态文明》，《人民日报》2014年3月22日。

陈雷：《落实绿色发展理念 全面推行河长制河湖管理模式》，《人民日报》2016年12月12日。

陈雷：《适应新常态 落实新理念 全面加快"十三五"水利改革发展》，《中国水利》2017年第2期。

陈坚：《加快推进云南水利供给侧结构性改革的认识与实践》，《中国水利》2016年第22期。

陈献等：《对外投资管理制度研究——推进事业单位投资企业清理整合工作框架研究》，水利部中央级预算项目研究成果，水利部发展研究中心，2014年。

陈龙：《浙江省水利工程标准化管理的探索实践》，《中国水利》2017年第6期。

陈思润、刘淮金：《国企资产证券化思考》，《中国金融》2016年第15期。

陈素景、孙根年、韩亚芬、李琦：《中国省际经济发展与水资源利用效率分析》，《统计与决策》2007年第22期。

陈红卫、陈蓉：《我国节水立法的现状分析与对策》，《水利发展研究》2012年第9期。

陈金木、梁迎修：《实行最严格水资源管理制度的立法对策》，《人民黄河》2014年第1期。

陈波等：《会计理论和制度在自然资源管理中的系统应用——澳大利亚水会计准则研究及其对我国的启示》，《会计研究》2015年第2期。

程卫帅等:《蓄滞洪区运用补偿办法存在的问题及对策建议》,《人民长江》2007 年第 6 期。

柴国旗:《水资源对农业可持续发展的约束及对策》,《新农村:黑龙江》2011 年第 6 期。

曹智:《河北省上半年压减钢铁产能“双过千”》,《河北日报》2017 年 7 月 8 日。

崔延松、鲁红卫、宣翔:《强国战略背景下水利经济政策协调推进的运行机制研究探讨》,《中国水利》2015 年第 4 期。

蔡昉:《全要素生产率是新常态经济增长动力》,《北京日报》2015 年 11 月 23 日。

长江勘测规划设计院:《南水北调中线一期工程可行性研究总报告》,2005 年。

财政部、国家发展改革委、司法部等:《关于进一步规范地方政府举债融资行为的通知》,见 http://www.gov.cn/xinwen/2017-05/03/content_5190675.htm,2017 年 5 月 26 日。

财政部:《关于坚决制止地方以政府购买服务名义违法违规融资的通知》,2017 年 6 月 13 日,见 http://www.gov.cn/xinwen/2017-06/03/content_5199529.htm。

段艳芳:《经济结构变迁与供给侧结构性改革》,《经济问题探索》2017 年第 6 期。

丁娟:《全球化背景下的新加坡公共外交》,云南大学硕士学位论文,2012 年。

杜晓鹤:《蓄滞洪区补偿政策研究》,中国水利水电科学研究院硕士学位论文,2006 年。

窦明、王艳艳:《适应最严格水资源管理需求的水权制度框架》,《黄河报》2014 年 7 月 17 日。

窦明等:《最严格水资源管理制度下的水权理论框架探析》,《中国人口·资源与环境》2014 年第 12 期。

戴勇、李江安等:《基于交叉影响法的农业水价改革联动效应研究——以江苏高邮市农业水价综合改革试点为例》,《中国水利》2015 年第 6 期。

邓海清:《资产证券化国内实践研究报告》,《创新与发展:中国证券业 2013 年论文集》,中国财政经济出版社 2014 年版。

Dajun Shen, “Post-1980 Water Policy in China”, *International Journal of Water Resources Development*, Vol. 30, No. 4, 2014, pp. 714-727.

方大春:《供给侧结构性改革理论根基及其路径》,《当代经济管理》2016 年第 12 期。

方子杰等:《践行五大发展理念 推进水利供需改革》,《水利发展研究》2016 年第 3 期。

方子杰等:《对坚持五大发展理念与科学治水方针、推进水利供需改革与转型发展的思考及探索》,《水利发展研究》2016 年第 3 期。

范恒山:《推进水利供给侧结构性改革》,《中国水利》2017 年第 18 期。

范卓玮:《“十三五”建立水利投入稳定增长机制的对策措施》,《水利发展研究》2016 年第 6 期。

范家琛:《众筹商业模式研究》,《企业经济》2013 年第 8 期。

范文仲：《互联网金融理论、实践与监管》，《新金融评论》2014 年第 4 期。

冯志峰：《供给侧结构性改革的理论逻辑与实践路径》，《经济问题》2016 年第 2 期。

冯钧等：《水利大数据及其资源化关键技术研究》，《水利信息化》2013 年第 4 期。

冯年华、叶玲：《区域可持续发展研究述评》，《南京社会科学》2003 年第 5 期。

《国务院关于实行最严格水资源管理制度的意见》，见 http：//www. gov. cn/zwgk/2012 – 02/16/content_ 2067664. htm，2012 年 1 月 12 日。

国务院：《关于创新重点领域投融资机制 鼓励社会投资的指导意见》，见 http：// www. gov. cn/zhengce/content/2014 – 11/26/content_ 9260. htm，2017 年 5 月 26 日。

国家发展改革委、财政部、水利部：《关于鼓励和引导社会资本参与重大水利工程建设运营的实施意见》，见 http：//www. gov. cn/xinwen/2015 – 03/19/content_ 2836367. htm，2017 年 6 月 5 日。

《国家发展改革委办公厅关于印发〈绿色债券发行指引〉的通知》（发改办财金〔2015〕3504 号），见 http：//www. ndrc. gov. cn/zcfb/zcfbtz/201601/t20160108_ 770871. html，2016 年 1 月 8 日。

《国家发展改革委、水利部、国家税务总局关于推行合同节水管理促进节水服务产业发展的意见》（发改环资〔2016〕1629 号），见 http：//www. ndrc. gov. cn/zcfb/zcfbtz/201608/t20160804_ 814053. html，2016 年 8 月 4 日。

国家发展改革委、水利部、住房城乡建设部：《水利改革发展“十三五”规划》，见 http：//www. mwr. gov. cn/ztpd/2016ztbd/qgslsswgh，2016 年 12 月。

国家行政学院经济学教研部：《中国供给侧结构性改革》，人民出版社 2016 年版。

国家质量监督检验检疫总局等：《水土保持术语》（GB/T 20465—2006），中国标准出版社 2006 年版。

国家发展改革委：《国家发展改革委向社会公开推介 2. 14 万亿元传统基础设施 PPP 项目》，见 http：//tzs. ndrc. gov. cn/zttp/PPPxmk/gzdt/201609/t20160914 _ 818455. html，2018 年 1 月 5 日。

《关于印发〈政府和社会资本合作项目财政承受能力论证指引〉的通知》，见 http：// jrs. mof. gov. cn/zhengwuxinxi/zhengcefabu/201504/t20150414_ 1216615. html，2018 年 1 月 5 日。

龚刚：《论新常态下的供给侧结构性改革》，《南开社会学报（哲学社会科学版）》2016 年第 2 期。

刚献国：《2003、2007 年淮河蓄滞洪区运用补偿工作体会》，《江淮水利科技》2009 年第 4 期。

郭秦川：《“供给侧”的统计需求》，《中国统计》2016 年第 2 期。

顾圣华：《上海市水资源特征》，《水文》2002 年第 5 期。

戈锋：《严格水资源管理 促进经济社会发展方式转变》，《经济社会》2011 年第 6 期。

甘泓等：《对水资源资产负债表的初步认识》，《中国水利》2014 年第 14 期。

甘肃省水利厅：《甘肃省疏勒河流域水权试点方案》（水利部水资源〔2015〕106 号），2014 年 12 月，甘肃省疏勒河管理局档案室。

管程龙：《从农业供给侧结构性改革到农村金融变革》，《现代金融》2016 年第 11 期。

高文：《激发农村水利新活力 不断巩固农业农村好形势》，《农民日报》2016 年 6 月 2 日。

高军明、卢明：《紧紧围绕水利建设存在突出问题 在落实供给侧结构性调整中补齐短板》，《河北水利》2016 年第 6 期。

高亮、张玲玲：《最严格水资源管理制度下区域水资源优化配置研究》，《辽宁农业科学》2014 年第 6 期。

高允基等：《上海市松江区圩区工程情况汇编》，上海市松江区水务局，2014 年。

高振州、吴越：《美国住房抵押贷款证券化模式的演进》，《产权导刊》2005 年第 7 期。

郭玮：《以供给侧结构性改革为主线加快农业农村发展》，《中国发展观察》2017 年第 4 期。

郭楠鹏：《水利工程合同管理——东改工程实践与探索》，中国水利水电出版社 2005 年版。

郭力、陈浩：《我国城市化动力机制的阶段差异》，《城市问题》2013 年第 1 期。

胡鞍钢等：《供给侧结构性改革——适应和引领中国经济新常态》，《清华大学学报（哲学社会科学版）》2016 年第 2 期。

《黄河年鉴（1990）》，中国环境科学出版社 1993 年版。

《黄河年鉴（1995）》，黄河年鉴社 1995 年版。

《黄河年鉴（2004）》，黄河年鉴社 2004 年版。

河北省水利水电第二勘测设计研究院：《河北省南水北调工程配套工程可行性研究报告》，2011 年。

河北省发展和改革委员会、河北省财政厅、河北省水利厅：《关于南水北调中线一期配套工程供水价格的通知》（冀发改价格〔2015〕297 号）。

河北省水利厅：《取水定额（医药行业）》（DB13/T2715—2018），见 https：//www. hebqts. gov. cn/xxgk/nscs/bzhc/dfbzzd/2018 - 04 - 26/8317. html，2018 年 4 月 26 日。

湖北省人民政府：《湖北省水利发展“十三五”规划》，见 http：//www. hubei. gov. cn/govfile/ezf/201705/t20170519_ 1032903. shtml，2016 年 12 月 30 日。

湖北省水利厅：《2015 年湖北省水资源公报》，见 http：//slt. hubei. gov. cn/szy/list. aspx? tid = 271，2016 年 8 月 29 日。

黄祖辉、傅琳琳、李海涛：《我国农业供给侧结构调整：历史回顾、问题实质与改革重点》，《南京农业大学学报（社会科学版）》2016 年第 6 期。

黄淑阁等：《黄河下游滩区享受蓄滞洪区运用政策补偿可行性研究》，《中国水利》

2006 年第 18 期。

黄晓勇主编：《世界能源蓝皮书：世界能源发展报告（2017）》，社会科学文献出版社 2017 年版。

黄佩民：《建设有中国特色的现代化农业》，《农业科技管理》1997 年第 2 期。

黄江涛：《国有大中型水利企业内部控制问题研究》，《中国水利》2005 年第 16 期。

何斌等：《上海市水资源调度现状与思考》，《中国水利》2015 年第 3 期。

胡宝岭：《行政合同争议司法审查研究》，中国政法大学出版社 2015 年版。

胡亚利：《云南省设立省级农田水利投资基金》，见 http：//www. mwr. gov. cn/xw/ggdt/201702/t20170213_ 854358. html，2016 年 8 月 11 日。

韩宁：《通过优化公司治理结构落实事业单位企业监管责任的思考》，《中国水利》2015 年第 4 期。

贾科华：《水权制度建设难以一蹴而就——专访中国工程院院士、中国水科院水资源所所长王浩》，《中国能源报》2014 年 9 月 22 日。

江苏文明网：《扬州推行水利供给侧结构性改革》，见 http：//wm. jschina. com. cn/9662/201703/ ht20170313_ 3782311. shtml ，2017 年 3 月 13 日。

江苏省江都水利工程管理处：《江都水利枢纽水闸精细化管理》，河海大学出版社 2014 年版。

江苏省人民政府办公厅：《关于推进农业水价综合改革的实施意见》（苏政办发〔2016〕56 号）。

贾康：《供给侧结构性改革的核心内涵是解放生产力》，《中国经济周刊》2015 年第 49 期。

贾玲等：《水资源负债刍议》，《自然资源学报》2017 年第 32 期。

贾康等：《“十三五”时期的供给侧结构性改革》，《国家行政学院学报》2015 年第 6 期。

江先河：《江西省推进农业水价综合改革的思考》，《水利发展研究》2017 年第 9 期。

江小国、洪功翔：《我国供给侧结构性改革的逻辑背景分析》，《经济问题探索》2016 年第 10 期。

江必新：《中国行政合同法律制度：体系、内容及其构建》，《中外法学》2012 年第 6 期。

姜斌：《对河长制管理制度问题的思考》，《中国水利》2016 年第 21 期。

姜明安：《行政法与行政诉讼法》，北京大学出版社、高等教育出版社 2011 年版。

蒋金荷：《中国经济和能源政策对碳排放强度的影响》，《重庆理工大学学报（社会科学版）》2016 年第 7 期。

靳京、吴绍洪、戴尔阜：《农业资源利用效率评价方法及其比较》，《资源科学》2005

年第 1 期。

金碚：《科学把握供给侧结构性改革的深刻内涵》，《人民日报》2016 年 3 月 7 日。

金羽、张芳：《以现代治水理念建设宁波水利现代化》，《浙江水利科技》2012 年第 3 期。

酒泉市水务局：《疏勒河流域水权试点水资源使用权确权实施方案》，兰州大学 2015 年 12 月，第 3、4 页。

孔祥智：《农业供给侧结构性改革的基本内涵与政策建议》，《改革》2016 年第 2 期。

李强：《在中国共产党江苏省第十三次代表大会上的讲话》，见 http：//www. zgjssw. gov. cn/yaowen/201611/t3111415. shtml，2016 年 11 月 24 日。

李佐军：《准确把握供给侧结构性改革》，《北京日报》2015 年 12 月 28 日。

李玉芹：《供给侧结构性改革带给服务业统计的启示》，《中国信息报》2016 年 4 月 14 日。

李锦：《国企改革顶层设计解析》，中国言实出版社 2015 年版。

李富强、唐亮：《供给侧改革下消费品价格波动机制研究》，《价格理论与实践》2017 年第 1 期。

李春炜：《石家庄已取缔 1737 家“散乱污”企业》，见 http：//hebei. hebnews. cn/2017 -07/25/content_ 6569576. htm，2017 年 7 月 25 日。

李洁：《关于深化水利投融资体制改革的思考》，《产业观察》2013 年第 5 期。

李世祥、成金华、吴巧生：《中国水资源利用效率区域差异分析》，《中国人口·资源与环境》2008 年第 3 期。

李云玲、郭旭宁、郭东阳、王晓红：《水资源承载能力评价方法研究及应用》，《地理科学进展》2017 年第 3 期。

李香云：《基于节水优先的我国地方节水政策现状与分析》，《中国水利》2017 年第 11 期。

李怀明等：《水利工程管理单位现代化建设路径初探》，《企业技术开发》2012 年第 2 期。

李爽：《对加强水利工程档案管理的思考》，《黑龙江史志》2012 年第 5 期。

李佐军：《推进供给侧结构性改革建设生态文明》，《党政研究》2016 年第 2 期。

李晓红：《浅谈我国资产证券化问题》，《内蒙古科技与经济》2004 年第 24 期。

李宁：《我国政府购买公共服务的纠纷解决机制及其完善》，《山东大学学报（哲学社会科学版）》2015 年第 2 期。

李敏：《水利 PPP 项目运营模式选择的适应性分析》，《人民珠江》2016 年第 6 期。

李柏文等：《当前水利风景区发展形势研判与关键问题研究》，《水利发展研究》2015 年第 11 期。

李本松：《习近平供给侧结构性改革思想探析》，《河北经贸大学学报》2016 年第 5 期。

李晖、尤庆国：《关于水利部所属各级事业单位投资企业风险防控的若干思考》，《水利经济》2017 年第 6 期。

李俊杰：《从供给侧结构性改革看建筑施工企业的产品供给》，《中国建设报》2016 年 12 月 15 日。

李鹏、王龙浩：《山东齐河探索引入社会资本参与农田水利工程建设新课题》，《中国水利报》2016 年 3 月 8 日。

李亚平：《江苏省农业水价综合改革试点实践与探索》，《水利发展研究》2016 年第 7 期。

林锐等：《关于浙江省农村水利供给侧结构性改革的思考》，《中国水利》2017 年第 11 期。

林凌、刘世庆、巨栋：《中国水权改革和水权制度建设方向和任务》，《开发研究》2016 年第 1 期。

林莉红：《法治国家视野下多元化行政纠纷解决机制论纲》，《湖北社会科学》2015 年第 1 期。

刘波：《基于〈课题制〉的大学科研经费管理——与美国的比较研究》，《科研管理》2003 年第 1 期。

刘得俊：《青海省发展现代水利的机遇、问题及对策》，《水利经济》2015 年第 3 期。

刘晓朋：《要弄明白供给侧结构性改革，习近平这两次讲话必学》，见 http：//www. xinhuanet. com/politics/2016－06/01/c_ 1118966953. htm，2016 年 6 月 1 日。

刘卓、柳长顺：《规范取水许可管理的总体构想》，《水利发展研究》2014 年第 10 期。

刘小勇：《“三条红线”与“四项制度”》，《环境保护与循环经济》2012 年第 3 期。

刘伟忠、刘帅：《天津市非常规水资源开发利用研究》，《地下水》2008 年第 5 期。

刘天旭：《河北省非常规水源开发利用》，《水科学与工程技术》2015 年第 4 期。

刘佳骏、董锁成、李泽红：《中国水资源承载力综合评价研究》，《自然资源学报》2011 年第 2 期。

刘小勇等：《小型农田水利工程产权制度改革研究——进展情况及问题诊断》，《中国水利》2015 年第 2 期。

刘淑萍：《关于我国互联网金融监管的思考》，《金融发展评论》2014 年第 7 期。

刘绪尧：《中央经济工作会议提出的 2016 年五大任务》，《证券日报》2015 年 12 月 22 日。

刘静、谢勇：《引导金融资源向水利倾斜》，《中国水利报》2012 年 8 月 28 日。

刘小勇：《农业水价改革的理论分析与路径选择》，《水利经济》2016 年第 4 期。

刘泊宇、邵东国：《新农村建设新常态下的灌区生态水利景观建设》，《水利发展研究》

2015 年第 7 期。

楼继伟：《中国经济最大潜力在于改革》，《求是》2016 年第 1 期。

廖清成、冯志峰：《供给侧结构性改革的认识误区与改革重点》，《求实》2016 年第 4 期。

廖虎昌、董毅明：《基于 DEA 和 Malmquist 指数的西部 12 省水资源利用效率研究》，《资源科学》2011 年第 2 期。

廖书敏：《126 家证券公司上半年实现净利润 624.72 亿元人民币》，《第一财经日报》2016 年 8 月 9 日。

罗小青：《蓄滞洪区运用补偿政策刍议》，《水利发展研究》2008 年第 7 期。

罗琳、李晓晓：《新型农业经营主体参与农田水利建设和管理存在的问题及对策》，《中国农村水利水电》2017 年第 1 期。

梁清华：《我国众筹的法律困境及解决思路》，《学术研究》2014 年第 9 期。

梁敬影：《中国流域水资源管理立法研究》，《环境科学与管理》2014 年第 2 期。

郦建强、王建生、颜勇：《我国水资源安全现状与主要存在问题分析》，《中国水利》2011 年第 23 期。

绿色金融工作小组：《构建中国绿色金融体系》，中国金融出版社 2015 年版。

马超、袁晓奇：《社会资本参与水利建设的典型模式及操作要点》，《水利经济》2016 年第 6 期。

马超等：《当前水利吸引社会资本应避免陷入的几个误区》，《中国水利》2017 年第 3 期。

马寨璞等：《白洋淀水循环特点及其对生态环境的影响》，《海洋与湖沼》2007 年第 5 期。

马毅鹏：《地方政府融资平台转型路径：透视水利行业》，《改革》2015 年第 3 期。

孟小峰、慈祥：《大数据管理：概念、技术与挑战》，《计算机研究与发展》2013 年第 1 期。

穆希：《云南：引民资“活水”入公共“大田”》，《创造》2015 年第 10 期。

内蒙古自治区水利厅：《内蒙古自治区水资源公报（1998—2016 年）》，见 http：//www. nmgslw. gov. cn/。

聂汉江、陈莹、赵辉等：《海岛型城市开发利用非常规水源存在的问题与对策——以舟山市为例》，《水利经济》2015 年第 7 期。

倪文进：《中国农村水利发展状况与科技需求》，《农业工程学报》2010 年第 3 期。

欧阳慧、阳国亮、程皓：《供给侧结构性改革与企业创新活力研究》，《广西师范学院学报（哲学社会科学版）》2016 年第 5 期。

夏鸥：《从美国次贷危机看我国住房抵押贷款证券化》，《金融经济》2008 年第 6 期。

潘宗仁:《统计也需要“供给侧结构性改革”》,《中国信息报》2016 年 8 月 4 日。

庞靖鹏:《水利项目推广应用 PPP 模式相关建议》,《中国水利》2017 年第 4 期。

彭荣胜:《基于区域协调发展的黄河流域经济空间开发》,《商业研究》2010 年第 2 期。

钱堃、朱显成:《水资源效率模型及以辽宁省为例的实证研究》,《大连工业大学学报》2008 年第 2 期。

钱文婧、贺灿飞:《中国水资源利用效率区域差异及影响因素研究》,《中国人口·资源与环境》2011 年第 2 期。

钱正英、张光斗:《中国可持续发展水资源战略研究(综合报告及各专题报告)》,中国水利水电出版社 2001 年版。

秋缬滢:《供给侧结构性改革视阈下如何创新环境治理格局》,《环境保护》2016 年第 22 期。

戚瑞、耿涌、朱庆华:《基于水足迹理论的区域水资源利用评价》,《自然资源学报》2011 年第 3 期。

《江苏深入推进农业供给侧结构性改革促农民增收意见(全文)》,见 http://js. people. com. cn/n2/2017/0216/c360301 -29721703. html,2017 年 2 月 16 日。

陈震宁:《江苏要加快推进农业供给侧结构性改革》,见 http://js. people. com. cn/n2/2017/0402/c360300 -29959749. html,2017 年 4 月 2 日。

《江苏省水利厅就全面推进供给侧结构性改革工作作出部署》,见 http://www. ctex. cn/article/zxdt/zcfg/gjkjzc/slb/201604/20160400022076. shtml,2016 年 4 月 13 日。

《深化简政放权改革,促进供给质量》,见 http://www. cssn. cn/,2017 年 10 月 20 日。

《习近平主持召开中央财经领导小组第十二次会议》,2016 年 1 月 27 日。

任保平:《我国供给侧结构性改革的本质:体制改革》,《社会科学辑刊》2017 年第 2 期。

Ruben van Genderen,“Water Diplomacy:A Niche for the Netherland”,*Netherlands Institute of International Relations*“*clingendael*”,December,2011.

水利部:《水利风景区评价标准》,中国水利水电出版社 2013 年版。

水利部:《水利风景区发展纲要》,中国水利水电出版社 2005 年版。

水利部办公厅:《关于严格水资源管理促进供给侧结构性改革的通知》,见 http://szy. mwr. gov. cn/tzgg/201706/t20170616_ 936242. html,2017 年 9 月 9 日。

水利部、国家发展改革委:《关于印发〈“十三五”水资源消耗总量和强度双控行动方案〉的通知》,见 http://szy. mwr. gov. cn/dflygz/201611/t20161111_ 771780. html。

水利部:《节水灌溉技术规范》(sl207—98),中国标准出版社 1998 年版。

水利部等:《中国水土流失防治与生态安全:总卷(下)》,科学出版社 2010 年版。

水利部水利水电规划设计总院:《中国水资源及其开发利用调查评价》,中国水利水电出版社 2014 年版。

水利部：《水利部研究部署进一步深化水利“放管服”改革》，见 http：//www. gov. cn/xinwen/2017 –06/28/content_ 5206307. htm，2017 年 7 月 20 日。

水利部党组：《建立人水和谐美丽中国》，《中国水利》2017 年第 18 期。

水利部、国家电力公司、国家工商行政管理局：《水利水电工程施工合同和招标文件示范文本》（GF –2000 –0208），中国水利水电出版社 2000 年版。

水利部发展研究中心：《城市水务市场化模式研究》，水利部发展研究中心青年专项，2014 年。

水利部发展研究中心：《重要城市水务体制改革研究》，水利部发展研究中心水资源费项目，2015 年。

四川省水利厅、四川省财政厅：《关于鼓励引导社会资本参与农田水利设施建设运营的意见》，见 http：//www. jsgg. com. cn/Index/Display. asp？ NewsID =21583，2017 年 1 月 9 日。

孙雪涛等：《水资源分区管理》，科学出版社 2013 年版。

孙明：《浅析水利工程管理单位现代化建设要点》，《水利发展研究》2009 年第 7 期。

孙峰：《水利工程管理单位职工队伍建设的思考与对策》，《中国水利》2011 年第 5 期。

孙琨等：《水利风景区演变特征与旅游发展导向》，《水利经济》2013 年第 11 期。

孙中艮、贾永飞、黄莉：《农业现代化内涵、特征及评估指标体系的建立》，《价格月刊》2009 年第 1 期。

孙雯、屈维意、王玉：《基于协同创新的水生态文明发展理念》，《水利经济》2016 年第 4 期。

孙希有：《统计部门也应深化供给侧结构性改革》，《中国信息报》2015 年 12 月 24 日。

孙洪烈：《水土流失是各类生态退化的集中反映》，《中国水利》2009 年第 7 期。

宋建军、张庆杰、刘颖秋：《2020 年我国水资源保障程度分析及对策建议》，《中国水利》2004 年第 9 期。

尚全民、王迎春：《关于〈蓄滞洪区运用补偿暂行办法〉的刍议》，《水利建设与管理》2000 年第 6 期。

盛平：《不同材料蓄水池对水质影响研究》，《现代农业水资源利用开发与保护》2006 年第 1 期。

盛平等：《上海市合理高效雨水利用模式》，《农业水生态环境治理研究》2011 年第 12 期。

苏银增：《把握新要求，抢抓新机遇，全力推进水利改革发展新跨越》，《河北水利》2017 年第 1 期。

沈坤荣：《供给侧结构性改革改什么怎么改?》，《求实》2016 年第 7 期。

沈少兴：《我国水利发展阶段及未来水利 4. 0 战略研究》，《工程技术 · 文摘》2016 年第4期。

石泰峰:《全面推行河长制打好治水攻坚战》,《中国水利》2017年第2期。

邵琦:《论我国众筹融资的法律风险及规制》,《法制与社会》2014年第22期。

谭翊飞、文意:《林毅夫强调供给侧和需求侧应统一考虑》,《理论建设》2016年第1期。

唐云清、石林林:《水利行业项目型企业内外部环境分析与发展战略》,《水利经济》2013年第5期。

王学渊、赵连阁:《中国农业用水效率及影响因素》,《农业经济问题》2008年第3期。

王雨等:《水利投融资机制改革研究》,《黑龙江水利》2017年第3期。

王翔、万群志:《河南省蓄滞洪区运用补偿的调研》,《中国水利》2003年第13期。

王震宇等:《黄河下游滩区享受国家蓄滞洪区补偿政策研究》,中国科协年会黄河中下游水资源综合利用专题论坛,2008年。

王一鸣:《避免误读中国供给侧改革》,见 http://news.xinhuanet.com/fortune/2016-03/02/c_1118213016.htm,2016年3月2日。

王喜峰:《基于二元水循环理论的水资源资产化管理框架构建》,《中国人口·资源与环境》2016年第1期。

王晓娟等:《关于培育水权交易市场的思考和建议》,《中国水利》2016年第1期。

王文生:《统筹流域管理与区域管理 实行最严格水资源管理制度》,《中国水利》2011年第22期。

王建平、汪贻飞:《我国地方水法规制定情况总结与展望》,《水利发展研究》2013年第10期。

王晓娟等:《关于培育水权交易市场的思考和建议》,《中国水利》2016年第1期。

王翔:《淮河流域实行最严格水资源管理的措施》,中国水利水电出版社2013年版。

王冠军等:《水利工程管理体制改革评估及深化改革研究》,中国水利水电出版社2016年版。

王冠军等:《小型农田水利工程产权制度改革研究——改革思路及总体框架》,《中国水利》2015年第2期。

王健宇等:《小型农田水利工程产权制度改革研究——理论模式及实践形式》,《中国水利》2015年第2期。

王贵作、王一文、孟祥龙、郎劢贤:《加强河湖信息化建设 提升河湖管理水平》,《水利发展研究》2016年第10期。

王贵作、高志远:《基于3S技术的河湖管理动态监控系统的设计与实现》,《水利发展研究》2017年第3期。

王晓贞:《南水北调中线总干渠水价合理标准及收费制度研究》,《水利经济》2015年第1期。

王晓贞、张建平：《河北省工业水价承受能力分析》，《城镇供水》2008 年第 1 期。

王晓贞：《河北省城镇居民水价承受能力分析》，《城镇供水》2008 年第 2 期。

王仲伟：《以供给侧结构性改革促进新动能成长》，见 http：//www. xinhuanet. com/fortune/2016 – 11/24/c_ 135854467. htm，2016 年 11 月 24 日。

王鹏飞、杨新秀：《关于松江水务行业市场化若干问题的探讨》，载刘晓涛主编：《上海市水利论文集》下册，黄河水利出版社 2015 年版。

王冠军、柳长顺、王健宇：《农业水价综合改革面临的形势和国内外经验借鉴》，《中国水利》2015 年第 18 期。

王冠军、陈献、柳长顺等：《新时期我国农田水利存在问题及发展对策》，《中国水利》2010 年第 5 期。

王贵宸：《中国农村经济学》，中国人民大学出版社 1988 年版。

王学增：《正确认识农业规模化经营的内涵》，《河北职业教育》2008 年第 3 期。

王昕、陆迁：《基于社会资本视角激励农户合作供给小型水利设施的政策建议》，《水利经济》2015 年第 3 期。

王建华、杨志勇：《气候变化将对用水需求带来影响》，《中国水利》2010 年第 1 期。

王盛才、杨跃生：《水利事业单位投资企业改革发展研究》，《水利经济》2016 年第 6 期。

王美琳：《浅谈项目法人如何做好水利工程档案管理工作》，《治淮》2012 年第 9 期。

王会战：《我国水利风景区旅游开发存在的问题及对策》，《经济与社会发展》2007 年第 1 期。

王书明、蔡萌萌：《基于新制度经济学视角的“河长制”评析》，《中国人口·资源与环境》2011 年第 9 期。

王元地、杨雪、胡园园、李艳佳：《“供给侧结构性改革”解读及其政策影响下的企业实践》，《中国矿业大学学报（社会科学版）》2016 年第 3 期。

王一鸣、陈昌盛、李承健：《正确理解供给侧结构性改革》，《人民日报》2016 年 3 月 29 日。

王军：《供给侧结构性改革的六大着力点》，《证券日报》2015 年 12 月 19 日。

汪松年：《浅析上海水资源状况》，《上海水务》2001 年第 2 期。

汪中求等：《精细化管理》，新华出版社 2005 年版。

汪恕诚：《以水资源的可持续利用保障经济社会的可持续发展》，《中国水利报》2006 年 4 月 6 日。

汪恕诚：《水环境承载能力分析与调控》，《中国水利》2001 年第 11 期。

汪恕诚：《新形势下流域机构如何定位》，《人民珠江》2004 年第 5 期。

吴永祥等：《区域层面河湖功能区划研究——以太湖流域为例》，《水利水运工程学报》

2011 年第 3 期。

吴晓珺、范智：《大河有水小塘满水系连通创丰年——安徽定远县打通农田水利“最后一公里”》，《中国水利报》2015 年 10 月 20 日。

吴德平：《引入社会资本解决农田水利“最后一公里”问题的恨虎坝探索》，《中国水利》2016 年第 1 期。

吴敬琏等：《供给侧结构性改革：经济转型重塑中国布局》，中国文史出版社 2016 年版。

万鹏、谢磊：《习近平提五个“搞清楚”明确供给侧结构性改革方案基本路径》，见 http：//cpc. people. com. cn/xuexi/n1/2016/0128/c385475 – 28093042. html，2016 年 1 月 28 日。

魏天辉：《河南省社会资本投资农田水利建设的困境和保障机制》，《华北水利水电大学学报（社会科学版）》2016 年第 5 期。

魏红亮、张 旺：《加大水利投入稳定增长机制创新探索的思考》，《中国水利》2013 年第 8 期。

吴敬琏等：《供给侧结构性改革引领“十三五”》，中信出版社 2016 年版。

《习近平谈治国理政》第二卷，外文出版社 2017 年版。

习近平：《从生产领域加强优质供给》，《经济参考报》2016 年 1 月 27 日。

习近平：《决胜全面建成小康社会 夺取新时代中国特色社会主义伟大胜利——在中国共产党第十九次全国代表大会上的报告》。

《习近平总书记系列重要讲话读本》，学习出版社、人民出版社 2016 年版。

《习近平主持召开中央财经领导小组第十一次会议》，见 http：//www. xinhuanet. com，2015 年 11 月 10 日。

夏军、刘春蓁、任国玉：《气候变化对我国水资源影响研究面临的机遇与挑战》，《地球科学进展》2011 年第 2 期。

《习近平：加大推进新形势下农村改革力度》，见 http：//www. xinhuanet. com/politics/2016 – 04/28/c1118763826. htm，2016 年 4 月 28 日。

夏军、翟金良、占车生：《我国水资源研究与发展的若干思考》，《地球科学进展》2011 年第 9 期。

夏成宁：《依靠科学控制机制保障补偿政策顺利实施——蓄滞洪区运用补偿的工作要点》，《治淮》2003 年第 9 期。

徐维国等：《安徽省 2007 年蓄滞洪区运用补偿实践及思考》，《江淮水利科技》2008 年第 1 期。

徐百鹏：《水利经营管理 20 年》，中国水利水电出版社 1999 年版。

熊向阳：《建立流域管理与行政区域管理相结合的水资源管理体制的相关问题探讨》，《水利发展研究》2009 年第 6 期。

肖幼：《积极践行新时期水利工作方针 实现“十三五”治淮良好开局》，《中国水利》2016 年第 24 期。

许崇德、皮纯协主编：《新中国行政法学研究综述（1949—1990）》，法律出版社 1991 年版。

袁轩、谢新生、冉从勇：《水利工程融资方式比较探讨》，《四川水力发电》2006 年第 25 卷第 1 期。

修镜洋、孙飞飞：《信息技术在宁波市智能防汛工作中的应用》，《中国防汛抗旱》2017 年第 27 期。

Xuteng Zhang，Jingjie Yu，“Water Use Efficiency Assessment of Chinese Provinces Based on a Data EnvelopmentAnalysis Model with Undesirable Outputs”，*Journal of Water Resources Research*，Vol. 2，2017.

闫寿松：《追求供水管理和需水管理的辩证统一——水资源管理的新理念》，《水利发展研究》2009 年第 6 期。

云南省委、省政府：《关于深入推进农业供给侧结构性改革加快培育农业农村发展新动能的实施意见》，见 http：//www. yn. gov. cn/yn_ ynyw/201702/t20170216_ 28475. html，2017 年 6 月 9 日。

云南省水利厅：《关于严格水资源管理促进供给侧结构性改革的通知》（云水资源〔2017〕70 号），云南省水利厅网站，2017 年。

云南省人民政府办公厅：《关于鼓励引导社会资本参与农田水利设施建设运营管理的意见》，见 http：//www. jsgg. com. cn/Index/Display. asp？NewsID = 20472，2015 年 10 月 19 日。

《以节水减排为重点，加快实施最严格水资源管理制度》，《城市公共事业》2012 年第 4期。

岳立、赵海涛：《环境约束下的中国工业用水效率研究》，《资源科学》2011 年第 11 期。

余蔚平：《全面深化科研项目和资金管理改革》，《行政管理改革》2014 年第 10 期。

余凌云：《论行政契约的救济制度》，《法学研究》1998 年第 2 期。

余凤龙等：《水利风景区的价值内涵、发展历程与运行现状的思考》，《经济地理》2012 年第 12 期。

杨德瑞等：《深化水利改革政策文件选编》，中国水利水电出版社 2016 年版。

杨易、周雯雯：《“一带一路”战略背景下我国中小航运企业融资问题研究》，《水利经济》2017 年第 2 期。

杨解君、顾冶青：《行政契约的诉讼制度架构探微》，《江苏社会科学》2003 年第 6 期。

尹江勇：《保障黄河连续十年不断流》，《河南日报》2010 年 3 月 16 日。

严华东、蒋松凯、张迪等：《PPP 模式应用于水利工程的动机和政策建议》，《水利发展研究》2016 年第 9 期。

易志斌：《基于共容利益理论的流域水污染府际合作治理探讨》，《环境污染与防治》2010 年第 9 期。

阎淑春：《严格政策界限做好蓄滞洪区运用补偿》，《中国水利》2001 年第 3 期。

于安：《我国 PPP 合同的几个主要问题》，《中国法律评论》2017 年第 1 期。

叶晓明：《水利建设投融资机制问题的思考》，《湖南水利水电》2007 年第 4 期。

中共江苏省委新闻网：《江苏将实施 5 大领域补短板工程 推进供给侧结构性改革》，见 http：//www. zgjssw. gov. cn/yaowen/201702/t20170217_ 3637952. shtml ，2017 年 2 月 17 日。

《中国水利百科全书》第二版编辑委员会：《中国水利百科全书 水土保持分册》，中国水利水电出版社 2004 年版。

张倩、邓祥征、周青：《城市生态管理概念、模式与资源利用效率》，《中国人口·资源与环境》2015 年第 6 期。

中国市场监管研究：《加强工商统计 助力供给侧结构性改革》，《中国市场监管研究》2016 年第 7 期。

中国人民银行长沙中心支行调查统计处课题组：《供给改革背景下金融统计体系改革初探》，《金融经济》2017 年第 1 期。

《中共中央国务院关于加快水利改革发展的决定》，见 http：//theory. people. com. cn/GB/13845169. html，2011 年 1 月 29 日。

中共中央文献研究室编：《习近平关于社会主义经济建设论述摘编》，中央文献出版社 2017 年版。

中华人民共和国水利部：《中国水资源公报（1998—2016 年）》，见 http：//www. mwr. gov. cn/。

《水利部：紧紧围绕供给侧结构性改革，创新水利投资方式》，见 http：//www. 3news. cn/2016/0128/89210. html，2016 年 1 月 28 日。

中共中央、国务院：《中共中央国务院关于深入推进农业供给侧结构性改革加快培育农业农村发展新动能的若干意见》，见 http：//www. gov. cn/zhengce/2017 －02/05/content_5165626. htm ，2017 年 8 月 8 日。

中共中央、国务院：《关于加快水利改革发展的决定》，见 http：//www. gov. cn/jrzg/2011 －01/29/content_ 1795245. htm，2011 年 1 月 29 日。

《供给侧结构性改革：核心是制度创新与制度供给》，见 http：//www. ce. cn/xwzx/gnsz/gdxw/201603/20/t20160320_ 9634435_ 2. shtml，2017 年 7 月 20 日。

中共酒泉市委酒泉市人民政府：《关于深化水权制度改革推行差别水价的实施意见》（酒泉市酒发〔2013〕30 号），2013 年 5 月 15 日，甘肃省疏勒河管理局档案室。

《中国人民银行 财政部 发展改革委 环境保护部 银监会 证监会 保监会关于构建绿色

金融体系的指导意见》(银发〔2016〕228 号)，见 http：//www. zhb. gov. cn/gkml/hbb/gwy/201611/t20161124_ 368163. htm，2016 年 8 月 31 日。

《中国银监会关于印发绿色信贷指引的通知》（银监发〔2012〕4 号)，见 http：//www. cbrc. gov. cn/chinese/home/docDOC_ ReadView/127DE230BC31468B9329EFB01AF78BD4. html，2012 年 2 月 24 日。

《中国银监会国家发展和改革委员会关于印发能效信贷指引的通知》（银监发〔2015〕2 号)，见 http：//www. cbrc. gov. cn/chinese/home/docView/9B09B258DC
CF4E439A9DE352051885E8. html，2015 年 1 月 19 日。

张志明、蔡之兵：《供给侧结构性改革的理论逻辑及路径选择》，《经济问题探索》2016 年第 8 期。

张岳：《加快非常规水资源的开发利用》，《水利发展研究》2013 年第 1 期。

张海川、李苏犁、马礼平：《鼓励社会资本建设和管理农田水利工程初探》，《水利发展研究》2016 年第 8 期。

张庆：《甘肃规模化发展高效节水灌溉的思路与建议》，《水利水电》2017 年第 3 期。

张红霞、郭蓉蓉：《探究新形势下水利经济的可持续发展》，《经济师》2017 年第 3 期。

张嘉涛：《对小型水利工程产权制度改革的反思》，《中国水利》2012 年第 7 期。

张劲松等：《对话：河长制该怎么干》，《中国水利》2017 年第 7 期。

张建斌：《建好用好重大水利设施实现生态效益经济效益双赢 调优结构抓好产业深入推进农业供给侧结构性改革》，《北大荒日报》2017 年 7 月 9 日。

张辰硕：《我国水利投融资现状分析》，《水利经济》2014 年第 31 期。

张承惠、谢孟哲：《中国绿色金融：经验、路径与国际借鉴》，中国发展出版社 2015 年版。

赵良仕、孙才志、郑德凤：《中国省际水资源利用效率与空间溢出效应测度》，《地理学报》2014 年第 1 期。

赵春明、邓坚：《起草蓄滞洪区运用补偿办法的几点体会》，《中国水利》2000 年第 7 期。

赵建世：《基于复杂适应理论的水资源优化配置整体模型研究》，清华大学博士学位论文，2003 年。

左其亭：《水生态文明建设几个关键问题探讨》，《中国水利》2013 年第 4 期。

赵晓丽、张增祥、汪潇等：《中国近 30 年耕地变化时空特征及其主要原因分析》，《农业工程学报》2014 年第 3 期。

赵宇：《供给侧结构性改革的科学内涵和实践要求》，《党的文献》2017 年第 1 期。

赵玉红、穆范椭：《中央水利国有企业改革发展思路措施研究》，《水利经济》2007 年第 6 期。

郑志来:《“一带一路”战略下供给侧结构性改革成因、路径与对策》,《经济问题》2016 年第 5 期。

郑大鹏、李燕:《沂沭泗流域防洪减灾的思考》,中国水利水电出版社 2013 年版。

邹秀萍、詹卫华、黄利群等:《制度创新是水生态文明建设的关键》,《水利经济》2015 年第 2 期。

邹长国、余亮亮:《宁波市水利信息化关键问题研究》,《浙江水利科技》2013 年第 1 期。

朱克力:《供给侧结构性改革引领“十三五”》,中信出版社 2016 年版。

朱陈松:《多元化水利融资体制研究》,《中国水利》2010 年第 10 期。

钟玉秀:《水权制度建设及水权交易实践中若干关键问题的解决对策》,《中国水利》2016 年第 1 期。

钟玉秀、王亦宁:《深化城市水务管理体制改革:进程、问题与对策》,《经济要参》2010 年第 42 期。

曾广路、李映辉:《论公共产品供给中政府规则的价值逻辑》,《求索》2013 年第 1 期。

曾焱、王爱莉、黄藏青:《全国水利信息化发展“十三五”规划关键问题的研究与思考》,《水利信息化》2015 年第 1 期。

左其亭等:《基于人水和谐理念的最严格水资源管理制度研究框架及核心体系》,《资源科学》2014 年第 5 期。

周普等:《水权益实体实物型水资源会计核算框架研究》,《会计研究》2017 年第 5 期。

章志远:《行政复议困境的解决之道》,《长春市委党校学报》2008 年第 1 期。

詹卫华等:《国家水利风景区发展述评》,《广西经济管理干部学院学报》2013 年第 2 期。

责任编辑：张 燕
装帧设计：胡欣欣
责任校对：苏小昭

图书在版编目（CIP）数据

加快水利改革发展与供给侧结构性改革论文集/董力 主编．—北京：人民出版社，2018.9
ISBN 978－7－01－019697－8

Ⅰ．①加… Ⅱ．①董… Ⅲ．①水利经济—经济改革—中国—文集 Ⅳ．①F426.9－53

中国版本图书馆 CIP 数据核字（2018）第 192840 号

加快水利改革发展与供给侧结构性改革论文集
JIAKUAI SHUILI GAIGE FAZHAN YU GONGJICE JIEGOUXING GAIGE LUNWENJI

董 力 主编

人民出版社出版发行
（100706 北京市东城区隆福寺街 99 号）

北京新华印刷有限公司印刷 新华书店经销

2018 年 9 月第 1 版 2018 年 9 月北京第 1 次印刷
开本：787 毫米×1092 毫米 1/16 印张：35.25
字数：760 千字

ISBN 978－7－01－019697－8 定价：125.00 元

邮购地址 100706 北京市东城区隆福寺街 99 号
人民东方图书销售中心 电话（010）65250042 65289539